厦门法学文库

2020年卷

厦门市法学会 ◎ 编

厦门大学出版社
XIAMEN UNIVERSITY PRESS
国家一级出版社
全国百佳图书出版单位

图书在版编目(CIP)数据

厦门法学文库.2020年卷/厦门市法学会编.—厦门:厦门大学出版社,2022.5
ISBN 978-7-5615-8564-1

Ⅰ.①厦… Ⅱ.①厦… Ⅲ.①法学—文集 Ⅳ.①D90-53

中国版本图书馆 CIP 数据核字(2022)第 063879 号

出 版 人	郑文礼
责任编辑	甘世恒

出版发行 厦门大学出版社

社　　址	厦门市软件园二期望海路 39 号
邮政编码	361008
总　　机	0592-2181111　0592-2181406(传真)
营销中心	0592-2184458　0592-2181365
网　　址	http://www.xmupress.com
邮　　箱	xmup@xmupress.com
印　　刷	厦门集大印刷有限公司

开本	787 mm×1 092 mm　1/16
印张	23.5
插页	2
字数	572 千字
版次	2022 年 5 月第 1 版
印次	2022 年 5 月第 1 次印刷
定价	96.00 元

厦门大学出版社
微信二维码

厦门大学出版社
微博二维码

目录
contents

法治纵横

深化提升特区法治化营商环境调研报告 / 厦门市依法治市办、市委政法委课题组 /2

以打造最具安全感城市为目标　进一步建设更高水平平安厦门研究
　　　　/ 厦门市委政法委课题组 /8

新时期厦门主动创稳工作新模式研究 / "主动创稳研究"课题组 /11

新型政法智库建设研究 / "新型政法智库研究"课题组 /17

法律研究

检察机关重大案件提前介入机制思考 / 陈玉玲 /26

刍议检察机关公益诉讼调查权的困境及出路 / 徐进发 /32

捕诉一体办案模式下做强侦查监督的思考 / 李加胜　陈婵娟　苏雪冰 /36

民刑竞合案件公益民事保护的诉讼模式探析 / 李瑞登 /45

犯罪记录封存制度有关争议问题的思考 / 谢　业 /55

行政非诉强制执行的解决之道
　　　　——以思明法院为样本分析 / 胡婷婷 /59

完善监检衔接　形成依法反腐合力研究 / 黄　鹏 /65

捕诉合一后如何最大限度发挥引导侦查的作用 / 熊毅平 /69

刑事诉讼法的社会性别分析
　　　　——以强奸罪诉讼程序为研究对象 / 陆而启　莫玲玉 /73

浅议合并审理的基础规范与实务规范 / 李　乐 /83

新时代背景下检察公益诉讼的理论再认识与基层实践
　　　　——以紧贴人民群众需求服务为出发点 / 吴国贵 /92

再论服刑人员申诉权保障难的痛点与对策探讨 / 王英照 /100

三孩政策下女性劳动权益的法律保障 / 刘安迪 /104

司法实践

后"裁执分离"时代：违法建设治理的立法思考 / 牟　燕　王　欣 /114

认罪认罚案件量刑建议规范化精准化实证研究
　　——以厦门市集美区人民检察院为例 / 王弘毅 /125

论生态修复协议模式：样态、价值及其迷思 / 柯佳丽　罗施福 /129

浅析加强检察建议工作的几点建议
　　——以某基层院两年数据为样本 / 陈　弘 /138

公安行政复议工作的新特点及其影响 / 张遂涛 /142

行民协调与规则统一："非法期货交易"合同纠纷探讨
　　——基于14个交易平台300件合同纠纷的实证分析 / 陈基周　林　烨 /147

从对抗夫妻到合作父母
　　——以父母责任为中心的亲子案件审执进深路径探析 / 芦　絮　方　珺 /158

用数据说话
　　——业务数据分析研判的困境及对策 / 林　莉　颜　晨 /168

关于改进12348法律咨询工作的一点思考 / 林剑芳 /176

规范毒品取证行为　完善涉毒法律规定 / 李健锋 /179

不动产登记机构错误登记侵权损害赔偿机制研究
　　——基于行民实体统一与程序分立视角 / 陈炳杰 /182

拓展律师参与信访工作广度深度　打造更高水平法治信访 / 胡雨阳 /191

自贸区国有企业法律风险防范探析
　　——以2015年8月—2019年厦门自贸区国有企业涉诉案件
　　为样本 / 吴永福　张占甫 /194

民法典专题

民法典：我国法治建设的里程碑 / 郑晓剑 /206

民法典：良好生态是最普惠的民生福祉 / 罗施福　吴贵森 /209

民法典：市场主体的守护神和推进器 / 涂崇禹 /212

民法典彰显民本理念和民生关怀 / 展庐平 /215

民法典姓"民"的四重意蕴 / 黄凤龙 /218

民法体系视角下合同编的变与不变 / 林文阳 /221

《民法典》第75条辨析
　　——以公司成立后发起人对外签订合同的责任归属为中心 / 薛夷风　何　锋 /224

扫黑除恶

关于黑恶案件财产处置规范的研究报告 / 厦门市扫黑办、厦门市法学会课题组 /234

检察机关开展扫黑除恶专项斗争推进基层社会治理的实践和思考
　　　　——以 2018 年以来 X 市扫黑除恶案例为样本 / 陈清山　陈丽娟 /241

扫黑除恶专项斗争中如何巧用认罪认罚从宽制度
　　　　——厦门市集美区检察院办理陈某上等 15 人涉黑案经验做法 / 施金连　陈荣锋 /247

打击裸聊涉恶案件的实践与思考 / 陈志荣 /251

互联网法律

常态化疫情防控中法院数据治理问题研究
　　　　——以市域社会治理智能化为分析进路 / 赵国军 /256

基层检察机关办理涉电信网络犯罪的若干难点问题分析 / 周灵敏 /261

大数据时代打击整治网络侵犯公民个人信息犯罪若干问题的思考 / 薛锦涛 /268

公民个人信息的刑事保护之完善
　　　　——以法益修复为视角 / 张少琦　庄振远 /272

TikTok 事件对厦门市信息企业海外发展的启示 / 吴旭阳　梁少娴 /278

第三方网络平台法律义务及民事责任研究 / 程倩如 /286

共享汽车人身侵权法律风险之司法检视
　　　　——以 93 篇共享汽车机动车交通事故责任纠纷判决书为样本 / 谢逸萱 /295

互联网企业滥用市场支配地位的法律界定及其规制 / 傅振中　林敏辉 /303

浅析基层检察院检察公章的信息化改革 / 罗明凌 /314

犯罪记录查询：数据治理与个人信息保护的法益平衡
　　　　——从公共利益和社会认知心理开展论述 / 黄雨萱　黄鸣鹤 /318

社会治理

统筹推进法治一体化建设　为市域社会治理现代化提供法治保障 / 厦门市司法局 /328

全力打造市域社会治理现代化示范市先行区 / 厦门市思明区委政法委 /331

社会治理现代化背景下的地方立法
　　　　——以厦门为例 / 倪小璐 /333

市域社会治理视角下法院推进诉源治理的基层实践与完善路径
　　　　——以厦门思明法院的改革实践为样本 / 赵国军　王　昕 /340

物业管理纠纷有效解决路径探索
　　　　——以基层社会治理为视角 / 林　达 /350

从乱象到有序：基层社会治理格局下人民法庭乡村治理功能的回应
　　　　——以规范和制约村民委员会民事诉讼行为为切入点 / 谢依婷 /357

加强校园周边环境净化的若干建议
　　　　——以同安区校园周边环境摸排为例 / 游凤娘 /364

校园欺凌现状及防范治理 / 林楸璇 /366

法治纵横

深化提升特区法治化营商环境调研报告

厦门市依法治市办、市委政法委课题组 *

优质的营商环境是一个国家或地区经济软实力、核心竞争力、国际影响力的重要体现，法治是营商环境重要的组成部分。近年来，厦门认真贯彻习近平法治思想和党中央、国务院、省委、省政府关于优化营商环境的决策部署，将打造法治化营商环境作为进一步深化改革、扩大开放的关键抓手，摆到十分重要的位置。厦门着力践行"法治是最好的营商环境"理念，围绕我市"大招商、招大商"的工作大局，以加强自贸区、自创区、综改试验区等多区建设的法治保障为重点，以创建市域社会治理现代化示范市为契机，更好发挥法治对改革发展稳定的引领、规范、保障作用，激发全社会创新创业创造活力，着力打造投资贸易更便利、行政效率更高效、政府服务更优质、市场环境更公平、法治体系更健全的营商环境新高地。厦门成功创建首批"全国法治政府建设示范市"，从立法、执法、司法、法律服务、普法宣传等方面主动作为、精准发力，为率先实现全方位高质量发展在更高水平建设高素质高颜值现代化国际化城市提供了坚实有力的法治保障。

一、厦门深化法治化营商环境建设的做法和成效

近年来，厦门市以建设"法治中国典范城市"为推进全面依法治市工作的总目标，将法治化营商环境作为全面依法治市的重要组成部分，从立法、执法、司法、守法、普法等各方面协同推进，取得一定成效。

（一）着力提升立法水平，夯实法治化营商环境制度根基

一是坚持立法引领，加强配套法规制度建设。用好用活经济特区立法权，为建立再招商机制提供法治保障。将《厦门经济特区优化营商环境条例》列为2021年法规正式项目，由市发改委作为牵头部门负责起草法规草案。市司法局等联合单位提前介入，对法规立法的方向、侧重点和框架结构提出意见和建议。二是注重开门立法，推动立法质量持续提升。立法工作注重倾听民意、汇集民智。在审查与市场主体生产经营活动密切相关的地方性法规、规章草案时，通过政府网站、新闻媒体等渠道公开向社会征求意见，并有针对性地邀请相关行业协会、商会参加立法座谈会，听取各方面的意见和建议。法规和规章草案经市政府研究通过后，对立法过程中的征求意见及采纳情况在相关网站对外集中反馈。通过探索建立立法咨询专家制度、基层立法联系点制度，不断增加立法民主性。三是把好关口审查，增强市场公正制度保障。根据国家、省、市有关公平竞争审查的要求，对法规、规章草案中涉及市场主体准入、行业门槛、经营要求等方面的规定进行认真审查，坚决摒弃部门利益和地方保护主义，确保资金、人才等生产要素的顺畅流通。同时，要求各区政府、市直各部门制定行政规范性文件，涉及市场主体经济活动

---

* 课题组负责人：杜刚、吴少鹰。课题组成员：詹功正、林险峰、施鲤榕、龚扬帆。

的，应当按规定开展公平竞争审查，并就审查中遇到的具体问题向同级负责组织实施公平竞争制度的部门提出咨询。四是坚持立改废并举，推进制度体系有机更新。及时清理与营商环境建设要求不相适应的法规、规章和规范性文件，建立清理长效机制。2020年以来，厦门市开展了涉及"放管服"改革、优化营商环境的法规规章清理工作，废止了《厦门经济特区暂住人口登记管理规定》《厦门市酒类管理规定》等一批法规规章；对与现行法律法规不一致、已被新规定替代、不适应形势发展需要和适用期已过的62个市政府文件予以废止和宣布失效。各区政府、市直各部门和开发区管委会共废止和宣布失效文件300个，确保国家法律法规在我市的高水平贯彻实施。

（二）着力规范执法司法，促进法治化营商环境公平正义

一是大力推进严格规范公正文明执法司法。深化司法改革，有力完成员额制改革，加强法官检察官办案团队建设，全面完善司法权力的运行和监督体系。扎实推进《民法典》实施，推进民事诉讼程序繁简分流改革试点，全面落实认罪认罚从宽制度，推进刑事案件律师辩护全覆盖试点，健全促进法律适用同意和裁判尺度统一机制。办好涉企案件，完善关涉民营经济的民事、行政、刑事审判的司法管理体制和司法权力运行机制，办理涉及民营企业案件坚持依法平等保护原则，及时兑现胜诉企业合法权益。充分发挥法院裁判文书详尽说理、消弭不满情绪的应有作用，使当事人理解并服从法律、养成守法习惯，从整体和源头上优化营商环境。规范执法行为，完成刑事案件网上换押平台和跨部门涉案款物平台建设，出台《厦门市办理刑事案件网上换押暂行规定》和《厦门市跨部门涉案财物管理办法》。加强监督链条，大力推进执法司法公开，主动接受各方面监督，严格落实防止干预司法"三个规定"，建立联络制度、定期通报制度。规范司法行为，加强对司法活动的监督，让市场主体在每一个司法案件中都感受到公平正义。二是深化拓展行政执法"三项制度"。聚焦落实行政执法公示制度，以规范行政执法统一信息平台建设为抓手，促进各执法部门执法流程、执法指南和处罚权责清单的及时调整和公示，推动各行政执法主体按照统一样式制定相关清单、指南、流程图的编制及公开，提升公示及时性和规范化；聚焦落实行政执法全过程记录制度，以推进执法数据信息的录入为抓手，促进全过程记录设备配套保障，配备执法记录仪、照相机等音像设备，强化执法主体的自我规范、自我约束、自我监督；聚焦落实重大执法法制审核制度，以平台案件系统的录入为抓手，促进合法性审查工作环节的落实和审查人员的配备，机构不健全、审核力量不足、审核工作不规范等问题明显改善。三是定期开展专项执法检查和案件评查。一方面通过分组检查、交叉互评、集中讲评等方式，随机抽取市直部门和各区的行政处罚及行政许可案卷进行评查，坚持问题导向，注重问题整改，通过评查规范执法流程，促进各执法部门更好履职，纠正执法不作为、乱作为现象。另一方面，对全市刑事、民事、行政、执行案件进行抽评，通报评查结果并督促落实问题整改，提升执法满意率，提高办案能力和水平。

（三）着力创新多元解纷，推动法治化营商环境和谐有序

一是出台纠纷化解配套意见，服务企业复工复产。出台《关于构建大调解工作格局，进一步促进矛盾纠纷多元化解的指导意见》，完善访调、诉调、检调、警调、裁调等矛盾纠纷多元化解机制，有效应对各种复杂疑难矛盾纠纷。在统筹推进疫情防控和复工复

产过程中，通过发布公开信的方式向全市行业协会商会及时预警涉疫情法律风险，会同市人社部门、厦门仲裁机构精心打造法律服务"惠企礼包"，同心聚力指导和帮助企业有效防控风险、有序复工复产。二是搭建大调解运行机制，加强涉疫情矛盾纠纷化解能力。推动市、区、镇（街）、村（社区）建立大调解联动运行机制，开展"一站式"法律咨询，进行"一对一"法治体检。复工复产过程中，成立疫情防控法律顾问团，专门出台"一企一策"法律指引，召开外资外贸企业应对疫情法律服务座谈会，组织开展外贸外资企业大走访，确保企业和群众的矛盾纠纷能在第一时间"有人管、管得了、管得好"。三是整合大调解资源，充分发挥商事调解中心作用。2020 年下半年成立易判智慧调解中心，半年受理案件 3349 件，结案 2731 件，结案率达 82%。通过专业化、职业化调解团队服务，为 1694 个案件 3826 个当事人完成送达任务；为 1968 个未调解成功案件完成了第一道接访、释疑、矛盾化解工作；为 1968 个未调解成功案件梳理了初步的法律分析意见，为高效审判提供了很好的帮助，大大节省了司法成本。四是在纠纷调处难度大的重点领域建立行政调解平台。市司法局与市中级法院联合成立"市行政争议多元调处中心"，负责六大类行政争议案件调解工作。持续完善交通事故调处中心、医患纠纷第三方调解平台、劳资纠纷综合调解室等"一条龙"纠纷调处平台，受理调处交通事故、医疗卫生、劳动争议等专业领域纠纷。对接公安、民政、资源规划、生态环境、交通运输、卫健、市场监管等 7 家重点单位，分别建立行政调解委员会，2020 年全市行政调解受理矛盾纠纷 67590 件，调解成功 49161 件，调解成功率为 72.7%。推动鹭江公证处携手集美公安分局设立"公证＋"警调联动中心化解矛盾纠纷的工作模式。2019 年 5 月试点以来，参与公安派出所化解纠纷 3701 起，成功化解 3690 起，成功率达 99.7%。市公证机构联动律师、人民调解、法律援助等力量，积极介入因城市拆迁、土地征用、劳动争议等引发的各类矛盾，充分发挥在纠纷化解上的中立性和超然性，使公证调解成为纠纷解决机制中的重要组成部分。五是在两级法院建立"一体化""一站式"诉前解纷平台。在法院建立了集诉调对接中心、诉讼辅导室、法院附设或特邀调解室、诉外派驻调解室、12368 司法服务热线、网上诉讼服务信息等功能于一体的诉讼服务平台，成立了全国首个市级诉非联动中心。打造"好厝边"诉前解纷平台，实现诉前预立案、诉前送达、诉前调解、诉前调查、诉前保全、诉前鉴定评估和审计等流程"六位一体"，涵盖诉前解纷、多元参与、平台保障的矛盾纠纷"三合一"诉前导分机制，有效降低纠纷化解的社会综合成本，获得"全国政法智能化建设智慧法院十大解决方案"荣誉。2020 年全市法院通过人民法院调解平台成功调解各类案件 18141 件，占诉调受理数的 53.4%。

（四）着力完善服务体系，增强法治化营商环境专业保障

一是健全完善公共法律服务体系。推进公共法律服务网络、热线、实体三大平台融合建设，加大公共法律服务供给力度，免费为市民百姓提供法律咨询，开展律师、公证、法律援助、基层法律服务、人民调解、司法鉴定、仲裁等免费指引服务。全天候为百姓提供便捷高效、均等普惠的现代公共法律服务。疫情防控期间开设的"疫情防控法律专栏""云调解""线上公益性商事调解"等新型服务功能，通过为单位和个人提供不见面无接触的法律咨询与矛盾纠纷化解服务，进一步将网络法律服务便捷高效的优势推向新高度。二是健全完善涉外法治服务体系。为适应全面开放新格局的需要，服务我市经济社会发展战略，加强涉外律师人才培训和教育，着力培养一批精通国际业务和国际规则，且具有全球视野、跨领域复合型律师人才。此外，厦门律师事务所还与"一带一路"沿线国家菲律宾、马来西亚、肯尼亚建立了合作关系，推动律师服务"一带一路"新举措。2020年9月，指导市律师协会申请加入"一带一路"律师联盟，加强与"一带一路"有关的国家和地区律师及律师组织之间的交流和合作，推动涉外法律服务发展。三是健全完善企业法务服务体系。2020年市司法局联合市工商联、市律师协会制定《深入开展民营企业"法治体检"活动服务疫情防控和企业复工复产专项行动方案》，成立厦门市民营企业"法治体检"服务中心，为企业提供"法治体检"。活动开展以来，为437家企业开展了法治体检，开展政策宣讲76次，开展法律咨询524次，帮助企业梳理法律风险点1065个，出具法律意见书829件，协助企业化解矛盾纠纷782件，帮助企业审查完善规章制度1342项，健全企业法律风险预警防范机制。积极探索民营企业试点公司律师制度，省司法厅已经批准在厦门特步投资有限公司开展公司律师试点。四是健全完善精准普法服务体系。强化涉及营商环境法律法规规章的宣传，将其作为"七五"普法总结验收和"八五"普法规划的重点内容予以部署安排。认真组织《优化营商环境条例》法治宣传，市依法治市办联合市发改委在火车站、地铁上、机场LED显示屏、公交移动电视、厦广经济广播"早班直通车"等公益普法阵地以及"丁成说法"栏目上开展"法治是最好的营商环境，认真实施《优化营商环境条例》"系列宣传，为该条例的实施及我市营商环境进一步优化创造良好的舆论氛围。健全"谁执法谁普法"的责任分工机制，出台实施厦门市国家机关"谁执法谁普法"的普法责任制意见，发布厦门市重点部门普法责任清单，将涉及营商环境的法律法规规章纳入其中，相关普法责任清单落实情况在年终普法责任制考核相关指标中设定分值予以考核，促进"谁执法谁普法"落实到位。

二、当前厦门深化法治化营商环境建设的问题不足和薄弱环节

进入新发展阶段，对标贯彻新发展理念、构建新发展格局的新目标新需要，厦门在深化法治化营商环境上还存在一些薄弱环节，同时也是未来进一步优化提升法治化营商环境的重点工作方向。

1. 制度规则仍需完善。改革开放40多年来，涉及经济方面的立法步伐是最快的，立法的数量也比较多，已经形成了基本的体系。但是，它仍旧需要进一步健全和完善，立法质量也需要进一步提高。一是宏观调控法不完善。我国目前大量的法律法规集中在微观领域，从具体的市场主体规范其行为，很多属于民商法的范畴。宏观调控法不完善对社会经济的整体运行和总体结构问题的解决，更多采用政策性的手段，经济调控的制度规范和体制机制不够完善。二是关于知识产权保护、金融调控与安全、社会诚信体系建设、经贸流通体系建设中小企业贷款、构建和谐劳动关系、企业破产及员工安置等方面的法律法规也需要进一步健全，以切实保障规则公平、机会公平和权利公平，努力消除不公平现象。

2. 执法能力有待提升。有些部门在执法过程中存在失职、渎职行为，一些政府工作人员不作为、乱作为，有法不依、执法不严、违法不究，暴力执法、选择性执法、趋利性执法，甚至以权压法，搞权钱交易、徇私枉法。这些问题的存在，导致政府职能无法正常和充分发挥，有些情况下，企业的权益无法得到充分保障，市场秩序不能有效维护。

3. 司法公正仍存差距。民营企业作为市场经济的重要主体，竞争中性、不偏不倚、依法办事、不贴所有制标签的法治化营商环境对民营企业发展至关重要。实践中，民营

企业及其员工的人身财产安全未能得到有效保护，如用刑事手段介入经济纠纷问题，查封、扣押、冻结企业财产等强制措施运用失当等问题依然不同程度地存在。在处理债转股、执转破、民营企业三角债、股权质押、互联互保等事项过程中，也面临诸多新难点新问题新挑战。这些都对更加高质量的司法保障提出了更高要求，需要通过进一步严厉打击经济犯罪、进一步依法严格保护合法权益、进一步高效解决经贸投资纠纷，不断增强司法公信力，让各类市场主体在每一个司法案件中都能感受到公平正义、高效便利。

4. 科技运用还有潜力。市场运行的高效性本身内含了对司法效率的追求。随着大数据、人工智能、区块链等信息技术日新月异的发展，互联网得以高速发展并迅速嵌入公共行政、市场运行等社会生活的方方面面，以便捷、智能、开放等优势提高了市场配置资源的效率，不断刷新市场对高效的需求。市场运行的高效性对推进政法智能化提出了更高要求，而我市目前各政法单位之间在资源共享、信息互通渠道上还存在一定技术障碍，影响了政法智能化进程的推进。

三、厦门进一步深化法治化营商环境建设的思路和对策

迈上新时代全面建设社会主义现代化国家新征程，进入"十四五"规划新的发展时期，厦门将进一步全面贯彻落实习近平法治思想，坚持党对法治工作的集中统一领导，紧密围绕中央、省委、市委关于法治建设的各项决策部署，创新思路举措、持续深化落实，进一步打造更加优质高效、更加公平正义的法治化营商环境。

1. 深入推进主动创稳，守好安全稳定的大前提。不断巩固主动创稳工作成效，强化主动创稳常态长效制度机制建设，增强维护国家安全和社会稳定的主动性。一要着力提升风险隐患预测预防水平。切实将各类风险化解在苗头、处置在萌芽状态。要更加善于发现各类涉稳风险隐患，善于研判风险发展趋势，善于抓源头抓根本，不断强化常态化联合执法机制，真正做到防范在先、发现在早、处置在小。二要着力提升矛盾纠纷多元化解水平。综合运用多种手段推进矛盾纠纷多元化解、源头治理。要以"早排查"确保矛盾更快化解，以"善调处"确保解纷更有效率，以"聚合力"确保社会更加和谐，有效预防化解群体性事件以及因矛盾纠纷引发的命案。三要着力提升长效常态创稳工作水平。要善于"补短板"，对可能产生的社会稳定风险进行前瞻性分析预判，有针对性地提出化解稳控措施。要立足"固底板"，深化信访工作，推动"四门四访"常态化制度化，持续推进"治重化积"专项工作，大力推行市、区领导带案下访、挂钩包案，力争再攻坚化解一批疑难信访积案。要敢啃"硬骨头"，提前谋划重要时点安保维稳工作，聚焦重点行业领域，推动涉稳风险隐患的源头化解，形成更可持续的主动创稳长效机制。

2. 持续创新社会治理，激发法治建设的新活力。改革开放以来，随着经济社会不断发展，市域在国家治理中的地位和作用日益凸显。市域层面具有较为完备的社会治理体系，具有解决社会治理中重大矛盾问题的资源和能力，有利于营造良好的营商环境。一要健全治理机制。要进一步健全党建引领社会治理机制，健全社会治理统筹协调机制，完善社会力量动员机制，形成齐抓共管、社会协同的良好氛围。二要创新治理方式。打好"近台治理"牌，积极开展两岸社会治理融合行动，积极促进和吸纳台胞参与社区治理，融入社区生活。打好"爱心治理"牌，探索建立涉稳重点人员"结对帮扶"机制，加强对特殊社会群体的关爱帮扶力度，健全守信激励和失信惩戒联动机制，大力表彰见义勇为，强化爱心治理在社会治理工作中的先导性、基础性作用。打好"精细治理"牌，各

区各部门要结合各自实际,在矛盾化解、治安联防、群众服务等方面推出社会治理"微创新"项目,不断提升社会治理精细化水平。三要强化治理载体。要强化综治中心社会治理的平台作用,建立综治中心与网格化服务管理联动运行机制,切实发挥网格员、治安巡防队伍、平安志愿者等基层力量的能动性。要发挥平安星级小区创建的牵引作用,集中整治影响平安小区创建的重点问题,以点带面全面提升基层平安建设水平。要深化重点领域平安建设的基础作用,紧盯重点人群管理、重点领域整治、重点部位安防等社会治理重点难点问题,建立健全防止反弹的长效机制。

3.常态开展扫黑除恶,赢得护航发展的新胜利。一要持续严打高压。常态化开展线索摸排,严格线索核查责任,持续深挖彻查、打深打透,防止黑恶势力死灰复燃。要严格依法办案,确保扫黑除恶始终在法治轨道上运行。二要彻底铲除涉黑土壤。严格落实扫黑除恶工作要求,强化审执衔接,彻底摧毁黑恶势力经济基础。对已查实的涉黑涉恶案件再逐案复查、交叉互查、随机提级再查,严肃查处公职人员涉黑涉恶违纪违法犯罪问题。三要全力固本清源。开展行业乱点乱象常态滚动排查整治,持续排查整顿软弱涣散基层党组织,整治"村霸"突出问题,落实村(居)党组织书记区级备案管理制度和村(居)"两委"成员资格区级联审机制。

4.大力推进智慧政法,引入创新发展的新引擎。依托智慧司法建设,推进互联网、人工智能、大数据、云计算、区块链、5G等现代科技在司法领域深度应用,促进司法活动质量变革、效率变革、动力变革,实现司法公开、高效、便民。破除"信息壁垒",实现侦查、起诉、审判各阶段的司法数据共享,如促进法院内部案件裁判文书平台的联通和数据共享以及强化与专门裁判文书网站间的合作,确保案件信息上传的完整性。另外,在司法智能化平台建设中探索与行业协会、企业、科研机构、律师事务所等社会主体合作,如通过与互联网行业协会、企业的合作,邀请专业技术团队主持或参与官方网站、手机客户端等智能平台建设、运营和评估,利用其专业性提升平台的整体质量,有效防控技术性风险;通过与司法科研机构、律师事务所等社会主体的合作,借助其在案例数据库建设方面的技术优势和人才优势,推进司法案件数据收集和分析的全面性,同时强化外界对司法活动的监督。

5.深入开展教育整顿,提升法治队伍的战斗力。要扎实开展政法队伍教育整顿,不断强化政法队伍革命化、正规化、专业化、职业化建设,最大限度激发全市政法队伍的生机和活力,通过强化学习教育、固本培元,强化监督整顿、建章立制,强化能力提升、补齐短板,强化暖警爱警、提振士气,凝聚政法干警干事创业的动力活力,为优化提升法治化营商环境打下坚实的组织基础。

以打造最具安全感城市为目标
进一步建设更高水平平安厦门研究

厦门市委政法委课题组

近年来，厦门市坚持以习近平新时代中国特色社会主义思想为指导，认真贯彻习近平法治思想，紧密围绕中央、省委关于平安建设的决策部署，提出打造最具安全感城市的目标，着力在更高水平上建设平安厦门，在平安建设领域形成了一系列具有厦门特色的工作经验。

一、建设更高水平平安厦门的工作基础

平安建设是习近平总书记高度重视、反复强调的一项工作。厦门始终从践行"两个维护"的高度出发，力争在平安建设工作上争先走前。

1. 金砖会晤安保维稳工作成为助推平安厦门进档升级的新起点。2017 年，厦门集中全市力量圆满完成了金砖会晤服务保障任务，并以此为契机，进一步完善市域平安建设指挥体系，形成基础信息排查、矛盾纠纷化解、社会治安整治、公共安全监管、重大事件处置、社会力量群防等一批平安建设工作机制，推动平安建设工作实现质的飞跃。

2. 平安厦门建设成果奠定更高水平平安厦门建设的新基础。开展家安、路安、食安、业安、心安"五安"平安系列工程建设，创新开展流动人口服务管理、道路交通亡人事故专项整治等专项行动，2017—2020 年道路交通死亡人数实现四连降，群众安全感率连续三年位居全省前列，刑事类警情创十年来新低。

3. 法治厦门建设成为更高水平平安厦门建设的新优势。获评首批"全国法治政府建设示范市"称号，多规合一管理若干规定、生活垃圾分类管理办法、轨道交通条例、园林绿化条例等一批高质量立法成为全国立法和地方立法样本，设立了厦门知识产权法庭、破产法庭，形成了诉讼与公证协同创新、厦门金融司法协同中心等创新亮点。

4. 主动创稳推动更高水平平安厦门建设迈开新步伐。创新提出"主动创稳"工作理念，构建全方位立体式主动创稳工作体系，推动维稳工作由"被动维稳"向"主动创稳"转变。"大数据＋扫黑除恶"、校园"微治理"等平安建设经验获中央政法委肯定，作为东部城市唯一代表在全国市域社会治理现代化工作会议上做经验交流。

二、建设更高水平平安厦门的主要挑战

在新冠疫情常态化、全球经济深度衰退、大国关系风云变幻等国内外因素影响下，平安建设面临的新挑战新变化也层出不穷。具体到厦门这样一个外向度很高的港口城市，当前和未来一段时间平安建设的挑战集中在以下方面：

1. 社会稳定风险交织叠加。在外部经济增长持续放缓、内部"三期叠加"的背景下，涉房地产、涉民间借贷、涉网络投资等领域的涉稳风险更加复杂，新旧群体、新老诉求交织叠加更加明显。

2. 公共安全风险点多面广。厦门是个大人流、大车流、大物流、大信息流特征明显的城市，公共场所安全防范、社会治安防控、安全生产等防控压力大，寄递物流、道路交通、消防安全等隐患仍然存在，电信网络诈骗、套路贷等新型犯罪手法层出不穷。

3. 网络安全风险更加凸显。网络空间叠加、放大效应更加明显，黑客攻击、网络窃密、大数据流失、"停服断网"等风险较高，新型网络违法犯罪问题需要警惕。

三、建设更高水平平安厦门的工作目标与实践路径

厦门坚持以习近平新时代中国特色社会主义思想为指导，立足工作基础，直面风险挑战，提出了建设"最具安全感城市"的工作目标，旨在进一步把平安建设放全市改革发展稳定大局中统筹思考谋划，对照国内外一流城市，从犯罪少、治安好的"小平安"建设拓展到构建全方位、多层次的"大平安"体系，从治安安全拓展到经济、政治、文化、社会、生态等多领域安全，全面提升城市安全感和群众满意度，力争群众安全感位居全国同类城市前列。其实现路径包括以下方面：

1. 建立及时高效的风险防控体系。巩固提升主动创稳工作成效，健全社会稳定风险评估机制，坚持"属地管理、分级负责"的原则，明确涉及群众切身利益的重大决策、重大事项、重大项目，必须将社会稳定风险评估作为"前置程序"和"刚性门槛"。健全矛盾纠纷依法处置机制，不断提高依法处理人民内部矛盾的工作水平，坚持发展新时代"枫桥经验"，深化"四下基层"工作制度，引导群众合理合法表达利益诉求，努力将各类重大矛盾风险防范解决在市域范围。

2. 创新立体完善的社会治理体系。健全市域社会治安立体防控体系，开展社会治安防控体系建设标准化城市和示范城市创建工作，打造高效的合成作战体系、精准的经济犯罪研判预警体系、灵敏的网络舆情管控体系、严密的应急处突工作体系。健全市域公共安全预防控制体系，严格落实各级党委政府属地管理责任、部门监管责任和企业主体责任，严密防范个人极端案事件，进一步深化道路交通亡人事故专项整治、流动人口服务管理等专项行动，最大限度减少社会不安定因素。健全市域基层社会共治共享体系，健全党组织领导的自治、法治、德治相结合的城乡基层治理体系，构建"社区党委—小区党支部—楼道党小组"治理架构，推动机关党员100%到社区报到。发挥对台前沿的区位优势，推动台胞台企积极参与社会治理，形成具有厦门特色的"近台"社会治理模式。

3. 打造公正规范的执法司法体系。推动执法司法规范化建设，深化以审判为中心的诉讼制度改革，全面规范司法机关自由裁量权行使，推行量刑规范化改革、案例指导制度，严格规范减刑、假释、保外就医、暂予监外执行程序和要求。加强党委政法委执法监督，检察机关法律监督，人大、政协、社会舆论监督等多种形式监督，构建全方位、全过程的监督链条。营造一流营商法治环境，支持民营经济和中小企业发展，严格规范涉民营企业执法司法行为和涉案财产处置的法律程序，加强涉知识产权、涉金融、涉自贸区等领域的执法司法保护。

4. 建设坚强有力的队伍支撑体系。以开展政法队伍教育整顿为契机，着力建设一支革命化、正规化、专业化、职业化的平安建设工作队伍。强化理论学习，认真开展党史

学习教育和"再学习、再调研、再落实"活动，扎实开展全员政治轮训，不断筑牢信仰之基。定期举办政法综治领导干部主体培训示范班，加大基层政法委员业务培训力度，推动理论与实践有机融合。完善人才招录、培养机制，拓宽人才交流渠道，推动政法领导干部跨区域、跨部门、跨系统交流锻炼，健全政法干警履职保护机制，不断提升平安建设队伍的向心力、凝聚力、战斗力。

新时期厦门主动创稳工作新模式研究

"主动创稳研究"课题组

随着厦门经济社会的高速发展，各种社会问题和矛盾日趋多元和复杂，社会冲突、利益博弈的表现形式更为多样，影响程度更为深远，传统维稳工作模式已无法适应新形势要求，建立完善全方位、全链条、全要素的主动创稳工作模式，已成为厦门新时代政法维稳工作的当务之急和必由之路。

一、主动创稳的核心要义

1. 主动创稳的概念。主动创稳是指各级党委、政府在深刻认识和准确把握社会稳定风险发生、发展、演变规律的基础上，通过转变传统维稳工作理念，建立健全社会稳定风险的预警预防、研判评估、源头化解、重点治理等工作机制，强化资源整合、多元参与、社会动员，增强整体防范化解重大风险的能力水平，确保社会大局持续安定稳定。主动创稳是新时代维稳工作的重要探索实践，将为实现社会治理体系和治理能力现代化提供重要支撑。

2. 主动创稳的目标与任务。主动创稳的总体目标是着力推动"五个转变"，建立适应现代社会、信息社会、多元社会的维稳工作模式。一是破除"应急维稳"重事后应急处置而疏于事前防范化解的弊端，实现"应急维稳"向"常态创稳"转变。二是根据形势发展，动态掌握情报信息、研判稳定形势、调整应对策略，实现"静态维稳"向"动态创稳"转变。三是正确处理好维稳与维权的关系，顺应群众日益增强的维权意识，不断创新群众工作方法，实现"单一刚性维稳"向"刚柔并济创稳"转变。四是坚持法治引领，健全社会稳定风险评估机制、矛盾纠纷依法处置机制、多元化社会治理机制，实现"突击式维稳"向"制度化创稳"转变。五是打造党委领导、多元共治、协同作战的"大创稳"工作格局，改变政法系统"单打独斗"的局面，实现"专门力量维稳"向"专群结合创稳"转变。

二、当前厦门社会稳定现状分析

（一）厦门社会稳定的经济社会背景

1. 利益格局与人口结构的深刻调整带来的影响。传统熟人社会逐渐消解，大量人员从"单位人"变为"社会人"，社会利益格局出现深刻调整，一些利益受损群体对社会现状不满意、不认可，是产生社会不稳定的重要土壤。此外，厦门经济快速发展，吸引了大批外来务工人员，厦门非户籍人口已有 261 万，占常住人口数的 60.8%。伴随着人口结构变化，不同的价值观激烈碰撞，利益冲突风险持续增加。

2. 城市快速扩张与区域发展不平衡带来的影响。厦门正在向"特大城市"行列迈进，人流、物流、信息流的进一步汇聚，使厦门在流动人口服务管理、基础设施安全监管、突发事件应急处置等公共安全管理方面还存在一些短板。厦门绝大多数优质公共资源集中在岛内，岛内外发展人口密度比达11∶1，岛外社会治理力量相对薄弱，成为制约维稳工作的重要因素。

3. 市民法治维权与社会共治意识觉醒带来的影响。厦门市民受教育程度普遍较高，截至2018年，厦门每10万人口中接受过高等教育达1.77万人，群众文化水平提高、法治观念增强，以及信息化高速发展，使群众维权意识和维权能力不断提升，参与社会共治，表达意见和个性需求的愿望日趋强烈。因此如果在决策中不能认真倾听群众意见，极易造成不理解、不认同、不支持的情况，甚至引发"体制归因"。

（二）当前厦门主要的社会稳定风险

1. 利益群体风险化解难度较大。在征地拆迁领域，随着"岛内大提升，岛外大发展"战略实施，征地拆迁力度持续加大，引发的群体性事件有增多趋势，如时有扬言实施极端行为、阻挠施工等过激行为。在招生入学领域，由于适度宽松的户籍新政，适龄入学儿童出现爆发式增长，全市公办幼儿园及小学学位缺口较大，入学季聚集维权问题周期发生。在劳资纠纷领域，受中美贸易摩擦和国外疫情影响，部分行业和企业面临较大经营压力，群体性劳资矛盾风险也随之增加。

2. 专业行业风险出现集中聚合。在涉众型经济金融领域，各类非法集资、非法吸收公众存款案件呈高发态势，厦门先后发生瑶池集庆、胖毛在线、大地云仓等案件，涉及金额大、人员多、地域广，利益群体频繁聚集上访表达诉求。在房地产行业，因房价波动、工程质量、邻避设施、教育配套、非法改变用途等原因，业主群体聚集维权的情况不断发生，引发了社会高度关注。

3. 新型治安风险考验打防能力。近年来，厦门治安形势持续好转，刑事发案数量持续新低，但非接触类新型犯罪比重却逐年增加，电信网络诈骗、套路贷、网络传销等新型犯罪层出不穷，专业化、组织化、跨区域化特点明显，给打击工作带来较大困难。其中，电信网络诈骗已占刑事警情总数的35.7%，成为影响刑事发案趋势的重要因素。

4. 公共安全风险涉及面广。厦门公共基础设施密集，新型产业快速发展，公共安全隐患日益突出，交通、火灾、燃气爆炸等安全事故时有发生，无人机、网约车、民宿等行业安全监管难度加大。厦门现有寄递物流企业、道路货运许可、本地网站等相关企业和行业规模大、发展快，其管理难度大、安全隐患多。

三、厦门主动创稳的比较分析

习近平同志在厦门工作和调研期间，对经济发展和社会治理工作作出了深远规划和战略指导，为主动创稳工作奠定了坚实的思想理论基础，指明了总体工作方向。2019年，市委召开会议部署推动主动创稳工作，围绕主动创稳印发"工作意见"，成立领导小组，建立了"1+8"工作体系。有关地区和部门在房地产、金融、出租车、劳资纠纷、征地拆迁、教育入学等矛盾突出领域深入开展专项攻坚，在市域社会治理中深化"五安工程"，在抗疫工作中全力服务保障"六稳""六保"，相关工作取得显著成效，将主动创稳打造成厦门的一张"亮眼名片"。

同时，也应当看到，与上海等先进城市相比，厦门在主动创稳实践中仍存在一些差距：

1. 在思想认识层面还需进一步统一。有个别行业主管部门、少数干部对主动创稳的思想认识和贯彻落实不够到位，认为主动创稳是政法部门的事，没有从源头加强风险防范化解，过度依赖政法部门兜底。从上海的经验来看，在创稳实践中注重强化思想统一，在开展社会稳定风险评估工作试点阶段，就邀请发改委、建设局、国资委等部门参与，通过充分沟通情况、交流思想、优化制度设计，将稳评要求嵌入行政部门日常工作流程，由第三方机构承担操作性事务，尽量不增加负担，不影响正常业务。而职能部门通过相关评估案例也切实感受到，风险评估能有效降低决策风险，减少建设受阻、法律诉讼等成本，促进自身业务绩效，从而自觉地将风险评估作为刚性需求。

2. 在制度机制的细化落实上还需进一步加强。"1+8"主动创稳工作制度体系在传统行业领域落实比较到位，而金融、科技等新兴领域还存在短板。从上海的做法看，通过建立完善重大风险防范化解工作协调机制，下设若干个重点领域攻坚小组，既抓牢政治安全、社会稳定、治安防范、公共安全等传统领域，又紧盯社会结构、经济发展、科技进步、涉外矛盾等非传统领域，更加全面、细致地掌握全市的"风险地图"，对跨地区、部门、系统问题实现快速协调。如在涉疫情风险排查管控中，通过信息汇总和跨部门协商，全面掌握社会管控带来的矛盾，市场经营影响带来的各类诉讼纠纷，复工复产复市复学过程中不同群体诉求等，为党委政府科学决策提供有力支撑，有效避免单一部门考虑不周，措施缺乏协调性等问题。

3. 在专业力量培育上还需进一步提升。厦门的主动创稳工作较为注重党委政府主导作用，引入专业社会力量的力度还不够大。从上海的实践来看，近年来积极培育专业社团组织和第三方机构，在解决行政资源瓶颈问题的同时，进一步提升专业化水平。例如，在矛盾纠纷调解工作中，通过加强对专职调解员的职业培训、资格评审和绩效考核，大力推动调解员队伍职业化发展；在社会稳定风险评估工作中，通过挖掘直接面对群众的一线工作专业人员，招募到一批"实践型"专家，在与利益群体沟通交流，防范化解矛盾工作中起到了明显作用；在平安治理的有关社会组织建设中，扶植有关社会公益组织，通过建设具有就业、帮教职能的"中途之家"，帮助特殊群体回归社会，并从中吸纳合适的人员，加入帮教志愿者、劝访工作队伍，既降低了矛盾风险，又增强了维稳工作力量。

四、关于新时期厦门主动创稳新模式的思考

（一）向领导科学借力，进一步明晰主动创稳职责体系

党委政法委作为主动创稳牵头责任部门，在党委统一领导下，能否找准自身定位，整合各领域资源优势，决定了主动创稳工作的成效。其中关键在于处理好以下几对关系：

1. "先"与"后"的关系。党委政法委的维稳职能主要侧重于统筹指挥、综合协调和业务指导，工作中要扮演好党委参谋助手的角色。要通过汇报在先、预警在先，为领导厘清工作思路、部署工作措施提供参考；通过总结在后、追责在后，提升工作水平，树立起工作权威，提升协调能力。

2. "合"与"分"的关系。党委政法委不可能参与、覆盖每一项具体维稳工作，关键

是要承上启下，将党委意图转化成具体工作任务，分解落实到相关职能部门，使主动创稳体系顺畅、高效运转。要通过整合信息、综合研判、联合协作，推动形成工作合力；通过信息分送、任务分派、责任分划，明确权责，确保工作落实到位。

3. "收"与"放"的关系。维稳工作资源是有限的，要区分突出稳定问题与一般社会矛盾，及时调整工作重心，将涉及政治大局、体制机制、跨部门跨区域的重大问题"收"进视线范围，集中力量推动解决；将可由职能部门承担的接访分流、纠纷调解等实务性工作"放"出去，重点关注其中可能引发系统性、区域性风险的风险苗头，实现动态覆盖。

（二）向"大数据＋"借力，进一步建强主动创稳监测预警体系

2017年金砖国家领导人厦门会晤安保维稳结束时，厦门就开始着手搭建全市政法综治信息共享网络，下一步要进一步拓展涵盖范围和技术运用，不断强化主动创稳信息化监测预警体系。

1. 搭建一个平台——主动创稳"大数据＋"平台。在网络化和网络空间基础上，通过大数据、云计算、物联网等信息技术，采集汇聚共享不同部门多模态、富内容、具有时空和人本特征的数据，重点关注影响社会稳定事件因子监测，加大对利益群体感知行为、心理行为、决策行为、响应行为等智能化分析，强化复杂问题、复杂场景的对策应用，设计有效的覆盖不同时空域及不同责任主体的科学策略模型，使主动创稳工作流程更加优化、更加科学、更加智慧。

2. 树立两个规范——主动创稳数据技术规范和安全保障规范。立足于涵盖基层组织建设、平安创建业务、实有地址人口物品、特殊重点人群、治安排查管控、矛盾纠纷化解、社会组织监管、社会防控体系等重点问题门类，构建总体标准、数据标准、平台标准、应用标准的技术规范体系。由于主动创稳工作数据敏感，在信息化监测预警的过程中，从硬件到软件、从终端到功能模块等各个方面，应建立安全保障规范，加强安全管理团队建设，建立信息安全责任制，落实安全运维工作要求。

3. 实现三个转向——从行政化转向社会化、从线下转向线上线下融合、从单向管理转向双向互动。大力推进行政化监测预警模式向科技化、社会化监测预警模式转变，提升社会组织、市场主体在收集、分析、识别、反馈社会稳定风险因子的意识和能力，实现政府与社会共同推进稳定风险因子"云监控"。以网格化服务管理信息系统和基层网格员队伍为依托，构建社会稳定风险因子线上线下协同监测预警体系，夯实"市—区—街—社"四级联动机制，积极拓展移动互联网终端功能，为网格员开展主动创稳业务受理、转办、处置等工作提供安全、便捷的条件。通过大数据、人工智能、物联网等技术，鼓励社会公众自我搜集、分析、共享数据信息，实现数据大融合、业务大协同、社会大合作。

4. 创新四个体系——社区监测体系、群体心理分析体系、矛盾纠纷调解体系、重点人员风险指标体系。创新社区监测体系，加强人、地、物、事、组织等社区要素的稳定风险监测预警，做好定期定向、分级分类管理。创新群体心理分析体系，依托社交网络等数据开展群体矛盾和极端行为预测、发现和预警。创新矛盾纠纷调解体系，采用线上线下协同、动态数据汇聚方式，为调解主体提供统一信息化平台入口，集中多部门工作资源，对接服务需求与供给。创新重点人员风险指标体系，从人员活动范围、时间、地点、类型、频率等维度进行大数据分析，寻找活动规律，提高管控效率。

（三）向第三方市场借力，进一步完善主动创稳风险评估体系

社会稳定风险评估已发展为源头维稳的一项重要制度安排。从上海等地的经验看，积极引入第三方评估机构，加强市场化运作管理，是一个较好的解决思路。

1. 开放政策接口，激发市场活力。第三方评估机构不具备决策审批或否决权，不存在直接的"权"与"利"关系，有效避免了在评估工作中既当运动员又当裁判员的问题。目前，厦门第三方评估的基础较为薄弱，应立足现有的工作体系，研究第三方参与评估的具体环节及方式，鼓励第三方评估机构充分介入评估工作。选择一些综合实力较强的咨询服务机构，加强业务指导，积极为其搭建平台，进行项目扶持，培养一批"龙头"单位，并采取组织研讨、报告授课、出版著作等形式，为后续参加第三方评估的机构和人员提供引领示范和工作参考，加速促进市场进一步发展壮大。

2. 建立质量标准，规范市场运行。从上海的经验看，在前期市场培育过程中，也出现了一些市场乱象，如个别机构主动迎合评估责任主体，刻意回避矛盾风险；为降低社会调查成本，使评估工作表面化、形式化。中立和专业是第三方评估的核心价值所在，必须加强对第三方市场的监管，确保市场的规范化运行。在具体操作层面，应围绕评估基础流程，制定可靠实用、便于操作的评估方法指南，进行全过程指引、菜单式管理。在质量监测层面，通过建立稳定风险评估报告质量考核体系、开展后评估等方式，采取抽查、倒查方式把控评估质量。

3. 发挥专业特长，优化市场分工。从当前市场情况看，第三方评估机构具有多种类型，应发挥它们不同的专业优势。其中，工程咨询机构、科研院所等熟悉专业数据模型、技术工具的运用，擅长为特定行业领域的重大事项提供评估服务；社会公益性组织工作能力较强，善于疏导群众情绪、开展利益协商，擅长为影响特定区域群体利益的重大事项提供评估服务；律师事务所、专业咨询公司等对重大事项的合法性、合规性审查把握较好，又有沟通谈判、诉讼应对的经验，擅长为涉及公共利益政策措施等决策事项提供评估服务。

4. 创新发展理念，促进市场竞争。由于评估事项实际情况的复杂性和多样性，要鼓励各方力量参与竞争，提倡各种工作理论、模式、方法进行实践，通过市场机制促进百家争鸣、优胜劣汰。可以将行业协会作为推动市场管理、自律和发展的重要抓手，组织工程咨询协会、律师协会等行业自治组织建立专家机构目录和专家人才库，加强业务管理和队伍建设。通过开展专题培训和研讨活动，对各个领域的评估人员进行转型打造，使他们既能发挥原有专业优势，又能较快地适应社会稳定工作的特殊要求。

（四）向专业力量借力，进一步提升主动创稳多元化解体系

我国将协商民主作为开展社会治理的一条重要经验，要进一步构建党委政府、市场、社会、公民多方参与、综合治理的工作格局，提升共治共享水平。

1. 积极打造公众参与决策管理的平台。近年来，因重大项目的规划建设、公共政策制定等问题，频频引发群众对"被代表""被参与"的质疑，但传统的公众参与渠道和覆盖面较为有限。在对于涉及群众切身利益的重大政策，影响较大的工程项目，应扎实开展公众调查，可与第三方中介机构密切配合，做好意见征询、公众代表访谈、问卷调查

等工作，设定明确、便利的接待点和接待人员，使意见建议能及时传达到决策机关，方案优化调整情况及时反馈给利益群体，形成良性的互动。

2. 建立健全针对高危心理人群的预警干预体系。根据厦门近年统计看，因邻里、家庭等琐事引发的矛盾占矛盾纠纷总量的 90% 以上，其中一些当事人思想偏执，容易发生过激行为。应当在传统的公共安全管理体系上，建立健全社会化高危心理预警机制，通过组织心理咨询专家、志愿者等专业团队，从不同专业维度，探索建立高危心理预警指数，及时对社会面高危心理人群进行趋势性分析预警。同时，通过引进社会化服务机构，建构区、街（镇）、社区、小区四级心理危机干预体系，提供相应的心理减压疏导、"一对一"的心理个案服务等，对高危社会情绪人群及时开展心理疏导。

3. 持续提升特殊人群社会化服务管理水平。特殊人群往往属于社会弱势群体，部分人员情绪消极，甚至会产生反社会心态。当前特殊人群的管控帮扶主要采取政府主导模式，耗费大量的行政资源后仍存在盲点和短板。我们可以按照"政府主动推动、社团自主运作、社会多方参与"的总体思路，通过政府购买服务的方式，引入专业社会工作组织，以社会化的方式建立日常服务管理体系。这既能发挥社会工作者的专业特长，同时也能够通过专业人员梳理掌握特殊人群管理帮扶政策中的不足，在制度层面推动解决特殊人群的实际问题。

4. 不断加强群众信访问题化解的服务支撑。当前，信访领域是社会矛盾纠纷的汇聚点，而对大量涉及复杂法律关系、经济改革、社会管理等专业领域问题的信访案件，信访工作人员往往缺乏相关专业知识。在推进信访制度改革的过程中，可以积极引入律师事务所、行业协会、专业院校等力量，充分利用专业权威性、去行政化的优势，开展政策解读咨询服务，打消群众的不信任，缓解对抗心理。同时，可以通过对重点信访人员的评估，提出更有针对性的化解方案，有助于从根源上推动案结事了。

新型政法智库建设研究

"新型政法智库研究"课题组

新型政法智库建设是贯彻落实习近平法治思想的重要抓手，是提升政法工作科学民主决策水平的重要支撑。本课题就此专题进行了一些调研和探讨。

一、当前政法智库建设的现状与问题

（一）"新型智库建设"理论的提出

我国一直十分重视智力资源的作用，改革开放之初，当时的社科院、国家体改委等机构就聚集了一批卓越的知识分子，如周小川、楼继伟、厉以宁等，为决策层提供了改革开放的顶层设计方案。政法智库成立的目的在于为社会提出新思想、新观点、新理论，从价值目标上引导公众舆论和政策走向、社会走向，为国家决策直接提供数据分析和理论参照，为政府提供全面、专业、具体的政策方案，为经济政治社会发展提供高质量的专业知识和思想产品。

2013 年 4 月，习近平总书记首次提出"建设中国特色新型智库"的目标，将智库发展视为国家软实力的重要组成部分，并提升到国家战略的高度。在党的十九大报告中，习近平总书记进一步强调："要深化马克思主义理论研究和建设，加快构建中国特色哲学社会科学，加强中国特色新型智库建设。"党的十八大以来，习近平总书记对智库建设作出的重要论述、指示、批示等达 50 次以上。习近平总书记的重要讲话和重要论述为中国特色新型智库建设指明了方向，提供了根本遵循，有力推动了新时代我国智库建设的步伐。目前，我国已逐步形成一个党政军智库、社科院智库、高校智库、社会智库千帆竞发的良好生态。

（二）新型政法智库的概念

新型政法智库是指党的十九大以来，在各级政法委员会的组织领导下，以各级法学会、各高校法学院系所和政法实务单位的多学科、跨领域的智库人才为支撑，以服务党和政府科学民主依法决策为宗旨的非营利性研究咨询机构。新型政法智库以重大法律发展和公共政策问题为研究对象，以提供决策咨询、传递社情民意、参与调查研究、开展法治宣传、建言破解难题、加强执法监督为主要职责。自新型政法智库开始建设以来，其目标就定位在建设一个与政法工作走在前列相匹配、为各级政法委员会提供决策咨询服务、有重要影响的新型高端政法专业智库。

（三）政法智库建设的基本现状

政法智库可以追溯到 1958 年成立的中国科学院法学研究所，它与 1959 年成立的上海社会科学院政治法律研究所、1989 年成立的司法部司法研究所、1991 年先后成立的最高人民法院中国应用法研究所和最高人民检察院检察理论研究所构成了我国最早的政法智库机构。

整体而言，新时代我国政法智库建设坚持以习近平新时代中国特色社会主义思想为指导，突出政治性、专业性、引领性、创新性，科学规划、完善机制，创新平台、建言资政，围绕大局、服务民生，发挥优势、凸显特色，围绕提升政法工作科学化民主化法治化水平，发挥思想库、智囊团作用。以 2018 年 4 月 24 日成立的"山东政法智库"为例，其在一定程度上助力山东省政法工作，为新时代现代化强省建设提供有力的政法智力支撑。

然而，在政法智库蓬勃发展的同时，也遇到了发展难题。第一，我国政法智库综合实力仍然较弱，现有政法智库难以迅速跟进快速变化的国际环境格局、中国社会由农村社会向城市社会的转型、中国经济和世界经济高速融合的趋势，尚未形成智库的产业化、专业化、职业化。第二，我国政法智库分布不平衡。目前，全国许多省、市都建设有政法智库。然而，各省、自治区、直辖市之间差异较大，政法智库高度集中在少数省份。据估算，全国有 5000 多家机构以智库自居，总量居世界第二。在地域分布上，北京最为集中，达 42%，上海紧随其后，达 14%，影响力较大的智库 90% 集中在北京，10% 在上海，而影响力一般和基本无影响力的智库 80% 在京沪以外地区。上海社会科学院发布的《2018 年中国智库报告》显示，政法类智库专业影响力前 10 名依次是：第一，国务院法制办政府法治研究中心；第二，司法部预防犯罪研究所；第三，中央纪委监察部廉政理论研究中心；第四，武汉大学国际法研究所；第五，国家知识产权局产权发展研究中心；第六，北京市信访矛盾分析研究中心；第七，北京师范大学刑事法律科学研究院；第八，上海交通大学国家海洋战略与权益研究基地；第九，中国政法大学法治政府研究院；第十，北京大学法制与发展研究院。可以看出，无论在数量上，还是在影响力上，北京、上海都大幅领先于全国。这反映出越是经济发达地区，越重视决策的科学性，也凸显出京沪以外地区智库建设的薄弱性，其建设工作亟待加强。

二、新型政法智库建设的内涵与功能

（一）新型政法智库的新特征与新要求

新型政法智库之"新"在于其适应新时代、背负新使命、实现新构成、发挥新作用。

一是适应新时代。党的十九大报告指出："经过长期努力，中国特色社会主义进入了新时代，这是我国发展新的历史方位。"这一重大判断同时也给新型智库建设提出了新的要求。新型智库建设必须适应这个新时代，准确把握社会前进的大势、大局及参照坐标，紧扣新时代政法工作的新要求，才能发挥出智库应有的积极作用。因此，新型政法智库建设要坚持以习近平新时代中国特色社会主义思想为指导，始终坚持党的领导，不断增强"四个意识"，坚定"四个自信"，坚决做到"两个维护"，始终在思想上政治上行动上同以习近平同志为核心的党中央保持高度一致，坚定不移地走中国特色社会主义法治道路。把政治可靠、纪律性强作为新型政法智库人选的首要条件，确保入选人员政治坚定可靠、社会形象良好，积极为中央和地方工作大局建言资政。

二是背负新使命。新时代新型政法智库建设必须面向新时代，承担起新时代新的使命。新型政法智库建设必须承担起服从服务于党和国家工作大局、各级党委政府工作目标落实的使命，当前特别是要落实党的十九届五中全会部署，为建设社会主义现代化国家提供支持。要紧紧围绕各级政府中心工作和经济社会发展大局，紧扣政法机关维护国家政治安全、确保社会大局稳定、促进社会公平正义、保障人民安居乐业的主要职责，对带有全局性、战略性法律问题进行研究、提出建议，并对社会未来的发展趋势作出预判，从而为提升新时代政法工作科学民主依法决策水平提供有效的智力支持。

三是实现新构成。新型政法智库的建设立足政法、面向全局，广泛吸纳各方人才，整合聚集各类资源。在成员构成上，新型政法智库充分体现广泛性、代表性、开放性，由知名法学、政治学、公共管理、社会学、智能化等领域专家学者，部分经验丰富的政法领导干部、人大代表、政协委员，资深媒体记者，以及政法基层一线代表等组成。通过建立包括研究报告、咨询报告在内的多元评价体系，大力表彰政法智库建言优秀作者、政法智库突出贡献者，不断提升新型政法智库的主动性、创造性、实效性。要努力形成以各级法学会、各高校法学院系所和政法实务单位为支撑，产学研用融合发展、共建共联共享的新型政法智库共同体。在此基础上，通过建立跨地域的政法智库协作机制，形成共建共享共发展的格局。

四是发挥新作用。新型政法智库的建设在各级政法委员会的组织领导下，时代性更强，发挥作用手段更前沿。新型政法智库建设要主动拥抱现代科技，充分运用现代大数据、云计算等技术手段，开展调查研究，在提升工作效率的同时，也让调研成果更加贴近时代前沿和政法工作实际。时效性更强，服务决策更高效。作为新型政法智库研究对象的法治热点、政法重点问题多具有即时性，这就要求新型政法智库必须在有限的时间内提出有效的解决方案。因此，新型政法智库应具备一套"短平快"的经验总结、知识生产和传播模式。互动性更强，与社会需求更贴合。新型政法智库要解决一些法治热点问题和政法重点问题，大量的公众调研和参与是必不可少的环节。更为重要的是，作为新时代国家软实力的重要组成部分，已有的新型政法智库多立足于基本国情和地方特色打造法治文化品牌、法治人才培养品牌，构建多元化智库建言——成果应用体系，以提升新型政法智库的社会影响力。

（二）新型政法智库建设的指导原则

1.把党对政法工作的绝对领导作为根本原则。党的领导是法治建设最根本的保证，必须把加强党的全面领导贯彻到新型政法智库建设的各方面全过程中，推进党的领导制度化、法治化。具体而言，要确立新型政法智库人才队伍的政治立场、政治方向、政治原则、政治道路，严明政治纪律和政治规矩，为新型政法智库的科学发展提供政治保证。加强党对政法队伍建设的领导，完善各级政法委员会组织领导、各级法学会、各高校法学院系所和有关政法实务部门各司其职的新型政法智库共同体，不断提高新型政法智库专业化、智能化、法治化、社会化水平。

2.把以人民为中心作为根本立场。一切为了人民是法治中国的目标指引。这一人民立场主要体现在如下三个方面：充分体现人民意志；一切为了人民利益；依法保障人民权益。这同样适用于新型政法智库的建设过程。那就是必须坚持人民至上，把体现人民利益、反映人民愿望、维护人民权益、增进人民福祉落实到新型政法智库建设的全过程，把专门工作和群众路线相结合，把人民满意作为检验政法工作成效的最高标准，积极回应人民群众新要求新期待，系统研究谋划和解决法治领域人民群众反映强烈的突出问题，不断增强人民群众的获得感、幸福感、安全感。

3. 坚定不移走中国特色社会主义法治道路。坚定不移走中国特色社会主义法治道路，要求新型政法智库在建设过程中要毫不动摇地坚持党的领导、人民当家作主、依法治国的有机统一，推动中国特色社会主义法治不断迈向良法善治新境界。通过发挥新型政法智库阐释党的理论、解读公共政策、研判政法重点、引导法治热点、健全舆论引导机制的积极作用，在法治轨道上推进国家治理体系和治理能力现代化。

4. 以解决法治领域突出问题为落脚点。新型政法智库的建设和运行必须聚焦重大问题、服务国家战略，敢于啃硬骨头、敢于涉险滩、敢于向积存多年的顽瘴痼疾开刀，继续推进法治领域改革，解决好法治领域突出问题。一方面，围绕推进全面依法治国重要部署，研究重大法治问题，破解重大法治难题，服务法治社会发展。要加强社会治理、新旧动能转换、乡村振兴、军民融合深度发展、三大攻坚战、市场化改革和高水平开放等重要工作法律问题研究，加强政法工作重点难点问题研究，加强成果转化应用，增强研究质效，更好地发挥思想库和智囊团作用。另一方面，积极对接政府实务部门，通过参加会议、参与咨询、承接课题、成果发布等形式，增强与政府部门的联系紧密度，掌握政策方向，追踪问题进度，为国家重大法律政策的构思、设计、确立奉献智慧，从理论和实践的结合上，确保政法智库研究成果具备突出的宏观战略性。

5. 协同各方力量实现机制创新。为推动新型政法智库高质量发展，新型政法智库的建设应当坚持创新发展，加强组织领导，推动新型政法智库共同体建设，健全工作机制。一方面，要深化研究工作机制，推动智库建设与政法工作深度融合，提高研究工作的针对性实效性，通过了解掌握和分析研判社会稳定形势、政法工作情况动态，创新完善多部门参与的工作协调机制，协调推动预防、化解影响稳定的社会矛盾和风险，协调应对和妥善处置重大突发事件。另一方面，也要重视跨学科研究，推进研究方法、政策分析工具和技术手段创新，为决策咨询提供理论支持。这就要求在新型政法智库的建设过程中，强化协同创新思维，运用学科交叉方法积极拓展法治研究新领域，形成兼具科技含量和泥土气息的研究成果；实现创新主体和创新客体核心要素的深度融合，加强上下联动，横向联合，实现信息共用，资源共享，优势互补；探索"互联网＋"工作模式，凝聚社会共识的积极作用，广泛调动各方研究的积极性。

（三）新型政法智库建设的重大意义

组建新型政法智库，是各级政法机关贯彻落实党中央和地方政府决策部署的实际行动，是政法机关从全局和战略高度出发提出的紧迫任务、作出的重大决策。通过发挥新型政法智库阐释党的法治理论、解读公共政策、研判政法重点、引导法治热点、健全舆论引导机制的积极作用，有助于决策者跳出靠经验、靠少数人智慧建言的经验主义决策模式，从而为新时代政法工作提供"专家型"的知识参考和理论依据，减少重大决策失误，积极服务平安中国、法治中国建设。具体而言，其一，新型政法智库建设是提升新时代政法工作科学民主依法决策的重要支撑。进一步整合法学法律界智力资源，打造服务科学决策和法治实践的"智囊团""思想库""人才库"，健全完善决策支撑体系，增强决策咨询服务能力，是全面提升新时代政法工作领导决策水平的必然要求和重大举措。

以新型政法智库为平台，跨领域、跨学科专家学者的人才优势得以充分发挥，围绕新旧动能转换、市域社会治理现代化、扫黑除恶专项斗争等经济社会发展和政法工作重点难点问题的研究成果得以转化为决策、上升为制度机制、应用于实践。其二，新型政法智库建设是国家治理体系和治理能力现代化的重要内容。在不断提升新型政法智库建设水平的过程中，通过以政治强引领，以法治强保障，以德治强教化，以自治强活力，以智治强支撑，不断跟进法治热点和政法重点，扎实开展法律服务、课题研究、对外发声等工作，坚持在法治轨道上推进国家治理体系和治理能力现代化，更好发挥法治固根本、稳预期、利长远的重要作用，为实现中华民族伟大复兴的中国梦提供智力支持。

三、新型政法智库建设的初步思考

（一）目标定位

1. 以解决政法领域重大疑难问题为根本目标。当今时代，文化发展日益多元化，国家治理日益复杂化，社会管理日益信息化，厦门作为经济特区与改革开放的前沿阵地，面临新时代的新情况与新考验。构建厦门新型政法智库应体现厦门本地特色，使之成为中国特色新型智库体系的重要补充，用以解决深化转型发展关键时期的重大疑难问题，为改革与发展提供高质量的智力支持。作为以战略问题和公共政策为主要研究对象，以服务党和政府科学民主依法决策为宗旨的非营利性研究咨询机构，新型政法智库在建设过程中要坚持以为政府重大疑难问题提供决策咨询服务为基本出发点和落脚点，在法治的轨道上促进国家治理体系与治理能力现代化，为党和政府依法、科学、民主决策提供更加坚实的科学依据、知识基础和思想支持。在充分利用好厦门现有政法类智库前提下，贯彻落实中共中央办公厅、国务院办公厅发布的《关于加强中国特色新型智库建设的意见》具体精神，充分发挥厦门当地政法智库为解决法治重大疑难问题提供政策依据、对策建议的重要作用，依靠其思想与知识推动公共政策决策水平提升。

新型政法智库必须以社会的重大现实问题为主攻方向，为社会重大法律政策的构思、设计、确立奉献智慧。新型政法智库以解决重大疑难问题为根本目标导向，要求提出建设性的意见和方案以推动政法工作实践中的问题。截至2018年，厦门每10万人口中接受过高等教育的达1.77万人，群众法制观念增强以及信息化的高速发展，使得群众维权意识与表达意见的需求日趋强烈。厦门新型政法智库应充分发挥党的群众路线，倾听群众意见、传达群众心声，协助决策者与公众就公共政策问题作出合理、理性、科学的决定，促进公共政策可信度的最大化，促进社会公众对重大政法问题的理解、认同与支持，避免"体制归因"。以厦门市检察院为例，它通过建立厦门市检察机关涉法涉诉信访工作第三方人员名录库，推动涉法涉诉信访工作的开展，主动邀请律师、人大代表共19人参与公开听证和公开答复。通过公开听证"检察开庭"方式，让当事人亲历案件办理过程，提升司法透明度和公信力。在宏观法治建设方面，还可通过组织专家参与地方立法咨询、论证等工作，配合立法机关开展地方性法规的"立改废"工作，提出专家咨询报告；组织专家参与政府重大决策合法性审查、社会稳定和法律风险评估工作；组织专家开展立法评估、法律法规实施状况评估、司法状况评估、司法改革评估、法学教育改革和法学研究评估等多方面齐头并进，从理论和实践上，确保政法智库以解决重大疑难问题为根本目标，研究成果具备突出的宏观战略性。

2. 以服务政法工作实践为基本内容。新时代司法体制改革进入深水区，需要充足的政法智慧资源支撑，用科学、与时俱进的先进政法理论指导与回应政法工作中遇到的困境及现实问题，使各项政法工作健康发展、有效运行，坚持在法治轨道上推进国家治理体系和治理能力现代化。为厦门政法工作提供政策研究、决策评估服务是厦门新型政法智库的重要职责。通过将理论研究与一线政法工作实务相结合，整合律师、鉴定人员、干警等实战人才力量与专家、学者等理论人才资源，增强人员与信息互通，以服务政法工作实践为基本转移，促进政法工作健康、持续发展。贴近实际，指导实践是新型政法智库成果的生命力所在。新型政法智库在履职过程中，应以为现代化社会治理体系提供高质量的专业知识和思想产品与为一线实务人员提供发声渠道为基本目标。致力于将政法智库建设为打通政府决策机关、政府内部法律政策研究室、一线政法队伍、科研院所、高校等多方联系的沟通协调平台，吸收、整合多元化智力资源，形成特色鲜明、支撑有力的地方政法智库，服务政法工作实践发展。从厦门对台工作区位优势的角度看，涉及两岸关系法律政策，相关的政法议题十分广泛。以厦门市中级人民法院为例，其与厦门大学台湾研究院共同组建"台湾地区法律查明研究中心"，为破解涉台审判实践中台湾地区法律查明和适用难题提供有效快捷的解决途径。厦门新型政法智库的学术研究，必须结合中国法治发展道路，为法治在国家治理、祖国统一中发挥功能提供更多理论支撑。结合国际、两岸政法发展格局和趋势，加快涉外法治工作战略布局。在促进中国法治发展同世界法治文明接轨的同时，服务一线政法工作实践，统筹推进市内法治和涉台法治建设，促进中国的法律制度、法治理论和法律文化的新发展。

3. 以提供前瞻咨询意见为核心工作。厦门新型政法智库虽然产生、发展于厦门当地政法系统，但其战略视野与战略目标不应局限于地方，更应紧密联系厦门实际，立足市情、省情，彰显特色，尤其突出以提供前瞻性政法咨询意见为核心的主要工作计划，为全市乃至全省政法工作提供更有价值的智库成果。结合全球著名智库发展经验，选择前瞻性的重大问题进行适度超前研究，往往可以收到不可估量的影响和效果。新型政法智库的研究必须变阐释导向为创新导向——以通过数据调查、理论创新，对某一重大现象的发展趋势、走势有充分调查、高瞻远瞩的分析并作出准确预判，进而提出具有长远影响的理论和思想。新型政法智库的建设过程中，应明确以提供前瞻性咨询意见为智库核心工作，坚持从大局出发，加强对法律政策的重点研究，既立足于政法工作实际，又立足于宏观规律性研究，提供事前论证，与政府机关的内设部门共同为中国特色社会主义法治发展提供理论论证与智力支持。

厦门作为副省级城市，其政法智库的建设过程中应紧紧围绕省委省政府中心工作和全省经济社会发展大局，积极为省委和全省工作大局建言资政，并组织专家对带有全局性、前瞻性法律问题进行研究，提出建议。尤其针对法治现实问题，以提出符合厦门社会发展趋势、能够解释或者解决社会发展重大问题的新数据、新观点、新理论、新知识和新智慧。具体而言，应加强厦门市地方性立法工作研究，加强法律资料研究，围绕厦门市政法工作重点与新时代司法体制改革的规律，做好专题资料收集、整理、分析与提供咨询等工作。政法智库要将最新的理论成果与政法实务对接，充分利用智力资源，对法治工作中的新型与复杂案件提供理论上的储备，实现特殊案情特殊预防。同时对长远问题进行系统性分析，提出前瞻性、战略性思路，从现实案件引申出不断发展的政法工作经验，为一线机关提供前瞻性咨询意见，提高工作效能，体现新型政法智库的创新前瞻精神。

4. 针对公共突发事件提供应急处置对策。厦门正在向"特大城市"行列迈进，人流、物流、信息流的进一步汇聚凸显出政法建设在人口服务、基础设施安全、突发事件应急处置等方面的监管短板。随着厦门"岛内大提升、岛外大发展"战略实施，因征地拆迁导致的重大群体性事件风险有增多趋势；在金融监管领域，非法集资、非法吸收公众存款案件时有发生，电信网络诈骗、套路贷、网络传销等新型犯罪比重逐年增加；由于城市基础建设中公共设施密集，新兴产业快速发展，公共安全隐患日益突出，交通、火灾、燃气爆炸等安全事故时有发生。同时，厦门作为拥有全球前列的集装箱港的重要国际货运枢纽城市，在应对新冠疫情这一全球性重大公共卫生突发事件过程中，也对厦门在海关检疫、海事运输等方面处理公共突发事件的能力提出了新的要求。发挥新型政法智库的沟通媒介功能，整合大数据资源与信息化共享平台建设，面对公共突发事件，得以高效快捷掌握最新进展并施以精准方略，推动建设构建统一指挥、专常兼备、反应灵敏、上下联动的应急管理体系，促进应急领域各要素协同发展，与各级政府、机构紧密合作，从而打造综合服务型平台。以科技信息化推进厦门市应急管理能力现代化，借助新型政法智库整合应急相关管理实施机构、科研力量、应急管理服务机构，是提升政府应急治理能力的必然举措之一。

（二）新型政法智库建设的运行机制

1. 强化党对新型政法智库的领导。新型政法智库要以党的领导为遵循，确保在政治立场、政治方向、政治原则、政治道路上同以习近平同志为核心的党中央保持高度一致，确保研究内容、研究成果紧密结合厦门市政法委的决策需要和工作部署。

2. 建立系统化的政法决策咨询机制。建立常态化的政法决策咨询机制，是确保新型政法智库充分服务于厦门市政法工作的题中应有之义。除了决策咨询常态化，还应完善重大决策问询机制、重大课题招标和评议机制以及决策机构对智库咨询意见的回应机制等，强化新型政法智库与决策部门之间的联系和沟通。对于战略性、全局性、前瞻性的重大问题决策，应当建立高端政法人才研讨机制，以保证决策的公共理性。

3. 发展线上与线下相结合的多元化交流机制。新型政法智库应当扣紧互联网发展的时代脉搏，加快建设线下与线上"双轨并行"的新型组织形式，形成完备的线上办公机制和线上磋商机制，密切智库专家与政法部门的联系。智库专家可通过线上或线下的不同形式，快速掌握最新的政法工作动态，与政法部门谈思路、出主意、想办法、解难题，实地参与或远程参与政法决策咨询工作，保证决策辅助工作的时效性，为社会维稳、舆论引导、群众服务等重要政法工作提供智力支撑。

4. 创新研究成果的宣传形式。多样化的宣传形式可以更好地推广研究成果，提升专家的成就感与荣誉感，同时吸引更多的高水平人才加入新型政法智库。新型政法智库不仅在研究成果上要创新，在研究成果的宣传路径上也需要创新。

（三）新型政法智库建设的人才培养

1. 优化人才队伍结构。面对日趋复杂多样的公共决策需求，新型政法智库需要遵循"高水平、跨学科、重协调"的人才选拔理念，选拔一支政治过硬、素质优良、人数充足、学科齐全、结构合理、运转有效的专家队伍加入新型政法智库。

2. 健全人才引进程序。新型政法智库建设需要"开放引智""开门办库"，统筹政法系统内部和外部的人才力量，优化人才结构，对标国内一流智库的人才标准。

3. 完善人才培养制度。新型政法智库要坚持以习近平新时代中国特色社会主义思想为指导，把培养有理想、有责任、有担当、有作为的政法专家作为目标，树立科学的人才观，为繁荣政法工作研究、加强成果应用转化、加快推进法治厦门建设提供有力的人才保障和智力支撑。

（四）新型政法智库建设的信息平台支撑

1. 打造厦门市"智慧政法"大数据平台。在厦门新型智库的建设中建立健全信息资源共享支持政策，构建政府信息公开、共享机制，进一步扩展政府信息共享的范围，使新型政法智库及时了解重大公共突发事件信息，并逐步向决策咨询机构公开与共享面向研究和决策且不涉密的信息数据，加快大数据的应用与发展，建立新型智库建设与发展所需的各种大型数据库和数字化信息平台，为高水平的政策研究提供分析基础。要加强政法工作与智能化产业跨界协作，通过融合应用大数据、云计算、人工智能等技术手段，逐步完善政法领域信息化基础设施，建设刑事案件跨部门业务协同应用系统，提升政法各单位工作质效，向科技创新要战斗力、要生产力，推进社会治理体系和治理能力现代化。

2. 完善智库内部信息交流与共享机制。建设新型政法智库离不开信息交流与共享机制的保障，厦门市要加快健全智库建设的信息资源共享支持政策，健全政法工作公开机制，进一步扩展政法工作信息共享的范围。对于政法系统内的专家，要打破各政法部门间的信息交流壁垒，建立各部门智库专家的定期交流机制，实现信息共享流程规范化、数据标准化。对于政法系统外的智库专家，不宜将其拒之于信息共享的大门外，要畅通政法系统外智库专家与政法系统内各级部门的交流，拓宽信息的交流渠道，逐步向系统外专家公开与共享研究和决策且不涉密的信息数据，从而保证其研究紧密结合政法工作实践。

（五）新型政法智库提升政法水平的长效机制

1. 紧密结合厦门市政法工作重要决策开展研究。要紧紧围绕厦门市政法委的重大决策部署，紧扣打造最具安全感城市、市域社会治理现代化示范市和法治中国典范城市目标，以"主动创稳"为主线，以对策研究为导向，为厦门市政法委的科学决策提出务实管用、有针对性和可操作性的对策建议。

2. 健全研究工作的配套保障机制。新型政法智库建设需要多渠道、多层次的资金支持体系，健全竞争性经费和稳定性经费相协调的资金投入机制，并为智库专家工作提供专用办公场地、配套设施等基本工作保障，让智库专家工作安心，科研省心。

3. 完善成果评价机制和成果转化机制。新型政法智库要探索建立包括研究报告、咨询报告在内的科研成果多元评价体系，推进"代表性成果"的评奖评优机制，完善科研人员的分类考核体系，激励广大智库研究者产出更多优秀成果。

法律研究

检察机关重大案件提前介入机制思考

陈玉玲 *

检察机关提前介入侦查一直是我国检察机关重要的职能，虽然该职权的行使具有相应的法理基础和法律规定，然而由于我国相关法律对该项制度仅作了宽泛的规定，造成司法实践中执法人员适用的困惑。提前介入侦查机制在很大程度上可以提高诉讼效益，展现检察机关的法律监督功能，然而其也在适用范围、适用方式等方面存在困境，通过确定提前介入的案件范围、建立提前介入案件的法定程序，让提前介入机制能够更好地发挥作用。

一、检察机关"提前介入"概述

（一）"提前介入"概念界定

所谓的"提前介入"是指检察机关提前介入公安机关的案件侦查工作。对于公安机关立案进行侦查的刑事案件，在公安机关的商请之下或者检察机关认为必要时，可以派员提前对公安机关所办理的案件介入侦查，对公安机关在收集案件证据以及适用法律等问题上提出相关意见，与此同时履行对公安机关的法律监督职责。[①] 我国立法上对于检察机关提前介入侦查的规定，主要见于我国《刑事诉讼法》第 87 条 [②] 以及《人民检察院刑事诉讼规则》第 256 条 [③]，上述相关法律对重大案件提前介入机制的主体、前提作了大致规定。

（二）提前介入理论依据

检察院提前介入公安机关案件侦查的实质是在"以审判为中心"的前提下对侦查行为的一种引导取证和监督活动，检察机关根据自身的优势可以引导和监督侦查活动符合审判规律和裁判规则的要求。检察机关对侦查机关侦查的案件提前介入不是无源之水，无本之木，其权力行使既有法律的概括性规定，也有相应的理论基础。

根据宪法规定，检察机关是我国的法律监督机关，即按照宪法的规定检察机关拥有法律监督权力。而从《刑事诉讼法》及其他现行法律、法规和司法实践来看，检察机关的

---

* 陈玉玲，厦门市集美区人民检察院。

① 《六项举措强化提前介入侦查工作》，载中华人民共和国最高人民检察院网站。

② 《刑事诉讼法》第 87 条："公安机关要求逮捕犯罪嫌疑人的时候，应当写出提请批准逮捕决定书，连同案卷材料、证据，一并移送同级人民检察院审查批准。必要的时候，人民检察院可以派人参加公安机关对重大案件的讨论。"

③ 《人民检察院刑事诉讼规则》第 256 条："经公安机关商请或者人民检察院认为确有必要时，可以派员适时介入重大、疑难复杂案件的侦查活动，参加公安机关对于重大案件的讨论，对案件性质、收案证据，适用法律等提出意见，监督侦查活动是否违法。"

职权包括逮捕权、起诉权、侦查监督权、引导取证权等，根据《中华人民共和国立法法》规定的一切法律、法规的制定都不得与宪法及上位法相抵触原则可以看出，无论是《刑事诉讼法》的规定，还是其他法律、法规规定的检察机关对公安机关侦查监督、引导侦查取证等权力都是与宪法规定的法律监督权不相互抵触，换言之，检察机关的法律监督权是包含侦查监督权、引导取证权等检察权的。虽然法律没有明确规定检察机关对公安机关的同步引导取证和监督权，但没有明确规定并不意味着检察机关不可以对公安机关的刑事侦查活动提前介入进行同步监督和引导取证。

笔者认为，检察机关法律监督的宪法职权决定了其从整体性把握和维护公共利益的职能，检察机关专业素质的特性决定了其必须以维护法制的统一性的角度对执法机关的执法活动进行全面法律监督，实现整体性把握和维护公共利益，如此，公安机关根据《刑事诉讼法》进行立案、侦查活动行使执法活动时，检察机关不可能也不应该只可对其以事后审查的方式进行法律监督，其事前、事中的侦查活动却不可进行同步法律监督，如此，阶段性、选择性的法律监督不符合宪法赋予检察机关维护法制统一性进行法律监督的立法本意。据上所述，笔者认为根据宪法的规定，检察机关的法律监督权应涵盖侦查机关刑事侦查执法活动的全程，并且这种法律监督的权力既包括对侦查机关执行实体法结果的法律监督，也应包括对其取证过程中程序合法性进行全过程的法律监督。据此笔者认为，检察机关在审查逮捕、起诉公安机关提请移送案件阶段拥有的侦查监督及引导取证权同样可以适用于公安机关移送刑事案件前的立案、侦查等刑事执法活动中。为此，笔者认为，无论是从检察机关实现法律监督职能的实际出发，还是从立法本意赋予检察机关维护法制统一的法律监督职权出发，法律监督权作为检察机关提前介入侦查活动从而实现引导取证和侦查监督目的的权力来源都具有相应的理论基础。

（三）提前介入的功能

1. 保证案件质量提高诉讼效益。目前我国对于检察机关、公安机关以及审判机关的刑事诉讼相关规定或多或少均体现"相互分工配合、相互制约"的原则和理念。公安机关对于刑事案件证据要求因其工作重点与检察机关不同，因此在证据标准方面存在着理解不一、标准不一的情形，导致在司法实践中，公安机关将案件报请批准逮捕或者移送起诉，由于证据不符合检察机关批准逮捕、提起公诉的标准，为此检察机关在审捕、审查起诉阶段需要再次指导侦查机关收集、固定、补充案件的情况经常出现，这将导致检察机关与公安机关双方工作量的上升。如果案件关键性证据存在时效性，公安机关在侦查初期未及时收集固定，将会影响案件相关事实的认定。因此，检察机关提前介入案件，引导公安机关侦查取证，有利于在公安机关案件侦查时期能够接收到检察机关关于案件证据的标准意见作为参考，保证公安机关在报捕或者移送起诉前侦查过程中所收集到的证据符合检察机关批捕、审查起诉以及审判的需要，保证案件质量，从而降低诉讼成本并全面提高诉讼的效率。

2. 履行侦查监督职责保障人权。我国宪法规定，检察机关是我国的法律监督机关，对公安机关在案件中侦查行为合法性进行审查是检察机关的重要职责之一。检察机关是唯一的法律监督机关，如果不能充分履行对公安机关侦查活动进行法律监督的职责，那么将会导致侦查阶段彻底成为片面的追诉程序，这对保护公民的基本权利来说是一场灾难……应当将提前介入的核心放在对公安机关侦查活动的监督上，检察机关通过参与到案件的侦查当中，参与对犯罪嫌疑人讯问以及对证人的询问等取证活动中去，能够直接监督公安机关按照法律规定的程序开展侦查活动，并且能够及时发现并对违法活动进行纠正。[①] "冤假错案"问题一直是近几年来社会广泛关注的问题，而造成"冤假错案"的根本原因在于侦查机关在案件侦查过程中侦查行为的不合法，而作为法律监督部门的检察机关，对公安机关违法的侦查取证行为未施以行之有效的侦查监督也是一个重要原因。因此，检察机关提前介入案件侦查，可以在引导公安机关侦查取证的同时监督公安机关侦查行为，保护当事人合法权益，避免公安机关侦查权的滥用，对公安机关违法侦查行为进行纠正，以防止冤假错案的发生。

二、检察机关"提前介入"机制所面临的困境

（一）提前介入导致检察机关侦查监督弱化的疑虑

检察机关提前介入公安机关案件侦查，在案件中对公安机关的侦查取证工作进行引导。有学者认为，检察机关提前介入的行为，事实上已经直接参与了公安机关的案件侦查，这将会造成"球员兼裁判"的情况，即检察机关既是监督者也是参与者的情况的发生。实践证明，检察机关提前介入到公安机关正在侦办的案件当中，其实就是参与了案件的侦查活动，检察机关对是否采信公安机关所收集到的证据、对案件的实体处理等提出意见，对于今后案件侦办方向以及取证方向等内容对公安机关进行引导，其本质上就是检警联合办理案件。[②] 检察机关提前介入案件，可能造成侦查监督的弱化。检察机关理应作为案件客观的监督者，却因提前介入案件侦查，而与公安机关同一阵线。这也导致了检察机关在提前介入案件的过程中，与公安机关一起注重指导收集对证明本案犯罪嫌疑人构罪的证据以及案件事实而严重忽略了能够证实本案犯罪嫌疑人无罪、罪轻的证据。这将对犯罪嫌疑人的基本权益造成严重影响。此外，检察人员提前介入案件后，将对整个案件存在先入为主的判断。公安机关移送侦查后移送给检察院的证据材料均是按照检察机关要求的标准收集的，因此在案件的审查批准逮捕阶段及审查起诉阶段中，承办检察官前期对案件的理解会影响到其对案件判断的客观性，与公安机关形成相似的看法，且可能造成检察官放松对案件证据取证的合法性的审查。这些情况将会对检察机关行使侦查监督职能产生不利影响，使检察机关独立的检察职能遭到干扰，从而导致检察机关的法律监督职能不彰。

（二）检察机关提前介入案件范围的争议

我国 1979 年刑事诉讼法中第一次规定了提前介入机制，之后刑事诉讼法历经几次修改，相关配套法律法规的出台，均未对提前介入机制有详细的规定，目前法律仅仅规定"必要的时候，人民检察院可以派员参加公安机关对重大案件的谈论"。然而对于"必要时候"，以及"重大案件"如何界定，理论界莫衷一是。有学者认为，检察机关提前介入的案件范围应该界定在刑法所规定的重大的恶性犯罪上，如故意杀人、抢劫、强奸等较为重大的案件，有学者则认为提前介入的范围应该限定于犯罪嫌疑人存在被判处 10 年以上

① 谭冰涛：《试论侦查监督的改革与完善》，载《政法学刊》1998 年第 1 期。
② 李国妍：《检察机关提前介入公安机关侦查活动应慎重》，载《国家高级检察官论坛》2009 年。

有期徒刑可能性的案件，还有学者认为提前介入案件范围应该以案件的复杂程度加以区分，提前介入案件的范围应当界定在案件疑难复杂、取证难度大这一标准上。由于目前我国法律并未明确，司法实践中造成公安机关和检察机关在适用上的困惑。此外，由于提前介入案件范围的不明确，导致提前介入机制遭到滥用，实践中可能存在突破提前介入制度中所规定的"必要时候"的界限。公安机关主动邀请检察机关介入案件侦查，在某些时候可能存在向检察机关试探案件是否能够报捕、是否能够符合起诉标准的目的性，且通过商请检察机关提前介入，往往在很大程度上能够让检察机关分担公安机关的办案压力。检察机关提前介入案件侦查过于频繁，将会导致在案件中检察机关法律监督角色的失位，造成检察机关检察权与侦查权的混同。

（三）检察机关提前介入方式的不确定

检察机关应该采取什么样的方式提前介入公安机关的案件侦查活动，在司法实践中存有争议。从检察机关提前介入公安机关案件侦查的主动性来看，有检察机关主动要求介入侦查以及公安机关商请检察机关介入侦查两种方式。从检察机关提前介入案件侦查后的具体操作方式看，有的检察机关选择提前审查案卷材料、参与阅卷及案件讨论方式介入；有的则以规范或强化侦查过程中的证据收集和完善证据提出书面引导意见或建议。[①] 检察机关应采取何种方式提前介入，目前没有统一标准，故司法实践对于提前介入的方式存在理解上的困惑和操作上的混乱。此外，关于检察机关提前介入尺度的把握也存在争议。实践中，检察机关在提前介入中如何把握尺度也是困扰执法者的问题。所谓的"引导不领导、引导不越位、监督要到位"[②] 也仅仅是在大方向上对检察机关提前介入案件侦查的原则性指导，对于检察机关提前介入案件侦查的具体操作规则目前仍然欠缺。根据法律规定，公安机关是刑事案件侦查的主角，检察机关是监督机关，检察机关在提前介入案件侦查中系参与者而非主导者，故在实践中，检察机关应该扮演好参与者的角色而非越俎代庖。然而，如果检察机关在提前介入案件侦查中，过于谨慎小心，则无法发挥检察机关在提前介入案件中的作用，导致提前介入机制流于形式。综上所述，作为一名普通的检察人员，在没有具体操作规则指导下，在司法实践中要把握好提前介入的尺度存在很大困难。

三、完善检察机关提前介入机制的建议

（一）明确检察机关提前介入重大案件的范围

由于我国目前的相关法律法规并未明确检察机关提前介入的案件侦查的范围，导致在司法实践中，检察机关提前介入案件侦查存在很大选择空间，带有一定程度的主观性和随意性。然而，如何明确检察机关提前介入案件侦查的范围是困扰立法者的一个问题。确定提前介入范围必须符合司法实践的需要，如果范围过于宽泛，则可能导致检察机关提前介入案件侦查的泛滥，如果范围过于狭窄，则将会使提前介入制度无法发挥作用。

---

① 天津北辰区人民检察院课题组：《检察机关"提前介入"问题研究》，载《河北法学》2009年第3期。

② 熊正：《提前介入侦查需把握好时机及程序》，载《检察日报》2007年6月28日。

笔者认为，检察机关提前介入重大案件的范围应该界定于以下几类：

1. 犯罪嫌疑人可能被判处死刑的案件。若刑事案件中，犯罪嫌疑人所涉嫌犯罪行为可能被判处死刑，则检察机关必须提前介入案件侦查。众所周知，死刑是剥夺犯人的生命权，是我国刑法规定的最为严厉的刑罚。我国刑法、刑事诉讼法对死刑案件有比其他刑罚更为严格详细的规定，死刑案件需要所有执法者都谨慎对待。死刑案件如若造成冤假错案，将会造成极其严重的后果。我国近几年来不断浮现的冤假错案，归根到底在于侦查机关未按法律规定办案，而检察机关也存在未尽法律监督义务造成的。因此，犯罪嫌疑人涉嫌的行为可能被判处死刑，则检察机关必须提前介入案件侦查，引导公安机关侦查取证，对公安机关侦查取证行为进行严格监督，充分发挥检察机关的侦查监督职能，从而保护犯罪嫌疑人的基本人权。对于犯罪嫌疑人涉及的罪名可能被判处死刑的案件，检察院必须派人介入公安机关的侦查。

2. 疑难、复杂案件。所谓疑难、复杂案件，笔者认为应当以下列几个标准来进行界定。首先是涉案人数众多的案件，即案件的犯罪嫌疑人或者受害人人数众多的案件；其次是涉案金额较大的案件；再次是造成严重社会影响的案件，例如造成重大舆情的案件、危及公共安全造成社会恐慌的恐怖攻击等案件。此类疑难、复杂之重大案件，由于涉及人数众多、社会影响大、涉案金额高而导致案件的侦查取证困难，公安机关在侦查过程中工作量巨大，可能还需要承受极大的社会舆论压力，在案件侦办的过程中很容易出现取证瑕疵和违法情形，因此，检察机关提前介入上述疑难、复杂之重大案件，引导公安机关侦查取证，有利于公安机关案件的侦破以及侦查行为的规范。

3. 犯罪嫌疑人或者其律师对公安机关侦查行为违法向检察机关进行检举时，检察机关应当提前介入侦查。为了更好地维护犯罪嫌疑人的基本权利以及保障司法的公正性，发挥检察机关的侦查监督功能，犯罪嫌疑人及其律师若向检察机关检举公安机关存在侦查违法行为时，检察机关应当及时提前介入，审查公安机关的侦查行为是否违法，对公安机关所收集的证据进行审查，若发现确实有违法取证的行为，则检察机关必须进行非法证据排除，并对公安机关违法取证的行为进行纠正，建议侦查人员所在单位追究办案人员的相关责任，从而及时维护保障犯罪嫌疑人或相关当事人之合法权益。

（二）完善检察机关提前介入重大案件的程序

1. 建立检察机关提前介入前置程序。检察机关认为有必要时可以主动介入案件侦查，也可以在公安机关的邀请下提前介入。然而并非所有的案件都需要检察机关提前介入。因此，应当确立提前介入重大案件的标准，建立检察机关提前介入的前置程序，统一对公安机关商请提前介入的所谓"重大"案件进行审查，检察机关对不符合提前介入案件标准的案件不予受理，防止提前介入的滥用。

2. 在提前介入制度中引入回避制度。检察机关提前介入案件，对公安机关侦查取证行为进行引导，公安机关对于案件相关证据的收集工作、案件的侦办方向均是在检察人员的引导之下完成，参与提前介入的检察人员已经事先了解案情，难免会对案件产生先入为主的看法。公安机关将案件报请批准逮捕或者移送审查起诉时，如若检察机关的承办人系与提前介入的为同一检察人员，其提前介入的工作将会影响其对案件的判断，使其无法站在客观的角度审查案件，导致案件可能存在违法侦查、关键证据缺失等问题被忽略。我国刑事诉讼法规定了回避制度，就是为了解决"任何人都不能当自己案件的法官"的问题。在提前介入中存在的类似问题，笔者认为，可以在提前介入中引入回避制度，规定参与提前介入案件侦查的检察人员，在日后案件报请批准逮捕以及移送审查起诉时，需要回避，不得参与审查批准逮捕以及审查起诉该案件的工作，以确保案件办理的公正性、客观性。

3. 制定规范的工作流程。检察机关提前介入公安机关案件侦查时，应该针对提前介入的案件制作介入文书，将案件的案情、介入案件的具体行为、对提前介入中发现的公安机关的违法行为等情况进行翔实的记录，并及时归档。检察机关的案件管理部门、控告申诉部门以及派驻纪检监察等职能部门要畅通控告、举报、申诉的相关渠道，建立起提前介入信息相应反馈机制，若检察人员出现提前介入不及时、提起提前介入时泄露侦查信息或者有妨碍侦查等行为，要严肃追究检察人员的相应责任。①

_____

① 吴杨泽：《论检察机关的提前介入机制》，载《重庆理工大学学报（社会科学）》2017 年第 2 期。

刍议检察机关公益诉讼调查权的困境及出路

徐进发 *

公益诉讼调查权是指检察机关在办理公益诉讼案件的过程中，为查明案件事实，向行政机关及其他有关单位和个人调查核实相关情况的权力。但是因为现行法律缺失，且缺少保障性措施，使得公益诉讼调查权开展困难重重。

一、公益诉讼调查权存在的困境

公益诉讼调查权的依据来源于《中华人民共和国人民检察院组织法》第 21 条："人民检察院行使本法第二十条规定的法律监督职权，可以进行调查核实，并依法提出抗诉、纠正意见、检察建议。有关单位应当予以配合，并及时将采纳纠正意见、检察建议的情况书面回复人民检察院。"最高人民法院和最高人民检察院（以下简称"两高"）《关于检察公益诉讼案件适用法律若干问题的解释》（以下简称《解释》）也有相关规定。上述虽然明确规定了检察机关在开展公益诉讼的过程中享有调查权，但调查权的具体行使，仍存在困难。

（一）公益诉讼调查权缺乏刚性 [①]

《解释》第 6 条规定："对于人民检察院调查取证，有关行政机关以及其他组织、公民应当配合。"但该解释未明确不配合调查取证应当负的法律责任。现有法律法规未对检察机关的公益诉讼调查权设置相应的程序性保障措施，调查权缺乏刚性，被调查的单位或个人不予配合，往往使得检察机关的调查取证陷入困境。

（二）调查配合度低，成效不高

利益方面的冲突导致被调查对象配合调查的积极性不高，抵触情绪大，使得获取证据的难度增加。该类问题在行政公益诉讼方面尤为突出。检察机关调查取证的目的就是获取行政机关行政违法的情况，包括不作为或者是乱作为的证据，但该证据的取得，往往取决于行政机关的配合程度，如果行政机关消极对待，则调查难以有效开展。

（三）调查取证把握尺度不一，调查能力不足

尽管公益诉讼历经几年试点，但是仍处在运行初期，因没有明确的规范性文件，各地检察机关把握的调查取证标准不一致，部分调查工作局限于调取书证材料，导致案件调查不深入，流于表面。另外，从人员配备上看，目前承担公益诉讼工作的多为原来的检察机关民行部门的检察官，该类人员大部分缺乏刑事侦查的经验，无法完成公益诉讼调查工作。

---

* 徐进发，厦门市人民检察院。

[①] 杨立凡、何瑶玥：《检察公益诉讼中调查取证的刚性问题研究》，载《三峡论坛》2019 年第 5 期。

二、完善公益诉讼调查权的必要性

（一）检察机关开展公益诉讼的基础保障

自 2014 年 10 月党的十八届四中全会提出探索建立公益诉讼制度以来，各级检察机关围绕该项要求，积极稳妥推进公益诉讼案件的办理。但办理此类公益诉讼案件，最关键的部分在于查明案件事实，以相关证据材料作为提起诉讼的基础，只有充分履行调查权，才能保障公益诉讼提起的合法性、正当性，进一步保护公共利益。

（二）履行法律监督职责的必要手段

检察机关作为法律监督机关在开展公益诉讼过程中，要查明生态环境和资源被损害的情况，查明食品药品安全领域消费者被侵害的情况，查明行政执法机关不履职或履职不当的情况等，这些都需要有相应的证据材料支撑，因此完善检察机关公益诉讼调查权，是发挥检察机关法律监督属性，保障法律正确统一行使的必要手段。

（三）维护国家利益和社会公共利益的必然要求

检察机关以公益诉讼起诉人的身份，代表被侵害的国家利益和社会公共利益提起诉讼，应该比普通民事诉讼或行政诉讼的原告具有更完备的调查权，才能更加充分履行职能，确保公共利益得到最大化救济。

三、公益诉讼调查权困境的破解之道

（一）开展公益诉讼调查权遵循的原则

1. 合法规范的原则。公益诉讼的证明标准虽不同于刑事诉讼的"排除合理怀疑"，但是检察机关提起的公益诉讼，除了要遵循民事或行政诉讼的取证规则、具备该类诉讼的特点外，还留有部分国家公诉的特质，其证明责任应更加苛刻，应当更加规范地收集、固定证据，并从严把握，真正做到取证形式和证据内容合法。

2. 客观全面的原则。① 检察机关可以查阅、摘抄、复制相关书证；询问证人；咨询专业人员获取专家意见等。要充分利用现有规章制度赋予检察机关的调查取证权，全面收集固定认定案件事实的证据。

3. 谦抑审慎的原则。公益诉讼案件应当以公益保护为核心，但在依法行使检察权的时候，应尊重行政权的运行规律，秉着双赢、多赢、共赢的理念，注重办案质量和效果，实现"三个效果"的有机统一。

（二）完善法律法规，积极争取地方党委政府、人大支持

1. 赋予检察机关在调查取证过程中的司法处置权。《中华人民共和国人民警察法》赋予公安机关对于一些违法行为，可以采取的处置手段包括强行带离现场、驱散、拘留等。《中华人民共和国刑事诉讼法》亦规定人民法院可以采取强行带出法庭、罚款、拘留等措

---

① 赵亮：《检察机关提起公益诉讼调查取证实证研究》，载《中国检察官》2015 年第 10 期。

施。①因此，建议在修订相应公益诉讼法律法规、司法解释时，比如在《中华人民共和国人民检察院组织法》第21条后面增加条款，明确赋予检察机关在办理公益诉讼案件中，具有查封冻结、拘留、罚款等强制性司法处置手段，以提升检察机关法律监督和司法办案的权威。

2. 建立检察机关调查过程中的函询制度。《中国共产党党内监督条例（试行）》规定可以通过函询约谈的方式，核实一般性违纪问题线索；《中华人民共和国各级人民代表大会常务委员会监督法》也明确规定可以针对某一具体监督事项联名进行质询的做法。因此，可尝试参照建立检察机关调查过程中的函询制度，检察机关可以就某些特定问题向行政机关函询，要求被询问的机关在规定的时间内作出书面答复和说明。该制度的建立，一方面可以打破检察机关办理公益诉讼案件过程中的专业壁垒，另一方面可以避免出现行政执法机关因涉及自身利益而消极抵触、拒不配合的情况。

3. 争取地方党委政府、人大支持。在现有法律法规未明确赋予检察机关公益诉讼调查权刚性措施的情况下，可以尝试争取地方党委政府、人大支持。如《黑龙江省人大常委会关于加强检察机关公益诉讼工作的决定》第4条就规定了妨碍检察机关调查核实的处理措施。因此，可以通过人大决议的方式，赋予有权机关对于不协助公益诉讼调查的行政机关负责人、具体经办人员给予党政纪处分；对于其他企事业单位、社会团体及个人，则可通过诚信体系建设的手段，以黑名单制度督促其积极配合公益诉讼调查。再者，通过党委政府的支持，可以积极排除公益诉讼调查中的不当干扰。如通过问责手段来避免出现领导干部插手干预司法活动的情况。

（三）借力开展公益诉讼调查取证

1. 检警协作参与公益诉讼调查。引入司法警察参与公益诉讼调查，可以有效解决公益诉讼检察官侦查经验不足的短板。充分发挥检察机关司法警察的职能作用，共同参与公益诉讼调查取证工作。一是司法警察参与公益诉讼调查有充足的法律依据。调查权是人民检察院的对外职权，而非某一个职能部门的对外职权，司法警察参与调查取证是坚持检察机关内部职能分工配合的要求。《人民检察院司法警察条例》第2条规定："人民检察院司法警察是中华人民共和国人民警察的警种之一，依法参与检察活动。"第8条又规定："人民检察院司法警察在检察官的指挥下履行职责。"《人民检察院司法警察执行职务规则》亦有相同规定②，该规定为司法警察参与公益诉讼调查提供了法律基础。二是司法警察参与公益诉讼调查有助于提升调查成效。在检察机关反贪、反渎转隶之前，大部分司法警察参与自侦工作，积累了大量的侦查取证、安全保障等经验。其参与公益诉讼调查，可以解决公益诉讼检察官调查经验不足的困境，共同提升办案成效。三是司法警察参与公益诉讼调查有利于加强内部监督。《人民检察院司法警察条例》第26条规定："人民检察院司法警察认为决定和命令有错误的，可以按照规定提出意见。"司法警察参与公益诉讼调查时，认为办案检察官的决定和命令有错误的时候，可以提出意见，以此可以

---

① 《中华人民共和国刑事诉讼法》第199条："在法庭审判过程中，如果诉讼参与人或者旁听人员违反法庭秩序，审判长应当警告制止。对不听制止的，可以强行带出法庭；情节严重的，处以一千元以下的罚款或者十五日以下的拘留。"

② 《人民检察院司法警察执行职务规则》第2条："人民检察院司法警察在检察官的指挥下，依法履行职责。"

对公益诉讼调查取证起到应有的监督作用，提升证据收集的公信力。

2.建立市、区两级检察机关上下协作配合的一体化办案机制。加强市、区两级检察机关纵向联动，建立由市级检察院为主，区县级检察院协助办理的调查模式，充分发挥两级检察机关优势，推进公益诉讼调查深入开展。一是区县级检察院开展公益诉讼调查过程，容易受到当地相关部门的影响，难以深入调查，而市级检察院虽不受此类影响，但碍于地域上的不便，调查效率低，因此市、区两级检察机关合作开展调查，可以取长补短，提升调查效果。二是市、区两级检察机关承担公益诉讼人员力量有限，建立一体化办案机制，有助于整合办案资源，发挥检察干警个人优势，集中力量办理一批有影响的重大疑难案件。

3.完善衔接机制，提升调查取证质效。一是加强行政执法与刑事司法信息共享，通过协作配合，及时互通案件线索、违法行政行为整改等相关信息，以此及时发现社会公共利益受损线索，提升调查取证的效率。二是强化与审判机关互动。检、法两家可以就公益诉讼案件管辖、诉求提出、证据规则等方面达成共识，形成合力。三是及时对接监察机关。就检察机关提起的行政公益诉讼案件，若出现行政执法机关拒不履行生效法律判决的情况，可以由监察机关对相关责任单位、人员及时依法依规处理，避免国家利益和社会公共利益损失扩大。

（四）细化公益诉讼的证据规则

高检的公益诉讼办案指南规定了具体的公益诉讼调查权的范围，然而该范围并未有相关的实施细则，在具体实践中仍存有问题需要解决。

1.规范询问证人程序。公益诉讼取证规范规定，询问一般个别进行，根据实际情况也可以同时对多人进行询问。但笔者认为，此规定不妥，同时对多人进行询问，一方面可能影响证言的客观性、真实性；另一方面，询问笔录制作的难度也加大，无法逐一制作询问笔录。因此公益诉讼调查过程中，应明确个别进行询问的规则，若需要多人同时询问的，则应采用听证的方式，以听证形成的书面材料作为认定事实的证据材料。

2.建立专家辅助人制度。针对调查中所涉及的专业性鉴定问题，应争取外力支持，建立专家辅助人制度，明确专家意见作为裁判标准。如行政公益诉讼只要能证明公共利益受到侵害就行，不需要精确定量，因此可以通过专家意见、行政机关检测报告来证明，这可以充分发挥科研机构、专家辅助人的作用，借脑借力解决专业技术难题。

3.完善勘验检查制度。建议明确由检察官（含检察官助理）2人以上，即可制作勘验检查笔录，并可在诉讼中使用。现有公益诉讼办案规范规定了"勘验应当在检察官的主持下，由两名以上具备相应资质的专业技术人员共同进行"。该规范与刑事诉讼中关于勘验检查的取证程序相近，但因为公益诉讼对证据要求有别于刑事诉讼，且在公益诉讼前期的调查取证过程中，已有检察官主持开展，因此检察官可单独承担勘验检查的责任，只不过对于专业性较强的勘验检查问题，则再考虑由具备相应资质的专业技术人员配合开展。

捕诉一体办案模式下做强侦查监督的思考

李加胜　陈婵娟　苏雪冰 *

从近三年海沧区检察院侦查监督的案件情况看，总体上呈现几个方面的问题：一是追捕力度明显加大，呈现大幅上升趋势；二是书面监督纠正侦查活动违法数量同比持平；三是监督撤案案件线索来源单一；四是监督立案缺乏有效性；五是部分追诉监督数量下滑、成效不佳；六是检察建议数量逐年下降；七是行政执法信息线索发现能力不足。本文据此进行一些分析并提出对策建议。

一、侦查监督存在的问题及原因分析

（一）理念层面上，对侦查监督工作的重视程度不够

侦查权的行使过程是人权受到侵犯的多发、易发时段，侦查监督是检察机关对公安机关滥用侦查权、不力侦查或违法侦查等侦查活动和侦查行为的专门监督，是为了控制、避免侦查权侵犯到他人自由。公、检两家相互配合和相互制约的制度设计承担着保护人权的重任。但一方面，侦查人员对于侦查监督容易产生抵触情绪，而检察机关往往在办案中也会被打击犯罪的追诉情结所影响，又为了维护检警关系，办案人员不同程度存在着重配合轻制约、重打击轻保护等传统观念，对侦查监督具有的堵漏制度、促进管理等功能认识不足，缺乏履行侦查监督职能的主动性和自觉性。另一方面，捕诉一体机制改革将侦查监督部门和公诉部门合二为一，改革最重要的目的和功效就是集中职责。案件处理、与案件相关的监督事项由同一关口把关，即案件的审查批捕、审查起诉、出庭支持公诉、侦查监督等工作均由同一名检察官承担，背后承载的理念本是加强对案件侦查工作的指导，提升对案件的把控能力，进一步保障犯罪嫌疑人的权利。但司法责任制的大背景下只有员额检察官能够独立办案，使案多人少的矛盾突出[①]，且捕诉一体后，办案人员往往同时办理审查起诉案件和审查批捕案件，这两种案件的办案时限不同，审查起诉案件办案时限较为宽松，一般为一个月，主要特点是"全、细、稳"，而批捕案件很紧凑，需要在 5 个工作日内办结，主要特点是"短、平、快"。若办案人员在有公诉积案的情况下，又新受理了审查逮捕案件，必然会导致审查起诉案件的时间碎片化，很容易影响无经验办案人员的办案节奏。如此一来，当案件受理、开庭比较集中的时间段里，办案人员疲于完成审查逮捕案件、审查起诉案件、出庭支持公诉等有明确时限要求的工作，兼顾开展侦查监督的精力必然会被削弱。部分办案人员尚未完全适应内设机构改革和检察职能的调整变化，容易产生重办案轻监督的思想误区，捕诉一体后的侦查监督工作反

---

* 李加胜、陈婵娟、苏雪冰，厦门市海沧区人民检察院。

① 捕诉一体后，海沧区院刑事检察部门员额检察官共 8 名，海沧区院 2019 年全年共受理各类刑事检察案件 998 件 1225 人，人均办案量约 125 件 153 人。

被有意无意地轻视了。

（二）素质层面上，核心业务能力储备无法满足岗位需求

不同阶段、不同程序的检察业务需要检察人员拥有不同的业务素质和工作能力，如侦查监督工作涉及的是线索发现能力、调查核实能力以及引导侦查能力；审查案件工作所需要的核心能力是证据认定能力、事实审查能力和法律适用能力；而出庭公诉工作则需要公诉人具备语言表达能力、思维逻辑能力和灵活应变能力。捕诉一体的实行伴随着内设机构重设和检察人员重组，捕诉一体后原侦查监督部门和公诉部门的人员交叉融合，共同从事刑事检察工作，整合后的检察业务对办案人员的综合素养和核心能力提出了更高要求。但实际上，既在侦查监督部门工作过又曾在公诉部门历练过的检察人员人数少，占比小[①]，并且由于工作标准、工作内容的差异，目前刑事检察部门办案人员的业务素质与捕诉一体化下检察业务岗位要求的综合素质仍有较大差距：原侦查监督部门的检察官虽对侦查监督较为熟悉，但一时难以适应庭审实质化要求；原公诉部门的检察官对诉讼监督得心应手，但对立案监督和侦查监督都较为陌生，难以找准发力点，导致侦查监督弱化。

（三）质效层面上，侦查监督存在滞后、低效等问题

1. 有限的侦查监督线索来源削弱了侦查监督权

顾名思义，侦查监督系检察机关针对刑事侦查活动的法律监督，刑事诉讼程序重侦查权所及之处，理应均有侦查监督。侦查监督的线索多少、质量好坏直接决定了监督工作的成效，有效的监督途径能为侦查监督提供准确的切入点，提升侦查监督的及时性和有效性。但侦查监督线索来源少、线索发现难却长期成为检察机关侦查监督的痛点，其中最重要的原因是检察机关无法及时了解到侦查机关的侦查工作情况。就检察机关内部而言，除受邀提前介入的重大、疑难、复杂案件以外，绝大部分系在受理审查逮捕或受理审查起诉案件之时，方能了解到侦查机关的侦查工作情况，提前介入引导侦查工作覆盖面小、侦查活动秘密性、封闭性等特点导致检察机关对侦查活动的监督途径不畅。比如，根据法律规定，除了逮捕以外的强制措施公安机关拥有自主决定权和执行权，如果强制措施采取不当，但当事人没有向检察机关进行控告或反映的话，检察机关就无从发现此类监督线索。又比如，公检两家尚未建立立案信息共享机制，检察机关无法及时掌握公安机关的立案情况，若公安机关立案后未报捕也未移诉，只有通过专项监督才能获得关注立案决定是否正当的机会。即便行政执法部门会移送涉嫌犯罪的案件，且有部分当事人控告申诉、来信来访提供线索，但行政执法部门移送的案件稀少，偶然性大，群众提供的线索质量不佳[②]，往往缺失重要信息，有时反而浪费了司法资源。

2. 静态的侦查监督方式不利于发现非法的侦查行为

审查案件是当前检察机关开展侦查监督的重要途径，检察机关的办案机制以卷宗书面审查为主，较少参与侦查机关的勘验、检查、辨认、讯问、询问等工作。检察人员审查的书面卷宗材料则系经侦查机关层层把关、审核后才呈现在办案人员面前的，即便侦

---

① 捕诉一体前，海沧区院既在侦查监督部门工作过又曾在公诉部门历练过的员额检察官仅4名，占比50%。

② 就海沧区院而言，近三年接收来自于当事人控告、申诉或来信、来访的有效监督信息为0。

查机关确实存在侦查活动不规范甚至违法的情况，若在移送材料前，相关线索已被侦查机关通过内部"自查修正"的方式加以"修饰"，那么通过书面审查的方式发现侦查活动存在问题的概率也就大大降低，因此静态、封闭的办案模式不利于发现侦查活动存在的问题。从另一个角度上看，侦查监督只是手段，其根本目的是在于发现问题、抓早抓小、防微杜渐、纠正偏差，但通过书面审查的方式发现侦查活动的不规范或违法之处是一种事后监督，方式被动，当违法违规行为被发现时，相关当事人的人身、财产权利受到侵害也成既定事实，只能在发现问题之后采取补救措施，不能防患于未然，存在天然缺陷。

3. 缺乏强制性制裁手段保障侦查监督效果

"无救济即无权利，无后果即无监督"。现行法律赋予检察机关监督侦查行为的权利，有权纠正违法侦查行为，但法律对被监督机关义务和责任规定不明，没有明确被监督机关未纠正违法侦查之处所对应的法律后果，监督手段刚性、强制性不足，无法引起被监督机关的重视。一方面，虽然检察机关有权针对违法的侦查活动或侦查行为发出《侦查活动监督通知书》、《检察建议书》以及《纠正违法通知书》等，但因为没有强制性来保障，丧失执行力的监督文书如同一纸空文，无法真正实现。比如，公安机关普遍存在补充侦查不力、未及时侦查取证、讯问或询问女未成年人时无女法警在场等情况，针对上述问题，检察机关也发出了多份《检察建议书》，虽然文书份份有回复，但仍有侦查人员覆车继轨，侦查机关的回复流于形式，未能真正纠正违法、不规范的侦查行为，不能起到监督的规范作用，因为即便拒不接受纠正意见，检察机关也无计可施，客观上都是由于侦查监督手段的刚性不足所致。另一方面，检察机关的侦查监督重点多系侦查机关的侦查行为，发出监督文书的对象也系侦查机关，对于具体侦查人员缺少制约机制，侦查人员对是否纠正检察机关监督发现的违法内容多持消极态度，这就导致检察机关的监督是否有效取决于被监督者是否配合，监督手段乏力削弱了侦查监督的权威性。

4. 后续跟踪监督乏力导致侦查监督成效不佳

通过近年来多个专项活动的开展，海沧区院立案监督工作有了突破和进展，监督纠正了公安机关存在的一些违法立案或违法撤案的行为，但依然受制于缺少后续跟踪机制等问题。比如司法实践中，检察建议全部采取书面送达，没有现场宣告送达并当面听取被建议单位意见，不利于做好整改落实跟踪、督促工作。个别承办人制发《检察建议书》后对整改情况以书面审查为主，未主动进行回访了解整改情况，进一步推动整改落实跟踪落实不到位。又比如，检察机关发现公安机关应当立案而未立案或者不应当立案而立案的线索，经调查核实认为公安机关确实存在的立案不当的情形，检察机关则会发出监督文书，公安机关收到文书后会作出予以立案或者撤案的决定。但因为公安机关经监督立案后也可能由于工作繁忙、人力不足等客观原因，再次搁置案件、怠于侦查，造成立而未侦或者久侦未结的结果，而检察机关又缺乏对监督立案后公安机关开展的侦查活动的监督途径，难以实时跟进公安机关立案后的侦查活动，无力推进案件侦破进度。后续跟踪机制的"缺位"不利于保障当事人的合法权益，导致监督流于形式、成效不佳。

（四）规范层面上，推动侦查监督发展的配套制度不够完备

1. 立法内容相对单薄，原则性规定多

关于检察机关侦查监督的内容散见于不同诉讼阶段，相关规定也分散在法律法规的各个角落，缺乏集中、详细的规定，层次性不够，分散的法律法规大多系原则规定，少见操作性强的具体条款，更无法律后果的规定。《中华人民共和国人民检察院组织法》规定了人民检察院是国家的法律监督机关，行使法律监督职责，可以进行调查核实，依法提出纠正意见、检察建议[①]，《中华人民共和国刑事诉讼法》规定了人民检察院依法对刑事诉讼实行法律监督，但均未对侦查监督的范围作出明确规定。即便《人民检察院刑事诉讼规则》列举了刑事诉讼法律监督工作的内容，对刑事立案监督、侦查活动监督、羁押必要性审查、羁押期间和办案期限监督等内容予以细化，但该规则对侦查机关不具有法律层面的约束力。

2. 初查程序监督缺位

根据《公安机关办理刑事案件程序规定》的规定，公安机关受理案件后，对审查过程中发现的案件事实不清或者线索不明之处，在经办案部门负责人批准的情况下，有权通过询问、查询、勘验、鉴定和调取证据材料等不限制被调查对象人身、财产的措施对案件进行初步审查[②]。侦查行为具有天然的扩张性和侵犯性，初查程序中也可能发生侦查违法的情形，但初查程序中的侦查情况均由公安机关独立掌控，检察机关缺少对公安机关初查侦查权的控制力，无力制约该阶段的侦查权。

3. 侦查监督事项化的办案模式无法满足工作需求

长期的监督实践表明检察机关的侦查监督模式偏向行政化。一般情况下，检察人员发现侦查违法线索后，会依托"发现或受理—启动监督工作—开展调查核实—提出监督意见—领导审核—发出纠正文书"等步骤开展监督。但侦查监督有依申请启动的，也有依职权启动的，二者在诉讼构造上有所不同[③]，则监督需要不同；不同的违法行为也有情节轻重之分。若检察机关一律遵循行政审批模式的流程开展侦查监督，难以体现监督差异化，也无法彰显监督工作的重要性。

4. 业绩评价等考评机制未完善

绩效考核是办案的"指挥棒""风向标"，搞不搞监督、能否搞好监督系评定一个检察院刑事检察部门工作成绩和一名刑事检察干警业务能力的重要标准，但检察人员绩效考评中，往往未设置或未细化监督工作的考评项目，缺乏绩效化激励机制，办案人员监督动力不足，无法发挥考评机制的导向督促作用。根据最高人民检察院《检察机关案件质量主要评价指标》《关于开展检察官业务考评工作的意见》等，科学设置侦查监督考评项已是大势所趋，将助推考评压力转化为监督的内生动力。

二、探索构建新型侦查监督模式

（一）转变侦查监督理念，增强侦查监督意识

侦查监督是检察机关法律监督体系的重要组成部分，检察机关应当清醒认识到监督是检察工作的主业和基本功，监督工作只能加强不能削弱。一方面，应当更新监督理念，构建新型侦检关系。检察监督不是零和博弈，加强对侦查活动的监督，是遏制侦查权扩

---

① 《中华人民共和国人民检察院组织法》第2条、第20条和第21条。
② 《公安机关办理刑事案件程序规定》第171条。
③ 依申请启动的监督案件系"侦查机关—检察机关—犯罪嫌疑人或诉讼参与人"三方构造，其中检察机关居中裁判；而依职权启动的监督案件，形成的则系"检察机关—侦查机关"的两方构造，犯罪嫌疑人或诉讼参与人属于有利害关系的第三人。

张本性的必然要求，也是国家权力自我克制、推进国家治理体系现代化的体现。正确把握与被监督者同为司法共同体的关系，把握强化监督与监督效果的关系，树立"双赢多赢共赢"的监督理念，严格依宪依法开展监督，处理好违法必究与推动、支持被监督者自我纠错的关系，通过履行新时代检察监督职责，形成检察机关与侦查机关的良性互动关系，实现合作共赢局面。另一方面，加强侦查监督工作意识，自觉履行侦查监督职能。从提升人民群众安全感、满意度和执法司法公信力的高度，引导检察官牢记国家法律监督机关的宪法定位，充分认识加强侦查监督工作的重要意义。深化捕诉一体改革，明确检察官主体责任，牢固树立捕、诉、监一体的总体办案监督观和整体监督的责任意识。以"求极致"标准将侦查监督融入捕、诉工作中，正确处理检察办案与检察监督的关系，摆脱就案办案的思维定式，将案件的每个诉讼环节都纳入监督视野，延伸监督的广度和深度，切实做到在办案中监督，在监督中办案。增强监督工作的主动性、积极性，一体提升办案、监督质量和效率，让侦查监督在捕诉合一改革中同步到位。

（二）苦练内功补短板，提升监督业务核心能力

侦查活动是国家公权力与公民权利之间、打击罪犯与保障人权之间矛盾的交汇点，刑事诉讼的法治化最关键的就是侦查活动的法治化，如何规范、控制侦查权，对于实现公平正义、保障公民权利至关重要。随着国内法治水平的提高，全面推进依法治国对检察机关的侦查监督水平提出的要求越来越严格。尤其是在捕诉一体背景下，如何尽快适应机构改革，提升检察人员的监督能力成为当务之急。一是强化侦查监督业务培训。以加强线索发现能力、调查核实能力、证据把握能力、纠正处理能力以及文书制作能力等监督能力为目标，分层分类开展培训；针对监督对象、工作范围、流程、标准、方法等，设置专项专题培训；有条件的，可开展院校联合培训、公检法同堂培训。二是开展业务竞赛、评比、案例教学、模拟实训等活动。深化典型案例的推选、运用和指导工作，并将典型案例纳入业务竞赛、案例教学之中，以监督案件、文书评比为抓手，推广好的监督经验，补齐素能短板。三是随时充电，终身学习。用好检答网"侦监平台"栏目，定期登录栏目，阅读省院通报的平台不规范运用情况，横向对比查找自身问题，深度反思促提高。及时更新法律知识储备，深化法学理论学习，把握每一次的"开口"和"动笔"机会，努力提高沟通协调和文字表达能力，强化组织协作、监督文书制作能力。

（三）深耕监督主业，健全侦查监督工作机制

1. 多维度拓展监督途径，实现侦查监督触角延伸

（1）细化完善提前介入侦查机制。监督途径单一导致监督来源受限，拓宽监督路径是大势所趋，提前介入侦查则是侦查监督向前延伸的重要抓手。提前介入主要发挥引导侦查取证、准确把握案件定性和监督违法侦查活动等作用，配合、制约不可偏废。捕诉分离时，提前介入侦查的工作由两个部门共同承担，分段负责在实践中存在衔接不畅、监督不力的问题。捕诉一体改变过去不同诉讼环节分别把关的做法，统一办案尺度和司法责任，进一步落实"以审判为中心的刑事诉讼制度改革"的要求，推动庭审要求向前传导至提前介入侦查，要求诉前侦查监督力度不断加强。一方面优化提前介入启动方式，除了重大、疑难、复杂、有一定社会影响力的案外，适当扩大提前介入的范围，视情况

将侦查违法高发的案件（如上文提及当事人系女未成年人的案件）纳入提前介入的案件范围。通过亲历现场、了解案情等在介入过程加强对侦查机关办案理念的引导，提前处理公检两家对案件证据标准的分歧，带动提升侦查人员取证能力。另一方面，扩大提前介入倍数效应，跳出办案谋办案。提前介入的过程中，不仅要引导公安机关取证，更要贴切、有力地侦查监督，按照庭审要求的证据标准把握案件侦查，注意发现侦查活动违法线索，尽可能避免或及时纠正侦查违法行为。化被动为主动，将事后监督转变为事前同步监督，从根本上保证案件质量，保障犯罪嫌疑人的权益，确保刑事诉讼活动的顺利进行。

（2）健全派驻检察监督机制。公安派出所数量多，分布面广，是刑事侦查活动的"主阵地"，是刑事办案的"主力军"，虽然借助执法办案管理中心，一定程度上可以确保办案场所统一管理、案件集中办理，但如何有效实现对派出所或执法办案管理中心的监督是困扰实践的难题。设立派驻检察室，打破"坐堂式"侦查监督模式，促使检力下沉，将监督视角向前延伸至公安机关执法办案一线，由依赖"书面审"的监督方式转为"亲历性监督"和"主动性监督"，为检察监督工作拓宽渠道、前移端口、提升质效提供平台，强化提前介入引导侦查机制，健全捕前分流机制，完善监督制约机制，建立共同化解矛盾机制，从而破解上述难题。同时，因地制宜推进派驻检察监督工作，进一步明确派驻检察室信息共享权限，有助于缓解监督信息渠道不畅的问题，构建和谐的新型检警关系。本着促进规范办案、提升案件质量的根本宗旨，坚持"引导不干预，监督不失职，配合不越位"，把握好配合的"度"，及时向公安机关提供专业支持，派驻检察监督机制可以推动"监督就是支持"的理念深入人心。在履行好法律监督职责的同时，派驻检察机构与公安机关形成打击犯罪的合力，公、检联手推进严格执法、公正司法，避免"零和博弈"。

（3）积极开展专项监督活动。以专项监督为抓手，推动"两项监督"获实效。一是继续深入推进常规的专项监督。即定期开展对公安机关刑拘后未报捕、未移诉案件专项监督，继续开展"危害食品药品安全犯罪专项立案监督活动"，抓好涉民营企业案件立案监督和羁押必要性审查专项活动、涉民营企业刑事诉讼"挂案"及刑事申诉积案专项清理等工作。二是结合本地实际，多类型探索监督点位，全面拓展监督线索来源渠道。比如充分运用刑诉法赋予的强制措施违法救济权，将违法延长拘留期限、强制措施适用不当、以取保候审代替侦查等问题纳入监督视野，开展专项监督，解决侦查工作中常见、易发的问题。又比如，聚焦经常发生或者一定时期较为突出的问题多发犯罪类型，开展专项监督，突出重点、精准发力。三是探索建立长效机制。跟踪落实专项活动中所发现个案问题的解决进程，建立台账清单，对后续处理情况"一跟到底"，确保案件依法及时处理，逐案销账。总结专项活动中所发现的类案问题，汇总通报侦查机关，共同研究规范执法长效机制建设。

（4）加强行政执法与刑事司法衔接工作。完善行政执法与刑事司法衔接工作机制，发挥"行刑衔接"平台信息共享效用，对促进依法行政、解决行政执法领域以罚代刑的问题有着重要意义。健全配套工作机制，落实检察机关"双牵头"责任，建立工作联席会议制度，破解存在问题。通过召开公、检、行三家联席会议，共同研究解决涉嫌犯罪案件线索移送、"两法衔接"平台运用等方面存在的困难，结合本区司法实际，协商制定执法领域犯罪线索移送工作的规范性文件，打破"行""刑"信息障碍，提升协作配合监督效果，规范线索移送制度，切实解决有案不移、有案不立、以罚代刑等突出问题。

2. 借助捕诉一体专业化优势，落实落细侦查监督要求

（1）机构一体，优化侦查监督资源，助推动态全程监督。司法实践中，大部分刑事案件在提请逮捕时，能够证明犯罪事实的证据基本已侦查到位，检察机关作出是否逮捕决定后至侦查机关移送审查起诉时，侦查补充的新证据数量不多，在捕诉分离时，办案人员在审查起诉阶段需要重复阅卷审查、提审讯问、制作审查报告等在审查逮捕阶段已完成的工作，重复劳动浪费了司法资源，也消耗了监督精力。捕诉一体打通了提前介入、侦查监督、审查逮捕、审查起诉之间的工作壁垒，充分体现"在监督中办案、在办案中监督"的检察理念。捕诉一体化的办案机制提高了介入、监督、批捕以及公诉之间的工作协同性，最大限度地往前和向后延伸检察监督职能。前移介入案件的关口，将侦查监督融入捕、诉工作中，全面审查案件，完整参与刑事流程，整合、优化监督资源，侦查监督更加及时有效，实现了全覆盖、无盲点监督，完成全程监督和动态监督。

（2）人员一体，提高侦查监督效率，助推集中统一监督。机构的精简实现了人员扁平化管理，解决了办案力量分散化的问题。捕诉一体改革前，侦查监督工作由侦监部门的办案人员承担；改革后，不仅是侦监部门的办案人员，公诉部门的办案人员也纳入刑事检察部门，共同承担侦查监督工作，意味着监督力量得到增强。同时，承办人可以在前一诉讼阶段及时为侦查机关提供证据收集方向，在下一个诉讼阶段中直接援引前一诉讼阶段整理的证据材料、侦查情况以及认定的案件事实，避免多头监督。此外，承办人可以及时根据证据分析、案情繁简情况分流案件，简案快办，有助于提高案件运转效率，只要结案速度提高了，就能争取出更多的精力和时间投入至侦查监督工作之中，增强侦查监督工作质效。

（3）职能一体，保障侦查监督质量，助推精准专业监督。一方面，不少检察院在捕诉一体后，按照案件罪名或类型设置专业办案组，分组办理职务犯罪案件、未成年人刑事案件、经济犯罪案件等类案，类案专办有助于培养检察官对类案中可能存在的侦查活动问题的敏感性，推动实现个案监督向类案监督延伸，提高侦查监督的专业化。另一方面，捕诉分离情况下，公诉部门的办案人员对审查逮捕阶段的案件情况和侦查情况缺乏了解，捕诉各管一段，各自为政、缺少沟通的情形普遍存在，检察职能碎片化不利于监控侦查监督的工作流程。捕诉一体合并了分段履行的检察职能，办案人员可充分利用职能一体的办案优势，统一、规范、精准、高效履行法律监督职责，注重从诉讼活动重点环节、容易出现违法问题的特殊案件深挖线索，依法提出准确监督意见并持续监控，最大限度避免监督疏漏。比如，一个案件已达到逮捕条件但在案证据尚未满足起诉标准，检察官即可在审查逮捕阶段根据案件情况超前拟定指控方案，并有针对性地指导公安机关取证侦查，并在做出逮捕决定后，即可针对性地开展侦查监督，消除和减少遗漏罪行或遗漏罪犯等情况发生。

3. 探索侦查监督事项差异化办结机制

侦查监督的启动和结案缺乏明确标准、具体工作流程没有统一标准等问题日益棘手，为实现监督活动的规范、有效开展，江苏、北京、上海等地的检察机关开始探索差异化的办案流程，建立重大监督事项案件化办理模式，取得良好的实践成果，值得借鉴。该模式要求承办人员在整个侦查监督程序中树立以证据为核心的办案意识，不仅收集侦查活动是否违法的证据，还要收集违法行为情节轻重的证据，根据证据情况分析监督需求，合理选择监督工作模式。坚持"抓大放小、突出重点"的要求，根据诉讼违法情形的严

重程度，将诉讼违法行为区分为一般违法事项、重大违法事项和涉嫌职务犯罪需追究刑事责任事项等情形。对于事实清楚、情节轻微、不需要启动调查程序、不需要制发监督文书的一般违法事项，实行"事项化"办理，在诉讼案件结案报告中列明，并通过口头纠正、补正等方式进行监督；对于违法情节严重，需要启动调查程序或制发监督文书的重大监督事项，实行"案件化"办理，解决"事项化"侦查监督工作中"不留痕""不规范""不严肃""不统一"等问题；对于司法工作人员利用职权实施的涉嫌14个罪名的事项，依法立案侦查。

4. 追求监督精准性和刚性，提升侦查监督效能

一是选择得当的侦查监督方式。在多层次、多种类的监督方式中，选择与侦查行为的违法程度相适应的监督方式，是树立监督权威、促使侦查机关信服监督的前提。把握好行使侦查监督权利的尺度，杜绝"虚假监督""数字监督"。二是打造立体侦查监督精品。充分履行法律监督职能，综合运用口头瑕疵通报、书面纠违、检察建议等多种监督方式，构建多层多类的立体纠正处理机制，实现从个案监督到类案监督，从就案办案到突破原案深挖线索，从填补制度漏洞到侦查活动风险防范，最大限度发挥检察监督职能作用。三是丰富、强化刚性的侦查监督手段。刚性是监督产生实效的力量来源，以政治智慧和法律智慧增强监督刚性，可以有效提升监督效能。不仅要敢于监督，还要善于监督，充分展现监督智慧。对于无正当理由不采纳监督意见、拒不纠正或者督而不改的，及时通报被监督机关的上级单位，视情况采用宣告送达监督意见、非法证据排除、建议更换办案人、移送犯罪线索、向同级党委人大报告甚至向社会公开监督事项等刚性手段敦促纠正，强化监督执行力，确保监督效果。四是建立健全沟通机制。加强与其他司法机关、行政机关的协同配合作用，以会签文件、联席会议等方式，强化侦查监督在行政执法和司法办案中的影响力。此外，多与被监督单位沟通协商，最好能进行当面沟通，增进共识，形成合力。通过联席会议制度、案件质量通报、开展联合检查督导等形式交流难点、分歧和问题，加强释法说理，引导被监督单位自主发现、自觉纠正，共同剖析问题根源，共谋有针对性的措施，做到配合、制约两不误。五是建立跟踪回访机制。如果说立案是一个刑事案件的起点，那么监督公安机关立案也仅是一个侦查监督案件的起点。侦查监督绝不应该止步于发文而已，跟进侦查新变化落实监督才是关键。做好侦查监督的回复反馈进行跟踪回访，评估侦查监督的法律效果，认真总结有益经验，摆查问题、分析不足，为追求下一次侦查监督最佳实效奠定基础。

（四）发挥侦查监督平台作用，提高监督工作信息化水平

信息化是强化侦查监督工作的重要物质基础和技术支撑。通过信息化手段，全面构建检警联合监督网格，畅通监督渠道，进一步提升了侦查监督效能和品质，为实现双赢多赢共赢的监督目标打下了坚实基础。2020年4月份开始，最高人民检察院已全面推行侦查活动监督平台运用，平台监督项目精细化、操作简便快捷、自动统计数据，涵盖具体侦查人员和侦查过程中易出现问题的各个点位，并自动显示详尽的法条指引，提供分类查询、统计分析、排名分析、百分比分析、趋势分析等分类查询功能。实现了侦查机关案件质量、检察机关监督质量的分时段、分单位、分罪名等全方位统计分析，更大程度实现了类案侦查质量监督和定期侦查质量监督的自动化分析，为精准、及时、有效监督提供指引。借助平台统计分析和情况通报功能作用，定期向公安机关通报检察监督情

况，以数据共享为基础推进强化日常联系、良性互动，培植共同的执法司法理念，一体提升办案、监督质效。截至 6 月 30 日，福建省检察机关今年共使用侦查监督平台发现并已通知监督的侦查违法违规问题案件 506 件，问题项目数为 729 个，监督总分值 581.6 分，共计口头纠正违法违规 316 件，执法《侦查活动监督通知书》221 份，执法《纠正违法通知书》123 份，移送涉嫌犯罪线索 48 件，转立案监督案件 45 件，取得一定成果，但每受理百件案件发现问题项目数还在减少，下一步应当注重平台操作培训，提高监督事项填写的及时性、准确性，有机结合案件办理与侦查监督，实现办案和侦查监督之间的紧密融合，推动监督工作常态化、规范化办理。

（五）优化侦查监督考评机制，完善奖惩激励机制

一是以绩效化激发监督动力。对照权力清单，将检察官在引导侦查、案件分流、强化侦查监督、提高案件质量等方面的数量、采取措施、方法和步骤及达到的社会效果等工作内容纳入年度考核，科学设置侦查监督的检察官业绩考评项，发挥绩效考评"风向标""指挥棒"作用，激发派驻检察官开展监督工作的积极性和主导性。二是坚持以监督的精准性为追求。结合平台区分侦查违法行为严重程度赋予不同分值的量化功能，合理细化分解考评指标，涵盖重点、难点，兼顾质量、数量，杜绝"虚假监督""数字监督"，体现监督工作法律效果和政治效果、社会效果的有机统一。三是坚持问题导向和效果导向。实行业务数据"日监督、月分析、季通报"制度，针对侦查监督工作中发现的问题，加强检查、督促和整改，不断总结经验、归纳和提炼做法，逐步形成常治长效工作机制。

民刑竞合案件公益民事保护的诉讼模式探析

李瑞登 *

民刑竞合型案件为民刑交叉案件的一种类型，是指同一法律事实既涉及刑事法律关系也构成民事法律关系，同时产生刑事责任与民事责任的案件。这类案件中民事权益是通过刑事诉讼或民事诉讼程序予以救济，特别是公益受损民事责任的追究，是适用独立公益诉讼或刑事附带公益诉讼，抑或借助刑事追偿程序，理论上存有争议。我国 2017 年《民事诉讼法》第 55 条明确法定机关、组织及检察机关有权就污染环境、侵害众多消费者合法权益等公益损害情形提起诉讼，2017 年 12 月《生态环境损害赔偿制度改革方案》（下称《生态环境赔偿方案》）规定行政机关有权提起环境公益损害赔偿诉讼，形成了独立民事公益诉讼模式；《刑事诉讼法》第 99 条第 2 款及其司法解释第 142 条规定国家财产、集体财产受损而受损失单位未提起附带民事诉讼的，检察机关可以提起附带民事诉讼，2018 年 3 月最高人民法院、最高人民检察院发布的《关于检察公益诉讼案件适用法律若干问题的解释》（下称《检察公益诉讼解释》）第 20 条明确检察机关对破坏生态环境和资源保护、食药品领域侵害众多消费者等损害公共利益的犯罪行为提起刑事公诉时，可一并提起附带民事公益诉讼，即民刑竞合之附带公益诉讼模式[1]；此外，刑法第 36 条、第 37 条、第 64 条针对犯罪致民事权益受损情形，分别规定了判处赔偿经济损失、责令赔偿损失以及追缴、责令退赔、返还被害人等刑事赔偿制度，即民刑竞合之刑事追偿模式，与独立或附带公益诉讼构成了民事公益保护的刑民诉讼交叉机制。三种诉讼机制在救济民刑竞合案件的公益民事损害方面存在一定的功能重叠与冲突，如何选择与衔接以更好地维护公共利益，我国法律并无明确规定。鉴于此，梳理民刑竞合案件公益民事保护诉讼模式的冲突问题，分析这些模式冲突产生的原因，考量不同立法例有关诉讼模式及其衔接机制的优劣，继而探讨民事公益保护诉讼模式的完善之策，具有一定的理论意义和实践价值。

一、问题提出：民刑竞合案件公益民事保护诉讼模式的冲突

民刑竞合案件事关刑事法益和民事权益的法律保护，涉及刑事制裁和民事归责两种司法程序。然而，刑事诉讼法在保护社会秩序、公共安全之职能外，也日渐关注并保护

---

* 李瑞登，厦门市人民检察院。

[1] 2018 年以来，全国多地检察机关陆续提起刑事附带民事公益诉讼，例如北京市石景山区检察院就邹某等人涉嫌污染环境罪案（参见《北京首例环境污染刑事附带民事公益诉讼案开庭》，载《检察日报》，2018 年 07 月 05 日第 2 版）、广东省茂名市电白区人民检察院对李某生等人涉嫌生产、销售有毒、有害食品罪案（参见《茂名电白区检方提起首例食品安全刑附民公益诉讼》，载《法制日报》，2018 年 4 月 26 日第 8 版）、内蒙古呼伦贝尔市海拉尔区检察院就黄某涉嫌非法狩猎罪案（参见《呼伦贝尔市首例野生动物保护领域公益诉讼案开庭》，载《内蒙古晨报》2018 年 6 月 4 日）提起刑事附带民事公益诉讼等。

刑事被害人对刑事诉讼过程的知情权和参与权，特别是在刑事诉讼中获得经济赔偿等合法权益①。这类案件的公益民事损害是运用民事诉讼程序救济，抑或添列于刑事诉讼中一并保护，涉及独立公益诉讼与附带公益诉讼、民事归责与刑事制裁程序的选择与适用。我国《民事诉讼法》和《生态环境赔偿方案》设置的独立民事公益诉讼模式、《刑事诉讼法》与《检察公益诉讼解释》规定的刑事附带民事公益诉讼机制及刑法确立的责令赔偿、责令退赔等刑事追偿制度之间存在一定的功能重叠与冲突，在模式选择、程序衔接、责任互补等方面存在一定的问题。

（一）独立民事公益诉讼与刑事附带民事公益诉讼的适用问题

根据《民事诉讼法》第 55 条，民事公益诉讼适用于破坏生态环境、侵害众多消费者权益等损害社会公共利益的情形，而刑诉法及其司法解释、《检察公益诉讼解释》规定由检察机关提起附带民事诉讼主要包括"非法占有、处置"之外损害国家财产、集体财产的，以及破坏生态环境和资源保护、食药品领域侵害众多消费者等情形。检察机关提起附带民事诉讼实为公益诉讼的特殊形式，与独立民事公益诉讼之间存在诉权的竞合。②根据刑诉法解释第 164 条规定，被害人或者其法定代理人、近亲属可以在刑事诉讼中提起附带民事诉讼，也可以另行提起民事诉讼，采取了一种区别于英美法"绝对分离主义"的民刑"相对分离"模式，赋予被害人选择民事诉讼方式的权利。③然而，这一规定是否适用于民事公益诉讼情形，检察机关作为非被害单位，是否享有选择附带或独立民事公益诉讼的权利，非受害之第三方适格主体（法定机关与组织、检察机关）在未有附带公益诉讼情形下，能否另行提起民事公益诉讼，法律并没有明确。鉴于犯罪事实与公益民事侵害事实可能因民、刑证明责任、证明标准等不同而有差异，如可能存在刑事违法性被排除但仍具有民事违法性的非罪加害行为④，而附带民事公益诉讼对刑事诉讼又具有从属性，何种情形下宜适用独立民事公益诉讼，哪些情形又应选择附带民事公益诉讼，才能更有效充分地维护公共利益，已成为民事公益立法和司法保护需要解决的一个问题。

（二）民事公益诉讼与刑事追偿的适用问题

刑法规定的判处赔偿经济损失、责令赔偿损失、退赔、返还被害人等刑事追偿制度，可以弥补刑民竞合案件公共利益受到的损害，与独立或附带民事公益诉讼判处的损害赔偿、恢复原状等民事责任具有相同的功能。民、刑制度之间的界限处于不断发展变化中，特别是一些有关赔偿的制度及其执行在民事与刑事领域的混用，使得民、刑诉讼法律间的区别更趋于模糊⑤。民、刑不同诉讼程序的赔偿制度之间需进行一定的选择或衔接，以免对公益侵害者重复苛以赔偿责任。对此，我国立法并没有清晰的界定，表现在：一是独立民事公益诉讼与刑事追偿之间的关系不够明确。根据《最高人民法院关于适用〈中华

---

① See Roxanna Altholz, *Chronicle of a Death Foretold: The Future of U.S. Human Rights Litigation Post-Kiobel*, 102 *Calif. L. Rev.* 1495, 2014, p.1533-1534.

② 许建丽：《检察机关刑事附带民事诉权存废之争》，载《政治与法律》2007 年第 4 期。

③ 陈瑞华：《刑事附带民事诉讼的三种模式》，载《法学研究》2009 年第 1 期。

④ 陈正云：《非罪加害行为的事实认定与制度建构》，载《中国法学》2014 年第 5 期。

⑤ See Bridgett N. Shephard, *Classifying Crime Victim Restitution: The Theoretical Arguments and Practical Consequences of Labeling Restitution as Either a Criminal or Civil Law Concept*, 18 *Lewis & Clark L. Rev.* 801, 2014, p.804-805.

人民共和国刑事诉讼法〉的解释》（以下简称"刑诉法解释"）第 139 条及 142 条规定，非法占有、处置被害人财产或国家、集体财产情形的，采取刑事追缴或责令退赔的方式，被害人、检察机关提起附带民事（公益）诉讼或者被害人另行提起民事诉讼的，人民法院均不予受理[①]。但非受害之第三方，能否基于公益保护而在刑事诉讼之外另行提起民事公益诉讼；同时，根据刑诉法解释第 164 条及《检察公益诉讼解释》，检察机关是否可以选择不提起附带民事公益诉讼，而由适格主体另行提起民事公益诉讼，与刑事追缴或责令退赔如何衔接，均需法律进一步明确。二是附带民事公益诉讼与刑事追偿间的关系有待界定。在刑民竞合案件诉讼实践中，刑事诉讼判处赔偿经济损失、责令赔偿或退赔与附带民事诉讼判决承担民事责任并存的情形屡见不鲜。两种功能重叠的责任归结方式如何适用或衔接，亦是民事公益司法保护面临的问题。

二、原因分析：公益民事保护诉讼模式冲突的机理

民刑竞合案件公益民事保护诉讼模式的冲突，源于公益受损民事责任形态的出现，也与刑事裁判对民事公益之诉的预决力、刑事既判力对民事公益之诉的影响有关。

（一）责任形态聚合：公益受损刑、民责任并存

刑法保护的法益包括个人、社会及国家法益。侵犯个人法益的犯罪行为，自当苛以侵权责任，由受害人行使损害赔偿等民事请求权；而侵犯多人法益乃至社会、国家法益的犯罪行为，则因受损利益的权利形态不明确而致民事责任难以归结，且受害方人数众多或诉讼主体模糊，又使得民事请求权无法通过诉讼体现出国家强制力。一般而言，社会公共利益包含不特定第三人的利益、弱势群体的利益、与基本法律价值相联系的私人利益等类型[②]。这些公共利益为群体或不特定第三人所享有，一般表现为法律上的利益，区别于个人所享有的民事权利。在工业化进程与生态文明发展中，社会公共利益的救济日益受到关注，侵犯公益的民事责任制度亦逐步成型。如在环境保护领域，一是环境利益已成为侵权保护对象。环境侵权与传统民事侵权根本差异在于它的价值取向已经不再是个人利益保护，而是环境利益即社会公共利益的保护[③]；二则环境利益有上升为环境权的趋势。例如，美国伊利诺伊州、蒙大拿州等州的宪法已陆续引入环境保护条款，明确规定每个人都拥有享用健康环境的权利，当这种权利受到政府、组织或个人侵犯时，每个人都可以在制度允许的范围内通过法律诉讼进行保护[④]。犯罪致公共利益受损而产生的民事责任，与犯罪之刑事责任形成聚合关系，即对同一犯罪行为存在刑、民两种责任评价制度。然而，以事故型、累积型公害侵权为主导的风险社会大规模损害，已颠覆了侵权法制度运行所需的损害确定性、可计量性、可控制性、私人性等条件[⑤]，即便公共利益

① 刘为波：《刑事附带民事诉讼制度修改内容的理解与适用》，载《法律适用》2013 年第 7 期。
② 王轶：《论物权法的规范配置》，载《中国法学》2007 年第 6 期。
③ 吕忠梅：《环境司法理性不能止于"天价"赔偿：泰州环境公益诉讼案评析》，载《中国法学》2016 年第 3 期。
④ See Jeffrey Omar Usman, Good Enough for Government Work: The Interpretation of Positive Constitutional Rights in State Constitutions, 73 Alb. L. Rev. 1459, 2010, p.1476-1477.
⑤ 刘水林：《风险社会大规模损害责任法的范式重构——从侵权赔偿到成本分担》，载《法学研究》2014 年第 3 期。

侵害者被苛以民事责任，也因受害方众多或不确定性而存在诉讼困难，直至集团诉讼等制度的出现，特别是非受害的机关、社会组织等第三方提起民事公益之诉陆续为许多立法例认可后，公益受损之侵权责任才得以通过民事诉讼实现。例如，巴西、智利、墨西哥等国家的法律设置了三种集团诉讼：一是因对洁净空气、水资源等享有的不可分割权利提起的集团诉讼，二是因大规模的产品损害索赔等提起的集团诉讼，三是因众多消费者对同一被告有同类合同关系而提起的集团诉讼①。同一犯罪行为之刑事、公益民事责任均可通过诉讼程序进行归责，便产生了刑、民诉讼程序分别进行或相互依附，以及刑、民诉讼程序孰先孰后的制度衔接问题。

（二）归责效果差异：刑事裁判对民事公益之诉的预决力受限

民刑竞合案件中，刑事责任与民事责任具有不同的归责方式，主要表现在证明责任和证明标准等方面。关于证明责任，刑事诉讼由控告方对犯罪事实承担举证责任，而民事公益之诉已经动摇"谁主张、谁举证"的传统民事证明规则，形成了"一方主张、另一方举证""被告方负有证据提出协力义务""加害方需对存在其领域内的要件事实加以证明"等举证方式②。例如，基于对侵害或事故发生的控制能力，加害方往往需要就因果关系不存在承担举证责任。在有毒或致癌物质排放、医疗误诊或事故等案件中，普通法系国家一些法院认为只要说明相关类别上的因果统计概率即视因果关系已得到充分证明，而在受害者众多损失不可分割或被告众多不易区分各自作用的情况下，法院经常要使用因果关系推论、举证倒置原则，或者根据因果关系存在概率按比例划分责任③；关于证明标准，刑事诉讼对证据证明程度的要求严于民事诉讼。无论是大陆法"内心确信"、英美法"排除合理怀疑"，还是我国注重客观印证化之"犯罪事实清楚，证据确实、充分"④等刑事证明标准，均高于"优势证据"等民事证明标准。即便认为某些量刑事实的证明可能不像确定有罪或无罪、重罪或轻罪事实需达到排除合理怀疑标准，但其证明标准亦较高，在 Apprendi 案中美国联邦最高法院认为超过法定幅度加重量刑的情节亦需要证明到排除合理怀疑的程度。⑤由于在证明责任、证明标准等方面有较大区别，刑、民诉讼对同一侵害行为的犯罪事实认定与公益民事损害事实认定可能存在差异，故刑事判决对民事裁判的预决力存在一定的限制：刑事判决认定的次要事实因缺乏充分辩论而不必然对民事裁判形成预决力，而犯罪事实之外与损害后果有因果关系的侵害事实则会成为民事判决的评价范围，未被追究刑事责任的主体亦可能因责任替代、连带等原因承担民事责任⑥。独立民事公益诉讼遵循民事侵权认定规则，区别于责令赔偿、退赔所适用的刑事诉讼程序。

---

① Deborah R. Hensler, Of Groups, Class Actions, and Social Change: Reflections on From Medieval Group Litigation to the Modern Class Action, 61 *UCLA L. Rev. Disc.* 126, 2013, p.132-133.

② 毕玉谦：《民事公益诉讼中的证明责任问题》，载《法律适用》2013年第10期。

③ Richard W. Wright,Ingeborg Puppe, Causation: Linguistic, Philosophical, Legal and Economic, 91 *Chi.-Kent L. Rev.* 461, 2016, p.472.

④ 有关证明标准客观化、印证化的阐述详见杨波：《我国刑事证明标准印证化之批判》，载《法学》2017年第8期。

⑤ See The Georgetown Law Journal 40th Annual Review of Criminal Procedure,*40 Geo. L.J. Ann. Rev. Crim. Proc. 1*，2011, p.697-702.

⑥ 纪格非：《我国刑事判决在民事诉讼中预决力规则的反思与重构》，载《法学杂志》2017年第3期。

而我国刑事附带民事诉讼为"刑贵民轻"机制，民事侵权认定基本沿用刑事证明责任与证明标准，这与实体法上民事责任优先于刑事责任的"民贵刑轻"体制形成了反差[①]。鉴于此，独立民事公益诉讼与刑事追偿、刑事附带民事诉讼对民事公益的保护程度可能存在差异，继而产生了三种模式的顺序选择及机制衔接问题。

（三）归责程序替代：刑事诉讼对民事公益之诉的既判力影响

既判力有两大功能，一是消极作用，即禁止重复起诉，二是积极作用，即禁止重复判决[②]。刑事诉讼既判力即大陆法系的一事不再理、美国的禁止双重危险原则，旨在禁止任何人因同一行为而两次处于被刑事处罚的危险中，同一行为之前已被定罪或宣告无罪，将不再被追诉[③]。也有认为禁止双重危险原则应拓展适用于量刑领域，如累犯因在前罪审判中已经被处罚，而不宜在后罪中被加重量刑[④]。我国刑事诉讼的既判力有扩张趋势，在刑民竞合案件中不仅涉及禁止重复定罪处罚等内容，还包含对同一事实单独提起民事诉讼的影响力：一是对先行民事诉讼程序的阻滞力。根据1998年《最高人民法院关于在审理经济纠纷案件中涉及经济犯罪嫌疑若干问题的规定》第11、12条、2017年《最高人民检察院公安部关于公安机关办理经济犯罪案件的若干规定》第20、21条等规定，刑事诉讼具有阻止已启动之民事诉讼程序继续运行的效力。二是对后续民事诉讼程序的阻却力。根据刑诉法解释，非法占有、处置被害人财产的（人身权利受侵犯或财物被毁坏而遭受物质损失的情形除外），采取刑事追缴或责令退赔的方式，被害人不得另行提起民事诉讼。这种"先刑后民"或"以刑代民"的程序安排，使得刑事追缴、退赔经常在民事诉讼之前，如果刑事追缴、退赔能弥补民事损害，则后续民事诉讼因既判力原理可能不会被受理[⑤]，即便民事诉讼继续进行亦无实际意义。追缴、退赔等刑事追责方式实际已部分替代了《民法总则》《侵权责任法》等民事法律规定的责任承担方式。民刑竞合案件中，刑事既判力对民事诉讼的扩张适用，致使公益受损民事追偿方式亦可能呈现刑事化特征。换言之，民事公益保护之刑、民诉讼程序的选择，公益民事损害责任之民、刑归结方式的冲突，实为刑事既判力对民事诉讼是否适用的问题：刑事既判力对民事诉讼影响大的，更多选择刑事追缴、退赔或附带民事诉讼程序，通过刑事归责、追偿方式弥补公益损失；反之，则可主要选择独立民事公益诉讼方式，以停止侵害、消除危险、恢复原状、损害赔偿等民事方式挽回公益损失，进一步契合了环境生态、消费者权益等公益损害救济的民事属性。

三、制度探索：公益民事保护诉讼模式的优劣

对于民刑竞合案件民事公益的保护，不同立法例基于不同的价值取向，在独立民事公益诉讼、附带民事公益诉讼及刑事追偿的选择适用和机制衔接上，形成了不同的制度

---

① 徐国栋：《〈民法总则〉第187条规定的民刑责任竞合的罗马法起源与比较法背景》，载《比较法研究》2017年第4期。

② 江伟、常延彬：《论已确认事实的预决力》，载《中国法学》2008年第3期。

③ David S. Rudstein, Retrying the Acquitted in England Part III: Prosecution Appeals Against Judges' Rulings of "No Case to Answer", 13 *San Diego Int'l L.J. 5*, 2011, p.34.

④ See Carissa Byrne Hessick, F. Andrew Hessick, Double Jeopardy as a Limit on Punishment, 97 *Cornell L. Rev. 45*, 2011, p.67.

⑤ 施浩、陈红：《刑事判决对民事案件的既判力问题辨析》，载《人民司法》2010年第18期。

特征，但又呈现出相互借鉴、彼此融合的发展趋势。

（一）民刑分离模式：独立公益诉讼 vs 刑事追偿

1. 赔偿充分主义下的独立公益诉讼模式

英美法系国家建立了独立于刑事诉讼程序的民事公益诉讼制度，以民事归责的方式对公益受损进行补偿，于民刑竞合案件诉讼中形成"民刑分离"的体制。美国在环境公益诉讼领域，由 1970 年《清洁空气法案》的公民诉讼条款（citizen suit provision）将提起公益诉讼的权利授予任何个人，此后 1972 年《清洁水法案》、1973 年《濒危动植物种法案》、1980 年《环境应对、赔偿和责任综合法》等法律亦有类似规定；在消费者公益诉讼领域，建立了消费者集团诉讼制度；而从 2007 年 Massachusetts 案至 2011 年 Electric 等案中，美国法院逐步确认非营利私益保护组织的原告资格，公益诉讼包括了公民诉讼、集团诉讼和检察官诉讼等形式①。英格兰和威尔士地区通过集团诉讼制度管理有多重相似诉求的案件，对于众多消费者纠纷案件和竞争纠纷案件则特别设置了代表性诉讼程序，通常由政府授权的消费者协会等组织提起，而 1999 年引入的集团诉讼规则（Group Litigation Order）已适用于产品责任、儿童看护等多种纠纷案件中②。在民刑竞合案件中，这种完全独立于刑事诉讼的公益诉讼程序，具有不同于刑事制裁、威慑的制度功能，目的主要在于以民事诉讼追究公益侵害者的民事责任，通过民事赔偿、恢复原状等方式对环境生态、不特定消费者等公益损失进行充分救济。

2. 独立公益诉讼与刑事追偿的衔接

英美法系国家的"民刑分离"诉讼体制中，民事公益诉讼与刑事诉讼之间不存在程序先后、审理依附的问题，而更多呈现一种各自独立、相互平行的关系。例如，在环境保护领域，美国的"禁止双重危险原则"（Double Jeopardy Clause）不适用于刑事诉讼与民事诉讼并行的情形，在刑事诉讼之后再苛以民事赔偿责任，即便后续民事赔偿具有类似刑事制裁的惩罚性也是允许的，且民事诉讼和刑事诉讼在不同管辖领域并行亦不会违背禁止双重危险原则③。换言之，美国刑事既判力原则在民刑竞合案件并不影响民事诉讼，不排斥在刑事诉讼的同时或之后提起民事公益诉讼。美国国会一直都授予私人在联邦检察官提起刑事诉讼之外，基于公民诉讼条款对同一不法行为提起民事公益诉讼的权利，并意识到私人公民诉讼中民事赔偿与联邦检察官刑事诉讼中没收款物、罚金等财产执行之间的区别④。英国法院处理民刑竞合案件，既可以先通过刑事诉讼责令犯罪嫌疑人赔偿损害，也可以先通过民事诉讼苛以被告赔偿责任，即便刑事诉讼已先行判决赔偿，受害方仍可提起民事诉讼请求弥补刑事赔偿部分之外的损害⑤。英美法中，民刑竞合案件民事公

---

① Dru Stevenson & Sonny Eckhart, Standing as Channeling in the Administrative Age, 53 *B.C. L. Rev.* 1357, 2012, p.1379-1381.

② See Christopher Hodges, The Annals of the American Academy of Political and Social Science, Section three: Western Europe: England and Wales, 622 *Annals* 105, 2009, p.105、107、113.

③ Jennifer Maul, michael Chapper, Mark Hsen, et al Environmental crime, 54 *Am. Crim. L. Rev.* 1207, 2017, p.1220.

④ See Jeffrey G. Miller, Brooke S. Dorner, The Constitutionality of Citizen Suit Provisions in Federal Environmental Statutes, 27 *J. Envtl. L. & Litig.* 401, 2012, p.443-444.

⑤ 王家臣、范春明：《刑事附带民事诉讼与自诉案件的审判》，中国法制出版社1995年版。

益诉讼与刑事追偿之间的衔接表现在：程序启动上各自进行、互不影响，损害责任追究上民事损害赔偿与刑事追偿相互补充，共同弥补公益损失。

（二）民刑合并模式：独立民事公益诉讼 vs 附带民事公益诉讼 vs 刑事追偿

1. 审判及时主义下的附带、独立公益诉讼模式

较之英美法的"民刑分离"诉讼机制，大陆法系国家对民刑竞合案件采取了民、刑诉讼程序不完全独立的做法，即规定刑事附带民事公益诉讼制度，并设置独立的民事公益诉讼模式。例如，法国《新民事诉讼法典》第13编第421、423条赋予检察院在有事实对公共秩序构成妨害时，有代表社会公共利益提起独立民事公益诉讼的资格，第31条授予对诉求无利害关系主体之诉权，认可了有关团体的公益诉讼资格;《刑事诉讼法典》第2条则规定符合一定条件的公益协会、公法法人可在故意放火烧毁林木、荒地，虐待动物等刑事案件中提起附带民事（公益）诉讼，从而形成了附带民事公益诉讼与独立公益诉讼并存的模式。《俄罗斯联邦刑事诉讼法典》第44条、246条中规定，为维护社会利益或国家利益，检察长可在刑事案件中提出或支持附带民事诉讼[1]；2002年《俄罗斯联邦民事诉讼法典》第34条规定的诉讼参加人包括检察长，第45条明确检察长可以请求法院维护"不确定范围的人的权利、自由和合法利益"或"联邦、联邦各主体、地方自治组织的利益"[2]，形成了类似法国将民事公益之诉独立或附带于刑事诉讼程序的制度。这种模式的功能在于提高民事纠纷审理效率，及时弥补刑事犯罪受害方的损失。例如，法国独立民事诉讼的当事人需要有较高的调查、取证费用，而刑事诉讼的民事受害方则可从国家专业化侦查资源中获益，且检控方的调查取证能力是民事诉讼中的当事方无法比拟的[3]，其可以更快解决受害方的民事赔偿问题，此即民事公益诉讼附带于刑事诉讼的目的。

2. 独立民事公益诉讼、附带民事公益诉讼、刑事追偿之间的衔接

独立民事公益诉讼、附带民事公益诉讼并存的立法例需处理两种模式之间及与刑事追偿间的衔接问题。例如，根据《法国刑事诉讼法典》第3条、4条的规定，民事诉讼与刑事诉讼可合并进行，也可以分开进行，分开进行的，民事诉讼在刑事裁判做出之前暂时中止。俄罗斯法亦采取附带民事诉讼为主，独立民事诉讼为辅的模式，并规定附带民事诉讼被驳回或不予审理，不影响当事人再提起独立民事诉讼。独立、附带民事公益诉讼间的衔接一般表现为可选择性，即两种模式的启动可由当事人选择行使；而独立、附带民事公益诉讼与刑事追偿之间则体现出了刑事优先性，即选择附带方式的，对刑事诉讼具有一定依附关系，选择独立民事公益诉讼的，需待刑事宣判后方可继续审理并作出判决。这种刑事优先性，不仅表现为刑事诉讼程序优先进行，更意味着刑事追偿制度在弥补受害者损失方面优先适用。大陆法系国家多数认为，源于被害人的损失，在国家和被告人的关系中又多了一层内容，即国家有义务督促犯罪者对受害人进行退赔与赔偿[4]。刑事判决先行做出，责令退赔、判令赔偿损失等刑事追偿手段已对受害者进行一定的弥

① 《俄罗斯联邦刑事诉讼法典》，黄道秀译，中国人民公安大学出版社2006年版，第44页。

② 《俄罗斯联邦民事诉讼法典》，黄道秀译，中国人民公安大学出版社2003年版，第26、32页。

③ See Vivian Grosswald Curran, Gobalization, Legal Transnationalization and Crimes Against Humanity: The Lipietz Case, 56 *Am. J. Comp. L. 363*, 2008, p.400.

④ 张峰、孙科浓:《刑事被害人财产权益保护的实证分析》，载《法学》2012年第8期。

补，该部分亦应在后续民事诉讼损害赔偿中扣除。

（三）合并分离之间：公益民事保护诉讼模式立法价值的融合

赔偿充分主义下的"民刑分离"与审判及时主义下的"民刑合并"立法例并非界限分明，二者之间呈现出互相借鉴、相互交融的发展趋势，主要表现在：一是英美法系国家意识到完全通过独立民事诉讼维护受损公益的成本较高，转而开始注重归责效率。在"民刑分离"模式下，独立民事诉讼周期较长，取证、举证较难，还存在如何弥补生态环境、不特定消费者等公益损害的问题。鉴于此，不少英美法系国家开始对公益诉讼原告特别是自然人、社会团体的主体资格作一定限制，并鼓励民事公益诉讼双方进行和解或调解，将诉讼或和解所获的赔偿金交由第三方公益组织管理，由这些组织承担弥补公益受损的职能。如美国马萨诸塞州环保信托，资金主要来源于检察官、公民私人提起公益诉讼判决的损害赔偿金，或者原被告和解协议中的赔偿金，资金信托的主要用途是更好地改善环境，包括恢复受损环境原貌和防止环境未来受到不当损害[1]。二是一些大陆法系国家亦认识到附带民事诉讼难以体现公益救济的民事属性，逐渐回归独立民事归责程序，以达到对公益民事损害的充分救济。例如，日本刑事诉讼法原本设置了附带民事诉讼制度，但后来又取消了该制度，而改采英美法的"民刑分离"模式，其部分原因在于，附带民事诉讼模式固然效率更高，可节省司法资源，但毕竟是贯彻刑事优先的产物，以牺牲程序正义为代价[2]。

两大法系关于民事公益诉讼立法价值取向的调整，对公益民事保护不同诉讼机制间的衔接将产生一定影响。事实上，美国法院已认可民事争议能在刑事审判过程中一并解决，借助刑事责令赔偿方式使得民事责任成为刑事处罚的一部分，责令赔偿也成为在刑事诉讼中启动民事损害赔偿程序的关键[3]。根据美国一些州的法律，刑事被害人获得补偿的方式在刑事诉讼体现为一种赔偿命令，康涅狄格州、俄勒冈州、弗吉尼亚州等地区更是将被害人获得补偿的权利限于在刑事程序中行使[4]。相反，一些大陆法系国家则日渐重视独立民事诉讼对公益的救济。如在消费者保护领域，日本《消费者合同法》引入了集团诉讼制度，而特定商业交易法将消费者组织请求禁令救济的对象由企业经营者拓展至违法的引诱消费或教唆者、广告发布者及合同条款提供者等[5]，2013年日本消费者厅向国会提交的"消费者集团诉讼制度特例法案"，更是赋予消费者组织请求损害赔偿的权利[6]。德国法对民刑竞合案件虽规定有附带民事诉讼制度，但在民事公益领域，主要由消费者团体、工商业协会、手工业者协会等主体依据《反不正当竞争法》《一般交易条款法》等法

---

① Charles H.W. Foster and Frances H. Foster, The Massachusetts Environmental Trust, 41 *Ecology L.Q.* 751, 2014, p.787-790.

② 魏盛礼、赖丽华：《试论取消刑事附带民事诉讼制度》，载《法学论坛》2005年第1期。

③ Cortney E. Lollar, What Is Criminal Restitution?, 100 *Iowa L. Rev.* 93, 2014, p.141.

④ Jeffrey A. Parness, Laura Lee, Edmund Laube, Monetary Recoveries for State Crime Victims, 58 *Clev. St. L. Rev.* 819, 2010, p.825、835.

⑤ See Kunihiro Nakata,14th Biennial Meeting of the International Academy of Commercial and Consumer Law: Bamberg, Germany: July 30 - August 3, 2008: Recent Developments in Japanese Consumer Law, 27 *Penn St. Int'l L. Rev.* 803, 2009, p.815.

⑥ 陶建国：《日本拟建立损害赔偿型公益诉讼》，载《法制日报》2013年9月24日第11版。

律提起的利他团体诉讼进行保护①。

四、立法建议：公益民事保护诉讼模式的完善

（一）制度选择：独立诉讼为主、附带诉讼为辅

当前，我国有关公益民事保护的意识还不高，公益诉讼实践亦处于起步阶段。立法新设的独立民事公益诉讼制度已在有序推进实施，逐步成为公益民事保护的重要方式。在此情形下，民刑竞合案件公益损失的救济，主要宜选择由适格主体提起的独立民事公益诉讼模式。通过独立民事归责方式，苟以损害赔偿、恢复原状等民事责任，提高侵权犯罪的成本，不仅可以有效保护生态环境，充分弥补不特定消费者等受害方的损失，也能够对侵权犯罪形成一定的威慑力，减少公益损害情形的发生。

除独立公益诉讼这一主要方式之外，民行竞合案件亦应允许选择适用刑事附带民事公益诉讼模式：一方面，附带民事公益诉讼虽有民事责任从属刑事责任之嫌，但在目前公益民事救济尚显不足的情形下，通过附带于刑事诉讼，可以体现审理简捷、避免民刑裁判矛盾的程序效益价值，达到损害赔偿及时性的实体价值②，对民事公益保护具有一定的推进作用。另一方面，独立民事诉讼的司法成本较高，赔偿效率较低，一些英美法系国家亦有在刑事诉讼中一并解决民事责任问题的倾向。如美国《被害人和证人保护法》《强制被害人赔偿法》等法律规定了刑事损害赔偿制度，为刑事被害人的民事权益提供保障，具有以"刑民合一"的制度设计尽快满足被害人赔偿需求的目的③；此外，美国刑事审判实践基于普遍管辖原则，亦受到大陆法国家关于民事责任附带于刑事程序解决之做法的影响。基于上述考量，我国立法可将刑事附带民事公益诉讼作为独立民事公益诉讼的替代性、辅助性模式，以实现对民刑竞合案件公益损害的有效保护。

（二）机制衔接：公诉部门线索移送与民行部门介入

实践中，民刑竞合特别是涉及公益损害的案件经常是刑事诉讼启动在先。刑事犯罪事实一般也是侵权损害事实，刑事犯罪侦查过程中特别是进入审查起诉阶段，一定程度上可以判断有否涉及公益民事损害的可能。为此，有必要建立公诉部门与民事行政检察部门之间关于公益民事损害的线索移送制度，即公诉部门在审查刑事案件中发现有公共利益受到损害的，可以将线索移送民行部门处理。民行部门在接到移送的线索或者发现有关刑事案件可能涉及公益民事损害的，可以做出以下选择：一是对于犯罪事实与侵权事实可能有差别，或者存在非刑事被告之其他民事责任主体的案件，可以督促或支持法定的机关或组织提起民事公益诉讼，在没有适格的机关或组织提起诉讼时，检察机关依法提起独立民事公益诉讼。该类案件可能因民、刑证明标准、举证责任及因果关系差异而致侵权事实与犯罪事实有别，也可能存在连带、替代责任主体而致民刑诉讼被告不同，采取独立诉讼模式有助于对公益损害进行充分保护。二是对于犯罪事实与侵权事实可能

---

① 高琪：《我国环境民事公益诉讼的原告适格限制——以德国利他团体诉讼制度为借鉴》，载《法学评论》2015年第3期。

② 申莉萍、郑茂：《论我国刑事附带民事诉讼制度的价值定位——从刑事附带民事诉讼的存废之争说起》，载《西南民族大学学报》2012年第4期。

③ 吴江、张旭辉：《美国刑事赔偿令的立法和司法实践》，载《中国刑法杂志》2011年第3期。

基本相同，且除刑事被告外没有其他民事责任主体的案件，可以商请介入诉讼程序，对公益损害事实和因果关系等侵权责任要件进行审查，依法提起刑事附带民事公益诉讼。例如，2003年王某等人涉嫌非法占用农用地罪一案的审查起诉中，山东省栖霞市检察院民事行政检察部门办案人员参与到刑事检察工作中，依法提起了刑事附带民事诉讼[①]；2018年北京市石景山区检察院就邹某等人涉嫌污染环境罪提起的刑事附带民事公益诉讼中，亦由不同检察官分别履行犯罪指控与民事公益诉讼职责[②]。

（三）刑民配合：追责方式互补与公益充分保护

我国司法实践对民刑竞合案件经常适用责令退赔等刑事方式弥补受害人损失，与独立民事诉讼判处的民事责任存在功能重叠，即便是提起附带民事诉讼的，也会出现既有民事判决责任承担，也有刑事追偿的情形。申言之，对民刑竞合案件公益损害的弥补，可能有责令退赔、返还等刑事追偿和损害赔偿、恢复原状等民事责任方式。前者存在于刑事诉讼程序中，后者则适用于独立或附带民事公益诉讼。虽然责令退赔等刑事处理方式有违公益损害赔偿的民事属性，但责令退赔或适用赔偿令具有的司法效率优势仍为不少立法例所认可。例如，美国法院在刑事案件中的赔偿令，与民事侵权诉讼中的损害赔偿责任具有同等的功效，《被害人和证人保护法》规定法官对赔偿令适用有较大的自由裁量权，且要同时考虑被害人损害情况和被告人经济状况，而之后的《强制被害人赔偿法》则强制要求法官在所列举犯罪类型中发布赔偿令，并仅仅需要考虑被害人的实际损失[③]。就追缴、责令退赔等刑事追偿与损害赔偿、恢复原状等民事责任对公益损害的救济，我国立法可尝试作如下协调：一是提起附带民事公益诉讼的，由附带民事诉讼做出判决确定具体的民事责任，而刑事诉讼原则上不再适用责令退赔、判处赔偿等方式；二是没有提起附带民事公益诉讼而是提起独立民事公益诉讼的，刑事诉讼中可适用责令退赔、返还等方式对公益进行弥补，但刑事诉讼已弥补的数额应在民事公益诉讼损害救济中扣除。

---

① 案件详情参见李明生、孔繁平：《为了国家和集体的财产——山东省栖霞市检察院民行检察部门参与提起刑事附带民事诉讼探索》，载《人民检察》2004年第11期。

② 《北京首例环境污染刑事附带民事公益诉讼案开庭》，载《检察日报》2018年7月5日第2版。

③ T. Dietrich Hill, The arithmetic of justice: Calculating restitution for mortgage fraud, 113 *Colum. L. Rev. Sidebar* 1939, 2013, p.1941-1943.

犯罪记录封存制度有关争议问题的思考

谢 业 *

刑事诉讼法第二百八十六条 ① 第一款中规定"犯罪的时候不满十八周岁，被判处五年有期徒刑以下刑罚的，应当对相关犯罪记录予以封存"，第二款规定"犯罪记录被封存的，不得向任何单位和个人提供，但司法机关为办案需要或者有关单位根据国家规定进行查询的除外。依法进行查询的单位，应当对被封存的犯罪记录的情况予以保密"，该条规定被认为是确立了我国未成年人犯罪记录封存制度。但是实践中对于该制度如何理解存在较大争议，主要集中在犯罪记录封存是否意味着犯罪记录消灭，被封存的犯罪记录能否再被利用，以及犯罪记录封存对定罪和量刑的影响，等等，本文中，笔者将结合现有法律和相关司法解释的规定，就相关问题谈谈自己的看法。

一、犯罪记录封存并不意味着犯罪记录消灭

刑事诉讼法第二百八十六条第一款规定符合条件的未成年犯罪记录应当封存，第二款规定封存后可以依法查询。2012 年修改的《人民检察院刑事诉讼规则（试行）》（以下简称刑事诉讼规则）第五百零六条规定"被封存犯罪记录的未成年人，如果发现漏罪，且漏罪与封存记录之罪数罪并罚后被决定执行五年有期徒刑以上刑罚的，应当对其犯罪记录解除封存"。2013 年修改的《人民检察院办理未成年人刑事案件的规定》第六十五条规定"对被封存犯罪记录的未成年人，符合下列条件之一的，应当对其犯罪记录解除封存：（一）实施新的犯罪，且新罪与封存记录之罪数罪并罚后被决定执行五年有期徒刑以上刑罚的……"。从上述规定来看，刑事诉讼法条文中使用的是"封存"而非"消灭"的表述，"封存"显然是不同于"消灭"的，"封存"的意思是使犯罪记录暂时处于保密状态并限制查询，但实际上仍是存在的，而"消灭"则是把犯罪记录彻底消除，把曾经犯罪的事实彻底消除。对于封存的犯罪记录"司法机关为办案需要或者有关单位根据国家规定"是可以依法查询的，如果"封存"意味着"消灭"，则犯罪记录"消灭"后就不存在还可以查询的问题。刑事诉讼规则和《人民检察院办理未成年人刑事案件的规定》又进一步规定了发现漏罪和实施新罪可以解除封存的情形，"封存"之后还可以"解除封存"，显然"封存"并不等同于"消灭"，一般来说"消灭"意味着不可再生，如果"封存"就意味着"消灭"，那么"消灭"后的犯罪记录如何能够再"解除封存"后再生，并进而用于数罪并罚？

著名法学家陈光中主编的《〈中华人民共和国刑事诉讼法〉修改条文释义与点评》一书明确指出"犯罪记录封存并不意味着彻底消除犯罪记录，而是指对犯罪记录予以保密，除了司法机关因办案需要或者有关单位根据国家规定进行查询的例外情况外，不得向任

* 谢业，厦门市同安区人民检察院。

① 2012 年刑事诉讼法修改时，就已经制定了该条规定，当时条文序号为第二百七十五条，2018 年刑事诉讼法再次修改时，该条条文序号调整为第二百八十六条，条文内容不变。

何单位和个人提供有关犯罪记录的信息。规定封存而不是彻底消灭犯罪记录，既有助于尽量减少犯罪记录对犯罪未成年人顺利回归社会的不利影响，也兼顾了保障社会秩序与安全的需要，是较为理想的选择。"笔者认为，结合前文的分析来看，该书的观点是比较符合未成年人犯罪记录封存制度的立法本意的。

二、被封存的犯罪记录可以再被利用

犯罪记录封存的效力问题，特别是犯罪记录封存以后能否再被利用，也是司法实践中争议较大的问题。刑事诉讼法第二百八十六条第二款规定，被封存的犯罪记录不得向任何单位和个人提供，但又作了例外规定，即"司法机关为办案需要或者有关单位根据国家规定进行查询的除外"，同时却又规定"依法进行查询的单位，应当对被封存的犯罪记录的情况予以保密"，司法实践中对于该条款的理解和适用主要争议在于"查询"后能否利用。在该条款实行之初，甚至有观点认为"查询"并不包括"提供"，在实际执行时还有出现，有的封存单位只同意办案的司法机关进行"查询"，但不同意"提供"被封存的犯罪记录给办案机关。对此笔者认为，司法机关为"办案需要"进行"查询"，肯定是为了调取已被封存的犯罪记录作为案件的证据，如果没有调取到该部分证据，在其后的各阶段办案过程中，司法机关如何审查认定该涉案人员的前科犯罪是否属于未成年人犯罪，这个前提可能影响到对该涉案人员的定罪或量刑，缺少这个前提，司法机关如何进一步开展后续的办案工作，因此封存单位肯定要将该被封存的犯罪记录"提供"给前来"查询"的办案机关作为后续办案的证据。

刑事诉讼法第二百八十六条第一款中，对未成年犯罪记录封存适用的范围作了限制规定，即该条款只适用于未成年犯罪"被判处五年有期徒刑以下刑罚的"情形，确立的是未成年轻罪犯罪记录封存制度，对于未成年犯罪但被判处五年有期徒刑以上刑罚的，显然就不能适用该条款，即未成年重罪犯罪记录不封存。实践表明，大多数未成年犯罪属于轻罪犯罪，未成年犯重罪即被判处五年有期徒刑以上刑罚的情形占比较小，因此根据刑事诉讼法第二百八十六条第一、二款的规定，实践中大部分未成年犯罪记录（即未成年轻罪犯罪记录）都能够得到封存并予以保密。2011 年刑法修正案八在刑法第一百条中增加了第二款免除前科报告义务的规定，即"犯罪的时候不满十八周岁被判处五年有期徒刑以下刑罚的人，免除前款规定的报告义务"。该第二款规定的是免除未成年轻罪犯罪前科的报告义务，而刑事诉讼法第二百八十六条第一款规定的是封存未成年轻罪犯罪记录，可以看出该两个条款是属于相互配套的规定，即将未成年轻罪犯罪记录予以封存、保密，再免除未成年轻罪犯罪前科报告义务。笔者认为，刑法修订增加免除前科报告义务，刑事诉讼法修改增加犯罪记录封存规定，都是对未成年涉罪人员"教育、感化、挽救"方针的体现，犯罪记录封存限制了未成年轻罪犯罪记录对未成年涉罪人员的社会影响，避免其因轻罪犯罪记录而被贴上"罪犯"标签，受到社会排斥，有利于其接受教育和改造，也有利于其能够顺利回归社会，免除前科报告义务也是为了避免犯罪记录产生负面影响，消除这类人员回归社会后，在升学、就业过程中因曾经的犯罪记录而可能受到的歧视，为他们重新回归社会增添勇气和信心，创造更有利的条件。但是为了兼顾保障社会秩序与安全的需要，为了刑法社会防卫功能的发挥，上述两个规定又都有所保留，即对占比较小的未成年重罪犯罪记录不进行封存，不予以保密，也不能免除该类前科的报告义务。

笔者认为，结合本文第一、二两部分的分析，可以看出刑事诉讼法规定对未成年轻罪犯罪记录封存并限制查询，显然主要是出于保密考虑，以有利于该未成年涉罪人员顺利接受教育和改造、顺利回归社会，而不是为了消灭该轻罪犯罪记录，进而使轻罪犯罪记录不能在该涉罪人员随后的诉讼中被加以使用。如果该未成年涉罪人员因为犯罪接受处罚，回归社会后又再次犯罪，其曾因犯罪行为所受的刑罚记录仍要影响其再次犯罪的行为评价，至于这种影响有多大，就要结合我国刑法和刑事诉讼法的其他有关规定来分析。

三、犯罪记录封存对定罪和量刑没有直接影响

犯罪记录封存对定罪和量刑的影响也是实践中争议的问题。2011年刑法修正案八修改了刑法第六十五条第一款关于认定累犯的规定，其中明确"不满十八周岁的人犯罪的"除外。有观点认为，该条规定也属于犯罪记录封存制度的一个组成部分。但是仔细对比刑法第六十五条和刑事诉讼法第二百八十六条的规定，可以看出两条规定之间存在明显差别。刑事诉讼法第二百八十六条第一款，只适用于未成年人犯罪"被判处五年有期徒刑以下刑罚的"情形，对于未成年人犯罪但被判处五年有期徒刑以上刑罚的，显然就不符合封存条件，不能封存。而刑法第六十五条规定的"不满十八周岁的人犯罪的"前科记录，可能是被判处五年以下有期徒刑并被封存的轻罪犯罪记录，也可能是被判处五年以上有期徒刑不符合封存条件的重罪犯罪记录，但不论是属于前者还是属于后者，不论是被封存还是没有被封存，根据刑法第六十五条的除外规定，都不能被考虑用于认定累犯。显然，刑法第六十五条增加"不满十八周岁的人犯罪的"除外规定，与刑事诉讼法第二百八十六条关于犯罪记录封存的规定并非出于同一考虑。

我国加入的《联合国少年司法最低限度标准规则》（又称北京规则）第二十一条规定"少年罪犯的档案不得在其后的成人诉案中加以利用"。如果要履行该条约中这一条的要求，所有未成年犯罪记录就都不能在其后的诉讼中加以利用，而不仅仅只是被封存的未成年轻罪犯罪记录不能利用。笔者认为，修订后刑法第六十五条关于累犯的认定中排除了"不满十八周岁的人犯罪的"前科记录，即所有未成年犯罪前科不会在其后诉讼中认定累犯时加以利用，与该条约中这一条的要求是一致的，刑法第六十五条修订的立法本意应该就是要履行该国际条约中这一条的要求。实践表明，累犯的认定中增加该除外规定后，就已经有很大一部分未成年犯罪记录在其后诉讼中不会再被加以利用。但是，结合刑法其他规定来看，还是会有一小部分未成年犯罪记录可能在其后的诉讼中被加以利用。比如，刑法第三百五十六条关于毒品再犯的规定中，同样存在是否要将"不满十八周岁的人犯罪的"前科记录排除在外的情况，如果要更好地履行该国际条约中这一条的要求，可以考虑在刑法第三百五十六条中增加"不满十八周岁的人犯罪的除外"的规定，以避免实践中认定毒品再犯时，出现未成年毒品犯罪前科要不要排除的争议[①]。如果没有明确增加除外条款，则会被认为可能是有所保留、有意为之。

2013年《最高人民法院、最高人民检察院关于办理盗窃刑事案件适用法律若干问题的解释》（以下简称《盗窃解释》）第二条第（一）项规定"曾因盗窃受过刑事处罚的"，认定盗窃"数额较大"的标准可以减半确定。由于受到犯罪记录封存制度有关争议的影响，有观点认为，如果涉案人员"曾因盗窃受过刑事处罚"，但该前科属于未成年犯罪且已被

---

① 比如在《刑事审判参考》中就刊载了两个案例，对于能否认定毒品再犯出现了相反的意见，即《刑事审判参考》总第90集第839号案例和总第100集第1034号案例。

封存的，不适用该条第（一）项的规定，但是这种观点忽视了一个问题，即如果该盗窃前科属于未成年犯罪但由于被判处五年以上有期徒刑不能封存的，要不要适用该条第（一）项的规定。笔者认为，如果要更好地履行上述北京规则第二十一条的要求，可以考虑在《盗窃解释》第二条第（一）项规定中增加"不满十八周岁的人犯罪的除外"的规定，以避免实践中在对盗窃"数额较大"的标准作减半认定时，出现未成年盗窃犯罪前科要不要适用的争议。此外，对于其他如抢夺、敲诈勒索等司法解释中也应该作类似的除外规定。

笔者认为，在刑法第三百五十六条、《盗窃解释》第二条第（一）项或者其他抢夺、敲诈勒索等司法解释的类似规定中，如果没有增加"不满十八周岁的人犯罪的除外"的规定，则不能以未成年犯罪前科记录已被封存等理由来排除该未成年犯罪前科在这些条款中的适用。本文中探讨的有关争议问题，立法机关或者最高司法机关有必要出面对有关条款的立法本意作出明确的回应，如果是有所考虑、有所保留的，则应该予以明确，如果属于立法或者司法解释漏洞的，则有必要予以完善，才能真正定分止争。

行政非诉强制执行的解决之道

——以思明法院为样本分析

胡婷婷 *

依据《中华人民共和国行政诉讼法》（以下简称《行政诉讼法》）、《中华人民共和国行政强制法》（以下简称《行政强制法》）及相关司法解释的规定，行政强制执行依照不同实施主体可以区分为行政机关行政强制执行和行政机关申请人民法院强制执行，后者亦称行政非诉强制执行。行政非诉强制执行作为我国现行法律规定的一项重要制度，是人民法院支持和监督行政机关依法行政的一种重要手段，也是对行政相对人因行政机关行使行政职权不当的一种司法救济。

随着近年来我国社会经济的发展，行政机关申请人民法院强制执行案件逐年增多，大量的行政非诉案件涌入法院；同时随着公民民主意识日趋提高，加上目前有相当部分的此类案件具有群体性、复杂性、不稳定性等特点，行政非诉强制执行中利益主体的多元化及冲突彰显，不断增加行政非诉强制执行案件审查和执行的难度。

一、行政非诉强制执行案件的操作概况

（一）行政非诉强制执行的界定

《行政强制法》实施以前，依照《最高人民法院关于执行〈中华人民共和国行政诉讼法〉若干问题的解释》（法释〔2000〕8号）（以下简称《若干解释》）第八十七条的规定，无论是法律、法规没有赋予强制执行权的行政机关还是法律、法规同时赋予强制执行权与申请法院强制执行权利的行政机关（即"双重授权"），均有权申请人民法院强制执行。

《行政强制法》实施之后，一是限定行政强制执行权只能由法律来设定，该规定意在收紧行政强制执行设定权的同时也必然造成无行政强制执行权的主体范围增多。二是根据立法精神，该法限定只有无行政强制执行权的行政机关才可以申请法院强制执行。该条一定程度上解除了以往实践中法律"双重授权"情形下法院是否受理的尴尬处境[1]。

因此，"行政非诉强制执行"可以概括为没有强制执行权的行政机关申请人民法院对在法定期限内不申请行政复议或者提起行政诉讼，又不履行行政决定的公民、法人或者其他组织，依法强制履行义务的行为。

（二）行政非诉强制执行的审执机构设置

1. 审查主体

根据《若干解释》第九十三条的规定，人民法院立案部门受理行政非诉强制执行案件

---

* 胡婷婷，厦门市思明区人民法院。

[1] 江必新、梁凤云：《行政诉讼法理论与实务》，北京大学出版社2011年版，第1331页。

后，由行政审判庭负责此类案件的审查。以思明法院为例，行政非诉强制执行由行政庭4名审判人员负责具体承办行政非诉强制执行案件审查工作，其中有2名为审判长，另有立案部门1名审判人员负责立案审查工作，并挂靠行政庭配合组成两个合议庭审查此类案件，但不负责具体承办。

2. 执行主体

《行政强制法》正式实施以前，行政非诉强制执行的实施模式为"裁执合一"，即行政决定经行政庭审查裁定准予强制执行后，继续由行政庭负责案件的执行工作，而非法院执行部门。为实现法院内部的"审执分离"，案件进入执行阶段后，具体承办人、合议庭均区别于审查阶段。

《行政强制法》正式实施以后，实施模式由"裁执合一"逐渐向"裁执合一"与"裁执分离"并存模式发展，即执行主体并不当然地为法院，而是根据案件类型采取不同的实施模式。一是"裁执分离"模式，即由法院对行政决定审查后作出准予强制执行裁定，由行政机关负责组织实施。二是"裁执合一"模式，具体做法与此前一致，不再赘述。

二、行政非诉强制执行案件审执过程中存在的问题

（一）法院内部审执机构设置不科学造成法院执行压力空前

就行政非诉强制执行案件而言，法院实行的仍是行政庭"裁执合一"模式，审判人员主要时间和精力均被行政诉讼案件审判所牵制，难以顾及行政非诉强制执行案件的审执工作，办案质量难以保证。行政非诉强制执行案件虽数量远远超过行政诉讼案件，但实质上已经成为行政庭的"副业"，大量非执案件以程序性终结的方式结案，未能有效执结。

最高人民法院《关于办理行政机关申请强制执行案件有关问题的通知》（法〔1998〕77号）（以下简称《通知》）已经明确行政非诉强制执行案件由行政庭负责审查，需要强制执行的，由行政庭移送执行庭处理，但由于2000年的《若干解释》第九十三条没有明确规定此类案件是由执行庭还是行政庭执行，只是笼统规定由"负责强制执行非诉行政行为的机构"执行。因此尽管2011年10月19日最高人民法院印发的《关于执行权合理配置和科学运行的若干意见》（法发〔2011〕15号）（以下简称《若干意见》）再次明确了行政非诉强制执行案件由行政庭审查、执行局执行的模式，思明法院仍未能及时转变模式，而是继续沿用《若干解释》的规定。

（二）法院外部"裁执合一"主导与执行力量不足矛盾凸显

法院外部的裁执合一或分离是相对于行政非诉案件强制执行实施权在法院与行政机关之间如何分配而形成的相应概念。思明法院长期以来以"裁执合一"为主导模式，即行政非诉强制执行案件经法院审查裁定准予强制执行后，继续由法院承担后续执行工作。尽管自2012年开始探索"国有土地上房屋征收补偿案件"由政府组织实施，但阻力较大。案件数量的庞大与法院有限的人力、物力及组织调动能力之间存在着巨大的矛盾，法院的非诉审查执行工作相当程度上处于疲于应付状态。加上"裁执分离"模式的不成熟，无法让行政机关对执行案件进行分流，必然导致法院选择以备案登记的方式适度控制前期执审案件的受理，然而由此造成的结果就是行政庭不得已另辟单独办公室用于存放此类

案件，越积越多的案件正成为棘手难题。

加之行政机关日渐依赖司法强制执行，特别是针对已经缺乏执行条件的案件或者骨头案、钉子案，行政机关则会以移送法院作为其案件结案的方式。很多案件如果没有党委、政府和政府部门的协调和参与，仅凭人民法院的执行力量，是很难胜任强制执行裁定后的组织实施工作，尤其是房屋及土地征收、强制拆除违法建筑物、责令停产停业等案件。这些因素均导致人民法院执行工作压力空前巨大。

（三）尚待完善的立案、审查程序致使文书"送达难"、人员"查找难"问题愈加突显

一方面，行政机关由于只需向法院申请执行非诉行政案件并获准予执行的裁定，即可在内部结案完毕，导致其普遍缺乏主动、自行结案的主观能动性，表现在申请立案时部分案件未能提供被执行人的身份证明、真实地址信息，包括被处罚人已经离开本市、企业已注销或转手他人更改主体等信息，使法院陷入准予执行裁定书、执行通知书等文书送达难、被执行人查找难的困境。

另一方面，法院出于尽快实现行政管理的有效性、支持政府部门工作等考虑，经审查符合基本的强制执行申请条件的，一般均准予立案。绝大部分案件进入审查阶段后，法院均是以书面审查方式作出是否准予强制执行的裁定。由于目前法律对准予执行的裁定如何送达缺乏规定，实践中均是在案件进入执行阶段后，送达执行通知书等材料时一并送达准予执行裁定，致使"送达难"转换为"执行难"。

（四）行政机关执法瑕疵引发的矛盾激化升级案件大量存在

由于行政非诉强制执行的审查标准采取以"明显严重违法"为原则的合法性审查，因此行政机关作出行政决定存在非"明显违法"的瑕疵时，法院仍需裁定准予强制执行。实践中，行政机关执法瑕疵主要体现在行政决定等相关文书送达、对相对人申辩意见的处理等方面。例如，行政机关在送达告知书、行政决定文书、催告书等关键程序中，在未穷尽其他送达方式的情况下即采取登报公告方式送达，致使不少被执行人以行政机关执法人员未能及时送达相关文书为由拒绝履行；相对人在行政决定作出前向行政机关提交了申辩意见，但在行政决定中并未对此作出回应或处理，致使被执行人原本处于萌芽状态的疑惑情绪到执行过程中表现出强烈对立情绪，甚至升级为群体性事件，增加执行工作难度。

三、行政非诉强制执行的完善对策和意见

（一）转变法院内部行政非诉强制执行权配置模式

行政非诉强制执行案件在法院内部的分工，主要在于此类案件强制执行具体由哪个部门来负责实施。尽管最高人民法院最早在《通知》中就已经明确了行政庭审查、执行庭执行的配置模式，但2000年的《若干解释》第九十三条的规定又再次将非诉行政行为的强制执行交由各地法院根据各地法院实际情况具体处理[①]。这也是实践中行政非诉强制执行案件的审查与执行均由行政庭负责情形大量存在的主要原因。

---

① 江必新、梁凤云：《行政诉讼法理论与实务》，北京大学出版社2011年版，第1331页。

由行政庭承担行政非诉案件执行固然有其对非诉行政行为比较熟悉、有利于提高工作效率的优势，但由于行政庭同时负责行政诉讼案件的审判，如果同时承担行政非诉案件的执行，难免引起相对人对法院偏袒行政机关的怀疑或产生法院实为行政机关执行工具的不良印象。为了避免这种模式所带来的弊端，2011 年最高人民法院印发的《若干意见》再次明确了行政非诉强制执行案件由行政庭审查、执行局执行的模式。

因此，法院内部行政非诉强制执行权配置的应然模式应是"审执分离"，其基本运转程序是行政非诉强制执行案件经立案庭受理后转行政审判庭进行合法性审查，行政庭经审查裁定准予强制执行的，再由立案庭办理执行立案登记后移交执行庭执行；裁定不予执行的，将不予执行的裁定送达行政机关①。该种模式是"裁执分离"原则在法院内部的必然要求和体现。虽然短期内会存在人员调配、机构调整以及工作量不均衡等问题，但从长远看，此项改革有利于理顺行政非诉强制执行案件的执行工作机制，保护行政相对人合法权益，促进行政机关依法行政。

（二）拓宽法院外部"裁执分离"执行模式适用范围

目前我国的行政非诉执行因其专业性强且强调与行政机关的沟通协调而多由行政庭负责。在完成行政审判任务之余，有限的几名法官要完成审查及一般金钱给付内容的执行尚可应付，但组织诸如强制腾空房屋、拆除违章建筑、环保停产等重大执行，则需要调动几十、上百的人力，协调地方各个部门，远非行政庭法官甚至执行局等所能直接完成。从实际情况来看，执行环节实际成了效率的瓶颈，突破这种瓶颈制约的关键在于改变执行环节由法院负责的现状。②因而法院外部的"裁执分离"模式应运而生。

最高人民法院《关于办理申请人民法院强制执行国有土地上房屋征收补偿决定案件若干问题的规定》（法释〔2012〕4 号）（以下简称《规定》），明确了人民法院裁定准予强制执行后，一般由作出征收补偿决定的市、县人民政府具体实施的基本原则，以体现"裁执分离"的改革方向。最高人民法院《关于在征收拆迁案件中进一步严格规定司法行为 积极推进"裁执分离"的通知》（法〔2014〕191 号）进一步明确了针对国有土地上房屋征收非诉执行案件实行由法院审查作裁定、政府组织实施的"裁执分离"原则，同时要求积极拓宽"裁执分离"适用范围。福建省高级人民法院转发上述通知时（闽高法〔2014〕385 号）亦要求全面推进"裁执分离"工作机制，对于集体土地上的房屋征迁、违法建筑强制拆除等非诉案件，也要严格落实"由政府组织实施为总原则、由法院执行属个别例外情形"的基本要求。

从目前思明法院行政非诉强制执行运行实践来看，针对国有土地上房屋征收非诉案件实行"裁执分离"，已经取得党委、政府的理解和支持，这也为"裁执分离"适用范围的拓宽进行了有益探索。但国有土地上房屋征迁案件毕竟占极少部分，占绝对多数的强制拆除违法建设、停止经营等案件实则是法院执行压力来源，因此拓宽"裁执分离"适用范围，不仅有利于发挥司法专业优势、监督功能，更有利于发挥行政机关资源优势，从而实现行政管理的有效性。同时浙江省对"裁执分离"工作机制拓宽至责令限期拆除、责

---

① 张坤世、江华：《非诉行政案件强制执行权配置模式之选择》，载《法治研究》2013 年第 2 期。

② 危辉星、谭星光：《非诉执行适度审查标准的再确立》，载《人民司法》2014 年第 5 期。

令恢复原状、责令停产停业、取缔等行为罚案件的全面推进，也值得推广和借鉴 [1]。

（三）优化案件立案、审查程序以破解"两难"问题

一是严把立案关口，避免"逢案必立"。目前思明法院行政非诉强制执行案件立案阶段并未对行政机关的申请材料进行审查，造成很多案件进入审查阶段才发现不符合基本的立案条件。因此在立案审查过程中，应当严格要求申请机关提供齐全的申请强制执行材料，尤其是被执行人详细住址、财产状况、企业登记、房产登记等情况，以及《行政强制法》规定的"催告义务"的履行情况说明，若其不能提供则不予立案，从源头上解决因行政机关怠于提供准确信息而导致后续"送达难、执行难"问题 [2]。

二是统一审查标准，避免"失之过严或失之过宽"。虽《若干解释》等司法解释及《行政强制法》共同体现行政非诉强制执行案件审查标准是以"明显违法"为原则，较之行政诉讼中被诉具体行政行为的审查标准而言适度放宽，这也是因为后者是由相对人行使诉权，提请法院进行司法审查；而前者是相对人不起诉或放弃、丧失诉权的情况下进入法院的，原则上必须是"明显违法"的才不予执行 [3]。"明显违法"原则在实践中如何操作虽有所差异，但应当统一基本的审查标准并严格掌握，即如果具体行政行为存在行政主体不适格、主要证据不充分、适用法律法规错误、违反法定程序、超越职权、没有依法送达等情形，人民法院依法应当裁定不予执行，避免审查"走过场"引发执行阶段矛盾激化或审查过严影响行政管理的有效性。

（四）共享执行信息化建设成果提高有效执结率

司法强制执行措施是否高效是制约行政非诉强制执行有效执结率的重要因素。正如前述统计，在大数据时代下，当前福建省各级法院全面建立的强大执行信息化系统，其自建立以来所展现出来的"立案即查""信息惩戒"等高效强制措施，大幅度提高法院执行效率，缩短执行周期，尤其是金钱给付类执行案件效果显著。遗憾的是目前该系统在设计之初并未考虑到多地法院行政非诉执行案件由行政庭负责的情形，只向执行部门的执行案件开放。

共享高效的执行信息化系统已然成为提高行政非诉执行案件执结率的重要手段之一。行政庭在面对大量案件人员"查找难"、财产"查控难"、老赖频发等现象时，苦于人力、物力、执行措施等方面受限，案件有效执结率一直是此类案件的瓶颈。尤其在"裁执分离"模式探索伊始，金钱给付类案件尚未纳入该模式适用范围，因此该类案件或将会在很长一段时间内成为行政非执案件的主要案件类型。因此共享执行信息化系统对提高行政非诉执行案件有效执结率、缩短执行周期大有裨益，有利于更为快捷地实现行政管理的及时有效性。

---

① 浙江乐清市人民政府下发〔2014〕14号《专题会议纪要》，在市直机关和所属乡镇全面推进和规范非诉行政执行案件"裁执分离"，再次明确对行政机关申请人民法院强制执行行政决定的部分案件，由乐清市法院进行审查裁定并由行政机关负责组织实施。

② 吴宗清、王建华、夏群佩、林恩伟：《破解非诉行政案件"执行难"探析》，载《中共贵州省委党校学报》2013年第5期。

③ 江必新、贺荣：《中华人民共和国行政诉讼法案典》，人民法院出版社2014年版，第547页。

（五）借力府院良性互动机制提高行政机关执法水平

由于行政非诉强制执行案件审查标准采用"明显违法"原则，行政机关执法瑕疵只要不属明显违法，法院一般裁定准予强制执行。这些执法瑕疵虽不影响案件进入司法强制执行，但已然成为引发案件矛盾的重要导火索。相对人往往由此形成了法院毫无公正可言，仅是行政机关的执行工具的印象。因此，强化行政机关实体、程序并重意识，提高行政机关执法水平不仅应成为行政机关必修课程，法院也应通过司法建议等方式推动行政机关依法行政。

当前全面推行的以依法行政与行政审判为主题的府院良性互动机制建设已趋成熟。这一机制实现了司法与行政之间良性互动的系统化、机制化、可操作化。法院可以针对行政非诉强制执行过程中出现的新情况、共性瑕疵或工作纰漏问题，尤其是行政机关"轻程序"理念、对新法学习的滞后、执法方式简单粗暴等突出问题，通过主持召开联席会议、发送司法建议、专题培训等方式发挥司法监督功能，实现行政审判执行法律效果、社会效果和政治效果的统一，避免因个案沟通对司法资源造成不必要的浪费，从而达到切实推进行政机关依法行政和法治政府建设，维护行政案件当事人的合法权益的目标。

完善监检衔接　形成依法反腐合力研究

黄　鹏 *

　　监督调查处置，是《中华人民共和国监察法》(以下简称《监察法》) 赋予监委的法定职责。监察体制改革以来，厦门市湖里区监察机关和检察机关强化法治思维、精准思维，在办理涉嫌职务犯罪案件中取得了一定的成效，但也遇到了一些问题。本课题尝试通过分析当前实践中存在的问题及原因，提出具体的对策建议，以便更好地落实每一起案件都经要得起实践、人民和历史检验的工作目标。

　　我国《监察法》和新修订的《刑事诉讼法》通过后，职务犯罪侦查权正式由检察机关转属监察机关管辖。同时为确保职务犯罪调查工作和审查起诉工作在法治框架内有效开展，《监察法》和《刑事诉讼法》对于监察委员会与司法机关的衔接与协调也作出了相关规定，保证监察程序与司法程序进行有效的承接与过渡。《监察法》规定，监察机关在收集、固定、审查、运用涉及职务犯罪行为证据时，应当与刑事审判关于证据的要求和标准相一致。中央纪委《关于加强和改进案件审理工作的意见》要求，严格履行审核把关职责，强化精准思维、坚持实事求是，以事实为依据，以纪律、法律为准绳，对案件进行全面审核，严把案件质量关。移送司法机关的案件严格落实以审判为中心的证据审查标准。厦门市湖里区监察、检察两家机关立足辖区实际，积极探索建立健全移送司法机关涉嫌职务犯罪案件后续处理情况的跟踪掌握、分析研判、建议反馈工作机制，形成监察与检察、审判机关共同对案件质量负责的工作格局，以推动办理涉嫌职务犯罪案件工作实现高质量发展。

一、厦门市湖里区办理涉嫌职务犯罪案件的基本情况

　　2018 年 1 月至 2019 年 9 月，湖里区共办理涉嫌职务犯罪案件 17 件 /21 人。监委处置情况：移送检察机关审查起诉 15 件 /19 人；未移送审查起诉，按照"第三种形态"处理 2 件 /2 人。司法处置情况：处于审查起诉阶段案件 1 件 /1 人；已判决案件 3 件 /5 人，处于法院审理阶段案件 11 件 /13 人。从《起诉意见书》与《起诉书》《判决书》的对比情况来看，涉嫌职务犯罪案件整体质量较好，《起诉意见书》认定的犯罪事实、罪名、量刑情节等方面，与《起诉书》《判决书》的认定基本一致，未出现无罪判决、改变罪名、非法证据排除等重大案件质量问题。

---

* 黄鹏，厦门市湖里区人民检察院。

二、存在的问题

（一）案件移送司法机关后，补充完善证据相关工作规范缺失

从办案实践看，目前监察机关证据收集主要存在两类问题：一是证据链条不完整。有的对证据标准不熟悉，证据收集不够到位，不知道应当收集到什么程度才符合起诉和审判的要求，比如部分证人证言取证不完整、行贿款的来源不清、受贿款的去向不明等，导致证据收集不够全面、证据链条不够完整。二是取证程序不规范。比如有的书证未让被调查人辨认、有的书证未体现证据来源等。由于目前监察机关各承办室没有建立完整的补充证据登记台账，证据补正管理比较混乱，没有专门对需要补充的证据统一梳理和分析，导致补证清单中有的问题重复出现，进而影响了办案进度。

（二）个别案件被判决免于刑事处罚

被调查人陈某某涉嫌介绍贿赂一案，法院认定陈某某介绍贿赂86万元，情节严重，具有自首、在被追诉前主动交代介绍贿赂行为等情节，判决陈某某构成介绍贿赂罪，免于刑事处罚。

（三）个别案件量刑情节未被判决采纳

被调查人高某某、丘某某等人涉嫌受贿一案，监察机关认为高某某、丘某某向足浴店老板陈某某等人索要钱款的行为，属于索贿，应当从重处罚。检、法认为该索贿情节，陈某某等人的证言与高某某、丘某某的供述无法相互印证，根据有利于被调查人的原则，不予认定。

三、原因分析

（一）监察机关部分审查调查人员对涉嫌职务犯罪案件证据标准的把握能力不足

《国家监察委员会移送最高人民检察院职务犯罪案件证据收集审查基本要求与案件材料移送清单》对职务犯罪案件证据的种类和形式作了具体规定，结合司法实践，对标相关规定，审查调查人员及审理人员显现出较明显的短板。如部分审查调查人员及审理人员缺乏对庭审焦点的敏感性和预判性，对涉嫌职务犯罪案件证据标准的把握能力不足；有的同志程序意识、证据意识有待提高。

（二）罪名认定和准确适用法条的能力需要进一步提高

准确分析被调查人的行为性质，适用正确的罪名和法条是职务犯罪案件审查调查和审理工作的基本要求。随着改革开放的深入，社会经济体制正处于转型、转轨的重要时期，职务犯罪案情复杂、手段隐蔽多样，要准确地透过现象看本质，适用正确的罪名和法条，其工作难度越来越大。湖里区在办理厦门市国家税务局稽查局曹某某涉嫌挪用公款、受贿、诈骗一案中，曹某某利用职务便利，在办理税收违法案件的过程中，违规让企业将预缴税款转账至其个人账户，并将税款用于炒股等活动。对于曹某某上述行为的

定性，监检两家的看法不一，存在较大争议，滥用职权、挪用公款、诈骗、贪污均有一定的道理。为有效解决争议，湖里区监、检、法三家启动了案件会商机制，调查组、审理室、检察院、法院多次就本案法律适用问题进行分析研究，并查找了相关的司法解释、案例材料，区监委最后综合考虑案件的事实、性质、法律规定、社会效果等因素，认为曹某某的上述行为应当认定为挪用公款罪。目前，曹某某的上述行为被检察机关以挪用公款罪起诉至法院，处于二审庭审阶段。

（三）对宽严相济刑事政策的把握能力不足

宽严相济刑事政策是我国的基本刑事政策，是惩办与宽大相结合政策在新时期的继承、发展和完善，是司法机关惩罚犯罪，预防犯罪，保护人民，保障人权，正确实施国家法律的指南。宽严相济刑事政策与精准有效运用监督执纪"四种形态"是相辅相成的。但目前监察机关对于两者如何在纪法上实现贯通尚不能很好地把握和运用，尚未建立与宽严相济刑事政策有机衔接的案件处理平衡机制，未能准确参照《人民法院量刑指导意见（试行）》，根据案件的犯罪金额、社会危害性、法定、酌定从宽处罚情节，对于案件是否可能被检察机关情节轻微不起诉或者被法院判处免于刑事处罚的预判性不足，从而影响精准有效运用监督执纪"四种形态"。

四、对策与建议

1. 探索建立"一案一登记一评析一总结"工作机制。从司法实践上看，检察机关、审判机关长期从事职务犯罪案件审查起诉和审判工作，具有较强的犯罪证据标准把握能力和法律适用能力。职务犯罪案件移送司法机关之后，经审查起诉、庭审质证和法庭辩论，检法机关对案件有了更深的了解和掌握。为充分发挥检法机关对庭审焦点较强的敏感性和预判性作用，更好地衔接检法机关，确保案件质量，跳出"年终算总账"的思维定式，要树立抓早抓好的思路，抓质量于日常，努力推进建立健全以个案为目标，以纪检监察机关为主导，检察机关、审判机关共同参与，纪检监察、检察、审判机关共同对职务犯罪案件质量负责的"一案一登记一评析一总结"工作机制。

（1）"一案一登记"。在案件审理阶段、审查起诉阶段、法庭审判阶段，分别由承办的审理人员、检察官、法官从案件事实、案件证据、案件定性、量刑情节、款物处理等方面，分析职务犯罪案件存在的问题、整改建议、整改情况、好的经验做法，及时填写《职务犯罪案件问题登记表》。判决生效后，监察机关审理室及时将《起诉意见书》与《起诉书》《判决书》进行比对，着重分析《起诉意见书》在事实、罪名、量刑情节等方面未被采纳的内容及原因，填写《职务犯罪案件判决研析表》。审理室指定专人负责收集《职务犯罪案件问题登记表》《职务犯罪案件判决研析表》，做好"一案一登记"工作。

（2）"一案一评析"。监察机关根据职务犯罪案件办理情况，适时召开职务犯罪案件质量联席评析会，集中对一段时间内判决生效的职务犯罪案件逐一进行评析。会议由监察机关审理室牵头组织，纪检监察、检察、法院三方负责职务犯罪案件办理工作的领导和承办人员参加，着重就事实认定、证明标准、法律适用、取证程序等问题进行研讨分析，查找问题不足，提出对策建议，特别是就同类案件的办理统一思想认识，提高办案效能，确保案件质量。

（3）"一案一总结"。监察机关汇总《职务犯罪案件问题登记表》及《职务犯罪案件判决研析表》，结合职务犯罪案件质量联席评析会研讨成果，形成《职务犯罪案件评析总结报告》，重点总结案件办理中的分歧争议和经验教训。在征求承办业务室的意见后，将《职务犯罪案件评析总结报告》抄送监、检、法主要领导，并作为年度案件质量评查的重要组成部分。

2. 实行补充证据统一台账制度。规范职务犯罪案件补充完善证据内部管理机制，要求承办纪检监察室建立统一台账，指定专人负责登记补证情况，做到底数清、情况明。各承办室结合台账情况，进行分类汇总，查找共性问题和工作盲点，倒查问题产生的原因，每半年进行一次总结分析，提出改进措施，避免类似问题重复发生。

3. 建立"三不"一体推进工作机制。坚持"三不"一体推进，在强化"不敢"的同时，更加注重通过审理工作引导和强化"不能""不想"体制机制建设。发挥审理部门熟悉纪法规定，全面掌握案情的优势和特点，深挖被处分人的违纪违法原因，查找共性问题，发现制度机制漏洞，研究提出改进完善的意见建议。充分发挥反面典型的警戒作用，让广大党员干部形成不想腐的自觉，真正实现查处一案、警示一片、规范一域的效果。

捕诉合一后如何最大限度发挥引导侦查的作用

熊毅平 *

检察机关法律监督的诉讼地位及在刑事诉讼过程中所起到的承上启下的作用，决定检察机关引导侦查在检察刑事诉讼过程中的重要性。检察机关引导侦查，最早可以在公安机关立案侦查阶段进行，通过提前介入的方式引导侦查的方向，但主要的引导侦查阶段则是通过审查逮捕后发出的相关要求补充侦查的提纲或者在审查起诉阶段通过退回补充侦查，起到相应的引导侦查的作用。捕诉一体后，如何通过引导侦查预防、打击侦查过程中的违法行为，如何保证证据获取程序的合法性，提升刑事司法诉讼整体质量，需要通过合理引导及适当的说理进行全面的完善。

一、捕诉合一前后补充侦查的不足

笔者有十二年的刑检工作经历，前十一年基本上是在侦查监督部门工作，而近一年捕诉一体后兼顾审查逮捕及审查起诉工作，实践中有一通俗说法："公机关是做菜的，检察机关是传菜的，审判机关是品菜的。"作为"传菜"机关，关联着"做菜"及"品菜"两个环节，一个案件如何侦查，是否能查实，证据是否能达到"确实、充分"，很大程度上依赖于公安机关的侦查是否到位，而监督并完善侦查机关侦查行为的合法性、全面性及完整性，便是检察机关的履职所在，这一履职行为，通常以提前介入、继续或补充侦查提纲、退回补充侦查等方式得以体现，但因现实中的诸多问题，补充侦查仍存在着不足。

首先，补充侦查"双刃剑"未发挥应有的效力。2020年3月27日，最高检及公安部联合印发《关于加强和规范补充侦查工作的指导意见》的通知，该通知提出开展补充侦查工作的"必要性、可行性、说理性、配合性及有效性"五个原则，目的是减少不必要的补充侦查，提高审查起诉的效率，但并未从根本上对补充侦查的内容进行规范，也未对补充侦查不足如何纠正进行明确。而今年新升级的统一应用业务系统中，则对《补充侦查提纲》的文书格式进行了规范，该格式中为突出说理的重要性，在第二点"补充侦查的主要事项和工作"及第三点"相关工作要求"不免重复，在实践中往往落于形式。案件类型日新月异，案件问题更是件件不同，规范化的补充侦查提纲并不适用于个案，补充侦查提纲的差异性体现承办人的办案风格。作为一把"双刃剑"，补充侦查提纲既是检察机关对侦查机关侦查行为的监督及督促，也是检察机关加快办案效率、缩短办案时间、推进办案进程的重要手段，但在实践中，补充侦查经常沦为争取时间的手段，而未能充分地发挥其"双刃剑"应有的效力。

其次，补充侦查后的证据材料参差不齐。如前所述，不同的补充侦查提纲由不同的检察官发出，往往具有个人的风格及特色，是个人对证据要求及论证定罪要件的思考在证据上的体现。而不同的侦查人员对于侦查提纲的反馈，也颇具个人特色，不仅考察了

* 熊毅平，厦门市湖里区人民检察院。

侦查员的办案能力，还考验了侦查员的语言理解力及执行力。在实践中，存在有些侦查员只知其然而不知其所以然的情况，为证据而调取证据，却不知道证据间的关联及与案件的关系，往往补充侦查后的证据，不仅未能弥补之前证据的不足，反而制造新的矛盾。如蓝某某涉嫌盗窃一案，在审查逮捕阶段侦查人员因错误调取了盗窃监控，犯罪嫌疑人蓝某某进行了错误的指认，在重新调取监控后，因监控模糊，蓝某某虽承认监控中是其本人却辩解称记不清是否盗窃车内财物，故本案存疑不捕。在不捕补查提纲中，承办人着重针对该问题要求侦查机关对监控进行高清化处理以明确蓝某某盗窃的客观证据，未能直接提出需要侦查人员根据该监控再次讯问的要求，而侦查人员在该案不捕后至移送起诉长达一年的时间内制作了两份讯问笔录，犯罪嫌疑人蓝某某直接表示认罪，但却无供述具体的盗窃过程及盗窃的细节，在审查起诉过程中，承办人只能要求侦查人员再次讯问并导致耽误了办案期间。

最后，逮捕后的补充侦查为审查起诉服务的作用力有限。在侦查部门由于案多人少的矛盾及基层派出所工作的繁杂，办理羁押类的刑事案件，在审查逮捕之前，侦查人员往往会倾注较多的精力进行侦查，而在逮捕完后，由于检察机关认可了前期侦查的效果，侦查人员往往后续因工作安排等各种原因，在审查起诉时并未着力补充逮捕后检察机关开具的侦查提纲上的各项要求。在捕诉合一后，笔者发现，逮捕后未按侦查提纲要求进行补充侦查的情况较为常见，而原先因为两个阶段不同承办人，公诉阶段的承办人可能会通过退回补充侦查的形式开具新的侦查提纲，但捕诉合一后，由于两个阶段同一个承办人，必然对案件证据要求具有同一性，因而逮捕后补查的不及时不充分，大大影响了案件的进度。

二、对于存在该不足的思考

针对上述存在的问题，笔者长期的办案实践认为主要是因为以下两个原因。

第一，侦捕诉沟通不畅，补查质量不高。侦查人员及检察官均是以"办案"思维办理案件，但二者"办案"重点不同，思维便会有差异。侦查人员经历案件从无到有的过程，其注重言辞证据但会忽视客观证据，其注重认罪供述但会忽视言辞间的印证，而检察官则讲求犯罪要件的构成、逻辑论证及证据印证等。在得到相关的有罪供述时，侦查员往往会认为证据已经确实充分，而在检察官要求补充相关证据时，如果未能说明补充证据的要求及取得的方式等，在复杂案件中可能补查的证据并不符合要求或者会造成新的矛盾。

第二，检察监督措施刚性不足，效果不佳，诉讼效率提升不明显[1]。有些证据的补查，可能关系到涉及的案件线索的查实或者仅是有关量刑情节，而有些侦查员在认为不影响定罪的情况下，会有怠于侦查的情况出现，而检察机关在办案相关案件时，往往在案件办理时间耗尽仍无法查清时，只能移送法院，而有些侦查人员清楚检察机关有二次退回补充侦查的权限，故而会要求检察机关二次退补后再行补充侦查，检察人员在证据尚有侦查必要的情况下，只能二次退补。以往，针对此种情形并无刚性的监督措施，故而拖延了诉讼进程。

三、捕诉一体后更有利于也更应当发挥检察机关补充侦查上的指导作用

有部分学者认为，捕诉合一实质上混淆了法律监督权与公诉权的概念，认为公诉权、侦查权及法律监督权属于检察机关的三项权利，而有部分学者则认为《宪法》赋予检察机

---

① 　熊东来、王艳：《捕诉一体办案模式下检警关系问题研究》，载《检察调研与指导》2019年第3期。

关法律监督权，所以公诉权和侦查权都为法律监督权的衍生[①]。捕诉合一虽有其不足，但并不必要将其提升到两个相对立的权力的整合，是检察机关诉讼权力及监督权在实践中提升效率的实践。

1. 捕诉一体后，可通过贯通全案的说理加强沟通的效率。捕诉一体后的程序性前置，不仅仅是前置到审查逮捕环节，而是前置到提前介入环节，且后延至审判后的执行环节等。实行"捕诉一体化"，分段行使变为合并行使，同一检察官或同一办案组在权限范围内完成案件的批捕、起诉、出庭公诉的全部工作，同时还履行侦查监督、审判监督等职责[②]。通过对提前介入引导侦查取证规范化制度化，与审查逮捕、审查起诉的衔接，增强提前介入规范性，推动提前介入引导侦查取证实质化[③]，使案件在提前介入阶段便明晰相关的问题及争议，引导侦查方向；通过审查逮捕阶段发出《继续侦查提纲》或《补充侦查提纲》，为审查起诉做好准备；在审查起诉阶段则可以对全案诉讼过程中的沟通结果进行整合，对于前期反复沟通但侦查机关仍未予以补充的证据，要求其说明原因或者予以监督纠正，对于前期存在的问题经反复沟通仍无法查实的事实，则不予认定，在有效的时间内大幅度地提高诉讼效率。

2. 捕诉一体后，是原先逮捕资源与公诉资源的高度整合。捕诉一体后，可通过补充侦查的方式为检察机关行使法律监督权留有余地，补充侦查后的证据材料补充情况可直接作为作出法律监督的依据，而不再另行给予侦查机关补正的机会。最高检试行侦查监督平台后，根据侦查监督平台上的监督条目，针对补充侦查方面的监督条目，每案必填的方式也大大地给予了办案人员监督的强制力。在捕诉一体后，通过对原来两个不同部门的检察官办理批捕案件时的侧重点不同，可看出长期的工作实践对两个部门的人员的不同影响：一般而言，原先从事过批捕的检察官，在办理捕诉案件时，对于公安机关办理刑事案件的程序问题较为关注，对于立案后的拘传审批、延长，拘留后的二十四小时内的送所、通知、讯问等会重点予以审查，但原公诉部门的检察官则对于此程序问题因逮捕阶段已经予以审查，审查起诉环节便不再过多关注，故而其在办理逮捕案件时，往往未过多关注程序问题，但其对于公诉阶段的证据规格有较强的敏锐性，对于起诉必要的证据，则能及时地在逮捕阶段的侦查提纲中及时开具，有利于加快案件的进程。

四、检察机关的说理及监督权在引导侦查中的体现

通过合理地运用侦查监督平台，通过纠正的方式反向助推补充侦查的效果。

（一）如何让补查提纲中的说理发挥作用

补查提纲的说理，并非跟侦查人员玩文字游戏以减少检察人员的责任，而是应当通过通俗易懂但又不生活化的文字指明侦查方向、说明补查必要、指导证据提取方式、规范证据形式等。故而，补查提纲中的说理发挥作用，主要包括三点：一是说理让侦查人员看得懂，心服口服地查。侦查提纲中的说理，既应当围绕犯罪的法律构成四要件进行

① 漆晨航：《"捕诉合一"视野下检察引导侦查的路径偏差与回归》，载《江西警察学院学报》2019年第5期。
② 俞永梅、周耀凤：《捕诉一体助推侦查监督全程有效精准开展》，载《检察日报》2019年10月10日第3版。
③ 曾庆云：《塑造捕诉一体模式下良性互动诉侦关系》，载《检察日报》2020年2月6日第3版。

陈述，也不能脱离在案证据存在的问题，直接点明证据链条断裂之处或者影响定罪量刑的关键性证据的补正，从而使侦查员在后续的侦查中有的放矢。二是说理让侦查人员愿意查，查到的证据能完善全案的定罪量刑的认定。可以适当地将理论上及实践中分歧点以简明扼要的方式在侦查提纲中点明，将侦查思路、侦查方向及侦查方法在补查提纲中尽可能详细地列明，同时将审查起诉阶段对证据规格的要求在需要注意的问题中陈述清楚，让侦查员明白补查的可行性及必要性，以及补查工作可能对审查起诉工作的影响等。三是不断沟通，在开出补充侦查提纲及继续侦查提纲后，应当就证据仍存在不足问题及时与侦查人员进行沟通，侦查人员在补充到新的证据后，可能对原先的在案证据会有新的影响，也可能会有新的认定事实，只能在审捕后起诉前通过不断的沟通，才能及时地引导侦查方向，在起诉前达到最好的侦查效果。

陈某某、张某某涉嫌诈骗一案，案件在提前介入之始，围绕张某某的纠结点在于：张某某将收取的钱款用于赌博，理论上可认为其有非法占有的目的，但该赌博数额仅是部分的钱款，其将收取的大部分钱款用于购买口罩或者用于投资，该行为在实践中又可认为不具有非法占有的目的，该两个行为的矛盾之处，如何通过侦查使之清晰？从提前介入发出提纲、审查逮捕阶段对张某某以存疑不捕发出不捕说理及补充侦查提纲，检察机关承办人对于查清全案提出了将案件"查大、查全、查细"的要求，不免给侦查员的侦查工作带来很大的压力，在开具不捕案件补充侦查提纲后，检察官与侦查员在两个月的补查过程中不断地进行沟通，在移送审查起诉后，第一时间审阅卷宗，针对补查期间出现的新问题，发出《调取证据通知书》，将补充侦查提纲中的要点逐条进行分解、根据侦查过程中出现的新情况要求及时调取客观证据进行印证，针对证人、被害人等多个对象的银行流水等交易明细逐个进行梳理并要求将梳理结果及时以笔录的形式固定，用一份份的笔录及一张张的流水明细，让琐碎的钱款往来成为逻辑严密、互相印证的刑事证据，客观上有力地指认张某某的非法占有的目的。

（二）侦查监督平台的灵活运用

2020 年以来，统一业务系统同步上线侦查监督平台，在每案审结之前，均必须对是否存在侦查监督事项进行填录。该平台对受案、管辖、立案至特别程序、移送犯罪线索等 28 个一级项、88 个二级项及 436 个三级项分别设置了具体的监督的事项、对应的分值、应当发出的纠正方式等，包括了口头纠正违法、侦查活动监督通知书、书面纠正违法通知书及移送职务犯罪线索等四种纠正方式，涵盖了侦查机关侦查过程中所有的侦查细节，这一平台的运行，有利于通过监督手段督促侦查人员补查。

郑某某职务侵占一案移送起诉后，检察机关以事实不清、证据不足退回补充侦查，并开具了补充侦查提纲并附上讯问提纲及询问提纲，但在一退补充侦查重新报送后，检察官发现补查提纲中的第 1 项中的（1）（4）（5）（6）及第 2 项中的（1），第（3）项中（1）（2）（4）等侦查机关均未进行补证或未作出说明，故通过侦查监督平台中"移送审查起诉"环节下设的"未按规定补充侦查、提供证据材料"对侦查机关进行监督，警戒办案人员严格按照退补提纲补查的必要性。

检察机关作为一名"传菜者"，在刑事诉讼中的关键作用不言而喻，通过全面的说理与侦查机关形成良性的互动，证据查实、查好，才能有利于公诉时有力地指控犯罪，而侦查监督平台则能提高检察机关督促侦查机关侦查的刚性，为检察机关提起公诉保驾护航。

刑事诉讼法的社会性别分析

——以强奸罪诉讼程序为研究对象

陆而启　莫玲玉 *

　　社会性别的概念起源于女权运动，指的是社会文化中不同性别所具有的群体特征和行为方式，具备某一性别的群体特征和行为方式即具有该社会性别，而不论其生理性别，举例来说，一个男孩从小到大都被当作女孩抚养和教育，他的行为方式完全体现了女性特征，那么在社会性别上他就是女性，而不再看他的男性生理性别。通过对社会性别这一概念的解读，再结合我所看到的日本伊藤诗织案的相关报道，我突然思考起刑事诉讼法是否是我一直以来认为的无性别的法律这个问题。如果刑事诉讼法是无性别的，为何伊藤诗织作为强奸犯罪案件的受害人要面临如此多的不平等待遇？通过对刑事诉讼程序的进一步的性别研究，我意识到刑事诉讼法并不仅是一个无性别的程序法律，它具有了社会性别特征，从刑事诉讼法的立法控制、司法裁量、程序实施、程序具有理性果断竞争性特征等角度考虑，我认为刑事诉讼法的社会性别应当是男性。具备男性特征的刑事诉讼程序设计的性别理论基础是同一平等理论，它使刑事诉讼程序达到了不同性别的形式平等，但对性别差异的忽视让刑事诉讼程序无法做到真正的实质平等，特别是对强奸犯罪案件中的女性被害人，其受到尤为明显的不平等对待，这点我将在下文进行展开论述，并对形成这种现象的原因从传统文化和刑事诉讼的特点进行分析，试图在第三部分进一步地提出一些建议，目标在于使我们的刑事诉讼法能够摆脱这样一种男性特征，更加做到男女平等。

一、基于同一平等理论的性别不平等

　　去年"伊藤诗织遭日本首相御用记者性侵，伊藤诗织胜诉获赔330万日元"[①]一案获得了广泛关注。该记者名为山口敬之，是日本 TBS 电视台驻华盛顿分社的社长，也是首相安倍晋三的御用记者。2015 年 4 月，山口敬之以招收实习生为由，邀请伊藤诗织外出喝酒吃饭，并用手段使伊藤诗织晕倒，后将伊藤诗织带入自己所住酒店性侵。伊藤诗织在性侵后醒来一次，并且要求回去，但山口敬之没有理会，继续性侵行为。遭受性侵后伊藤诗织积极报案，并提供了各种证据，但检察机关最终作出"不起诉决定"。伊藤诗织后续再次提起民事诉讼，最终获得民事诉讼的胜利。

　　日本与中国有大陆法系国家的制度基因和相似的东亚文化传统，两国的刑事诉讼领域存在很多共通之处，法律观念也存在很多共同点。20 世纪女权运动的兴起引发了人们对性别平等的关注和改革，女权运动对性别平等的要求可以分为两种不同的派系，产生

---

　　*陆而启、莫玲玉，厦门大学法学院。

　　① 　新京报微博，https://m.weibo.cn/status/4450899105388025?sourceType=weixin&from=109C295010&wm=9006_2001&featurecode=newtitle，12月18日。

了两种不同的性别理论，即同一平等理论和差异平等理论。"同一平等理论以自由主义理论为依据，认为社会按照公正的原则分配给个人的社会职能和权利应该以个人能力为标准，而不是以性别差异为依据"①。同一平等理论要求将男女平等看待，鼓励平等竞争，认为强调对妇女的特殊保护实质上是承认了女性不如男性，因此主张"性别差异不避免地导致等级观念的产生，唯有同一性才能确保平等"②。差异平等理论认为"同一平等理论强调的只是一种形式意义上的平等，其结果对妇女并不总是有利"③，其在强调人类相同之处的同时，忽视了男女性别不同导致的差异，而对存在不同差异的人之间给予相同对待是一种实质上的不平等，因而差异平等理论强调要给予女性特殊保护。尽管差异平等理论也存在其不足之处，但差异平等理论更为尊重两性的不同，更能代表实质平等的理念。遗憾的是，两国刑事诉讼法似乎更加偏向于同一平等理论，其认为中立和公正将保证程序正义和公平合理，但其忽略了社会、意识形态等因素造成的实质不平等的事实，忽略了女性在现实生活中的特殊情况。

以性别属性明显的强奸罪的诉讼程序为例，由于我国刑法规定强奸罪的对象是妇女，故强奸罪的刑事程序中妇女是作为被害人的身份出现，并且我认为强奸案件的女性受害人比其他案件的受害人（不论男女）都受到了更多的不平等对待，原因在于：

（1）强奸犯罪侵犯的是女性受害人的性自主权，而性自主权不管是在中国传统文化中还是现代法律中都是一个涉及个人隐私的问题，由于我国长久以来的女性贞操观念的影响以及浓厚的性羞耻心，人们往往难以将性有关的活动说出口。但在刑事诉讼调查程序中，女性受害人具有双重身份，即作为受害人的身份和作为证人的身份。在侦查中心主义的诉讼运作模式下，女性受害人对犯罪嫌疑人的外貌、身份信息等最为清楚，侦查机关为了获取犯罪嫌疑人的信息和犯罪过程，一定是要拿到女性受害人作为证人提供证言作为基本的证据信息，因而会对女性被害人被性侵的受害过程进行持续和多角度的询问，要求被害人进行提供详细的案件信息，披露出性交的细节，并且为了调查案件还可能会对女性受害人的性历史、其他性状况进行调查，很容易侵犯女性受害人的隐私权。在伊藤诗织案件中，伊藤诗织在怀着恐惧发慌的心情下向警察报案后，警察局不仅让男性警察来与她交流，而且为了调查取证让伊藤诗织躺在垫子上使用仿真人偶模仿侵犯动作。侦查机关的调查取证行为不仅大大伤害了遭受性侵的被害人，而极大地侵犯了女性受害人的隐私权。正是这点将强奸犯罪的女性受害人同其他案件的受害人区分开来。

（2）正如上文提到，女性受害人的性历史等品格证据在强奸案件中经常被提到，而且在认定构成犯罪与否上发挥着重要作用，这在其他案件中是比较少见的。一般来说品格证据在其他案件中不能影响犯罪构成与否，仅能对量刑的轻重产生影响，但在强奸案件中，男性犯罪者通过列举被害人的性历史表示被害人对发生性行为表示同意或双方发生性关系有其他原因来攻击被害人的品格，从而证明该性侵活动具备合法性。对女性受害人进行品格攻击，非常容易动摇法官的自由心证，大概是因为人们习惯于对遭受性侵害的受害人表示责难，即使受害人未做任何特殊的举动，又或者是因为人下意识地认为性历史丰富的女性不会被侵害或者更容易同意性交，尽管这两者似乎也没有什么逻辑联系。不仅是在中国，我们看到英美等国家的女性受害人也经历过品格攻击的时期，"与被

---

① 周安平：《性别与法律——性别平等的法律进路》，法律出版社2007版，第82页。
② 周安平：《性别与法律——性别平等的法律进路》，法律出版社2007版，第83页。
③ 周安平：《性别与法律——性别平等的法律进路》，法律出版社2007版，第83页。

告人品格一般禁止性的规则不同的是，法律对于被害人品格采取了更加宽容的态度，尤其在性侵案件中，有关被害人曾经不贞洁的证据一般具有可采性。"[1]因此英美国家的陪审团更容易作出对被告人有利的判断。由此可见，对强奸罪的女性受害人的歧视比我们想象的还要大。现在英美国家已经对此品格证据作出严格规定，但我国刑事诉讼法尚未解决这个问题。这种对女性受害人进行品格攻击，并规定女性受害人的品格证据具有可采性是女性受害人遭受偏见和不平等待遇的重要体现，不容忽视。

（3）强奸案件的女性受害人具有更低的诉讼参与感。传统文化对于贞操观念的强调、女性性羞耻心的影响、女性敏感细腻的社会性别特征都导致女性受害人更容易遭受二次侵害，更加难以走出犯罪阴影，需要抚慰和照顾，而我们的诉讼程序难以体察到这一点。尽管我国刑事诉讼法对检查、搜查女性身体作出了特殊规定，但也仅限于这些具有肢体接触的活动。是否只有肢体接触的活动才需要特别关照？如果对女性受害人进行调查取证的侦查人员是男性，女性受害人是否会更加难以说出自己被性侵的过程？或者男性侦查人员是否因不能理解女性的羞耻心理而做出一些不合适的举动？并且，侦查机关会要求被害人前来辨认犯罪嫌疑人，为控诉犯罪嫌疑人提供进一步的证据，但要求被害人辨认犯罪嫌疑人无疑要被害人再次面对性侵自己的罪犯，被害人会陷入痛苦的心理情绪而难以配合辨认行动。检察机关在审查起诉案件时，会召集犯罪嫌疑人、被害人等对犯罪事实进行讨论，对存疑的证据也可能找被害人核实。可以看出，在强奸罪的整个诉讼程序中，被害人由于同时具有证人的身份属性，充当着侦破案件、查清案件事实的重要角色，不管被害人主动还是被动都需要经历多方对犯罪过程的询问和陈述，被害人不得不一次一次回忆起自己被性侵的过程，而经历强奸犯罪的女性被害人，往往陷于恐惧、羞耻、逃避的心理状态中，正常的刑事诉讼程序对其产生了巨大的心理压力，造成被害人的二次伤害，难以正常参与程序的推进。有的被害人也会产生强烈的报复心理，对侦查机关逮捕的犯罪嫌疑人胡乱辨认，造成无辜的犯罪嫌疑人受到刑罚处置，有违司法公正。因此，对特殊犯罪案件的被害人一概适用同样的诉讼程序会产生负面效果，女性受害人因此具有更低的诉讼参与感，更难以面对诉讼程序，对女性被害人是一种实质不平等。

可能有人会提出质疑：同样都是犯罪案件的被害人，并不只是强奸案件的女性受害人需要遭受二次伤害，所有的受害人都容易遭受程序的二次伤害，为什么要给予女性受害人特殊保护？必须承认，确实是所有被害人都存在二次伤害的问题，并不只是强奸案件的女性受害人有，但结合强奸犯罪的女性受害人还必须遭受隐私权这一基本人权被侵犯，被迫披露隐私的痛苦以及性历史被作为品格攻击、被质疑为一个放荡、不贞洁女性的屈辱来看，无疑女性受害人遭受的伤害应当是普通案件受害人的两至三倍。按照平等保护的理念来看，遭受平等痛苦的受害人得到平等的对待，那么遭受多倍痛苦的受害人自然应当得到多倍保护，这点应当是毫无疑问的。

强奸犯罪中女性实质受到不平等的待遇不仅见于上述三个论述，也产生在诉讼权利上。我国刑事诉讼法第一百零一条规定"被害人由于被告人的犯罪行为而遭受物质损失的，在刑事诉讼过程中，有权提起附带民事诉讼。被害人死亡或者丧失行为能力的，被害人的法定代理人、近亲属有权提起附带民事诉讼。如果是国家财产、集体财产遭受损失的，人民检察院在提起公诉的时候，可以提起附带民事诉讼。"与民事诉讼法中遭受人身损害可以要求物质赔偿和精神损害赔偿金不同，刑事程序中附带民事诉讼仅可要求赔

---

[1] 易延友：《英美法上品格证据的运用规则及基本原理》，载《清华法学》2007年第2期。

偿物质损失。"然而，附带民事诉讼才是刑事案件被害人获取民事赔偿的法定途径，精神损害赔偿却在附带民事诉讼中不被承认，而在刑事和解中获得存在空间"①。在实践中，由于强奸犯罪的目的是满足男性的性欲望或其他欲望，犯罪侵害的权益是女性的性自由权利，犯罪侵害的是女性的身体而非财物，故女性被害人仅可要求罪犯赔偿因反抗造成的人身损害的医疗费、误工费、营养费等费用，而不能要求对精神损害进行赔偿。而精神损害恰恰是强奸犯罪对被害人造成的最大伤害，而刑事诉讼法不对精神损害进行赔偿，是某种意义上对女性所受精神损害的否定。女性被害人在遭受巨大的精神损害后，会产生一系列的负面情绪，这时候其要求精神损害赔偿还得不到支持，就会进一步加重其对自身的否定情绪。

当然，也有部分学者认为：通过确定犯罪分子的行为构成犯罪，并对其判处刑罚，已经体现了对被害人的一种精神抚慰，在这一点上刑事案件与民事侵权案件是不同的。但该观点混同了刑事案件与民事案件所保护的法益不同，民事侵权案件保护的是当事人的人身权益或被侵害的其他权益，故而其侵权赔偿是针对个人的补偿；而刑事案件保护的法益更多是国家所维持的社会秩序，刑事犯罪被看作是对国家法益的侵犯，而不仅仅是被害人的法益被侵犯，因此刑事案件需要国家追诉而非被害人自己追诉。从这个意义上来说，对罪犯判处刑罚是为了对侵犯国家法益进行惩罚和预防国家法益不再会被侵犯，而对被害人更多是一种复仇和报复心理的安慰。而对强奸犯罪的被害人，其更多的可能不是复仇和报复心理，而是长久以来的贞操观念带来的心理压力和社会目光，对罪犯判处刑罚并不能使其从社会目光和自身观念中解脱出来，其受到的精神安慰很少。而对其给予精神损害赔偿至少表达国家对被害人的在意和肯定，在部分程度上可以慰藉被害人的心理，减少其对自身的否定，也通过金钱增加了被害人后续生活的自由选择权。

因此，强奸案件的特殊性导致女性受害人在诉讼程序中比普通案件受害人更容易被侵犯隐私权，对其性历史进行品格攻击使得受害人受到进一步不平等的待遇，而受害人由于心理原因更加难以参与程序，因为诉讼程序对于受害人的伤害加深，受害人也无法得到任何精神赔偿，故而强奸案件的刑事诉讼程序基于同一平等理论对受害人产生了实质不平等，有悖于我们宪法所确立的男女平等的精神。

二、刑事诉讼法性别原因分析

（一）父权制度下的文化形态影响

"男女之间的社会差异，包括他们相关的权力、地位、资源并非其自然差异的社会表达，而是父权制秩序与现代性的普遍主义相冲突的物质和意识形态的遗产"②。不管是世界还是中国都经历了长期的父权社会，男性掌握着财富、权利、地位和话语权，制定了社会秩序，构建了社会文化形态，固化了女性的社会地位，并且男性长久以来不停地通过思想文化加深对女性社会地位的打压。女性是男性财产的一部分，为男性意志所掌控，听从男性的命令，女性的行为必须遵循社会赋予的刻板印象。"女性并不是天生的，而宁

---

① 祁建建、张琳琳：《从性别平等视角对刑事诉讼法的初步分析》，载《北京联合大学学报》2014年第4期。

② 周安平：《性别与法律——性别平等的法律进路》，法律出版社2007版，第18页。

可说是逐渐形成的"①。男权社会的稳定持续，建构起了人们对性别角色的基本认知，人们必须符合性别角色所体现的性格特征行事，这就是性别社会化。时至今日，人们对不同性别所应遵循的行为模式已经形成了固定的印象，即使是法律规定性别平等，但已经固定起来的人生观、世界观、价值观仍会影响人们的思考方式。法律长久以来作为男性统治社会的工具，深受男性意志的影响。新中国成立以来，我们在性别平等方面取得了巨大的进步，但是我们看到，现今的立法者多数仍是男性，在制定公共政策和法律、行政法规时也不同程度地缺乏社会性别意识，导致其制定的政策法规更突出地反映男性意志和利益。女性无论是数量还是地位都处于弱势，在立法中的话语权无法同男性等同，而诉讼正是利用话语权和社会资源来维护自身权益的活动，话语权与社会资源上的不平等导致诉讼结果的实质不平等。而处于边缘地位的女性主体因害怕孤立，她也不太愿意将自己的观点说出来，而是赞成男性的观点，因此导致社会性别意识无力进入到立法层次中。

相比较于市场化和自由化比较高的民法，刑事诉讼法作为国家追诉犯罪的法律，其受到男性意志的影响更深，尽管认识到了性别差异，采取了有性别差异待遇的"男女差异，特殊保护"的立法模式，但其缺乏对性别差异更深层次的考量，忽略了程序实施过程中受到的性别社会化的影响。不仅是立法者，而且刑事诉讼法领域的学者也多为男性，男性学者几乎掌握着刑事诉讼法领域研究成果的大部分，而这些男性学者更为了解的是刑事诉讼法的程序法属性，而很难从性别平等视角去发现问题和研究问题，更毋论推动立法者向性别平等的方向发展。故而刑事诉讼法领域缺乏女性对性别平等的理解和倡导，而我们很难依靠众多的男性学者去主动推动刑事诉讼法的性别平等。

（二）法官职业性别构成的不平衡

法官的职业构成对于性别犯罪的审判结果具有相当大的影响。在同样的强奸犯罪中，女性法官与男性法官可能会采取截然不同的犯罪要件判断标准。正如加拿大首席大法官 Beverley McLachlin 指出，女法官因其具有与男性不同的社会生活经历，更加关注女性的境遇与感受。而这种生活经历所带来的对女性群体的观察和理解，是男性所达不到的。"男性习惯于把他们自己的理解推定为男女共同的理解，把他们自己的观点拔高为男女共同的观点，由于他们不是女性，无法体会、理解女性的感受和体验，所以也就无法在他们主导的强奸罪的认定上反映女性的感受和体验"②。并且女性所具有的一系列敏感、细腻、关怀的性别特征以及特有的社会经历使得女性更容易体察到他人的痛苦和个人的需求，对平等和正义更加容易落到细微之处。男性法官更容易站在男性犯罪者的角度来看待案件，而女性法官更容易对女性被害人的遭遇产生共情，更加尊重女性和同情女性，能够更多地保障女性的诉讼权益。可能也有人认为对强奸案件，现在很多女法官同样冷面无情，反而很多男法官更容易同情受害人。这样的情况确实存在，姑且不论这是常态还是个例的问题，我们就男法官同情的效果进行讨论。男法官同情女性受害人带来的效果是什么？帮助女性受害人指控被告人吗？不可能，因为法官必须中立地裁判。是增加被告人受到的量刑处罚吗？在量刑幅度内加个几个月一年之类的受害人可能是能受到点心理安慰。还是有其他一些帮助例如受害人符合条件的告知其可以申请法律援助等似乎

---

①　周安平：《性别与法律——性别平等的法律进路》，法律出版社2007版，第19页。

②　杨杰辉：《女权主义刑事诉讼：基于强奸案的初步分析》，载《妇女研究论丛》2014年第1期。

并不是男法官同情所专有的效果，甚至如果做得太多还会被怀疑有所图。相比之下女法官的同情似乎更加具有实质效果，她能够从女性角度出发给予受害人更多的安慰和建议，能够采用女性思维和表达方式，对证据的相关性能从女性视角作更加宽松的解读，允许更多可能会被男法官排除的证据进入法庭。通过种种行为，能让女性受害人感受到国家的关怀和更多的程序参与感，提高女性受害人对裁判结果的认可。

"从实体结果上看，在与性别有显著关联的案件中，女法官在认定事实与适用法律上确实遵循了一条与男性不同的进路，并因此作出了不同的判决"[①]。但由于长期以来法官职业被构建为理性、冷静思考和判断、具备严密逻辑思维的刻板印象，与女性感性、细腻的形象不符，导致法官职业被赋予了强烈的男性色彩。对现今法官职业结构进行分析，就能发现法官职业中男性占据多数，并且法院层级越高，女性法官所占比例越低。以上海市与杭州市的法官职业性别构成来看，上海市基层法院女性法官总计 967 名，男性法官 988 名，比例为 0.979；中高级法院女性法官总计 267 名，男性法官总计 281 名，比例为 0.95。杭州市基层法官女性法官总计为 191 名，男性法官为 300 名，比例为 0.637；杭州市中级人民法院及浙江省高级人民法院女性法官总计 102 名，其中浙江省高级人民法院为 42 名，杭州市中级人民法院为 60 名；男性法官总计 190 名，其中浙江省高级人民法院为 117 名，杭州市中级人民法院为 73 名[②]。因此，法官职业性别中的不平衡进一步加重了诉讼法领域的性别失衡状况。

（三）刑事诉讼追诉犯罪的价值目标

刑事诉讼的最终目标是追诉犯罪，发现真相。刑事诉讼是惩罚犯罪的程序，是对查清案件事实的过程，是从侦查到审判、执行的一系列国家追诉活动。无论是英美法系的辩诉交易、陪审团制度，还是大陆法系的专业法官，其制度设计都是为了更好地发现真相，惩罚犯罪的被告人。传统的刑事司法观念是报应刑，即"以牙还牙，以眼还眼"，被害人通过国家实现对犯罪者的报复和复仇，此时被害人充当刑事原告的角色，主动起诉犯罪的被告人，被害人权利和主张得到回应。随着刑事司法的发展，当今刑事司法的主流观点是预防和惩罚犯罪，在刑事诉讼的三方构造中，国家承担起原告的角色，主动控诉被告人，通过对被告人判处刑罚惩罚犯罪行为，并且通过社区矫正预防其再次犯罪。被告人在人权运动的影响下，其主体地位和诉讼权利有极大的提升。而可怜的被害人基本权利被刑事司法所遗忘。被害人在国家追诉犯罪的活动中既不是原告，也不是被告，没有独立的诉讼地位，实质上是被追诉过程排斥出去，或者更多的是承担证人的角色，就被告人作出犯罪事实进行陈述和指认。但实际上"犯罪被害人作为犯罪危害后果的直接承担者，非常希望能够有机会讲述自己的故事，并且能够向人们传递信息确认他们的被害人身份，他们采取积极的步骤来完成这些，主要是获得自身的满足"[③]。尽管强奸案件中的被害人可能并没有积极讲述自己经历的心理需要，但是女性被害人仍然具有自己的主张和需求，并且比其他犯罪案件更加需要心理上的抚慰。遗憾的是，当今刑事司法程序

① 刘昶，胡图：《更多女性法官：司法过程纳入社会性别视角的重要措施》，载《浙江工商大学学报》2019 年第 5 期。

② 曾海若、李新萍：《我国法官性别比例失衡现象实证分析——以上海市、杭州市为样本》，载《政法学刊》2019 年第 8 期。

③ 房保国：《被害人的刑事程序保护》，法律出版社 2007 年版，第 2 页。

中被害人自身的主张和要求仍然被忽视，其心理感受被无视，仅仅只能充当案件旁观者。

三、引入社会性别视角，构建性别平等的刑事诉讼法

（一）将社会性别分析方法作为立法和法学研究的方法论

女权运动以来国际上关于社会性别问题出现了许多讨论，形成了很多研究成果，为我们研究刑事司法中的性别问题提供了有益的借鉴。社会性别理论是一个"有性人"的概念，它强调人是有性别的，因此由人与人组成的社会关系均是有性别的。但是我国刑事诉讼法的立法与实践仍然缺乏社会性别视角，将法律主体预设为一个抽象的无性人，人与人的法律关系也作无性的抽象处理，而实际上是将男性的理解和意志灌输进去，借"无性"之名行男性之实。法律上的平等往往被理解为机会平等和形式平等，而忽视了性别差异所造成的实质不平等。"传统法学这种对人作无性人的研究，其直接后果是性别因素不是法律所要关注的问题。这就可以理解，为什么直至今日，法律对基于性别的家庭暴力还仍然表现出很难有所作为的态度"[1]。因为法律应当是无性别的中立的，因此法律没有理由关注性别不同带来的差异，也没有理由关注基于性别产生的社会问题。在这样一种无性别的法律之下，女性特殊的心理感受在法律中被忽视，女性与法律产生了分离，而女性的法律遗忘这样一个严重的性别问题却在抽象的法律公正与平等的价值取向下被掩盖，并且法律还据此获得了正当性基础。

将社会性别分析方法引入立法和法学研究中去，理论上能够改变传统法学理论上视法学为"无性人"而带来的性别歧视问题，破除法律的抽象人的理论预设，促使立法者和法学研究从"有性人"的角度出发去研究法律中的性别问题，从"有性人"的角度剖析平等和公正价值取向的应有之义，从而消除法律中的隐形性别歧视。立法者掌握社会性别分析方法，能够更加清晰地认识到女性既具有人的一般性，又具有女性的特殊之处：既包括男女生理差异所带来的性别差异，这种性别差异是先天因素决定的，是实际存在的；也包括性别社会化对女性角色的固化，女性在社会文化形态下始终处于弱势地位，人们习惯于从男性的地位和视角去审视和要求女性服从。因此立法者制定法律既应当给予女性同男性等同的待遇和地位，也应当给予女性给予特殊生理要素和社会要素所应具有的特殊权利。可能有的学者认为，正是现有法律对女性已经设置"特殊保护"，造成部分民众认为对女性保护得已经够多了，从而导致了女性权利边缘化。但是当今社会形态下，女性仍然处于弱势地位，女性的社会资源和社会地位远远不如男性，对女性的特殊保护是必要的，并且特殊保护与女性权利边缘化可能并不具有很强的关联性。女性权利边缘化的原因可能是民众的性别平等意识仍然不强，对基于性别差异的性别问题关注度不高，尤其是现今中国部分民众的文化素质未达到发达国家水平。另外一个原因便是政策导向，不论是国家还是民众最为关心的问题仍然是经济问题，而不是性别问题，国家对于经济发展的强烈导向让人们的目光更多投注在经济领域的竞争和发展，而对性别问题缺乏应有的关注。

立法者可以通过反思为什么在强调男女平等这么多年的过程中性别歧视仍然广泛存在的法律支持因素原因，从而有意识地在立法过程中对法律实施效果做出符合性别差异

---

[1]　周安平：《性别与法律》，法律出版社2007版，第26页。

的预设，关注起立法所带来的社会性别待遇，从而使制定出来的法律更加具有性别平等的实践运作效果。

（二）修复性司法的实践运用

司法作为一种冲突解决的方式，冲突本身是无序和邪恶的，是秩序和正义的障碍，司法要通过解决冲突来达到一种秩序和正义的状态。刑事诉讼作为国家追诉犯罪的活动，其最终目的仍然通过司法手段来解决当事人之间的冲突，只是与民事诉讼不同，这种冲突被上升到国家层面，外显为国家与被告人之间的冲突，被害人在冲突中的地位被取代和无视了。

随着国际上被害人运动的展开，许多国家也在反思传统刑事司法的缺点，重新建立起对被害人地位的认知，并产生了修复性司法的概念和制度设计。"从整体上看，复仇和获得赔偿的愿望是被害人受害之后的自然心理反应，也是自然人受害之后的本能自我防卫，二者如能顺利实现，对于被害人心理和生理的恢复以及从被害状态中脱离出来是非常有利的"[1]。故而修复性司法是"一个特定侵害的相关各方聚集在一起处理和解决该侵害现时所致后果及其对未来影响的过程"[2]。修复性司法通过要求被告人与被害人和解，恳求被害人的原谅并进行社会服务来重建社区成员之间的和谐关系。修复性司法充分满足被害人的需要：第一，被害人可以积极地参与修复性司法过程，并成为犯罪解决过程的中心，犯罪的解决方案主要以被害人的意见为基础，程序公正；第二，被害人在过程中享有说出受害真相的权利；第三，要求犯罪人必须向被害人悔罪、道歉，获得心理满足，不再恐惧再次被害；第四，要求犯罪人赔偿被害人的损失；第五，被害人可以得到多种帮助和支持，如咨询人员（或律师）为被害人提供咨询、长期或短期的心理治疗以及其他的一些帮持服务。可以说修复性司法是将被害人作为诉讼主体考量，由刑事诉讼的三方构造转化为四方构造，由被害人主导整个司法程序，满足被害人在受害后的物质需求，并且通过社区对被害人心理的抚慰和提供长期的心理治疗，可以弥补现今缺乏对被害人心理状况提供公共援助的状况，能够很好地应对当今刑事诉讼程序中漠视被害人需求的现实状况。

自修复性司法设想提出以来，修复性司法在澳大利亚、美国部分州已经获得充分实践，并取得了相当好的社会效果，特别是在强奸犯罪和未成年人犯罪领域。随着我国民事当事人自治观念对刑事司法程序的逐步渗透，在刑事诉讼领域出现了类似的程序即刑事和解程序。针对一些特殊的刑事案件，当事人之间可以采取道歉、赔偿等方式进行和解。在强奸案件中，存在着大量刑事和解，其文化原因在于社会对女性贞操的要求，女性被强奸往往被认为是羞耻的、不能伸张的事件，被害人及其家属倾向于私了而不是公开审判；而"现行法律中以刑代赔的做法至少是导致私了现象产生的原因之一"[3]，刑事程序未为强奸犯罪的受害人提供相应的精神损害赔偿是背后的法律原因。而刑事和解虽然是满足了被害人的部分需求，但其损害了国家对强奸犯罪的追诉权，隐匿了部分强奸犯罪人，可能导致放纵强奸犯罪的情形。正如刑事和解制度最初制定时很多人担心的那样，

---

① 陈晓明：《论修复性司法》，载《法学研究》2006 年第 1 期。

② 陈晓明：《论修复性司法》，载《法学研究》2006 年第 1 期。

③ 祁建建、张琳琳：《从性别平等视角对刑事诉讼法的初步分析》，载《北京联合大学学报》2014 年第 4 期。

刑事和解会成为有钱、有社会地位的人犯罪的保护伞。而修复性司法不仅要求当事人和解，还要求被告人主动承担相应的社区服务责任，动用社区力量监督，无疑更能反映被告人主动悔过的态度，更能运用群众力量监督其后续行为，有利于预防其犯罪。

在强奸犯罪中修复性司法更是能够发挥强大的力量，通过安排女性受害人在亲属和社区陪伴下与被告人的多次会见和协商，让女性受害人意识到对方也是普通人，减少女性受害人对被告人产生的恐惧心理，不再将被告人妖魔化看待，有助于女性受害人重拾生活信心，积极回复。亲属和社区对女性受害人的共同关心让女性受害人能够体会到社会的关怀，意识到公众并不会因其受侵害而对她个人作出负面评价，有利于受害人回归社会正常生活，回归到原来的生活轨迹中。因此未来我国也应当考虑在一些特殊案件中适用修复性司法，赋予被害人更多的程序参与权和主体自治权，满足受到损害的被害人的物质和精神需求。

（三）刑事诉讼程序中的个案考量与特殊对待

上文论述到刑事诉讼程序似乎是"无性别"的，但其应当是"有性别"的，应当重新考虑刑事司法中的性别差异和相应的制度构建。我认为，刑事诉讼法要真正做到差异性理论下的"男女平等，特殊保护"必须首先在立法中体现出对整个女性群体而不是仅仅考虑对怀孕的妇女进行特殊保护。在刑事诉讼法所确定的基本原则中首先必须遵循宪法男女平等的精神，并将差异性待遇作为应当遵循的一个基本原则。

其次，对于强奸犯罪和一些类似性质的性犯罪，应当意识到这类案件容易侵犯受害人的隐私权这一基本人权，应当从立法角度规范这类案件的特殊处理。侦查机关作为与被害人接触最多的机关，也是最容易造成被害人二次伤害的机关，应当充分关注女性被害人的心理状态和权利保护，侦查人员中必须有 1 名以上女性侦查人员；对其询问地点可以设置在被害人安心的地方，允许其家属陪同；尽量安排女性侦查人员询问，并且询问中应当尽量避免设置尖锐问题，并注意安抚被害人的情绪。如伊藤诗织案件侦查人员安排男警官询问并做出侵犯性动作示范显然是不合理、不正当的，带有严重的性别歧视。对侦查机关、检察机关组织被害人到场辨认被告人的，应当事先征求被害人的同意，在必要的情形下可以采取照片辨认或视频辨认的方法；注意警告被告人不能威胁和侮辱被害人。侦查机关还应当提升侦查技术，通过现代化的技术手段如 DNA 鉴定等锁定犯罪嫌疑人的身份，给予被害人破案的信心和面对犯罪的勇气；效仿英美等国成立处理强奸案件的专案小组和设置专门的培训课程等。审判中法院应当尽量安排女性法官审理强奸案件，减少男性法官基于性别采取对被害人不利的判断标准，增强司法程序带给女性受害人的程序参与感和程序正义感，帮助其回归社会。

再次，立法应当禁止将受害人品格证据作为定案的依据。"用于证明被害人卷入其他性活动的证据，以及用于证明被害人有任何性倾向的证据，均不具有可采性"[①]。当然，如果该证据被用于证明犯罪嫌疑人另有其人，或者被害人的特定行为确实构成同意性交的意思表示，或者控诉方提供该部分证据的情形下，该品格证据才具有可采性。否则不应当允许被告人对女性受害人的品格攻击，给予女性受害人与其他案件受害人平等的待遇。

最后，立法者应当对被害人遭受的精神损失予以关注，赋予被害人请求精神损害赔偿的权利，具体的精神损害赔偿制度可以参照民事侵权法中所规定的精神损害赔偿和双

---

① 易延友：《英美法上品格证据的运用规则及基本原理》，载《清华法学》2007 年第 2 期。

方当事人的意愿予以确定。

结语

日本的伊藤诗织案件不仅直接促成日本刑法关于强奸罪的修改，而且让我国民众也更多地关注起刑事司法对于强奸犯罪的规定。我国刑事诉讼法应当贯彻"男女平等，差别待遇"原则，引入性别分析方法，对刑事诉讼法的法条进行具体分析，关注法律实施带来的基于性别差异产生的不同影响。刑事司法机关应当更加关注诉讼参与人之间的性别差异，结合个案进行特殊对待。民众要增强对性别平等问题的关注，意识到女性在社会地位和社会资源上仍然无法同男性平等，需要社会群体共同为实现男女平等、打破性别角色固化做出更多的努力。

浅议合并审理的基础规范与实务规范

李 乐 *

合并审理问题是审判实务中经常遇到的问题，兼具理论性与技术性。在理论层面，合并审理问题主要在于相关的诉能否合并审理。在技术层面，合并审理问题主要在相关的诉怎样合并审理。相关的诉能否合并审理，涉及诉的合并之条件、类型与范围，构成合并审理的基础规范。相关的诉怎样合并审理的问题，涉及合并审理的启动、合并审理的庭审与裁判等程序问题，构成合并审理的实务规范。合并审理的基础规范与实务规范相结合，构成合并审理制度，是民事诉讼制度的重要组成部分。

一、合并审理基础规范之概念、依据与要件

（一）合并审理的概念与意义

合并审理，就是把两个或两个以上的诉合并在一个程序中进行审理。从实务角度讲，合并审理就是将不同当事人之间具有某种关联的争议，或者相同当事人之间具有某种关联性的不同争议，置于同一空间和时间进行审理，即将不同案件给同一承办人承办，合并开庭审理，在同一个法庭、同一段时间进行法庭调查、辩论，使相关当事人一同完成诉讼行为。

民事诉讼法规定合并审理的目的，既是为了减轻当事人和法院不必要的讼累，节省人力，物力，也是为了防止法院在处理有关联的问题中作出相互矛盾的裁判，从而保证裁判的正确性和统一性[①]。

（二）合并审理与并案审理之概念辨析

并案审理，是指将两个案件合并成一个案件进行审理，不仅包括审理过程的合并，还包括案数的合一，并案审理后必须合一判决，作出一份判决。合并审理既包含了并案审理的情形，也包含了不并案而将不同案件合在一起审理的情形。并案审理比合并审理内涵丰富，合并审理比并案审理外延更广。为保证诉讼的公正，对于数个诉之间相互关联、不可分割的案件，法律明文规定应当合并审理或者直接规定并案审理的，应当并案审理。民事诉讼法规定的必要共同诉讼的合并审理、本反诉的合并审理、有独立请求权的第三人加入之诉的合并审理，用词上虽使用的是"合并审理"，但实际上均应是并案审理。而《最高人民法院关于审理劳动争议案件适用法律若干问题的解释（二）》第十一条直接使用了"并案审理"这一用语，对劳动争议的双方当事人均不服仲裁裁决所提起之诉的并案审理进行了明确规定。

---

① 王校军：《略论合并审理制度》，载《法学评论》1994年第6期。

（三）合并审理与诉的合并之概念辨析

诉的合并，是指将两个或两个以上具有一定牵连性的诉合并到一个诉讼程序中进行审理。从概念上看，合并审理与诉的合并的含义基本相同。目前理论及实务界对于合并审理问题也主要是从诉的合并角度进行探讨。但是，诉的合并更侧重于诉的合并的种类和方法，理论性相对较强，而合并审理除了诉的合并的种类、方法外，还注重实务操作特别庭审操作的技术层面问题。

（四）合并审理的法律依据

有关合并审理的法律依据，主要见于《中华人民共和国民事诉讼法》（以下简称民事诉讼法），也散见于其他法律与司法解释。民事诉讼法第五十三条规定："当事人一方或者双方为二人以上，其诉讼标的是共同的，或者诉讼标的是同一种类，人民法院认为可以合并审理并经当事人同意的，为共同诉讼。"第一百四十条规定："原告增加诉讼请求，被告提出反诉，第三人提出与本案有关的诉讼请求，可以合并审理。"另外，《最高人民法院关于适用〈中华人民共和国民事诉讼法〉的解释》（以下简称民事诉讼法司法解释）第二百二十一条、第二百三十二条及第二百三十三条也对合并审理作了明确规定。

（五）合并审理的基本要件

合并审理一般需要具备以下条件：一是相互独立的数个诉在主体或客体上具有一定的关联性；二是根据不同情形，受诉法院至少对被合并审理的数个诉中的一个诉具有管辖权；三是被合并审理的每个诉须适用同一种诉讼程序[①]；四是合并的时间一般应在一审言辞辩论终结前；五是不违反法律禁止性规定。

二、合并审理基础规范之诉的合并

合并审理的基础规范主要在于诉的合并。根据民事诉讼法的规定，诉的合并可分为两种情况，即主体合并与客体合并。广义的诉的合并包括诉的主体合并和诉的客体合并，狭义的诉的合并仅指诉的客体合并。

（一）诉的主体合并

所谓主体，是指因民事权益发生争议而向人民法院起诉或应诉的当事人。因此，主体合并之诉就是当事人一方或双方为二人以上以及有第三人参加的诉讼。包括以下几种情况：

1. 必要的共同诉讼

当事人一方或者双方为二人以上，其诉讼标的是共同的，人民法院必须合并审理，这就是必要的共同诉讼。民事诉讼法司法解释有关诉讼参加人部分，对必要的共同诉讼的多种具体情形进行了规定，主要涉及以挂靠形式从事民事活动，劳务派遣，个体工商户营业执照上登记的经营者与实际经营者不一致，未依法登记领取营业执照的个人合伙等情形。

---

① 李龙：《民事诉讼诉的合并问题探讨》，载《现代法学》2005 年第 2 期。

2. 普通的共同诉讼

当事人一方或双方为二人以上，诉讼标的是同一种类，经当事人同意，人民法院认为可以合并审理的诉讼，就是普通（或称"一般"）的共同诉讼。

普通的共同诉讼，诉讼标的是相同种类的，但每个诉都有各自的诉讼请求，是数个可分之诉，即使分案审理，也不会因此产生遗漏当事人或利益相同一方当事人的权利义务互相影响的问题。在审判实践中，常见的普通的共同诉讼案件类型就是数个原告对同一个被告基于同类法律关系分别起诉的系列案件，比如三鹿毒奶粉事件，全国各地众多消费者基于同类的侵权事实分别对三鹿公司提起侵权之诉。对于普通的共同诉讼案件，法院如果认为合并审理能更加简化审理、提高效率，而当事人又同意合并审理的，可以合并审理。

3. 集团诉讼

集团诉讼实际上是普通的共同诉讼一种，只是因为当事人人数多、规模大且人数不确定，立法专门作了变通，设置了代表人诉讼制度。通过代表人诉讼，将代表人诉讼的结果适用于其他当事人，经代表人诉讼作出的判决、裁定效力直接及于全部已登记的权利人，从而达到简化审理的目的。

4. 第三人参加之诉

民事诉讼法第五十六条规定："对当事人双方的诉讼标的，第三人认为有独立请求权的，有权提起诉讼。对当事人双方的诉讼标的，第三人虽然没有独立请求权，但案件处理结果同他有法律上的利害关系，可以申请参加诉讼，或者由人民法院通知他参加诉讼。"本条是关于第三人参加诉讼的规定。第三人是指对他人之间争议的诉讼标的有独立的请求权或者虽然没有独立请求权，但案件的处理结果与他有法律上的利害关系，因而参加到当事人已经开始的民事诉讼中来进行诉讼的人，属于广义的当事人范畴。"法律上的利害关系"是指当事人之间争议的诉讼标的涉及的法律关系与无独立请求权的第三人参加的另一个法律关系有牵连，而在后一个法律关系中，无独立请求权的第三人是否行使权利、履行义务，对另一个法律中当事人行使权利、履行义务有直接影响。也就是说，在诉讼中当事人争议的法律关系中，一方当事人不履行或不适当履行义务从而给对方造成损失的，直接责任固然由不履行或不适当履行的一方当事人承担，但造成这种后果的原因，则是出于无独立请求权的第三人的过错。如果判决一方当事人应承担某种法律义务或责任，该当事人有权请求无独立请求权的第三人赔偿损失或履行相应的义务。第三人参加之诉，如果是无独立请求权的第三人，一般不会涉及合并审理问题。但如果是有独立请求权的第三人，而且该第三人针对诉讼标的提出了独立的诉讼请求，则涉及加入之诉与原诉的合并审理问题。有独立请求权的第三人对案件的诉讼标的与原告一般有相互冲突的诉讼请求，如果另行起诉，不仅会导致两个独立的案件对事实无法全面查清，而且可能出现两个案件判决相矛盾的情况。因此，这种情况下，合并审理有助于全面查清案件事实，避免出现相互矛盾的判决。

（二）诉的客体合并

诉的合并除了主体合并外，还有客体合并。诉的客体，是指当事人的诉讼请求。因此，诉的客体合并是指将当事人提出的两个或两个以上的诉讼请求合并审理。根据多个诉讼请求提出的主体及诉讼请求之间的关系，诉的客体合并可涉及多种不同的情形，其中部分情形是否能够合并审理尚存疑问。以下分别详述之。

1. 原告针对同一被告提出两个以上基于同一法律关系的诉讼请求。既可以在起诉时一并提出，也可以在诉讼中增加诉讼请求。如果两个诉讼请求是基于同一法律关系，比如基于同一租赁合同关系，既主张被告支付拖欠的租金，又主张被告返还租赁物，无疑属于可以合并审理的情形。

2. 原告针对同一被告基于同类法律关系提出两个以上的诉讼请求。比如原、被告之间存在多个独立的借款合同关系，或多个独立的买卖合同关系。原告基于多个彼此独立的相同种类的法律关系对同一被告提出多个独立的诉讼请求的，是否可以合并审理。或者，原告在此种情形下直接合并提出一个诉讼请求的，法院是否应当直接受理？是否应当要求原告针对各个独立的法律关系将诉讼请求拆分？关于上述问题，最高人民法院在（2014）民一终字第11号潍坊农村商业银行股份有限公司与潍坊市鑫盾商贸有限公司金融借款合同纠纷一案的民事裁定中进行了明确："同一原告潍坊农商行在同一诉讼程序中，向同一被告潍坊鑫盾公司主张两个以上的符合法院受诉条件的同一种类的几个诉，即系原、被告双方均无共同诉讼人，因双方在履行签订的十一份借款合同中产生争议，原告一并向法院起诉，请求解除或终止合同，判令被告承担还本付息责任，原告、被告是发生争议的几个性质相同的法律关系的权利义务主体，故本案不存在诉讼主体的合并，而仅仅存在诉讼客体的合并。法律对主体唯一、诉讼标的同一种类的诉的合并没有规定须征得对方当事人的同意，所以受诉法院在决定是否合并前，只要查明该两个以上独立之诉的诉讼标的是同一种类的，且符合法院受诉条件，就可以在不经当事人同意的情况下决定合并审理。原、被告在同一诉讼程序中，对同一种类的几个独立的诉讼标的进行辩论，人民法院用一个裁判文书作出裁判，一方面有利于公平公正保护当事人双方的诉讼权益和实体权益，避免了同诉不同判，维护了法院裁判结果的统一性，另一方面节省了双方当事人诉讼成本，避免了国家司法资源的浪费，符合民事诉讼法设立共同诉讼制度的原则和目的。"依最高人民法院在该案中的意见，原告针对同一被告基于同类法律关系提出两个以上的诉讼请求，可以进行诉的合并，且可以不经当事人同意即予以合并审理。

3. 原告针对同一被告基于不同法律关系提出两个以上的诉讼请求。这种类型又可细分为三种不同的情况：①不同的法律关系基于有牵连的事实而产生，包括主从法律关系，以及基于概括的交易事实产生的多个法律关系。比如，原告委托被告运输货物给客户，同时委托被告向客户代收货款，原、被告之间既存在运输合同关系，又存在委托合同关系；又比如，原告为被告提供仓储服务，同时为被告的货物提供包装服务和代办向被告的淘宝买家邮寄货物，原、被告之间存在仓储合同关系、承揽合同关系和委托合同关系。此类因概括的交易事实发生的混合合同关系，如原、被告之间针对不同的法律关系均产生纠纷的，是否可以合并审理？②不同的法律关系有相同种类的基础法律事实衍生而来。比如，某客车公司与客户之间签订多份独立的客车买卖合同，其中部分合同约定客户以按揭贷款方式付款，客车公司向贷款银行承担回购担保义务。如果客车公司将对同一被告的多笔欠款合在一起起诉，其中部分欠款涉及追偿权纠纷，即客车公司已经履行回购担保义务代垫了客户为购买汽车而办理的银行按揭贷款，然后向客户追偿的，而另一部分欠款则为买卖合同项下的货款，能否在一个案件里处理？③不同的法律关系基于完全没有关联性法律事实而发生，能否合并审理？

对于前两种情况，虽然原告的多项诉请涉及不同的两个法律关系，但都是基于有一定关系的或相同性质法律事实产生的，法律关系的性质属于相同的类别，比如都是违约之诉，或者都是侵权之诉，合并一案审理有利于化繁为简，提高审判效率，节约司法资源，减少当事人的诉累。只要合并审理不违反法律的禁止性规定，合并审理不会给当事人及法院带来不便的，原告就可以同时起诉，法院就可以依照民诉法的相关规定，进行合并审理。但对于前述第三种情况，目前较为普遍的做法是作为不同的独立案件分别审理，不进行合并审理。虽然不同法律关系发生在相同的当事人之间，但是两个法律关系完全没有关联性或相同性，每个法律关系需要查明的事实差别较大，审理中可能出现的变化也不同，适用的法律规定也不同，合并审理不仅可能影响案件进度，在判决时也会导致主次不清，文书冗长，所以一般不建议合并审理。但是如果是在审理过程中通过事实的查明发现存在两个不同的法律关系，是否需要拆分呢？对此可以视情况而定，不应一刀切。如果涉及的不同法律关系事实都已查明，不会影响案件进度，而且能在同一个一级案由下涵盖涉及的不同法律关系，则不必拆分，从而减少当事人诉累，节约司法资源。

4. 被告提出反诉。关于反诉的成立要件，民诉法及民诉法司法解释有作较为具体的规定。符合条件的反诉，能合并审理的尽量合并审理。符合反诉条件的诉，如果另案起诉，如果是分给同一个法官审理，对于承办法官来讲并不能省事，反而在送达、庭审、写判决、卷宗方面增加重复劳动。如果分给不同的法官审理，不仅存在重复劳动问题，还容易因法官观点不一致出现相互矛盾的判决。

三、合并审理的实务规范

目前，我国民事诉讼法及其他法律关于合并审理的规定仍较为简单，除了规定应当或可以合并审理的案件情形外，对于应如何合并审理即合并审理的实务规范问题仍缺乏规定。合并审理的实务规范，从民事诉讼的程序来看，包括合并审理的启动、合并审理的庭审、合并审理的裁判三个方面。对合并审理的全流程予以制度规范，使每个节点都有章可循，有利于促进合并审理在实务中的运用，防范程序风险，提高审判效率，保护当事人的合法权益。

（一）合并审理的启动

合并审理的启动，包括合并审理之诉的提出、合并审理的提出与决定、合并审理之诉的立案与分案。

1. 合并审理之诉的提出

合并审理之诉的提出，即符合合并审理条件的诉讼的提起，包括符合诉的主体合并条件的诉讼的提起和符合诉的客体合并的诉讼的提起。在合并审理的提出这一环节上，需要规范的主要是法院受理案件的权力、依职权追加当事人的权力和释明权。

（1）必要的共同诉讼的提起。必要的共同诉讼人应一并起诉或一并被列为被告，如果法院经审查发现有共同诉讼人未一起作为原告起诉，或未被一起列为被告的，应当追加该必要的共同诉讼人为原告或被告。在有些情况下，如果必要的共同诉讼人明确表示放弃实体权利的，可以不追加该必要的共同诉讼人为原告，如合伙人为债权人的，部分合伙人对债务人提起诉讼，未一并起诉的其他合伙人如果明确表示放弃实体权利的，则无需追加其为共同原告。

（2）普通的共同诉讼的提起。普通的共同诉讼就分别提起的各诉而言，互相之间没有影响，当事人在诉讼提起方面享有充分的自由，法院不宜干涉，但在有条件的情况下可以积极引导普通的共同诉讼人在较为集中的时间段提起诉讼，以便合并审理。已经受理的符合普通的共同诉讼条件的案件，法院认为可以合并审理的，应向当事人进行释明，征得当事人同意后方可进行合并审理。

（3）第三人加入之诉的提起。第三人在案件立案后、一审庭审辩论终结前申请参加诉讼并提出独立诉讼请求的，法院经审查其诉讼请求系针对加入之案的诉讼标的而提出，应予以受理，并按一般案件受理的要求和程序办理。法院在审理过程中发现案外人当事人双方的诉讼标的有独立请求权的，应将案外人追加为第三人，并向第三人释明是否提出独立的诉讼请求。第三人明确表示不提出独立诉讼请求的，因案件的处理结果仍与其有法律上的利害关系，法院仍应将其列为第三人，继续让其参加诉讼。

（4）反诉的提起。被告在规定的期限内提出反诉，法院经审查认为符合民事诉讼法司法解释规定的反诉之要件的，应予以受理，并按一般案件受理的要求和程序办理。在案件审理过程中，经常会出现被告将本应是反诉的诉讼请求作为抗辩提出，比如租赁合同纠纷中承租人提出以交付的押金抵扣结欠的租金的答辩意见，法院应当向被告进行释明，询问被告是否就其答辩涉及的诉求提起反诉。被告经释明提出反诉的，应合并审理。被告明确表示不提起反诉的，则对其答辩涉及的诉求不予处理，对其答辩意见不予采纳。

（5）相同原、被告之间多个诉的提起。原告针对相同被告提出多个诉讼请求，法院应着重审查多个诉讼请求之间的关联性。多个诉讼请求之间完全没有关联，不适合合并审理的，法院应考虑进行诉的拆分，向当事人释明，告知当事人就部分诉讼请求另行起诉。当事人经告知坚持不拆分的，法院对应当另行起诉的部分诉讼请求可不予处理，并在裁判文书中直接予以释明。

2. 合并审理的提出与决定

合并审理的提出，是指当事人对已经提起的符合合并审理条件的诉讼，提出将相关案件合并审理的请求。必要的共同诉讼，必须合并审理，故无需提出合并审理的请求。第三人加入之诉、反诉的提起，本身就是包含了合并审理请求的提出，无需另外提出。普通的共同诉讼，以及交叉起诉的案件，当事人可单独提出合并审理的请求，请求法院将相关的案件合并审理。

合并审理的决定权在法院。合并审理可由当事人提出，也可由法院直接提出，均由法院决定是否合并审理。但是，法院对是否合并审理作出决定，也受到诉的合并之条件的制约，这些制约主要有：①民事诉讼法及司法解释对合并审理明确规定的条件；②需合并审理的各诉的管辖权。第三人加入之诉、反诉的情形下，应特别关注是否违反专属管辖、级别管辖的规定。③各诉之间的关联性。完全没有关联性的各诉，一般不考虑合并审理，当事人合并提起诉讼的，应考虑是否拆分。

法院对合并审理的决定，应赋予当事人提出异议的权利并设置纠正的程序。具体而言，对反诉、第三人加入之诉不予合并审理的，通常是对反诉、第三人加入之诉不予受理的，应作出裁定。对于该种裁定是否允许上诉，目前司法实践中多数人持否定意见，主要原因是当事人可另行起诉，其诉权不受影响。即便如此，也可针对该种裁定设置复议程序，以利于及时纠正错误，更好地保护当事人的权利。对普通的共同诉讼，当事人提出合并审理请求，法院决定不予合并审理的，也可设置复议程序。

合并审理的提出与决定，还应受到时间限制。为顺利推进审判程序，避免重复劳动，合并审理的提出与决定一般应限定在开庭审理之前，否则合并审理就失去了提高诉讼效率的意义。但是，庭审开始后、一审法庭辩论终结前，第三人提出独立诉讼请求，被告提出反诉的，符合合并审理条件的，法院仍应合并审理。

3. 合并审理之诉的立案与分案

在立案阶段，对于符合法定应当并案审理的案件，当事人分别起诉的，立案庭应当作为一个案件编立案号。对于符合可以合并审理的案件，尽可能依当事人的起诉分别立案并连续编号，并在案件流程信息表上标注"系列"案件，以便进入审理程序后业务庭决定是否合并审理。在审理过程中，当事人直接向审判庭提起合并之诉的，审判庭依法并案审理或者决定并案审理的，应按照案件受理的规定办理案件受理手续，然后将其并入原来已经受理的案件。决定合并审理的，应书面通知当事人。

对于可以合并审理的案件，立案时应尽量避免分案给不同的法官。如果可以合并审理的案件确已分到同一个庭里的不同法官，庭室领导可以进行调配。不同庭室之间，由于受理案件的范围不同，一般不会出现可以合并审理的案件。但如果原、被告对于双方之间的法律关系认识不一致，则会导致原本应是同一个案件中的本诉与反诉变成在两个不同庭室的互为原、被告且不同案由的案件。这种情况，原、被告之间的法律关系可能就是一个有争议的问题，不同的法官可能也会产生不同的认识，更容易出现相互矛盾的判决。对于这种情况，审判管理部门应进行协调，将案件调配给同一法官承办，以节约司法资源，确保裁判统一性。

（二）合并审理的庭审

合并审理的案件，较之单一之诉案件的审理，在庭审操作上有其特殊之处，也更为复杂，需要加以规范。合并审理的庭审，需要从审理顺序、审理方式、庭审操作等方面加以规范。

1. 合并审理之诉的审理顺序

合并审理的各个诉，可能存在主次不同、难易不同的情况，也可能不同的诉之间具有逻辑上的其他关系，如果没有科学安排各诉的审理顺序，可能导致逻辑不清、重复劳动。因此，对于合并审理之诉的审理顺序，应予以科学安排并形成规范化的机制。审理顺序的安排，主要可以遵循以下两个原则：①普通的共同诉讼，合并审理时可以采用先易后难的顺序，先审理共性事实较全、无争议事实较多、特殊事实较少的案件，后审理特殊事实或争议事实较多的案件，以免疑难案件拖延案件的整体审理进度，也有助于将先审理案件的法庭调查适用于后审理的案件。②客体合并之诉，如果各诉之间在逻辑上存在前因后果关系的，则应先审理有先决性质的诉，从而有助于厘清法律关系，全面查清事实[①]。

2. 合并审理的庭审方式

合并审理的庭审，应遵循庭审的连续性原则，尽量做到一次性连续完成所合并审理案件的庭审，避免中断。普通的共同诉讼，如果符合代表人诉讼条件的，可以适用代表

---

① 张晋红：《诉的合并之程序规则研究》，载《暨南学报（哲学社会科学版）》2012年第8期。

人诉讼制度，代表人开庭的案件，笔录和庭审录像直接适用于其他所有案件。如果案件数量不是很多，不适用代表人诉讼的，在征得当事人同意后合并审理的，可以选择 1 件案件先行开庭，开完后紧接着处理剩余案件，但后面的案件只就与第 1 个案件不同的地方进行补充。也可以全部案件一起开庭，由一名原告为主发言，如果有原告有律师代理的，就让该代理人为主发言，其他原告再进行补充。相同当事人之间有数起案件而合并审理的，通常数起案件之间案件事实基本相同或相似，一般也可以只选择 1 件进行完整的开庭，其他案件只针对不同部分进行补充。

3. 合并审理的庭审操作

（1）宣布开庭。合并审理的案件，在宣布开庭的时候，应该对合并审理进行说明，宣布全部案件的当事人、案由，告知合并审理的理由，庭前是否已经当事人同意，合并审理庭审过程中应注意的事项。

宣布开庭后，在核实当事人身份这个环节，如果是系列案件全部合在一起开庭的，应在这个环节把全部原告和被告的身份都核实完毕，一次性告知合议庭组成人员、诉讼权利和义务、申请回避等事项。

（2）诉辩意见的发表。普通的共同诉讼案件，合并审理时在诉辩意见发表这个环节应避免重复。本、反诉的案件，针对反诉的不同类型，在诉辩意见的发表环节会有所差别。如果反诉的诉讼请求与本诉的诉讼请求是互相冲突、互相消解的关系，通常本诉的答辩意见与反诉的诉称意见基本是重复的，而反诉的答辩意见与本诉的诉称意见基本也是重复的，可以要求当事人进行简化。如果反诉与本诉在诉讼主张上不是互相冲突的关系，本、反诉诉辩意见的侧重点不同，通常本诉诉称会故意忽略反诉诉称的事实，本诉答辩意见因为针对性也不会提及，在反诉的诉辩意见发表时应重点关注。

（3）质证和询问

合并审理的案件，通常很多证据都是相同的，因此在举证质证环节对相同的证据可只进行一次质证，然后对不同的证据补充质证。法庭询问方面，合并审理的案件，对具有共性的问题，不必重复询问，只需对各诉的不同之处补充询问即可。

（4）法庭辩论

合并审理的案件，法庭辩论应视情况尽量合并进行。这样做有助于当事人更加简练又更加全面地将自己的观点阐述清楚，也有助于承办人更全面地了解双方的意见。

（5）庭审笔录

笔录是对庭审全过程的如实记录，因此合并审理的案件，笔录应反映合并审理的实际情况。两个以上案件合并审理的，笔录按庭审实际情况只需要形成 1 个笔录就可以，相应的庭审录像也只需要 1 个，笔录与庭审录像是可以对应的。

（三）合并审理的裁判

合并审理的案件，如果仅是一个案件中不同诉讼请求的合并审理，不涉及两个以上案件合并的情况，一般只形成 1 份判决，对合并审理的各个诉讼请求逐一进行处理。涉及两个以上案件合并审理的，判决分为两种类型：一种类型是分案判决，针对相同被告的普通共同诉讼案件，一般各个案件分别出判决。另一种类型是合一判决，针对的是原本分别立案的案件，属于本诉与反诉的关系，或者是有独立请求权的第三人另案提起的诉讼，为了案件审理需要而将不同的案件并案审理的情形。并案需要下裁定，最高法院的文书格式里有专门的并案裁定书样式。比如 A、B 两个案件需要并案，可以在 B 案中下裁定，裁定将 B 案并入 A 案审理。这样，B 案的当事人只参加 A 案的审理，B 案就可以先行结案。A 案审理后的判决，对 A、B 两案一并进行处理，当事人身份要注明其在被并案件中的身份，同时要交代并案的情况。最高法院的文书样式里也有专门的并案判决书样式。并案审理的判决，判决主文应分别依次表述先后起诉之原告诉讼请求是否支持情况。对于给付项可以抵销之判决，可分项表述后综合折抵计算出最后的义务人，既方便当事人提出上诉，又便于案件的受理与执行。

新时代背景下检察公益诉讼的理论再认识与基层实践

——以紧贴人民群众需求服务为出发点

吴国贵*

深刻理解新时代背景下检察公益性原理和公益诉讼理论，增强紧贴人民群众需求开展公益诉讼工作的理论意识自觉和法治实践的行动力。

一、思想理论是行动的先导，应深刻理解新时代背景下检察公益性原理和公益诉讼理论

（一）应深刻理解新时代背景下检察公益性原理和公益诉讼理论

检察权法权是中国特色社会主义法治建设过程中，应国家政治文明、社会转型过程中价值更替、文明再生的制度需求，而在法治发展规律作用下，适应社会环境由封闭型逐步走向开放型发展，以及国家社会高度统一的一元结构向国家和社会二元结构过渡，而生长着的相对独立的法律监督法权；透过检察权担负法律规范秩序深层多层次公共利益、公平正义维护的根本目的，检察权在法的框架内表现出现实的生命力，对中国现代法治建设及实践具有举足轻重的作用和功能。

我们从表层法律监督深达国家公益、社会公益维护法权终极目的的原理进行分析：在法治视野中一切法律权力的配置与调整或微调均来源于社会政治、经济、文化生活的公共利益维护的社会制度需求，社会公益的多元性、多层次性与衡平性为检察权发展提供了内在动力源。因检察机关外部制度环境、社会政治、经济、文化观念因素及其机关组成人员素质的历史阶段问题，使得检察权主要资源投入到了公权力的依法监督上。随着社会转型、市场经济逐步成熟、人民法治意识的逐步增强、社会利益格局的多层化、复杂化，越来越多的社会公共利益进入社会公众、国家关注的视野之中，同时检察机关人员素质也相应逐步提高、法治建设也稳步推进，检察权有能力将资源逐步投入扩展到折射公共利益的公权力以外公共利益最需要维护的领域和地方。

那么，基于法律监督宪法定位的检察权所具有的有权法律监督权属性、国家社会公共利益维护属性，检察权在我国权力、权利关系网模式的社会政治、经济、文化生活中能够触及的法领域包括私法、社会法、公法；但鉴于理想与现实的差距及检察权资源的高昂与稀缺性，其实际触及领域距离、监督手段等权能内容无不根据最强社会需求进行

* 吴国贵，厦门市同安区人民检察院。

本文系作者建立在前期网络实名署名发表研究成果的基础上，结合基层检察实践，进一步整理完成［《我国检察权之独立法权属性再探讨—从法理学权力维度考察》《我国检察权之公益性原理初论（上）》《我国检察权之公益性原理初论（下）》分别首次于2005年3月、2007年2月、2007年2月发表于"法律之星"（法律信息网 主办），www.law-star.com］。

着调整①；即是法现象又是国家权力现象的检察权一方面反映法的本质精神和法实现的最终目的，又是以法存在无法完全实现的可能性为前提的，另一方面与其他权力不同，它具有公益性、补偿性和制约性的特点，并要求检察权实践应在国家代表性与社会公共利益维护性之间以及个体利益与国家利益、社会公共利益之间进行适度平衡②。该规律不仅在检察权应然、法定、实际状态维度之间起作用，而且各状态内也发生着适时相应的调整变化。

由此可知，我国检察权的诞生与成长在我国历史性社会剧烈转型、变革、变迁过程中必然会在合规律性的相应法现象中体现出来。例如，1949 年 12 月制定的《中华人民政府最高人民检察署试行组织条例》第三条第五项规定："对于全国社会与劳动人民利益有关的民事案件及一切行政诉讼均得代表国家公益参与之"。以及中共中央批准的最高人民检察机关《1950 年至 1957 年检察工作规划》明确要求计划在 1956 年选择有关国家和人民利益的重要案件 3 万件，参与或提起诉讼，并进行审判监督。1965 年黑龙江省检察机关提起民事诉讼 55 件③。而现代司法实践中出现 1997 年河南省方城检察机关第一次提起国有资产流失的诉讼。仅 1997 年至 2000 年四年中在河南省检察机关提起有关公益的民事案件 75 起，法院审理了 69 起均获得判决支持，并为国家和社会挽回大量经济损失。至 2001 年全国各地检察机关提起类似民事诉讼 141 起④。

可见，面对我国"一元结构"社会向"二元结构"社会转型时期，私权集合公益的维护有待于公民共同行为及其主体意识、社会表达机制的成熟，检察权基于其重要的公益自然属性应能够与公民、团体等个体和组织的公共利益表达相融合并支持与强化了其公共利益意识；也有利于培育其相应的公共利益意识，引导公共利益通过正式及法律渠道进行表达并促进法治社会的"二元结构"合规律性的生成与发展。

（二）检察权社会公益性彰显有助于符合社会公共生活公民公共精神引导和培育

改革开放以来，我国市场经济的发展彻底瓦解了"乡土社会"封闭狭小的共生空间，也逐渐打破了计划经济时代个体对国家和单位的依赖关系。一方面造就了张扬个体积极性、尊重个体权益的社会经济根基，另一方面又推动了开放而又休戚相关的人类生活群体的形成。正如阿兰·图雷纳所言：市场经济带来的现代化"足以促进内部交往，拆除私人生活之间的樊篱，扩大公共生活的领域"⑤。但市场经济本身在创造社会活动空间的同时，却"无法提供社会公共价值的产生空间，也不能培育出'公民社会'所需要的合作精

---

① 例如侦查监督权所含机动侦查权能在1979年刑诉法的规定后由于缺乏程序限制使得该权利被检察机关滥用，导致1996年对机动侦查权进行了重新规定，将对象的普遍主体缩小为"国家机关工作人员"、程序上限制为"省级以上人民检察院决定""利用职权实施的重大犯罪案件"，可谓条件苛刻；实质上从历年最高人民检察院工作报告看，该机动侦查权已名存实亡；但该权能在侦查及刑事立案前的调查活动未纳入法治监督视野内控制而言，却是一项极为重要的应然检察侦查监督权能。

再例如关于检察公益诉权，在我国解放初期的两部检察机关组织条例和法律曾有"对于全国社会与劳动人民利益有关之民事案件及一切行政诉讼，均得代表国家公益参与之"，地方检察职权有"对于有关国家和人民权益的重要审判活动的起诉权和参诉权"的检察权权能规定；因此许多学者开始关注检察公益诉权能系应然性检察权能，符合检察权公共利益维护属性及其彰显的现时代要求。

② 陆而启：《论检察制度的人本主义理念》，载《中国检察》2006年第1期。

③ 柯汉民：《民事行政检察概论》，中国检察出版社1996年版，第34页。

④ 杨柏林，金海洲：《检察机关提起民事诉讼问题研究》，载《检察论丛（第四卷）》2002年版。

⑤ 阿兰·图雷纳：《在当代，民主意味着什么》，载《民主的再思考》2000年版。

神与公共责任感"，民众常常对与自身利益相关的经济活动有较多关心，而对社会公共事务表现冷淡，甚至丧失公德，侵害他人权益[①]。如此背景下以破坏公共环境为代价牟取暴利、破坏公共设施、盗窃与哄抢公共物品、不顾他人安全的制假贩假等现象就并非偶然。因此，检察权应可选择某些具有重大影响的侵害公益违法事件提起、参与或支持公益诉讼等公益维护的检察监督，有利于唤起公众公共精神的觉醒。

同时，检察权公益维护监督有利于为社会弱势群体利益表达提供有力的渠道。由于我国社会利益关系中存在利益表达机制的缺陷：首先，利益表达主体不成熟，那些由于障碍及缺乏机会而处于不利社会地位、依靠自身的力量或能力无法保持个人及其家庭成员基本生活水准、需要国家社会给予支持和帮助的群体，其创造和集聚财富能力弱，就业竞争、基本生活和抗风险能力差，实际社会权利缺失，组织化程度低、自我意识还处于朦胧状态，并对群体利益认识得比较模糊，使得他们表达利益的动力机制缺少应有张力，影响他们进行利益表达。而那些中势群体组成比较复杂难以形成统一的自我意识，其自我意识的成熟程度制约了其利益表达的动力、能力。其次，利益表达机会不均等。弱势群体表达利益的渠道窄，影响社会舆论和话语权的能力低。中势群体的职业覆盖范围广以至影响他们的沟通和交往，其利益表达的应有作用也无法发挥。再次，利益表达作用不平衡。尤其是社会转型负面效应冲击最大的弱势群体，其利益表达机制不善，可能进行非制度化的利益表达从而激化矛盾影响社会稳定，甚至产生敌视其他社会群体直至敌视整个社会的心理，社会矛盾就可能尖锐化[②]。无疑，负载公益维护的检察权渠道是应然与现实利益表达的重要渠道，并在其他正式利益表达渠道不畅时发挥最终救济表达的作用，并依法定程序建议或纠正依法负有回应义务的其他国家机构的积极行为，并有利于引导公民认识国情将利益表达与维护社会稳定结合起来。且随着社会生活的日趋复杂化和权利观念由"个人本位"向"社会本位"的转变，检察机关开始比较广泛地干预涉及国家利益和公共利益的民事和行政诉讼。检察机关有权干预民事诉讼的国家很多，如英国、美国、日本、法国、德国等大陆法系、英美法系国家[③]。

（三）检察公益诉讼应以切实有效回应社会主要矛盾需求和人民群众需求为标准

相比较于压抑型法、自治型法而言，回应型法的首要论题就是打开法律认识的疆界，对所有冲击法律并决定其成效的因素都要有充分的了解，法律机构应当放弃自治型法通过与外在隔绝而获得的安全性，并成为社会调整和社会变化的能动工具，在这种重建过程中，能动主义、开放性和认知能力将作为基本特色而相互结合；其实质是使法律不拘泥于形式主义和仪式主义，通过理论和实践相结合进一步探究法律、政策中蕴含的社会公认准则（价值）。而回应型法治的特点在于目的法治，且目的法治出现良好的开端产生了大量的社会立法。如经济法、环境保护法、社会保障法、劳工法、公共交通法、最低工资法、住房法，均是国家干预经济或社会经济结果公平、维护社会公益的结构；代表国家利益和社会公共利益的检察权一再扩大，先是在刑事诉讼中，指挥警察侦查、决定是否和多大范围提起指控、可以进行辩诉交易。继而在一些国家，检察机关从社会公共

① 张亚泽：《公共精神与和谐社会的公民之维》，载《中国政治》2006 年第 8 期。
② 王春福：《构建和谐社会与完善利益表达机制》，载《中国政治》2006 年第 8 期。
③ 肖禾、杨志宏：《外国检察机关参与民事诉讼的两个特点》，载《人民检察》1989 年第 6 期，转摘自张如新：《国家权力结构模式和社会权益维护结构视角的检察权》，载《检察论丛》第 7 卷。

利益出发，为了维护法律得到切实有效的遵守，对法院明显错误的民事、行政判决提出抗诉。如果涉及国家、社会公共利益，检察机关还应当向法院提起诉讼请求，如反垄断的请求权。目前国外检察机关就某些案件向法院提起民事、行政诉讼已不鲜见[①]。

二、检察公益诉讼的立法与司法实践技术方法

（一）检察公益维护权能与检察公益诉讼发展规律

检察公益维护权能及其实际运行应符合现代民主和法治发达国家的理念和实践中公益维护的规律：与保护私益一样，保护公益的最终责任也在司法[②]。与个体公民和团体提起公益诉讼普遍受到审判规律——事实上法院通过拒绝把激烈对立的价值争议引入审判而限制公民和团体对司法过程的参与或同司法接触并抑制了关于审判信息自由流动所造成的"游离于一般民众的倾向"[③]与之相比，检察公益维护权能的同时也为公民、团体借助法律舞台提供更为直接的参与媒介，因而也有助于扩展法律参与的特殊政治论坛。检察公益维护在唤起社会意识方面具有积极作用，可以展示公平正义力量，教育公民、团体和有关机关部门，帮助他们看到公正行为的意义和价值。检察公益维护权能及其运行如同诉讼的特征是依法运用法律和法律技术来实现广泛集体目标的工具，它为人们打开了通过法律施加压力的机遇之窗，因而检察权的公益维护权能具有政治程序的作用和功能。

总之，检察权以提起或者参与公益维护的诉讼与非诉讼活动能够以其程序性公权力监督、协助其他负有公益维护的国家机关例如政府部门环保部门、质量检验检疫部门等有效履行职责维护公益，以及支持消费者协会、妇女联合会、绿色环保社会组织等社会组织有效地增进公益、维护公益。从此意义上看，检察权的有关公益维护权能是公权力制约公权力、私权力制约公权力以维护公益的法律途径体系的重要有机组成部分。

（二）检察公益诉讼实践与立法、司法技术发展规律

进入检察权视野的公益应当是经过现实起作用的法选择的结果。选择性则是基于检察权权力制度资源的有限性及公共利益具有复杂性、层次性、衡量性的特性而生的，在新时代具体则应以切实回应社会主要矛盾需求和人民群众需求为标准：首先，公共利益最核心部分的人权保障价值彰显日益凸现，人权保障制度需求是公益的原始状态，检察权公益属性应当彰显人权保障价值；其次，检察权公益属性基于市民社会不成熟实际状态、遵循目的法治精神、回应法治趋势下公民公共精神的引导与培养规律，而关注社会的公共利益维护价值；再次，公共利益衡量性基于公共利益具有层次性、复杂性需要采用立法和司法技术的特性来进行界定。例如公权力对私权利严重的直接侵害、区域性生态利益遭受破坏、重大环境污染公害中的公共利益维护、有重大社会影响的民事、行政案件中的公益维护、特定社会弱势群体私益集合性受侵害中的公益维护、特定垄断性行业"霸王"行为侵害社会公益、行业安全责任缺失导致从业劳动者及消费者重大安全等利

① 郝为民、彭林泉：《法治视野中的检察权》，《检察论丛（第七卷）》，法律出版社2004年版。

② 张艳蕊：《公益诉讼的本质及其理论基础》，载《诉讼法学、司法制度》2006年第12期。

③ ［日］棚濑雄：《纠纷的解决与审判制度》，王亚新译，中国政法大学出版社1994年版，第246—248页，转引至张艳蕊：《公益诉讼的本质及其理论基础》，载《诉讼法学、司法制度》2006年第12期。

益受威胁等情形需要立法和检察实践的技术方法进行衡量界定 ①。

从 2011 年以来，江苏省检察机关通过督促履行职责、督促起诉、支持起诉、开展公益调查以及直接提起公益诉讼等多种方式，积极参与或办理公益诉讼类案件 4295 件，诉讼范围涵盖生态环境保护、国有资产保护、公共安全及消费者权益保护、古城和历史文化遗存保护以及特殊人群权益保护等多个领域，帮助挽回国有资产或公共利益损失共计 30 亿余元 ②。2012 年 8 月 31 日新修订的《中华人民共和国民事诉讼法》进一步明确了检察机关民事公益诉讼原告资格及其民事公益维护权能，为检察公益诉讼维护权能的立法及实践技术的深入展开提供坚实的探索平台；2014 年 10 月党的十八届四中全会明确提出探索建立检察机关提起公益诉讼制度，2015 年 5 月 5 日，中央全面深化改革领导小组第十二次会议审议通过了《检察机关提起公益诉讼试点方案》，6 月 6 日最高检提请全国人大常委会授权，在部分地区开展为期两年的提起公益诉讼改革试点工作，7 月 1 日十二届全国人大常委会第十五次会议作出《关于授权最高人民检察院在部分地区开展公益诉讼试点工作的决定》，在北京、内蒙古、吉林、江苏、安徽、福建、山东、湖北、广东、贵州、云南、陕西、甘肃 13 个省、自治区、直辖市的检察机关开展试点，将行政公益诉讼的试点案件范围确定为生态环境和资源保护、国有资产保护、国有土地使用权出让等领域负有监督管理职责的行政机关违法行使职权或不作为，造成国家和社会公共利益受到侵害的案件 ③。2015 年 1 月 7 日最高法《关于审理环境民事公益诉讼案件适用法律若干问题的解释》，2015 年 12 月 16 日最高检发布《检察机关提起公益诉讼试点工作实施办法》，2016 年 2 月 25 日最高法发布《人民法院审理检察提请公益诉讼案件试点工作实施办法》，2016 年 4 月 24 日最高法发布《关于审理消费民事公益诉讼案件适用法律若干问题的解释》，2017 年 6 月 22 日十二届全国人大常委会审议通过《中华人民共和国行政诉讼法修正案（草案）》和《中华人民共和国民事诉讼法修正案（草案）》正式确立检察公益诉讼法律制度；2017 年 12 月 17 日中共中央办公厅、国务院办公厅印发了《生态环境损害赔偿制度改革方案》，2018 年 1 月 24 日最高检确定重点办理生态环境和食品药品安全两个领域案件，2018 年 3 月 1 日两高发布《关于检察公益诉讼案件适用法律若干问题的解释》，2018 年 5 月 30 日最高法发布《关于深入学习贯彻习近平生态文明思想为新时代生态环境保护提供司法服务和保障的意见》……以期在检察公益诉讼探索和实践活动中对公益诉讼尤其是公益诉讼特殊证据规则等诉讼程序、实体相关的立法实践技术进一步展开研究，使中国特色检察公益诉讼制度生成进一步走向科学化、完善化，将检察机关维护公共利益权能的生成策略上升为党、国家和人民的意志。

综上，从现代我国检察权之法律监督权基本属性的公共利益维护的深层根本属性出发，在检察权外部与其他国家权力之间，检察权内部权能之间，在其现实政治、经济、文化、观念水平等外生环境中，基于权力制衡、权利制衡权力、体系性的公共利益维护需要之内生机制的作用，而呈现出从刑事诉讼检察权能及诉讼监督等核心权能范畴逐步向社会法、私法、公法等领域进行适度选择性拓展并获得相应检察公益维护权能；其拓展遵循着应检察权之深层公益维护属性彰显的社会历史性需要而在其应有权能、法定权能、实有权能之间单向度递进发展为主及各状态之间的互动作用发展为辅的规律。

---

① 采用抽象概括结合例举定义和选择性裁量权相复合的立法和检察实践技术方法进行界定。

② 马超：《江苏检察机关：积极开展公益诉讼工作探索与实践》，www.spp.gov.cn,2018-06-25。

③ 最高人民检察院：《检察机关提起公益诉讼试点方案》，载《检察日报》2015 年 7 月 2 日。

三、增强紧贴人民群众需求开展公益诉讼工作的理论意识自觉和实际行动力

（一）紧贴人民群众需求开展公益诉讼工作，应增强政治理论意识自觉

以生态文明意识、价值角度为例。新时代中国特色社会主义现代化建设历史时期，以党中央坚强领导下的社会政治伟大变革为契机，生态文明先后入党章、入宪法，党、国家和人民采取系列目标一致行动，通过顶层设计逐步在经济金融、政治文化、社会发展和道德法律治理领域纷纷采取行动，比如，制定国家和地方生态文明建设纲领文件和时间表、生态文明建设考核机制和制度，并动员社会深入采取更加切实的行动，建立河长制、湖长制、国家生态公园、生态损害赔偿制度，通过全国范围内公益诉讼试点，建立正式检察公益诉讼法律制度；至此，引领"五位一体"中的生态文明实践步入深水区，社会组织、公民个人公益诉讼和检察公益诉讼（广义层面含诉前程序、检察意见和建议等检察公益诉讼工作）等共同形成为满足人民群众生态文明需求的公共利益维护的法律保护网。厦门市同安区院在当地党委区政府高度生态文明价值追求和政治自觉支持下，通过诉前程序立案办理一起该区国有中型医院医疗垃圾污染城市水系的典型案件，达到了在案件行业领域，通过办理一个案件，教育一大片的实际效果。

（二）紧贴人民群众需求，主动融入党中央坚强领导下的社会政治伟大变革，开展检察行政公益诉讼

从国家治理现代化角度分析。因国家治理现代化坚持党的领导和国家主导，更注重各方的积极性、参与性，坚持国家制度建设，追求自由民主公平正义，充分调动和运用法治的力量、市场的力量、社会的力量、人民的力量，实现法治、德治、共治、自治，实现各项事务治理的制度化、规范化、程序化、民主化。新时代人民群众民主、法治、公平正义的需求与传统"统治"过度僵化、滞后性之间存在不平衡或存在矛盾，在党领导下形成检察公益诉讼社会共识并以顶层设计路径，完成了国家政治体制检察机关公益维护职能的重新延伸赋权，即通过人民性特征的国家权力的内部检察机关行动计划，增强现有政治体制内部行政机关系列公益维护与增进行动预期，以强化巩固党和国家意志在行政机关管理、服务公益意识方面达成共识，形成目标一致的政府系列行动预期和实际效果。积极推动国家治理现代化作为政府行政的创新与延伸，有利于社会公众参与社会治理将与培养积极性，促进共治、自治、法治与德治的结构体系的良性发展；主动融入党中央坚强领导下社会政治伟大变革，开展检察公益诉讼，并且紧跟新时代人民群众日益提升的公共精神生活需求开展检察行动，彰显新时代党、国家和社会的共同共识、意识和价值追求。例如厦门市同安区院通过宣传摸排线索，发动群众积极举报、作证，在市场监督管理局配合协助下，有效挖掘多起食品药品安全案件并进行广泛宣传，有效形成社会自治、共治、法治、德治氛围。

（三）紧贴人民群众需求，通过检察专业化、职业化和精细化检察公益诉讼案件的办理，开展示范案例宣传工作

立足检察办案职能角度，本文发现随着检察公信力的不断提升，检察公益维护权能

的价值提高和新时代使命鲜明，回应了新时代人民群众需求，党、国家和人民在行动，检察公益维护在前线，通过系列中央、地方的法律、司法解释、规章、立法规范、试行和实行办法，在环境生态、国土资源、医疗医药食品安全、各领域消费者公众权益保护等社会经济领域，留下检察公益维护探索和实践的足迹，涉及延伸领域的专业性、精细化程度不断深入，相应检察案件办理的人力资源的知识经验的延伸和精细化供给侧方面，也合规律性地呼唤着承担检察公益维护职责的相关人员的智力、智慧和知识经验需不断充实和更新，才能保障在检察案件办理促进公益维护的道路上不掉队；检察公益维护目的的案件办理，不仅要在价值目的上取得实效，还应当以党和人民群众看得见的方式实现，通过广泛社会动员并在党的领导下寻找检察公益维护案件线索，在法定程序中运行筛选形成案件，使所办理案件经得起人民、历史和法律的检验，选取典型示范意义的检察公益维护案件，向社会公开宣传、指导办案，巩固社会公益维护的系列行动的文化价值共识、奏响参与社会公益维护的精神共鸣，以贴近人民群众生活与需求，以普通人知识和思维角度能够理解的方式方法，增强社会经济文化自由生活的底线思维共识和新时代社会主义共同价值的追求共识。正是检察公益维护案件办理及其示范性案例宣传工作，在满足人民群众日益提升的价值需求、切实增进人民群众的获得感方面，具有法治维度不可替代的功能和作用。为了提高检察案件办理的专业化，厦门市人民检察院对全区生态环境资源类案件，通过集中指定厦门市同安区院管辖，该区院设立承担该类案件办理的生态检察部，在实际工作中与民行部等内设部门紧密配合，立足深耕办案职能，通过破坏环境资源附带民事诉讼典型案件的办理和示范宣传工作，实际取得"办理一个案件，影响一大片"的法律效果和社会效果。

（四）紧贴人民群众需求，通过党的领导，沟通协调人大、政府、司法和社会组织和公民，凝聚最广泛的检察公益诉讼目标共识并采取系列行动纠偏

从国家、社会和公民目标一致系列行动角度出发，本文认为徒法不足以自行，检察公益诉讼法律规范确立了紧贴人民群众需求的公益诉讼目标和价值，处于社会转型期的社会普罗大众及相关国家机关在现实社会经济政治生活中难免因各种主客观原因，而会部分出现一定程度的不适应，出现偏差、滞后性的行为，检察公益诉讼工作在前线，应该积极运用政治智慧、法治智慧和法律等手段，在出现不适用现象时，能够通过案件线索处置、案件诉前程序、案件办理结果，起到案件办理一起即宣传、教育、警示一片的效果；检察公益诉讼集体目标共识系列行动，出现噪音现象，应通过党加强的领导体制机制、沟通协调人大、政府相关部门、司法和社会组织及公民，凝聚最广泛检察公益诉讼目标共识，将噪音消除到最低限度，服务该集体目标共识、扩大和适度延伸实行目标的系列一致行动及预期效果；使得新时代检察公益诉讼目标共识的系列行动，从"要我行动"转向自觉的"我要行动"，从新时代中国特色社会主义检察公益诉讼价值目标，上升为党、国家、社会和公民应负有的崇高历史使命的集体自觉的系列行动。例如厦门市同安区院通过开展生态环境资源保护宣传梳理掌握该区辖区内一处积水废弃的巨地大采石矿坑，不仅破坏原有生态植被，形成威胁群众安全隐患，企业主未履行采取生态恢复措施及申请验收等义务，政府国土资源部门亦未依法有效履行监管职责，致使人民群众关心的问题和呼声得不到响应、处理。该区院通过党的领导渠道获得支持，沟通协调政府相关部门及社会组织企业，采取检察公益诉讼诉前程序立案办理，促成该区重点大型工程土方回填对接及第三方生态植被恢复实施，最终取得多方多元利益共赢的圆满效果，受到党委、政府、企业、群众和上级的高度肯定，是典型意义的紧贴人民群众需求，凝聚最广泛检察公益诉讼目标共识而采取系列一致行动的典范样本案例。

再论服刑人员申诉权保障难的痛点与对策探讨

王英照 *

服刑人员作为一个被依法剥夺人身自由的特殊群体，法律并未赋予司法机关剥夺其除人身自由以外的其他权利。近年来，随着"张氏叔侄案""杨明故意杀人案"等一系列冤假错案的公布，服刑人员申诉权的重要性越来越受到法学界的关注，如何保障我国服刑人员申诉权的有效实施、预防和纠正冤假错案的发生，对建设我国社会主义法治国家，实现与国际司法的接轨具有重大的意义。

一、服刑人员申诉权保障的意义

服刑人员的申诉权是指在监狱内被执行剥夺自由的被判处死刑缓刑二年执行、无期徒刑、有期徒刑的自然人对已经发生法律效力的判决或裁定不服，依法向审判机关、检察机关提出重新处理的权利。

从权利的性质上出发，它属于一项救济性的权利，是服刑人员的最后一根救命稻草，是服刑人员开启公力救济的一把钥匙，保障服刑人员申诉权有效实施，是纠正冤假错案的一种有效方式。

从法律渊源上来说，服刑人员的申诉权来源于我国《宪法》第四十一条的规定："中华人民共和国的公民对于任何国家机关和国家工作人员，有提出批评和建议的权利；对于任何国家机关和工作人员的违法失职行为，有向国家机关提出申诉、控告、检举的权利。"申诉权是人权的重要组成部分，保障服刑人员申诉权的有效实施，是我国贯彻"尊重和保障人权"思想的一种体现，对实现国家法制化建设具有积极的意义。

二、服刑人员申诉权保障困境

近年来发生的冤假错案，反映出我国在保障服刑人员申诉权方面的不足，而造成服刑人员申诉困难的因素是多方面的，其中不仅有服刑人员自身因素的限制，还有我国法律制度不完善、司法人员法律思维落后、服刑人员申诉案件案情复杂等方面的原因。

（一）服刑人员自身因素限制

1. 服刑人员经济困难。根据最高人民法院有关统计数据显示，近年来我国法院一审生效刑事判决每年判处的罪犯，其中农民、农民工、无业人员和刑释解教人员所占比例高，这部分人大部分经济困难。经济上的困境意味着服刑人员很难聘请律师为自己进行申诉。2014 年末，澎湃新闻针对 2014 年在网上发布的 12 起冤假错案情况做了一个简单的图表，结果显示这 12 起冤假错案平均纠正的时间为 10 年，虽然这 12 起冤假错案的代

---

* 王英照，厦门市同安区人民检察院。

表性不是很强，这一数据也可说明纠正冤假错案的难度，也反映出服刑人员进行申诉需要耗费的人力、物力和财力。

2. 服刑人员的知识水平结构偏低。以福建省某县人民检察院对其所派驻的看守所所做的调查为例，120 名在押人员中，小学及以下文化程度的有 45 人，达到了 37.5%，这意味着至少有 1/3 的服刑人员不识字或识字少，意味着他们根本无法了解自己享有的权利和义务，更不要说通过各种方式行使自己的申诉权。

（二）法律层面因素

1. 服刑人员会见、通信权受限。以我国《监狱法》对于服刑人员通信权的规定为例："服刑人员在服刑期间可以与他人通信，但来往信件应当经过监狱检查。监狱发现有碍服刑人员改造内容的信件，可以扣留"。该条法律赋予监狱管理人员可以自由查看服刑人员信件，依法扣留其认为有碍服刑人员改造的信件的权利，可以说这一规定在一定程度上侵犯了服刑人员的通信自由的权利，从法理层面来说是违反宪法的。

2. 律师会见、通信权受限。现行规定律师会见服刑人员的法律是 2004 年司法部出台的《律师会见监狱在押犯暂行规定》，初步规定了律师提供"授权委托书、律师执业证、律师事务所出具的律师会见在押罪犯的信函"后，在 48 小时内会见服刑人员，但至 2012 年制定的《监狱法》《律师法》时，并未将服刑人员与律师会见、通信的制度正式纳入其中，且监狱如果未在 48 小时之内帮助律师会见服刑人员，所应承担的责任也未确定，因此在实践中律师会见服刑人员往往受到的限制较大。

3. 法律援助制度未构建。我国现行的《监狱法》中并无"服刑人员获得律师帮助权"的规定，在司法实践中并未构建起对服刑人员有效的律师帮助制度。法律作为一门专业性很强的学科，律师的帮助对于保障服刑人员的申诉权重要性不言而喻，但在如今的司法实践中，服刑人员的申诉多以个人申诉为主，由律师代理进行申诉的数量较少，这在一定程度上限制了服刑人员申诉权的有效行使。

（三）其他因素

1. 监狱管理者主观认识不强。服刑人员及监狱管理者之间是一种管理与被管理的关系，监狱管理者天然缺乏一种受理服刑人员申诉的积极性和主动性。在传统"重打击、轻保护"的思维下，一些服刑人员的申诉往往被监狱管理者认为是一种无理取闹、没事找事的行为，同时服刑人员的申诉也在一定程度增加了监狱管理者工作负担，因此在现实中出现监狱对服刑人员提出申诉材料转递不及时或扣押的情况不足为奇。

2. 异地服刑增加申诉难度。随着时代的发展，城乡人口的流动性越来越大，由此引发的犯罪嫌疑人作案后异地服刑的情况也越来越普遍，案发地与服刑地之间的距离使得服刑人员申诉权的行使难度也随之加大。我国现行的申诉制度，服刑人员的申诉案件最初的受理机关为犯罪发生地的法院或检察院，异地服刑意味着服刑人员进行申诉必须先将申诉件转由监所或监狱部门接收后，再由其进行转递法院或检察院，这样在空间与时间上的跨度不仅增大了服刑人员与律师、司法机关会见的难度，也在无形中扩大服刑人员申诉权行使的难度；同时申诉案件的办理机关一般是原生效判决或者裁定的法院或同级人民检察院，这样带来的"自己的刀能不能削自己的把"的问题，也导致了服刑人员往往对司法机关的办理结果充满质疑。

三、完善服刑人员申诉权保障措施

（一）完善相关法律制度

保障服刑人员申诉权的有效实施，重点在于申诉渠道的畅通，因此保障服刑人员的申诉权，实质上还应该包括对服刑人员获得律师帮助权、会见通信权等权利的保障。如果将服刑人员的申诉权比作是一项实体性的权利，那么服刑人员的会见通信权、律师帮助权等则是保护申诉权有效实施的程序性权利，因此将会见通信权、律师帮助权作为服刑人员申诉权保障的基础，保障其有效的实施对保障服刑人员的申诉权具有巨大的意义。通过立法，对服刑人员享有权利和义务进行明确的规定，进一步放宽对服刑人员会见、通信权利的限制，明确服刑人员享有的律师帮助权，保障服刑人员能够及时得到来自于律师的有效帮助，同时保障律师与服刑人员进行会面时，不受限制、监视，使服刑人员可以充分行使自己的会见通信权。

（二）以法律援助为核心，构建服刑人员诉冤办公室

律师的法律援助对于处于贫困、文化水平低下、法律意识淡薄的，又有申诉需求的服刑人员来说，其重要性是不言而喻的。首先，律师的法律援助不仅可以帮助服刑人员及时有效地行使申诉权，而且可以有效地促使受理申诉的审判机关、检察机关及时地反馈办理结果；其次，服刑人员的申诉由律师进行代理之后，其申诉事实和理由会更加清晰，同时也可通过援助律师的初步审查将一些申诉理由不足、不符合法律规定的申诉排查在司法程序之外，减少因此产生的司法资源的巨大浪费；最后，由援助律师代为进行申诉还有利于提升服刑人员办理结果的公信力，促进服刑人员的申诉工作。

其一，以法律援助中心为载体，设立服刑人员诉冤办公室，按照服刑人员意愿将其申诉件交由其亲属或由诉冤办公室统一接受审查，避免由监狱或监所部门接收后产生的申诉件的扣押、滞留情况出现。其二，诉冤办公室进行申诉件的初步审查后，由诉冤办公室委派援助律师代理服刑人员向检察院、法院提起申诉，同时要求法院、检察院及时将案件办理结果反馈法律援助律师，由援助律师对司法机关办理结果进行审查，并及时将办理结果及自身的意见告知服刑人员，由服刑人员对申诉结果做出最终的决定。其三，加大法律援助中心财力、物力支持。提高律师补助费用，聘请有经验的律师参与到服刑人员申诉案件办理中来，提升服刑人员申诉案件办理水平。

（三）完善刑事申诉案件异地审查制度

按新《刑事诉讼法》的相关规定，刑事申诉案件的办理机关一般为原案的办理检察机关、审判机关，这些机关由于受到机关内部行政化的影响，其作出的办理结果往往受到公众的质疑，办理结果难以得到服刑人员的认可，完善构建服刑人员申诉异地审查制度，一方面可以有效地避免司法机关内部因素对申诉案件办理结果产生的影响，提升服刑人员申诉案件的办理质量的信任度，另一方面可以有效避免因异地服刑产生的司法成本上升、办理结果反馈不及时等问题的发生。服刑人员异地审查制度的完善可以在一定程度上借鉴我国的指定管辖制度："如果服刑人员是在异地执行，直接由异地审判机关或检察机关直接受理，如果服刑人员在原地执行，服刑人员的申诉件也可以由检察机关或审判

机关接收后报上一级的检察机关或审判机关进行指定"。

冤假错案的发生是司法实践中不可避免的，是符合司法规律的，虽然在我国冤假错案的发生比率较低，但冤假错案的每次出现带来的必定是对一国司法权威的损害，对公平正义理念巨大的创伤。基于客观的规律，我们无法避免冤假错案的发生，那么作为服刑人员最终救济性权利的申诉权，我们就应当构建一个较为完善的服刑人员申诉权保障体系，让冤假错案尽可能在最短、最快的时间内得到有效的纠正。

三孩政策下女性劳动权益的法律保障

刘安迪 *

20 世纪后，平权主义活跃于社会各个领域，越来越多的女性不再安于家庭一隅，转而通过劳动等社会参与方式，追求经济、思想等各方面的独立，实现自我价值。然而，生育问题始终影响着女性劳动权的行使，尤其在三孩政策全面实施后，女性在劳动领域的危机加剧。加之，我国现行劳动法体系尚不足以解决生育权与劳动权冲突的问题。因此，建构健全的女性劳动权法律体系成为学界的研究热点和实务界亟待解决的难题。

一、三孩政策与女性生育权

（一）三孩政策

2021 年 5 月 31 日，中共中央政治局召开会议并指出，为进一步优化生育政策，实施一对夫妻可以生育三个子女政策及配套支持措施。三孩政策是我国为了应对人口老龄化和少子化所作出的政策转变。相比于全面二孩政策，三孩政策所带来的家庭、社会负担更大，对女性所产生的消极影响亦是，主要表现在就业歧视、职业发展、社会保障与福利等方面。首先，三孩政策实施后，女性拥有了更多的生育可能，企业将面临职工再次生育的成本，从而间接加重性别就业歧视。其次，在职业发展方面，家庭抚养孩子成本增加，选择生育三孩的职业女性要么选择放弃职业发展回归家庭，要么兼顾家庭与事业。无论如何选择，在多重压力面前，都对职业发展产生阻碍。由于政策出台不久，劳动法与相关法律的配套保障制度仍未跟上，若不对法律加以完善，将加重女性的家庭与社会责任，阻碍女性社会角色的发展。

（二）女性的生育权

与生育政策密不可分的权利是"生育权"。在国际惯例上，生育权作为一种生而享有的自由权，是人权的重要组成部分。生育权及其权利价值的确立无论对生育政策的实施，还是对女性的权益保障而言都具有重要的意义。我国《宪法》第 49 条规定："夫妻双方有实行计划生育的义务。"《妇女权益保障法》第 51 条规定："妇女有权利选择是否生育子女，有生育子女的权利和不生育的自由。"据此，我国法律意义上的生育权可定义为在遵守计划生育的前提下，夫妻双方在生育子女方面享有自主选择的可能性，即我国的生育权受生育政策的限制，生育权的内容随政策改变而有所不同。在三孩政策背景下，女性的生育权具有新的定义。即妇女在生育不超过三孩的范围内，享有生或者不生、如何生以及享受生育保障的权利。

*刘安迪，厦门大学法学院。

生育权的行使，于内在方面表现为生育意愿。广义的生育意愿是生育观念和生育文化的直接体现，包括生育子女数量、性别和生育时间三个维度[1]。本文中的生育意愿更强调女性对生育行为的自主选择。为了正确认识三孩政策下女性的生育意愿及其影响因素，本文运用问卷调查法，并对有效数据进行法视角分析。此次共发放 200 余份问卷，其中 160 份为有效问卷。因问卷发放方式为互联网自愿填写，受访者均来自不同地区，故排除了地域对生育意愿的影响。研究对象均为女性，在三孩政策的影响下，8.75% 的女性认为应抓紧时机多生几个孩子，41.88% 的女性表示不会受政策的影响，仍然按原计划生育，49.38% 的女人暂不考虑生育问题。在影响生育意愿的因素中，工作和经济因素占比最大，分别高达 67.13%、67.92%。次之为生活品质与抚养水平、身体健康程度和宗法思想。大部分女性认为工作繁忙无多余时间生育，且生育不利于职业发展，故而选择不生育或者生育一个。此外，因生育而遭遇就业歧视的女性占 43.47%，完全享受过生育保险和福利的女性仅为 32.65%。由此，内含就业机会、职业发展、生育保障的劳动权保障，是影响女性的生育意愿的决定性因素。

二、我国法律体系中女性劳动权与生育权之冲突

生育权属于人身自由权范畴。劳动权则兼具公权和私权特征的社会权范畴[2]。女性劳动权与生育权的冲突主要表现在大部分女性无法同时自主、不受限制和侵害地行使两项权利。在我国现行法律体系中，法律对生育产生的冲突采取了禁止就业歧视的形式平等和生育特殊保护的实质平等规定。

（一）我国女性劳动权的法律保障体系

我国对女性劳动权的保障除了地方性法规外，多为法律规定，国务院制定的法规相对较少，具体内容可分为就业前的就业平等权保障与就业后的职业发展保障、生育保险。

在就业平等权保障方面，我国法律赋予妇女享有男女平等的就业、择业机会，以及特殊法律保障，如妇女可与用人单位签订女职工权益保护专项集体合同（《劳动法》第 13 条、《就业促进法》第 3 条、《劳动合同法》第 52 条）；关于用人单位，法律规定了用人单位在录用等方面禁止性别歧视，禁止劳动合同中规定不利于生育的事项（《就业促进法》第 27 条）；关于国家，法律从原则上赋予其禁止侵犯妇女就业平等的消极义务和给予妇女特殊对待的保护义务（《宪法》第 42 条、第 48 条、第 58 条）。

在生育社会保障方面，我国规定了生育保险制度，广义的生育保险是指国家以强制筹集生育保险基金的方式，为怀孕和分娩的参保劳动妇女提供收入补偿津贴、医疗服务和休假，以保障其在生育期间健康生活的一项社会保障制度。《社保法》中的生育保险仅指生育津贴、医疗费用的经济补贴（《社会保险法》第 54 条、第 55 条、第 56 条，以下简称《社保法》）。下文所涉及的"生育保险"皆为广义；关于用人单位，法律详细地规定了用人单位应缴纳社会保险费用的义务以及法律责任（《社保法》第 53 条）；于国家而言，对妇女生育后的保障，侧重为保护义务，辅以给付义务（《社保法》第 2 条、第 59 条、第 71 条）。

在职业发展方面，法律仅规定了用人单位禁止晋升和培训歧视。企业有提供培训的

---

① 陈蓉、顾宝昌：《上海市生育意愿30年的演变历程》，载《人口与社会》2014年第3期。
② 许建宇：《劳动权的界定》，载《浙江社会科学》2005年第3期。

义务，国家有提供培训机会和资金帮助等义务。但企业和国家的培训义务具有一般性，并非对产后妇女的特殊保护。综上，我国劳动权法律保障体系虽然庞大，但对女性劳动者的法律保障仅占体系一隅，且多为总则的原则性规定，专设章节又抽象概括、缺乏适用性。

（二）女性劳动权与生育权冲突之产物

根据恩格斯的生产观，生产包括物质资料的生产和人类的生产，这两种生产分别通过劳动与生育完成。两者是相互依存、相互关联的社会活动[①]。目前，多数女性同时承担了两项生产责任。在女性行使生育权时，劳动时间被占用，劳动质量随之降低，从而造成女性在物质资料生产方面的劣势。劳动也同样反作用于生育。在三孩政策实施后，两者矛盾在法律中表现更加尖锐。主要表现在以下几个方面。

首先，关于就业平等的法律规定多趋于笼统抽象、缺乏可操作性，导致我国妇女就业平等权仍流于形式。首先表现在法律用语的抽象上（《宪法》第 48 条、《劳动法》第 13 条、《就业促进法》第 3、27 条）。我国法律仅列举了禁止歧视、就业平等的事由，但对歧视与平等的定义、判断标准皆无规定，导致裁判者在适用法律时，无统一的裁判标准。用人单位还可能借用抽象名词玩文字游戏，间接歧视求职的育龄女性。且法律对侵犯育龄妇女就业平等权的法律责任无明确系统的规定。此外，妇女就业平等权救济程序十分模糊（《劳动法》第 95 条）。对诉讼过程中的抗辩事由、举证责任、诉讼时效和受害人的救济都无具体规定。此外，就业平等权作为平等权的内容之一，权利主体有权要求国家履行给付、保护义务。而我国法律仅规定我国有保护女性劳动权益的义务，缺乏具体保护措施（《宪法》第 48 条）。在妇女有权要求国家保护其劳动权的给付义务方面更是无任何规定。

其次，我国在对生育保险的规制上仍有空白，主要表现在男性产假方面。目前男性产假均由地方性法规规定（如《北京市人口与计划生育条例》第 18 条），各地的标准不同，甚至有些地区并未予以规定，故而不具有普遍性。此外，男性产假因由地方性法规规定，故而法律地位低于女性产假，易导致男性产假的缺位，从而减轻男性的家庭责任。无论是从劳动权出发，还是从家庭、社会责任的分配出发，都不利于两性平权的发展。

最后，关于职业发展的规定具有限制性，主要表现在法律文本与权利实践两个方面。职业发展中晋升平等的规定在法律体系中占比较少，且均为一般性规定：用人单位在录用、晋升、评定等方面禁止性别歧视（《劳动法》第 3 条、《妇女权益保障法》第 25 条，以下简称《妇女保障法》）。虽规定禁止歧视却未对职业发展中的歧视行为下定义，对法律责任和救济程序同样未予以规定。其与平等就业权一样具有宣言性质，但其法律条文却少于平等就业权。法律规定的有限导致在受到区别对待的育龄女性职工无法得到法律的保障，其培训、晋升等职业发展权也难以得以实现。且对仍有生育机会的育龄女性而言，用人单位往往担心其因生育而离职或休假，从而占用过多用人成本，因此对其职业发展权进行直接或间接限制。如许多企业在晋升、职业培训方面形成性别潜规则——男性优先；对生育期间及其前后阶段的女性，因生育保险制度而享有休假、津贴等权利，特殊权利反而导致间接歧视和反向歧视，如惩罚性工资、职业培训机会的剥夺。三孩政策下，

[①] Fredrick Engels: *The Origin Of The Family:Private Property and The State*，外文出版社 1978 年版，第 10 页。

此类违法限制职业发展权的现象可能愈来愈多，且尚未得到法律的有效解决，将导致女性职业发展权的生存范围越来越小。

三、女性劳动权于冲突中的法律保障

完善女性劳动权的保障不仅有利于保障女性的社会独立、平衡家庭性别分工，还有利于我国法律体系的健全。本章将对我国劳动权保障加以平等价值分析，并从劳动就业、生育保障与职业发展三个方面出发，为我国女性劳动权法律保障提出立法建议。

（一）劳动权与生育权冲突的价值选择

20 世纪 80 年代以来，平权主义展开了争取女性权利平等与差异的讨论。差异平等理论主张实质平等[①]，认为应以性别不同区别对待；同一平等理论[②] 主张性别形式平等[③]。

在女性劳动权制度的设计中，男女社会分工不同的偏见观念仍占主流，男女社会地位仍然存在文化、心理等方面的平等偏差。法律设计若以同一平等理论为基础，反而无法保障女性权益。立法中以何种平等观为指导，直接决定了法律取向。因此，在法律建构之前，对就业平等、生育保险和育后职业发展进行立法价值分析是必要的。但价值选择并非绝对意义上的非此即彼。选择形式平等原则，意味着最终将形成以形式平等为主，实质平等规定为辅的法律体系。反之，选择实质平等亦是如此。

1. 形式平等：生育保险与育儿职责的价值选择

广义的"生育"由"生"与"育"组成。其中，"生"是怀孕与生产的全过程，指女性的生育功能，即狭义的生育。而"育"是继"生"之后，对产后婴幼儿的照护。

"生"与性别因素息息相关。在生理构造上，女性天然的具有区别于男性的繁衍机能。现行法对怀孕和生产期女性采用了性别区别对待，以解决因生产所带来的劳动歧视，如《劳动法》的孕期劳动限制和生育保险制度。基于生育歧视而采用性别分类对待看似合理，但其手段与目的之间并不具有合理性。主要表现在性别化、间接歧视与反向歧视三个方面。

首先，性别化是指社会对男性与女性的刻板印象，如男主外、女主内。在法律上，生育保险制度的绝大部分保障为参保女性所适用，即是刻板印象的立法产物。立法者认为生育和生产是女性的天然职责，忽视生育的家庭属性，导致家庭责任分配失衡现象加重。比如，因产假在家的女性，自然地承担起家务劳动与育儿等家庭责任，而男性则以承担家庭经济责任的名义，继续参与社会活动。以性别化的观念进行特殊保护立法，加重了原本就存在的性别刻板印象。在文化和心理上仍然存在公共领域男性化与私人领域女性化使去性别化任重而道远[④]。若要促使劳动领域去性别化，则应通过形式平等的规定，

[①] 实质平等是根据法律主体的区别进行合理分类，对其中处于弱势地位的主体给予特殊法律保障，其目的在于保障所有人获得平等机会与资源的可能性，以此平衡由先天或后天原因造成群体中的不平等。在法律中是否适用实质平等原则在于三点，一是分类标准的合理性，二是区别对待目的的合理性，三是区别对待的手段与目的之间的合理性。

[②] 形式平等是指给予所有人以相同的法律保障，其目的在于提供一种法律地位的平等，即法律所赋予的权利与义务不以性别不同而有所不同，法律设计拒绝任何意义的区别对待。

[③] 周安平：《性别平等的法律进路之批判》，载《法学论坛》2004 年第 3 期。

[④] 周安平：《性别与法律》，法律出版社 2007 年版，第 223-250 页。

将男性加入生育保险制度中，以解除生育机能对应生育职责的传统观念。其次，劳动领域间接歧视是指因生育特殊保护规定，使女性用工成本多于男性，从而产生用人单位的歧视加重。最后，反向歧视是指通过在生育保障制度对女性特殊保护，使得男性的生育权受到不公平对待。通过形式平等的规定，将生育保险的权利主体扩大至法律意义上的夫妻二人，建立男性、女性均适用的生育保险制度，有利于平衡男女劳动领域的竞争力失衡，保护男性生育权，从而缓解间接歧视与反向歧视的现象①。

"育"属于父母（两性）的共同职责，职责的大小与性别因素无关。因此法律以性别为类型进行区别对待，不具有分类合理性。我国现行法以育儿职责天然专属于女性为立法倾向（如《妇女保障法》第26条规定，哺乳期受特别保护）。形式上表现为法律对母亲照护孩子的特殊保护，实质上则强化了传统"母职"观念。在私法领域，孩子虽由母亲怀胎十月出生，但生育权并非专属于女性，而是由两性共同行使。在应然意义上，父亲与母亲一同享有育儿职责，类似于夫妻共同财产制度。故而，形式平等更加适合育儿法律制度的设计，其赋予夫妻同等的育儿机会，有利于推进去性别化进程。在公法领域，夫妻共同照护的孩子是国家的公民。无论根据马歇尔的公民权利理论还是罗尔斯的平等原则，国家都具有照护其公民，为其提供社会基础设施和法律保护的义务。国家在履行义务时，不应将公共服务义务转移至女性、家庭，甚至企业（《社保法》第53条），应以形式平等为原则，保障包括婴幼儿在内的全体公民平等地享受权利和社会保障。

综上，在生育的过程中，强调形式平等的价值选择有利于纠正在法律"以前"就已经固定的对女性的虚构，以及在女性"之前"就已经固定的对法律概念的虚构。

2. 实质平等：就业平等与职业发展的价值选择

在就业与职业发展过程中，因生物意义的区别而给予女性区别对待是公平的吗？答案主要视目的的合理性而定。目的合理性在于行为是否追求两性劳动机会平等。目的不合理的区别对待构成歧视。如某行业以工作需要为标准，对个体进行选择，最终虽形成男多女少的就业格局，但不构成性别歧视。另一行业，基于传统性别认知，排斥女性进入，即使结果一样，仍构成歧视。机会不平等往往表现在"性别评判标准"上。对待歧视，以合理区别为手段，形成法制的平等，这是立法目的，也是公平所在。此外，分类标准以及目的与手段间的合理性也具有决定性作用。

男性与女性的差别主要在于生育功能。处于产期、孕期的女性，身体机能改变，可负担劳动时间缩短，与男性竞争劳动资源的竞争力下降，从而处于劳动领域的不利地位。此时，男性劳动优势凸显，就业机会与职业发展机会向其倾斜。面对劳动资源分配不均的利益冲突，法律应发挥其调整冲突的作用，对产期、孕期的女性给予区别于男性的合理对待，强调对育龄女性的权利保护与救济。故而，具有以性别进行分类标准的合理性。

此外，在目的与手段的合理性方面，对就业平等与职业发展贯彻实质平等原则，虽然无法快速且彻底地消除性别歧视，但可在极大程度上缓解性别间接歧视、性别化等消极后果。其有利于通过特殊保护使男女在劳动机会上的获得平等。故而，追求实质平等虽具有理想化的倾向，但正如德沃金所言，差异平等的设想可以对我们的法律结构以及应该发展为什么样的模式作出判断②。

---

① 周安平：《性别与法律》，法律出版社2007年版，第223-250页。

② See Susan Moller Okin, *Justice Gender And The Family*, Basic Books, Inc., Publishers 1987, pp.139-169.

三孩政策下，我国关于妇女就业平等、职业培训与晋升的法律规定大部分属于形式平等，妇女的劳动法律保障仍处于宣言性规定阶段。这意味着，因生育增加而处于更弱势劳动地位的女性仅享有平等资格，实质权利内容得不到真正的保障。此过程产生的歧视促发了性别弱势，进而产生社会责任，社会责任的承担者应是公权力者①。因此，面对后天形成的性别弱势，责任承担者不更新立法进行实质平等设计，则意味着失职。

每个人对与其他人所拥有的最广泛的平等基本自由体系相容的类似自由体系都应有一种平等的权利，女性也不例外。在自由经济占主导的时代，形式平等无法解决因生育因素而造成的不平等。故而，社会的不平等应被合理安排成，适合于每一个人的利益，并且依靠能力向所有人开放②。女性需要法律通过实质平等的手段来消除生育因素所带来的消极影响。

（二）我国保障女性劳动权的法律建构

三孩政策下女性劳动权的法律保障，实质上是女性生育权与劳动权的问题。为了保障生育权的自主行使，对全体女性的劳动权实施普适的法律保障尤为重要。主要表现为，对育龄女性的生育保障制度和就业发展法律制度进行完善，使之有利于缓解三孩政策下的种种冲突。

1. 平等且普适的平等就业制度

我国劳动法体系下的性别平等难以摆脱理想与实践之间的差异，且法律的特殊保护势必加重间接歧视与反向歧视。因此，完善"形式平等"的反就业性别歧视规定，建构"实质平等"规则是必要的。

首先，针对法律用语抽象概括，应明确"就业歧视"的基本概念并规定其适用范围。在三孩政策下，因生育而产生的"就业歧视"具有以下三层含义，一是在生育三孩的范围内，无论是女性职工还是女性求职者，都享有选择生或者不生的权利，而就业歧视是因生育权的行使而产生。二是就业性别区别对待的根本原因是女性用工成本高于男性，这是由生育权的行使和法律的特殊保护共同导致。三是就业性别区别对待是低于男性标准的对待，是不平等的体现。因此，可将因生育产生的就业歧视定义为，用人单位因生育选择对女性劳动者所实施的侵犯其所享有的同男性求职者相同标准的劳动权益。其结果是直接侵犯了女性职工的劳动权益，间接侵犯了其生育权益。此外，还应明确就业歧视的范围及例外情况。从主体角度而言，被侵权者只能是女性职工，且是满足劳动法年龄要求和工作范围的育龄女性职工。从时间角度而言，就业歧视可以发生在入职前的招聘面试、实习期的全过程。从客体角度而言，其是用人单位与劳动者间在求职过程中的法律关系。

其次，禁止用人单位因生育而区别对待求职者，并规定相应的法律责任。可将就业歧视认定为特殊侵权案件，对用人单位责以财产损害赔偿、精神损害赔偿、重新录用和赔礼道歉等。其中，在一般的案件中，损害赔偿应采用补偿性赔偿原则，对造成严重影

① See Susan Moller Okin, *Justice Gender And The Family*, Basic Books, Inc., Publishers 1987, pp.139-169.

② See JomnRawals, *A THEORY OF JUSTICE*, The Present And Fellows Of Harvard College 1971, pp.45-60.

响的就业歧视可采用惩罚性赔偿，"严重"的范围局限于人身伤亡类[①]。此外，设立相关的监督制度，发挥社会机构和自制组织的作用，如妇联、工会、居委会等。赋予其在发现用人单位的违法行为时，为被侵权者提供法律帮助的义务。

最后，设置侵权救济程序和合理的举证制度。在救济程序方面，明确规定被侵权人有权运用诉讼方式实现权利的救济。在实际中，就业歧视似乎损害的是一个妇女个体的利益，但其背后具备应聘资格的、意愿的、数量不特定的一批妇女，而且还涉及善良风俗、公共利益。因此，可以允许妇联等社会组织代被侵权人提起公益诉讼[②]。此外，还可将性别歧视所引起的争议纳入劳动就业争议范围，和劳动争议适用同样的救济程序。在举证制度方面，可借鉴环境公益诉讼的举证责任倒置制度。由受到区别对待的就业者证明其与用人单位之间的关系，证明其受到区别对待的危害结果。由用人单位负责主要举证责任，证明自己与损害结果之间不存在因果关系，或受害人、第三人有过错。

综上，三孩政策下，为了保障妇女自主的选择生育、行使生育权，就业平等权就应随之做出相应的完善。在形式平等的现有基础之上，通过实质平等来弥补前者不足所产生的生育歧视。完善《劳动法》中关于性别平等和劳动平等的规定，并制定《反就业歧视法》对就业歧视进行详细规制，或完善《就业促进法》，专设章节丰富就业性别歧视内容。

2. 多主体的生育保险福利制度

首先，目前生育保险基金由企业缴纳，增加了女性劳动者的用工成本，从而造成反向歧视。因此，应将缴纳、管理生育保险基金的社会保障义务归还政府，如社会保障部门。允许其通过行政授权，将部分职责授权给妇联等社会组织，由社会组织分担基金的管理、运行工作。由此形成以政府管理为主、社会组织辅助管理的生育保险金制度。此外，还可对男女员工均衡的企业降低税收，由整个社会共同承担税收所支出的费用，从根源上减轻单位的用工成本。同时，赋予用人单位和职工对政府部门的监督和举报权，保证基金真正地做到为社会生育服务。

其次，我国应扩大产假的适用范围，发展为男女共享产假，产假可加以延长。但共享产假应着重休假时间的分配。可将产假中的前45天设置为夫妻共同产假。强制男性与女性共休产假以此分担家庭责任。在共休产假时，由政府部门发放生育保障金以维持家庭的基本开销，同时扩大生育保障金的覆盖面，父母及家庭中的未成年子女均可享受。强制产假结束后的时间，则由父母自主分配。对越趋于平均分配的家庭，给予额外生育补贴。此外，应明确规定不履行该义务者，应承担以罚金为主的行政处罚。

最后，以法定的形式明确津贴标准为参保人工资。此外，应对三孩家庭制定专门的生育津贴，从经济角度激励三孩家庭的生育意愿。具体包括提高生育津贴待遇的发放标准，以家庭为单位发放津贴，充分调动公民生育积极性，实现生育保障全覆盖[③]。

真正意义上的任何权利，都涉及权利的持有人与义务的承担人[④]。因此，除了法律建构，社会大众还应认识到妇女的生育保险权所对应的义务承担者，应由政府、社会组织、用人单位、家庭共同承担责任。在宪法意义上，生育保险权作为生育权的延伸权利，国

① 谢增毅：《就业平等权受害人的实体法律救济》，载《社会科学院法学研究所》2016年第7期。
② 刘英：《妇女平等就业权法律救济制度的缺陷及其完善》，载《西北大学学报（哲学社会科学版）》2007年第9期。
③ 罗小莉：《全面二孩政策下的女性劳动权益保护研究》，华南理工大学2017年硕士毕业论文。
④ 张翔：《基本权利的规范建构》，高等教育出版社2008年版，第17—45页。

家对其具有给付、保护和不侵犯其行使权利的义务。当国家为了社会利益，对妇女生育权进行限制时，应加重自身对生育权保障的义务。在私法意义上，女性生育权的义务承担人，还应有社会与家庭。社会包括了用人单位和社会组织。社会组织应发挥自身作用，为女性劳动者提供法律服务，畅通诉求的渠道，及时解决问题；用人单位应提高平等意识，遵守相关的法律法规，尊重女性职工的生育权；家庭中应两性配合，共同承担家庭责任。合理利用生育假期和津贴，共同分配家庭责任。

3.产后女性职业发展保障制度

在实践中，育龄女性无论是否育有三孩，均可能受到职业发展歧视。因此，首先应立法要求用人单位在企业章程或规范中明确职业培训与晋升标准。规范用人单位的晋升和培训规则，不仅有利于企业规则的公平公开，更有利于诉讼举证。扩大职业培训权的义务主体范围。此外，在三孩政策下，女性产后的工作回归需要区别于普通培训的专业培训制度，由国家或社会承担产后女性的职业培训义务。政府部门可定期举办女性职工产后工作培训，从心理和物质上帮助女性重新回归社会。社会组织可定期家庭访问，对女性职工进行心理疏通，宣传政府产后培训制度。但工作培训仍然需要专业性辅导，政府可通过对实行产后培训制度的用人单位予以补贴赞助的方式，帮助女性职工获得更加专业的培训机会，并通过仲裁、举报监督等建立女性职业发展权的救济制度。综上，职业发展权的保障，一方面需政府、社会和用人单位共同提供发展机会以及伴侣合理分担家庭责任；另一方面，还需要女性职工积极利用机会，主动行使权利，最终实现自我价值与独立。

司法实践

后"裁执分离"时代：违法建设治理的立法思考

牟　燕　王　欣*

一、违建执行"裁执分离"的试点及确立

（一）"裁执分离"的顶层设计

违法建设是指违反相关法律、法规和合法有效的规章规定，未取得建设工程规划许可证、临时建设工程规划许可证进行建设，或者未按上述许可要求进行建设的违法行为。[1] 我国现行的行政强制执行制度是行政执行和司法执行双轨制，即有强制执行权的行政机关自行依法强制执行，没有强制执行权的行政机关申请人民法院强制执行。在拆除违法建筑方面，城乡规划法授权行政机关强制拆除，而土地管理法则要求行政机关向人民法院申请强制执行。

为破解执行难题，2012 年最高人民法院在强制执行国有土地上房屋征收补偿决定中确立"裁执分离"强制执行方式，即人民法院裁定准予执行的，一般由作出征收补偿决定的市、县级人民政府组织实施，也可以由人民法院执行。[2] 2013 年最高人民法院通过批复、答复明确涉及违反城乡规划法、公路法的违法建筑物、构筑物、设施等的强制拆除，人民法院不受理行政机关提出的非诉行政执行申请。[3] 2014 年 7 月最高人民法院通过通知，进一步要求各级人民法院积极拓宽"裁执分离"适用范围，以践行相关改革探索。[4] 同年 10 月 23 日中国共产党第十八届中央委员会第四次全体会议通过《中共中央关于全面推进依法治国若干重大问题的决定》，该决定在"保证公正司法，提高司法公信力"一节中明确提出"完善司法体制，推动实行审判权和执行权相分离的体制改革试点。"法院内部的审执分离早已完成，决定中审执分离的体制改革试点明显指向法院与行政机关之间的审执分离，即"裁执分离"。各地的"裁执分离"实践开展数年后，最高人民法院又于2018 年 3 月通过批复，明确将法院审查准予执行后，行政机关实施的强制执行定性为行政行为，执行依据不可诉，但执行行为违反法定程序或者不符合准予执行裁定确定的范

*牟燕、王欣，厦门市海沧区人民法院。

[1]　江必新：《国有土地上房屋征收与补偿条例理解与适用》，中国法制出版社2012年版，第232页。

[2]　《最高人民法院关于办理申请人民法院强制执行国有土地上房屋征收补偿决定案件若干问题的规定》（法释〔2012〕4号），2012年3月26日发布。

[3]　《最高人民法院关于违法的建筑物、构筑物、设施等强制拆除问题的批复》（法释〔2013〕5号），2013年3月27日发布；《最高人民法院关于对公路桥梁下面违法建筑强制拆除适用法律问题的答复》，2013年12月28日发布。

[4]　《最高人民法院关于在征收拆迁案件中进一步严格规范司法行为积极推进"裁执分离"的通知》（法〔2014〕191号），2014年7月22日发布。

围、对象等情形可诉。[①]

（二）"裁执分离"的地方实践和规范

"裁执分离"的强制执行方式是对现有制度的一种突破。以上述文件为依据，H 法院积极争取区政法委、区政府的支持，经过协调，区执法局同意其申请强制执行的违建案件，法院可裁定由其组织实施。2014 年 8 月，H 法院率先在违建执行案件中确立"裁执分离"的工作模式，即对执法局申请强制执行违建查处决定的非诉执行案件，法院行政庭经审查裁定准予强制执行的，强制拆除和没收交由执法局组织实施，罚款部分由法院执行局强制执行。2016 年 7 月 22 日，H 法院所在的 F 省高级人民法院印发《关于审查和执行非诉行政案件的指导意见》，规定人民法院准予强制执行的非诉行政案件，强制执行对象为不动产的，实行"裁执分离"，由人民法院审理裁定，交由行政机关负责组织实施。由此，F 省基本确立了违法建设强制执行的"裁执分离"模式。2020 年 3 月 3 日，市中级人民法院、市自然资源和规划局及市城市管理行政执法局发布《关于规范和推进自然资源"两违"类非诉行政案件"裁执分离"工作的意见》进一步明确，"裁执分离"的适用范围包括责令退还非法占用土地、限期拆除在非法占用的土地上的建筑物、恢复原状以及没收违法建筑物、责令交出土地等行政处罚案件；法院裁定准予执行的，交执行标的所在地的区政府组织实施，具体工作可以由区政府责成镇政府或者街道办事处负责；涉及金钱给付的执行，仍由法院实施。

二、违建执行"裁执分离"模式的引入与实践

（一）弊端凸显："裁执分离"引入违建执行前

2000 年至 2013 年间，H 法院共受理违建执行案件 58 件，裁定准予执行 55 件、不予执行 2 件、终结 1 件。案件呈现以下特点：

1. 占比不高，分布不均。14 年间，H 法院受理的违建执行案件仅占非诉执行案件总数的 27.72%；除 2008 年迎来案件数峰值 21 件、占 36.21% 外，其余 13 年案件数均为个位数甚至为 0。行政执法机关申请法院行政执行始终处于观望或小幅试水状态，一方面是出于占用司法资源及时间成本的考虑，另一方面亦是因为执结效果不甚理想，故而仅选取案情较为简单、争议较小的案件先做尝试。（如图 1 所示）

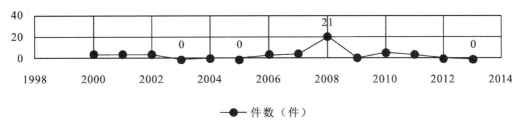

图1　H法院"裁执分离"前违建案件受理情况

---

① 《最高人民法院关于"裁执分离"后行政机关组织实施行为是否具有可诉性问题的批复》，2018 年 3 月 7 日发布。

2. 执结率低，矛盾激化。以案件数最多的 2008 年为例，共受理 21 件，执结仅 5 件，执结率仅为 23.81%。案件规模增长产生的案多人少矛盾导致执行难度极大；且执行过程中，遇到的社会矛盾已十分尖锐，仅 2008 年下半年，H 区 D 镇在违法建筑拆除过程中就发生了 6 起暴力抗法事件，违法当事人发动或雇佣群众围攻、阻挠和谩骂执法人员，甚至出现机动车堵塞道路，拿煤气罐、汽油瓶阻挠执法的现象。

3. 效果不佳，陷入停滞。自裁自执的行政非诉执行案件处理模式下，法院既是"裁判员"，又是"运动员"，但客观上又存在法院执行力量有限、处理违建拆除的专业性不足等因素制约，导致行政执法机关申请非诉执行后非但未达到案结房拆的预期目的，反而激化了社会矛盾。在 2000—2007 年极小范围试水及 2008 年案件规模增长后，法院自裁自执的违建执行模式弊端凸显、困难重重。2009—2013 年五年间，H 区行政执法机关申请行政执行的案件数骤降，H 法院仅受理违建执行案件 13 件，占非诉执行案件总数的 17.57%，大批违建处于罚而未执、罚而无法执的状态。

（二）曙光初现："裁执分离"引入违建执行中

2014 年 8 月，H 法院探索在违建执行案件中确立"裁执分离"的工作模式，成为 X 市首家开展违建执行"裁执分离"的法院。试行"裁执分离"以来，共受理违建执行案件 584 件，裁定准予执行 543 件，不准予执行 25 件，准许撤回执行申请 9 件，终结执行 7 件。（如表 1 所示）

表 1　2014 年 8 月至 2019 年 H 法院非诉执行审查案件受理和审查情况（单位：件）

时间	总数量（件）			违法建设案件数量（件）			
	受理	审结	结案方式（裁定）	受理	占比	审结	结案方式（裁定）
2014 年 8–12 月	26	26	准予执行 26 件	24	92.31%	24	准予执行 24 件
2015 年	147	147	准予执行 136 件，撤回申请 10 件，终结执行 1 件	108	73.46%	108	准予执行 103 件，撤回申请 5 件
2016 年	154	154	准予执行 154 件	115	74.67%	115	准予执行 115 件
2017 年	259	259	准予执行 227 件，不予执行 24 件，终结执行 8 件	207	79.92%	207	准予执行 176 件，不予执行 24 件，终结执行 7 件
2018 年	110	110	准予执行 106 件，撤回申请 4 件	84	72.97%	84	准予执行 80 件，撤回申请 4 件
2019 年	60	60	准予执行 56 件，撤回申请 3 件，不予执行 1 件	46	76.67%	46	准予执行 45 件，不予执行 1 件

案件呈现以下特点：

1. 违建基数大，情况复杂。从案件受理情况来看，试行"裁执分离"后，行政非诉执行案件逐年递增，至 2017 年达到峰值后逐年回落；申请强制执行的违法建设占地面积和建筑面积总量亦随着案件数的增长而同比增长，但 2017 年申请强制执行的违法建设占地面积和建筑面积总量远超过其他年份的总和。主要原因有：一是处理历史积案 76 件，其中不乏占地面积和建筑面积较大的非法占地建设厂房等违建；二是为保障重大国际会议顺利召开而开展的"两违"整治清理行动。（如图 2 所示）

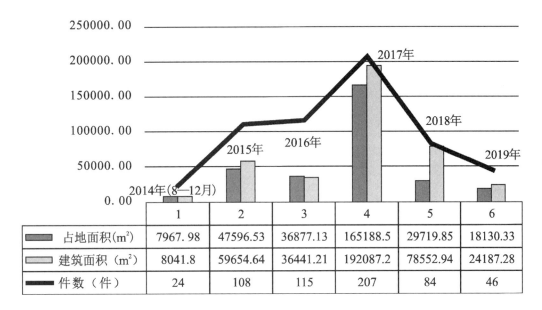

图2 H法院"裁执分离"后违建执行案件基本情况

2. 违建类型多，易建难拆。从违建的主体来看，94.04% 为自然人，其中多人的 34 件占 6.2%；4.61% 为公司企业和其他组织，1.35% 为街道办事处和村委会等其他组织。从违建的类型来看，43% 为农村居民非法占地建设住宅，25% 为非法占地建厂房等经营性用房，17% 为商品房业主在露台、阳台等处违法建设，15% 为别墅业主违法建造地下室、凉亭、泳池等，1% 为村基层组织未经审批占地建篮球场等公共设施。除经营性厂房拆除阻力较小，易执行外，其他类型违建拆除难度都很大。（如图 3 所示）

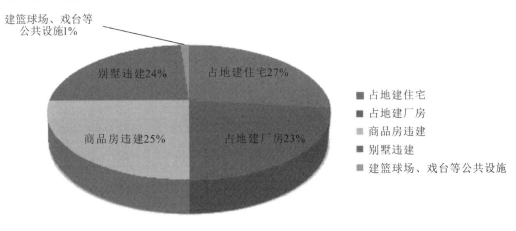

图3 违建占比情况

3. 罚裁衔接紧，效率提高。行政执法机关对违建行为做出行政处罚后，经送达、催告等法定程序后向法院申请强制执行。试行"裁执分离"以来，行政执法机关一般均能在一年以内向法院申请非诉执行，不超过 10% 的案件会超过 1 年才向法院提出申请；2017年出现较多超过 1 年申请情形系因化解历史积案。（如图 4 所示）

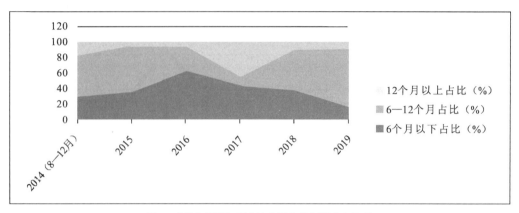

图4 "裁执分离"后申请非诉执行周期分布情况

4. 自动履行少，事由单一。从违建的处罚情况来看，58.56% 申请强制执行的违建案件不仅被责令拆除，还被处以罚款，行政处罚做出后违建行为人自动履行完毕的较少。大部分违建行为人认为，罚款和责令拆除择一履行就算全部履行了，故而选择对其损失最小的缴交罚款，如法院受理前有 67.25% 的违建行为人能够主动缴纳罚款，但仅有 5.26% 的违建行为人选择拆除违法建筑物而不缴纳罚款。

5. 分类别执行，各司其职。裁执分离后，经法院审查裁定准予强制执行的，强制拆除和没收交由执法局组织实施，罚款部分由法院执行局强制执行。行政机关实际就罚款申请执行立案 103 件占法院裁定准予执行的 92.86%，执行完毕 65 件、终结本次执行 38 件，执行到位率 63.11%；行政机关组织强制拆除和没收 493 件，已执结 176 件、未执结 317 件，执行到位率 35.69%，其中未执结案件中有 224 件符合终止和中止执行的法定情形；已拆除违建占地面积 86492.24 ㎡、建筑面积 91901.75 ㎡，分别占违建总占地面积 28.31%、总建筑面积 23.04%。（如图 5、图 6 所示）

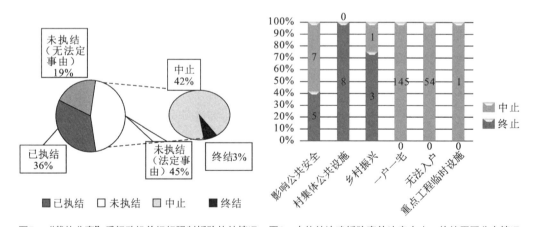

图5 "裁执分离"后行政机关组织强制拆除执结情况　图6 未执结违建拆除案件法定中止、终结原因分布情况

6. 程序问题少，信访较多。裁执分离后，行政执法机关因强制拆除违建而引发的行政诉讼案件仅 1 件，但因当事人对强拆决定或行为不满而引发的信访案件数较多。究其原因主要在于，裁执分离后行政执法机关与法院之间形成了良性互动，行政机关依法、依规、按法定程序性处理涉违建类案件，因此法律层面上的问题较少；但由于拆除违建

属于涉及当事人核心利益事件，强拆过程中难免因沟通不畅、当事人主观抗拒心理等因素影响而造成当事人意见较大，使得当事人试图通过信访等途径维权。

（三）前景向好："裁执分离"引入前后的对比

试行"裁执分离"前后，H区违建执行案件的处理情况已悄然发生变化，违建治理的难题也得到一定程度缓解：

1. 案件数激增，罚、裁、执流程化运转。H法院受理的违建执行案件数由"裁执分离"前的年均4件增长到"裁执分离"后的年均112件，除了行政机关加大"两违"清理整治力度导致案件数增长的原因外，最主要的原因在于"裁执分离"疏通了裁后执行环节，形成了罚后可裁，裁后可执的良性循环，促使行政机关做出行政处罚或拆除决定后在履行完相关送达、告知、催告程序后即转入法院申请非诉执行环节，法院裁定准予执行并生效后，行政机关即安排违建的拆除或没收工作，各环节环环相扣，确保了罚、裁、执的流程化运转。

2. 执结率提高，违建的发案率明显下降。H法院受理的违建执行案件拆除和没收的执结率由"裁执分离"前的23.81%提高到35.69%；法院强制执行罚款的申请比例也由之前的8.89%提高到92.86%，执行到位率可达63.11%。执结率的提高主要归功于分类别执行的实施，法院与行政机关根据职能特点各司其职，专业化处理违建执行工作，既提高了违建拆除与催缴罚款的工作效率，也避免了矛盾激化而引起暴力抗拒执法等。同时，执结率的提高、违法建筑物的分批次拆除也在社会上形成了震慑，为想要违建的当事人敲响了警钟，2017年后H区违建的案发数呈成倍下降趋势，违建势头得到有效遏制。

3. 问题仍存在，"裁执分离"尚需完善。H区试行"裁执分离"后，违建类非诉执行案件执行难的问题得到一定程度缓解，但必须清楚地意识到强制拆除和没收的执行到位率仍较低，社会迅猛发展与地方区域整体规划相对滞后的矛盾、土地利用审批政策的限制与群众现实生活刚性需求的矛盾等依然存在，违建治理的思路需要进一步拓宽。

三、违建执行"裁执分离"的现实难题

（一）顶层设计仅限于方向指引，实践中易引发争议

最高人民法院明确规定"裁执分离"强制执行方式仅限于国有土地上房屋征收补偿决定，之后虽提出要积极拓宽"裁执分离"的适用范围，但拓宽到何种程度，具体由哪些行政机关组织实施，均有待各地探索实践。对"裁执分离"的认识和接受程度，不同机关、不同地区亦有不同。2015年10月，H法院大力推进违法建设非诉执行"裁执分离"工作时，收到了检察院的检察建议，该建议认为法院裁定由申请执行的行政机关组织实施强制执行没有法律依据，建议法院积极稳妥开展强制执行工作，确保案件尽快执行到位。后经过书面答复，检察机关勉强接受"裁执分离"符合立法精神，具有规范依据的观点。由于缺少上位法的规定，对"裁执分离"持反对意见的大有人在，这使得"裁执分离"往往处于摇摆状态。加之强制拆除违法建筑阻力重重，行政机关不时提出将强制执行工作还给法院的议案，试点法院一方面要大力宣传"裁执分离"的政策和应运中的优势，一方面要应对各种反对意见。幸运的是上级法院陆续出台违法建设非诉执行的相关规范性

文件，有力地支持了基层法院的工作，否则，H 法院的"裁执分离"试点可能早已胎死腹中。

（二）违法建筑强制拆除难度大，实际执行情况不甚理想

违法建设成本高，建设中被发现制止后，当事人往往不是停止，而是加紧建设尽快投入使用，执法结果常常是制而不止。建成后，强制拆除违法建筑及设施的难度很大，"裁执分离"将法院难以完成的工作移交给执行能力更强的行政机关，将司法问题转化为行政问题，一定程度上缓解了司法机关的压力，但不能从根本上解决执行难的问题。2014 年 8 月至 2019 年底，H 区执法局需要实施"裁执分离"强制拆除的违法建筑物及设施共 493 件，经过数年努力共执结 176 件，平均每年 30 件，尚有违建建筑面积 307063.45 ㎡未拆除。即便是这样的成绩也得益于近年的一些利好政策，例如征地拆迁中以给违建人一定补偿的方式拆除一批，借助扫黑除恶营造的良好执法环境拆除一批。难以强制拆除的主要有以下几类：

1. 已实际入住的农村违法建造的住宅

H 区属典型的城乡结合地区，距离市中心较近，租金收益好，该区约 20 年未审批农村宅基地，未申请到宅基地的村民遂在自留地、杂地甚至农田上建住宅，用于自住和出租获利；已有住宅的村民也受趋利性影响及互相攀比、租金诱惑而扎堆违建。尚待强制拆除的该类违建约有 200 余宗，建筑往往分布杂乱、道路狭窄、无直通门前的机动车道，大型施工机械难以到达现场。有的是村民的唯一住宅，一旦强制拆除，村民将无处居住，引发严重的社会问题。由于农村此类违建较多，且有农村宗族势力，强制拆除现场易出现突发事件，也容易引发群体信访。

2. 商品房违法装修

H 区房价高，商品房因增加空间利用率而违建等问题十分突出。城镇居民私自改建、扩建商品房、别墅具有一定的隐蔽性，发现时基本均已违建成型，且多为高空露台或外墙搭盖。该类违建强制拆除时往往无法入户，且水电、电表均在公共空间，即使停水停电，私接也很容易，达不到督促违法行为人自动履行的目的。高层楼顶违建、阳台违建在拆除时需要高空作业，具有较大的危险性，既要注意施工安全，也要防止高空坠物。

3. 农村公益设施

城乡接合部的农村往往有一些未经审批修建的村道、篮球场、戏台、宗庙等公益设施，一方面当地村民确有该类生活需要，另一方面很难获得规划审批。该类设施影响范围广，很难强制拆除。

4. 规划滞后产引发的现实矛盾

在振兴乡村经济政策的影响下，农村居民兴起一股建设农家乐的热潮，这些农家乐大多没有用地和规划手续。查处时，当事人常常以响应政策号召，增加农民收入为由，对行政机关意见很大。有的企业响应征地拆迁工作，通过置换方式取得土地使用权，但新取得土地使用权的建设规划审批迟迟办不下来，迫使企业通过违法建设开展经营。此外，修建重点工程的临时工地用地也是违建执行难点，高速公路、高铁修建过程中需要临时搅拌厂、临时工棚等，这些建筑及设施往往无法在重点工程规划的红线范围内建设，只能向附近村民租地，其建设行为往往无法获得规划审批。而强制拆除又会严重影响重点工程施工进度，一般作中止或者终结执行处理。

（三）强制拆除费用主张困难

土地管理法第八十三条、行政强制法第六十条第一款均明确规定，强制执行的费用由违法者承担。执行费用由违法者负担，亦是普遍接受的原则。但实践中组织实施的行政机关如何主张该笔费用存在争议。H 区执法局在拆除两栋 10 层的违法建筑时支出了拆除费用 600 余万元，该笔费用如何主张？一种解决思路是由执法局提起民事诉讼主张执行费用，这涉及民事诉讼是否受理官告民的问题。另一种解决思路是执法局以行政决定的方式作出缴纳执行费用决定书，允许当事人申请复议，提起行政诉讼，然后申请法院强制执行。这同样涉及一系列有争议的问题，例如行政机关对拆除方式的选择是否合理，拆除费用的确定是否合理，执行费用是否应当在强制拆除前通知当事人等均无明文规定，实践中难免存在争议。

（四）没收违法建筑物及设施执行、管理不规范

根据法律规定，违法建筑物及设施符合一定情形的，应当予以没收。例如城乡规划法规定，未取得规划许可或未按规划许可进行建设且不能拆除的，没收实物；土地管理法规定，非法占用土地，符合土地利用总体规划的，没收在非法占用的土地上新建的建筑物和其他设施。目前，没收的执行通常是书面移交，行政相对人签字移交后，执行的行政机关再向县、区财政部门移交。由于没有没收建筑物的专门管理机构，行政相对人往往在书面移交后继续占有、使用违法建筑，有的加层继续建设，用于出租、经营，甚至作为小产权房出售，引发一系列社会问题。

四、违法建设治理的立法建议

通过法信平台检索标题"违法建设""违法建筑"共搜索到相关法律规范 961 个，其中现行有效 852 个，失效 93 个，已被修改 16 个。这些规范中现行有效且效力等级相对较高的地方性法规、部门规章和地方政府规章有 43 个，约占 5%，现行规范中绝大部分为效力等级较低的地方规范性文件。违建治理走到"裁执分离"这一步，在现有的法律框架内已经很难再有突破。但"裁执分离"能达到惩罚和预防的法律治理的目的吗？"裁执分离"实施数年来，存量待强制拆除的违法建筑面积逐年增大。治理违法建设必须从法律本身入手，违建立法应更着重于解决问题，秉持早发现、早制止、早拆除，将违法行为控制在萌芽状态的立法理念，才能取得比较好的治理效果。

（一）修改《土地管理法》，赋予地方政府强制执行权

实践中违建执法依据主要是《土地管理法》和《城乡规划法》，《城乡规划法》则赋予了行政机关强制执行权，县级以上人民政府可以责成有关部门采取查封施工现场、强制拆除等措施；乡村则由乡、镇人民政府查处及拆除；而依据《土地管理法》作出的查处决定，只能申请法院强制执行。《城乡规划法》适用于规划控制区范围内，未取得规划许可或未按照规划许可进行建设的行为，《土地管理法》适用于非法占用土地的行为。违反城乡规划法的当事人可能有相关用地的使用权，而违反土地管理法的违建行为则既没有土地使用权，也没有规划许可，是一种更加严重的违法行为。针对更加严重的违法行为，法律对其的规制力度却明显较小，不利于违法建设的治理。

各地落实"裁执分离"后，行政机关实际上承担了强制执行工作，申请法院强制执行只是多了一个法院审查程序，该程序的必要性值得商榷。因此，建议修改土地管理法等相关法律法规，比照城乡规划法的规定，将违法建筑拆除、没收等的强制执行权赋予地方政府。

此外，建议增加规定没收违法所得，让违建人无法获利。任何人不能从自身的过错中受益，这是一条古老的法律原则。目前的行政处罚主要是没收或者拆除违法建筑及罚款。违法建筑投入使用后，只要没有被实际拆除就可以出租或者出售获利。即便最终被实际拆除，只要租金等能弥补建房成本，对违建行为人来说就是划算的。一方面违建有被强制执除的风险，行为人不会花很高的成本建设，建筑物的质量难保障；另一方面，为了尽快收回建造成本，行为人会最大可能利用空间，影响建筑物的安全使用。有的甚至将违建分割成小套，按商品房出售给他人，引起严重的社会问题。建议没收违建行为人出租、出售违法建筑获得的收益，使违法建设无利可图，进而达到减少违建行为的目的。

（二）修改《行政强制法》，理顺违建行政强制执行

2012年1月1日施行的《行政强制法》给违法建筑的强制拆除套上了枷锁。根据该法第四十四条的规定，限期拆除决定作出后，必须待法定复议期限和起诉期限届满，行政机关才能依法强制拆除。从拆除违法建筑的历史沿革来看，早期并非如此。例如1999年6月1日发布的《上海市拆除违法建筑若干规定》明确规定"在行政复议或者行政诉讼期间，不停止对违法建筑的强制拆除，但法律、法规另有规定的除外。"该若干规定后经数次修订，2017年修改时删除上述规定，强制拆除程序变更为当事人未在限期内拆除，应当催告，当事人在法定期限内不申请行政复议或者提起行政诉讼，又不拆除违法建筑的，由人民政府作出强制拆除决定，责成有关部门依法强制拆除。强制拆除违法建筑的效率明显降低。

行政诉讼法上强制执行的原则是，行政机关有强制执行权的，行政相对人提起诉讼不影响行政机关强制执行其作出的行政决定，只有在行政行为的执行会造成难以弥补的损失或给国家利益、社会公共利益造成重大损害时，法院才能裁定停止执行。即只要行政相对人在行政机关确定的期限内不履行义务，行政机关就可以启动强制执行程序，不受起诉、复议期限的限制。强制拆除违法建筑以超过起诉、复议期限为前提，明显与上述原则相背离。违法建设治理应以早制止、早拆除为原则，行政强制法第四十四条要求行政机关作出强制执行决定后还要等待六个月的起诉期，实为纵容相对人继续建设使用违法建筑，增大执行成本和执行难度。因此，建议对《行政强制法》第四十四条进行修改，取消起诉、复议期限的限制，只要违建行为人在行政机关决定的期限内不履行拆除义务，行政机关就可以启动强制执行程序，及时拆除违法建筑。

（三）修改《刑法》，以刑事手段规制严重违法建设行为

2010年11月最高人民法院作出《关于个人违法建房出售行为如何适用法律问题的答复》，认为在农村宅基地、责任田上违法建房出售问题，涉及面广，法律、政策性强，在相关文件出台前，不宜以犯罪追究有关人员的刑事责任。北京市高级人民法院（2012）高刑终字第596号王伯雄等非法经营罪一案中认为，违反国家规定，在无建设、销售许可证的情况下，违法建设、销售房屋，严重扰乱市场秩序，情节严重，构成非法经营罪。2017 年 2 月 13 日，最高人民法院发布五个因违法建设及相关行为被追究刑事责任典型案例，分别涉及重大责任事故罪、非法占用农用地罪、妨害公务罪、玩忽职守罪和受贿罪，没有最让人期待的非法经营罪。

虽然最高人民法院对违建入刑持比较慎重的态度，但法律责任是法律的"牙齿"，没有"牙齿"的法律不会得到很好的执行①，刑法则是法律执行最锋利的"牙齿"。《香港法例》第 123 章"建筑物条例"规定，违反发展审批地区图及分区计划大纲图的规定、违反建筑管制、违反规划事务监督和建筑事务监督的要求建设以及占用的，都是犯罪行为；新加坡《建筑控制法》第 19 条规定，任何受到拆毁、移除或者改变建筑物命令的人若不遵守此命令，应受到 2 万新加坡元以下罚金或 6 个月以下监禁或并罚。② 相对于一般法律，刑法的指引和教育作用更强，将严重的违法建设行为入刑，将对一般的违建行为产生震慑，任何类型的违建都将大大减少。首先，可以将情节严重的违法建设、销售房屋、以租代售等行为，以非法经营罪定罪处罚。其次，可以考虑参照刑法关于危险驾驶罪的规定，设定一个新的罪名，将一定程度的违法建设行为入罪，但适用较轻的刑罚，如违法建设占用土地面积、建筑面积达到一定规模，被行政机关制止后继续建设等。

（四）制定《强制执行法》，细化执行制度

1. 司法、行政相互配合，形成执法合力

违法建筑的强制拆除重重困难，司法与行政应当相互配合，共同做好违建治理。针对被执行人的执行措施不仅包括直接强制措施，如冻结、划拨、强制拆除、没收等；还包括间接强制措施，如录入司法系统征信黑名单，限制出境、限制消费等。这些间接强制措施往往只有法院执行程序才能实施，其目的是让被执行人切实感受到生产和生活中的极大不便，对其产生心理压力，迫使被执行人自动履行。这不仅对民事给付义务有效，对违建拆除等非给付义务亦有效。因此，建议行政机关强制执行的违建案件，仍可以申请法院采取间接强制措施，如录入司法系统征信黑名单，限制出境、限制消费等，形成执法合力，促使被执行人主动拆除违法建筑。

2. 明确公安机关对阻挠执法行为的查处和惩戒

违法建房投入大，必然导致违法人对抗强制拆除的态度恶劣。有的违建人对执法人员以生命相威胁，暴力殴打执法人员造成流血冲突，引发社会群体事件。因此，建议行政机关实施强制拆除时，公安机关予以配合，对阻碍执法的，依照《治安管理处罚法》的规定予以治安处罚，对执行工作提供保护，增强对办案人员的人身保障。情节严重构成犯罪的，依照《刑法》拒不执行判决、裁定罪，妨害公务罪定罪处罚，通过追究少数犯罪分子，以儆效尤，震慑暴力抗拒强制执行犯罪。

3. 规范执行行为，确立执行费用追缴机制

首先是确立经济执行原则，即强制拆除违法建筑物应当采取较为经济的拆除方式，例如拆除整栋高层建筑，原则上应当采用爆破或者相当的方式，除了部分拆除，一般不采用逐层拆除的方式。其次，完善违法建筑物拆除方式和执行费用告知，行政机关可在

---

① 王光庆：《制定违法建设防控和查处的地方性法规相关问题的思考》，载《人大研究》2017 年第 12 期。

② 童鑫：《违法建设执法的改善措施和制度创新》，载《楚天法治》2018 年第 36 期。

催告履行时，一并告知强制执行将采取的拆除方式及将花费的拆除费用，并允许当事人提出意见。最后，将执行费用追缴定性为行政行为，允许当事人申请复议和提起行政诉讼，复议期限和起诉期限届满的，可以申请法院强制执行。

4. 完善没收违法建筑的管理和处置制度

首先是明确没收违法建筑物的移交条件和接收单位，被没收的建筑物应当是在腾空的情况下移交给统一的部门接收。其次，应当对违法建筑物进行验收，符合安全、消防等标准的，可保留使用；不合格的，应当予以拆除。最后，根据不同情况对没收的违法建筑物进行处置，如公开拍卖，当事人回购，由政府安排给有关机关、事业单位使用，出租等。处置的原则一方面是要促进地上建筑物的有效利用，另一方面保障国有资产不流失，拍卖、回购等的价款中应当包括土地使用权的价格，处置所得款项属国有资产，应当上缴财政部门。

（五）加强社会综合治理，破解违建治理难题

1. 科学规划，疏堵结合，满足合理需求

尊重群众合理住房需求，重点打击非法占地进行违法建设的行为，进一步明确合法装修与违法建设的界限，适当容忍居民对合法自有房产的使用。为防止新的违建行为，应当采取"疏堵结合"的原则科学规划，建立依法、有序、科学的审批管理机制，切实解决公民、企业合法合理需求。确因经营需要使用土地的，可以考虑以临时用地的方式审批。

2. 调动基层组织的积极性，建立联合执法机制

首先，发挥基层管理组织的作用，完善"土地管理责任制"。其次，建立权责明确的执法体制，如由镇、街聘请违建巡查员，巡查员发现建设活动后，就建设地点、建设现状取证及时报告，并求证建设活动是否经过审批，如果未经审批及时移送查办，做到权责明确。最后，建立违建查处的动态监管机制，最大限度地将违法建设控制在萌芽状态。

3. 加强法制宣传，改善执行环境

加强土地、规划法律法规的宣传，增强公民的法制观念，形成全社会关注和支持土地、规划管理工作的有利气候，促进依法用地观念的形成。大力宣传执行法律知识，通过大量生动的宣传报道，在全社会逐渐形成"生效法律文书必须执行"的法律意识，促使被执行人自觉履行法律义务。

认罪认罚案件量刑建议规范化精准化实证研究
——以厦门市集美区人民检察院为例

王弘毅 *

认罪认罚从宽制度，是我国为了优化司法资源配置，贯彻宽严相济的刑事司法理念，实现认罪与不认罪案件分流的一项刑事司法制度的创新实践。2016 年 11 月 16 日，"两高三部"《关于在部分地区开展刑事案件认罪认罚从宽制度试点工作的办法》的出台，标志着认罪认罚从宽试点工作在全国 18 个城市正式拉开序幕。2018 年 10 月 26 日《刑事诉讼法》修订正式将认罪认罚从宽制度写入法律，标志着认罪认罚从宽制度在立法层面上正式确认。笔者拟以集美区人民检察院认罪认罚案件量刑建议逐步规范化、精准化的司法实践，探讨当前认罪认罚案件量刑建议的主要成效，存在问题，并提出解决对策。

一、集美区院适用认罪认罚案件量刑建议基本情况

集美区检察院稳步推进认罪认罚从宽制度落实工作深入开展，区分速裁、简易、普通程序分流繁简，与量刑建议有效衔接，建立健全与多层次诉讼体系相适应的公诉模式，简案快办、繁案精办，提升办案质量和效率。探索建立质效统一、科学可行的认罪认罚从宽工作机制，形成与量刑建议相互配合、协同适应的办案格局。2018 年适用认罪认罚并提出量刑建议 1088 件 1156 人，量刑建议采纳率 99.3%，认罪认罚适用率达 75%；2019 年适用认罪认罚并提出量刑建议 999 件 1168 人，量刑建议采纳率 99.4%，认罪认罚适用率达 76%；截至 2020 年 7 月 31 日，适用认罪认罚并提出量刑建议 363 件 437 人，量刑建议采纳率 99.5%，认罪认罚适用率达 78.6%。量刑建议采纳率和认罪认罚适用率均稳步提升。

二、集美区院适用认罪认罚案件量刑建议主要成效

（一）繁简分流，极大提高办案质效

在 2020 年适用认罪认罚的案件中，适用速裁程序案件 279 件 303 人，简易程序 49 件 59 人，普通程序 35 件 75 人（数据截至 2020 年 7 月 31 日）。集美区院将刑事速裁告知书的内容融入认罪认罚从宽处理告知书中，实行告知、提审、具结程序"三合一"，做到形式简化内容不简化；简化取保办理环节；审查报告采用统一格式化制作模式进行简化。四年以来，适用认罪认罚从宽机制的速裁程序案件从受理到提起公诉平均用时不超过 5 日，庭审采取集中开庭模式，平均用时约 8 分钟。

---

* 王弘毅，厦门市集美区人民检察院。

（二）规范精准量刑，量刑采纳率不断提升

通过认罪认罚，使检察机关在提出量刑建议时更有把握，我院提出的量刑建议采纳率逐年提高，逐步从认罪认罚试点前 2016 年的 96.9% 提升到 2017 年及 2018 年稳定的 99.3%，2019 年达到 99.4%，2020 年达 99.5%。一方面，我院依托认罪认罚制度，对于常见的犯罪类型提出幅度量刑建议，开展量刑监督，将量刑建议审查、审批工作提前至告知、具结环节之前，在全面审查所有量刑情节的基础上制作量刑量化过程表，准确选择量刑起点及调节比例计算刑期，确保精准量刑。另一方面，对于一些如危险驾驶罪等类型的简单案件，我院探索施行确定刑量刑建议，与法院召开检察官、法官联席会议，就量刑起点、从重、从轻情节、缓刑适用等方面统一执法尺度。明确在提出危险驾驶罪量刑建议时，检察机关应提出主刑、附加刑罚金数额，并且建议是否适用缓刑。最大限度地发挥检察机关量刑建议权，提高量刑精度和准度。2020 年至今，集美区院提出确定刑量刑建议 176 件 181 人，占比 41%，确定刑量刑采纳率 99.4%。

（三）大胆探索，形成"量刑建议 +"模式

集美区检察院活用认罪认罚从宽制度，根据审查节点，形成不同模式。第一，在审查起诉节点，优化刑事和解模式。对于侦查阶段不认罪及未赔偿的案件，如故意伤害案件等，告知犯罪嫌疑人时公开认罪认罚"321"量刑标准，激励犯罪嫌疑人认罪悔罪、积极赔偿谅解，运用检调对接等形式促刑事和解，达成赔偿谅解后的案件适用速裁程序提起公诉，为缩短办案周期做好准备。第二，在提起公诉节点，优化法律文书制作。对于经沟通协调后仍未赔偿但认罪的案件，同样可以适用认罪认罚制度并提出量刑建议，但是灵活适用量刑建议方式，在犯罪嫌疑人具结时告知赔偿谅解和未赔偿谅解两档量刑标准，在具结书中体现，并对犯罪嫌疑人进行释法说理；起诉书在综述部分写明被告人认罪认罚情况，根据被告人被提起公诉时的量刑情节，提出明确的量刑建议。第三，在法庭审理节点，优化公诉意见发表。在开庭时结合案情及量刑情节，在发表公诉意见时按照具结书体现的两档量刑建议，及时择一量刑建议。如被告人在法院审判阶段达成赔偿谅解的，则择取较轻一档量刑建议发表，把握量刑建议的灵活度，确保量刑建议精准度。

三、量刑建议规范化精准化存在的主要问题

（一）与法院自由裁量权产生一定冲突

检察机关在认罪认罚案件中提出量刑建议，本就是《刑事诉讼法》赋予的权力，"犯罪嫌疑人认罪认罚的，人民检察院应当就主刑、附加刑、是否适用缓刑等提出量刑建议，并随案移送认罪认罚具结书等材料。"[①]"对于认罪认罚案件，法院依法做出判决时，除法定情形外，一般应当采纳检察机关指控的罪名和量刑建议。"但在实务中，检察机关量刑[②]建议的逐步精准化和确定化，如对危险驾驶案件的主刑、附加刑、是否缓刑等方面，甚至罚金的数额均提出量刑建议，可能随之出现对法院本享有的自由裁量权造成一定程度的限制的担忧，出现法院不采纳量刑建议的情形，增加诉讼成本。

---

① 《中华人民共和国刑事诉讼法》第 201 条。
② 《中华人民共和国刑事诉讼法》第 201 条。

（二）检察人员量刑能力与要求存在差距

一方面，对于认罪认罚案件进行精准量刑对检察办案人员的业务能力和理论功底提出较高要求，部分办案人员存在"畏难情绪"和"自我保护"的心理，主动性和责任担当意识不强，起诉时不愿意提出没有协商空间的确定刑量刑建议。另一方面，目前法律、司法解释以及指导意见仅对 23 类常见罪名出具量刑参考依据，但对于实务中常遇到诸如聚众斗殴、开设赌场、虚开增值税专用发票罪等其他罪名无统一适用参考，对于刑诉法要求的附加刑、缓刑等方面亦没有相关指导，故办案人员出于确保量刑建议采纳率、办案责任等因素的考量，往往更倾向于提出幅度刑量刑建议。

（三）智能、精准的量刑辅助系统缺位

现阶段检察机关提出量刑建议主要是采取法院的量刑规范，参照此前形成的量刑建议量化表，结合办案经验、查找类似案件的判决情况等方式进行操作。[①] 但上述方法均属于人工方法，量刑建议的提出效率和适用准确率均不尽如人意，因此亟待上线一款智能、精准的量刑辅助系统，通过大数据、智能化提升量刑建议的准度和精度，提升认罪认罚案件量刑建议的提出效率。

四、解决对策

（一）推动法检量刑衔接，统一量刑尺度

检察机关在推进认罪认罚量刑建议权实施的同时，应充分尊重法院在量刑建议的自由裁量权。推动法检两家有效进行量刑衔接，统一执法办案尺度，构建新型的诉审关系，形成司法合力。一方面，区别对待法院不采纳量刑建议的情形，对于未采纳量刑建议导致量刑畸轻畸重的，应根据法定程序依法提出抗诉并予以纠正。对于未采纳量刑建议但未出现量刑畸轻畸重等情况的，与承办法官沟通，检察长以列席审委会、检察建议等方式，推动量刑标准认识统一，消弭矛盾。另一方面，检察院、法院可通过召开会商，根据本区域司法实践、地域特点、经济发展等方面联合制定适合本区域司法实务的更为细化且有针对性的量刑指引，明确量刑尺度。如集美区院集中管辖厦门市"四桥一隧"的危险驾驶案件，危险驾驶案件数量多、体量大、类型繁多，故明确危险驾驶案件的量刑建议标准，法检统一执法尺度确有必要。

（二）加强监督制约，注重检察官能力建设

第一，强化内部监督制约，检察机关案管部门通过组织集中评查、随机评查，认罪认罚案件专项评查等工作[②]，及时运用统一业务应用系统进行流程监控，及时发现并纠正问题，把好案件质量关。第二，主动接受外部监督制约，及时对生效案件进行法律文书公开，通过公开听证，组织评议庭、观摩庭等方式，延长监督触角，以外部监督倒推内部能力提升。第三，建立规范和激励机制，可将量刑建议与检察官绩效考核相衔接，增

---

① 林章伟：《认罪认罚从宽制度的适用及相关情况分析》，载《厦门检察》2020 年第 2 期。

② 陈丽娟：《认罪认罚从宽程序中的量刑建议制度研究——以厦门市集美区检察院 321 量刑机制实践为例》，载《厦门检察》2018 年第 4 期。

加认罪认罚适用率、量刑采纳率、确定刑适用比例等考核指标，对检察官能力要求进行量化衡量。通过组织专项培训、联席会议，邀请量刑经验丰富的刑庭法官与检察官就此进行交流学习，在司法办案实践中不断沟通协作，提升检察官量刑能力。

（三）运用大数据辅助，探索推动智能化量刑

检察机关可尝试与人工智能技术相结合，探索推动运用大数据、智能化辅助量刑。探索建立一个量刑建议职能辅助系统，通过人工智能操作对司法实务中的大量判决进行数据收集、类案比对、量刑分析、典型案例推送等[①]，为检察机关司法办案人员提供相对精准的量刑参考幅度，通过科技支撑，运用网络力量，快速有效地提升认罪认罚案件量刑建议的精度和准度，缩短司法办案人员通过人工计算量刑建议占用的时间，提高量刑建议的提出效率和精度。

[①] 刘辰：《认罪认罚从宽制度中量刑建议精准化的近路》，载《人民检察》2020 年第 7 期。

论生态修复协议模式：样态、价值及其迷思

柯佳丽　罗施福*

生态协议修复模式是在"绿色"理念指引下实现社会正义与生态正义过程中的一种有益尝试与创新，包括多种方式的践行样态。协议修复模式是一种生态损害与纠纷解决的制度设计，是调解机能与价值的转化与改进，蕴含着强烈的法理逻辑与价值考量。作为一种创新性司法实践，生态协议修复模式仍然面临着众多的迷局，包括协议主体之困、长期监管之困等方面。立法完善以及检察机关的角色重新定位，将有助于破解生态修复协议模式在推进与践行过程中可能面临的众多迷局。

一、生态修复之协议模式及其样态

协议修复模式，指在生态损害事件中，损害的责任主体与有关监管单位或受害者及其利害关系人就生态修复的相关事项，通过协商达成书面协议，并依该协议进行生态修复及其监管的一种生态修复模式。[①] 责任主体主要是指因其行为，或者其法定义务，而应就其生态损害结果承担法律责任的主体。[②] 根据"自己责任"原则，行为人因自己的"违法"行为而承担生态修复责任的，应当是常态。但，也有部分责任主体，因他人的行为而承担生态修复责任。比如，雇主对雇员的生态损害行为而承担生态修复责任。

监管单位，主要是基于其行政职责或者法律授权，应对生态修复承担起监督与管理职责的单位，包括行政机关与司法机关，如环保局、海事局、质监局、规划局、国土局、

---

* 柯佳丽、罗施福，集美大学法学院。

① 生态修复可以有广义与狭义两种理解。从广义上看，生态系统是包括了自然与社会在内的复合有机整体。因此，生态修复包含社会修复与自然修复的双重修复过程。参见吴鹏：《生态修复法律责任之偏见与新识》，载《中国政法大学学报》2017年第1期。从狭义上看，生态修复仅针对环境损害而采取的一种以人类活动为主导的生态治理措施，是一种以"恢复原状"为基本逻辑的法律责任形态。《最高人民法院关于审理环境民事公益诉讼案件适用法律若干问题的解释》（法释〔2015〕1号）第20条规定："原告请求恢复原状的，人民法院可以依法判决被告将生态环境修复到损害发生之前的状态和功能。无法完全修复的，可以准许采用替代性修复方式。"这一规定应当是狭义上的"生态修复"。广义上的生态修复是一项综合性工程，是无法通过单一的法律行动来实现的。故本文的讨论是基于狭义视角。

② 责任主体同样可以从广义与狭义两个层面来理解。广义上的责任主体可以包括国家（政府）、自然资源开发行为人及其承继者、自然资源使用权人及其他受益者、社会公众等。参见任洪涛、敬冰：《我国生态修复法律责任主体研究》，载《理论研究》2016年第4期；任洪涛：《生态修复法律责任主体社会化研究》，载《贵州大学学报（社会科学版）》2018年第36卷第2期；张维宸：《浅谈生态修复的责任主体》，载《中国矿业报》2018年6月2日第3版。狭义上的责任主体，主要是基于其行为具有可非难性而应依法承担具有否定性评价的法律责任（包括民事、行政与刑事责任）的那些主体。本文讨论仅限于狭义上的责任主体。

人民检察院等。① 在广义上，这里的监管单位可以涵括某些公益组织或者某些行业协会。这些公益组织或者行业协会在一定程度上可以填补行政机关与司法机关在生态损害事件中的监管职责的缺失。受害者及其利害关系人涵括范围较广。在理论上，任何的主体都可能成为这里的受害者及其利害关系人。比如，属于国家所有的海域资源遭受生态损害，则国家即成为这里的受害者；若遭受损害的某一特定森林资源属于集体所有，则该集体组织即成为这里的受害者。

区别于以生态修复的主导主体不同而进行区分的生态修复模式设定，协议修复模式主要是基于修复方案与修复践行的特殊性而形成的概念。② 在协议修复中，修复方案及其践行路径是基于有关主体通过协商而确定的，而非通过司法裁判来确定的。在这一过程中，责任主体就修复方案及其践行路径有着一定的自主性与独立性，即协议修复模式在一定程度上尊重了责任主体的修复意愿。但是，这种协议也具有一定的强制性，也即责任主体如不接受协议修复，则可能面临着更为不利的法律制裁。

根据司法程序的性质不同，协议修复模式可区分为民事诉讼之协议修复、行政诉讼之协议修复与刑事诉讼之协议修复三种样态。民事诉讼之协议修复模式是指在民事诉讼中责任主体与受害者及其利害关系人或者有关公益组织，就生态修复事项达成的修复协议。行政诉讼之协议修复模式是适用于行政诉讼，而刑事诉讼之协议修复模式则适用于刑事诉讼。区别于民事诉讼之修复协议模式，后两种情形的修复协议签署及其履行，往往有行政机关或者人民检察院的介入。

根据司法程序的阶段性不同，协议修复模式可以区分为诉前修复协议、诉中修复协议以及诉后修复协议三种样态。诉前修复协议，是指在正式提起民事诉讼或者行政诉讼或者公诉之前，而由有关主体达成的修复协议。在我国许多地区，如厦门部分法院，诉前调解是民事诉讼的前置程序或者优选程序。根据这一"流行做法"，就生态损害而引发的民事诉讼纠纷，往往较为容易达成前修复协议（含调解协议）。诉中修复协议是指生态修复协议在诉讼过程中，即正式起诉之后裁判之前而由有关主体达成的修复协议。诉后修复协议则主要是在裁判之后由有关主体达成的修复协议，往往发生于执行程序中。

福建省高级人民法院、福建省人民检察院、福建省公安厅和福建省司法厅于 2017 年3 月 31 日联合制定的《关于在办理破坏环境资源刑事犯罪案件中健全和完善生态修复机制的指导意见》明确指出，生态修复机制是指破坏环境资源刑事犯罪案件发生后，犯罪嫌疑人、被告人主动与受损人签订生态修复书面协议后，由司法机关对协议内容的合法性、有效性和可行性等进行审查确认，督促犯罪嫌疑人、被告人及时履行协议所确定的义务，尽快修复受损生态环境，恢复生态功能，并根据协议履行情况对其予以相应处理，以实现办案的法律效果，社会效果和生态效果的有机统一。这一指导意见成为福建省有关单位运用修复协议模式进行生态损害救济与处理的规范性依据。在相关规范性文件的指导下，前述生态修复协议样态，在我国的司法实践，已经有所实践。比如，在"中铁

---

① 比如，根据我国《海洋环境保护法》第 5 条和第 90 条的规定，海事局代表国家，具有原告资格，有权向破坏海洋环境的被告提起损害赔偿诉讼。根据《民事诉讼法》《行政诉讼法》以及《两高关于检察公益诉讼案件适用法律若干问题的解释》等规定，检察机关可以针对环境损害事件提起民事或者行政公益诉讼。

② 依主导主体来区分，生态修复可以区分为政府主导、当事人直接修复、当事人委托修复、生态修复基金会综合管理修复等模式。参见任洪涛、南靖杰：《环境公益诉讼生态修复模式探析》，载《江南论坛》2017 年第 07 期。

二十二局集团第三工程有限公司、林某某非法占用农用地一案"中，厦门市同安区人民检察院积极组织犯罪嫌疑人中铁二十二局集团第三工程有限公司及林某某，与受害者新民镇禾山社区居民委员会及同安区农业与林业局，共同签订生态修复协议书；最终同安区人民检察院根据自首、损害程度等情节对犯罪嫌疑人作出不起诉决定。[①] 再如，在"厦门市国土资源与房产管理局同安分局不依法监督厦门市鹭隆盛工贸有限公司案"中，针对负有矿山地质环境保护职责的行政机关，在采矿权人未履行其矿山生态环境治理恢复义务的情况下，未依法责令采矿权人限期履行矿山地质环境治理恢复义务，致使社会公共利益受到侵害的情况，同安区人民检察院依法向行政机关提出检察建议。这一检察建议是行政公益诉讼的前置程序。

二、生态修复之协议模式的法理与价值

诚如学者所言，生态修复是以"绿色司法理念"为指引，承担着实现"双重正义"的使命。[②] 作为生态修复的具体践行方式，协议修复模式是一种"实用主义"的民主方式，是一种生态损害与纠纷解决的制度设计，是调解机能与价值的转化与改进。换言之，协议修复模式是在"绿色"理念指引下实现社会正义与生态正义过程中的一种有益尝试与重大创新，蕴含着强烈的法理逻辑与价值考量。

1. 协议修复模式是实现生态正义的一种有益路径

美国学者劳伦斯·崔伯认为，罗尔斯的平等自由原则不仅应该使人类获得最大利益，而且应当使所有生命都获得最大利益。因此，人类应该把大自然列入人类社会初期所达成的契约安排之中。[③] 这种契约安排，就涉及人与人、人与社会、人与自然之间的相互关系及其行动规则。这种相互关系的安排与行动规则的设定，在生态正义的视阈中，应当是合乎生态原则或者接受生态原则的指导。否则，这种相关关系安排与行动规则设定，是不正义的。作为古老而常新的话题，生态正义意味着权利的平等、分配的合理以及机会的均等。[④] 在人与自然的相关关系中，人类享有利用自然的权利，也应承担着友好利用自然与维护自然可持续性的义务，还要尊重自然的道德权利。在人与人、人与社会的相关关系上，生态正义意味着不论民族、国籍、出生、宗教信仰、文化程度、个人财富和能力水平具有多大差别，同代人之间以及当代人与后代人之间，都享有平等利用自然的机会，获得公平合理的资源分配的权利，平等地谋求生存与发展。

在某种程度上，生态正义是一种去人类中心化的后现代主义思维范式，然而，在实现生态正义的道路上，我们仍必须回归到人类行动上来。"把生态问题和社会问题分离开来——甚至贬低或者只是象征性地认可这种十分重要的关系，那么就会误解还正在发展着的生态危机的真正原因"。[⑤] 生态损害源于人类行为，是社会问题的一种呈现形式，所

---

① 案件信息来源于厦门市同安区人民检察院。

② 任洪涛，严永灵：《论我国生态修复性司法模式的实践与完善》，载《西南政法大学学报》2017年第19期。

③ ［美］纳什：《大自然的权利》，杨通进译，青岛出版社1999年版，第158-159页。

④ 李永华：《论生态正义的理论维度》，载《中央财经大学学报》2012年第8期。

⑤ Murray Bookchin : What is Social Ecological? Michael E Zimmerman, etc. *Environmental Philosophy: From Animal Rights to Radical Ecology*. Engwood Cliffs, N. J.:Prentice Hall Inc, 1993: 354. 转引自李培超：《多维视角下的生态正义》，载《道德与文明》2007第2期。

以，问题的解决也应从人类行为着手，即对这类行为苛以否定性评价，并以人类行为的改进与救赎来填补或者修复被损害的生态。在修复被损害的生态中，人类可以采取多种多样的规制与救济模式。不论人类采取哪一种模式，都意味着人类中心主义理念的变革。与传统的损害救济不同的是，协议修复模式，不再将重点置于责任主体对受害者的损害状态的填补或者救济上，而是将生态的修复与恢复作为中心，强调人类行动对生态修复的主观能动性，进而间接实现对受害者损害的救济。这种模式既有社会正义的逻辑，也有生态正义的关切。同时，协议修复模式也以其颇具弹性的张力，能够有效克服传统法律救济模式的刚性与硬度而内生的不足与窠臼，是实现生态正义的一种创新性探索。

2. 协议修复模式契合民主，能够有效增强责任主体生态修复的自觉性与自主性，区别于确定性裁判的强制性、绝对性与不可交易性，协议修复模式在生态损害的填补与修复方面具有合意性与可变通性特点。这也就是说，在协议修复模式下，凡是在性质上不违背法律的强制性规定以及公序良俗的，都准许当事人在法律预设的框架内达成合意，进而形成行为的选择与权利义务的确认。这种选择与确认，具有更多的宽容性，更容易为责任主体所接受。而这种可接受性，能够有效增强责任主体在生态修复方面的自觉性与自主性。

在微观层面上，协议修复模式是一种权益的博弈；在宏观上，协议修复模式则是一种民主格局的体现。生态利益尽管在表象形式上会体现为某些人或者某些群体的权益，但是，在本质上，生态是关系着你我他的全局性正态性权益形态。作为地球上的一分子，任何人都可以说不是生态权益的局外人。所以，协议修复模式，在很大程度上，"其意义不仅是保留了诉讼当事人自我认知、自我决策的纠纷解决方式，而且维护了一种民主态度与价值观念"。①

3. 协议修复模式具有参与式教育与警示意义

法律规范是一种行为规则，用以规范人的行为，进而促使人的行为方式与样态能够符合立法者预设的"良好"秩序。若人的行为违反了立法者预设的规范与行为界限，则将被追究相应的法律责任。"一个人在法律上对一定行为负责，或者他在此承担法律责任，意思就是，如果作相反的行为，他应受制裁"。② 这种法律责任的追究，其本旨之一就是对行为人或责任人进行教育与警示。通过这种教育与警示，保证行为人或责任人尊重法律信仰法律。正所谓："法律必须被信仰，否则它将形同虚设"。③

与裁判方式来实施法律"教育与警示"不同，协议修复模式是强调责任主体的参与性。在传统的裁判模式下，责任主体接受的"法律教育与警示"往往是单向与强制的。这也就是说，在裁判模式下，不论责任主体是否理解法律责任的逻辑与本质，都必须被动地、不容置疑地接受。与此相反，在协议修复模式下，责任主体可以就其不理解不明白的内容与规范提出质疑，并由有关监管机关或者司法机关进行释明。这种"不明"与"释明""拒绝"与"接受"的反复博弈，可以在一定程度上去除裁判的硬度与冷漠，增进责任主体对违法性损害性的认知，以脉脉温情将法律责任的"教育与警示"机能内化于责任

---

① 陈旗：《论法院调解制度的创新——基于价值与功能的法理思辨》，载《法学评论》2007年第5期。

② ［美］凯尔森：《法与国家的一般理论》，沈宗灵译，中国大百科全书出版社1996年版，第73页。

③ ［美］伯尔曼：《法律与宗教》，梁治平译，商务印书馆2012年版，第7页。

主体的信念与意志，进而信仰法律践行法律。

4. 协议修复模式能够丰富生态修复的践行方式

按照传统观点，人的某些行为，比如劳动量，是难以成为强制执行的对象。正是基于这样的认识，《最高人民法院关于审理环境民事公益诉讼案件适用法律若干问题的解释》第二十条第二款对生态修复的裁判方式上规定了具有导向性的选项，即"人民法院可以在判决被告修复生态环境的同时，确定被告不履行修复义务时应承担的生态环境修复费用；也可以直接判决被告承担生态环境修复费用。"在实践中，为了避免裁判后发生难以执行或者无法执行的状况出现，我国生态损害案件的裁判多是以金钱赔付为主，进而以该金钱来委托第三方进行生态修复。协议修复模式恰能有效地解决劳动量无法强制执行的问题。在协议修复模式下，责任主体可以基于其经济赔付能力的不足，而自愿提供有益于生态的特定"质""量"的劳动来抵偿或者填补其所造成的生态损害。这一做法的创新性与基本逻辑源于"劳役代偿"，即改变了"一罚了之"的简单粗暴处理方式——除追究责任主体的相应法律责任外，而以协议的方式确认其提供一定时长的劳动或从事特定活动来修复受损的生态环境，并最终实现生态修复的目标。比如，在厦门市同安区人民检察院于2017年侦办的李某某等六人非法占用农用地案中，行为人基于修复协议，而以自身的劳动（即按造林设计要求种植蜜柚）来进行"代偿"，初步实现了"青山绿水"的生态修复目标。①

除了"劳役代偿"成为生态修复的践行方式外，在修复内容上，如修复范围、程度、广度以及期限等方面，协议修复模式也有众多优点，均可作更多的扩展，甚至使得修复之后的生态，比被损害之前的生态更优。比如，在中铁二十二局集团第三工程有限公司、林某某非法占用农用地一案中，基于无法原地修复植被的特殊性，经同安区人民检察院的组织协调，最终以协议修复方式，确认异地造林修复120亩。就造林面积而言，该造林修复面积远超过遭受损害的27.9亩。②

5. 协议修复模式能够有效扩展监管主体在生态修复的地位与作用

生态修复往往是一项长期性活动。这也就是说，被损害的生态通常无法通过短期的特定行为就能达到修复的目标。为了更好地实现生态修复的效果，我们就必须有更多的监管主体或者执法主体介入到特定的生态修复活动来。然而，在传统意义上，裁判是诉讼的结果，而诉讼程序意味着只能是由诉讼当事人参与的司法活动。作为公共利益代表的行政监管主体与执法主体，如环保局、公安机关等，如何以合法合理而妥适的方式介入到特定的生态修复活动中，在法律上面临着困局。《最高人民法院关于审理环境民事公益诉讼案件适用法律若干问题的解释》以及《两高关于检察公益诉讼案件适用法律若干问题的解释》规定了民政局、人民检察院以及某些环境公益组织在生态损害纠纷中的诉讼地位与角色问题，但是，仍然未解决其他行政监管主体或执法主体在生态修复中的角色与定位问题。在这一定程度上，行政监管机关或者执法主体在生态修复中的角色缺位，导致生态裁判结果的"软弱无力""严重阻碍了生态修复性司法的实践"。③协议修复模式恰能够有效解决这种困局。在生态损害事件中，由特定的司法机关，如以人民检

---

① 案件信息来源于厦门市同安区人民检察院。
② 案件信息来源于厦门市同安区人民检察院。
③ 任洪涛，严永灵：《论我国生态修复性司法模式的实践与完善》，载《西南政法大学学报》2017年第19期。

察院或者人民法院为主导，积极组织协调有关行政主管机关或执法主体，并以协议的方式确认其在生态修复实践中的职责与权限，并最终有效解决生态修复的进一步监管与执法等问题。

三、生态协议修复模式的迷与思

（一）生态协议修复模式的迷局

"生态文明给法学带来的是革命，尽管这场革命才刚刚开始"。[①] 协议修复模式尽管蕴含着法理与价值逻辑，是一种有益的创新性实践，但是，这种实践，仍然面临着众多的迷局。具体而言，生态协议修复模式所面临的迷局至少表现在以下几个方面：

1. 如何保障生态修复的长效性？

生态修复，绝对不是一朝一夕能够实现的。从当前实践的主要做法来看，协议修复模式主要重视修复协议的签署，以及协议内容的早期履行。许多监管机构或者执法机关，在短期内（如协议达成的半年内），往往都是保证持续性的监管与复核，以进一步确认修复协议是否得到践行。然而，对于多年后的修复工作，以及修复效果如何，因各地的实践均处于摸索中前行，均没有有效的实践经验可供评价或者借鉴。实际上，多年后的修复工作以及修复效果的评价，才是生态修复最应当重点考察与监管的内容。

2. 协商主体困局：谁与谁的协商？谁主导协商？

协议修复模式中，协议的达成是最核心也是最重要的内容。然而，颇有疑问的问题是：在协议的达成过程中，由哪些主体来进行协商？显然，责任主体是生态修复的责任方与实施方，而受害主体是遭受损害的一方。故这两类主体作为修复协议的协商方，具有正当性，也符合损害补偿的基本原理。然而，除了这两类主体之外，其他主体，比如行政监管机关以及执法机关，以及人民法院、人民检察院，能否以及以怎样的程度与方式来参与修复协议的协商与签署过程？不论是现行法律法规，抑或一些地方的实践经验，都没有成熟的范式。如果纯粹由责任主体与受害主体来协商，那么，生态修复所蕴含的公共利益，又该如何保障呢？如何防止责任主体与受害主体之间的"恶意串通"呢？

3. 协议的内容如何确定？

修复协议的内容，是生态修复过程中，各方权利义务的"法律"确认，也是生态修复履行状况以及生态修复效果的监管依据。与前一个问题相关联的是：协议的内容应如何确认？完全由相关主体协商决定，还是有许多的强行性条款内容设定？诚然，完全由相关主体协议决定的方案，并不可取。这将可能使得生态修复的公益性无法体现，也可能使得协议修复模式流于形式。所以，进一步的问题是：我们的法律应确定哪些强制性条款内容？这些强行性条款内容之所以必要的正当性依据在哪？

4. 法律责任被"交易"与"异化"？

我国法律所建构的法律责任体系，包括民事责任、行政责任及刑事责任，是基于行为人违法或者违反诚信原则或者破坏公序良俗等行为的一种制裁，是一种具有强烈价值色彩的否定性评价。相关法律责任追究的基本原则之一就是："行""责"相当。也就是，法律责任的追究，应当与行为人行为的违法性或者损害性相当，以体现公平公正这一朴

[①] 徐祥民：《被决定的法理——法学理论在生态文明中的革命》，载《法学论坛》2007 年第 1 期。

素信仰与普世逻辑。

如果"行""责"不相当不对等，则相关法律责任的追究机制，将可能引发重大的法律信仰危机，或者说损害法律的权威。从当前司法实践来看，责任主体同意达成修复协议的重大动因之一就是能够以这一协议的签署及其履行而减免其可能承担的法律责任；而相关机关在积极推进协议修复模式的过程中，也往往是以相关法律责任的减免来作为重要的"激励"筹码。这也可以从前述相关事例中得到证实。这种现象，很容易给人的印象就是："法律责任被交易或者异化"，责任主体可以以一纸"协议"而减免其应承担的法律责任。如果对于这种指责与质疑缺少充分的法理依据与正当性，那么，协议修复模式的推进，将可能损害人们对法律的信仰。所以，在推进协议修复模式过程中，我们应如何去厘清与释明"法律责任被交易"的指责，或者"法律责任被异化"的质疑呢？

5. 生态修复协议的适用条件及其正当性？

诚然，生态修复协议模式有其独特的法理逻辑与社会价值，但是，这一协议模式是否可普适于任何法律程序？如果说在民事诉讼程序中，协议修复模式的适用是民事调解的更新与创造，那么，在行政诉讼或者刑事诉讼中，是否具有适用协议修复模式的必然性与正当性呢？尤其是在责任人应当依法被惩处有期徒刑以上刑罚的情况下，是否仍有生态修复协议模式的适用空间？若排除责任主体本人"劳役代偿"外，与责任主体具有利害关系或亲属关系的主体，是否可以成为生态修复协议的践行者与推进者？至少，在民事领域，代为履行，似乎并不被禁止。

在刑事理论中，无罪推定似乎是共识。无罪推定的基本内涵是：任何人未经审判，不得推定其有罪。类似的逻辑，若适用到生态修复协议模式中，则会出现这样的疑问：未经司法裁判，生态损害的责任主体如何证成？损害程度如何确认？从当前生态修复模式的一些实践经验来看，至少在厦门市同安区人民法院推进的一些案例中，都是未经司法审查与裁判的。这一问题的进一步衍生就是，协议修复模式，在诉讼程序的哪一阶段启动或者推进，具有正当性？最容易受到质疑的就是：诉前的生态修复协议的达成与推进。

6. 生态修复协议的"违约"，将引致怎样的后果？

就生态修复协议来说，协议如何达成是一个重要的问题面向，但是，协议如何践行与履约，则又是一个更为重要的问题面向。根据福建省高级人民法院等部门的指导性意见，如果责任主体达成了生态修复协议，那么，其相应的法律责任可以在一定程度上获得减免。但是，问题在于：如果责任主体因达成了生态修复协议，因此被减免了部分的法律责任（如刑事责任之有期徒刑之"实刑"改为缓刑），那么，若责任人拒不履行或者不完全履行，是否可以恢复"原本设定"的法律责任？抑或仅仅是依据协议约定的内容来进行责任主体"违约行为"的制裁？相关的法律程序应如何适用？是恢复原适用的程序，还是转化为民事诉讼程序？

（二）生态协议修复模式的迷局思解

美国大法官霍姆斯曾言：法律的生命在于经验而非逻辑。这句话强调法律实践的重要意义。若将这句话借用在生态修复协议模式的"尝试"中，或许，我们可以这样得出这样的观点：尽管在法律逻辑上，生态修复协议模式在当下仍存在着许多的逻辑局限与适用困局，但是，这不应影响我们对生态修复协议模式的推进与践行。现在重要的问题在于：我们应如何在实践中进一步打破生态协议修复模式的这些局限与困局？笔者以为，针对前述的局限性与困局，我们或许可以从以下两个层面着手：

1. 宏观层面

在宏观层面上，克服上述局限性的最重要方案就是：要制定具有普适性的法律法规或司法解释。相关规定应重点规范生态修复协议的启动与适用条件、生态修复协议的协议主体、生态修复协议的内容（含强行性条款）、生态修复协议违反的法律后果及其处置机制等。

在操作层面上，可以自上而下，也可以自下而上。根据霍姆斯的论断，自下而上似乎更具有正当性。也就是说，我们应鼓励自下而上来"试验"与"创新"，但应自上而下地进行"抽象"与"推进"。换言之，对于生态修复协议模式，我们仍应继续鼓励各个地方再进行探索与创新，并不断地总结与反馈。中央层面应当及时总结经验，并将各地实践比较成熟的内容或者模块，抽象成"普适性"的规定。

2. 微观层面

微观层面主要是着眼于各个单位或者各个地方的实践改进。具体而言，各个单位或者地方在推进生态修复协议模式过程中，应注意以下方面的规范性：

第一，对于生态修复协议的启动与适用条件方面，宜暂不做任何限定，即可以任何性质的诉讼以及任何诉讼阶段启动与适用。暂不做限定的理由主要是：防止这种限定过早地"扼杀"司法创新的积极性与空间。对于可能引致的问题，可以通过其他方面的规范来进行处理。

第二，对于责任主体的确认，完全可以依照现有的诉讼机制来确认。也即，对于责任的归属，不存在争议的情形，可直接确定责任主体；对于责任归属存在争议的情形，可以先通过侦查程序或者司法审判程序来确认。对于损害程度以及因果关系问题，若各方不存在争议，则可直接由各方共同确认；若有争议，则可以委托专业的第三方鉴定机构或者评估机构来确认。第三方鉴定机构或评估机构的选定，应注意相关资质，并由各方共同确认合理合法的方式（包括电脑随机）来选定。

第三，对于协议主体，除了责任主体与受害主体外，应区分修复协议适用的程序性质而有所区分，但是，应充分发挥检察机关作为法律监督机关的作用。比如，对于民事诉讼程序中达成的修复协议，除了由原被告双方作为签约各方外，还应当将检察机关作为监督主体而进入协议中。检察机关在该类型协议中主要的角色定位应当是强调其具体的监督职责，而非纯粹民事上的"权利义务"。人民法院也应以司法确认机关的角色在该协议上签章。对于行政诉讼或者刑事诉讼程序中的修复协议，应在协议上体现的主体，除了责任主体与受害主体，以及检察院与人民法院外，还应当考虑将行政监管主体以及执法主体纳入协议的相关主体中。比如，对于行政机关不作为而产生的生态损害问题，应在协议中进一步确认其应当作为的内容与方式等。

第四，对于协议的内容，应明确规定：协议主体范围不得随便减除，但得增加协议主体；修复期限、修复效果评价、违约责任（含保证）等内容为强行性条款。

第五，对于修复协议的违约问题，则应区分适用程序性质。比如，如是民事诉讼中适用修复协议，则相关的"违约责任"仍限定在"民事责任"范畴，但，必须比原应承担的民事责任更重，以体现"不诚信"行为的制裁与否定评价。如是行政诉讼或者刑事诉讼程序，则应适用原程序；对于涉及人身罚方面，应恢复其原设定的人身罚；但是对于其

"不诚信"的"违约"行为，应在财产罚方面进行加重。

第六，对于法律责任被"交易"与"异化"的指责与质疑，宜从两个角度着手。即民事纠纷强调私法自治；而对于刑事或者行政诉讼，则可强调"辩诉交易"的正当性与合理性。

第七，对于生态修复长效监管机制问题，我们可以考虑充分发挥检察院的法律监督职能。凡是达成的生态修复协议，不论是哪一阶段，哪一程序，都须到检察院进行备案。检察院可以设计专门的软件系统，由系统根据协议的内容，设定针对性日期与项目相应的监管、考评与验收提示。

浅析加强检察建议工作的几点建议

——以某基层院两年数据为样本

陈　弘*

检察建议作为检察机关依法履行法律监督职责的重要方式，在规范司法行为、维护司法公正，促进依法行政、严格执法，预防和减少违法犯罪，保护国家和社会公共利益等方面发挥着积极的作用，在推动提升社会治理水平，促进社会治理法治化方面亦具有重要的作用。为规范检察建议工作并加强检察建议的督促落实，最高人民检察院于2019年先后出台了《人民检察院检察建议工作规定》（以下简称《规定》）和《人民检察院检察建议督促落实统管工作办法》（以下简称《办法》），要求各级人民检察院高度重视检察建议工作，确保检察建议做成刚性、做到刚性、取得实效。本文对2019年至2020年某基层检察院制发的检察建议进行全面分析，探析该院检察建议工作开展存在的问题及原因，以期提出完善检察建议工作的针对性措施。

一、2019—2020年某基层院检察建议工作情况

2019年至2020年，某基层院共制发检察建议26份，其中，2019年制发9份，2020年制发17份，2020年同比增长88.9%。

从制发类型来看，包括民事再审检察建议2份、公益诉讼检察建议14份、社会治理检察建议6份、纠正违法检察建议2份、其他检察建议2份。

从业务类别来看，刑事检察类8份（包括刑事普通犯罪类1份、刑事重大犯罪类6份、刑事执行类1份）、民事检察类4份、公益诉讼检察类14份。从发送对象来看，发送对象较为集中，其中19份发送给行政监管执法部门；7份发送给公安机关和法院，没有涉及企事业单位和其他单位的检察建议。从回复采纳情况来看，共收到回复28份，其中两份为疫情期间因无法按期展开调查被建议单位所作的阶段性回复，已回复的检察建议采纳为25份，采纳率为96.2%，其中2020年采纳率为100%。

二、检察建议工作开展特点与成效

（一）服务保障大局，突出公益诉讼办理成效

该院在办理公益诉讼案件时，深化双赢、多赢和共赢理念，落实高检院"把诉前实现维护公益目的作为最佳状态"的要求，通过诉前检察建议，督促行政机关主动纠错依法充分履职，推动公益侵害问题在诉前得到解决，既激活行政主体的公益监管活动，也提高了公益维护的效率。同时，为积极回应人民群众的新期待，该院还积极探索公益诉讼办案

---

*陈弘，厦门市集美区人民检察院。

范围，针对人民群众反映强烈的涉及安全生产、食品安全、林地保护、校园周边管理及道路设施设置等方面存在的问题，积极介入调查，开展公益诉讼工作。为确保公益诉讼办理成效，该院注重前期的调查核实、与被建议单位的沟通协调等工作和后期的整改落实工作，切实提高检察建议的质量，力争把检察建议做成刚性。

例如，该院在对辖区内某公司涉嫌违法改变土地用途的行为进行大量、充分的调查取证后，核实该公司不但具有违法改变土地用途的违法行为，还具有故意逃避缴纳税款的违法行为，遂分别向行政主管部门即某区城市执法局和国家税务总局某区税务局发出检察建议，建议行政执法部门，对上述违法行为进行全面查处。2020 年 3 月，某市税务局第一稽查局作出税务处理决定书，责令涉事公司补缴 240 万余元税收，并缴纳罚款 40 万余元。2020 年 6 月，涉事公司补缴的税款、罚款 283 万余元已全部补缴入库，国家损失得以挽回。同时，涉事公司的非法改变土地用途的行为亦得到纠正。另外，该院通过坚持不懈地跟进监督，督促一笔 1498.9 万元的城市基础设施配套费追缴到位。

（二）加强内部协作，拓宽检察建议案件来源

不论是刑事案件或是民事、行政案件，案件涉及的范围可能包含方方面面，需要业务部门之间建立良好的衔接协作机制，由案件承办人在办案过程中，将发现的问题线索，与相关业务部门进行案件线索资源共享。加强内部协作，不但可以进一步拓宽检察建议案件来源，亦可防止法律监督的遗漏。该院各业务部门通过加强内部协作，积极挖掘问题线索，拓宽检察建议案件来源，形成监督合力。如第一检察部在办理刑事案件时，将案件中反映出的窨井设施安全管理问题线索移交第四检察部协同办理；第四检察部经过深入调查，发现辖区内负有窨井设施管护职责的相关行政职能部门对窨井设施的监管存在不到位的情况，遂通过座谈会形式向某区市政园林局、公路局某区分局宣告送达了检察建议。

三、检察建议工作中存在问题

（一）检察建议制发在业务类别和内容方面存在占比不均衡的现象

2019 年和 2020 年两年间，该院制发的检察建议均以公益诉讼检察业务为主，共制发 14 份，占比 53.8%；刑事检察类 8 份，占比 30.8%；民事检察建议 4 份，占比 15.4%。2019 年至今，行政检察、未成年人检察及控告申诉等业务类别均为空白，尚未有零突破。

除了上述业务类别占比存在不均衡的现象，从刑事检察类别的检察建议制发内容上看，亦存在不均衡现象。刑事检察类 8 份检察建议中，除了 2 份为针对执法不规范行为的纠正违法类检察建议，其余 6 份均为就该院办理的黑恶案件中存在的社会治理问题所制发的检察建议，主要涉及镇街机关在干部管理、培训等方面存在的问题，没有针对案件中体现的区域性经济特点、社会发展趋势提出区域治理类检察建议。需要承办部门进一步聚焦占比较大的危险驾驶、交通肇事、盗窃等类型案件中可能反映出来的影响区域经济发展和社会治理现代化进程等民生问题。

（二）文书制作不规范

部分承办人未及时、认真学习 2019 年发布的《人民检察院检察建议法律文书格式样本》（以下简称《格式》），未严格参照《格式》要求制作检察建议书，导致出现文书制作不规范、不严谨等问题，甚至有部分问题在被通报后反复出现。例如，部分检察建议书的首部未按照《格式》要求注明"福建省"；部分检察建议书层级序数使用不规范，未按照文书结构层次序数"一""（一）""1.""（1）"的顺序来制作文书，而直接使用"1."来表示层级序数；个别检察建议书未严格依照《格式》说明，应引用法律条款而未引用，导致出现遗漏；个别社会治理类检察建议书遗漏异议条款的设置，未告知被建议单位可以提出异议及提出异议的期限；还有个别检察建议书没有根据《规定》第十九条规定的内容设置两个月的回复期限，随意设置回复期限为一个月，但未说明缩短回复期限的具体依据，也未说明是否属于需要被建议单位尽快处理的紧急情形。

（三）部分承办人对整改落实情况督促不到位

部分承办人重建议、轻落实整改的现象依然存在。根据《规定》第二十四条规定，承办人应当积极督促和支持配合被建议单位落实检察建议，并且以询问、走访、会商及联席会议等多种形式来确保督促落实工作。但部分业务部门、承办人对检察建议是否真正落实到位未予以重视，将被建议单位的回复采纳材料视为已整改到位、视为流程结束，怠于及时、定期、深入地了解被建议单位的落实情况，缺少跟踪监督、推动落实的责任和措施。承办人对落实整改的忽视，可能导致检察建议的作用无法充分发挥，影响了检察监督的效力，且极大地降低了检察公信力。

四、关于完善检察建议工作的想法

（一）树立精品意识，提升检察建议质量

张军检察长在高检院党组扩大会听取重点督办任务落实情况时，明确提出："检察建议的关键是质量、是落实，不要单纯去追求数量"。

一是重视文书制作的规范性。检察建议是检察机关依职权而发出的正式文书，具有相当的权威性，必须强调内容的规范性。检察建议书的制发之所以存在内容不规范、质量不够高等问题，究其原因部分业务部门、部分承办人对检察建议的认识没有与时俱进，将制发检察建议视为软任务、副产品。要提升检察建议的质量，需要广大检察人员统一思想认识，深刻认识到检察建议系检察机关服务保障大局、保障国家治理顺利进行的重要手段，以及其在检察机关助推国家治理体系和治理能力现代化进程中所起的重要作用。检察建议书和起诉书一样，都是具有权威性的、严肃的、公开的法律文书，因此，承办人应加强对《规定》和《格式》的学习，严格按照《规定》和《格式》要求开展调查核实，规范制作文书，加强对检察建议的说理性、合法性的论证，提出具体、明确、有针对性、可操作的整改措施，规范检察建议办理程序，切实提高检察建议的质量。

二是加强内部的监督管理。根据《办法》要求，各级检察机关应当成立检察建议落实工作分析督导小组，由本单位的法律政策研究部门负责办公室工作事宜，案件管理部门负责检察建议相关数据分析报告等事宜。对于各基层院来说，这即要求各基层院的综合业务部门充分发挥对检察建议的管理、监督作用，通过对制发文书、回复材料的报备收

集，形成台账报表和数据统计，全面了解本单位检察建议工作情况、各业务部门检察建议的落实情况。同时，还应当加强对检察建议案卡的流程监控工作，并将相关数据纳入业务态势分析中，对于承办人没有及时跟踪了解检察建议落实情况的情形，及时予以监督，督促其履行相应职责。在对每半年及全年的检察建议落实情况进行专门检查和汇总分析后，综合业务部门应当将检察建议工作情况、存在问题及时汇报本单位的检察建议落实工作分析督导小组，研究提出提高检察建议质量、促进检察建议落实的对策和意见。

（二）转变监督理念，增强检察建议刚性

检察建议是否有效体现在建议能否落到实处。作为文书制发人，承办部门、承办人需要转变观念，视"建议"和"落实"为同等地位，两手抓、两手都要硬。"建议"不是一发了之，被建议单位也不是一"回复"了之，建议内容能够被确保落地落实，才能够真正反映检察建议的成效。为防止一些单位回复检察建议之后，将其束之高阁，不予实际落实，检察建议发出后，承办部门、承办人要紧盯不放，通过询问、定期回访、不定期会商、召开联席会议等多种方式，跟踪了解检察建议落实情况，督促被建议单位将检察建议落地落实，把检察建议做成刚性、做到刚性。被建议单位无正当理由不予整改或者整改不到位的，必要时，可以报告同级党委、人大，通报被建议单位的上级机关、行政主管部门或者行业自律组织等。

（三）借助外部力量，获得有力支持

一是制度机制保障。检察建议要实现成效，且持续产生效果，需要建立一系列增强检察建议刚性的制度机制予以保障。检察机关可以通过当地人大、政府的支持，形成相应机制或规定，构建社会各界关心支持检察建议的格局，实现检察机关公正司法和行政机关依法行政的良性互动，以推动检察建议落到实处。

二是引入专业人士和技术。为进一步提升检察建议的专业性，检察机关还可以通过引入数据化、机器人等先进科技，来解决调查核实过程中所遇到的难题。在对食品安全、水域污染、环境监测等方面开展调查时，还可以邀请专家介入，参与论证、听取意见，进一步提升检察建议的专业性和说服力。

三是外界监督助力落实。检察机关还可以通过在公开宣告送达时邀请人大代表、政协委员、人民监督员等第三方参与，及时向人大报送文书制发及落实情况，邀请人民监督员监督检察建议的研究提出、督促落实等相关工作等多种形式，借力提升刚性。

（四）围绕工作大局，助力提升社会治理水平

近几年来，随着司法改革工作的深化及检察建议工作的逐步规范，通过检察建议促进完善社会治理，已成为检察机关推进国家治理体系和治理能力现代化的重要手段之一。因此，为顺应人民群众对检察机关的新期待新要求，检察机关在抓好检察建议质效的同时，应当积极创新法律监督方式方法，把检察建议作为参与社会治理的重要抓手，积极抓好刑事、民事、行政、公益诉讼四大检察职能，结合"我为群众办实事""乡村振兴"等专项工作，结合案件办理，深挖个案中的共性问题，查找社会治理漏洞，以法治思维和法治方式督促完善社会治理制度机制，有效促进社会治理创新，在推动区域、市域法治建设、提升社会治理水平、促进社会治理法治化方面贡献检察力量。

公安行政复议工作的新特点及其影响

张遂涛 *

随着社会主义事业进入新时代，在加快推进全面依法治国的新形势下，党中央、国务院对行政复议工作提出了新的更高的要求，人民群众对通过行政复议公正、及时、有效解决行政争议的期待和要求也进一步提高。随之行政复议工作出现了一些新特点，本文拟结合我市公安行政复议工作实际，对公安行政复议工作中出现的新特点及其对公安工作的影响进行简单论述，并提出具体工作建议。

一、公安行政复议工作出现的新特点

（一）复议案件数量急剧增多

行政复议案件数量急剧增多是近年来公安行政复议工作表现最明显的一个特点。以近三年统计数据为例，2016 年我市公安机关共受理行政复议案件 801 件，2017 年该数据增至 1496 件，同比增幅达到 86.77%。2018 年又增加为 1663 件，逐年大幅度上升。

事实上行政复议案件数量一直持续增长是个共性现象。根据中国法学会行政法学研究会、中国政法大学法治政府研究院 2019 年 10 月 27 日发布的行政复议法实施二十周年研究报告，自 1999 年行政复议法实施以来，全国各级行政复议机关的案件申请量、受理量即呈现逐年增长的趋势，两者的增长率分别达到了 639.6% 和 556.1%。从 2009 年以来，公安类行政复议案件连续十年占比位列第一。特别值得注意的是，2009 年以后，案件审结量增长速度大幅提升，由 2009 年的 63,688 件迅速增长至 2018 年的 196,716 件。

行政复议案件数量急剧增加主要有以下几个原因：一是案件基数大。例如 2017 年我市公安机关共接处治安类警情 11.2 万起，交通类警情 21.54 万起。2018 年这两类警情的数量分别为 12.3 万起、22 万起。庞大的案件基数是行政复议案件数量急剧增加的基础。二是社会矛盾的激化导致行政争议增多。随着社会的发展，社会矛盾也在迅速激化，公安机关作为维护社会安全稳定的重要行政力量，行政行为与人民群众的生活、利益息息相关，行政争议必然增多。三是人民群众通过行政复议的途径解决行政争议的意识明显增强。随着社会法治文明程度的提高，加上长期的普法宣传工作，人民群众的法治意识不断增强，对行政复议的认识和理解程度不断提高，选择通过行政复议途径解决行政争议的比例必然增加。特别是近年来信访工作中将涉法涉诉案件进行剥离，引导信访人通过行政复议途径解决行政争议也起到了一定的促进作用。四是相对于行政诉讼，行政复议更便捷、高效。相对于行政诉讼，行政复议周期短、不收费，对复议决定不服还可以继续走诉讼渠道，这些对当事人都具有较大的吸引力。

---

*张遂涛，厦门市公安局法制支队。

（二）案件类型发生显著变化

传统的公安类行政复议案件主要集中在治安管理处罚类，近年来不作为类案件和政府信息公开类案件明显增加，特别是政府信息公开类案件数量几乎呈现出"爆发式"增长。根据行政复议法实施二十周年研究报告，2007年至2018年，全国政府信息公开类案件的数量由504件增长至21,583件，增幅达到40余倍。以我市公安机关为例，2014年以来政府信息公开申请数量连续大幅上涨，2014年市局共受理申请10件，2015年为27件，2016年为77件，2017年达到89件，2018年略有回落为49件，但依然处于高位。与之相应，因不服政府信息公开答复提起的行政复议案件数量也明显增多，如2018年申请人因不服政府信息公开答复提起行政复议和行政诉讼案件共10件，同比增幅高达50%。

（三）复议机关的性质发生改变

2015年行政诉讼法修改之前，行政复议机关一直处于居中裁判的位置，具有准司法性。但行政复议法修改后，特别是根据2018年2月8日起施行的《最高人民法院关于适用〈中华人民共和国行政诉讼法〉的解释》（法释〔2018〕1号），行政复议机关的性质发生了重大改变，从准司法性质向行政一体化性靠拢，更强调了行政复议机关的补强补正功能。例如2000年3月10日起施行的《最高人民法院关于执行〈中华人民共和国行政诉讼法〉若干问题的解释》（法释〔2000〕8号）第三十一条第二款规定，复议机关在复议过程中收集和补充的证据，不能作为人民法院维持原具体行政行为的根据。但2018年2月8日起施行的《最高人民法院关于适用〈中华人民共和国行政诉讼法〉的解释》（法释〔2018〕1号）第一百三十五条第三款却规定，复议机关作共同被告的案件，复议机关在复议程序中依法收集和补充的证据，可以作为人民法院认定复议决定和原行政行为合法的依据。2015年修改的行政诉讼法还增加了复议机关作为共同被告制度，即复议机关作出维持决定，在行政诉讼中复议机关和原作出决定的行政机关是共同被告。

（四）执法规范化要求越来越高

全面推进依法治国要求公安机关必须以审判为中心，进一步加强执法规范化建设。事实上当前公安行政执法的一大困境即司法审查要求越来越高与公安行政执法仍处于较低的水平之间的矛盾。司法审查要求越来越高主要体现在行政诉讼中审查的重点已从实体审查向程序审查倾斜，对程序合法性的审查变得更加严格。

比如对办案期限和送达程序的要求方面。虽然《治安管理处罚法》明确规定了治安案件的办理期限，但2015年之前，普遍存在对办案期限问题不够重视现象，超期办案情况大量存在，甚至有的案件超期几年、十几年未能办结，引发被侵害人强烈不满，导致一些不要的信访案件发生。在2015年以前人民法院在审理案件时对超期问题一般也仅当作瑕疵指出。但2015年之后情况发生变化，最高人民法院公布的当年度十大行政不作为典型案例中有一起（沈某、蔡某诉江苏省南通市公安局开发区分局行政不作为案）即属于因超过法律规定办案期限被人民法院确认违法案例。随之，各级人民法院对该问题变得"毫不手软"，动辄依例作出确认违法判决。我局也有多起类似案例，如某分局办理的林某某侮辱他人案，2017年7月25日受案，2017年8月6日作出行政处罚决定，但直到2017

年 11 月 30 日才向林某某送达，两级法院均以该案的实际办结日期应当为行政处罚决定书送达被处罚人的时间为由，确认办案超期程序违法。2018 年 2 月 8 日起施行的《最高人民法院关于适用〈中华人民共和国行政诉讼法〉的解释》（法释〔2018〕1 号）更是对此类情况予以了明确，如该解释第九十六条对《行政诉讼法》第七十四条第一款第二项规定的"程序轻微违法需要确认违法"情形作出了细化规定，明确指出包括：处理期限轻微违法和通知、送达等程序轻微违法。

为了摆脱地方行政对司法审判的影响，司法领域推行的跨地域管辖制度也表明了司法审理趋于独立和严格的态度。福建省高级人民法院即确定自 2015 年 9 月 21 日起在全省范围内实行部分行政案件跨行政区域管辖。此外裁判文书网上公开制度的严格执行也加强了公众对司法审判的监督力度（与之相适应，行政复议法律文书根据执法公开要求也要在互联网上公开）。这一切都意味着对公安机关执法规范化的要求将更加严格。而基于多种原因，如警力与执法工作量不匹配、程序意识还不够强、难以完全摆脱指标考核的"魔咒"等，导致公安行政执法水平仍无法完全达到司法审查的要求。

二、新特点对行政复议工作的影响

（一）共同被告制度倒逼行政复议审理趋于严格

2015 年行政诉讼法修改，其中一个重要修改内容是增加了共同被告制度。根据旧的规定，复议机关维持原行政行为的，行政相对人不服复议决定，可以直接起诉原作出行政行为的机关，但修改后的行政诉讼法将复议机关列为了共同被告。

因为复议机关与作出原行政行为的机关同为行政机关，且一般为上下级关系，具有共同的利益诉求，且复议机关作出维持决定不用承担不利后果，所以实践中复议机关容易变成所谓的"维持会"，即普遍作出维持决定，不能发挥行政复议自我纠错的功能，背离复议制度设计的初衷。共同被告制度即是为了改变复议机关"维持会"的弊端，作出维持决定的案件将复议机关列为共同被告，与原作出行政行为的机关共同承担不利后果，将倒逼复议机关真正发挥复议纠错功能。

在共同被告制度下，复议机关势必加强对复议案件的审理，加强对案件质量的把关，势必也倒逼办案单位更加严格规范办案，从而促进执法规范化水平的进一步提高。近年来，行政复议确认违法、撤销、变更率的提高不能不说与共同被告制度具有一定的关系。即以我局 2018 年为例，市局办结的 78 件行政复议案件中，共撤销 4 件、确认违法 3 件、变更 1 件，下发行政复议意见书 4 份，行政复议撤销、变更、确认违法的案件共占比约 10.26%。

（二）复议机关性质的改变要求必须改变复议案件的审理方式

《行政复议法》第二十二条明确规定，行政复议原则上采取书面审查的办法。但也规定了例外情形下复议机构可以主动采取调查行为，即"申请人提出要求或者行政复议机关负责法制工作的机构认为有必要时，可以向有关组织和人员调查情况，听取申请人、被申请人和第三人的意见。"这种规定主要是基于旧的对复议机关性质的认识。上文我们已谈过，根据 2000 年颁布实施的司法解释，复议机关在复议过程中收集和补充的证据，不能作为人民法院维持原具体行政行为的根据。因此在实践中行政复议机构基本上都采取了消极的书面审查方式。但 2018 年颁布实施的新司法解释改变了行政复议机关居中裁判的性质，赋予了行政复议机关积极主动补强补正的权利，应该说这既是立法机关对行政复议性质认识上的一次重大调整，也是立法上的一个失误（失误在于，在既可以选择行政复议也可以选择行政诉讼的情况下，稍微熟悉法律的人都会选择避开行政复议而直接提起行政诉讼，以增加胜诉的希望）。但这个失误却给予行政机关了一个重要的自我纠错机会。而这势必会改变传统的以书面审理为主的方式，而加大主动调查补正补强的工作内容。

此外，听证将会变成一种常用的复议审理方式。根据《行政复议法实施条例》第三十三条，只有对重大、复杂的案件，申请人提出要求或者行政复议机构认为必要时，可以采取听证的方式审理。但在司法审理趋向严格，共同被告制度又倒逼行政复议审理趋严的背景下，复议机关为加强自我纠错能力，提高审理的质量，将不得不更多地选择使用听证的方式审理复议案件。

（三）新特点要求必须充实与工作量相匹配的复议工作人员

首先复议案件数量的激增就要求必须调配、补充与工作量相匹配的工作人员。其次行政复议审理方式的改变意味着审理工作量的加大，比如外出调查取证、核对材料、制作笔录、听证会的召开、异地应诉等等，都意味着要比之前付出更多的精力和时间。如果没有相应的工作人员，很多工作将无法开展，也就失去了补正补强自我纠错的重要机会。事实上我市公安机关当前从事行政复议工作人员偏少，明显与工作量不成比例。首先基本上没有专职从事行政复议工作人员，全部为兼职，大量的其他工作占用了过多办案的时间。即便是市局，虽然法制支队设有专门的行政复议办公室，但同时还负责行政诉讼案件应诉、刑事复议复核案件的办理、国家赔偿案件的审理、政府信息公开答复的审核、全局的普法宣传工作、公职律师和法律顾问管理工作等等，内容繁杂，任务繁重。且编制为 7 人，实际工作人员仅为 3 人，尚不到编制的一半。现有工作人员仅能勉强维持工作运转，根本无力开展调查取证、听证等工作。

三、基于新特点提出的工作建议

（一）各级公安机关要高度重视行政复议工作

行政复议是推进法治政府建设、加强政府机关内部自我纠错的一项重要制度，在解决行政争议、构建社会主义和谐社会中发挥着重要的作用。根据行政复议法实施二十周年研究报告，2018 年，全国 66.01% 的行政复议案件争议得到实质性化解，行政相对人复议后不再提起行政诉讼。

法治政府建设的一个重要内容就是加强行政复议工作。比如 2019 年我市争创"全国法治政府建设示范市"，其中一个重要考评内容即加强行政复议工作情况。其中包括以下几个内容：行政复议规范化、信息化、专业化程度是否高；行政复议、应诉机构设置、人员配备与工作任务是否相适应；行政复议立案登记以及办案场所、工作经费、办案设备等是否保障到位等。

充分发挥行政复议自我纠错功能还有利于减少行政诉讼败诉案件数量。行政诉讼败诉案件情况被纳入了每年度的依法行政指标考评内容，直接影响到各单位的绩效考评成绩。

各级公安机关应高度重视行政复议工作，正确认识行政复议工作的重要性，加强对复议工作的具体关心和指导，在人员和办公条件等方面予以充分保证，充分发挥行政复议的作用。

（二）复议工作人员要加强学习、转变观念

具体从事行政复议的工作人员也要注意加强学习，深刻认识到法律的修改对复议工作的影响，认识到复议性质的转变，改变传统审理复议案件的观念和方式，强化行政复议的补正补强作用，最大限度地化解行政争议。从当前了解的情况来看，大多数复议工作人员还没有真正深刻认识到这种改变的意义，还在遵循过去的审理方式，这点亟须尽快改变。当然仅要求其自我学习还不够，适时还应加强对其针对性的培训。

（三）切实充实行政复议办案力量

只有配备与工作量相适应的办案力量，才能有效地针对行政复议出现的新特点开展相应的工作。当前亟须从全局范围内选拔一批通过法律职业资格考试、业务素质高的民警充实到行政复议工作岗位上。之所以强调通过法律职业资格考试，是因为 2018 年 4 月 28 日司法部公布施行的《国家统一法律职业资格考试实施办法》第二条第二款明确规定，行政机关中初次从事行政复议的公务员，应当通过国家统一法律职业资格考试，取得法律职业资格。这是基于行政复议的工作性质，对从业人员提出了新的更高的要求。目前我局全局通过法律职业资格考试的仅一百余人，法制部门仅二十余人，目前从事行政复议工作的大多还都没有取得法律职业资格。尽管按照"新人新办法，老人老办法"，但工作岗位一旦调整，就可能会出现没有合适的人员从事行政复议工作的困境（因为根据《国家统一法律职业资格考试实施办法》和《公安机关办理行政案件程序规定》，初次从事行政处罚决定审核的工作人员也需要通过法律职业资格考试）。复议主体不适格将使复议行为在行政诉讼中存在被确认违法的风险，因此亟须对全局通过法律职业资格考试的民警进行统一管理、使用。

行民协调与规则统一："非法期货交易"合同纠纷探讨

——基于 14 个交易平台 300 件合同纠纷的实证分析

陈基周　林　烨 *

引言

当前社会，随着国家行政职能不断扩展延伸，融入社会生活的各个方面，涉及行政管理事项的民事纠纷日趋增加，由此产生了大量民事争议与行政管理交织的复杂问题。

近年来，我国现货交易平台（以下简称现货平台）的发展及大宗商品中远期交易、期货交易规则的日渐趋同，为非法期货交易[①]的产生提供了空间。在此背景下，司法机关受理各类现货平台非法期货交易案件呈现井喷之势，因现货交易与期货交易模式存在相似之处，如功能定位、交易规则上有一定程度的交叉重叠，加之两者均带有行政监管属性，导致司法实践中面临"是否行政前置"、交易活动定性不尽统一的难题。遗憾的是，目前理论界及审判实务领域关于现货平台"非法期货交易"合同纠纷裁判立场选择及规则体系构建的研究几乎无人涉猎。[②]本文拮取全国 14 个现货平台 300 件合同纠纷为考察对象，对裁判不一之乱象进行分析与反思，旨在统合裁判立场的共识下，设计出一套为裁判机关所认可的较为完善的现货平台"非法期货交易"合同纠纷裁判规则。

一、实践困惑："非法期货交易"合同纠纷裁判歧异的现状揭示

裁判歧异，集中体现在同类型案件的不同裁判、相同或相类似情形的不同程序处置、同类型案件处理结果的失衡。笔者选取全国范围内 14 个现货平台 300 件裁判文书为样

---

* 陈基周、林烨，厦门市海沧区人民法院。

① 如 2008 年北京高德黄金爆仓事件，2014 年央视 315 晚会上曝光的"现货白银投资陷阱"，2015 年浙江温州国鼎投资有限公司非法经营期货金额高达人民币 32 亿元，2016 年《焦点访谈》曝光北京石油交易所现货石油交易黑幕，2018 年东盟交易所被判非法期货交易而后拒不履行。

② 笔者在中国知网数据库分别以"非法期货交易司法认定""非法期货交易法律规制""现货平台、非法期货交易"为主题关键词进行搜索，相关文章有 7 篇，其中以涉刑法犯罪研究、市场监管类的文献居多。最后访问时间 2020 年 5 月 1 日。

本①，通过案例及图表数据揭示不同地区、审级法院关于现货平台非法期货交易纠纷在程序上、实体上的裁判立场冲突，从而使读者对裁判歧异现状有一个更直观、更全面、更深层次的认识。

（一）程序上的分野：是否"行政前置"的选择

案例一：闫某以合同纠纷为由将天津贵金属交易所有限公司（以下简称贵交所）诉至天津二中院②，闫某诉求确认其在贵交所的全部交易无效并返还资金。天津二中院一审认为，根据国务院办公厅及中国证监会出具的清理整顿实施意见，各类交易场所尚处于行政清理整顿阶段。案件处理涉及现货、现货延期交收的定性问题，不属于人民法院受理范围，故驳回闫某的起诉。闫某不服该裁定，提出上诉。天津高院二审后，依法维持原裁定。最高法再审后，认为若要在民事纠纷中适用"行政前置"程序应有法律的明确规定，若无法律明文规定，案件起诉符合《民诉法》第一百一十九条规定的民事诉讼起诉条件且不属于《民诉法》第一百二十四条规定之情形时，人民法院即应予受理，并有权对案涉交易活动性质进行认定。故撤销二审裁定，指定天津二中院进行审理。

除上述案例典型地揭示不同审级法院对审理非法期货交易案是否需要"行政前置"立场不一外，笔者随机选取的 150 件不同审级涉诉民事裁定书统计结果亦显示——除涉管辖权争议的裁定外，以交易活动具有行政管理性质、非人民法院主管范围而裁定驳回起诉的案件占比超过 40%（见图 1）。

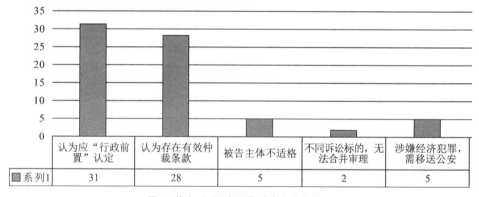

	认为应"行政前置"认定	认为存在有效仲裁条款	被告主体不适格	不同诉讼标的，无法合并审理	涉嫌经济犯罪，需移送公安
■系列1	31	28	5	2	5

图1　裁定"驳回起诉"的事由分布情况

从上述案例及图表数据可知，关于现货平台非法期货交易定性是否需要"行政前置"的问题，审判实务界存在两种不同观点。一种观点认为：2011 年国务院发文对全国范围

---

① 笔者在中国裁判文书网以"全国14家现货平台［天津贵金属交易所有限公司、厦门石油交易中心有限公司、中经商品交易中心有限公司、四川川商商品交易中心有限公司、无锡市乾圆大通商品合约交易中心有限公司、湖南华夏商品交易市场有限公司、湖南久丰国际商品现货交易市场有限公司、青岛九州商品现货交易中心有限公司、杭州叁点零易货交易所有限公司、上海长江联合金属交易中心有限公司、河北滨海大宗商品交易市场服务有限公司、江西省昆仑贵金属投资管理有限公司、无锡君泰商品合约交易中心有限公司、山东寿光蔬菜产业集团（天津）商品交易市场有限公司］、合同纠纷、期货、民事案由"为关键词进行搜索，经过逐一人工甄别，剔除重复计算的案件和虽然包含上述关键词但实际上与本文主题无关的案件后，随机选取150件不同审级涉诉民事裁定书及150件不同审级涉诉民事判决书为样本。

② 中国裁判文书网：（2019）最高法民再414号再审民事裁定书。

内的交易所进行清理整顿，现货平台及其交易业务属于清理整顿范围，尚不属于人民法院民事诉讼受理范围。《商品现货市场交易特别规定（施行）》第二十条表明①，"非法期货交易"性质的认定具有行政管理属性，该定性行为决定着民事诉讼标的地查明、处理，属于民事诉讼的行政先决问题②，应设立"行政前置"程序。另一种观点认为：能否启动行政前置程序是法定的③，目前均无相关的法律、行政法规、民事诉讼法明确规定非法期货案件的审理必须经由行政前置程序。法院审理此类案件过程中，如有必要可向证监主管部门征询意见，证监主管部门对现货平台交易活动的定性本质上是应司法机关请求而提供的专业支持，不作为定案前提。司法机关仍有权以事实为依据、法律为准绳，对现货平台交易活动是否违法作出裁判。④

（二）实体上的歧异：是否"非法期货交易"的认定

案例二：包某以合同纠纷为由，将平安银行深圳分行（以下简称平安银行）、吉林国际商品交易中心（以下简称吉林国际中心）诉至广东省深圳市福田区人民法院⑤，请求确认其在吉林国际中心开户及全部交易行为无效，并要求返还资金。深圳市福田区人民法院一审认为，涉案交易标的是现货而非标准化合约，虽交易规则中有规定保证金制度，但投资人交易的价格仍是交易商品的完整价格，并未实际向现货平台缴纳保证金。虽然涉案交易平台存在"申购时间优先、价格优先，交易价格由系统自动撮合确定"等期货交易的表面特征，但当现货交易平台出现多个买方时，也可能出现多个买方看中同一交易标的的情形，此时交易履行时间先后、交易价格高低均是影响交易成交次序的因素。案涉现货交易平台通过系统智能选择、确定交易对象，致使交易方式出现了类似期货交易的特征，但并不足以据此认定案涉现货平台交易为期货交易，案涉现货平台交易符合一般买卖合同的基本特征，属于非传统的现货交易模式。二审深圳市中院则认为，首先，案涉现货平台未经批准组织开展期货交易，违反《期货交易管理条例》效力禁止性规定。其次，从形式要件分析，案涉交易适用集合竞价、电子撮合、匿名交易等集中交易方式，均属于期货交易规则，故应认定系非法期货交易。

从150件抽样民事判决书的说理部分来看，不同地区、审级法院对交易活动是否属于"非法期货交易"的判定结果及认定方式均存在差异，认定方式主要分为两种：（1）"司法机关直接定性"，该观点认为行政管理机关固然能够对案涉交易是否构成非法期货交易进行认定，但司法机关亦有权直接依据《期货管理条例》、期货构成要件将案涉交易定性为"期货交易"或"非期货交易"。据抽样数据显示，法院直接对交易性质进行认定的案件数占58.6%（其中明确将交易定性为期货交易的案件数占45.3%，将交易定性为不构成期货

① 《商品现货市场交易特别规定（施行）》第20条："国务院期货监督管理机构派出机构负责商品现货市场非法期货交易活动的认定等工作。"

② 黄海涛、赵卉：《民事诉讼中的行政先决问题之考量》，载《人民法院报》2017年8月30日。

③ 赵元松：《非法期货交易的司法认定及民事责任——以杨某诉九汇公司"现货白银"交易为例》，载《法制与经济》2016年2月。

④ 证监会新闻发言人就清理整顿各类交易场所、违法证券期货交易活动性质认定等相关问题答记者问，http://www.csrc.gov.cn/pub/shanxidong/xxfw/tzzsyd/201510/t20151022_285399.htm，2020-05-02。

⑤ 中国裁判文书网:（2019）粤03民终19373号二审民事判决书，同类案例还有（2016）苏05民终1652号民事判决书。

交易的案件占13.3%）；（2）"司法机关不直接定性"，该观点认为案涉交易是否构成非法期货交易的认定主体系行政管理机关，法院不宜直接对交易进行定性①，但法院可以交易规则违反《期货交易管理条例》等行政法规的效力禁止性规定，认定交易活动超出现货平台经营范围，间接地认定交易（合同）无效。据抽样数据显示，认定交易无效的案件数占30%（见图2）。

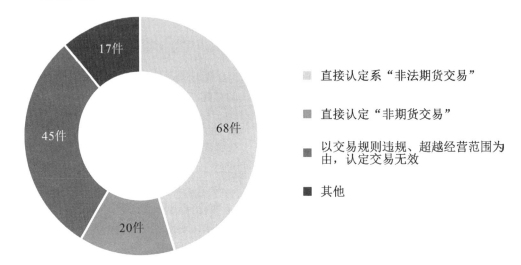

图2　150件抽样判决交易定性的分布情况

上述案例及统计数据共同反映不同地区、审级法院对是否"非法期货交易"的理解、判断、认定方法存在差异。

二、问题检视："非法期货交易"合同纠纷裁判尺度不一的根源探讨

本杰明·卡多佐曾经说过："若有一组案件所涉及的争议焦点、证据要点相同，那么当事人就会期望得到同样的裁决。若裁判者依据几近对立的原则去处理这些案件，便会造成不公允的现象"。要实现裁判统一的前提，便需深入探寻裁判歧异的根源。

（一）规则的模糊空间

1. 交易行为性质的认定主体不明

现货平台非法期货交易具有较强的专业性，认定过程复杂，确定交易行为违法性认定机关是准确认定交易性质的核心。然而，目前法律、行政法规并未明确规定现货平台交易行为违法性认定机关，仅在一些政策性文件中初见端倪，如《国务院关于同意建立清理整顿各类交易场所部际联席会议制度的批复》[国函〔2012〕3号]②、《做好现货市场非法期货交易认定的通知》（以下简称《通知》）③《做好司法机关来访、接待和处理相关工作

---

① 厦门石油交易中心有限公司、中经商品交易中心有限公司合同纠纷系列案系此类做法的典型。

② 2012年《国务院关于建立清理整顿各类交易场所部际联席会议制度的批复》规定："省级人民政府有权对各类交易场所的交易活动进行性质认定，并由证监会依法出具认定意见。"

③ 《关于做好商品现货市场非法期货交易活动认定有关工作的通知》（证监办发〔2013〕111号）。

的通知》①。上述规范性文件、通知所提及的内容仅体现现货市场非法期货交易认定主体为证监会相关主管部门，司法机关有权就非法期货交易认定事项向证监会主管部门发函询证。至于证监会主管部门认定行为是否作为行政前置程序，司法机关是否有权直接对非法期货交易进行认定，行政法规、政策性、规范性文件并未予以明确。由于交易行为违法性认定主体不明确，给司法机关拒绝作出认定留下了空间。

2. 现货交易与期货交易区分不明

现货市场与期货市场在市场功能定位上存在着一定程度的交叉重叠，故二者存在某些共同或相似的交易规则。因现货交易与期货交易区分不明②，当现货交易在交易模式建构上与期货交易模式发生混淆，法院便容易出现"在交易模式基本相近、案情大致相同的情形下，出现不同的裁判思路和结果"。例如：（1）当现货交易场所在交易模式构建中一旦脱离了实物而仅以标准化合约为交易对象，且合约内容无限与期货合约接近便极易被认定为非法期货。实践中，商品生产方或者需求方为规避价格波动风险，通常需要在现货中远期交易合约之外，同时"套做"一份期货或期权合约，此时应如何认定交易性质？（2）未以现货形式进行交割的活动容易被认定为非法期货。现货中远期交易在实践中亦可能出现合约、订单、提货单的再次转让，产生与期货交易中的对冲平仓极为相似的功能和交易效果，此时应如何认定交易性质？

（二）理论学说适用的抽象性

司法实务界，用于认定期货交易标准的理论学说主要有两种：一是形式要件说③，二是目的测试说④。《通知》中明确对期货交易定性应采用"目的要件与形式要件相结合"（即"目的测试说"）标准，《通知》对形式要件特征作了较为充分的罗列，但对于目的要件的判断则着墨不多。行政、司法机关适用目的测试说对期货交易性质进行判断，要比单纯适用形式要件复杂得多，其除了要比照形式要件对交易行为进行识别，还要对案件所涉及的现货平台以往交易状况、行为人交易目的、行为效果等进行考察、分析。⑤在现行法律规制不完善的情况下，加之功能要件⑥的抽象性、不确定性，行政、司法机关对功能要件的把握难以达成共识。例如，期货交易、中远期现货交易，交易者都可以选择持有合约至实物交割，或是选择对冲交易完成结算。行政、司法机关难以准确探究交易者在该

---

① 《关于进一步做好司法机关来访、来函接待和处理相关工作的通知》（证监办发〔2007〕109号）。

② 何欣：《商品现货交易场所的法律风险研究——以三个现货交易场所涉诉案件为视角》，贵州民族大学2019年硕士论文。

③ 形式要件说：不考虑交易动机、目的等因素，仅以交易行为的构成要件为标准，常见的形式要件有：交易标的是否为标准化合约、是否场内交易、是否集中交易、是否采用保证金制度、对冲平仓、集中竞价、连续竞价、电子撮合、匿名交易、做市商机制等形式。

④ 目的测试说：也成为功能要件与形式要件相结合说，目的测试的关键在于其不仅要审查交易的外部形式技术特征，还需要综合全案的具体情形具体分析判断交易目的。

⑤ 崔恒力、周寅：《非法期货交易的认定标准探究》，载《中国市场》2019年第32期。

⑥ 功能要件是通过交易目的、交易效果等主观要件利用整体情形分析的方式来判断综合社会效果的一种认定方式。

过程中的主观意图。又如，实践中，现货中远期交易仓单、提货单或者远期合约的再次转让也具有一定程度的投机性，只不过其特征不如期货交易那样明显，那么此时又该如何认定其交易目的？

（三）其他因素的考量

1. 法官个体化差异

现有的法官队伍存在年龄结构、学历层次上的分化。法官作为独立个体，其社会阅历、知识储备、裁判思维差异等因素难以形成一致性的水平，加之现（期）货交易系专业性较强的金融领域，便容易出现法律法规把握、运用上的偏差。

2. 法院未建立内部协调及外部沟通机制

从法院系统内部来看，不同地域法院、上下级法院、同级法院和法官与法官之间未进行信息共享交流，未建立法律观点和法律适用协调机制，导致"你判你的，我判我的"现象发生。从法院系统外部来看，各地法院及证监主管部门对于司法裁判权应起主导作用还是协调作用认识不一，多站在各自处理业务的角度，对交易定性事宜抱有"能推就推"的心理。

三、困境突围："非法期货交易"合同纠纷裁判规则的构建

统合法律立场之分歧，维护裁判效力之尊严。当前非法期货交易合同纠纷在程序上、实体上呈现出的裁判歧异，容易使社会公众对司法的公正性产生质疑，扰乱金融市场秩序，重则引发区域性金融风险。鉴于此，裁判者应尽快统一此类案件的审判立场，明确审理思路，细化规则配套。

（一）立场统合："法院主管"与"行政前置"的排除

要解决现货平台"非法期货交易"合同纠纷裁判不一乱象，首先需要破除"法院主管"或"行政前置"裁判立场的选择难题。

论证角度1："法院民事诉讼主管范围"法理角度

我国法院民事主管[①]权利来自于宪法的授予[②]，其应遵循法定原则。[③]目前，涉及法院民事主管范围的法律依据主要如下：第一，《民事诉讼法》未单独设立一章对"主管"进行规定，仅有第3条、第6条第1款的内容涉及"民事主管"，规定公民、法人、其他组织之间的财产关系、人身关系案件属于人民法院受理范围，可适用《民事诉讼法》之规

---

① 法院民事主管范围：即法律对法院受理民事案件的权限和范围作出的规定。

② 《中华人民共和国宪法》第123条、第125条规定："人民法院是国家的审判机关""人民法院依照法律规定独立行使审判权，不受行政机关、社会团体和个人的干涉。"

③ 法定原则是指民事主管的范围由法律规定，法院即有关机关应当严格依法办事，司法机关、行政机关、社会团体、个人都不得违反。

定。第二，从《民事诉讼法》第 124 条[①]、《民事诉讼法》司法解释第 208 条[②] 可以看出，法院民事主管范围的确定依据法律关系性质、国家法律规定两个标准。

若法院以案件"非法院民事诉讼主管范围"为由不予受理、驳回起诉，则争议主体的民事诉权便无法实现。因当事人的诉权是由宪法、法律赋予的，因此亦只能通过法律规定将某类案件排除至法院主管范围之外。现货平台"非法期货交易"合同纠纷中，原、被告系平等民事主体、主体明确、原告能够提出具体的诉讼请求及事实理由，符合法律规定的起诉条件且不属于《民事诉讼法》第 124 条的规定情形，目前法律、规范性文件亦未明确将此类纠纷排除在"人民法院主管范围"之外，故此类纠纷归属法院主管。

论证角度 2："行政前置"法理角度

部分持"行政前置"观点的裁判者，主张交易活动是否系非法期货交易属于行政先决问题。对此，笔者认为：民事诉讼中的行政先决问题指民事案件的处理结果取决于相关行政行为的内容，该行政行为的内容将对民事案件的裁判产生影响。然现货平台交易活动纠纷系基于平等民事主体行为引发的争议，属于民事法律关系。虽交易活动性质认定具有行政管理属性，但此类行政管理事项属于并行的行政管理事项，不构成行政争议。法院有权作为民事案件予以受理，无需以行政机关出具的认定结论为前提。

论证角度 3：行业主管机关立场导向角度

中国证监会新闻发言人张晓军分别在 2015 年 5 月 29 日和 10 月 16 日两次新闻发布会[③] 上，对地方各类交易场所监管主体、清理整顿的依据和标准、非法期货交易活动性质认定工作程序等问题作出了回答，表态证监主管部门对交易活动的定性仅仅是为有关机关提供专业上的支持。作为行业主管机关的中国证监会并不赞同在现货平台交易纠纷的处理上设置"行政前置"程序，其认为行政机关出具的认定意见并非系针对当事人所做的具体行政行为，仅系协助司法机关认定有关事项而提供的专业意见，人民法院甚至可以根据掌握的证据和事实作出与证监会等行政认定机关相反的结论。

综上所述，笔者认为现货平台"非法期货交易"合同纠纷属于"法院主管范围"。

（二）行民协调：行政认定对法院裁判的配合

1. 行政认定对法院裁判配合的必要性与合法性

非法期货交易活动的违法性认定具有行政管理色彩，证监会作为行业主管部门，熟

---

① 《中华人民共和国民事诉讼法》第 124 条规定："人民法院对下列起诉，分别情形，予以处理：（一）依照行政诉讼法的规定，属于行政诉讼受案范围的，告知原告提起行政诉讼；（二）依照法律规定，双方当事人达成书面仲裁协议申请仲裁、不得向人民法院起诉的，告知原告向仲裁机构申请仲裁；（三）依照法律规定，应当由其他机关处理的争议，告知原告向有关机关申请解决；（四）对不属于本院管辖的案件，告知原告向有管辖权的人民法院起诉；（五）对判决、裁定、调解书已经发生法律效力的案件，当事人又起诉的，告知原告申请再审，但人民法院准许撤诉的裁定除外；（六）依照法律规定，在一定期限内不得起诉的案件，在不得起诉的期限内起诉的，不予受理；（七）判决不准离婚和调解和好的离婚案件，判决、调解维持收养关系的案件，没有新情况、新理由，原告在六个月内又起诉的，不予受理。"

② 《最高人民法院关于适用〈中华人民共和国民事诉讼法〉的解释》第 208 条："需满足《民诉法》第 119 条且不属于第 124 条之规定的情形，才符合起诉的条件。"

③ 证监会新闻发言人就清理整顿各类交易场所、违法证券期货交易活动性质认定等相关问题答记者问，http://www.csrc.gov.cn/pub/shanxidong/xxfw/tzzsyd/201510/t20151022_285399.htm，2020-05-10。

知证券期货业务知识、期货相关的行政性法规、规范性文件，以及其监管项下各类交易场所的详细运营情况，司法机关在查明事实的过程中需要行政主管部门专业有力的协调配合。

行政主管部门在现有行政法规、政策性文件的框架内，能够协助司法机关查明的事项主要有三方面：一是关于交易场所是否有组织期货交易资质的认定。《期货交易管理条例》第四条[①]、第六条[②]明确规定国务院、国务院期货监督管理机构为期货交易场所合法性审批主体，其有权就交易场所是否合法的问题作出认定。二是关于交易活动是否违反国发 37 号、38 号文之规定及交易场所清理整顿情况的说明。2011 年起，国务院为清理整顿违法交易场所制定了《国务院关于清理整顿各类交易场所切实防范金融风险的决定》（国发〔2011〕38 号）、《国务院办公厅关于清理整顿各类交易场所的实施意见》（国办发〔2012〕37 号），上述《决定》《实施意见》指出：经省政府确认且未违反国发 38 号文及实施意见之规定的交易所可保留；各省级人民政府可依据国发 38 号文之规定对本辖区内交易场所进行认真排查验收，若违反上述文件规定的，依法进行清理整顿并组织检查验收。可见，各省级人民政府有权且能够对交易平台是否被纳入清理整顿范围、清理整顿是否完成、是否符合继续保留的条件，交易活动是否违反国发 37 号、38 号文之规定作出相应的说明。三是关于非法期货交易性质的认定。《国务院关于同意建立清理整顿各类交易场所部际联席会议制度的批复》（国函〔2012〕3 号）、《做好现货市场非法期货交易认定的通知》赋予证监会（各证监局）对现货平台交易活动进行定性的权利，同时要求其履行配合公安机关、司法部门移送认定、协作请求的义务。当司法机关提出的认定情形超出《关于认定商品现货市场非法期货交易活动的标准和程序》涵盖范畴时，行政主管机关可请示清整联办[③]，清整联办可灵活通过电话指导、发文协作、派遣专家组等方式协助认定，行政主管机关最终出具的认定意见为司法裁判提供专业支持。

2. 行政认定对法院裁判配合的可操作性

根据《做好现货市场非法期货交易认定的通知》及《做好司法机关来访、接待和处理相关工作的通知》的精神，行政主管机关、司法机关应建立现货平台非法期货交易活动认定的共作机制。

（三）规则配套：规范体系与细节歧异的再排除

1. 立案审查阶段：确定案由与级别管辖

司法实践中，关于现货平台交易纠纷案由如何确定存在两种意见：一是直接认定交易纠纷属于期货纠纷（含无效期货合同纠纷），确定该类案件属于中级人民法院管辖[④]；二是认为该类纠纷并非上述司法解释中所指的特殊管辖的期货纠纷，仅为一般合同纠纷，

---

① 《期货交易管理条例》第 4 条："期货交易应当在依照本条例第六条第一款规定设立的期货交易所、国务院批准的或者国务院期货监督管理机构批准的其他期货交易场所进行。禁止在前款规定的期货交易场所之外进行期货交易。"

② 《期货交易管理条例》第 6 条："设立期货交易所，由国务院期货监督管理机构审批。未经国务院批准或者国务院期货监督管理机构批准，任何单位或者个人不得设立期货交易场所或者以任何形式组织期货交易及其相关活动。"

③ 清理整顿各类交易场所部际联席会议办公室。

④ 根据 2013 年《最高人民法院关于审理期货纠纷案件若干问题的规定》第 7 条之规定，确定该类案件属于中级人民法院管辖。

依据诉讼标的额确定级别管辖法院。笔者认为，在立案受理和管辖权确定的程序性审查阶段，应当根据原告的诉讼主张，并结合程序审查时双方提交的证明其程序性主张的基础材料，由受诉法院进行形式审查并确定案由。现货平台交易纠纷中，原告多系基于与现货平台、会员单位之间的合同关系诉求判令交易无效、返还投资款。争议合同的性质在立案和管辖权审查阶段，应确定为因现货交易引发的合同纠纷，根据一般合同纠纷管辖规则确定管辖法院，以诉讼标的额确定级别管辖法院。至于案涉交易是否构成现货商品市场组织非法期货交易而为无效，属案件实体审理范畴，需待实体审理之后方能判定。

2. 实体审理阶段：合同责任主体认定的规则统一

司法实践中，原告起诉的合同责任主体范围不一，有的诉求现货平台单独承担责任；有的诉求现货平台与会员单位共同承担责任。笔者认为，若认定合同无效，鉴于会员单位、现货平台均存在过错，双方均应作为合同责任主体。具体理由如下：

（1）会员单位：投资者与会员单位签订《客户协议书》，交易由投资者与会员单位直接成交，双方形成交易合同法律关系。会员单位作为合同相对方，其过错行为导致合同无效，其应对合同无效后果承担责任。

（2）现货平台：投资者在现货平台上开设交易账户，根据其设立的交易规则进行现货挂牌配对交易，其与投资者、会员单位之间形成服务合同关系。现货平台作为交易平台的提供运营方，其向会员单位收取管理费，有义务对会员单位的行为进行审查管理。现货平台明知会员单位不具有期货业务的资格，擅自从事期货业务，放任其违反强制性行政法规交易行为的发生，主观上有过错，理应对合同无效后果承担责任。

3. 实体审理阶段：合同效力认定的规则完善

（1）认定的根本因素：交易目的

市场定位及交易目的决定采用的交易规则。主观目的的认定应依赖客观事实加以判断，司法机关欲判断投资者的主观目的，最重要的线索便是对合约因素[①]进行审查，"穿透"分析交易目的。①合同签约主体及性质。现货合同签订主体多是现货商品的生产、流通企业，不包括自然人；期货合约的签订、交易主体则包括自然人。②合约内容的标准化程度。现货合约与期货合约的差异在于标准化程度，期货合约系事先设定好的标准化合约，价格是合约中唯一可变的因素；而现货合约中价格、交货时间等因素可由交易双方灵活约定。③合约的交割期限。期货合约应在指定交割期间内交割，现货合约可根据生产经营实际需要调整交割期。因展期次数越多，买方需缴纳的额外费用就越多，故现货合约的交割不可能无限展期。④合约产品的实际交割率。实物交割率仍是目前判断交易行为是否系现货交易的重要参照标准之一。如现货平台转让现货合约、仓单进行现金结算的做法，能否推定为对冲平仓交易，仍应结合挂牌商品的实物交割率进行整体判定。

（2）认定的辅助因素：交易机制

为便于司法机关对非法期货交易形式要件的把握，《关于认定商品现货市场非法期货交易活动的标准和程序》[②]对非法期货交易的形式要件进行了详细的列举，为司法机关的

---

① 慕敏、任超：《大宗商品变相期货交易认定：基于交易合约的审视》，载《南方金融》2019年第6期。

② 详细列举如"标准化合约、集中交易、集合竞价、电子撮合、匿名交易、做市场机制、当日无负债结算制度"等非法期货交易的形式要件。

认定活动提供了参照。

（3）认定的违法性依据：《期货交易管理条例》第四条、第六条，《合同法》第五十二条，《合同法司法解释（一）》第十条

司法机关对现货平台交易活动的定性应结合、对照国发〔2011〕38号、国办发〔2012〕37号、证监办发〔2013〕111号文件的标准进行认定。若在现货平台组织开展期货交易，即违反《期货交易管理条例》中"期货交易场所需经国务院监督管理机构批准"之规定，构成《合同法》第五十二条[①]《合同法司法解释（一）》第十条[②]"违反行政法规强制性规定"之情形，导致合同无效。

（四）规则演示[③]

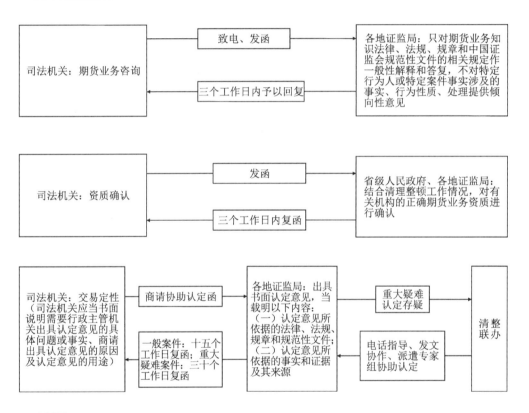

结语

当前各类交易场所正处于清理整顿背景之下，现货平台交易纠纷呈现出明显的行政管理属性。各地法院对此类纠纷的处理是否需要"行政前置"存在裁判立场上的歧异，对

---

① 《中华人民共和国合同法》第52条："有下列情形之一的，合同无效：……（五）违反法律、行政法规的强制性规定。"

② 《最高人民法院关于适用〈中华人民共和国合同法〉若干问题的解释（一）》第10条："当事人超越经营范围订立合同，人民法院不因此认定合同无效。但违反国家限制经营、特许经营以及法律、行政法规禁止经营规定的除外。"

③ 以原告赵振清诉被告厦门石油交易中心有限公司、厦门益硕永润石油化工服务有限公司、中浙油（厦门）石油化工有限公司合同纠纷案为规则演示之案例。

交易活动性质的认定标准的把握亦存在不同理解，造成"同案不同判"的局面。本文以法理证成的方式明确此类合同纠纷属于法院民事诉讼主管范围，强调行政机关在交易定性上的协作功能，通过对合同效力认定事由的完善，梳理出一套现货平台"非法期货交易"合同纠纷裁判规则供司法实务机关参考，以期达到统一裁判尺度的目的。

从对抗夫妻到合作父母

——以父母责任为中心的亲子案件审执进深路径探析

芦 絮 方 珺*

引言

争夺抚养权的离异夫妻选择诉讼方式结束婚姻关系，却并未解决导致婚姻解体的核心问题，反而在诉讼中因为对峙而引发的矛盾比之前更为激烈。法院审结一个案件，却因诉讼程序设置过程不当导致当事人双方相互伤害得更为赤裸而使各种矛盾加剧。我们不禁试问：家事案件的当事人选择诉讼的方式，只是要一个诉讼结果？现行的家事法律规定和司法机制，是否已满足了当事人的需求？家事司法改革举措是否应更加注重人文主义关怀，将被忽视的孩子作为权利主体予以保护？有鉴于此，本文将对非理性离婚致子女陷入困境的问题进行探讨和研判，以父母责任为中心、以促进父母合作为目的展开考察，最终回答和解决：如何通过责任教育、治疗性调解、审执协作等方式，促进双方以合作的态度面对离婚后子女的生活，以实现儿童权益最大化原则的具体落实。

本文所讨论的亲子案件指家事案件中涉及亲子关系的案件，主要为：探望权、抚养权、抚养费及其他涉及子女的离婚案件等，统称为亲子案件。

一、直面：秩序紊乱　人伦失常

英国历史学家韩德瑞克曾言："如果女人是被隐藏在历史里，那么儿童则是被排除在历史外。"[①] 在夫妻关系动摇、对抗严重时，大多数的孩子难以持续维持跟父母双方的正常关系，孩子的需求与父母需求产生冲突，当原应保护儿童的家庭功能发生严重障碍，首先被牺牲的往往是孩子的利益。[②]

对抗夫妻而致子女受伤的典型案件。叶女与林男感情破裂，叶女于 2015 年 3 月 26 日诉至法院，诉请离婚、分割房产及要求婚生子小宝（男，时年 3 岁）抚养权等。在离婚后的 4 年时间内，又不断衍生 13 个诉讼和执行案件。如图 1 所示：

---

* 芦絮、方珺，厦门市海沧区人民法院。

② 姚建龙：《论英美国家对少年罪错的早期反应——童年社会学的领域》，载《法学杂志》2009 年第 4 期。

③ 施慧玲、纪冠伶：《离婚诉讼"先抢先赢"的实务经验叙事分析——兼论幼年子女最佳利益的司法裁量基准》，载《法令月刊》2018 年第 8 期。

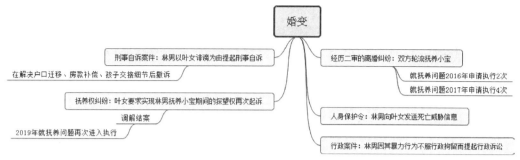

图1 案例一情况①

一个家事案件所反映的矛盾纠纷，不但辐射到数个家庭，更会潜在地对社会整体的伦理道德、传统文化、公序良俗等产生影响。

首先被牺牲的是受离婚事件影响的孩子。在样本案例中，虽双方未对小宝施暴，但林男持续不断地向小宝灌输其母亲不好的理念、教唆小宝疏远母亲的行为，已经使小宝心理健康出现问题。在最后一次执行中，林男更是直接让小宝写信给执行法官：其不愿意与母亲生活，要求法官将叶女抓去坐牢。在林男面前小宝胆小退缩，而林男不在时，小宝却表现出对叶女的依赖和不舍。小宝的心理状态已呈现出典型的分裂型特征。而且，林男的行为已侵犯小宝的人格权利。在第5次进入执行程序后，林男的对抗情绪已达到顶峰，林男当众将小宝身上的衣服脱掉，告诉小宝"你妈妈很脏""她买的衣服很廉价"，丝毫不顾及孩子感受。当家庭出现问题，原本温暖的地方不但无法给未成年人提供安全的成长空间，反而有可能成为伤害儿童的战场，造成直接或间接的伤害。

其次卷进纠纷的是各自的家庭。家庭是社会的细胞，对社会和个人都具有重要的作用。家庭结构是指家庭成员之间的组合情况以及由此形成的家庭模式和类型。② 传统的家庭结构包括：由父母和未婚子女组成的家庭属于核心家庭、由一对夫妇与父母和未婚子女组成的主干家庭以及由一对父母和已婚兄弟姐妹的多个核心家庭组成的扩大家庭。当核心家庭的夫妻关系发生冲突时，必然会对其他家庭成员产生影响。如在样本案例中，林男为发泄不满，在其朋友圈鼓吹其与叶女妹妹（下称小叶）早有不伦关系，导致小叶的家庭生活出现危机。叶女在林男结交女友后，也教唆小宝破坏"后妈"的化妆品、将"后妈"拒之门外，林男欲组建新家庭的计划也面临挑战。

更严重的是伦理纲常、社会秩序受到极大冲击。"家事纠纷尽管表面上纯属私人之间的问题，但实质上与国家和社会的根本利益息息相关。因为家庭是社会的基本构成要素，家庭关系的稳定是社会安定的基础，家事纠纷如果得不到及时合理的解决，往往会酿成个人、家庭甚至社会的悲剧，转化为暴力的私力救济甚至复仇，对社会造成威胁。"③ 林男与叶女在离婚诉讼启动后，各自都存在到对方单位找领导、贴大字报等行为；林男作为国家工作人员，因为拒不执行抚养交接的行为而受到单位的处分，本要参与国家级表演

---

① 案例详见：X市H区(2015)民初字第977号民事判决书、X市(2015)民终字第4482号民事判决书、(2016)民保令1号民事裁定书、(2016)执014号、(2016)执907号、(2017)执64号、(2017)执873号、(2017)执963号、(2017)执1093号、X市J区(2017)行初78号行政判决书、X市H区(2017)刑初57号刑事裁定书、X市(2018)行终12号行政判决书、X市H区(2018)民初1666号民事调解书、(2019)0205执261号。

② 朱强：《家庭社会学》，华中科技大学出版社2015年版，第99页。

③ 张乃根：《西方法哲学史纲》，中国政法大学出版社1997年版，第302页。

活动也被取消，导致林男复仇心理加剧，采取诽谤、暴力等行为对叶女进行复仇。家庭作为社会的细胞，若发生大量因家事引发的纠纷，不仅对家庭秩序有影响，而且一定会有损整个社会秩序。社会秩序的稳定有赖于家庭的稳定，家不宁则国不安。

二、探源：重拾责任　修复损伤

因离婚而导致的夫妻对抗不仅伤害子女、破坏家庭，更对社会秩序产生极大冲击。这些问题的存在，应从社会根源探寻原因。近年来，随着自由主义、个人本位等思潮的影响，中国传统道德文化与现代制度之间出现了鸿沟，也使得我国的婚姻家庭关系发生了深刻的变化。所谓"家庭是传统和现代性之间斗争的场所。"[1] 旧的家庭伦理发生动摇，而新的家庭秩序指引尚未建立。审视中国的情况可以发现，一个世纪以来，中国的家庭经受了涉及指向家庭制度、家庭情感、家庭责任的三次大的冲击而苦无招架之力。[2]

家庭问题势必要放在社会问题的背景之下。事实上，对于应从传统中国文化中汲取营养，建立一套既有传承又符合新的社会现实的家庭行为规范，最高人民法院在本次家事司法改革中已作为进一步深化的问题重点提出。[3] 家事司法如何回应现实需求，已是改革的重要命题。我们不但要在个人的今昔之间筑通桥梁，而且在社会的时代之间也得筑构桥梁。[4] 对于夫妻对抗而产生家庭问题、社会问题的案件，应该根据家事案件的特殊性，让对抗双方认知责任、履行责任，做合作型父母，修复岌岌可危的亲子关系，重新建立稳定的社会秩序。

（一）传统家庭伦理的现代转化

中国传统家庭伦理主要是儒家伦理原则，《孟子·滕文公上》解释"伦"为："父子有亲，君臣有义，夫妇有别，长幼有序，朋友有信。"这五伦中，家庭中的父子、兄弟和夫妇是家庭伦理中的基本关系。夫妇之伦为人伦之始，丈夫处于统治地位，妻子对丈夫是顺从的、附属的。父子之伦为传统人伦核心，"父慈子孝"是父子关系的基本准则。《论语·大学》云："为人子，止于孝；为人父，止于慈。"慈包含两个方面的内容：一为关爱、二为管教。而孝在《大戴礼记·曾子大孝》中被赋予三方面内容："孝有三：大孝尊亲，其次不辱，其下能养。"然而即使在中国古代社会，夫妻关系、父子关系，仅靠儒家思想的倡导性规范，也不能自然地使社会无纠纷，这就必须在伦理道德之外确立适当的行为准则——"礼"。礼是人们必须遵守的规律，是人们行为、处世的基准准则。从西周开始周公制礼，至春秋战国时期礼崩乐坏，孔子带着门徒奔走呼号赋予"礼"以新的生

---

①　郑曦原、李方惠：《通向未来之路：与吉登斯对话》，四川人民出版社 2002 年版，第 147 页。

②　孟宪范：《家庭：百年来的三次冲击及我们的选择》，载《清华大学学报（哲学社会科学版）》2008 年第 3 期。

③　2018 年 7 月 7 日，最高人民法院咨询委员会副主任杜万华在"德州杯"家事审判论坛上的总结讲话中特别提道："在审理家事案件时如何明确家庭成员的角色、规范家庭成员的行为？……现在好多当丈夫的不知道怎么当丈夫，当妻子不知道怎么当妻子，当儿子的不知道怎么当儿子，当女儿的不知道怎么当女儿，各自的行为规范是模糊的。下一轮改革应该要通过审理家事案件把这一类规范予以明确、宣扬，予以实施、推广。这样才能构建和谐家庭。"参见孟祥刚主编：《家事审判研究——"德州杯"家事审判论坛优秀论文选》，人民法院出版社 2018 年版，第 15 页。

④　梁治平：《法辨：法律文化论集》，广西师范大学出版社 2015 年版，第 19 页。

命。西汉董仲舒提出"德主刑辅"，引礼入法，再至中华法系主要代表《唐律》被称为"一准乎礼"。礼教中心的法律体系通过法律儒家化的过程实现并建立完善。在礼教中心下，中国古代形成了注重人伦和强调关系和谐的家庭伦理观以及中华法系特有的各项家事制度。

然而，随着中国农业社会中男性专权、父子核心为特征的家庭结构逐步让位于工业社会以夫妻关系为核心、男女平等为特征的现代家庭，在逐步消除传统家庭伦理局限性的同时，开始向新版家庭伦理过渡，呈现以下趋势：1. 权利义务关系由纵向转为横向。在传统伦理规范中强调的是夫权、父权；而现代伦理规范则强调"人生而平等"，不仅男女地位平等，子女也享有独立的人格，父母对子女个人作为独立个人的权利而应给予尊重。2. 家庭结构关系由血缘核心转为婚姻核心。血缘关系将婚姻的功能定位于传宗接代、延续血统；而婚姻关系核心则更看重个人感受，如情感契合、平等尊重、忠实互助和人格独立，满足双方生理、心理多方面需求。3. 婚姻家庭观念由家庭本位转为个人本位。家庭本位是将家庭整体性视作理性计算的单位，家庭成员的个人利益服从家庭整体的利益；而个人本位中每一个家庭成员都是一个利益主体。[①] 个人自我意识的增强，虽使得自我价值的实现更加容易，却也在一定程度上削弱了个人在家庭和社会中应承担的责任。正是责任的缺失导致家庭问题越来越多通过诉讼解决，并不断衍化社会问题。

（二）合作型父母是重拾父母责任的核心

社会理论学家通常将社会关系划分为四种类型：伙伴型关系、契约型关系、强制型关系和冲突型关系。在正常的家庭生活中，夫妻之间是伙伴型关系，双方各司其职、分工协作，分饰妻子、丈夫、母亲、父亲的角色。"由于成员之间的互相信任，可考虑保持伙伴型关系内部的和谐应当如何，而不是考虑成员之间的权利义务如何，争议便可得到解决。法律保护的是个人，是相对于他人的地位，而真正的伙伴型关系内部，人们并不认为自己是单个的个人，因为他们是伙伴关系的成员。他们将整体的利益摆在个人利益之上。"[②] 维持伙伴型关系的基础是情感和信任，当其发生动摇时，伙伴型关系就会存在向其他社会关系类型转变的可能。家事纠纷的特殊性亦体现在此。家事纠纷的当事人在纠纷发生后，仍然可能共同生活在一起或者不可避免地进行共同活动，这种情况在亲子案件中体现得最为明显。正因双方必须面对共同履行抚养责任的事实，而责任的履行则关涉未成年子女的未来，这种后发关系如何调整和规范，是亲子案件审执工作必须要正视和解决的问题。当事人离婚后虽然失去了夫妻的身份，但是作为父母的身份将永久存在。夫妻离婚后各自要履行的父母责任就是现代家庭伦理规范的重要组成部分，是修补双方因离婚而给子女带来伤害必须要履行的义务。夫妻对抗时呈现的是社会关系中的冲突型关系，但家事审判和执行程序所要做的是推动对抗关系向合作型关系转化，包括推动当事人双方自律以及经过一定程序他律实现。

我们称离婚后父母的关系为合作型关系，即合作型父母。合作父母不仅是一种状态，还是一个评价机制。合作状态是离异双方内部关系的描述，双方在离异之后，在子女生活安排、教育发展、与另一方的情感沟通、抚养费支出等影响子女重大利益的事项上应

① 徐安琪、刘汶蓉、张亮、薛亚利：《转型时期的中国家庭价值观研究》，上海社会科学院出版社2013年版，第25页。

② ［英］彼得·斯坦、约翰·香德：《西方社会的法律价值》，王献平译，中国人民公安大学出版社1990年版，第25页。

本着配合的、鼓励的、善意的态度面对。评价机制是法院对于双方是否合作的评价，属于外部关系，法院评价父母是否释放合作态度，应建立父母责任评价清单。离婚后的父母更应当关注子女最佳利益，愿意就子女未来之发展谋求合作方案，搁置争议，以成全子女对父母亲情之依赖。因此，应当以实现儿童权益为目的，对进入司法程序的离异父母责任进行正、负评价。（见表1）

表1　进入司法程序的父母责任正负面清单

父母责任	内容
正面评价	①保障子女与被法院判决（调解）确认的直接抚养人实际抚养而非交予他人托管； ②尊重子女意愿并不向其传导离异的负面评价或有离间行为； ③愿意释放更多对话及探视机会给非抚养人并主动加强子女与非直接抚养人的直接联系和互动； ④如实向法官陈述子女生活、就学现状，并与非同住人共享子女信息； ⑤愿意接受和配合法官、调解员、心理咨询师的调查； ⑥照顾子女精神健康并妥善代管子女财产； ⑦对非直接抚养人给予子女的财产或定期支付的抚养费妥善运用并在条件允许下制作相应的使用报表； ⑧未经与非直接抚养人协商不得携带子女离开现住所长期居住或离境； ⑨其他促进子女与非直接抚养人共同构建子女成长社会支援体系的行为
负面评价①	①隐匿子女、将子女拐带出国、不告知未成年子女所在等行为； ②虚伪陈述自己为主要照顾者，以不正当方法影响法官判断； ③有离间行为，灌输子女不当观念，恶意诋毁他方以左右子女的意愿； ④以不当方法妨碍社工之访视、妨碍家事调查官的调查； ⑤虚伪承诺做会面交往之最大让步，使自己成为徒具虚表的善意父母，实际上却妨碍他方对未成年子女权利义务行使负担的机会； ⑥进入强制执行程序后，拒不接受法官提出的双方和解会面可能、拒不试行基于儿童探视、抚养的短期和解计划、拒不履行交付抚养费、探视权、拒不向生效法律文书确定的直接抚养人交付子女； ⑦有能力但拒不主动支付抚养费、协助他方探视、定期履行轮流抚养义务行为，进入强制执行程序三次以上； ⑧在法院审理执行期间发生扰乱法庭秩序、诋毁法官、家事调查员、社工师、心理咨询师的行为或为报复相关家事审判执行参与人员的行为； ⑨离婚后通过各种全媒体渠道发布诋毁他方的言论或在亲友圈对他方进行恶意评论，人为制造"对抗"氛围； ⑩其他不利于儿童利益或离婚后双方合作的情形

三、转化：促进合作　恢复秩序

家事审判调整的权利义务是以身份关系为基础、以伦理道德为支撑、以修复情感为目标、以维护秩序为价值追求的社会关系。家事审判制度设计和实践运行也有其独特属性。对家事纠纷而言，事前预防比纠纷发生后诉讼解决更有利于家庭和谐与社会稳定。针对夫妻对离婚后需要履行的父母责任无知的境况及帮助当事人更好地适应离婚后生活、尽最大可能自力解决纠纷的考虑，在促进合作型关系的实现方面，应在家事审判诉讼之前增设父母责任教育程序和以平复情绪、修复亲子关系为主要内容的治疗性调解程序。治疗性调解程序还兼识别"危机婚姻"与"死亡婚姻"之功用，对于危机婚姻，采取修复

---

① 邓学仁：《善意父母原则之内涵与落实》，载《台湾法学杂志》2013年第238期。

夫妻关系的理念，而对于无法挽救的婚姻，则应转变理念，不再把修复婚姻关系作为重点治疗对象，而转向解决更需要治疗的亲子关系，把劝"和好"转为劝"合作"。

（一）父母责任教育：推动无知到良知的父母责任教育

1. 扩大父母责任教育应用领域。当前在青少年刑事犯罪领域，推行亲职教育的呼声甚高。[①] 亲职教育，顾名思义，以双亲的职责为内容开展的家庭教育。因离婚而陷入困境的子女，往往也是因为父母对于其应履行的责任不清、对于子女发育发展情况不明而导致。在亲子案件审理中更需要对离异父母强化责任教育。因此，"亲职教育"须扩大应用领域，在亲子案件中适用。

2. 父母责任教育的内容与形式。很多纠纷是因父母无知造成，故而，父母责任教育在进入亲子案件之前实施很有必要。从性质上分析，父母责任教育制度是一种准法律、以子女最大化利益为中心的替代性纠纷解决机制。父母责任教育以视频形式和父母指导手册的形式进行，如图2：

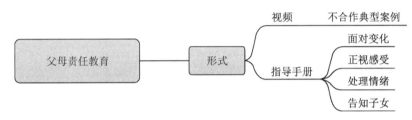

图2　父母责任教育的形式和内容

3. 父母责任教育的实施与评估。父母责任教育应当是所有亲子案件在进入司法审判领域前必须为之的课程，应在审判和执行阶段连贯进行，但在不同阶段各有侧重。审判阶段重在建议离婚夫妻双方接受父母责任教育以促成双方理性思考离婚事宜，关键在于修复。执行程序的父母责任教育则应当侧重父母职责，尤其是离婚后的父母责任，更多的是强制告知。在接受父母责任教育后，还应对其学习效果进行验收，以父母问卷测试形式进行，测试结果成为哪一方更适合抚养的参考依据。

（二）治疗性调解：以子女为中心的综合性调解方案

法院裁判是以强制力的手段赋予可执行状态，但不能期待案件审结后能使当事人对立的关系得以缓解。从全球家事纠纷处理方向看，将离婚纠纷解决的重心从原本离婚夫妻，转为还原离婚后父母子女关系，以综合处理为原则，强化调解、强化相关专业的资源整合，已成为现今家事法的主要方向。

1. 以抽丝剥茧深挖问题根源为导向。美国学者戈尔丁曾说：全面治疗是解决家庭矛盾的最佳途径，它可以调和冲突双方的个性和人格，消除纠纷产生的根源。[②] 治疗性调解以亲子关系修复为主要内容，以儿童为中心的替代性纠纷解决机制，通过非对抗方法对父母关系进行协调，以协助争议较大的父母做出离婚后的子女生活计划。

---

① 以"亲职教育"为关键词在中国知网法律总库中进行搜索，共有20篇期刊论文和2篇硕士论文、1篇会议综述以此作为问题研讨，但除1篇硕士论文（《论未成年人家庭保护》）没有将亲职教育作为未成年人犯罪预防措施外，其余文章均在青少年犯罪领域对亲职教育进行论述。

② ［美］戈尔丁：《法律哲学》，齐海滨译，三联书店出版社1987年版，第224–225页。

2. 多主体共同会诊强调治疗性。因该程序聚焦于"治疗性"，心理咨询师介入治疗性调解尤为重要。如果以患病就诊程序作为家事纠纷当事人进入诉讼参照程序的话，那么心理咨询师即是做出诊断并对症下药的医生。心理咨询师是运用专业技能，与当事人建立信赖关系，并在与当事人沟通中，通过双方陈述的琐碎家庭生活及对对方的评价等，发现真正的问题所在。法官则是程序控制者、利益平衡启发者、法律后果教育者，在心理咨询师找到双方的心理需求后，法官帮助双方辨清议题、分析利弊、评估履行的自律性，围绕问题引导双方自行达成操作性强、可引发后续冲突少的协议。有的案件还需要社工的加入，在子女需要陪同时出面予以陪伴并建立信任关系，以发现孩子真实的想法；在双方尚无法沟通时，借社工发挥桥梁作用进行信息传递消除沟通障碍；一些特殊案件的执行，还需社工进行执行陪同。法官、心理咨询师、社工相互配合，促进自律性协议的达成及抚养、探望权的履行，在当事人不履行协议进入执行程序时，执行法官亦与心理咨询师和社工分工合作。流程如图 3、图 4 所示：

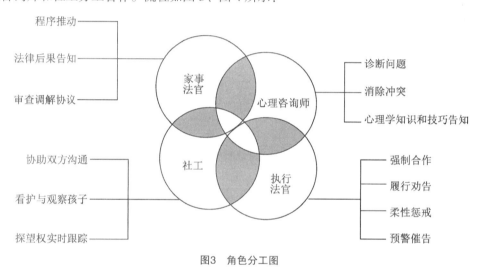

图3　角色分工图

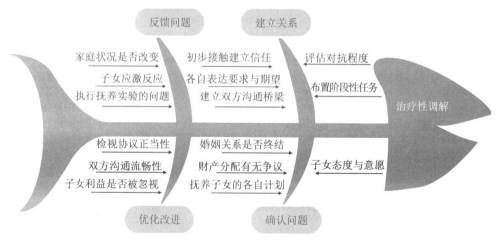

图4　治疗性调解流程图

四、惩戒：识别离间　强制合作

家庭地位不平等要求对弱势群体给予特殊保护，这是司法实现实质性正义的价值追求。家事案件的处理结果极大地影响子女自身及其与父母的权利义务关系，应尊重子女的个人意愿。然而，因受父母冲突影响，子女很容易受到同住一方的影响和压力。对抗夫妻对子女进行心理压迫最突出的表征是离间与裹挟，以达到对另一方进行报复的目的。对离间行为，在我国家事司法的学术和实践中均未有认真对待和研究，这是典型的对抗状态。更体现不合作的表现是在进入执行程序后，父母依旧将抚养和探望子女视为自己的权益，与双方父母保持密切联系的权利实际上是子女最重要之权益。父母本位的思维方式，必然造成对子女权益的隐形剥夺。因此，对于存在离间行为的父母及进入执行程序的父母，国家应以强制力介入保护。

（一）分类识别程序：辨析对抗程度及恶意离间行为

依然以患病作为比照，病情有轻重之分，治疗有相应的方法。离异夫妻因对抗程度不同而适用不同的程序，发挥司法人文关怀作用的同时提升司法效率，最大限度地利用尚处匮乏的司法资源。

1. 分类及意义。根据对抗程度，离异夫妻可分为轻度、中度和重度对抗三种。轻度对抗是双方均愿意就孩子抚养问题进行协商，需在帮助下总结问题、找到最佳方案。中度对抗案件是指双方矛盾积累较深、沟通渠道不畅通，就抚养权争夺意愿强烈，但经过教育可以转变态度。重度对抗案件是指双方因矛盾过于激烈，分别表达不愿与对方直接对话，希望避免见面，则这类案件属于重度对抗案件。分类的意义在于，根据双方对抗程度不同，采取不同的"治疗方式"及司法投入的资源，并重点在中、重度对抗夫妻中发现可能产生的离间行为。

2. 识别离间行为。离间通常来说是一个心理学范畴的概念，但在司法领域依然可见其身影。对于未成年人遭受遗弃、虐待等权利明显受到损害的行为，社会应给予高度重视，而且通过与子女接触也比较容易被发现。但是如样本案例中小宝所受到父亲言语挑唆、施加心理压力等离间的行为，又如4岁女孩面对父亲说出"爸爸死了"明显受到直接抚养人影响的行为[①]，类似现象在夫妻离异过程中虽时有发生，但却未引起重视。子女对父母的亲近与结盟行为实际上可以称之为主动靠拢和接受离婚后一方直接抚养的状态，因此可称之为主动离间；而实际离间和病态离间则可归类于子女在父母的持续洗脑、言语诱导与精神压迫中被动接受的结果，故可称之为被动离间。主动离间情形下，子女内心依旧需求与非同住人构建亲子关系，也较容易修复。被动离间对子女损害较为严重，且在对抗夫妻角色下极易从普通的被动离家转化为病态离间，即指父母亲的一方以明示或默示的沟通、观察或行动等方式，利用不实或不公平证据，侵蚀子女对他方父母亲的爱和信任。[②] 在识别出病态离间行为后，应由国家公权力介入，矫正直接抚养方对子女的心理伤害。（见图5）

---

① 案例：X市H区（2019）民初814号：男方已三年未见到近四岁的女儿，在审理中应法院要求，女方将女儿带至法院，父亲在法院游戏室和女儿相见，在面对父亲要求女儿称呼其为爸爸时，四岁的女孩如是回答。

② 洪远亮：《简析会面交往的离间现象及司法因应之道》，载《法学新论》2009年第21期。

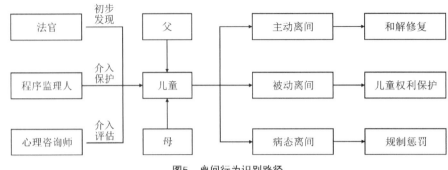

图5　离间行为识别路径

（二）强制合作：从柔性圆融到强制靠拢的执行路径

执行程序应从两个方面入手：一是采用柔性劝说和间接强制措施抑制仇恨并释放善意，引导对抗夫妻承担父母责任，将关注焦点转向实现子女利益；二是运用执行威慑力对非善意父母进行惩戒与警示，对病态离间子女的父母进行训诫与规制，强制推动对抗夫妻靠拢，履行合作具体事宜。

1. 从履行劝告到前置和解。执行法官不宜直接采取强制执行措施，应搜集审判期间的相应信息以了解该家事案件整体情况。并先通知各方当事人到案做履行与否、时间及计划、子女状况、会面可能性等信息调查。以期实现如下目的：①对家事纠纷做整体了解，便于执行过程中制定计划及应急方案；②对涉案父母是否为对抗夫妻，填录父母责任评价清单；③对与子女同住人是否存在病态离间行为进行初步诊断，把握真实的子女意思；④给予离异夫妻缓冲时间，引导其认识合作之益与对抗之损。随后应组织离异夫妻双方进行强制的执行和解，促使各方当事人认清当前形势，明了拒不执行之法律后果。通过促成两相对抗之夫妻会面商谈，法院可观察和判断谁相较之为非善意父母，引导父母聚焦子女权益，就抚养费支付、子女抚养及探视等具体内容拟定执行计划，或形成短期试行方案。

2. 从间接执行到直接执行。如一方父母有能力拒不执行探视、交付抚养等行为，可采取从轻到重的间接执行措施。值得注意的是，在采取拘留措施时，执行法官应进行综合评估，可选择将子女委托给其他可靠亲属（或作为执行当事人父或母另一方）、就读学校及儿童福利机构等进行临时观照。拘留期间，子女的托管费用应由被拘留人承担并可由法院强制扣划。直接执行的方式即直接由法院将子女带离同住人。在采取强制交付子女措施时，则可参考台湾地区在"强制执行法"中确立的"取交"[①]的直接执行方法。在"取交"时，应当拟定执行计划，同时可请求警察、医疗、学校、社工等相关部门予以协助，在执行过程中安抚子女情绪，并注意其人身安全。[②]

3. 从预警催告到追究刑责。执行预警催告制度可将拒不履行探视、交付抚养或支付

---

①　台湾地区"强制执行法"第128条第3款规定："执行名义，系命债务人交出子女或被诱人者，除适用第一项规定外，得用直接强制方式，将该子女或被诱人取交债权人。"

②　台湾地区"家事事件法"第195条规定："以直接强制方式将子女交付权利人时，宜先拟定执行计划；必要时，得不先通知债务人执行日期，并请求警察机关、社工人员、医疗救护单位、学校老师、外交单位或其他有关机关协助。前项执行过程，宜妥为说明劝导，尽量采取平和手段，并注意未成年子女之身体、生命安全、人身自由及尊严，安抚其情绪。"

抚养费可能面临的罚款、拘留以及追究刑事责任等法律后果告知行为人；明确行为人在执行程序中做出的阻拦、离间、裹挟、暴力抗拒及其他各种不利子女利益的行为，将被执行法院评价为"非善意父母"，按照父母责任评价清单进行数次行为评价后，执行法官将向家事审判庭提交"非善意父母行为报告"，作为将来变更抚养权的备案登记。当对抗夫妻已经以抗拒执行的方式损害未成年子女利益时，则应当被规制与惩戒。尤其对妨碍子女交付、多次拒不履行交付或探视行为，且经罚款、拘留后仍不改正的行为人应当认定为拒不执行行为，追究其刑事责任。（见图6）

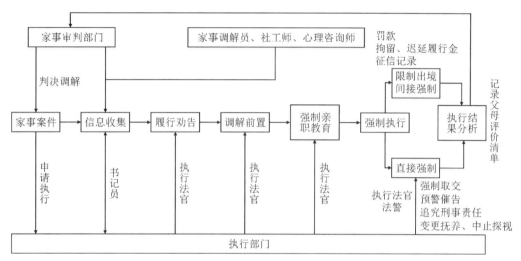

图6 家事案件审判与执行流程图

结 语

司法如何回应现实需求，已是司法改革的重要命题。在家事纠纷的解决中，人民法院就是筑通传统文化与现代制度，身份与契约之间桥梁的建设者。家事纠纷的解决绝不能止于表面的利益诉求，更要关注深层次的心理诉求。孩子所依赖父母的，并不是生活的一部分，而是全部。[①] 若离婚案件的当事人能借助外力，摒弃前嫌，握手言和，转变为合作父母的角色，同心同力将孩子抚养成人，是最为理想的结果，也是对双方、对子女、对社会最负责任的选择。

---

① 费孝通：《乡土中国 生育制度》，北京大学出版社1998年版，第122页。

用数据说话

——业务数据分析研判的困境及对策

林　莉　颜　晨*

业务数据分析研判是引领检察业务工作科学发展的重要抓手，对于促进检察工作创新发展具有重要意义。如何提升业务数据分析研判工作，用数据说话，发挥业务数据分析研判对于检察工作的牵引、推动作用，是案件管理工作的重要课题之一。本文结合某区院的实践操作，对业务数据分析研判的作用、方法、问题及对策进行分析，以期为更好地推动业务数据分析研判工作的开展，更好地发挥案件管理职能作用提供参考。

检察业务数据分析研判是引领检察业务工作科学发展的重要抓手，对于促进检察工作创新发展具有重要意义。业务分析研判在案件管理工作中的地位和作用日益凸显，用数据说话，让数据为我们"出谋划策"，通过总结现有成效，直面存在的问题，能够推动检察业务数据分析研判向纵深迈进，更好地发挥案件管理的职能作用。

一、业务数据分析研判工作在案件管理中的作用

"除了上帝，任何人都必须用数据来说话。"这是美国管理学家、统计学家戴明的一句经典名言。用数据说话是业务数据分析研判的灵魂。业务数据分析研判是指运用统计分析和数据分析的方法，对检察办案活动中形成的案件信息数据，进行分类整理、汇总描述、量化分析、剖析各种指标的相互联系，形成从数据统计、对比分析、挖掘研判、总结规律的完整闭环，助力各项检察业务工作得到精准提升，为领导决策和业务指导提供依据和参考的活动。

（一）强化业务数据分析研判，有助于深化案件管理业务属性

案件管理部门作为统一业务应用系统的主管部门，具有天然数据优势，汇集了所有案件流转和数据信息，掌握着大量鲜活的数据资源，如何用活数据、用好数据、用数据说话是发挥案件管理职能的重要课题之一。业务数据分析研判建立在对检察业务充分认识和理解的基础上，不能偏离数据搞分析，既要分析研判案件增减、类型变化的深层次原因，也要分析检察工作在横向比较中的水平，为业务决策提供参考，充分体现了案件管理的业务属性和核心竞争力。

（二）强化业务数据分析研判，有助于实现案件管理可视化

业务数据分析研判充分运用数据统计方法和工具，通过表格、图表等更为直观生动的方式来展现办案情况，图文并茂地诠释数据的变化和发展趋势，使人一目了然；通过

---

*林莉、颜晨，厦门市湖里区人民检察院。

流程监控数据分析研判，在各流程节点展示各业务部门工作量，直击办案情况存在的程序性问题；通过案件评查数据分析研判，全方位呈现案件办理中存在的普遍性、典型性问题，体现案件发展趋势，深化案件评查实效，实现案件管理可视化、透明化。

（三）强化业务数据分析研判，有助于构建新型业务监督体系

努力把每一个环节做到极致，是最高人民检察院对检察业务提出的新的更高要求。业务数据分析研判以"极致"的追求为标杆，更加注重多角度审视检察业务薄弱环节，查找履职短板，对日常监管手段进行补强，把分析研判的着力点从原来的重点查找"产品是否合格"转变为同步审视"产品是否优质"[①]，是提升检察业务，加强内部监督的重要抓手。强化业务数据分析研判，有助于监督案件办理质量，规范司法行为；有助于提醒办案人员提高自身素质，提升办案责任意识；有助于查缺补漏，及时发现倾向性、苗头性问题，着眼大局，抓住热点、难点。

二、业务数据分析研判的方法

（一）用数据说话，夯实业务数据基础

以改善"重办案轻填录"现象为目标，在坚持统筹领导、促进运转高效上下功夫。建立业务数据分析研判工作机制，构建起检察长为组长亲自抓、分管副检察长为副组长全面抓、各业务部门负责人为成员具体抓的责任体系，确保分工配合、责任到位。定期召开业务部门联席会议，通报业务数据分析研判情况，进一步增强各部门案件信息填录工作的紧迫感和责任感。注重提升业务数据统计工作效率和规范化水平，加强统一业务系统操作实训，确保案卡数据的准确、规范、及时录入，从源头上把好数据质量关，夯实数据分析研判基础。

（二）用数据分析，推动业务数据可视化

1. 以问题为导向，深入业务态势分析

围绕"四大检察"和"十项业务"工作重点，以"点面结合"方式开展业务数据分析工作。抓住"扫黑除恶专项斗争""三大攻坚战""惩治金融犯罪防控金融风险""服务保障营商环境"等重点、热点工作，全方位分析审查逮捕、审查起诉、民事行政及公益诉讼、刑事执行、控告申诉和保障犯罪嫌疑人、律师权益等业务开展情况，反映业务工作发展态势，积极服务领导决策。

2. 形式鲜活，可视化体现分析成果

让数据说话，展现数据之美。俗话说，"字不如表，表不如图"。图是语言的一种重要表现形式，将数据转换为一个个重点明细、生动形象的图表，数据信息才能高效传播。综合运用表格、饼状图、柱状图、折线图等多种统计图形展示相关数据，通过月度、年度、类别等横向与纵向的对比，全面、直观展现案件数据间的关联和发展态势。用活、用足数据，使文字、论点与数据有机结合起来，基于分析研判成果，及时总结经验做法，

[①] 肖亚南：《检察业务分析研判新模式的探索及构建》，载《检察业务管理指导与参考》2020年第4期。

梳理问题不足，提出整改措施，充分发挥业务数据分析研判的纠错、评价、参谋及导向作用。

（1）柱状图（见图1、图2）

如某区院对 2019 年办理的不起诉案件进行分析时，使用柱状图直观反映不起诉案件情况，不起诉案件类型和数量上的差距清晰明了，让人一目了然。因其他情节轻微不起诉 112 人，占不起诉人数的 81.75%；刑事和解不起诉 8 人，占不起诉人数的 5.84%；因没有犯罪事实不起诉 7 人，占不起诉人数的 5.11%；因证据不足不起诉 6 人，占不起诉人数的 4.38%；符合刑诉法第十六条情形不起诉 2 人，占不起诉人数的 1.46%。

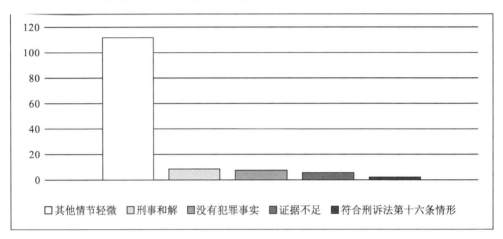

图1　不起诉案件情况

如某区院对认罪认罚适用情况进行分析时，使用柱状图横向对比省院、市院、区院的认罪认罚适用情况，精准分析本地数据在全省、全市的位置，及时发现认罪认罚适用率不够高、确定刑量刑建议占比较低、上诉率有进一步下降的空间等问题，进而有针对性地提出进一步提高认罪认罚适用率和确定刑量刑比例、降低上诉率的对策。

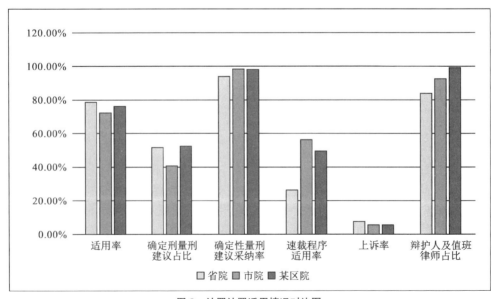

图2　认罪认罚适用情况对比图

（2）扇形图（见图3）

如某区院对2019年受理的审查起诉案件进行分析时，使用扇形图来反映公诉案件类型情况。刑事犯罪案件数量排名前五位的个罪是：危险驾驶罪329人，占23.17%；诈骗罪175人，占12.32%；盗窃罪160人，占11.27%；走私、贩卖、运输、制造毒品罪94人，占6.61%；开设赌场罪91人，占6.41%。扇形图清楚地呈现前五位个罪人数与总人数之间的关系。

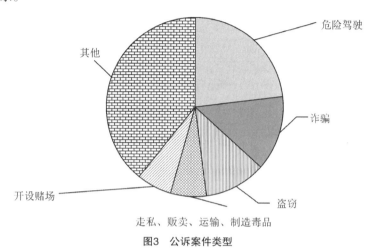

图3 公诉案件类型

（3）折线图（见图4）

如某区院在对2019年受理案件认罪认罚情况进行分析时，使用折线图把每月的认罪认罚适用情况及变化趋势简洁明了地描绘出来。如果用文字则需要大段表述，累赘重复，阅读者容易眼花缭乱，难有清晰认识和直观的比对与判断。

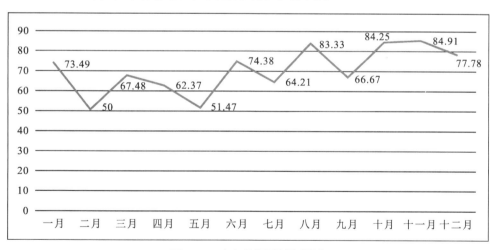

图4 2019年各月认罪认罚适用率

（4）表格（见表1）

如某区院对2020年上半年"案—件比"的具体影响因素进行分析时，制作详细表格，对"案—件比"情况进行梳理，发现"案—件比"较去年同期有下降。"延长审查起诉期限"占31.51%，是影响"案—件比"的首要因素，系严控之关键，"退回补充侦查"占

24.65% 次之。详细列表同时罗列不同类别的不同情况，从庞杂的体系中梳理清晰脉络，以横纵行列理顺逻辑关系，方便系统分析本地一、二、三次延长审查起诉期限和一、二次退回补充在上半年的数量、比例，以明确差距和不足，提出严格规范延期与退补行为、利用"捕诉一体"优势强化引导侦查、提升案件质效的科学建议。

表1 2021年上半年"案一件"比

类别	件数	同比	占比
基准案	379	−23.9%	43.26%
一次延长	144	−27.27%	16.44%
二次延长	96	−18.64%	10.96%
三次延长	36	−30.77%	4.11%
一次退补	143	−45%	16.32%
二次退补	73	23.96%	8.33%
不诉复议	1	持平	0.11%
检察机关建议延期审理	4	33.33%	0.46%

（三）用数据管理，深挖业务数据价值

1. 对内通报业务数据，加强督促提醒

充分发挥案件管理优势，每月统计各业务部门办案动态、员额检察官办案效率、认罪认罚情况等信息，定期通报员额检察官办案情况，客观呈现办案动态，通过分析比对及时发现异常数据、查明原因，利用数据核查为业务态势分析提供真实的数据支持与扎实的分析研判基础。

2. 对外公开业务数据，加强宣传监督

一是发挥 12309 检察服务中心的"主阵地"作用，主动公布业务数据和工作动态，摆放检务公开宣传资料，确保来访群众能够及时了解最新工作情况；二是发挥新媒体的"输送带"作用，依托"人民检察院案件信息公开网"、微博、微信公众号等平台及时公开业务数据，案件当事人及群众可在线上查询案件最新办理情况，随时随地满足群众的信息需求；三是发挥代表委员的"桥梁纽带"作用，定期走访人大代表、政协委员，以检察工作简报、信息等形式报送人大、政协等部门，及时通报最新检察业务动态，提高业务分析的区域影响力，自觉接受社会监督。

（四）用数据决策，推动研判成果转化

1. 充分发挥检委会职能

充分依托检察委员会对重大案件和其他重大业务问题的决策、指导和监督功能，推进研究审议案件专项评查报告和业务数据分析研判报告，有针对性地强化业务态势分析指导，通过检委会办事机构加强对决定事项的跟踪督办，通报执行情况，层层传导压力，促进成果转化。

2. 逐条落实问题整改

以业务数据分析研判报告为平台，组织业务部门定期通报分析研判情况和业务态势，

联合"把脉会诊"，知短板、明方向，提出具体整改措施，由责任部门分头认领，逐条落实问题，确保责任到人、整改到位。

3. 注重理论成果转化

以实证数据为基础，科学结合业务态势分析和检察理论研究，将研判中涉及的实证分析运用到理论探讨中，合理转化成研判成果，不断提升分析研判的理论价值和实用价值，进一步推动业务态势分析发挥应有的作用。

三、业务数据分析研判面临的挑战

（一）数据意识和规范意识较为淡薄

一份具有参考价值、科学准确的业务分析研判报告必须建立在数据准确、全面、及时的基础上。但仍有干警对业务数据重要性和必要性缺乏足够深刻的认识，思维模式仍停留在传统的"小数据"时代，"重实际、轻数据""重办案、轻分析""重实体、轻程序"等观念摒弃不够彻底，数据意识淡薄。同时，将数据填录和统计工作简单等同于数据汇总，对规范填录数据抓得不够牢，因工作量大、不仔细等原因错填、漏填、不及时填录现象频发，规范意识有待加强。

（二）数据统计的智能化程度较低

当前业务信息统计主要依靠人工查找、提取、导出信息，再进行比对分析，统计的智能化程度较低，缺乏高科技分析信息的辅助系统，无法实现实时、动态、全方位反映趋势变化信息等自动比对分析功能，柱状图、饼状图、曲线图等多种图表的自动生成，导致分析研判基本依靠人工，效率不高且易出错。

（三）数据公开和共享的渠道不够畅通

当前，对于司法数据的公开路径、共享对象等尚无统一的标准和指引，同时还受到权限、密级等方面的限制，信息壁垒、"信息孤岛""各自为政"的现象长期存在，业务部门间、与其他政法部门所共享的数据呈现局部性和碎片化特征，数据交互性低，彼此数据公开不全面、不完整、不及时，互通共享渠道未能较好地畅通。

（四）数据分析研判能力有待提升

统一业务应用系统升级频繁，对案件信息的收集、整合力度较小，缺乏敏锐捕捉异常指标和存疑数据的敏感性及洞察力，对数据的深度挖掘、监管的能力不足，科学比对分析的能力不强，与基层办案实际和本地突出问题结合不够紧密，通过数据发现问题、解决问题的能力还有较大的上升空间。运用数据、利用办案情况通报和业务分析研判成果服务领导决策和反哺业务实践不够，制约了分析研判向更高品质层次的提升。

四、业务数据分析研判的对策与建议

（一）转变思维理念，强化数据意识

一是压实数据填录主体责任。要着力改变重办案轻数据的传统思维模式，重视数据、尊重数据、运用数据，用数据说话，调动全体业务部门干警的自觉性和主动性，端正填录态度，严明组织纪律，强调严谨细致，扭转"小数据"思维模式，加快树立"大数据、大格局、大服务"理念，坚持"谁办案谁填录、谁填录谁负责"原则，对出现严重填录错误、导致严重后果的进行绩效问责。二是升级专门的统计团队。由案件管理部门牵头、业务部门内勤组成专门的统计团队，不断加深配合协作，厘清部门初步审核责任，及时校核信息，完善采集、管理、运用、共享等程序，把好原始登记、审核审批案件和统计员审核三道"关"，确保核查科学规范。

（二）依托技术平台，强化数据分析

对收集到的数据进行整理加工，找出其中的规律及现象之间的关系，才能得出业务分析研判报告中的观点并加以佐证。要善于运用统计分析方法，加强对数据的深度分析应用，提高数据的综合应用能力。要引进专业化数据分析工具和数据分析软件，运用大数据分析技术，进行专业的数据分析、数据建模，为检察业务分析研判提供强有力的技术支持。

（三）增强公开力度，强化数据共享

数据公开是深化检务公开、规范司法办案的重要一环，要增强数据公开工作的自觉性、积极性和主动性，不断加大公开力度。充分挖掘业务数据背后的办案理念、社情管理效果等内容，尤其是数据体现的司法机关相互制约力度加大、案件质量提高、人民群众获得感增强等内容，从理念上、思想上引领各项工作，发挥业务数据分析研判的社会效用。要强化大数据思维，积极探索建立政法一体化办案平台，实现对司法大数据的共享和深度应用，为业务分析研判提供更加丰富的数据资源和更加广阔的分析视角。

（四）坚持问题导向，强化数据研判

一是推动业务部门与案件管理部门齐抓共管。发挥院内各业务部门的专业优势，促使其不仅仅作为业务数据比对的阅读者，还能成为分析研判的参与者、使用者和受益者，强化业务协同，揭示各项检察业务之间相互影响、作用的关系，运用数据说话，利用研判成果服务领导决策，反哺办案实践。二是深度挖掘业务数据的价值。注重积累信息分析统计素材，加大对案件信息的收集、整合力度，提高科学分析、深入研判的主动性，提高对社会热点、焦点、类案数据特点及重要数据异常等情况的敏感性，促进形成有价值、有针对性的分析研判报。三是构建业务数据分析研判会商机制。做好日常协调联络、召集会议、数据提供、报告撰写等工作，选题上着眼大局、难点，丰富分析研判视角，强化对检察业务态势、趋势的深层次分析，努力形成形式多样、能适应不同业务需求的分析研判成果，为业务决策、指导和管理提供参考，为业务考核、评价提供依据。

（五）加强队伍建设，强化数据监管

业务分析研判工作是一项专业性强的工作，打造一支过硬的业务分析研判队伍十分紧迫。业务分析研判员一要熟悉统一业务应用系统，精通信息化知识和统计学知识；二要善于用数据说话，善于利用信息化手段和各种图表开展工作，善于对办案数据信息进行分析研判；三要熟悉业务，围绕业务工作的中心和重点找准找实数据中反映的业务运行趋势和问题，提出有针对性、有操作性的对策建议；四要树牢全局观，提高政治站位，为领导决策提供参考。因此，要不断自觉加强学习，对现有人员进行不定期的培训，提升业务水平和能力，锻造一支有担当、有能力的业务分析研判队伍。

关于改进 12348 法律咨询工作的一点思考

林剑芳 *

12348 法律咨询专线（以下简称 12348）是指政府开设的专门为群众提供法律咨询服务的热线电话，是公共法律服务体系的重要组成部分。随着我市公共法律服务工作的深入开展与全面推广，12348 的社会知晓率与认可度得到进一步提高，日渐成为市民涉法用法的首要选择，被喻为"百姓身边的法律顾问"。据数据统计，2019 年，厦门 12348 全年咨询总量共计 44108 件，同比增长 29.47%。2020 年前 4 个月，我市 12348 已接听电话咨询 18872 件，同比增长 54%。随着电话咨询量不断攀高、社会认可度不断提升，12348 作为公共法律服务平台密切联系百姓的桥梁与纽带，如何改进工作提升服务质量，已成为目前亟待解决的问题。

一、厦门12348法律咨询工作开展情况

传统的公益法律咨询业务主要依托于 12348 热线电话展开，为社会公众提供的电话咨询服务。2019 年下半年，随着厦门法网的建设完成并上线运行，我市法律咨询服务实际涵盖了 12348 的电话咨询与法网的网络咨询两个方面，其中以热线电话咨询为主。热线电话的咨询从 2017 年 9 月起采用政府购买服务方式进行，由中标的福建重宇合众律师事务所提供律师服务。具体的服务运作模式为，由律师事务所组织律师保障热线平台 10 个席位的日常电话咨询解答，由市公共法律服务中心安排两名工作人员负责平台的日常管理及沟通协调。法网的网络咨询因上线运行时间不长，服务运作的模式尚处摸索阶段。网络咨询解答也暂由热线平台值班律师代理。虽然市司法局考虑将网络咨询服务事项交由公共法律服务志愿者联盟办公室负责组织管理，但因联盟办公室缺少人手，仅完成了前期的咨询服务律师志愿者的召集工作，实际的网络咨询件分配、审核及志愿者管理等都暂由热线平台管理人员兼任，实际运作颇为不顺。

二、厦门12348法律咨询工作存在的问题与困难

1. 厦门法网与热线平台工作职责不清，给热线平台管理造成不便。厦门法网的开发建设起步于 2018 年 10 月。市司法局按照司法部的统一部署及相关标准，以局信息化规划为指引，在 12348 话务咨询管理系统上线运行之后进行开发建设。该项目已经在 2019 年底建设完工。建成后的厦门法网和热线平台已成为公共法律服务平台的重要组成，其中厦门法网既是全市公共法律服务工作的统领，又是司法行政综合数据汇聚中心，承载着司法行政各业务的职能展示及工作入口。厦门法网建成后包括普法宣传、法律咨询、人民调解、法律援助等各项业务模块均已上线，但主管部门尚未对各业务模块的运行、

＊林剑芳，厦门市法律援助中心。

维护、管理等进行责任分工，大量工作基本处于无主状态，都暂由热线平台工作人员承担，给法律咨询的管理造成诸多不便。

2. 财政经费投入不足，政府购买服务难如人意。2018 年，厦门 12348 首次采用政府购买服务引进律师事务所提供服务时，由于购买律师服务的经费标准没有依据，只能参照法律援助律师值班补贴 300 元 / 天的标准，最终财政批准的经费约为 68 万元，折合热线平台值班律师每人每天的补贴仅约为 230 元，无法吸引更多的律师事务所参与投标竞价，最终只能由长期热衷社会公益事业的福建重宇合众律师事务所一家来保障热线平台的律师服务工作。实践中，单一律师事务所的服务供给方式存在着较多不尽如人意之处，如律师人手紧张，无法组织足够多的执业律师提供服务，席位缺岗现象较为普遍；顶替上岗的实习律师缺乏工作经验，服务质量难以保证；律师事务所没有提供购买服务的职业管理经验，服务现场的业务质量无法把控；等等。

3. 网络咨询服务的组织保障机制尚未建立。厦门法网试运行阶段，少量的网络咨询由热线平台的值班律师暂时承担，但随着厦门法网的建设完善与推广使用，网络咨询量也不断增加，网络咨询服务仍然由热线平台继续保障已显弊端。一是热线咨询的业务量也与日俱增，值班律师无暇顾及网络咨询服务。二是网络咨询不属于购买服务的范围，额外增加工作负担于法无据、于理不合，工作任务无法继续分派。市司法局计划引进公共法律服务志愿者联盟参与法网咨询的组织管理也因没有人手无法有效开展，实际的工作也只能暂由热线平台人员兼顾。因职责分工不同，且热线平台管理人员无律师资质及专业能力不足等客观原因，并不适合代管此项工作。如何合理统筹热线和网络两块咨询服务的管理工作已迫在眉睫。

4. 热线平台人手不足，工作超负荷情况严重。目前，12348 除值班律师外只有 2 名工作人员，要承担着：值班律师考勤、咨询信息统计、数据分析、总结及各类报表填报；咨询回访与质量检查；疑难、热点问题梳理和针对性知识更新、培训；热线平台的语音留言及未接听电话的回拨处理；法网平台法律咨询的分配、审核；流转分派调解案件；公安 110 联动及警情报备；热线平台与法网平台新上岗值班律师应知应会培训；与系统开发单位沟通完善平台系统功能；组织律师撰写值班手记并进行宣传推送；典型咨询案件整理；厦门掌上 12348 微信公众号的编辑、审核及留言回复；12345 便民服务中心转办件处理；丁成说法数据提供、直播配合及连线故障处理等近二十项工作。由于人手紧缺，没有人员可供同岗替代，两名工作人员从去年以来一直都无法正常进行轮休，长期工作超负荷情况严重。

三、改进厦门12348法律咨询工作的几点思考

1. 尽快建立规章制度，完善厦门法网各业务模块的管理。厦门法网建设完成后，关于法网规范管理的建章立制工作应尽早提上议事日程。通过制定具体的管理制度，对厦门法网各业务模块的工作职责分别进行确定，同时明确厦门法网各业务模块的管理部门和工作职责，将暂由热线平台代管的网络咨询的分配审核、纠纷案件调解的流转分派、公安 110 联动及警情报备以及厦门掌上 12348 微信公众号的编辑、审核及留言回复等多项工作交由相关业务处室承办，让热线平台回归法律咨询的主业，集中精力提升法律咨询服务质量。

2. 加大经费投入，购买专业的社会服务。从 2019 年底开始，我局就一直在推动提高

值班律师补贴标准工作，建议财政部门将值班律师的补贴标准从 300 元 / 天提高至 500 元 / 天。该建议方案已得到财政部门的认可，相关工作进展较为顺利。建议在补贴标准提高后，根据实际增加的电话咨询数量、延长的服务时长以及网络咨询的实际工作量，科学合理地测算需要购买的值班律师数量，确定购买电话咨询及网络咨询的预算经费，改变政府购买服务的方式渠道，参照"12348 中国法网"及广东、安徽等地法网的做法，购买专业的法网服务团队提供服务，由其向社会广泛招募律师、组织上岗业务培训并安排专人负责现场的流程及质量管理，真正做到专业的事交由专业的人来做。

笔者近期曾随市司法局学习考察组到厦门 12345 市民热线平台进行现场观摩交流。厦门 12345 市民热线平台的运作模式即是通过购买专业服务团队提供服务。热线平台的话务咨询服务全部交由厦门电信公司打理，电信公司还为此安排专门的现场管理人员对服务流程和质量管理进行严格管控，并就提供服务的相关问题与热线平台的管理部门进行对接沟通。热线平台的工作人员完全从咨询服务的具体事务中脱离出来，专心负责行政管理工作即可。

3. 合理增加热线平台工作人员。上述两点建议如果能够顺利实施，不仅能够减轻热线平台管理人员的工作负担，也将大大缓解人手紧张的压力，平台工作人员也能有更多的时间和精力主抓提升咨询服务质量工作。鉴于热线平台作为公共法律服务的重要组成部分，在厦门法网各业务模块的分流之后仍然还有许多的工作职责需要足够的人手去完成，目前仅靠两名人员支撑的局面必须早日改变，建议再合理增配一至两名工作人员。如果购买专业团队提供咨询服务的建议短期内难于实施，则应再增配二至三名工作人员来保障热线平台的合理运作。

规范毒品取证行为 完善涉毒法律规定

李健锋 *

毒品犯罪案件的高发态势，严重影响着社会稳定和人民群众的生命财产安全。该类案件犯罪的隐蔽性强，直接证据少，查获的毒品是侦破案件的重要客观物证，对案件的定罪量刑具有重要的作用。为了规范毒品犯罪案件中毒品的提取、扣押、称量、取样和送检工作，两高一部于 2016 年 5 月 24 日联合发布了《办理毒品犯罪案件毒品提取、扣押、称量、取样和送检程序若干问题的规定》（以下简称《规定》）。笔者在办理涉毒案件过程中发现，该规定的初衷是美好的，但是在执行该规定时，有几个问题经常影响并困扰着司法办案人员。困扰的问题包括见证人、称量、成分含量鉴定等，而这些方面又与案件办理密切联系，影响案例办理的客观公正，因此，对上述问题进行分析，并提出实际适用思路或规则完善思路，具有重要意义。

一、关于见证人规定的理解分歧及适用建议

（一）现有规定没有明确提取物证是否需要见证人，在司法实践中存在理解的分歧。《规定》第四条规定，侦查人员应对毒品犯罪案件有关的场所、物品、人身进行勘验、检查或者搜查，及时准确地发现、固定、提取、采集物证，并依法予以扣押。第五条明确规定毒品的扣押应当在有犯罪嫌疑人在场并有见证人的情况下进行，并且规定提取和扣押均应制作笔录，笔录需要有见证人的签名。对于上述两条规定，容易让人产生这样的疑问，即现场物证（包括毒品）的提取是否需要有见证人？该规定第四条并未明确指出提取和固定物证时需要见证人，第五条只是规定在制作提取笔录时应该有见证人在场。亦即，提取和提取笔录是分别进行的，先行提取而后制作提取笔录，见证人只是见证了提取笔录的过程，对于提取的真正过程并无法予以见证。对于案件的取证而言，提取过程的客观性和公正性的要求远高于基于形式的提取笔录的制作过程。这样的规定显得有点本末倒置，不仅增加侦查人员的工作量，也给辩方提供了"钻牛角尖"的空子。从司法实践看，现场提取时不需要见证人。理由如下：首先，第四条已经规定对现场勘验、检查或者搜查时，应当对查获毒品的原始状态拍照或者录像，如果再要求需要见证人到场则降低了侦查机关现场调查取证的效率。

（二）《规定》要求在封装、称量和取样过程中应该有见证人，并且对见证人的身份作出排除性的规定。但是在办理案件过程中，即使按照要求，卷内附有见证人的身份证件，我们仍无法核实案件中的见证人是否属于《规定》中排除的三类人员，这样的规定形同虚设。

（三）《规定》在附则中又指出，如果系客观原因无法找到符合条件的人员担任见证人的，可以通过在笔录材料中注明情况，并以对相关活动进行拍照并录像的方式予以替

---

* 李健锋，厦门市集美区人民检察院。

代。也就是说，只要能对相关活动进行拍照并录像，见证人并非必须。笔者认为，这样的规定更具有客观性和合理性，拍照和录像可以替代侦查环节需要见证人的要求，也更有利于对案件的审查。

综上，笔者认为不管是在毒品取证的任何过程，只要有客观的证据（比如拍照、录像）能够反映和证明毒品的客观情况，见证人的有无不应成为影响毒品犯罪案件证明毒品数量、成分、含量的阻碍。

二、称量规则的理解及完善建议

1. 关于称量的现有规定。《规定》要求，对查获的毒品应当按其独立最小包装逐一编号或者命名。对两个以上包装的毒品，应当分别称量。对同一组内的多个包装的毒品，可以采用"去壳法"进行称量。如果毒品系包装完好、标识清晰完整的麻醉药品、精神药品制剂的，可以按照包装、标识或者说明书上标注的麻醉药品、精神药品成分的含量计算全部毒品的质量，或者从相同批号的药品制剂中随机抽取三个包装进行称量后，根据麻醉药品、精神药品成分的含量计算全部毒品的质量。

2. 现有规定在司法实践中存在适用难题。笔者在办理该类案件过程中发现，对于可能上百个或上千个包装的胶囊类毒品，侦查人员更倾向于"综合"运用上述规定，亦即抽取其中的三个包装进行称量，利用"去壳法"算出全部胶囊中疑似毒品的总重量。然而这样"综合"操作的方法却存在违法的情况，对于需要以毒品重量来指控犯罪的案件，存在极大的问题。

其一，随机抽取三个包装进行称量的方法只能运用于"毒品系包装完好、标识清晰完整的麻醉药品、精神药品制剂"的情况。然而，在现实的毒品交易过程中，为了隐藏自己的犯罪行为，即使具有胶囊样的包装，犯罪分子也不会在上面写明该胶囊含有麻醉或精神药品，更不可能写明麻醉或精神药品的含量。因此，该规定能适用的情况少之又少，而又会被部分侦查人员予以误用，影响对犯罪的指控。

其二，对于实际上系成百上千甚至上万个包装的情况，严格按照《规定》第十五条的规定进行称量是不符合实际的，即使应用了"去壳法"，这样的工作量是巨大的，浪费大量的人力不说，也极其影响办案效率。

3. 完善建议。因此，笔者认为《规定》中应再补充规定，对于具备一定大数量的包装的情况下，可以用"取样"法进行称量，亦即从中抽取一定比例进行称量后，算出单个包装的平均重量，而后算出全部毒品的总重量。在《规定》没有作出修改前，侦查人员在称量过程中仍应避免"违规"。

三、成分含量鉴定规定的不足及完善建议

1. 关于成分含量的现有规定。《刑法》规定，毒品的数量以查证属实的走私、贩卖、运输、制造、非法持有毒品的数量计算，不以纯度折算。《全国部分法院审理毒品犯罪案件工作座谈会纪要》（简称《大连会议纪要》）明确，对可能判处被告人死刑的毒品犯罪案件，以及对涉案毒品可能大量掺假或者系成分复杂的新类型毒品的，应当作出毒品含量鉴定，并且以毒性较大的毒品成分确定其毒品种类。《规定》进一步明确五种应当进行含量鉴定的情形，即"可能被判处死刑的""毒品系液态、固液混合物或者系毒品半成品

的""毒品可能大量掺假的""毒品系成分复杂的新类型毒品，且犯罪嫌疑人、被告人可能被判处七年以上有期徒刑的""人民检察院、人民法院认为含量鉴定对定罪量刑有重大影响而书面要求进行含量鉴定的"。

2. 现有规定的不足及完善建议。笔者认为，明确应当进行毒品含量鉴定的情形，给办案人员指明了工作方向，但有几点美中不足，仍需进一步完善。

一是《规定》没有对"成分复杂的新类型毒品"的概念予以明确，随着合成方法的更新，"新类型毒品"的内涵和外延也在不断发生变化，而含有几种成分属于"成分复杂"也未能明确。因此，在适用该情形过程中，控辩争论不断，难以判断。笔者认为，法律和司法解释对各种毒品定罪量刑的数量标准已作出明确规定，不管是否成分复杂，也不论是否属于新类型毒品，只要确定其中成分，就可以按照成分毒品所对应的数量标准计算刑罚。因此，该规定前半句修改成"毒品系含两种以上成分的"，实务中更具操作性，与《大连会议纪要》的精神一致，同时还兼具了对罪责刑相适应的考虑。

二是《规定》没有明确在现有技术不能对毒品含量作出鉴定的情况下，应如何认定毒品的数量。当前，我国司法实践对毒品犯罪案件处理的共识是，对于毒品中含有海洛因、甲基苯丙胺的，以海洛因、甲基苯丙胺分别确定其毒品种类；不含海洛因、甲基苯丙胺的，以其中毒性较大的毒品成分确定其毒品种类；在毒性相当或者难以确定毒性大小的情况下，以其中比例较大的毒品成分确定其毒品种类，在量刑时则综合考虑其他毒品成分、含量和全案所涉毒品数量。也就是说，毒品成分的含量影响着案件的定罪量刑。对无法作出含量鉴定的毒品含量的认定规则的缺席，给司法人员依法准确打击毒品犯罪带来阻碍。笔者认为，从不违背上位法规定以及从严打击的角度出发，《规定》可以补充因故不能（竭尽现有技术条件仍不能）鉴定毒品成分含量的认定规则，以其中毒性较大的毒品成分确定其毒品种类，并以全部毒品的数量予以认定从而进行定罪，但在量刑上，可以根据案件情况给予从轻或减轻处罚。

四、结论

见证人、称量、成分含量鉴定三个方面是办理毒品犯罪案件面临的重要问题，也是事关案例办理是否客观公正的重要决定因素。以事实为依据，以法律为准绳。经过分析，本文认为，毒品物证的提取、封装、称量和取样并不必然需要见证人在场；对于称量规则应再补充规定，对于具备一定大数量的包装的情况下，应规定可以用"取样"法进行称量；对于成分含量鉴定，现有规定存在不足，应进行相关补充。处在司法一线办案的我们，努力查明犯罪事实，准确适用法律，也期待着健全的法律法规可以给我们带来快速依法打击犯罪的指引，做到不枉不纵。

不动产登记机构错误登记侵权损害赔偿机制研究
——基于行民实体统一与程序分立视角

陈炳杰 *

一、引言

不动产登记行为①及不动产登记机构②错误登记侵权损害赔偿责任③之性质，学理上认识尚不统一，实务中亦未达成共识。多数情形下，行政诉讼为主要的救济手段，但是否可以请求登记机构承担民事责任，存在分歧。有些法院认为错误登记损害赔偿责任属于行政责任，不宜通过民事诉讼途径解决。④但有些法院却将其作为一般民事侵权案件处理。⑤而在行政赔偿诉讼中，理论及实务上对登记机构工作人员"过错"在责任分配中之地位的认识存在误区，各地法院对登记机构和第三人按份责任和连带责任的处理做法各异，故有必要在理论研究的基础上统一相关司法实践。本文拟从错误登记损害赔偿责任之性质着手，继而分析论证行政责任和民事责任具有潜在的共同实体责任划分基础，最后尝试在行政诉讼框架内合理建构该类案件的审理机制，以此回应我国学术界和实务界长期以来对此问题的关注和争论。

二、错误登记损害赔偿的责任辨析

错误登记损害赔偿责任之性质取决于登记行为之性质，不同性质责任所对应的诉讼程序存在重大差别，因关乎当事人的救济选择和切身利益，故有待厘清。

（一）立法、司法与理论现状

法律层面，错误登记损害赔偿责任至今在我国经历了三个阶段的发展进程。（详见表1）

表1

	法律依据	说明
民事责任阶段	1986年《民法通则》第121条，1988年《民通意见》第152条	错误登记损害赔偿责任属于一种特殊的民事侵权责任。
行政介入阶段	1989年《行政诉讼法》第11条（现第12条），1995年《国家赔偿法》第2条	错误登记致人损害可以提起行政诉讼，自此两种诉讼模式并行。

---

* 陈炳杰，厦门市同安区人民法院。

① 以下简称"登记行为"。
② 以下简称"登记机构"。
③ 以下简称"错误登记损害赔偿责任"。
④ 参见（2010）浙温民终字第1036号、（2016）浙0681民初12973号文书。
⑤ 参见（2013）渝二中法民终字第00256号、（2015）徐民终字02361号文书。

续表

	法律依据	说明
民事回避阶段	2007 年《物权法》第 21 条，2009 年《侵权责任法》第 6、34 条	《物权法》未明确错误登记损害赔偿的责任性质。《侵权责任法》能否适用于错误登记损害赔偿意见不一。

实务层面，当事人因错误登记遭受损害可以对登记机构提起民事或行政赔偿诉讼。（详见表 2）

表 2

诉讼类型		代表案例	裁判理由
行政诉讼		一审：（2016）渝 0234 行赔初 2 号；二审：（2016）渝 02 行赔终 7 号	开县国土房管局错误登记造成刘芳权益受损，应就错误补办房产证这一违法行为承担赔偿责任。
民事诉讼	财产损害赔偿纠纷	一审：（2017）内 2526 民初 238 号；二审：（2018）内 25 民终 151 号	西乌珠穆沁旗国土资源局、房地产管理局因其错误登记行为，对王倩曦造成的损害，应承担赔偿责任。
	不动产登记纠纷	一审：（2013）零民初字第 697 号；二审：（2015）永中法民一终字第 430 号	零陵区房产局错误登记致零陵区农村信用合作社因信赖登记公信力借款于贺泽明后债权无法保障，应承担全部责任。

理论层面，登记行为及错误登记损害赔偿责任之性质计有六种学说。（详见表 3）

表 3

学说		代表观点
国赔责任	行政责任	登记错误即具体行政行为发生错误，由此造成他人损害，行政机关应承担行政赔偿责任，适用国家赔偿法。①
	民事责任	错误登记致人损害，登记机关应依照国家赔偿法的相关规定承担赔偿责任。② 国家赔偿法系民法的特别法，国家赔偿责任系特殊的民事侵权责任。③
民事责任		不动产登记机构的审查登记虽含有行政管理成分，但其行为本身仅是当事人物权变动合意的附属性的补助行为，基本性质仍应界定为民事私法行为。④
双重性质	功能说	管理登记层面，登记体现为国家对不动产利益的管理活动；权利登记层面，登记体现为国家对民事主体物权权属或者其变动内容的一种确认服务。⑤
	阶段说	申请登记阶段，当事人的登记请求权属于物权或债权请求权，为私法性质之行为；登记审查阶段，登记具有鲜明的行政法性质。⑥
性质不明		目前不宜定性错误登记损害赔偿的责任性质，应留待行政管理体制改革进一步予以明确。⑦

---

① 梁蕾：《不动产登记中的损害赔偿责任研究》，载《行政法学研究》2008 年第 3 期。

② 梁慧星：《中国物权法草案建议稿——条文、说明、理由与参考立法例》，社会科学文献出版社 2000 年版，第 180 页。

③ 梁慧星：《中国侵权责任法解说》，载《北方法学》2011 年第 1 期。

④ 刘保玉：《不动产登记机构错误登记赔偿责任的性质与形态》，载《中国法学》2012 年第 2 期。

⑤ 龙卫球：《不动产登记性质及其纠纷处理机制问题研究》，载《法律科学》2017 年第 1 期。

⑥ 杨寅、罗文廷：《我国城市不动产登记制度的行政法分析》，载《法学评论》2008 年第 1 期。

⑦ 全国人大常委会法制工作委员会民法室：《中华人民共和国物权法条文说明、立法理由及相关规定》，北京大学出版社 2007 版，第 22 页。

（二）公私责任之我见

学理上，登记行为的性质存在极大争议，民法学者多主张登记行为系私法行为，应纳入民法的调整范围，而行政法学者多将登记行为视为行政确认之一种，从国家管理的角度进行探讨。登记之主要功能在于不动产物权归属及变动的公示，从表面上看，前述公示事项似乎属于私益事项，但深层次里，它更关系合法不动产权利之保障以及正当不动产交易秩序之构建，这些事项则属于公共利益的范畴。① 因此，尽管学界对不动产交易法律行为与登记之间的关系存在争议，但可以确定的是，登记是一种独立于法律行为且与其并列的官方机关行为。② 实际上，登记机构的责任性质主要与其管理体制紧密相关，随着《不动产登记暂行条例》的颁行，我国不动产登记机构的行政设置似乎尘埃落定，若立法价值未出现重大转变，不动产登记机构将在相当长的一段时期内延续现状。因此，在所谓脱离行政管理体制而社会化或司法化的登记机构创建完成之前，我国立法及司法仍会将登记行为视为行政行为。基于此，本文将错误登记损害赔偿责任定性为行政赔偿责任。

（三）国家赔偿之性质

对于国家赔偿责任③之性质，理论界及实务界素有公法责任与私法责任之分野。但是，将国家赔偿视为民事责任，将《国家赔偿法》视为民事特别法实属民法学者的一厢情愿。首先，《国家赔偿法》系根据宪法制定，而在我国《宪法》视角下，国家作为赔偿主体既可能承担公法责任亦可能承担私法责任④，前者以《国家赔偿法》为基础，适用于国家机关及其工作人员职权行为致人损害的情形，后者以《民法总则》等民事法律为基础，适用于国家机关及其工作人员职务行为⑤致人损害的情形。其次，《国家赔偿法》规定的国家赔偿和民事赔偿虽然具有共同的法哲学基础，即填补损害以实现矫正正义，但构成要件却存在显著差别。根据保护规范理论⑥，国家应保护公民对其所享有之公权利。国家赔偿责任的构成要件之一是侵犯他人公权利，区别于侵犯他人私权利所产生的民事侵权责任；根据国家自己责任说及公共负担平等理论⑦，国家赔偿更为强调客观损害的合理分散，而根据过错责任理论，民事赔偿更为关注行为主体的个人意志。最后，实务中主要通过行政诉讼程序审理国家赔偿案件，最高院亦将此类诉讼作为行政案件处理⑧，显然已形成司法惯例。综上所述，《国家赔偿法》和《民法总则》等民事法律之间并非一般法和特别法，前者没有规定则适用后者的关系，而是在宪法第41条第3款统摄下规制不同领域损

---

① ［德］卡尔·拉伦茨：《德国民法通论》，王晓晔等译，法律出版社2003年版，第4页。

② ［德］卡尔·拉伦茨：《德国民法通论》，王晓晔等译，法律出版社2003年版，第428页。

③ 本文中国家赔偿责任特指《国家赔偿法》所规定的国家赔偿责任。

④ 王锴：《我国国家公法责任体系的构建》，载《清华法学》2015年第3期。

⑤ 职务行为指执行职务但未行使公权力之行为，如政府采购，区别于执行职务且行使公权力的职权行为和既未执行职务亦未行使公权力的公务员个人行为。

⑥ 陈敏：《行政法总论》，台湾神州图书出版有限公司2004年版，第256页。

⑦ 该理论将公权力行为对他人造成的损害视为公共负担，无论行为人是否基于过错，一律由国家代表全体社会成员共同承担赔偿责任，进而实现利益均衡。参见江必新：《国家赔偿与民事侵权赔偿关系之再认识》，载《法制与社会发展》2013年第1期。

⑧ 参见（2017）最高法行再101号、（2017）最高法行再97号文书。

害赔偿问题的平行关系。

三、行政民事侵权责任的实体统一性分析

不同性质责任之连带或者按份最终将落实到赔偿金额的内部或者外部分担。传统民事连带或者按份责任中，划分内部责任份额或者外部责任份额需要借助"作用力"以及"过错"两种要素。但以下分析将表明，即使公务人员之过错不属于行政赔偿责任的构成要件之一，但在划分责任比例和确定赔偿金额时，法官显然无法完全将"过错"排除在其思维体系之外。易言之，行政责任和民事责任具有共同的量责基础。

（一）行政侵权责任性质之探析

《国家赔偿法》第 3、4 条规定，行政机关及其工作人员违法行使行政职权侵犯公民人身或财产权益造成损害的，受害人有取得赔偿的权利。国家赔偿责任属于直接责任还是替代责任，素有争论，区别在于公务人员可否直接对受害人负责以及是否将公务人员过错作为赔偿要件[1]。而国家自己责任说在现行法上具有充足的依据，亦是权威观点[2]：首先，《国家赔偿法》通篇采用的是"赔偿义务机关"用语，个人显然无法纳入这一概念体系，同时，根据该法第 37 条之规定，赔偿费用列入各级财政预算，由国库支出。换言之，行政赔偿的责任主体为国家，该法并未规定公务人员个人可以承担行政赔偿责任，且公务员对受害者不直接承担责任是各级法院审判此类案件时的一贯原则[3]。其次，《国家赔偿法》未将公务人员过错作为责任构成要件，从该法第 16 条亦可反面推出国家在其工作人员没有过错时也可能承担赔偿责任；同时，法释〔2001〕23 号批复、法释〔2009〕20 号规定第 13 条及法释〔2018〕1 号解释新增的第 97、98 条均规定法院应根据行政行为在损害发生和结果中的"作用力"大小确定行政机关的赔偿责任，并未将公务人员过错作为行政赔偿责任的确定因素。最后，法释〔2010〕15 号、法办〔2012〕62 号、法释〔2009〕20 号虽然明确了公务人员过错的法律地位，但上述文件的颁行主体为最高人民法院，效力层级显然低于由全国人大常委会制定的《国家赔偿法》，因此，司法解释作此规定似乎有僭越立法之嫌。综上所述，行政赔偿责任是国家自己责任，其成立无须考虑公务人员过错。

（二）行政赔偿归责原则之澄清

通说认为，行政赔偿责任的归责原则为违法原则。但根据侵权责任构成三要件说[4]，违法和（无）过错不属于同一范畴，前者为客观构成要件，后者为主观构成要件，二者处

---

① 沈岿：《国家赔偿：代位责任还是自己责任》，载《中国法学》2008 年第 1 期。

② 应松年：《我国民主与法制的新进展——祝国家赔偿法颁布实施》，载《行政法学研究》1994 年第 2 期。

③ 缪坚：《公权力行使的有关赔偿责任探析》，载《法学杂志》2006 年第 5 期。

④ 根据三要件说，侵权责任构成要件为该当性（加害行为、损害后果、因果关系）、违法性及有责性。

于并列关系。违法判断的原始基础在于是否违反行为义务[1]。公民对国家享有公权利[2]，公权力行为违反针对特定相对人的公法上的义务性法律规范[3]，即构成对公权利之侵犯，此时才存在行政法上的"违法"情形，故"违法""违反对他人之义务"与"侵犯他人合法权利"实系同一含义之不同表述。因"违法"概念较为抽象，且容易引发"违反某一法律规则的行为就概括抽象地径行赋予其违法性"[4]之谬误，因此不如《宪法》第41条第3款所规定之"侵犯公民权利"和《国家赔偿法》第2条所规定之"侵犯公民、法人和其他组织合法权益"直接贴切。相对地，民事侵权亦有所谓"违法"问题，即责任认定时应考察加害行为是否侵犯公民合法权利，其与行政侵权中"违法"的区别在于受侵犯权利之性质，前者侵害的是公民对私人所享有的私权利，后者侵害的是公民对国家所享有的公权利。由此可见，以违法性作为归责原则混淆了相关概念。值得一提的是，2010年《国家赔偿法》第2条删除了"违法"二字，显然有扫除违法归责错误观念之意图，可资赞同。另，国家属于组织体，无法给予其主观过错之评价，否则难以为普通人所理解，且超出"过错"的固有含义射程，更容易造成法学理论知识上的混乱，因此，行政赔偿责任的归责原则系无过错原则。

（三）损害分配标准之差异与融合

根据过错、原因力综合比较通说理论[5]，民事赔偿责任的分担需要考虑各行为主体过错程度和作用力大小。行为人若是单位组织，其责任承担的前提是其工作人员的职务行为符合民事侵权之构成要件。"'皮之不存，毛将焉附？'如果雇员本身都不用就其侵权行为对受害人承担侵权责任，雇主如何就雇员的侵权行为对受害人承担侵权责任？"[6]而从理论自洽角度上看，行政赔偿责任的认定不应涉及公务人员之过错，只需考虑行为对结果作用力大小，但在确定行政赔偿责任时完全忽略公务人员之过错，殆无可能。

所谓过错，即一个人为使损害结果发生而进行的"努力"，是根据有形的客观外部行为所反映出的无形的"主观"内心意愿，属于有责性范畴。"过失与否，理论上，应主观认定之。唯行为人之主观状态除其本人外，事实上难以切实掌握。因致，方法上只有借助外界存在之事实或证据推敲之。"[7]庞德甚至认为，"过错与个人主观能力并无密切关系，而是建立在社会的一般认识和道德意识之上，属社会性过失"[8]。因此，过错的判断应采客

---

① 王锴：《我国国家公法责任体系的构建》，载《清华法学》2015年第3期。

② 公权利是针对公民对其他私人所享有的民事权利而言。关于公权利概念的相关论述，参见王和雄：《论行政不作为之权利保护》，台湾三民书局1994年版，第19—65页。

③ 杜仪方：《行政赔偿中的"违法"概念辨析》，载《当代法学》2012年第3期。

④ 王千维：《民事损害赔偿责任法上"违法性"问题初探（上）》，载《政大法学评论》2001年第66期。

⑤ 杨立新、梁清：《客观与主观的变奏：原因力与过错——原因力主观化与过错客观化的演变及采纳综合比较说的必然性》，载《河南省政法管理干部学院学报》2009年第2期。

⑥ 张民安：《雇主替代责任在我国未来侵权法中的地位》，载《中国法学》2009年第3期。晚近学界对雇主"替代责任原理"通说提出了挑战，认为应以"组织过错理论"替代之。参见郑晓剑：《揭开雇主"替代责任"的面纱——兼论〈侵权责任法〉第34条之解释论基础》，载《比较法研究》2014年第2期，第156页。本文仍从通说。

⑦ 曾世雄：《损害赔偿法原理》，中国政法大学出版社2001年版，第73页。

⑧ R.Pound, *An Introduction to the Philosophy of Law*, Yale University Press, New Haven, 1955, p.170, pp.177–179.

观标准，即"以一般人（公务人员）在该具体情况下，所应注意且可期待其注意程度来加以判断"。[①]

"努力"并不必然产生结果，故出现对"努力"进行评价的原因力、作用力或因果关系贡献度之概念[②]，即在各种主观价值判断影响下，行为对结果"贡献"大小的"客观"描述，属于该当性中的因果关系范畴。作用力本属纯粹的客观概念，并不包含法律价值判断，但随着侵权法理论之发展，越来越多地渗入"主观"色彩。一般来说，对造成损害的某一行为作用力及其大小的判断首先基于对行为人"主观"过错有无及过错形态之判断。[③] 行为人过错是认定行为作用力的一个关键性因素，通常过错程度越重，作用力的归责倾向就越明显。[④] 正如学者所言，由什么构成过错也是法律上因果关系的内容之一，否认此点就无法讨论因果关系。[⑤] 实践中，法官们亦通常借助"过错"概念确定作用力[⑥]，公务人员是否具有过错俨然成为法院审理错误登记行政赔偿案件的考量因素之一，如山东高院认为："原审法院应查明……青岛房管局在案涉房屋登记中是否存在过错，并根据过错程度……承担相应赔偿责任。"[⑦]

综上所述，行政赔偿中不考虑公务人员过错仅是理论上的空想，过错和作用力远非泾渭分明，而是主观客相互交织，随着过错客观化和作用力主观化之滥觞，任何企图截然分隔二者的努力注定徒劳，最终的量责结果将取决于具体案情和法官的自由裁量。故在考量行政机关和第三人责任比例时，法官均会着眼于作用力和过错公平分配。区别在于，过错在行政诉讼中的适用应当是"潜在的"，宛若一座冰山，浮于水面之上的是"作用力"，隐于水面之下的是"过错"，"过错"虽然无法显出"水面"，但却无法否认其真实存在。这也是不同性质责任得以相互参照与比较的重要连接点，即基于相同之量责标准，互为责任比例认定之依据。

四、责任"双轨制"下的程序分立性构建

因错误登记造成他人损害，鉴于案件受理阶段法院往往无法仅凭受害人之诉状和书面证据即准确判断具体的侵权人，故此时被诉对象之范围取决于受害人的自由选择；案件审理过程中再由法院通过"追加"制度对受害人原初的起诉对象予以修正。下文以登记机构、登记申请人、受害人间的三角关系为例，在按份责任或连带责任情形下，因登记申请人无法承担行政赔偿责任，此时行政责任和民事责任并存。（见图 1）

---

① 叶百修：《国家赔偿法》，载翁岳生编《行政法》（下册），中国法制出版社2000年版，第1613页。

② 三者含义相同，为行文方便，本文统一采法条明文规定的"作用力"。

③ 周晓晨：《过失相抵制度的重构——动态系统论的研究路径》，载《清华法学》2016年第4期。

④ 王千维：《民事损害赔偿责任法上"违法性"问题初探（上）》，载《政大法学评论》2001年第66期。

⑤ See Simon Deakin, Angus Johnston, and Basil Markesinis, *Markesinis and Deakin's Tort Law* (5th Edition), Clarendon Press, 2003, London, p.167.

⑥ 王卫国：《过错责任原则：第三次勃兴》，中国法制出版社2000年版，第160页。

⑦ 参见（2018）鲁行再5号文书。亦可参见（2017）黑行申12号、（2018）湘行再74号、（2018）川行申410号文书。

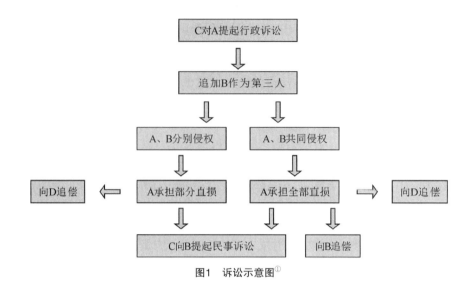

图1　诉讼示意图[①]

（一）登记机构和登记申请人分别侵权

行政诉讼中，若有证据证明登记机构和登记申请人因相互独立的特定行为结合导致同一损害，法院应当依受害人申请或依职权追加登记申请人作为诉讼第三人[②]。理由在于，分别侵权情形下，各方侵权行为之实施虽无意思联络，但造成同一损害后果发生，对任何一个侵权人的责任评价均须放在同一案件的侵权法律关系中与其他侵权人的侵权行为、因果关系（及过错）等要素进行横向权衡比较，否则可能影响案件事实的全面查明和各方责任的合理划分。

鉴于个人只能承担民事赔偿责任，无法承担行政赔偿责任，而两种责任的性质、法律依据及索赔程序均不相同，故行政案件中，仅宜对登记机构是否应承担行政赔偿责任进行审理，登记申请人是否需要赔偿受害人损失，应通过民事诉讼程序解决。[③] 具体来说，法院应结合案情，严格依照《国家赔偿法》所规定的计算标准和赔偿项目得出行政赔偿总额，同时依据各方行为与损害结果之间有无因果关系、在损害发生和结果中作用力的大小（和登记机构工作人员之过错）确定登记机构的责任份额或比例[④]。当然登记申请人作为第三人，可就法院所认定的事实和责任比例提起上诉，以兹救济。

受害人其后可就尚未填补之损失对登记申请人提起民事赔偿诉讼，法官亦应向受害人释明可另行提起民事诉讼向登记申请人主张权利。而生效的行政赔偿判决书具有既判

---

① 登记机构—A；登记申请人—B；受害人—C；登记人员—D。

② 实践中有些法院在事实查明和裁判说理中认定登记申请人和登记机构分别侵权，但却未将登记申请人列为第三人，有剥夺登记申请人诉讼权利之嫌。参见（2014）南行终字第42号、（2014）菏行终字第115号文书。关于分别侵权的诉讼模式，学理上认为二侵权行为各自独立，系因偶然因素结合造成同一损害，侵权人间的责任互不牵连，法院应当尊重原告的诉讼选择，但实务中，法官倾向于依申请或职权将所有可能的侵权人追加为共同被告或第三人，以防事实不清和责任分配不公，避免被二审法院以遗漏当事人为由发回重审。

③ 参见（2016）辽02行终452号文书。

④ 已有法院在行政判决书的事实查明和裁判说理部分对登记机构和登记申请人间的责任比例作出明确认定，可资赞同。参见（2016）渝02行赔终7号、（2017）渝行赔申21号文书。

力，其中关于各方责任比例的认定、行政赔偿金额等事实可以拘束民事赔偿诉讼的双方当事人。行政案件所确定的行政赔偿总额在剥离登记机构所应承担的赔偿数额后的剩余部分，纳入登记申请人的民事赔偿责任范畴；同时，根据《国家赔偿法》的规定，行政赔偿以受害人直接损失为限，登记申请人还应就受害人的间接损失以其责任比例进行赔偿。若受害人对登记申请人提起民事赔偿诉讼时行政判决尚未生效，为防止裁判冲突，法院应当中止审理。

（二）登记机构和登记申请人共同侵权

侵权法框架内，连带责任的正当化基础为各行为人的"共同"或者"一体性"，包括基于意思而形成的一体性，即共同过错，和基于因果关系而形成的一体性，即可能因果关系。[1] 前者属于主观共同侵权，包括共同故意和共同过失；后者属于客观共同侵权，分为责任者不明和份额不明两种类型。若受害人提起行政诉讼，从自己责任学说的理论自洽角度观之，无法以登记机构工作人员和登记申请人主观上具有共同故意（恶意串通）证成登记机构和登记申请人应承担连带赔偿责任。共同危险行为要求责任者不明，而造成受害人损害的直接原因是行政机关实施的具体行政行为，故只要该行为具有违法性，国家作为责任主体便是确定的，因此更确切地说，适用行政、民事连带责任的唯一可能情形为具体行政行为和登记申请人各自的侵权行为造成同一损害后果，但数个侵权行为对损害后果的作用力大小无法区分，即份额不明型共同侵权。笔者认为，出于特定规范目的，恶意串通场合，就对外关系而言，可以认定各方侵权行为之作用力无法区分份额，应对受害人的损失承担连带赔偿责任。

行政、民事侵权连带责任发端于传统民事连带责任理论，系应司法实践之需要[2]，逐步扩张、发展而来，具有必要性和可行性。必要性体现在：在《国家赔偿法》所规定的行政赔偿责任属于公法责任的前提下，个人和国家工作人员合谋，利用公权力损害第三人利益构成客观共同侵权与个人无法承担行政赔偿责任之间存在矛盾，若不创设这一不同性质责任之连带规则，无法妥适回应上述情形；可行性体现在：同一案件中涉及民事、行政责任时，尽管在事实认定和法律适用上存在表面不一致，但二者不具有可比性，故实质上并不矛盾，需要考量的仅是赔偿数额认定的统一。[3]

受害人对登记机构提起行政诉讼时，若有证据证明登记机构和登记申请人可能存在共同侵权情形，可初步判断所有侵权人之侵权行为被纳入"一个整体性生活历程"[4]，构成"同一案件事实"，具有相同诉讼标的，法院应立足于"案件基本事实之查明"，依受害人

---

① 叶金强：《共同侵权的类型要素及法律效果》，载《中国法学》2010年第1期。

② 法释〔2009〕20号第13条前段创设了行政、民事连带责任类型。但该条规定以恶意串通作为连带责任的承担原因，笔者并不赞同。

③ 杜仪方：《行政不作为中行政与民事赔偿责任的分担》，载《社会科学》2009年第10期。

④ 卢佩：《多数人侵权纠纷之共同诉讼类型研究——兼论诉讼标的之"案件事实"范围的确定》，载《中外法学》2017年第5期。

申请或职权追加登记申请人以第三人身份参加诉讼。[1] 正如前述，登记申请人是否需要赔偿受害人损失，应通过民事诉讼程序解决，此时应仅判令登记机构就受害人直接损失承担全部赔偿责任，但裁判理由中可以就共同侵权的事实进行表述。[2] 因国家一般来说不存在履行不能的情况，基于节约司法资源角度，受害人一般无需就该部分赔偿再对登记申请人提起民事诉讼。实际上，连带责任情形下，是否在行政判决中一并处理登记申请人之责任，对受害人之利益并无重大影响，因为从履行能力上讲，无论何种情况，国家均是受害人首要的请求赔偿主体。至于受害人的间接损失，其可另行通过民事诉讼途径向登记申请人全额主张，当然，后诉应当遵循前诉关于共同侵权等相关事实的认定，自不待言。

五、结语

"行政的归行政，民事的归民事，所谓的关联是存在的，所谓的交叉或者附带是想象的，所谓的累讼是极为特别的"[3]。本文抛开争议较大的"行附民"或者"民附行"诉讼模式，在肯定登记行为系公权力行为的前提下，论证了行政和民事侵权所拥有的共同量责因素可为各方赔偿数额认定之统一标准，同时还对行政赔偿诉讼救济模式的构建进行了初步探索。但笔者期待着更多更深入的研究，特别是本文提出的一些观点尚需更为精细的思考，其合理性亦有待进一步审视。

---

[1] 关于共同侵权的诉讼模式，司法实践和立法标准间、立法标准之间存在差异：根据《侵权责任法》第13条，被侵权人可起诉部分侵权人，亦可起诉全部侵权人。但司法实践的做法更接近《人身损害司法解释》第5条"赔偿权利人起诉部分共同侵权人的，人民法院应当追加其他共同侵权人作为共同被告"之规定，即法官出于查明事实和避免上级法院因案件事实不清或遗漏当事人发回重审之考虑，倾向于将所有侵权人追加为诉讼当事人。

[2] 部分法院作出"合一确定判决"，即在行政判决主文中单列一项判令登记申请人对登记机构所应赔偿之金额承担连带责任，是否妥适，仍值研究。参见（2014）遵市法行终字第129号文书。

[3] 于立深在 2010 年第三届"法官与学者对话：行政诉讼附带民事诉讼理论研讨会"上的发言。

拓展律师参与信访工作广度深度
打造更高水平法治信访

胡雨阳 *

《中共中央关于全面推进依法治国若干重大问题的决定》提出"把信访纳入法治化轨道"，这一重大决策部署指明了信访制度法治化改革的方向。2016 年，司法部、国家信访局联合印发了《关于深入开展律师参与信访工作的意见》，对律师参与信访工作作出顶层设计。近年来，厦门市律师队伍积极参与信访工作，千余名律师参与信访值班以及代理、化解涉法涉诉信访案件，在维护群众合法权益、化解矛盾纠纷、维护社会和谐稳定等方面发挥着重要作用，律师参与信访工作的成效已初步显现。本文立足于厦门市律师参与信访工作实践，通过分析律师参与信访工作的优势、主要方式及存在的问题，以期探索律师参与信访问题化解的新路径，进一步拓展律师参与信访工作的广度和深度，发挥律师的独特优势，助力打造更高水平法治信访。

一、律师参与信访工作的优势

1. 律师具有专业优势。随着我国法律体系的不断完善，新的法律法规和政策规定层出不穷，律师作为专业法律服务的提供者，熟悉现行法律规定，能弥补信访部门工作人员对法律法规了解的局限性，更好地运用专业知识向信访群众阐明相关法律法规、解释相关政策规定，帮助分析法律关系、指明法律底线，使信访群众明白哪些行为是法律允许的、哪些是禁止的，同时能向有关行政机关提出法律意见建议，以便更好地作出处理。

2. 律师服务具有中立性。在化解纠纷过程中，律师能够立足客观公正的立场去判断是非对错，相对于政府机关，其处于更为中立的第三方地位，更容易获得群众的信任，从而引导信访群众运用法律思维分析问题、通过法定程序表达诉求、依靠法律手段维护自身合法权益，由"信访"转变为"信法"。

3. 律师具有职业优势。律师具有丰富的为经济社会发展提供法律服务的实践经验，在执业过程中需要与各种类型的当事人打交道，律师在观点表达和沟通方式上更为亲民、更为耐心细致，提出的意见建议也更易于为广大群众接受和信服，能凭借专业优势提供更到位的法律服务。通过律师释法说理，将一些原本纠缠不清的问题简化为单纯的法律问题，为信访群众提供明确的法律维权思路，能更有效地推动矛盾纠纷化解。

二、律师参与信访工作的主要方式

1. 参与接待群众来访。参与市、区两级信访部门律师信访值班工作，为来访群众提

---

* 胡雨阳，厦门市司法局。

供法律咨询服务，解答法律问题，引导群众通过法定程序表达诉求；对符合法律援助、司法救助条件的，依法指明申请程序；对诉求于法无据、于理不合的，做好释法说理工作，对信访人进行教育引导，促使信访事项在法治轨道上得到妥善解决。参与领导信访接待日群众来访接待工作，为接访领导提供法律意见。

2. 参与处理疑难复杂信访事项。参与疑难复杂信访事项的协调会商，提出依法分类处理的建议，为信访事项办理、复查、复核或者审核认定办结工作提供法律意见。参与信访事项专案评审、公开听证工作和信访积案、重复信访事项的化解，运用法律专业知识，对信访事项提出法律意见、作出法律评判，协助相关部门做好息访解纷工作。

3. 参与调解信访矛盾纠纷。律师以中立第三方身份参与信访矛盾纠纷调解工作，对属于《人民调解法》规定调处范围的民间纠纷进行调解，引导、协助纠纷各方当事人通过自愿协商达成协议，解决信访纠纷问题，更好地满足人民群众多元化解矛盾纠纷的需求。

4. 参与化解和代理涉法涉诉信访案件。定期到公、检、法等部门值班，为来访群众提供法律咨询服务，对符合法律援助条件的，引导当事人按规定申请法律援助。参与涉法涉诉信访案件的接访和疏导化解工作，协助申请人开展司法救助申请工作，在调查核实案情基础上，运用法律专业知识进行评析，促使涉法涉诉信访案件得到依法公正处理。

5. 参与信访法治宣传工作。依托村（社区）法律顾问工作，参与各村（社区）开展的《信访条例》《农村土地承包法》《物权法》《治安管理处罚法》等贴近群众生活的法律法规宣传工作，使基层群众对法律知识有更深入的了解，进一步提高群众的法治观念，规范群众的信访行为，树立依法信访、逐级信访、文明信访意识，改变群众"信访不信法"的错误观念，构建良好的信访工作秩序。

三、律师参与信访工作中存在的问题

从律师参与信访工作实践来看，主要存在以下三方面问题，影响了律师职能作用的进一步发挥。

1. 律师参与信访工作机制有待进一步健全。由于信访事项大多牵涉面较广、涉及的法律问题复杂，接访律师在有限的时间里很难对信访事项进行全面审查和思考，在较短的时间内向来访群众解释清楚相关的法律、政策规定也有一定困难。此外，轮流参与信访值班的做法使律师服务缺乏连贯性，难以保证为特定的信访事项持续提供法律服务，这些均在一定程度上影响了律师的服务质量。

2. 律师服务信访工作的专业水平有待进一步提升。少数参与信访值班的律师对征地拆迁、住房保障、城乡建设、社保等方面的政策规定不熟悉，影响了对相关法律法规的解读和对信访矛盾纠纷的研判。此外，个别律师对参与信访工作的重要性认识不足，欠缺工作主动性，在参与信访值班或参与化解、代理涉法涉诉信访案件过程中有应付完成的心态，使服务流于形式。

3. 律师参与信访工作补贴有待进一步提高。律师参与信访工作的公益服务性质，决定了信访工作补贴标准不高，这在一定程度上制约了律师的工作积极性。由于无法有效调动广大律师参与的主动性和积极性，难以吸引执业经验丰富的资深律师参与信访值班工作，值班律师多为执业时间较短的青年律师，在执业经验上相对较为欠缺，难以确保为来访群众提供优质的法律服务。

四、推进律师参与信访工作的建议

在现有工作基础上，要进一步提升律师参与信访工作的质量效能，健全完善各项工作机制，确保律师在参与信访工作中切实发挥应有的作用。

1. 强化源头介入。律师参与信访工作的时间节点，往往是在矛盾纠纷发生甚至激化后，从一定层面上说来，律师在社会矛盾纠纷化解过程中更多的是充当"消防员"的角色。为推进源头治理，让矛盾纠纷止于萌芽，要充分发挥律师在预防和化解社会矛盾纠纷中的"防火墙"作用，通过律师担任政府法律顾问，参与重大事项的风险评估和应急预案制定，协助政府做好重大决策、重大行政行为的法律咨询和论证等，为政府依法行政保驾护航，妥善协调处理好各方关系。同时，通过律师参与信访法治宣传活动，积极引导广大群众树立依法信访理念，增强理性维权意识，有利于将矛盾纠纷化解在基层、消除于萌芽状态。

2. 创新服务方式。依托现代信息技术，运用微信公众平台或微信群等载体，探索开展远程视频接访、网上在线答疑、在线调解等，打破时间、空间的限制，提高律师参与信访接待工作的效率，为信访群众提供更加便捷高效的法律服务。发挥律师在参与信访工作中的预警作用，对接访中发现的带有苗头性、敏感性的信访问题和信息，及时向信访部门反馈，并帮助进行分析研判。对情况复杂的涉法涉诉信访事项，接访律师要提出妥善处理的法律建议，为领导决策提供参考。依托律师担任全市村（社区）法律顾问工作，挂钩式开展法律咨询服务、参与矛盾纠纷化解。

3. 提升服务质量。律师在参与信访工作中要进一步树立大局意识，注重信访事项处理的法律效果和社会效果相统一，针对来访群众的不同情况，采用群众易于接受的方式来做好释法明理工作，把信访接待的过程变成法治宣传的过程，促使群众依法理性反映诉求，妥善化解矛盾纠纷。信访部门要进一步细化和规范工作流程，健全完善律师参与信访值班、疑难问题请示汇报、检查考评等工作制度，使律师参与信访工作有章可循，实现有效运转。市律师协会要加大对律师的培训力度，通过组织重点、热点信访问题专题培训，提升律师服务信访工作的能力水平。要健全落实责任追究制度，对律师在代理涉法涉诉信访案件中出现违规行为的，严格按照有关法律法规规章进行处理，确保律师依法依规执业。

4. 加强组织协调。各级党委、政府和信访部门对律师在参与信访工作中遇到的问题和困难，要及时研究解决。各级司法行政机关、律师协会要充分发挥职能作用，支持、引导律师参与信访工作，加强与本级信访部门的沟通联系，强化联动协调，形成工作合力，为律师参与信访工作创造更广阔的平台、提供更有力的保障。

5. 提高补贴标准。要综合考量律师参与信访工作中支出的交通、通讯、时间等成本，并结合律师开展工作的实际情况来确定律师参与信访工作的补贴标准。对于调解成功的信访事项，可根据案件难易程度、社会影响大小等因素给予相应奖励补助。要逐步建立适应信访工作法治化建设需要的工作补贴动态调整机制，根据市场规律和律师收费办法适时进行调整，有效保障律师参与信访工作的常态化和可持续。

随着信访法治化建设的深入推进，律师参与信访工作的深度和广度也将不断拓展提升，通过律师倾智倾力发挥专业优势，全方位参与信访工作实践，既有利于信访事项得到依法妥善解决，也有利于提高相关部门运用法治思维和法治方式解决问题、化解矛盾的能力，必将有力推动信访工作法治化进程。

自贸区国有企业法律风险防范探析

——以2015年8月—2019年厦门自贸区国有企业涉诉案件为样本

吴永福　　张占甫＊

自贸区"先行先试"的特点决定了自贸区法制与区外境内法制具有不同之处。自贸区国有企业作为自贸区法制的"先行先试者"，其面临的法律问题不仅是自贸区司法服务保障的一个"指南针"，更是自贸区营商环境的一面"镜子"。本文以湖里法院自贸区法庭2015 年 8 月份成立以来至 2019 年 12 月底的国有企业涉诉案件的统计分析为基础，通过分析国有企业受案特点和问题，预判自贸区内纠纷发展态势，审视自贸区政策施行状况、司法保障工作状况并为自贸区国有企业的法律风险防范提出建议。

一、自贸区法庭成立后涉国有企业案件审判情况及特点

2015 年 8 月 7 日，厦门市湖里区人民法院自由贸易区法庭成立，专门审理涉厦门自贸区案件，至 2019 年 12 月 31 日成立四年多的时间里，共受理案件 3270 件，审结 2871 件。其中涉自贸区内国有企业案件共受理 453 件，审结 364 件，其中判决 205 件，调解 57 件，撤诉 81 件，按撤诉处理 10 件，驳回起诉 1 件，移送 2 件，其他方式结案 8 件。[①] 涉自贸区国有企业案件主要呈现以下几方面特点。

（一）商事合同案件类比重较大，贸易类案件占一定比重

2015 年 8 月 7 日至 2019 年 12 月 31 日受理的 453 件案件中，融资租赁合同纠纷 102 件，进出口代理合同纠纷 83 件，买卖合同纠纷 52 件，房屋租赁合同纠纷 36 件，运输合同纠纷 20 件，委托合同纠纷 21 件，保险合同纠纷 9 件，借款合同纠纷 8 件，仓储合同纠纷 8 件，其他合同类案件 64 件，其他类型案件 50 件。（见图 1）涉自贸区国有企业中融资租赁合同纠纷、进出口代理合同、买卖合同纠纷、运输合同纠纷、保险合同纠纷等均属于商事合同纠纷，在案件总量中占有很大的比重，这与厦门自贸区内注册企业多，国有企业与非国有企业及国有企业之间商事活动往来频繁容易引发经济纠纷密切相关。融资租赁合同纠纷 102 件，在所有案件类型纠纷中最多，也与厦门自贸区管辖厦门港区直接关联，厦门港区内货物进出量极大，在国有企业办理进出口代理相关事宜时亦经常引发法律纠纷。

＊吴永福、张占甫，厦门市湖里区人民法院。

① 2015 年 8 月 6 日，厦门市湖里区人民法院自由贸易区法庭成立，涉厦门自贸区案件绝大部分由自贸区法庭审理，为方便起见，本文统计自贸区法庭成立三年以来的涉自贸区国有企业案件审理情况。

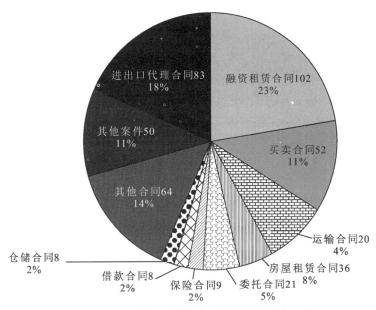

图1 自贸区涉国有企业案件各类型所占比图（单位：件）

（二）案件标的额相对较大，合同标准化程度高

进出口代理合同、委托合同纠纷多为大宗商品进出口，商品数额大；买卖合同、运输合同的合同标的也相对较大。以83件进出口代理合同纠纷及52件买卖合同纠纷为例，61件进出口代理合同纠纷的起诉总标的额为394734312.5元，平均每件的起诉标的额为4755835.1元。52件买卖合同纠纷的起诉总标的额为181928294.8元，平均每件的起诉标的额为3498621.1元。

除50件非合同类型案件外，403件合同类型案件中，国有企业大多使用格式化较强的合同文本。为提高签约效率，国有企业通常事先会对经常用到的合同类型拟定格式相对固定的合同文本，特别是对违约条款、法院管辖条款等作出基本相同的约定。例如102件融资租赁合同纠纷、83件进出口代理合同纠纷中，国有企业均采用格式基本一致的合同文本与相对人签约。标准化格式合同文本的运用可以大大提高国有企业经营活动中的效率，对明晰合同当事人的权利义务有很大的积极作用，也可以在一定程度上避免法律纠纷的发生。

（三）案情相对复杂，调解难度大

涉自贸区国有案件标的大，案情相对复杂，普通程序使用率高，调解难度大。自贸区法庭审结的364件涉国有企业案件中以判决方式结案的为205件，占56.32%，以调解方式结案的仅有57件，调解率为15.66%；上述案件中适用普通程序的共189件，占总结案数案件总数的51.92%。以83件进出口代理合同纠纷、21件委托合同纠纷为例，国有企业作为主体在同一个案件中经常与合同相对人在一段期间内签订多份相同类型的合同，相关货物的交付及支付款项均许多批次进行，案件当事人之间通常长时间未进行结算，导致当事人举证困难，法院查清案件事实也需要一定的时间，很多案件均需采用普通程序审理。36件房屋租赁合同纠纷中国有企业通常作为出租方将商业使用性质的房屋出租，租赁场所面积也通常比较大，租金数额高，一旦发生纠纷双方争议非常大，法院审理难度也相对较大。国有企业在法院组织调解的过程中经常调解方案需要层层审批，导致调解效率不高，加大了调解难度。此外，自贸区法庭成立之初，当事人对自贸区法庭专属管辖的相关规定不了解，对于很多涉自贸区国有企业案件的专属管辖提出管辖异议，导致案件审理期限的延长。（见图2、图3）

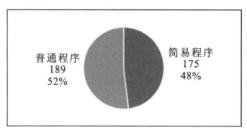

图2　自贸区涉国有企业案件普通程序与简易程序占比图（单位：件）

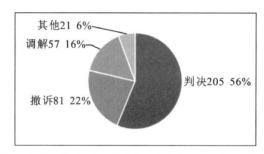

图3　自贸区涉国有企业案件结案方式占比图（单位：件）

二、自贸区国有企业经营中易出现的法律风险

自贸区国有企业在经营过程中与其他经济实体发生经济往来，难免发生一定的纠纷，根据涉自贸区案件情况的具体分析，自贸区国有企业在经济活动中易出现的法律风险主要表现在以下几个方面。

（一）合同条款不准确、不严密的风险

涉自贸区国有企业合同类案件占88.96%，所占比重极大。国有企业在对外签订合同中，大多数情况下采用标准化、格式化文本，这种方式虽然在很大程度上可以提高效率，但也存在一定的风险。在合同类型、合同标的相同，合同相对方不同时，签订合同时必然存在一定的个体差异，如果国有企业签订合同的经办人员不经审查直接套用格式文本，容易使合同关系中的特殊情况被忽略，导致合同条款的不严密、不准确，甚至出现显失公平的情况。如进出口代理合同纠纷案件中，委托人委托国有企业代理进口国外货物时，货物的种类、供货商所在国家的情况、委托方的信用情况等存在差异时，应适当对相关的合同条款作出调整。融资租赁合同、房屋租赁合同案件中，国有企业作为出租方时在租赁物情况、租赁期限长短、承租人信用情况、租赁物用途等存在差异时，亦应注意适当调整相应的合同条款。在需要合同方担保的情况下，针对合同担保方的信用情况、担保方式、担保债务的情况对合同担保条款中担保责任、担保期限等作出相对准确、严密

的规定，便于担保责任的实现。

（二）交易过程电子化造成取证困难的法律风险

自贸区国有企业与其他一般类型企业不同，多从事与对外贸易相关的经济活动。自贸区国有企业的合同相对人的区域不固定，有国外许多国家的客户，也有全国各地不同地区的客户，考虑到成本的问题，在进行商谈的过程中，工作人员经常不得不利用电话、传真、微信、QQ、电子邮件等方式进行交流。在交易过程中利用电子化手段可以大大提高效率，但同时也增加了许多风险，工作人员之间利用电子化设备交流时很难确定对方人员的身份情况，一旦对方存在欺骗或隐瞒的情况，很难及时发现。在交易过程中利用电子化的合同文本签约、电子化的提单取货等一旦出现欺诈情况，很可能会给企业造成巨大损失，如果未能事先保存相关的证据，维权时因没有相应的证据支持也很难弥补自身的损失。

（三）员工越权签订合同造成企业损失的风险

自贸区内国有企业多为大型企业，管理层级多，员工人数多，日常的经营活动相对较多，要求每份合同的签订均需通过企业最高层管理人员不太现实。对外进行经济交往时多为普通业务人员或者是部门负责人员，签订合同时加盖的印章在很多情况下为内部部门印章或合同专用章而非公章。在这种情况下，公司业务人员或部门负责人在没有经过公司最高层管理人员批准的情况下，如果存在疏忽或过失，没有对合同条款尽到相应的审查义务，容易产生法律风险，甚至给企业带来巨大的损失。普通业务人员或者是部门负责人员在合同文本中签字或盖章，虽可能未经企业讨论通过，但也被容易被法院认定为表见代理，仍需要承担相应的法律责任。如某国有企业内部工作人员在货物运输合同关系中多次加盖部门印章，虽作为被诉的国有企业在案件审理中不认可部分印章的法律效力，法院仍认定部门印章对被诉的国有企业具有法律约束力。

（四）相对方信用状况、履约能力不足出现合同违约的风险

以判决方式结案的案件中，大部分案件因国有企业的合同相对人未履行相应的合同义务而引起法律纠纷[①]。在判决结案的 57 件进出口代理合同纠纷案件及 6 件委托合同纠纷案件中，均为国有企业所代理的客户未依照合同约定支付相应的代垫款项、代理费及因代理事务产生的其他费用而引起的纠纷。上述 63 件案件判决结果中国有企业被代理的客户作为被告均需承担一定的支付费用义务。上述情况表明国有企业在从事进出口代理业务的过程中，很多被代理的客户因为自身经营原因导致履约能力出现问题，无法继续履行支付相关代理款项的合同义务。法院判决的 64 件融资租赁合同纠纷案件中，50 件案件中国有企业作为出租人相对人即承租人存在违约情况；涉自贸区国有企业的 30 件房屋租赁合同纠纷中，24 件案件中国有企业作为出租人相对人即承租人存在违约情况，很多案件中承租人存在长期拖欠租金的情况；涉自贸区国有企业的 29 件买卖合同纠纷中，25 件案件中国有企业相对人存在违约情况；上述案件中国有企业请求相对方承担违约责任均得到法院判决的支持。（见表 1）近年来，随着民营企业及个人在经营中的风险不断增加，国有企业在从事经营活动中的相对方履约能力风险也逐渐增加。

---

① 以撤诉和调解结案的案件中，因当事人法律争议不明显，故本部分仅统计判决结案的案件情况。

表 1　融资租赁合同纠纷类型

项目　　　　案件类型	进出口代理合同纠纷	委托合同纠纷	融资租赁合同纠纷	房屋租赁合同纠纷	买卖合同纠纷
涉自贸区国有企业案件判决总数	57	6	64	30	29
其中相对人未依约履行合同义务案件数	57	5	50	24	25
相对人违约所占比例	100%	83.33%	78.13%	80%	86.21%

（五）担保人的担保能力不足导致担保责任难于实现的风险

涉自贸区国有企业在对外签订合同过程中，如果对合同相对人履约能力有所怀疑，通常会要求合同相对人提供相应的担保。担保的方式通常有物的担保与保证，保证金、房产抵押等物的抵押风险相对较小，容易实现担保权利。而通过保证人的方式作为担保则存在较大风险，合同相对人违约时，保证人通常不会主动履行担保责任。许多涉自贸区的国有企业提起诉讼后，在保全及执行过程中，担保人名下也没有相应的财产可以偿还合同项下的债务。例如，法院判决的 57 件进出口代理合同纠纷案件中，其中 35 件存在法定代表人或者其他自然人作为保证人承担连带责任的情况；法院判决的 64 件融资租赁合同中其中 36 件存在法定代表人或者其他自然人作为保证人承担连带责任的情况。此外，有 2 件融资租赁合同纠纷案件中因原告起诉时已经超过了保证人的保证期间，被法院判决驳回原告对保证人的诉讼请求。涉自贸区国有企业在合同中增加保证人时应约定相对合理的保证期间，并在保证期间内主张保证责任，避免因超过保证期间而造成无法实现担保权利的风险。

（六）经济纠纷解决时间成本长、经济成本大的风险

从涉自贸区国有企业案件的情况看，自法律纠纷或当事人违约行为产生时到最终解决法律纠纷往往需要很长的一段时间，调解或者和解方式解决纠纷的相对效率较高，起诉方的损失容易得到补偿。但判决方式结案的案件，因案件数额相对较大，大部分案件使用普通程序审理，审理周期较长。另外，违约方因经济状况恶化，很多案件中不配合接收法院起诉材料，致使法院不得不通过公告方式送达被起诉人，仅一审案件公告应诉材料及判决书的期间就需要约半年时间；也有一些当事人为暂时缓解债务压力，通过管辖权异议或者判决后上诉的方式拖延诉讼，也会大大加大维权人的时间成本。当事人案件胜诉判决生效后，进入执行程序也需要一定的期间。因涉自贸区国有企业的案件标的一般较大，国有企业为慎重起见，经常需要委托专业律师代理诉讼，加上实现债权的保全费用、公告费用、执行费用等，导致维权经济成本很大。

三、自贸区国有企业法律风险产生的原因分析

自贸区国有企业在经济活动中存在法律风险的原因是多方面的，但归纳起来主要有企业内部管理方面的原因和外部社会环境的原因两个方面。

（一）企业内部管理方面的原因

1. 企业领导人员及高层管理人员意识问题

国有企业领导及高级管理人员是国有企业重大决定的决策者，其思想意识决定了企业发展的方向及整体思路，法律风险的防控也必然需要企业最高领导层的统筹与决策。因此国有企业高级领导及高级管理人员的法律风险意识是防控企业法律风险的重要因素，也是较为核心的因素。企业领导在企业管理中是否重视法务部门的建设，是否注重交易过程中的法律监管都会对企业风险的防控产生直接的影响。国有企业领导及高级管理人员在经营过程中，既要看到企业经营中可以取得的经济利益，也要意识到经济利益背后的相应法律风险。国有企业的高级管理层应该要有较强的法律风险意识，注重建立相对完善的企业法律风险防范机制，对基层的义务人员及部门管理人员形成有效的法律风险监管，从根本上避免法律风险的发生。

2. 法务部门建设问题

涉自贸区国有企业均为相对规模较大的企业，均应根据自身实际情况建设相对完善的法务部门。法务部门对于企业重大决策、重大交易的法律风险评估、防范企业法律风险可以起到很大程度上的积极作用。法务部门同时可以审查企业对外签订合同是否严密、准确，有效避免合同漏洞的产生。在国有企业对外签订合同大量运用格式化、标准化合同的情况下，法务部门对于合同的事前审查更具有重要意义。法务部门亦可以对其他部门除签订合同以外的相关交易活动中法律风险进行监管，以便在法律纠纷产生时可以及时保存证据和维权。如果国有企业中存在法务部门建设不完善的情况，就会导致法务部门无法完成其法律风险评估、法律风险事前防范的职能，企业法律风险发生的概率就会大大增加。例如法务部门如未及时在诉讼时效或保证期间内向相对方主张权利，便会导致企业在起诉过程中最终无法向合同相对人或保证人追偿的情况。

3. 重大交易活动中的法律监管问题

自贸区国有企业规模一般较大，在对外交易中的价值数额相对也较大，一旦出现法律风险也会对国有财产造成很大的影响，因此在国有企业中重大的交易活动中必须要有一定的监管，才可以有效避免法律风险的发生。国有企业在作出重大交易活动的决策时，一方面要企业领导及高级管理人员的监管，另一方面需要企业法律部门对交易活动的法律风险进行评估。国有企业在数额相对较大的对外经济活动中，偶有出现企业的基层业务人员或部门管理人员出于个人利益的原因或者疏忽大意的原因，未经企业领导及高级管理人员审核，亦未经法务部门的法律风险评估，与相对方进行数额巨大的经济往来，很容易发生法律风险。一旦交易过程中相对方出现违约或者欺诈，就会导致公司巨额损失，企业事后再进行维权、追究责任也很难弥补已经造成的巨额损失。如果企业员工或部门负责人在重大交易中擅自使用部门印章对外签订合同构成表见代理，合同相对方亦可以向国有企业追究相应的法律责任，造成国有企业损失。

（二）企业外部的环境的客观因素

1. 市场价格变化因素

在买卖合同纠纷、进出口代理合同纠纷中，货物价格的变化经常会影响到当事人履行合同的能力。如果交易货物或所代理的货物价格平稳，当事人可以在交易中获得预期的利润，当事人通常情况下可以将合同顺利履行完毕；一旦货物价格发生大幅度的变动，就可能导致合同一方如果继续履行合同就没有相应的利润甚至产生亏损，合同当事人因此不愿意继续履行合同而导致违约情况的发生。如进出口代理合同案件中，许多案件中国有企业代理进口的货物因在国内市场价格大幅下跌，导致很多被代理人亏损而无力履行合同或者不愿意再履行合同。

导致市场价格发生变化的因素主要为供求关系因素、国家政策因素，以及国际经济形势因素。供求关系因素是影响货物市场价格的基本因素，供求关系的变化影响货物价格的情况也非常常见，如在进出口代理纠纷案件审理中，很多进口的货物原来在国内市场的价格很高，进口货物可以取得很高的利润，但后来因进口货物数量过多导致供大于求，货物价格大幅减低，许多进口商出现亏损现象导致很多违约现象产生。国家政策对货物价格也有一定的影响，国家出台的限制性或鼓励性措施都会对不同行业产生影响，导致相应行业有关产品价格的波动。国际经济形势对自贸区国有企业的进出口业务都有很大影响，各个国家的进出口政策、关税政策的变化都可能影响到进出口货物的价格，从而影响到合同当事人的履约情况。

2. 合同相对人信用情况及财务状况变化因素

自贸区国有企业与对方签订合同时通常会审查对方的信用情况，如相对人资产情况，有无违约记录等，如认为对方的信用状况不够良好，通常会要求对方提供一定的担保。但合同相对人在提交相关信用材料时可能存在提交虚假材料或隐藏对自己信用不利的材料，这样就会给自贸区国有企业交易带来很大的风险。合同相对人在签订合同前的信用情况与合同签订后履行过程中的信用情况因为各种因素影响也会产生一定的变化，许多之前交易信用都比较好的客户经常会在之后的交易中出现违约情况。

由于受各种市场因素的影响，合同当事人的财务状况也经常会发生变化，很多合同当事人因为市场价格变化、自身经营能力、国家政策变化等出现严重亏损现象，导致履约能力大幅度下降，这种情况必然会给自贸区国有企业在对外签订合同进行交易带来很大的风险。涉自贸区国有企业案件中很多案件的发生并非当事人就法律问题的争议而产生，而是因为自贸区国有企业合同相对人因财务状况恶化而导致无力继续履行合同而产生。例如融资租赁纠纷案件当中，国有企业通常作为出租人，而作为承租人租赁相关车辆、设备后通常用于经营，经营状况的好坏直接影响了出租人是否有能力按时支付相应的融资租赁费用。

3. 电子化交易环境下的不确定因素

为了节约交易的时间成本和经济成本，自贸区国有企业与其他企业之间的交易通常采用电子化交易的模式。电子化交易在提高效率的同时，也存在很多不确定性的风险因素，主要体现在以下几个方面：（1）交易对方的主体情况不明确。交易相对方利用电子邮件、QQ 等方式洽谈业务，聊天人经常用网名、昵称等名称进行交流，证据很难体现对方的真实身份情况。（2）交易合同条款不确定。通过网络协商交易过程中，交易双方通常仅对交易方式进行简单的描述，很少形成完成规范的合同形式，一旦交易中发生纠纷，双方经常对合同义务的内容产生不同的理解。（3）交易过程不确定。电子化交易过程中，合同文本通常用网络附件、传真等方式签订，在法律上该类合同并不必然对合同当事人产生拘束力。交易款项通过网络指定收款人的方式，也可能导致合同约定收款人与实际收款人不一致的风险。对外贸易中为方便起见经常运用电子化的提单，合同当事人凭电子化提单取货可能会导致取货过程中出现实际取货人难以核实的情况。

四、自贸区国有企业法律风险的应对

自贸区国有企业面对的经济活动对象范围广、差异大，而且交易数额也比较大，各种风险也相对较多，在这种情况下，必须有相应的应对方法，以尽量减少法律风险，预防产生不必要的经济损失。

（一）增强企业领导、经营管理者及相关工作人员的法律风险意识

国有企业领导人员及经营管理人员的法律风险意识问题，对于企业法律风险防范体系的构建影响重大。当前在实际发展的过程中，为保障企业的稳定发展。上级主管部门应加强对企业领导人员的法律风险意识培训，具体落实中可通过会议培训，以及文件指导的方式进行落实。自贸区国有企业可定期对企业的管理人员及员工开展法律培训，让企业管理人员意识到企业在经营活动中可能遇到的法律风险以及在日常经济活动中如何预防法律风险。企业的法律风险预防并非专属于企业的法律部门与法律顾问单位，而是整个企业各个部门都必须重视的问题，企业的任何一个部门对法律风险的疏忽都可能导致企业损失的产生。在合同签订与履行的过程中国有企业合同的签订人员既要有一定的法律风险意识，还要懂得一些相关的法律知识；企业领导和管理人员在审批合同时亦需要一定的法律知识。但现实情况下合同的很多经办人员、合同审批的领导或管理人员不一定具有法律背景，所以企业有针对性地对领导、管理人员及普通员工进行一些相关的法律培训是非常有必要的，这样在合同的签订、履行过程中，不但能够管理好相关的证据资料，还可以提前预防合同管理过程中的法律风险。

（二）健全法务部门与法律风险管理体制

自贸区国有企业一般规模都比较大，为应对企业法律风险，均应根据自身情况建立其相应的法务部门。自贸区国有企业的特点在于更多从事对外贸易方面的经济活动，企业经营过程中经常会产生对外贸易方面的法律风险。因此企业在组建法务部门时应着重招聘具有外贸法律知识背景的法律专业人才，企业法律部门建设时亦应注重对法务人员外贸法律素质方面的培养。此外，国有企业规模较大，通常涉及企业注册商标、商业秘密、专利等知识产权的保护，在建设法务部门时亦应考虑对法律人员知识产权法律素质方面的培养。

法务部门的完善虽然可以解决法律知识方面的问题，但法律风险的预防还需要法务部门与企业其他部门之间的有效沟通与联系。因此企业还必须要建立起相对完善的法律风险管理体制，各个企业部门出现法律风险时才可以有效地应对。首先，要建立法律风险预防机制。企业在出台各种规章制度时，由法务部门进行审核，尽量避免企业因内部管理产生的法律纠纷。企业与员工签订劳动合同、保密协议、竞业禁止协议时，亦应由法务部门审核提出意见，避免劳动争议的产生。企业在对外签订合同时，法务部门应对

合同可能产生的法律风险提出评估及相应的意见。其次，要建立法律风险转移机制。在企业对外进行经济活动时，很多情况下不可避免地会产生一定的风险，在企业法律部门及业务部门对法律风险评估后，可以请求相对方提供相应担保或者由企业购买相应的保险转移企业的经营风险。再次，要建立法律风险应对机制。企业法律风险出现时，法务部门与业务部门协作应对法律风险，比如采取相应的措施固定交易过程中相关证据，要求交易相对方出具履约承诺或及时进行结算，在企业产生法律纠纷时更方便维权。对于事实争议较大、法律问题复杂的案件，法务部门应及时进行讨论并向企业上级部门汇报，必要时可委托企业的顾问律师提起诉讼。

（三）加强合同法律风险评估与控制

涉自贸区国有企业合同类案件占 88.96%，在所有案件类型占有非常大的比重，因此对涉自贸区国有企业签订合同当中的法律风险的评估与控制有着至关重要的意义。

1. 合同法律风险管理的事前评估

无论是国际市场还是国内市场都在不停地发生变化。自贸区国有企业在与客户签订合同之前，必须事先进行必要的市场调查。特别是在进出口贸易过程当中，必须对出口产品国外市场行情予以调查，对进口产品的国外供应成本以及国内市场销售前景进行调查，避免因盲目进出口造成的经济损失以及法律风险。在进出口代理业务当中，对于国外客户及国内客户资质、信用情况也必须事先审查。相关市场业务部门调查后与法务部门共同对公司将要进行的签约进行风险情况评估，对于风险过高的业务应及时采取事先的预防措施。

自贸区国有企业因规模较大，客户较多，在签约过程中事先拟定符合企业自身特点的合同示范文本，可以大大提高效率。在制作格式合同文本的同时，法务部门要审查格式合同文本中的不严密、不准确的情况，对于签订该类合同中可能出现的各类法律风险进行分析研究，并形成相应的文件，以便业务人员在实际交易的过程中能够得到相应的提示。

2. 合同法律风险管理的事中控制

在具体合同的签订中，业务部门草拟的合同文本应尽量交由法务部门进行审核，对重大交易也可以聘请第三方律师顾问单位审核。业务部门在签约过程中遇到法律问题应及时与法务部门进行沟通，避免业务人员法律意识不强产生法律风险。在合同履行过程中，相关的合同承办人在合同履约期间，应该尽职尽责，积极敦促签约相对方保质保量且在规定时间内履行合同约定的义务。如果存在履约风险，则要依靠《合同法》及其相关法律法规来与对方进行协商，并按照相关程序采取补救及应对措施，自身不能处理的，交由公司法务部门出面处理。公司法务人员对于需要保存相关证据或者出具书面催讨函的，应当及时采取相关的措施。作为企业的法务人员，也应该在合同履行过程中，定期或不定期地对履约情况进行检查。比如定期开展合同履行终结表、管理台账等的合同管理专项检查，都能为企业法务人员及时了解合同履行状况提供便利。

3. 合同法律风险管理的事后控制

在合同签订双方的权利义务终止后，企业应该在第一时间按照合同约定来对履行的情况进行验收并备案。并对本次合同管理进行评估，总结经验教训，以此来为今后准确识别法律风险提供参考依据。自贸区国有企业对于合同相对方在履约过程中的信用情况进行分析评价，形成专门的档案，为之后的交易提供重要的参考。对已经出现的法律纠纷，法务部门应及时介入，及时保存、收集、整理相关的证据，积极与对方协商解决法律纠纷，协商不成的可采用诉讼、仲裁等方法解决，必要时可委托第三方顾问单位的专业律师进行代理。

（四）建立完善的法律风险预防制度

企业内部在领导和高级管理人员的组织下，进行深入的分析研究，建立起长效的法律风险预防制度，可以有效地防控法律风险。以下几种制度模式可以在很大程度上降低企业的法律风险。

1. 建立签约主体信用调查制度

在签订合同前，对合同签订的相对方进行全面的调查能够有效降低合同法律风险。因此企业应建立主体信用调查制度，做好合同相对人的客户登记工作。首先，应详细调查合同相对人的财产状况以及履约能力，通过调查其实有资本、注册资金、其他形式财产、公积金、年检材料、纳税报表、审计报告等方面内容来了解其财产状况；通过调查其生产规模、厂房设备、技术水平、准入资质、原材料、交货能力以及市场竞争能力等方面内容来了解其履约情况。其次，全面调查其履约信用。包括调查其经营范围、经营历史、与政府金融部门间的关系以及客户评价等多方面内容。再次，建立诚信客户名册。对合作稳定，关系良好，且能够在履行合同过程中相互扶持的相对人建立诚信客户名册，并将履约能力差、诚信度差、双方出现较大矛盾或是发生诉讼关系的相对人拉入"黑名单"，将合同主体所带来的法律风险降到最低。

2. 积极采用合同担保制度

采用合同担保制度能够有效维护合同正当权益且能有力保障交易安全。自贸区国有企业的合同相对人存在很大的不确定性，特别是对外贸易过程中有很多国外客户，更加需要担保来降低合同履行中的风险。因此国有企业应当建立起相对完善的合同担保制度。合同担保制度中首先要对客户资信状况进行分级，对于资信状况达到一定要求的客户可以不提供担保，而对于资信状况一般可能存在合同履行法律风险的，应要求合同相对人提供相应的担保。其次合同担保制度中应明确担保人的资质审查问题，在涉自贸区很多案件审理的过程中发现，很多作为合同履行的担保人自身也没有履行担保义务的能力，导致在法院判决担保人承担担保义务后也很难得到执行，因此必须要严格审查担保人的财产状况、信用状况，以确保担保责任的实现。再次，在合同担保制度中还必须明确担保物价值评估的问题，合同相对人提供的担保物是否达到担保价值往往难于确定，不动产可能存在抵押、被查封的情况，因此应对担保物的价值进行科学合理的评估。最后，合同担保制度中必须要求担保过程中签订规范的担保协议，对担保人的担保方式、担保金额、担保期间等内容等进行明确，避免因担保合同约定不明确造成无法追究担保人担保责任的法律风险。

3. 合理利用保险制度

自贸区国有企业在对外经营活动中，可以合理利用保险制度来对法律风险进行转移。

自贸区国有企业对外贸易活动多，在进出口货物的购买、运输、报关过程中都可能会产生法律风险。因此自贸区国有企业应建立起相应的合同履行保险制度以预防法律风险。合同履行保险制度中要对区分不同交易类型的合同履行风险系数进行评估，对于风险较大的贸易合同必须投保相应数额的保险，根据风险种类的不同投保不同的险种。例如在与相对人履行进出口代理合同的过程中，如被代理的相对人资信不足，可要求其必须购买必要的保险以降低进出口代理过程中的法律风险。在签订和履行运输合同的过程中，亦可要求合同相对人购买相应的保险以减低法律风险的发生。

民法典专题

民法典：我国法治建设的里程碑

郑晓剑 *

2020 年 5 月 28 日，十三届全国人大三次会议高票通过《中华人民共和国民法典》。这是我国法治建设进程中具有里程碑意义的事件，标志着我国法治建设取得重大成就。

新中国成立以来，我国先后四次启动民法制定工作，但是因为各种原因均无果而终。进入改革开放新时代以来，我国的民事法律体系日臻完善，民法理论研究日趋成熟，民事司法实践积累了丰富的经验，全社会的民事法治观念普遍增强。于此情形下，党中央审时度势，在党的十八届四中全会作出了"加强市场法律制度建设，编纂民法典"的重大立法任务。民法典编纂工作再度启动，这是以习近平同志为核心的党中央作出的重大法治建设部署。

根据党中央的工作部署，本次民法典编纂工作由全国人大常委会法工委牵头，包括五家参加单位。鉴于我国先后颁布实施了《婚姻法》《继承法》《民法通则》《收养法》《担保法》《合同法》《物权法》《侵权责任法》等民事单行法，民法典的各个组成部分已大体齐备，因此，本次民法典编纂既不是将已经制定的民事法律推倒重来，重新起草民法典，也不是将已有的民事单行法予以简单的整合汇编，而是对现行的民事法律规范进行编订纂修，对已经不适应现实情况的规定进行修改完善，对经济社会生活中出现的新情况、新问题作出有针对性的新规定。

基于"编纂"而非"制定"民法典的指导思想，我国民法典编纂采取了"两步走"的工作思路：第一步，先制定民法总则，作为民法典的总则编；第二步，编纂民法典各分编，经全国人大常委会审议和修改完善后，再与民法总则合并为一部完整的民法典草案。事实证明，这种思路切合实际，为民法典的顺利出台奠定了坚实的方法基础。毕竟，民法典的内容复杂、条文众多，试图将如此庞大的系统工程予以一步到位的编纂完成并一次性的审议通过，其难度之大，可想而知。

从 2015 年 3 月全国人大常委会法工委启动民法典编纂工作，到 2020 年 5 月民法典正式出台，仅仅用了 5 年时间。这种速度在世界民法典编纂史上都是罕见的——德国于1874 年开始制定民法典，1896 年公布，历时 22 年；日本于 1876 年着手起草民法，1898年公布施行，历时 22 年；荷兰于 1947 年着手制定新民法典，迄今仍未完成。我国民法典能够在短短五年的时间里编纂成功，离不开党中央的高度重视和坚强领导。2016 年 6月、2018 年 8 月、2019 年 12 月，习近平总书记三次主持中央政治局常委会会议，分别审议民法总则、民法典各分编、民法典 3 个草案，听取并原则同意全国人大常委会党组就民法典编纂工作所作的请示汇报，对民法典编纂工作作出重要指示，为民法典编纂工作提供了重要指导和基本遵循。

我国民法典立足中国国情和时代背景，借鉴了域外的先进立法和成熟理论，在法典的篇章结构和制度内容等方面，既有传承，也有创新。民法典是新中国第一部以法典命名的法律，开创了我国法典编纂立法的先河，具有里程碑意义。总体而言，我国民法典

---

* 郑晓剑，厦门大学法学院。

是一部具有中国特色、体现时代特点、反映人民意愿的民法典。

一、民法典具有中国特色

首先，物权制度具有中国特色。我国民法典将所有权区分为国家所有权、集体所有权和私人所有权三种类型。这是由我国的基本经济制度和所有制结构决定的。我国民法典规定了土地承包经营权、建设用地使用权、宅基地使用权、居住权、地役权等五种用益物权，同时为了深化农村土地制度改革，巩固和完善承包地"三权分置"制度，民法典物权编规定土地承包经营权人可以自主决定依法采取出租、入股或者其他方式向他人流转土地经营权。

其次，法人分类具有中国特色。我国民法典没有采用社团法人与财团法人的传统法人分类，而是将法人分为营利法人、非营利法人和特别法人三类，营利法人包括有限责任公司、股份有限公司和其他企业法人，非营利法人包括事业单位、社会团体、基金会、社会服务机构等，特别法人包括机关法人、农村集体经济组织法人、城镇农村的合作经济组织法人、基层群众性自治组织法人。上述分类贴合我国国情，具有中国特色，扩大了民事主体的范围，具有调和结社自由和社会控制的重要功能。

最后，基本原则具有中国特色。我国民法典不仅确认了平等、自愿、公平、诚信、公序良俗等民法基本原则，还规定了绿色原则，要求民事主体从事民事活动，应当有利于节约资源、保护生态环境。不仅如此，民法典还将绿色原则贯穿各个分编。例如，物权编规定业主应当遵守法律、法规以及管理规约，相关行为应当符合节约资源、保护生态环境的要求；合同编规定当事人在履行合同过程中，应当避免浪费资源、污染环境和破坏生态；侵权责任编专章规定了"环境污染和生态破坏责任"，并将其确立为特殊侵权行为的一种类型。

二、民法典体现时代特点

我国民法典产生于 21 世纪，其对时代提出的相关课题作出了积极有效的回应。现代社会，科技发展一日千里，科学技术的广泛应用极大地改变了人类的生产、生活方式。科学技术在给人类带来巨大便利的同时，也催生了诸多问题。例如，片面追求高速度的经济发展模式造成了严重的环境污染和生态破坏；大数据和互联网技术的深入普及，使得每个人的隐私和信息都存在被泄露和传播的风险，人格尊严和人身自由极易被侵害；基因编辑技术的滥用，可能造成严重的伦理问题和安全问题；高楼林立，人群聚集，高空抛物现象频发，给人民群众的生命健康和财产安全带来严重隐患；如此等等。针对时代提出的上述课题，我国民法典均作出了积极回应，为世界贡献了中国智慧和中国方案。

针对生态环境的保护问题，我国民法典既在总则编规定了节约资源、保护生态环境的绿色原则，同时也在各个分编为民事主体规定了保护生态环境的法律义务，使得民事主体在从事民事活动时不仅需要追求私人利益的满足，也应当注意生态环境的维护。否则，将会承担相应的民事责任。

针对个人隐私和信息被侵犯的问题，我国民法典人格权编强化了隐私权的民法保护，规定除了法律另有规定或者权利人明确同意外，任何组织或个人不得侵扰他人的私人生活安宁，不得侵犯他人的私人空间、私密活动和私密信息，与此同时，我国民法典构建了个人信息的民法保护体系，明确规定任何组织或者个人需要获取他人个人信息的，应当依法取得并确保信息安全，不得非法收集、使用、加工、传输他人个人信息，不得非法买卖、提供或者公开他人个人信息，从而建构了一张个人信息的民法保护之网。

针对临床试验和基因编辑等社会热点问题，民法典人格权编规定，为研制新药、医疗器械或者发展新的预防和治疗方法，需要进行临床试验的，应当依法经相关主管部门批准并经伦理委员会审查同意，向受试者或者受试者的监护人告知试验目的、用途和可能产生的风险等详细情况，并经其书面同意；从事与人体基因、人体胚胎等有关的医学和科研活动，应当遵守法律、行政法规和国家有关规定，不得危害人体健康，不得违背伦理道德，不得损害公共利益。

针对高空抛物致人损害的问题，我国民法典明确禁止从建筑物中抛掷物品。因高空抛物或坠物造成他人损害，经调查难以确定具体侵权人的，由可能加害的建筑物使用人给予补偿，除非其能够证明自己并非侵权人，防止受害人求偿无门。同时要求物业服务企业等建筑物管理人应当采取必要的安全保障措施防止高空抛物或坠物行为发生，未采取必要的安全保障措施的，应当依法承担未履行安全保障义务的侵权责任。不仅如此，高空抛物往往同时构成重大的公共安全隐患，对不特定人的人身、财产安全构成重大威胁，在损害发生后，受害人往往难以确定具体的侵权人。因此，我国民法典明确要求，发生高空抛物或坠物情形的，公安等机关应当依法及时调查，查清责任人。

三、民法典反映人民意愿

民法典被称为"社会生活的百科全书"，关系到每个人的衣食住行、生老病死。因此，自民法典编纂正式启动以来，便受到社会各界广泛关注。在民法典编纂过程中，我国立法技术始终严格遵循科学立法、民主立法、依法立法的原则，广泛听取各方面的意见。在民法典编纂过程中，我国立法机关先后 10 次向社会公开征求意见，累计收到 42.5 万人提出的 102 万条意见和建议。无论是提出意见和建议的人数，还是所提意见和建议的数量，均创下了历史性纪录，使得民法典充分地反映了人民意愿、凝聚了社会共识。

值得一提的是，在民法典编纂期间，全国人大常委会法工委曾专门向厦门大学法学院发函，征求我院专家学者的意见和建议。我院民商法学科高度重视，认真研究，针对《民法总则（草案）》和《民法典（草案）》中的相关内容提出了相应的修改意见和完善建议，其中很多意见和建议得到了采纳。不仅如此，我院部分专家学者直接参与民法典相关分编的立法研讨，发出了厦大的声音。

民法典的重要性源于其调整对象的基础性。民法典调整最基本的人身关系和财产关系，其为民事主体从事民事活动提供了基本遵循，为婚姻家庭关系的法律调整提供了基本准则，为市场经济的正常运行提供了基本的规范供给和制度保障。具有中国特色、体现时代特点、反映人民意愿的民法典，必将为新时代坚持和完善中国特色社会主义制度、实现"两个一百年"奋斗目标、实现中华民族伟大复兴中国梦提供完备的民事法治保障。因此，无论怎么评价民法典的重要性，都不为过。

2020 年 5 月 29 日，习近平总书记在十九届中央政治局第二十次集体学习时指出："民法典在中国特色社会主义法律体系中具有重要地位，是一部固根本、稳预期、利长远的基础性法律，对推进全面依法治国、加快建设社会主义法治国家，对发展社会主义市场经济、巩固社会主义基本经济制度，对坚持以人民为中心的发展思想、依法维护人民权益、推动我国人权事业发展，对推进国家治理体系和治理能力现代化，都具有重大意义。"这段话对民法典的重要地位和颁布实施民法典的重大意义作出了既恰如其分又十分中肯的概括和评价。因此，民法典的颁布是我国法治建设的里程碑，当可断言。

民法典：良好生态是最普惠的民生福祉

罗施福　吴贵森*

作为社会生活的百科全书、人民权利的法律宝典、大国良法善治的承载，我国民法典以鲜明的中国特色与社会主义性格深刻地关切着良好生态的民生福祉，更折射着我们党对促进、提升与保障人民群众良好生态环境的历史责任担当，浸润着新时代的价值理念。

一、总则编："绿色生态"原则的总纲与指引

习近平总书记曾深刻地指出："要把生态环境保护放在更加突出位置，像保护眼睛一样保护生态环境，像对待生命一样对待生态环境。"民法典总则编是关于民法的一般性规则，是"民法典所赖以立足的抽象原则的阐述"，不仅统领民法典，普遍地适用于民法典的各个篇章，而且也统领整个民商事法律体系，是民法典各个篇章须共同适用的基本规则。作为整个法典总纲的民法典总则编第9条明确规定"民事主体从事民事活动，应当有利于节约资源、保护生态环境"。这一条款意味着我国民法典正式将绿色生态原则作为民事主体从事民事活动必须遵循的基本原则之一。这也就是说，民事主体从事民事活动必须遵循"节约资源与保护生态"的基本义务。在作为具有总纲与体系指引作用的民事基本原则的这一规定，意味着我国民法典将传统民法拟制的"理性人"中浓重地增添了"生态人"色彩，赋予"民事主体"更多的生态义务。绿色生态原则的确立及制度展望，充分体现了你中有我，我中有你，共同促进人与自然和谐发展的中国责任与时代担当。

二、物权编：物尽其用与生态保护要求

物是人们最基本的生产与生活资料，是物权之客体；而物权就是人们生产与生活物资的一种法律赋权。在旧时观点中，物尽其用，就是发挥物的最大效用，最大限度地以物来促进与提升生产力；而对于"物尽其用"中可能存在的生态损害与生态破坏，往往秉持着有意或无意的忽视态度。习近平总书记正确地指出："绿色生态是最大财富、最大优势、最大品牌，一定要保护好，做好治山理水、显山露水的文章，走出一条经济发展和生态文明水平提高相辅相成、相得益彰的路子。"

作为明确物的归属与利用的体系化制度，民法典物权编对权利人行使物权设定了生态保护的有力约束。

民法典第247条规定"矿藏、水流、海域属于国家所有。"第248条规定："无居民海岛属于国家所有……"第250条规定："森林、山岭、草原、荒地、滩涂等自然资源，属于国家所有……"第251条规定："法律规定属于国家所有的野生动植物资源，属于国家所有。"……民法典物权编以体系而严密逻辑的条文确认并扩展了国有自然资源的范围，

---

* 罗施福、吴贵森，集美大学法学院。

把重要环境要素纳入国有自然资源范畴。这将为我国基于公共利益需要而对重要自然资源进行分配、利用与管理确立制度了保障。

为避免自然资源开发利用中的浪费与破坏，实现资源的惠益共享，民法典规定了自然资源有偿使用的原则。第 325 条明确规定除法律另有规定外，国家实行自然资源有偿使用制度。

基于生态保护，民法典物权编将遵守生态保护要求作为民事主体行使物权的行为边界与前提条件，充分引领物权人主动承担生态保护的时代义务。如民法典第 286 条规定："业主应当遵守法律、法规以及管理规约，相关行为应当符合节约资源、保护生态环境的要求"。第 294 条规定："不动产权利人不得违反国家规定弃置固体废物，排放大气污染物、水污染物、土壤污染物、噪声、光辐射、电磁辐射等有害物质"。第 326 条规定："用益物权人行使权利，应当遵守法律有关保护和合理开发利用资源、保护生态环境的规定。"第 346 条规定设立建设用地使用权，应当符合节约资源、保护生态环境的要求。

三、合同编：生态保护义务嵌入合同的订立与履行

在传统民法理念中，"契约自由"是基本原则。这也就是说，特定的民事主体将要与哪些民事主体，签订怎样的合同，以及如何履行合同，都是法律自由。然而，站在良好生态建设的角度来看，这种自由很可能就是一种生态的破坏与损害。

与民法典物权编是对物权归属的静态确认不同，合同编更强调物的流转与开发利用。这也就意味着：合同的订立与履行也要强调生态保护，明确其适度的强制性，积极宣导生态保护义务。民法典合同编对生态保护义务的嵌入，主要体现在合同履行的生态要求，如民法典第 509 条规定："当事人在履行合同过程中，应当避免浪费资源、污染环境和破坏生态。"第 619 条规定："对包装方式没有约定或者约定不明确，……应当采取足以保护标的物且有利于节约资源、保护生态环境的包装方式。"这些规定对于把自然人、法人的经济行为限制在生态环境能够承受的限度内，对于形成有利于生态文明的生产和生活方式具有重要意义。

四、侵权责任编：全面建立生态环境侵权责任制

民法典侵权责任编是对民事主体实施侵权行为而应承担不利民事法律后果的法律调整，是对行为人侵权行为的否认性评价的制度承载。相比于我国 2010 年施行的《侵权责任法》，民法典侵权责任编对违反生态保护的侵权行为规设了众多突破性内容。比如，民法典第七编之第七章被明确为"环境污染和生态破坏责任"，突破了原《侵权责任法》的"环境污染责任"。再如，第 1234 条专门规定了适合生态保护的特殊的责任承担方式，即生态修复责任。该条款明确规定：违反国家规定造成生态环境损害，生态环境能够修复的，国家规定的机关或者法律规定的组织有权请求侵权人在合理期限内承担修复责任。侵权人在期限内未修复的，国家规定的机关或者法律规定的组织可以自行或者委托他人进行修复，所需费用由侵权人负担。再如，民法典第 1232 条设立了惩罚性赔偿制度，明确规定故意进行环境污染和生态破坏的侵权行为人，都要承担更加不利的法律后果，据此对生态损害行为人设定更强大的法律威慑力。

"良好生态环境是最公平的公共产品，是最普惠的民生福祉。"习近平生态文明思想

是习近平新时代中国特色社会主义思想的重要组成部分，体现了以人与自然和谐共生为核心的科学生态观、发展观、民生观与法治观。作为新中国第一部以法典命名的法律，民法典的制定与实施全面贯彻了习近平生态文明思想，深刻呼应生态的时代之问，充分宣扬中国的制度特色与民族智慧，体现了制度自信与道路自信。这对于我国树立新世纪民事立法典范，引领世界各国民事立法趋向与潮流具有深远的意义。

民法典：市场主体的守护神和推进器

涂崇禹 *

《中华人民共和国民法典》作为"社会生活的百科全书"，亮点纷呈，是一部体现对生命健康、财产安全、交易便利、生活幸福、人格尊严等各方面权利平等保护的基础性法律，具有鲜明的中国特色、实践特色、时代特色。值得注意的是，对比过去分散的民事法律体系，民法典对主体制度、物权制度和合同制度作出系统规定，为市场经济运转设立了市场准入、财产权属与利用、市场交易规则等，使其成为中国特色社会主义市场经济发展的基本法。

一、民法典与市场主体有关的主要亮点

一是全面确认市场主体的法律资格。在现行法律的基础上，民法典进一步完善了民事主体制度。在总则编第三章中明确把法人分为营利法人、非营利法人、特别法人，规定不同类型的法人所应承担的责任范围。民法典还将个人独资企业、合伙企业等规定为非法人组织，使其有以自己名义参与市场交易的资格，回应了市场主体多元化的需求。不同类型的经济主体可以通过自由竞争、团结协作或合同交易的方式参与市场交易，充分发挥经济主体积极性、主动性和创造性。

二是赋予市场主体丰富的财产权并予以充分保障。"有恒产者有恒心"，国家长治久安，人民安居乐业，离不开对财产权的切实保护。民法典对市场经济最大的贡献之一即赋予民事主体多种类型的财产权，并予以充分法律保障。例如在担保物权领域，民法典尽可能扩大担保物权的类型和担保物的范围。第三百九十五条将抵押物的范围进行扩大，该条款对可以进行抵押的财产类型进行列举后，又使用了"法律、行政法规未禁止抵押的其他财产"的兜底表述，既彰显了私法领域"法不禁止即自由"原则，也拓宽了中小微型企业和自然人的融资担保渠道。此外，民法典还增设了海域使用权等作为不动产抵押的客体，有效地扩大了农渔民的融资担保途径。

三是确立了完备的市场交易规则。市场交易是通过合同完成的。民法典合同编总则和分则规定了详细的交易规则。合同编总则部分适用于所有种类的合同。它调整合同双方从谈判开始到合同终止期间的全部权利义务关系，个别情形还涉及合同终止后的双方关系。合同编分则部分规定了 19 种典型合同。除赠与合同外，其他合同均为市场交易中最常见的合同。其中既包括买卖、借款、承揽、委托、运输等传统合同类型，也包括融资租赁、保理、合伙等新增的合同类型。

与此同时，民法典对现行法律中一些滞后规定或立法空白进行了适度的更新与重构，值得市场主体高度关注。

* 涂崇禹，福建重宇合众律师事务所。

二、民法典将有效激发市场主体的创造力和活力

一是物权编将对企业融资、担保产生重大影响。在第四百零六条中允许抵押人转让抵押财产并相应赋予抵押权人追及效力。这意味着民法典实施以后抵押物的转让不再必须经过抵押权人的事先同意，且抵押权人所依法享有的抵押权也不受抵押财产转让的影响，必将更加有利于实现抵押物的自然和商业价值，有效带动市场交易的自由发展。这样的改变同时也会对企业的融资和资产交易的模式和结构产生深远的影响；在第三百九十六条、第四百四十条中将可抵押、可出质的财产范围扩大至"现有的以及将有的生产设备、原材料、半成品、产品""现有的以及将有的应收账款"，这将大力推动企业通过"未来财产"担保的方式融资，增强企业的融资活力；在第四百一十六条中首次对动产购买价款抵押担保的优先权进行了明确规定，保障了货物卖方的合法权益。

二是合同编将为企业订约提供更明确的法律指引。首先，企业在商事活动中经常需要签署备忘录、意向书、框架协议等文件。民法典第四百九十五条规定"当事人约定在将来一定期限内订立合同的认购书、订购书、预订书等，构成预约合同。当事人一方不履行预约合同约定的订立合同义务的，对方可以请求其承担预约合同的违约责任。"以法律的形式正式确认了预约合同的合同效力，并扩大了预约合同的适用范围。同时，为适应数字经济快速发展，第四百九十一条明确"通过互联网等信息网络发布的商品或者服务信息符合要约条件的，对方选择该商品或服务并提交订单成功时合同成立。"这些条款有助于明确交易主体之间的法律关系，规范电子交易行为。其次，民法典第五百三十三条对因合同的基础条件发生了在订立合同时无法预见的、不属于商业风险的重大变化，继续履行合同对于当事人一方明显不公平且当事人重新协商不成的，第五百八十条对因当事人一方不履行非金钱债务或者履行非金钱债务不符合约定，出现合同僵局和履行困境致使不能实现合同目的情形下，当事人请求人民法院或者仲裁机构变更、解除或终止合同权利义务关系的权利予以明确，将司法实践中早已适用的情势变更制度写入法典，并在继续贯彻合同严守原则的前提下赋予违约方适当的合同终止权，同时不影响违约方法律责任的承担。再次，企业在日常经营活动中为了提高效率和保证规范化操作，经常会拟定各类的格式合同。民法典进一步强化了提供格式条款一方的提示说明义务，加强对接受格式条款一方的保护，第四百九十六条第二款增加了与接受格式条款一方"有重大利害关系"的条款，规定在对方未履行提示说明义务的情形下，"可以主张该条款不成为合同的内容"，降低了接受格式条款一方的维权门槛。保理是企业融资的重要工具，可以促进缓解企业融资难问题。民法典合同编在第十六章专章规定了保理合同，明确了保理合同的定义、内容与形式、类型、法律义务与法律责任，为保理业务的健康发展提供了法律依据。

三是人格权编、侵权责任编对企业治理提出更高要求。首先，民法典中人格权独立成编且通过其第六章专章规定了"隐私权及个人信息保护"，体现了立法者对公民隐私及个人信息的重视。根据第一千零三十五条的要求，企业在商事活动中需要处理个人信息的，应当遵循合法、正当、必要原则，不得过度处理，且必须征得相关自然人同意、公开处理规则、明示处理信息的目的、方式和范围等。同时，企业在收集信息后即负有保障个人信息安全的义务，在处理所收集信息时不得泄露、篡改或者向他人非法提供。这些都对企业在经营活动中妥善保存个人信息、完善信息管理规则、使用信息时注重信息

的脱敏化处理等提出了更高的要求。其次，随着我国对环境治理的意识和力度不断强化，第一千二百三十二条中首次明确了对于故意污染环境、破坏生态造成严重后果的侵权行为将适用惩罚性赔偿的制度，并在第一千二百三十四条及一千二百三十五条中赋予国家规定的机关或者法律规定的组织对侵权人修复生态环境的法定请求权以及相应索赔权，为环境公共利益救济提供了实体法依据。再次，第一千二百零六条对缺陷产品增加了"停止销售"的补救措施，并增加了被侵权人在缺陷产品的召回中所支出的必要费用应由生产者、销售者负担的规则，在第一千二百零七条明确"明知产品存在缺陷仍然生产、销售"，或者没有采取有效补救措施，造成他人死亡等严重损害的，被侵权人可以请求惩罚性赔偿。进一步完善了缺陷产品的召回制度，强化了对消费者权益的保护。

总之，民法典的颁布实施，为各类市场主体提供了更加稳定的行为预期，营造了更加公平的发展环境，势必大力激发市场主体的活力，让企业家抛开顾虑、甩掉包袱，积极主动投身社会财富的创造中。

民法典彰显民本理念和民生关怀

展庐平 *

《中华人民共和国民法典》是我国第一部以法典命名的法律，涵盖了生命健康、财产安全、交易便利、人格尊严等社会生活的方方面面。民法典最大的一个特色亮点之一，是这部法律顺应了时代发展，回应了人民需求，彰显出民本理念和民生关怀。

一、顺应新时代回应新问题，彰显以人为本的价值取向

1. 人格权独立成编，切实保障人民群众切身利益。现代社会，科技迅猛发展，使得信息分析与利用日益多样化，个人隐私保护面临巨大威胁，在大数据时代，强化个人信息保护，扩张个人信息的内涵，重要性凸显。民法典采用了可识别的标准将个人信息定义为"以电子或者其他方式记录的能够单独或者与其他信息结合识别特点自然人的各种信息"，相较于国际上关于个人信息保护的识别标准更为具象，更有利于个人信息的保护。民法典对时下公众关注的偷拍行为、个人信息泄露、性骚扰等热点问题均给予积极回应，明确规定"禁令制度"，如"未经权利人同意，任何组织和个人不得实施以电话、短信、即时通讯工具、电子邮件、传单等方式侵扰他人的私人生活安宁；不得进入、拍摄、窥视他人的住宅、宾馆房间等私密空间；不得拍摄、窥视、窃听、公开他人的私密活动；不得拍摄、窥视他人身体的私密部位；不得处理他人的私密信息"，以保障公民生活的安宁和社会的安稳。同时，民法典还对信息处理者处理信息时应当遵循的各项原则、国家机关及其工作人员负有的保护自然人隐私和个人信息义务等作出明文规范，利于促进互联网法治化发展。

2. 扩大了财产权保护的范围，特别强化了数据和网络虚拟财产的保护。近年来，网络虚拟财产的纠纷屡见报端，游戏装备不翼而飞，虚拟财产的评估、分割、继承等在司法实践中都存在较大争议。民法典首次确定了虚拟财产受法律保护，这是对如今以高科技、大数据为突出特征的互联网时代的有力回应，体现了民法典的时代精神。

3. 完善建筑物区分所有权制度，将"物业服务合同"作为典型合同类型。现实生活中，存在大量业主大会及业主委员会决议难、管理难等问题，物业费开支对很多人来说也是一笔"糊涂账"。对此，民法典增加了业主共同决定事项的内容并适当降低了表决的程序要求，同时新增了建筑物及其附属设施的维修资金的适用范围及业主大会或业主委员会可在紧急情况下依法申请使用维修资金的规定，不仅解决了决议难、管理难的问题，亦可帮助业主大会或业主委员会在遭逢诸如此次新冠肺炎疫情等紧急情况时，得以依据法律规定在无法满足表决程序要求的前提下及时、合理、灵活地使用小区内建筑物及其附属设施的维修资金，从而更好地维护业主的合法权益。同时，明确物业服务人应当定期将服务事项、负责人员、质量要求、收费项目、收费标准、履行情况，以及维修资金

---

* 展庐平，北京大成（厦门）律师事务所。

使用情况、业主共有部分的经营与收益情况等以合理方式向业主公开，并向业主大会、业主委员会报告，并规定物业服务人不得通过停止供水、供电等方式催交物业费，多角度、全方位地保障了业主的合法权益，并为解决物业纠纷提供了明确的法律依据。

4. 增设居住权制度以保障稳定的生活居住需求。居住权作为物权编的一大亮点，是一种以无偿设立为原则的新型用益物权。居住权人以满足自身生活居住的需求为目的，基于遗嘱或合同约定，经登记后对他人的住宅享有占有、使用的用益物权。该制度的设立贯彻了十九大报告提出的"加快建立多主体供给、多渠道保障、租购并举的住房制度，让全体人民住有所居"的要求，明确"房子是用来住的、不是用来炒的"的价值导向，实现"屋"尽其用，是民法典民本思想的一大体现。

5. 明确禁止高利放贷，借款的利率不得违反国家有关规定。民法典在立法层面对高利贷作出明确的禁止性规范，不仅是对近年来社会反应强烈的高利贷问题的及时回应，亦代表着国家对于发放高利贷的行为采取坚决禁止、严厉打击的明确立场和严格态度，有助于规范民间借贷活动，维护社会稳定和金融秩序，进一步稳民生、促发展。

6. 规范公权力主动介入及其他义务主体的管理责任，全方位规制对人民群众权利的保护。完善"监护制度"，新增在诸如新冠肺炎疫情等突发事件的紧急情况下，监护人暂时无法履行监护职责导致被监护人的生活处于无人照料状态时，有关组织或部门负有对被监护人的临时生活照料义务；完善"高空抛物"责任制度，明确规定公安机关应当及时调查，查清责任人；并规定物业服务企业等建筑物管理人应当为防止"高空抛物"情形的发生采取必要的安全保障措施，避免因相关义务主体的不作为而增加类似案件发生的概率。此外，对"霸坐""抢夺方向盘"等社会生活中较为常见而此前又缺乏相应规制的行为的法律后果均予以明确。对于"霸坐"的行为，民法典合同编明确规定旅客应当按照有效客票记载的时间、班次、和座号乘车；对于"抢夺方向盘"的行为，侵权责任编明确规定抢夺人应当承担赔偿责任。

二、折射大数据时代的民生问题，突出技术为民的价值取向及科技进步与人文关怀的统一

1. 明确规定电子合同的订立及适用规则，为网络购物保驾护航。随着时代的发展，网络购物成为主流，尤其是在新冠肺炎疫情期间，实体购物大受冲击，而网络购物则风生水起，民法典对近年来因网购导致出现"买了东西无法按时到货""团购价格太低商家擅自退款""海淘物品几个月不见踪影商家辩称'海关'积压""网购产品质量问题"等均作出回应。明确规定了信息时代的新兴电子合同缔约方式，以电子数据交换、电子邮件等方式能有形地表现所载内容，并可随时调取查用的数据电文，视为书面形式。还规定通过互联网等信息网络订立的电子合同标的物并采用快递物流方式交付的，收货人签收时间为交付时间，让网购更安心。

2. 明确不得利用科学技术侵害他人权益。科学技术的"双刃剑"作用越来越明显。一些与人体基因、人体胚胎等有关的医学和科研活动，在造福人类的同时可能会面临着生命健康和伦理道德方面的风险。民法典人格权编补上了这一短板，规定了科学活动"应当遵守法律、行政法规和国家有关规定，不得危害人体健康，不得违背伦理道德，不得损害公共利益"，维护了科技向善的初衷，确保科学实践的合规律性与合目的性的统一，避免对社会公众造成伦理道德层面的强烈冲击。此外，随着 AI 技术的普及，AI 换脸技术在

娱乐大众的同时，也带来了民事侵权问题。民法典人格权编在"肖像权"条款中，明确了"利用信息技术手段伪造等方式侵害他人的肖像权"的违法性，保护了"信息变脸"场景下公民的合法肖像权。

三、确立了"绿色原则"，建立绿色条款体系，宣示了对绿色发展理念的贯彻，体现了"人民至上"的重要理念

民法典遵循"人与自然是生命共同体"理念，把"有利于节约资源、保护生态环境"确立为从事民事活动所须遵循的"绿色原则"，对传统民法秉持以个人利益为中心的价值观进行了适度矫正。"绿色原则"通过民法基本原则对民事活动的总括性规定的地位和功能，以限制民事活动可能造成的不利生态环境影响方式调整人与自然关系，从根本上解决个人经济利益与生态公共利益的矛盾与冲突。

民法典遵循的绿色原则和生态理念贯穿始终，不仅是强化生态保护和资源节约的现实需要，也体现了民法典与时俱进的精神。如物权编中规定业主行使权利、处理相邻关系时均应遵循保护环境原则；合同编中则明确规定了在标的物的包装方式上要有利于节约资源，并且强调标的物在有效使用年限届满后应予回收的，出卖人应自行或委托第三方对标的物予以回收的义务。在侵权责任编中专章规定环境污染和生态破坏的法律责任，明确规定损害生态环境应承担惩罚性赔偿和修复责任。有助于促进生态文明建设，加大生态系统保护力度。

民法典的出台有助于增加人民群众的获得感、幸福感和安全感，是对十九大报告"深化依法治国实践"要求的重要体现。民法典具备独特的创新性及强烈的人文关怀，闪耀着坚持以人民为本、为人民民"益"的民本光芒。

民法典姓 "民" 的四重意蕴

黄凤龙 *

民法典是新中国成立以来第一部以 "典" 命名的法律，也是第一部以 "民" 命名的法典。习近平总书记在十九届中央政治局第二十次集体学习时指出，民法典是一部固根本、稳预期、利长远的基础性法律，对坚持以人民为中心的发展思想、依法维护人民权益、推动我国人权事业发展具有重大意义。要充分认识颁布实施民法典的重大意义，首先要准确把握民法典中 "民" 的丰富内涵和精神实质，深刻领会民法典坚持以民为本、反映人民诉求、维护人民权利、保障人民利益、增进民生福祉的价值追求和根本立场。结合民法典的价值取向、主要内容、制定过程、具体规则和特色特点，可以从人民性、民主性、民族性和市民性四个维度来理解和把握我国民法典中 "民" 的含义。

从主题主旨看，体现人民性。民法典是民事权利的宣言书。民法典姓 "民"，最重要和最首要的体现是民法典保护民事权益的主题和主旨，体现在民法典健全和充实民事权利种类，完善权利保护和救济规则，形成规范有效的权利保护机制，使得对人民权益的保护更加充分、更加全面、更加有效。首先，设置编章架构时注重彰显民事权益保护的法治价值。在总则编，民法典专章规定 "民事权利"，用 23 个条文详细列举民事主体享有的人身自由、人格尊严、生命权、身体权、健康权、姓名权、肖像权、名誉权、荣誉权、隐私权、婚姻自主权、物权、债权、知识产权、继承权、股权等人身权利和财产权利；物权编和合同编分别调整各类财产关系和交易关系，是对财产权利保护规则的细化和明确；人格权编是对人身权利及其保护规则的细化和明确；婚姻家庭编和继承编是对人身关系和基于人身关系的财产权利保护规则的细化和明确；侵权责任编是对保护和救济民事权利保护的兜底性安排，对侵犯民事主体人身权利和财产权利的行为需要承担的民事责任进行细化和明确。尤值一提的是，我国民法典落实 "公民的人格尊严不受侵犯" 的宪法要求，把人格权独立成编，体现了我国对公民人格权的庄严确认与严格保护，也为世界各国的人权保护贡献了中国智慧、提供中国方案。其次，设置制度规则时注重回应人民群众美好生活的法治需求。民法典积极适应我国社会主要矛盾的新变化，满足人民群众在民主、法治、公平、正义、安全、环境等方面日益增长的法治需求，为我们提供了全生命周期的权益保障。比如，民法典把绿色原则明确为民法基本原则，规定民事主体从事民事活动，应当有利于节约资源、保护生态环境。民法典各分编具体法律制度和规则也注重保障绿色原则落地落实。比如，第二百九十四条、三百四十六条、五百零九条第三款、六百一十九条、六百五十五条等条文，分别对不动产权利人不得弃置固体废物、排放有害物质，设立建设用地使用权应当符合绿色原则要求，合同履行应当避免浪费、资源污染和破坏生态，买卖标的物应当采取有利于节约资源、保护生态环境的包装方式等作出规定。同时，侵权责任编专章规定环境污染和生态破坏责任，增加规定生

---

* 黄凤龙，厦门市思明区政法委。

态环境损害的惩罚性赔偿制度，并明确规定生态环境损害的修复制度。可以说，绿色是民法典最靓丽的底色。再次，传递价值理念时注重弘扬以民为本、人民主体的法治精神。在民法慈母般的眼里，每个人都是整个国家。民法典既规定了平等、自愿、公平、诚信等民事活动基本原则，又充分尊重人的主体地位，赋予民事主体设立、变更、终止民事法律关系的自主决定权。比如，民法典第四百六十五条，确立了当事人之间的合同具有法律的效力，保障了通过交易和市场规律配置社会资源和生产要素，界分了公权力在市场经济中的权利界限，突出了意思自治的价值。同时，成年人监护制度的设立、遗产管理人制度的创建以及精神损害赔偿制度的完善等等，每个细节的背后都体现着法律对人民权利的保障，对弱势群体的特殊关爱，以及对人格尊严的高度尊崇。

从立法过程看，践行民主性。民主立法是提高和确保立法质量的前提。民法典姓"民"，还体现在了解社情民意、采集众智民声、发动群众参与、回应人民期盼的立法过程。我国民法典编纂采取的是先制定《民法总则》、后编纂民法典各分编的"两步走"工作思路。不管是《民法总则》的制定，还是民法典各分编的编纂，都充分体现了民主立法、科学立法、依法立法的要求和精神。从民法典编纂的第一步看，《民法总则》的制定过程是贯彻民主原则、展现民主价值的生动实践。2015年3月，全国人大常委会启动民法典编纂工作。从2016年十二届全国人大常委会的三次审议，到2017年3月第十二届全国人民代表大会第五次会议审议通过，《民法总则（草案）》先后3次向社会征求意见、4次在不同省市召开座谈会，共收到来自各方面的意见7万多条。《民法总则（草案）》从起草到最终通过，各类审议稿、汇报稿、讨论稿共有43稿之多，草案一审稿为186条，三审稿增加到了210条，先后修改的条文有127条，接近70%的条文均作了修改。在2017年的两会上，经过广大代表委员的认真审议讨论，吸收各方面意见，又对《民法总则（草案）》做了126处修改。从民法典编纂的第二步看，民法典各分编编纂是坚持开门立法、贯彻群众路线的重要典范。2018年8月、12月和2019年4月、6月、8月、10月，第十三届全国人大常委会第五、七、十、十一、十二、十四次会议对民法典各分编草案进行了拆分审议，对全部6个分编草案进行了二审，对各方面比较关注的人格权、婚姻家庭、侵权责任3个分编草案进行了三审。在此基础上，将《民法总则》与经过常委会审议和修改完善的民法典各分编草案合并，形成《中华人民共和国民法典（草案）》，提请2019年12月召开的第十三届全国人大常委会第十五次会议审议。过去五年间，民法典编纂前后共10次公开征求意见，有42.56万人参与提供意见，总数达102万条。正是因为坚持科学立法、民主立法，才能使民法典编纂汇聚最强合力、凝聚最大共识、得到最广泛认同，也便于施行后得到最大程度遵守和适用。

从精神实质看，彰显民族性。民法典既借鉴人类法治文明建设有益成果，更汲取中华民族优秀法律文化，体现中国人民的精神风貌和中华民族的传统美德。在立法宗旨上，注重坚持法治与德治相统一。民法典第一条将"弘扬社会主义核心价值观"写入立法目的和宗旨，体现了坚持依法治国与以德治国相结合的鲜明中国特色。同时民法典将见义勇为、诚实守信、孝老爱亲等中华传统美德上升到法律层面，映照出中华民族的精神内涵和价值追求。民事活动的公序良俗原则，监护制度中监护人的抚养、教育、保护义务，合同关系中的诚信义务，对见义勇为行为的鼓励，婚姻关系中的友爱互助义务等，都贯穿着社会主义核心价值观。在维护稳定上，注重发挥家庭家教家风作用。家庭稳定是社会稳定的基础，民法典在维护家庭生活和谐有序方面具有重要作用。婚姻家庭编不仅强调家庭成员在家庭生活中的权利，也强调家庭成员的义务和责任；不仅强调夫妻平等及家庭和睦团结，也强调保护妇女、儿童和老人的合法权益。比如，民法典第一千零七十七条关于离婚冷静期的规定，体现了立法者对社会上"闪婚闪离"现象的关注和回应，有利于确保婚姻稳定。民法典第一千零六十四条关于夫妻共同债务的规定，在面对维护交易安全和保护家庭稳定的价值冲突时，立法者选择维护家庭稳定。在社会治理上，注重回应新时代社会问题。随着信息化和大数据时代的到来，随着经济和社会的发展变化，社会问题不断涌现、社会治理亟需法治特别是民法典的赋能。比如，民法典将个人信息权列入民事权利谱系，强化对隐私权的保护，对网络虚拟财产、人工智能发展、医学科研活动、电子合同法律效力等作出规定。又如，民法典总则编规定"对英雄烈士人格利益保护"、物权编规定"三权分置"、合同编回应"旅客霸座"、人格权编设置防止性骚扰条款、婚姻家庭编中提倡"树立优良家风"、侵权责任编守护"头顶上的安全"等，都体现出对社会现实问题的关切，体现对人民关切的回应，也为相同问题的解决提供了中国方案。

从核心要义看，聚焦市民性。我国民法典注重体现和聚焦民法作为市民社会基本法的根本属性，推动民法成为社会生活的重要遵循和基本指南。民法典通过统一和规范文字表述彰显民法的私法定位。比如，民法典第二条规定，民法调整平等主体的自然人、法人和非法人组织之间的人身关系和财产关系。对比《民法通则》第二条规定，其中一个重要调整是，民法典不再使用"公民"的这一公法概念，转而使用"自然人"的概念。与此类似，第一千零九十四条用"个人"替换了《收养法》第五条中的"公民"，表述为"下列个人、组织可以作送养人……"。从"公民"到"自然人"，从"公民"到"个人"，凡此种种，表面是立法用语的微小变化，实质是私法精神的践行、私法价值的弘扬、私法理念的提升，是对民法私法定位的坚守。民法典通过权益安排关照着每个人从摇篮到坟墓的生命历程。民法典是社会生活的百科全书。市民社会中每个人的生老病死、衣食住行、婚丧嫁娶等都与民法息息相关，民法典平等保护生命健康、财产安全、交易便利、生活幸福、人格尊严等各方面权利。比如，有人吃了"霸王餐"餐馆老板能不能扣下他的财物、高空抛物应该由谁承担责任、企业员工遭遇性骚扰怎么办、窃取个人信息怎么罚、高利放贷怎么治、企业融资难怎么破、小区广告收入归谁，社会关注的每个热点、难点和痛点，都能在民法典中找到解决办法。代理行为怎么设置、居住权怎么保障、买卖房屋合同怎么签订、违约责任怎么承担、人格权被侵犯怎么维护、收养关系怎么设立、侵权责任怎么追究，几乎所有民事活动，都能够在民法典中找到法律依据。民法典通过强化规制为公权力行使划清了边界。民法典是全面依法治国的重要制度载体，既是老百姓权益的保障法，也是公权力行使的规制法。比如，民法典第三条规定"任何组织或者个人不得侵犯"民事权利，划定了公权力与私权利的界限，明确了公权力行使的基本要求，体现国家治理现代化的基本体现。民法典通过明确政府与社会和市场之间的关系，为政府行为画清界线、设定红线，规范公权力在涉及民事权利的行政行为中，必须把保护民事权利摆在一切行政行为的首位，确保每个人都能得到法律无微不至的呵护，以法治方式推进国家治理体系和治理能力现代化。

民法体系视角下合同编的变与不变

林文阳 *

法律是时代精神的体现，编纂一部真正属于中国人民的民法典，是几代人的夙愿。民法典的编纂工作并非一朝一夕所能完成，它凝聚了几代人的智慧与心血。1954 年、1962 年、1979 年、2001 年，党和国家曾四次启动编纂民法典的相关工作，但囿于当时政治、经济、社会、学术等多重客观条件的约束，民法典的编纂工作没有取得实质性的成果。为了推动我国民事立法工作的开展，20 世纪八十年代初，领导全国人大法制委员会立法工作的彭真、习仲勋等同志在经过深入研究后，决定按照"成熟一个通过一个"的立法工作思路，确定先制定民事单行法律。由此，继承法、民法通则、担保法、合同法、物权法、侵权责任法等民事单行立法逐步完成了制定和颁行的工作，我国也逐步形成了较为完备的民事法律规范体系。

随着社会主义现代化事业的不断发展和全面依法治国战略布局的深入推进，社会各界对民法典编纂和出台寄予了极大的期待。在理论研究工作不断深入、司法实践经验不断累积、社会经济水平不断发展的基础上，民法典编纂的理论基础、实践基础、经济基础已经逐步奠定。民法典的编纂工作再次提上议程。编纂民法典是党的十八届四中全会确定的一项重大政治任务和立法任务，是以习近平同志为核心的党中央作出的重大法治建设部署，习近平同志在主持学习时强调，民法典在中国特色社会主义法律体系中具有重要地位，是一部固根本、稳预期、利长远的基础性法律，对推进全面依法治国、加快建设社会主义法治国家，对发展社会主义市场经济、巩固社会主义基本经济制度，对坚持以人民为中心的发展思想、依法维护人民权益、推动我国人权事业发展，对推进国家治理体系和治理能力现代化，都具有重大意义。全国人民代表大会随即启动了第五次民法典编纂工作，并作出了先制定民法总则、再系统整合民事法律的"两部走"民法典编纂工作部署。在前期各方面经验累积的基础上，经过多年的努力，《中华人民共和国民法典》于 2020 年 5 月 28 日十三届全国人大三次会议表决通过，并于 2021 年 1 月 1 日起正式施行。一部具有鲜明中国特色、实践特色、时代特色的民法典终于问世，这是我国第一部以"法典"命名的法律，它具有里程碑意义，标志着我国将正式进入民法典时代。

民法典体系庞大，内容丰富，共 7 编 1260 条，计 10 万余字，依次为总则编、物权编、合同编、人格权编、婚姻家庭编、继承编、侵权责任编。这是一部民商合一的民法典，它在合同编规定了民事合同与商事合同，集中体现了民商合一的立法精神；这是一部借鉴了英美法的民法典，合同编单设准合同分编，规定了不当得利与无因管理这两种重要的债之关系；同时，这不是一部大而全的民法典，其中并不包括知识产权编与涉外民事关系编，对于知识产权制度，因其处于快速发展变化之中，相关的立法及司法仍需不断调整适应，基于民法典稳定性的考虑，目前不宜将其纳入，至于涉外民事关系适用

---

* 林文阳，厦门市仲裁委。

规则，虽与民法典有一定关联性，但二者性质不同，亦不宜纳入；这也不是一部传统的民法典，传统的民法典体系以法国式的三编制（人、财产、取得财产的各种方式）、德国式的五编制（总则、债法、物权、家庭、继承）为代表，相较于这些传统的民法典模式，我国民法典并没有设立债权编，但设立了合同编、人格权编以及侵权责任编。由此可见，这是一个极具原创性与中国特色的民法体系，具有其特有的内在逻辑性。

在体系庞大的民法典中，合同编共有 526 条，几乎占据了民法典的半壁江山。合同编全面总结了我国有关合同关系的立法以及司法实践经验，在现行《合同法》的基础上，贯彻全面深化改革的精神，对合同制度进行了完善，既有"坚守"，又有"革新"，更有利于维护交易安全、维护市场秩序。值得注意的是，原《合同法》第二条对财产合同和身份关系协议进行了区分，对于平等主体之间的财产合同归属《合同法》调整，对于婚姻、收养、监护等有关身份关系的协议，则适用其他法律的规定。而民法典第四百六十四条规定："合同是民事主体之间设立、变更、终止民事法律关系的协议。婚姻、收养、监护等有关身份关系的协议，适用有关该身份关系的法律规定；没有规定的，可以根据其性质参照适用本编规定。"根据该条规定，民法典合同编不仅适用于财产合同范畴，对于有关身份关系的协议，在没有相关法律规定时，也可参照适用合同编的规定，足可见合同编的重要性。

从体例上看，原来的《合同法》是由总则与分则两部分构成，民法典合同编在体例上修改为通则、典型合同及准合同三部分，通则中新增了合同保全章节，典型合同中新增了保证合同、保理合同、物业服务合同、合伙合同四章，原居间合同改名为"中介合同"，准合同部分则规定了两种重要的债之关系：无因管理和不当得利。从内容上看，民法典合同编中有实质性修改的条款有一百多条，有诸多修改亮点，使得合同订立规则更加完善，合同效力认定更加准确，合同履行规则更加丰富，合同解除规则更加合理。下文将主要从"债的相对性与例外""合同效力判断规则""合同解除"三个方面谈及民法体系视角下合同编的变与不变。

一、关于"债的相对性与例外"

债的相对性，是在工厂化生产背景下应运而生的，系为了降低交易成本，促进交易，鼓励交易。债的相对性与物的绝对性，共同构建一个具有严密逻辑的财产及权利保护的闭环。但现代社会交易日趋复杂，传统的合同自由面临着强制缔约、诚信义务等新内容的挑战。社会保险法、劳动法、消费者权益保护法等逐渐从公法私法分立的二元体系中独立出来，成为了第三法域。同时，在存在多重之债的情况下，债的相对性也受到严重挑战，如一房多卖、一房多租、利益第三人合同等情形下权利的选择问题，不得不对债的相对性重新进行解释，限制其平等保护权。民法典第四百六十五第二款确立了债的相对性原则，即"依法成立的合同，仅对当事人具有法律约束力，但是法律另有规定的除外。"相较于原先《合同法》第八条的规定，民法典增加了一个"仅"字，特别强调了债的相对性，但同时，民法典中也有相关条款就债的相对性原则作出了例外规定，如第五百二十二条第二款规定："法律规定或者当事人约定第三人可以直接请求债务人向其履行债务，第三人未在合理期限内明确拒绝，债务人未向第三人履行债务或者履行债务不符合约定的，第三人可以请求债务人承担违约责任；债务人对债权人的抗辩，可以向第三人主张。"第五百三十五条规定："因债务人怠于行使其债权或者与该债权有关的从权利，影响债权人的到期债权实现的，债权人可以向人民法院请求以自己的名义代位行使债务人对相对人的权利，但是该权利专属于债务人自身的除外。"第七百三十二条规定："承租人在房屋租赁期限内死亡的，与其生前共同居住的人或者共同经营人可以按照原租赁合同租赁该房屋。"以上均是对债的相对性原则的突破。

在谈及债的相对性原则时，需与第三人侵犯债权问题进行区分。债权可以成为侵权客体，并不意味着有合同关系的情形下，存在违约责任与侵权责任的竞合，守约方可以就合同之债向相对人主张侵权责任。违约责任与侵权责任竞合是指一个违反合同义务的行为产生两个以上的法律责任，财产损害责任通过违约责任救济，人身损害责任通过侵权责任救济。在涉及财产损害责任方面，要坚守债的相对性。债权可以成为侵权客体，是特指第三人对债权的侵犯，而不是合同相对人对债权的侵权。

二、关于合同效力判断规则

关于合同效力的判断规则，民法典做了相应修改，使合同效力判断规则更为准确，例如，删除了原《合同法》第五十一条所确立的无权处分合同效力原则，采纳了《最高人民法院关于审理买卖合同纠纷案件适用法律问题的解释》第三条的规定，对于无权处分的合同，不再是效力待定的合同，应属有效合同；又如，对合同无效的规则、合同可撤销的规则进行了相应调整；再如，格式条款"可撤销"变为"可主张不成为合同内容"，降低了当事人的抗辩成本；此外，还修改了未经批准的合同效力判断规则，合同未经批准不影响报批义务相关条款的效力，赋予了报批条款的独立性，对于负有办理申请批准等手续的当事人未履行义务的，对方当事人可以请求其承担违约责任而非缔约过失责任。

三、关于合同解除

民法典对于合同解除问题也做了较多修改完善，使合同解除规则更为合理。例如，明确了行使解除权的除斥期间为一年，统一了法律适用标准，为司法实践中当事人合同解除权的行使提供了更加明确的指引；又如，赋予违约方合同解除权，引导当事人破解合同僵局，实现实质正义；再如，整合了预期违约制度和不安抗辩权制度；此外，还对以诉讼或仲裁方式解除合同的解除时点加以明确；等等。

一部民法典的颁布，一定有其特有的时代特征和历史使命，我国民法典诞生于社会大转型和数字网络经济快速发展的新时代，它对加快社会主义法治国家建设具有重要的现实意义和深远的历史意义，它也充分凸显了党和国家对亿万人民群众美好生活愿景的最大保障。

《民法典》第 75 条辨析

——以公司成立后发起人对外签订合同的责任归属为中心

薛夷风　何　锋*

一、设立中公司的属性

公司这一组织体并非因设立登记而横空出世，其实体是经过一个逐渐地、阶段性地形成的过程。即从公司的设立筹备到公司的注册登记完成为止必须经过一段时间，公司发起人 ① 以成立公司为目的组织相关的人力、物力和财力等资源，促成"公司"这一商事组织形态的诞生的过程中形成的临时性的组织被称为"设立中公司"（corporation to be formed）。② 换言之，设立中公司，是以成立公司为目的的特定时期的组织，是一种发展中的临时性实体，在设立登记之前尚未完成，不具有法人人格，故传统大陆法系一般认为其比较符合所谓的没有权利能力社团的特征。③ 虽然我国正式的法律法规中最早使用"设立中公司"这一词是 2011 年的原《公司法司法解释三》④，但我国学界对该名词却不陌生。⑤ 目前为止，关于设立中公司的法律属性的学说主要有"合伙说""无权利能力社团说""折中说""设立中社团说""非法人团体说"等。⑥ 但上述学说形成于 2017 年《民法总则》颁布之前，未能充分与《民法典》规定的民事主体制度相对接，故笔者认为现阶段探讨"设立中公司"的法律地位有必要立足于《民法典》突破传统大陆法系民事主体二元体系的架构，已创设三元民事主体体系，据此判断其应属于特殊的非法人组织。因为

---

* 薛夷风，厦门大学法学院；何锋，福建省厦门市思明区人民法院。

① 设立公司至少有一名发起人（promoter）实施公司设立的事务。为了设立公司必要有保证设立中公司像实体般存在的责任人，此人负责从事筹备组织集合重要的当事人，运作资本，决定必要的契约等民事活动。SEC 将发起人定义为："单独或者与他人共同直接或者间接掌握设立事业或者企业组织的主导权的人"。参见 SEC 规则 405,17C.F.R. §230·405（2000）。

② 设立中的公司一般是指从发起人基于发起协议开始着手公司的设立事务到公司成立为止期间的一种以成立公司为目的的过渡性组织，因其不具有法人资格，该过渡性组织一般称为"设立中公司"。参见：赵旭东主编：《新公司法制度设计》，法律出版社 2006 年版，第 14 页。

③ 《德国民法典》第 54 条规定，以无权利能力社团名义与第三人所为的法律行为，由行为人个人负责，行为人有数人时，全体行为人视为连带债务人。《法国商事公司法》第 5 条第 2 款规定，在公司获得法人资格之前，以筹建中的公司名义进行活动的人负连带无限责任。

④ 2011 年 2 月 16 日最高院颁布原《公司法司法解释三》。该院民二庭负责人接受记者采访，就公司设立过程中债务的承担做了说明。使用"设立中公司"称呼目的之一是具体落实公司不同参与者的义务和责任，制约公司参与者的不诚信行为，促进公司依法规范设立及运营。同时，期待各级法院树立商法意识、强化商法理念，按照商法规律妥善审理公司诉讼案件。http://pkulaw.cn/(S(21ctss45il3hjxjvmt44tijw))/fulltext_form.aspx?Gid=1090522549&Db=lawexplanation.

⑤ 朱慈蕴：《公司法原论》，清华大学出版社 2011 年版，第 87 页。

⑥ 曹顺明：《设立中公司法律问题研究》，载《政法论坛（中国政法大学学报）》2001 年第 5 期。

根据《民法典》第四章规定，非法人组织是不具有法人资格，但能够依法以自己的名义从事民事活动的组织。首先，我国对设立公司等企业采取预先申请登记制度①，故发起人为设立公司可以设立中公司名义对外签订合同〔参见2021年修订的《最高人民法院关于适用〈中华人民共和国公司法〉若干问题的规定（三）》（以下简称《公司法司法解释三》）第3条规定〕。其次，设立中公司有自己的成员——发起人与认股人（发起设立只有发起人，募集设立除发起人之外，还有其他的认股人）。再次，设立中公司有相对独立的财产，根据法律法规规定，股东现金出资必须缴入设立中公司的特定账户，非现金出资必须要将原所有权人或者使用权人变更为"公司"。即因股东出资，设立中公司有独立于发起人等的独立财产。最后，有发起人协议（以及在其基础上制定的公司准章程），有相应的机关设置②等。此外，《民法典》第104条规定，非法人组织的财产不足以清偿债务的，其出资人或者设立人承担无限责任。在公司设立中，对于发起人而言，其应承担的责任类似。故设立中公司虽然不具有法人资格，但能够依法以自己的名义从事民事活动，对外承担相应的责任。

确立设立中公司的非法人组织的民事主体地位，不仅有助于理顺发起人与设立中公司、公司之间的内部法律关系，也有助于处理发起人与第三人之间的法律关系，更好理解掌握《民法典》第75条的规定，确实保护第三人的权益，以维护交易的安全和经济秩序的稳定。

二、设立中公司与成立后公司的法律关系

设立公司中会产生两个问题，一是发起人替代设立中公司实施的行为的责任；二是成立后公司对发起人为设立公司所从事的民事活动，其法律后果的归属。关于这两个问题可以直接适用的规范是《民法典》第75条与《公司法司法解释三》第2条、第3条、第4条的规定。

我国理论界关于设立中公司与成立后公司的法律关系的通说是同一性理论。通过强调设立中公司与成立后公司的同一性，使得设立中公司为设立公司所为的法律后果自然归属于成立后公司，二者是自然衔接与连续的问题。③《公司法司法解释三》第2条、第3条与《民法典》第75条④均采纳该观点，即发起人为设立公司从事的民事活动，其法律

① 2021年3月1日国家将"企业名称预先核准"改为"企业名称自主申报"，登记机关不再对企业名称是否与他人企业名称近似作审查判断。详见2020年12月28日颁布、2021年3月1日起实施的《企业名称登记管理规定》。

② 虽然我国《公司法》没有详细明确规定设立中的公司机关的相关内容，但在实务中设立中公司可以根据先章程的规定，选举设立时的董事会为设立时的财产管理执行机构，由发起人和认股人组成设立时股东会，形成意思机构。实际上，我国《公司法》如果能够像《日本公司法》第二编第一章那样详细规定设立公司时应当注意的重要事项，并在同章第四节具体规定设立时高管等的选任以及解任的内容，有利于公司创立的规范操作，减少设立成本和纠纷。故《公司法》在这一方面可以借鉴《日本公司法》的相关规定，完善我国设立中公司的有关制度。

③ 徐强胜：《设立中的法人制度的功能及缺陷——兼评〈民法总则〉第75条》，载《法学杂志》2017年第4期。

④ 《民法典》第75条第1款的规定体现了其立法意图，即使发起人在设立公司中替代公司签订的合同未必对公司具有约束力，但公司成立后应该受到该合同的约束，并且无须确认或者明示，对于公司可以通过默认予以推定。即发起人为设立公司从事的民事活动，其法律后果由成立后公司承受。从而间接肯定设立中公司与成立后公司的一体性。

后果由公司承受。[①]

　　笔者亦赞成同一说。虽然设立中公司是非法人组织，是一个独立的民事主体，是公司成立前的一个过渡性和必要性组织，但根据法律规定，公司一旦成立，即具有独立法人资格。从形式上看，设立中公司与公司并非同一民事主体，故设立中公司要将自己的债权债务移转给成立后的公司，就应当遵循民法的债权债务让与规则。但从实质上看，设立中公司与公司最终的目的都是希望通过公司这一载体来发展共同事业，达到营利目的。设立中公司只不过是公司尚未成型的前身，故设立中公司为设立所实施的民事活动的法律后果不需要专门的继受行为就当然转移至成立后的公司，由公司承受，只是必须履行必要的保护第三人权益的程序。[②] 换言之，设立中公司与公司之间法律关系类似公司的吸收合并性质。

三、发起人与设立中公司的法律关系[③]

　　发起人早于设立中公司而存在，是为设立公司这一共同目标，彼此之间基于发起人协议形成实质的合伙关系。在设立中公司中，发起人不仅是设立中公司的"成员"，而且为完成公司成立的目的，还具有作为执行必要事务的"设立中公司的执行机关"的功能。例如，发起设立场合，发起人履行出资、选举设立时的董事、监事，是其作为成员所实施的行为，而发起人收取出资则是作为机关的行为。募集设立的场合，除了发起人履行与收取出资的行为性质与发起设立场合相同之外，其他出资人认购股份被认为是通过发起人向设立中公司申请加入公司的意思表示。故此时发起人是作为设立中公司的机关。发起人召集创立大会也是作为设立中公司的机关实施的行为，但在创立大会上，发起人与认股人选举董事、监事等则是作为设立中公司成员的行为。

　　因此，发起人代表自己实施的行为的法律后果，归属个人，这个问题不存在争议。但发起人作为设立中公司的执行机关或者替代设立中公司实施行为的责任，是否归属于设立中公司，发起人对此是否承担连带责任？由于前者涉及代表或者涉及代理理论与制度，故存在一定的争议。

　　关于发起人[④]与设立中公司的关系，目前学界主要有五种学说，即"无因管理说""第三人利益合同说""设立中公司机关说""当然继承说""两分说"等。[⑤]

　　发起人的行为大致可以四种类型：

　　（1）直接以设立为目的的行为。如制定公司章程、认购以及认缴出资的行为、召集

---

　　① 这一观点亦为我国部分司法实践所采纳，《江苏省高级人民法院关于审理适用公司法案件若干问题的意见（试行）》第35条规定"公司发起人以设立中公司名义对外为公司设立必要行为的，其法律后果应当由成立后的公司直接承担，债权人可以公司为被告要求其承担民事责任"；相关案例参见"上海蜀云川菜馆与上海元宏投资咨询有限公司票据追索权纠纷案"，〔2009〕沪二中民三〔商〕终字第598号；"沈某某、倪某某与上海浦东新区某某有限公司"，〔2008〕浦民一〔民〕初字第11244号。

　　② 曾世雄：《民法总则之现在与未来（第2版）》，台湾元照出版有限公司2005年版，第94页。

　　③ 徐强胜：《设立中的法人制度的功能及缺陷——兼评〈民法总则〉第75条》，载《法学杂志》2017年第4期。

　　④ 关于发起人的概念，本文遵从《公司法司法解释三》第1条的规定，是指为设立公司而签署公司章程、向公司认购出资或者股份并履行公司设立职责的人。

　　⑤ 卢代富：《公司法国际经验与理论构架》，法律出版社2005年版，第62-63页。

主持创立大会等。

（2）设立公司所必须实施的行为，即设立公司的必要行为。如委托专业机构或者人士制定公司章程的费用、印花税以及申请设立登记的有关费用。即主要指支付必要税金和各类手续费等设立费用的行为。

（3）开业准备行为。如根据章程取得财产的行为，以及主张自己为设立公司所付出的劳动报酬的行为，以及与他人开展设立公司所必备的物质和资金的行为。

（4）事业行为，即实施公司成立后准备从事的事业为内容的行为。

发起人的行为中，前三种都是为设立公司而实施的，最后一种则非以设立公司为目的而实施的行为。

如前所述，笔者认为设立中公司可视为非法人组织，发起人与发起人基于发起协议彼此之间形成民事合同关系后，根据发起协议制定公司原始章程，组建以设立公司为宗旨的过渡性的非法人组织，当发起人为设立中公司的机关，就与设立中公司形成代表关系，即与普通合同企业一样，每一个发起人对外都有权代表设立中公司从事设立活动。无论法定还是意定授权，发起人为设立公司从事民事活动均可适用民法中的代表（代理）规则，以代理法的规则解决缔约的主体问题。① 因此，发起人行为的前三种的法律后果应属于设立中公司，而最后一种行为的法律效果是否属于设立中公司，涉及发起人是否超越代表（代理）权的问题，可以根据越权理论认定第四种行为的效力归属。

为了便于评析《民法典》第75条，本文仅探讨公司成立后发起人对外签订合同的责任归属问题。虽然从谨慎的角度而言，公司设立中发起人与第三人签订合同，为了避免事后纷争，应当在合同中明确约定自己免责的条款，或者在合同中明示自己是为设立公司而与第三人签订该合同。但是，由于设立公司是一个系统工程，为了便于发起人为设立公司开展民事活动，以及基于设立中公司的非法人组织的属性，发起人为设立公司常常以自己名义与第三人签订合同。因此，才有探讨《民法典》第75条适用的必要。

四、公司成立后合同第三人享有选择权的理论依据

（一）发起人以设立中公司名义签订的合同

无论《民法典》还是《公司法司法解释三》，都允许合同第三人向公司主张对在设立中以发起人名义签订的合同承担责任。

根据《民法典》第75条第1款的规定，发起人为设立公司无论以谁的名义对外签订的合同的责任后果全部归属于公司。该精神也体现在《公司法司法解释三》第3条的规定中，即公司成立后，合同相对人可以请求公司承担发起人以设立中公司名义与其签订的合同责任。故无论立法还是司法，成立后的公司都必须承担发起人以设立中公司名义签订的合同责任，除非公司可以证明发起人签订合同不是为了设立公司。其理论依据如前所述，发起人与设立中公司之间为代表（代理）关系，而设立中公司与成立后公司在实质上是同一的。这是从组织法的角度规定公司概括继受发起人以设立中公司名义签订的合同责任。

---

① ［德］怀克、［德］温德比西勒：《德国公司法》，殷盛译，法律出版社2010年版，第315—316页。

（二）发起人以自己的名义签订的合同

原《公司法司法解释三》第 2 条第 1 款，发起人以自己的名义对外签订合同，原则上合同责任归属发起人个人。但原《公司法司法解释三》第 2 条第 2 款又规定，公司成立后对上述合同予以确认，或者已经实际享有合同权利或者履行合同义务，合同相对人可以请求公司承担合同责任。例如，甲公司在设立时，其发起人 A 为设立公司与乙公司签订写字楼租赁合同，甲公司成立后，虽然对该租赁合同未予确认，但已经实际使用该写字楼办公，或者甲公司已经向乙公司支付了租金时，乙公司可以根据原《公司法司法解释三》第 2 条第 2 款规定请求甲公司承担该租赁合同责任，甲公司应承担该租赁合同责任。此时，乙公司是否也可以根据该解释第 2 条第 1 款的规定，请求 A 承担租赁合同责任呢？因为从《公司法司法解释三》第 2 条第 2 款规定看，并不能明确。

即原《公司法司法解释三》第 2 条第 2 款从契约法的角度承认只要发起人与公司之间的行为符合《合同法》有关债务转移的规定，即可发生债务转移的效果——公司可以成为合同的当事人。但 2021 年《民法典》实施后，最高院修改了原《公司法司法解释三》第 2 条第 2 款。即根据现行《公司法司法解释三》的规定，发起人为设立公司以自己的名义对外签订合同，第三人可以选择发起人也可以选择公司为合同当事人。故《公司法司法解释三》第 2 条第 2 款修改后，关于发起人以自己的名义对外签订合同的责任归属完全遵循《民法典》第 75 条第 2 款的意旨。

虽然发起人以设立中公司名义对外签订合同，原则上成立后公司应当成为该合同的责任主体。但也存在例外的情形，即根据原《公司法司法解释三》第 3 条规定，公司能够证明第三人知道或者应该知道该合同是发起人假公济私，为自己的利益签订时，公司可以拒绝承担合同责任，该合同责任仍由发起人承担。例如，发起人 A 虽然以设立中公司的名义与乙公司签订购买家用电器设备合同，但乙公司却将上述家用电器设备送到 A 的私人住宅，并安装。此时，乙公司就不符合善意，甲公司成立后可以未收到乙公司的家用电器设备为由拒绝承担该买卖合同责任。

五、《民法典》第75条的价值

《民法典》与原《公司法司法解释三》的相关规定比较，前者显然规范的范围更宽，涵盖了公司设立中发起人的所有民事活动，而非仅限于合同法律关系。为了便于剖析《民法典》第 75 条的价值，兹将探讨范围限缩在合同领域。

在《民法典》第 75 条颁布实施之前，原《公司法司法解释三》第 2 条关于发起人以自己名义订立合同的责任承担的规定，是立足于契约法的角度，即基于合同相对性原理与意思表示规则，原则上规定合同是以谁的名义签订，谁就是合同的当然当事人，合同责任当然归属于合同当事人。故发起人以自己的名义签订的合同，合同当事人是发起人，合同责任归属于发起人。但是，由于发起人是设立中公司的代表（代理）人，基于代表（理）理论，上述合同的法律后果归属于设立中公司。公司成立后，再根据《合同法》规定的债权债务转移规则，确认公司是否应当承担合同责任。即设立中公司的债务未必当然归属于成立后的公司，必须经过公司的确认，或者公司已经实际享有合同权利或者履行合同义务，公司才承担该合同责任。而《民法典》第 75 条规定，则是从组织法的角度来调整规范发起人、设立中公司、公司以及第三人的民事法律关系。

根据《民法典》第75条的规定，在公司设立中，第三人与发起人订立合同时知道①发起人与自己所签订的合同是为了设立公司，则该合同效果归属公司，不论该合同是以谁的名义，可以是以设立中公司名义，也可以是以发起人自己的名义。《民法典》第75条规定的主要目的是一次性理顺、简化发起人、设立中公司、公司三者之间的内部法律关系，从组织法的角度确立三者之间法定债权债务概括转移规则：在三者之间的内部民事法律关系，《民法典》明确规定，原则上发起人为设立公司所从事的民事活动，包括签订合同的法律后果归属于成立后的公司，无需经过公司的确认，或者实际享有合同权利或者履行合同义务。但是，对于公司之外的第三人而言，发起人为设立公司以自己的名义从事民事活动产生的民事责任，第三人有权选择请求公司或者发起人承担。

原《公司法司法解释三》与《民法典》在这方面最大的差异焦点是：发起人以自己的名义为设立公司与第三人签订合同，当第三人的权利受到侵害时，应当向谁追究合同责任的问题。两个规范的差异主要体现了立法者不同的立法理念。

具体而言，发起人以自己的名义为设立公司与第三人签订合同，如果从发起人角度而言，根据《民法典》规定合同责任归属于公司；而根据原《公司法司法解释三》的规定，虽然也可以达到归属公司的目的，但毕竟需要多经过几道层序才能达到该目的：首先，根据意思表示规则，原则上该合同法律后果应归属于发起人。其次，发起人可以根据代理（或代表）理论，要求设立中公司承担该合同责任。最后，公司成立后，根据债权债务转移规则，即公司予以确认，或者公司已经享有合同权利或者履行合同义务，换言之，当公司同意设立中公司将合同债务转移给自己时，该合同责任才归属于公司。从这一角度而言，《民法典》采取法定债权债务概括转移规则，而原《公司法司法解释三》则采取意定债权债务转移规则。故在发起人、设立中公司、公司的内部法律关系中，原《公司法司法解释三》与《民法典》的相关规定虽然所立足的理念和相关理论不同，但是两者的立法目的却是相同的。

但是，如果从第三人角度而言，则存在两种情况：第一种情况是发起人以设立中公司名义为设立公司而与第三人订立合同；第二种情况是发起人以自己的名义为设立公司而与第三人订立合同。原《公司法司法解释三》与《民法典》对第一种情况的规范态度基本一致，即根据第三人的申请，该合同的法律效果归属于公司；对于第二种的规范态度虽然存在分歧，但最终可以达到基本相同的法律效果——可以选择归属于公司。

原《公司法司法解释三》第2条规定，发起人以自己的名义为设立公司签订的合同，原则上第三人只能要求发起人承担合同责任。另外的情形只有公司同意（包括行为同意）合同债务的转移，第三人才可以要求公司承担合同责任。根据原《公司法司法解释三》的规定，如果公司拒绝承担上述合同责任，第三人只能要求合同当事人的发起人承担合同责任。但是，如果根据通说，发起人是设立中公司机关，发起人具有代表设立中公司的权限，即发起人与设立中公司之间是委托代理（代表）关系，根据《民法典》第925条规定，发起人以自己的名义与第三人订立合同时，第三人在订立合同时知道发起人是为设立公司而与自己订立合同，除了合同或者当事人明确约定该合同只约束发起人与第三人

---

① 《民法典》第140条规定，第三人知道包括明示和暗示两种意思表示方式。

之外①，直接约束设立中公司与第三人。如果第三人与发起人签订合同时不知道发起人与设立中公司的关系时，则根据《民法典》第 926 条规定，发起人因设立中公司的原因对第三人不履行义务，当发起人向第三人披露设立中公司，第三人因此可以选择发起人或者设立中公司作为合同相对人主张权利，只是第三人一旦选定合同相对人后不得变更。也就是说，对第三人而言，只要该合同是为设立公司而订立，无论其在与发起人订立合同时是否知道发起人的身份，均不影响第三人选择设立中公司来承担合同责任；从第三人角度而言，该合同的法律效果都可以归属于设立中公司。在确认设立中公司应承担合同责任后，再根据设立中公司与公司在实质上是同一体的理论，公司全面概括继受设立中公司的债权与债务，其中包括设立中公司对第三人所承担的合同责任。据此，第三人可以要求公司承担合同责任。

《民法典》第 75 条直接规定，只要是为设立公司，无论是以谁的名义，第三人都可以要求公司承担发起人从事民事活动产生的民事责任，其中包括合同责任。而根据原《公司法司法解释三》的规定，如果公司拒绝承担合同责任时，第三人需要通过"设立中公司"这一组织为桥梁，演绎推理出发起人与公司之间实质上为委托代理（代表）关系，据此，基于第三人的申请，公司才承担上述合同责任。

2021 年最高人民法院根据《民法典》第 75 条规定修改《公司法司法解释三》第 2 条第 2 款的规定：公司成立后，合同相对人请求公司承担合同责任的，人民法院应予支持。即修改后的《公司法司法解释三》第 2 条体现了《民法典》第 75 条的立法宗旨，发起人为设立公司以自己名义对外签订合同，合同相对人可以要求发起人承担合同责任，也可以要求公司承担合同责任。合同相对人即第三人要求公司承担合同责任时，既无需公司确认该合同，亦不用证明公司已经实际享有该合同权利或者履行该合同义务。除非公司能够证明发起人与第三人所签合同不是为设立公司，是属发起人的个人行为，或者证明第三人是非善意的。

最高院关于上述司法解释条款的修改，说明目前我国司法承认发起人与设立中公司之间为代表（代理）关系。发起人为设立公司从事的民事活动的法律效果归属于设立中公司。又因设立中公司与公司实质上是一体的、同一的，设立中公司的一切法律关系全部由成立后公司概括地继受。《民法典》第 75 条简化了上述责任归属的演绎推理过程，直接规定发起人为设立公司以自己名义从事民事活动产生的民事责任，第三人有权选择公司或者发起人承担。该立法态度反映到司法审判中，有利于简约当事人之间的法律关系，节约司法成本和提高审判效率。

六、《民法典》第75条尚待完善之处

尽管《民法典》第 75 条在第三人的选择权问题上作出如上简化，笔者认为其规定还

---

① 合同相对人即使知道发起人与自己签订合同是"为设立公司"，但是仍然只愿意与发起人签订合同时，应当认为发起人以自己名义签订合同不具有代理意思。此时合同相对人对发起人的信赖程度可能高于对设立中公司（公司）的信赖程度。如果此时合同相对人明确表示（或者基于商业习惯或者交易时情景等判断）只愿意与发起人签订合同，则应当尊重当事人的意思表示。发起人以自己的名义签订合同，一般应当认定该合同不对设立中公司（公司）发生效力。发起人以自己的名义签订合同时，只有能够证明合同相对人知道其"为设立公司"的代理事实，该合同才对设立中公司（公司）发生效力。

有进一步完善的空间。根据该条规定，只要第三人可以证明其与发起人以自己名义签订的合同的目的是为设立公司的时候，第三人可以自由选择由发起人还是公司承担合同责任。然而《民法典》没有进一步具体规定如果第三人选择公司承担合同责任后，发起人是否可以免责？以及第三人选择公司为合同当事人后，合同得不到履行时，是否可以反悔再次选择合同当事人为发起人？这些问题都有待立法或者司法的进一步完善。

对此，笔者认为，可以援用《民法典》第926条规定的精神，解决上述问题。首先，根据《民法典》第926条第2款前半部分的规定，发起人为设立公司以自己的名义与第三人签订合同，第三人要享有选择合同当事人的权利必须满足以下几个条件：（1）第三人在签订合同时不知道发起人的身份；（2）不履行合同是因为设立中公司（或者公司）的原因；（3）当设立中公司（或者公司）不履行合同义务时，如果发起人向第三人披露实际合同受益人是设立中公司（或者公司）的，第三人可以选择发起人或者公司作为相对人主张其权利。其次，根据《民法典》第926条第2款的但书规定，第三人只享有一次选择权：当第三人满足前述所言的条件享有选择合同当事人的权利后，可以选发起人也可以选设立中公司（或者公司）为合同当事人。只是，第三人一旦作出选择后，便不得更改。即如果第三人选择设立中公司（或者公司）为合同当事人时，合同责任归属设立中公司（或者公司），发起人免责，不再承担合同责任。

扫黑除恶

关于黑恶案件财产处置规范的研究报告

厦门市扫黑办、厦门市法学会课题组 *

一、前言：课题的意义、概念和研究方法

本课题以 2019 年完成的课题《依法摧毁黑恶势力经济基础研究——立足厦门扫黑除恶工作实践构建"打财断血"长效机制》为基础，立足扫黑除恶长效机制建设，旨在通过对现行规则研究分析、实践办案中经验提炼以及对兄弟省市有关规范性文件的借鉴参考，为我市执法司法部门提供有关黑恶案件涉案财产处置方面规范性的操作规则。

所谓规范，从词义上讲，是指明文规定或约定俗成的标准。如技术规范、行为规范、法律规范等等。规范一般包括原则和规则两种类型。原则是一种高度概括性的准则，不涉及具体的操作层面。规则是原则的具体化，是规范行为的准则、指示、标准。法律规则或者法规则，是具有法律或规范性文件上明确规定的权利、义务、责任内容或者赋予法律意义的行为准则、指示、标准。本文所谓的规范性指引或者操作指引，系属于法规则或者法律规则的范畴。规则有两种类型，一是概括性规则；二是明确性规则，即能够明确指导实践操作的规范。本文所研究的操作指引即是属于明确性规则。操作指引的规则来源有三个方面。一是规范性文件。二是实务操作经验。经过实务证明是科学的作法，将其进一步提炼成可复制的规范性操作规则。三是借鉴其他地区的成熟的规则。

本课题采用实证的方法开展调研工作。2020 年 8 月至今，市扫黑办、市公安局联合对"黑财"处置方面进行专题调研。调研围绕线索核查、案件侦查两个环节的现状情况、实践操作中存在问题、规范化操作建议等，收集第一手材料及系统化分析，提炼符合我市实际的操作规则。同时，检察院和法院的分课题小组针对涉案财产处置在实务中存在问题进行了专题调研。

同时，我们也借鉴了其他兄弟省市成熟操作规则，主要有 2020 年 8 月江苏省公安厅《江苏省公安机关办理黑恶势力刑事案件涉案财产查处工作指引（试行）》、广州市公安局《关于广州市公安机关办理有组织的涉黑恶性质案件犯罪财富调查工作规范（试行）》、浙江省公安厅《浙江省公安机关办理涉黑恶性质案件财产调查处置工作指引（试行）》。这三份指引内容中具有普遍性、合理性的部分值得我们借鉴、吸收。

---

* 课题组成员：吴少鹰（市法学会），陈志荣（市扫黑办），詹茂华、林玉才（市公安局），颜煜群（市检察院），范艳利（集美区检察院），庄学忠（市中级法院），李有森（市市场监管局），吴贵森（集美大学法学院）。

总执笔：陈志荣、范艳利。

二、规则研究

（一）刑事法律和规范性文件中相关操作规则制定情况

黑恶案件财产处置的规范化建设是实现国家打击黑恶势力犯罪刑罚目标的重要手段。扫黑除恶专项斗争以来，执法司法机关综合运用追缴、没收、判处财产刑以及行政罚款等多种手段，依法铲除黑恶势力经济基础，"打财断血"成为扫黑除恶专项斗争的两大法宝之一。为了规范和高效地处置黑恶案件财产，国家和地方陆续出台了相关规范性文件，为执法司法提供了操作层面的基本遵循。

1. 刑事诉讼法相关规定。《刑事诉讼法》分别在第 102、144、145、177、182、298、300 等法条中涉及涉案财产处置。作为基本刑事法律，决定了其对涉案财产处置方面的原则性和概括性，同时也具备包容性。根据我国的司法实践传统，具体操作层面的规则一般通过司法解释或者公检法三家的规范性文件进一步制定，体现实践中灵活性。

2.《公安机关办理刑事案件程序规定》《人民检察院刑事诉讼规则》中的专门规定。这两个规范性文件均在侦查环节对查封、扣押、查询、冻结作出具体规定。主要问题：一是规则是针对所有刑事案件的一般规则，并非针对黑恶案件特殊性的操作规则；二是没有涉及线索核查阶段的财产处置规则。

3.《指导意见》。2018 年 1 月 19 日两高两部发布《关于办理黑恶势力犯罪案件若干问题的指导意见》（以下简称《指导意见》）。第 27 到 31 条规定了涉案财产的处置。《指导意见》对于黑财处置的规定有以下特点：一是仅对涉黑财产进行规定，未涉及涉恶财产。二是仅规定了追缴、没收、返还情形，未涉及财产刑等其他财产处置情形。三是仅进行一般性规定，未涉及具体操作指引。

4.《财产处置意见》。2019 年 4 月 9 日两高两部发布《关于办理黑恶势力刑事案件中财产处置若干问题的意见》（以下简称《财产处置意见》）。这是专项斗争期间为办理黑恶案件涉案财产专门制定的规范性文件，也是首个包含有操作指引内容的规范性文件。在《财产处置意见》中明确了可以采取查询、查封、扣押、冻结等措施的涉案财产范围，规定了"准确处置涉案财产""依法追缴、没收其他等值财产"等涉及操作层面的规范化指引。其内容主要包括：（1）关于案件移送时对在案财产的处置。（2）关于代管、托管的情形。（3）关于先行处置的情形。（4）关于财产的举证、质证、判决。（4）关于追缴、没收、返还的情形。（5）关于等值财产的追缴、没收。

5. 我省涉及黑恶案件涉案财产处置规则。（1）《"清朗 2 号"专项行动方案》。2019 年 6 月 6 日福建省公安厅制定《"清朗 2 号"专项行动方案》。该方案是我省围绕"彻底铲除黑恶势力经济基础"总体目标，实施打财断血的攻坚方案，对公安机关在查办黑恶案件中提高涉案财产处置提出较为具体的操作性指引。由于该文件是以行动方案的形式出现，因此，其操作指引的内容只是文件组成部分之一，在"工作措施"一节中提出五个方面工作要求：一是落实"四个必查"，全面厘清涉案资产。二是做到"三个同步"，及时查扣涉案资产。三是开展"三类调查"，全面深挖非法所得。四是抓好"三项审核"，确保工作规范高效。五是强化"逐案过筛"，确保工作不留死角。

（2）《关于全市"黑财清底"攻坚行动方案》。2020 年 6 月份我市出台《关于全市"黑财清底"攻坚行动方案》，该行动方案围绕"黑财清底"的工作要求，仅对于涉案财产处置的移送、时限要求等作出原则性的规定，缺乏具体的操作指引。

评价：上述有关涉黑涉恶案件财产处置的规范性文件，对实践中规范性处置涉案财产均起到积极作用，特别是《财产处置意见》，是指导实务中涉及财产处置的主要依据。同时，我们也应当看到上述规范性文件对实务操作的指引不足。从目前来看，现有的涉及黑恶案件涉案财产处置的规则存在以下问题：一是规范性文件较多，规则较为分散，两高两部对黑恶财产方面的规定分散于不同的文件，文件之间是相互补充的关系，而非相互替代，缺乏一部完整的综合性的规范文本。二是业务内容不完整。无论是《指导意见》还是《财产处置意见》，对于对动产、不动产如何运用查询、查封、扣押、冻结等措施，缺乏具体的操作指引。三是部分规则过于概括，缺乏可操作性。两高两部的规范性文件虽然直接指导实践办案，但是其具有准司法解释的性质，不可能规定得过细，规范中均为实践留下灵活操作的空间。

（二）对三省市制定规则的借鉴

1. 规范性文件的名称。江苏省称为《涉案财产查处工作指引》，浙江省称为《财产调查处置工作指引》，广州市称为《犯罪财富调查工作规范》。广州市采用"犯罪财富"概念，我们认为虽然具有其地方特色，但是与司法解释所使用的概念不同，不主张采用这一概念。正在制定的《反有组织犯罪法》是使用"财产处置"概念。因此，我们建议我市的规范性文件名称《财产处置操作指引》。

2. 操作指引的内容。三个省市都是由公安机关制定，检察院、法院未参与，在内容上只有公安侦查环节的操作指引，未涉及检法两家的办案环节。我们认为，黑恶案件的涉案财产处置虽然调查取证和采取强制性措施均由公安机关执行，但是财产最终处置是由检察环节和审判环节完成的。因此，我们建议我市的操作指引应当包括涉案财产全部处置环节。

3. 操作指引的结构。江苏省工作指引共五章54条，其结构包括"总则""侦查指引""取证指引""先行处置指引""附则"。浙江省的工作指引共五章66条，其结构包括"总则""涉黑恶财产的调查""涉黑恶财产的查控""涉黑恶财产的清算和处置""附则"。广州市的工作指引不分章节，共计27条。从结构上，我们倾向于参考江苏省工作指引的结构，其思路是按照办案环节来制定操作指引的，但是需要进一步改进。一是江苏省的工作指引未将线索核查阶段纳入，而黑恶案件线索的核查阶段需要对财产进行查询，必要时为防范犯罪分子将财产转移，还需要采取紧急措施。因此，有必要增加线索核查阶段的操作指引。二是江苏省的工作指引未区分侦查环节立案收网前后的规范性操作。我们认为，在侦查环节立案后收网前对财产处置也较为关键，有必要专门提出规范性要求。三是我们认为需要增加检察机关的提起公诉环节和法院的审判环节的操作指引。四是由于我省已专门制定黑恶案件涉案财产的证据指引，故可不在规范性文件中再重复制定取证指引。

三、经验总结

（一）我市"打财断血"的工作成效

专项斗争以来，我市执法司法机关充分依托有关资金查控类平台和大数据技术，用足用好"打财"联动工作机制，开展涉税、行政违法调查，查清黑恶组织及成员房产、车辆、资金、贵重财物、公司股权、有价证券等，坚决做到应查尽查、应扣尽扣。截至目前，全市查处黑恶案件数、查扣冻结涉案资产总值均居我省前列。

（二）我市的主要经验做法

我市执法司法机关在查办黑恶案件中充分领会法律和规范性文件精神，积极落实上级的决策部署，结合我市实际，探索"打财断血"的有效做法。

1. 打财范围从"四必查"到"六必查"。省公安厅《"清朗2号"专项行动方案》要求全面调查黑恶案件涉案财产，重点落实"四个必查"：（1）查金融资产。（2）查房屋等不动产。（3）查车辆等特殊动产。（4）查股份期权。

我市在上述"四必查"的基础上，提出"六必查"：一查犯罪嫌疑人及其配偶名下实际占有的银行存款、房产、车辆情况；二查犯罪嫌疑人实际控制或持股的公司、企业情况；三查犯罪嫌疑人现金、汇款、商铺、厂房、土地使用权、股权、债权（含放出的赌债、高利贷），以及财付通、支付宝等第三方支付平台的资金情况；四查犯罪嫌疑人转移至他人名下的财产情况；五查犯罪嫌疑人涉嫌洗钱，以及掩饰、隐瞒犯罪所得、犯罪所得收益等犯罪涉及的财产；六查其他与黑恶势力组织及其违法犯罪活动有关的财产情况。

比较和评价：我市对黑恶案件涉案财产的"六必查"范围较之"四必查"更加全面，不仅包括了"四必查"的全部内容，而且进一步要求办案单位对洗钱等下游犯罪、与黑恶势力相联财产的调查，有效地防范黑恶案件涉案财产被转移的风险，为实现应查尽查打下基础。

2. 打财从措施"三同步"到协同"三同步"。省公安厅《"清朗2号"专项行动方案》要求，在黑恶案件集中收网期间，及时安排专门力量对可能与黑恶组织或黑恶组织头目、骨干成员及其直系亲属以及密切关系人等重点对象有关的涉案资产进行扣押、查封、冻结。做到"三同步"：（1）同步扣押。在对黑恶势力的组织、领导者、骨干成员实施抓捕时，同步对其住处、办公地点等日常活动场所开展同步搜查工作，第一时间查扣现金、贵金属、账本、存折、有价证券凭证、房产证、机动车登记证等财物、文件，以及通过前期调查发现可能涉案的汽车、船舶等高价值涉案资产。（2）同步查封。即同步查封通过前期调查发现可能涉案的重点对象实际拥有、实际控制、出资购买的住宅、商铺、土地、厂房，以及其他不便移动的大型机器、设备等。（3）同步冻结。即同步冻结通过前期调查发现可能涉案的重点对象的银行资金账户、电子支付账户、理财账户、有价证券交易账户等。

我市在省公安厅要求的措施"三同步"的基础上，进一步提出协同"三同步"。即（1）案件侦查与财产调查同步；（2）行动收网与财产查扣同步；（3）证据收集与审查甄别同步。

比较和评价：协同"三同步"较之于措施"三同步"，优点在于：一是在内容上更全面。措施"三同步"的内容规定在协同"三同步"的第二项"行动收网与财产查扣同步"。

二是措施上更科学。措施"三同步"仅仅体现为对查封、扣押、冻结等三个财产处置措施的使用，其规则实质上是同质性的。对于不同案件的财产状况，有的无法实行措施"三同步"，例如，抓捕收网同时，有的黑恶势力的财产只有动产，没有不动产，就不需要采取"查封"的措施。协同"三同步"的科学性不仅体现在其包涵了措施"三同步"的内容，更为重要的是，其强调了对财产处置的三个意识，即时机意识、行动意识、证据意识。

3. 打财联动从"三调查"到"四调查"。在黑恶案件财产处置中，司法机关与行政机关联动配合，开展涉案资产调查，至关重要。省公安厅要求在黑恶案件集中收网后，针对黑恶势力财产要开展"三调查"。（1）开展涉案资产调查。通过讯问犯罪嫌疑人和外围取证等方式，甄别查封、扣押、冻结的涉案财产是否符合《关于办理黑恶势力刑事案件中财产处置若干问题的意见》第六条规定的七种情形；同时追查涉案财产所产生的收益流向，进一步循线开展扣押、查封、冻结工作。（2）开展涉税调查。针对公司型涉黑组织或其他具有较强经济实力的黑恶势力，积极协调推动税务部门介入开展涉税调查，对相关涉税违法行为进行查处，涉嫌犯罪的及时移交公安机关立案侦查。（3）开展行政违法调查。针对黑恶团伙头目、骨干名下公司、经营场所，可能存在其他违法行为的，逐一函告相关行政主管部门开展调查。

我市全面吸收"三调查"的要求，并加以完善，提出"四调查"。在"三调查"的基础上增加一项内容，即是开展洗钱调查。专项斗争以来，市扫黑办和市摸排打击组非常重视对黑恶势力洗钱犯罪的查处，与人民银行厦门支行反洗钱处建立联动工作机制，对于线索和案件中存在洗钱嫌疑的，充分利用反洗钱处的专业力量，共同开展分析研判。如汪志泉涉黑案件，专案组直接与反洗钱处对接，对案件取证工作和证据情况开展会商研讨。

比较和评价：我市的打财联动"四调查"较之于"三调查"，更加全面。洗钱犯罪是黑恶势力转移财产的惯用手法，反洗钱调查专业性很强，我国的反洗钱法颁布以来，全国查办的黑恶案件中涉及洗钱犯罪案件成功案例并不多，原因在于调查取证难度大，仅仅由公安机关开展调查，从专业性上仍然存在一定差距，必须加强与人民银行反洗钱专业机构的密切配合。因此，在财产处置上增加设置与反洗钱专业机构的联动调查意义重大。

四、实证调查

2020年8月份以来，课题组先后组织公检法三家开展专题调研，围绕黑恶案件涉案财产处置在实务操作的现状、存在问题和建议，收集一线办案单位材料，为制定符合我市实际的操作指引提供实证依据。调研收集的主要问题如下：

（一）公安机关提出的问题和建议

1. 涉案财产处置需要建立信息收集、查询的绿色通道。目前还是没有摆脱公安机关单打独斗局面，尚未真正建立策应"扫黑除恶"专项斗争的"绿色通道"，使得办案单位无法有效提高工作效率。如查询银行存款、房产、公司、股票、有价证券等，均要根据审批的查询文书，分别到各家银行、市政服务中心、房产管理局、工商部门、税务部门、银保监局等查询，占用大量人力和时间。针对此建议探索建立房产、股票、有价证券、基金、保险等相关主管部门的数据共享机制，打破数据壁垒，建立可呈报、可审批、可查询的系统平台。

2.涉案财产的查询数据不全面。目前仅能在厦门市房产管理局查询犯罪嫌疑人名下在厦门市范围内的房产，对于在厦门市以外的地方，是否有存在房产情况无法确认。同时由于办案单位在线索核查阶段一般不接触嫌疑对象，难以获取可靠的信息，收网后对嫌疑人员的黑财仅靠其口供，调查难以达到对黑财的应查尽查。

3.农村宅基地、违建信息难以查询。因早期登记的房管系统较为简单，没有登记详细的住址和持有人信息，故无法通过相关系统直接查询犯罪嫌疑人在农村的宅基地情况。同时农村宅基地的违建情况，未通过政府相关部门审批，在查询方面存在底数不清的情况。

4.近亲属名下资产调查难。与犯罪嫌疑人有关的未参与违法犯罪的家属名下的相关资产如何界定为涉案人员犯罪所得或转移的资产依据不足、取证难，往往未能在第一时间进行有效的查询取证。同时如何界定嫌疑人及其家属名下的银行账户及房产、车辆等资产，是否来源于黑恶犯罪所得，存在很大困难，也造成后续的扣押、查封、冻结难以到位。

5.查询账户量大，存在失查、漏查可能。在落实应查尽查工作中，往往要调查大量账户，且部分账户存在银行流水量大、复杂等特点，同时针对隐蔽资产或他人名下资产的查处尚未形成一套有效查处方法，因此会出现耗时耗力的情形。对黑财查控易存在失查、漏查。

6.违建估值难。农村、城乡接合部因历史遗留问题等原因，违建较为普遍，违建认定、违建估值、违建后如何处理（是否拆除）等工作难度较大。

（二）检察机关提出的意见建议

1.明确检察机关在涉案财产处置中的监督责任。检察机关要强化侦查阶段对涉案财产采取强制性措施的法律监督，适时派员提前介入侦查，引导侦查人员围绕涉案财产需要证明对象进行调查取证。

2.明确在审查起诉环节新发现的黑财、不能认定为黑财的处置操作。在审查起诉环节新发现黑财，检察机关应当主动履行职责，指挥公安机关进行核实、调查并补充证据。如发现公安机关已随案移送的物品中有不能认定为黑财的，也应当提出明确的处置措施，及时发还。

3.明确对黑财因保管不当的责任追究机制。对于公检法三家在办理涉黑恶案件中发生的黑财移送、交接、保管工作，应当明确交接清单及责任划分，避免扯皮，对于因履职不到位的，追究其责任。对于因保管不当造成不良后果、负面影响，适用启动追责程序。对于急需处置的黑财，应当建立快速处置通道，确保得到及时处理，避免损失的扩大。

（三）人民法院提出的问题和建议

1.对于黑财的证据审查，应特别注意当事人是否存在利用虚假证据转移财物的情况。在程序上，建议及时将证据移交公诉机关，由检察院介入审查，并提出相应的公诉意见，法院在综合考察后，作出是否采用的决定。如若经审查认定为伪造的非法证据，在依法不予采纳的同时，还应依法追究伪造人员的相关法律责任。

2.在黑财证据认定标准上可适当放宽。如在黑恶势力组织的合法收益与非法收益混同时，只需有证据证实该收益有支持该组织活动的较大盖然性，即可认定该收益为黑财性质，依法予以追缴。

3. 关于黑财证据的庭审、举证质证：黑财证据一般不涉及案件事实、定性的认定，如果出现在庭审前或庭审中，可直接进入庭审的严格标准；如果出现在庭审后，为了节约诉讼成本，提审审判效率，可采用庭外征求控辩双方意见的方式进行举证质证。

五、《操作指引》框架说明

经过半年多的调研，课题组将实践中收集的问题建议以及经过实践的成熟经验加以归纳提炼，同时借鉴参考其他地区相关规范性文件，拟定了《厦门市黑恶案件财产处置规范性操作指引》（以下简称《指引》），拟设置"总则""线索核查阶段""侦查阶段""审查起诉阶段""审判阶段""附则"共计六章。主要有以下内容：

1. 关于总则：总则的规定是起到总揽指引的作用。一是规定了制定操作指引的目的、意义和依据。二是明确界定黑恶财产的概念和表现形式。三是规定处置黑财的"三同步"原则。四是强调了查处黑财三方面重点工作。

2. 关于线索核查阶段的指引：线索核查阶段的独立性。一是线索核查阶段对涉案财产的调查一般性规定。履行审批程序，禁止采取强制性措施。二是规定六个方面的调查重点。三是规定了三项紧急措施。

3. 关于侦查阶段的指引：侦查阶段是涉案财产查控的核心环节。共分五个重点，具体包括："立案后收网前的财产调查""收网后的财产处置措施""调查取证工作要点""认定、审计和估算""先行处置"。

4. 关于审查起诉阶段的指引：一是受理涉案财产证据的要求。二是明确审查涉案财产的重点和审查要求。三是明确提起公诉对涉案财产的处置要求。

5. 关于审判阶段的指引：一是对涉黑财产审理一般性要求。二是审理后的处置指引。三是对追缴、没收情形的指引。四是特殊情形处理。

六、结语

本课题的最终成果是拟定《厦门市办理黑恶案件财产处置操作指引》（以下简称《操作指引》）。《操作指引》采用条文形式，共五章47条，是对司法解释的具体化，属于工作规范文本。《操作指引》的制定是我市扫黑除恶专项斗争长效机制建设的重要成果体现，为我市公检法在查办黑恶案件中处置涉案财产提供规范性的操作样本，将有力地提升我市执法办案的规范化水平。

检察机关开展扫黑除恶专项斗争推进基层社会治理的实践和思考

——以 2018 年以来 X 市扫黑除恶案例为样本

陈清山　陈丽娟 *

2018 年 1 月 24 日，中共中央、国务院发出了《关于开展扫黑除恶专项斗争的通知》，决定在全国开展为期三年的扫黑除恶专项斗争。该通知将打黑除恶转变为扫黑除恶，明确"三年三目标"。在扫黑除恶专项斗争中加强基层社会治理，是推进国家治理体系和治理能力现代化的必要举措。2018 年是扫黑除恶专项斗争的治本之年、决胜之年，检察机关应以强烈的政治担当推进专项斗争，总结经验、巩固成果，形成打击整治长效机制。

一、扫黑除恶案件基本情况及特点分析

（一）2018 年以来 X 市办理涉黑恶案件基本情况 [①]

2018 年至 2020 年 6 月，X 市办理涉黑涉恶案件的数量为：共批准逮捕 375 人，约占审查逮捕总案件人数的 3.7%，起诉 527 人，约占审查起诉总案件人数的 2.5%。其中，2018 年批准逮捕 253 人，起诉 173 人；2019 年批准逮捕 109 人，起诉 255 人；2020 年 1 至 6 月批准逮捕 13 人，起诉 99 人。主要以强揽工程、开设赌场、欺行霸市等为打击重点，严惩"村霸"、宗族恶势力及"软暴力"等群众反映强烈的黑恶势力犯罪。上述涉黑恶案件，据不完全统计，在其他院公布以及笔者所在区院办理的涉黑恶案件中，涉及农村基层黑恶案件的人数约占涉黑恶案件总人数的 54%。笔者所在区院起诉涉黑恶案件 92 人，其中涉及农村基层黑恶案件的人数占起诉的涉黑恶总人数的 83.5%，所占比例较大。

（二）农村基层涉黑恶案件特点分析

1. 犯罪人员地缘、亲缘关系明显。在其他院公布以及笔者所在区院办理的农村涉黑恶案件中，多发生在有大开发大建设的村居。基层社会治理方式跟不上经济的发展速度，容易滋生黑恶势力。有些案件首要分子身份较为特殊，案发时为村居书记或者主任，属于农村基层干部。团伙成员多为同村的家族、宗族成员，或者同村的闲散人员，文化水平不高，容易加入或被吸收为黑恶组织成员。如一起 20 人的恶势力犯罪集团案中，被告人全部同一个姓氏，都是某社区农民，相互抱团。

---

* 陈清山、陈丽娟，厦门市集美区人民检察院。

① 本文所有的数据、案例来源于 X 市微信公众号发布的主要办案数据、X 市各区院微信公众号有关扫黑除恶案例发布、笔者所在区院的案例以及中国裁判文书网，因查询手段有限，所统计的数据可能会存在偏差。

2. 行为方式主要为"软暴力"。随着社会的不断进步和经济的创新发展，以及一直以来我国对暴力犯罪高压的打击态势，黑恶势力利用传统打、砸、抢等暴力手段犯罪减少，逐渐演变为使用滋扰、恐吓、聚众造势等"软暴力"手段，以此对被害人产生心理强制，攫取非法利益。如在一起恶势力犯罪集团案中，首要分子及集团成员利用了老人的特殊弱势地位，通过发动老年人到工地现场，以静坐方式滋扰、阻拦工程施工，偏离了成立老人会的初衷。

3. 领域主要涉及工程项目建设、征地拆迁。近年来，有些村居处于开发建设的快速发展时期，随着工程项目的增多，对建筑材料、建筑设施的需求量也在增多，这些产业就有潜在获得利润的空间。黑恶势力主要从辖区内的征地拆迁、安置房项目施工、商品房装修、轨道线路建设、工程建筑建设开发中煽动闹事，强行向工程承包方争抢地材工程，强行索要地材抽点款。

4. 涉案罪名类型较为集中。无论是黑社会性质组织或是恶势力犯罪集团，涉及的主要罪名为强迫交易罪、敲诈勒索罪、寻衅滋事罪。但黑恶分子在通过"软暴力"实施威胁、恐吓的过程中，或有失控，演变为故意伤害罪、聚众斗殴罪等行为。

5. 存在的时间较长。有的被害人、证人恐于黑恶势力的恶性，在事发后往往选择沉默。有的则认为报警无效、多一事不如少一事等原因，不愿为此陷入与黑恶势力的纠缠，被迫与黑恶势力交易，以多花钱或被动退出工程项目等方式避免受到伤害。多数案件在2014 年左右黑恶组织即形成，有的则更早，在 2009 年即形成，造成较为恶劣的社会影响。

6. 利用村两委名义。村干部协助镇街在社会福利发放、征地拆迁、政策执行的过程中，直接或间接涉及村民的利益，村干部的权力运行和管理不够规范。有的村两委为首要分子，同家族势力相互勾结，依托以个人名义成立的公司，垄断村居资源，侵吞集体资产。有的不仅采取"软暴力"手段，还通过行贿上级领导进行施压，从而达到强迫他人退出部分交易，强取工程的目的。有的村两委与黑恶势力勾结，充当"保护伞"。有的在实施恶势力犯罪中，村两委成员和小组长在协助开展征地工作过程中，共同骗取政府"清表费"800 余万元，涉案金额巨大，在一般职务犯罪中较为少见。

二、检察机关开展扫黑除恶专项斗争推进基层社会治理的主要途径

今年关于扫黑除恶专项斗争工作方面，中央部署"一十百千万"任务部署，其中包括"建立一个长效机制""整治十大行业领域突出问题"。目前，检察机关在开展扫黑除恶专项斗争促进基层治理方面，主要体现在三个方面：

（一）发挥打击犯罪作用，营造和谐稳定的社会环境

检察机关主要通过提前介入、一体作战、案件会商、适用认罪认罚从宽制度等途经提高办案质量，加快办案进度，在司法公正的前提下确保快诉快审。结合审查逮捕、审查起诉工作，深挖涉案违法经济源头和利益链条，落实"一案三查""两个一律"要求，注重推进"打网破伞"。主要通过案件审查办理打击各领域的黑恶势力，打击垄断农村资源、侵吞集体资产，在征地租地、拆迁、工程项目建设等过程中煽动闹事的黑恶势力，净化基层社会环境。

（二）发挥监督作用，助推相关单位堵漏建制

从当前办案实践看，检察机关在开展扫黑除恶专项斗争参与社会治理方面做了大量努力。主要依托办理的每个涉黑恶案件中发现问题，多以检察建议的方式实现。对涉黑恶案件，分析案发原因，如针对有关单位监管不力、内部制度不健全等漏洞，提出检察建议，发挥检察建议在促进依法行政、提升社会治理方面的重要作用。

（三）发挥预防作用，营造全民参与氛围

检察机关对扫黑除恶的预防职能目前主要体现在法治宣传工作，制作扫黑除恶宣传单、宣传横幅、宣传视频，通过官方微信公众号宣传扫黑除恶宣传专项斗争或以案释法。结合具体的案例，组织检察干警广泛开展送法进校园等法治宣传活动。通过宣传，让人民群众对扫黑除恶专项斗争有了一定的了解，让人民群众看到嚣张跋扈的黑恶分子受到法律制裁，增强人民群众对扫黑除恶的信心以及对司法的信任。

三、检察机关开展扫黑除恶专项斗争推进基层社会治理的问题

两年多以来，检察机关在开展扫黑除恶专项斗争推进基层治理取得了一定的成效，收获了良好的社会效果，但检察机关因个案样本视角有限、农村基层工作经验不足、与地方其他机关部门联动不紧密等原因，参与基层社会治理存在一些不足与困难。

（一）监督力度不足

检察建议是检察机关参与社会治理、发挥法律监督职能的重要手段之一，也是检察机关发挥能动性的重要体现。从司法实践看，检察机关结合所办理涉黑恶案件，向相关行政单位制发检察建议，在一定程度上消除涉黑恶案件的生存土壤。但由于对检察建议的落实没有相应的责任追究机制，被建议单位是否履行、如何履行，刚性制约还是存在不足。实践中，有的被建议单位回复中的整改措施并未细化、未详细说明，有为了回复而回复之嫌。检察机关一定程度上缺乏对后续被建议单位的整改进行跟进，被建议单位落实情况亦参差不齐，未能达到制发检察建议的效果。

（二）事中监督、事后监督多于事前预防

司法实践中，检察机关参与社会治理主要依托审查案件，在打击犯罪的同时延伸社会治理。通过办案的方式监督，积极预防力度仍然不够，基层群众的法治意识相对薄弱，未能对黑恶势力进行检举揭发或参与黑恶组织。如因黑恶势力存在的时间长，取证方面往往面临着客观证据灭失，相关证人无法查找到或对事实记忆模糊，限制了犯罪的有效查处。如农村地区工程建设所谓"土方、地材工程必须由本村人做"的陋习，反映出失地农民的生计问题。如村干部在征迁钱款、工程利益的诱惑中无法洁身自好，反映出基层组织建设"乱象"问题，对村干部管理监督不到位、警示教育不足问题。如所谓"村干部争取来的利益是村干部的"潜规则，多数信息掌握在村干部或少数人手里，蒙蔽了村民，有的村民甚至为村干部平时的小恩小惠点赞，反映出基层信息存在不对称等问题。

（三）基层治理能力薄弱，力量有限

随着社会的转型升级，加上新时代人民群众在民主、法治、公平、正义、安全、环境等方面提出了更高要求，基层社会呈现出多种新特点，趋于多元化治理。这些转变，对检察人员的素质能力提出更高要求。但由于基层检察人员一方面要面对大量案件，另一方面参与社会治理的手段和政策较为有限，一定程度上力不从心。另外，基层社会治理需要不同部门协同配合，检察人员基层工作经验不足，与其他行政机关部门联动不够紧密，没有形成长效的协同机制。

四、检察机关通过扫黑除恶专项斗争推进基层社会治理的路径探索

党的十九届四中全会指出，社会治理是国家治理的重要方面，要加强和创新社会治理，坚持和完善共建共治共享的社会治理制度，保持社会稳定、维护国家安全。① 基层社会治理作为社会治理的基本单元，是社会治理的重要方面之一。最高人民检察院检察长张军强调，要在推进国家治理体系和治理能力现代化中体现检察担当。最高人民检察院在今年发布的《关于充分发挥检察职务服务保障"六稳""六保"的意见》，其中要求全国检察机关要积极促进基层依法治理，深入开展扫黑除恶专项斗争，严惩"村霸"和宗族恶势力，维护基层政权的稳固。② 检察机关如何促进基层依法治理，还需要在实践中不断探索。笔者认为，当下检察机关通过扫黑除恶专项斗争推进基层社会治理，可以从工作机制、源头治理、治理能力方面展开一系列工作。

（一）建立"全链条"监督机制，提升监督效果

检察建议的刚性，有助于把扫黑除恶专项斗争与基层社会依法治理、综合治理、系统治理、源头治理有机结合起来。结合涉黑恶案件制发检察建议，最终目的还是为了社会和谐稳定，消除黑恶势力的生存土壤。

1. 建立调查核实机制。一是注重案件化办理。《人民检察院检察建议工作规定》明确要对相关事项进行调查核实。③ 事中的调查核实是检察建议刚性的基础保障。目前，检察机关法律监督方面虽有单独作为一个法律监督案件录入系统，"办事"模式转变为"办案"模式，但检察人员应及时更新理念，提高法律监督程序化、制度化的意识。二是注重沟通协调。在前期沟通时，注重向被建议单位释法说理，讲明法律监督的目的是保障法律的正确实施。监督者和被监督者都是为了共同推进新时代中国特色社会主义法律工作，监督不是单纯挑刺，没有本质上的你高我低、你输我赢，有利于被建议单位的理解和支持。

2. 建立公开宣告送达机制。检察机关在办理涉黑恶案件中，应重视个案监督与类案监督相结合，依托案件发现的问题提出的检察建议有助于基层社会治理。《人民检察院检察建议工作规定》规定送达可以书面送达，也可以现场宣告送达，必要时，还可以邀请人大代表、政协委员或者特约检察员、人民监督员等第三方人员参加。④ 司法实践中，已

---

① 《中共中央关于坚持和完善中国特色社会主义制度推进国家治理体系和治理能力现代化若干重大问题的决定》，来源新华社，2019 年 11 月 5 日。

② 《最高人民检察院关于充分发挥检察职务服务保障"六稳""六保"的意见》第 8 点。

③ 《人民检察院检察建议工作规定》第 13 条。

④ 《人民检察院检察建议工作规定》第 18 条。

有部分检察院探索实行公开宣告送达机制。如上海市浦东新区人民检察院以公开宣告方式送达，邀请同级人大代表作为第三方代表出席并作现场评议。① 公开宣告送达的功能有利于增强执法公信力，促进被建议单位和人大代表等社会各界进一步了解检察工作。因此，可以通过公开宣告送达增强检察建议刚性。

3. 建立"回头看"督促机制。《人民检察院检察建议工作规定》规定应当积极督促和支持配合被建议单位落实检察建议。② 检察机关应通过完善督促机制，在收到被建议单位对检察建议的回复后，规定相应期限，走访核实，避免相关机关只是为了应付回复而采取临时性措施。同时，可以将检察建议制发情况、被建议单位整改情况通过要情专报方式抄送同级人民政府或相关职能部门。

（二）提供"多元化"法治服务，营造基层法治氛围

扫黑除恶专项斗争开展以来，各类宣传广泛，就检察机关来说，结合自身职能，在法治宣传方面也进行了大量努力，但关于法治产品的创新方面，警示教育、法治宣传的深度和广度需进一步拓宽。

1. 扩大法治宣传覆盖面。以村居干部、涉案的村居、失地农民等为重点，深入镇街、村居开展法治宣传活动，扩大法治宣讲进村居活动范围。法治宣传以扫黑除恶专项斗争为切入点，注重联系基层党委、政府，将法治宣讲与矛盾化解、与地方党委、政府的行业技能培训等工作结合起来。注重宣传方式"接地气"，用群众容易听懂容易接受的方式讲道理，引导广大基层群众形成遇事找法、办事依法、化解矛盾靠法、解决问题用法的良好社会风尚，营造尊法学法守法用法的法治氛围。

2. 充分运用"以案释法"。进一步发挥检察机关职能，邀请镇街、村居干部旁听涉黑恶案件庭审，公诉人在发表公诉意见部分时，注重针对犯罪诱因、案件反映的普遍问题等方面深入阐释案件的警示意义。通过直观的警示教育"课堂"，提升镇村干部的法治意识，起到办理一案、教育一片的法律效果和社会效果。再者，强化"互联网＋法治宣传"，在疫情防控尚未完全解除的情况下，充分发挥官方微信、微博、抖音等新媒体平台，结合具体案例，聚焦案件的表现形式、案件类型。通过线上宣传，扩大受众面。

3. 畅通基层群众反映渠道。通过线下和线上法治宣传提高群众对检察产品的认知度，充分利用"12309检察服务中心"，通过实体大厅"面对面"服务的同时，打造"网上、掌上、热线12309"的"键对键"服务，为辖区群众提供更多更好的法治产品、检察产品。对于群众的咨询、求助，积极回应，切实打通服务基层群众的"最后一公里"。

（三）建立"多渠道"协作机制，提升基层治理能力

1. 建立共治协作机制。社会治理是全社会共同参与的治理。要探索构建党委领导、政府负责、群团助推、社会协同、公众参与的社会共治同心圆。③ 在参与基层社会治理方面，检察机关应立足于本职工作，在本职职责范围内，运用好专业化力量，与公安、法院、司法行政建立健全打击防范、问题联治、矛盾化解、平安联创联动机制，运用法治

---

① 施净岚：《以检察建议的精、准、实参与网络犯罪治理》，载《人民检察》2020年第12期。
② 《人民检察院检察建议工作规定》第24条。
③ 陈一新：《加快推进社会治理"七个现代化"》，来源中央政法委长安剑微信公众号，2019-04-18。

思维和法治方式，推进完善公共法律服务体系。运用检察智慧和政治智慧"借力借智"，在辖区政法委牵头下，与基层党委、政府搭建沟通协作机制，主动争取人大及常委会的支持，利用基层党委、政府在基层治理方面的经验优势，补齐社会治理短板。

2. 与时俱进完善内部机制。充分运用业务数据分析研判机制，通过分析数据，全面掌握案涉领域、发案原因，边推进边总结，有的放矢改进参与社会治理具体措施，哪方面问题突出就进行针对性治理。严格落实司法责任制，健全检察官绩效考评指标，鼓励检察人员延伸参与社会治理。学习运用新时代"枫桥经验"，把办案与加强和创新基层社会治理结合起来，不断创新办案方式方法，广泛邀请人大代表、政协委员、律师、人民监督员、专家学者等参与公开审查，积极构建矛盾纠纷多元化解机制。[1]

3. 持续不懈提升队伍素质能力。检察人员要善于从实际司法办案工作中发现社会治理存在的漏洞，这就要求要提高综合素质能力。检察机关应聚力正规化、职业化、专业化队伍建设，开展有针对性的业务培训、业务竞赛、庭审评比、岗位练兵，促进提升检察人员专业化水平。关注改革带来的司法责任"放权"、捕诉一体"集权"、认罪认罚从宽"确权"等办案廉政风险，进一步落实检察官和辅助人员的权力边界、司法标准、工作流程、业绩考核、责任追究，加强对检察人员的教育监督和管理，树立检察干警、检察机关良好形象。

---

[1] 张世光：《行政检察视角下的市域诉源治理》，载《人民检察》2020年第13期。

扫黑除恶专项斗争中如何巧用认罪认罚从宽制度

——厦门市集美区检察院办理陈某土等 15 人涉黑案经验做法

施金连　　陈荣锋 *

当前，扫黑除恶专项斗争走过第二个年头，逐步从案件侦破战向案件起诉审判战转变重心，为确保涉黑涉恶类案件快审快诉，如何结合认罪认罚从宽制度提升案件质效，是司法机关办理此类案件的一个热点问题。本文试从集美区院在办理陈某土等 15 人涉黑案成功适用认罪认罚从宽制度的经验做法出发，为基层检察院办理此类案件提供借鉴和参考。

一、适用认罪认罚从宽制度依据

2018 年 10 月 26 日修订后的《中华人民共和国刑事诉讼法》正式确立了认罪认罚从宽制度，第 15 条明确规定"犯罪嫌疑人、被告人自愿如实供述自己的罪行，承认指控的犯罪事实，愿意接受处罚的，可以依法从宽处理"，这一制度在经过两年的试点实践后从立法上予以确认，适用于各类型的刑事案件。这一改革成果对完善刑事诉讼程序、提高案件质效、合理配置司法资源、化解社会矛盾等多方面的重要意义，不仅在理论学界得到认同，对司法实务工作也产生了深远的影响。综合考虑扫黑除恶专项斗争的政策，在被告人认罪认罚时提出量刑建议要正确运用宽严相济刑事政策：一是在从宽幅度上严格掌握，并与一般案件区分，特别是对黑社会性质组织犯罪的组织者、领导者、骨干成员，从宽幅度低于其他人员，在决定是否从宽处罚、如何从宽处罚时，应当根据罪责刑相适应的原则从严掌握；二是量刑时要根据其所犯具体罪行的严重程度，结合被告人在该黑社会性质组织中的层级、作用及参加黑社会性质组织的积极性以及其认罪、悔罪的具体情况，采用"阶梯式"从宽幅度，予以明确区分。

二、适用认罪认罚从宽制度工作成效

2009 年以来，被告人陈某土为达到非法聚敛钱财目的，通过金钱利诱、共享利益的方法，先后网罗了包括其余 14 名被告人在内的众多成员，逐渐发展成为骨干成员固定、层级结构明确、人数众多，具有一定组织纪律性和行为规矩，在翔安区新店镇一带社会、经济生活中具有重大影响的黑社会性质组织。在被告人陈某土的组织、领导下，该组织长期在厦门市翔安区新店镇一带，有组织地以暴力、威胁等手段，实施了开设赌场、寻衅滋事、聚众斗殴、敲诈勒索、强迫交易、非法占地等违法犯罪活动，在厦门市翔安区新店镇一带形成了非法控制和重大影响，严重破坏上述地区的正常经济、社会生活秩序。

该案系市院指定、跨区审查的涉黑案件，涉及人数众多、案情复杂，涉案卷宗 119

---

* 施金连、陈荣锋，厦门市集美区人民检察院。

册、光盘 468 张，集美区院审查起诉仅历时 47 天，庭审时间 3 天，就圆满完成了该案审查起诉和出庭公诉等系列任务。其中，除组织、领导者 1 名外，其余 14 名被告人均自愿认罪认罚，签署具结书，起诉指控的事实、罪名和量刑建议等均得到判决认定。实践证明，认罪认罚从宽制度与扫黑除恶相结合，取得了良好的案件办理质效。

1. 分化瓦解犯罪组织成员，贯彻宽严相济刑事政策

"组织结构比较紧密，人数较多，有比较明确的组织者、领导者，骨干成员基本固定，有较为严格的组织纪律"是黑社会性质组织犯罪具有的鲜明特征之一，也正因为此，涉黑涉恶案件的侦查取证难度极大。一方面其内部组织严密，涉案人数众多，一般要经过较长时间之后才会被揭露；另一方面，其纪律严格，听从领导者指示，很难从违法犯罪的现场收集领导者实物罪证，不利于指控。所以如何分化瓦解组织成员，让其改邪归正，是司法机关办理此类案件的重要突破口，而认罪认罚从宽制度就是打开切口的利器。该案涉及的犯罪时间跨度长，涉及人数众多，证据的收集、完善存在一定困难，且组织、领导者陈某土供述反复，始终不愿如实供述组织、领导实施的犯罪事实，而是推给组织成员小弟，辩解自己不知情，此时其余被告人的指认显得尤为关键。本案中其余 14 名被告人的自愿认罪认罚，尤其是 5 名处于组织第二层级的积极参加者的认罪认罚，对指认陈某土、搜集全案罪证、完善证据链起到不可或缺的作用。最终，组织、领导者被依法从严惩处，其余被告人则依法从宽，既推动了案件的侦办、审理，又贯彻了宽严相济的刑事政策。

2. 保障犯罪嫌疑人、被告人权利，凸显检察机关审前主导作用

适用认罪认罚从宽制度要求"犯罪嫌疑人自愿认罪，同意量刑建议和程序适用的，应当在辩护人或者值班律师在场的情况下签署认罪认罚具结书"，这对司法机关提出了更高的要求。尤其是检察机关，要让犯罪嫌疑人、被告人认罪伏法，不仅要依法严格审查，把好案件事实关、证据关、程序关和法律适用关，还要保障犯罪嫌疑人、被告人权利，充分听取其及辩护人意见，提出罪责刑相适应的量刑建议。办理本案过程中，集美区院通过细致梳理证据材料，追加认定 6 起寻衅滋事，在被告人心存侥幸，能少讲一起是一起的时候，摆事实讲道理："认要认得彻底，才能依法从宽"，打消被告人的侥幸心理。部分被告人供述同案犯罪行时提出应当认定检举立功，集美区院通过梳理线索，比对侦查机关掌握情况，并要求侦查机关对线索逐一排查，出具说明线索是否已掌握或具有可查性，让被告人心服口服，自愿认罪，配合司法机关工作。

3. 促使认罪悔罪，提升办案实效

该案中部分被告人在黑社会性质组织发展、壮大过程中，受组织、领导者陈某土蒙蔽，顶罪入狱，出狱后却被当作"弃子"，在与其他恶势力犯罪集团争斗时，受陈某土指示，通过自残或成员互殴的方式加重伤情，借公安机关打击报复对手。这些情形既让办案人员心惊该黑社会性质组织的冷血无情、纪律严格，也深感作出有罪判决不是案件审理的真正目标，除了依法惩治犯罪，如何促使被告人认罪悔罪，积极改造对于案件办理同样意义重大。因此，在运用认罪认罚从宽制度释法说理时，办案人员有意识地结合被告人经历，让其回顾自己参加组织违法作恶造成的恶劣后果，反思自己又因此得到了什么，所作所为对家人、对被害人、对社会造成的伤害，建立认罪悔过的思想基础。情理疏通后再深入解释认罪认罚从宽制度，提出明确的从宽幅度和量刑建议，促使多名被告人从侦查阶段的不愿认罪到审查起诉阶段的自愿认罪，签署具结书，积极配合司法机关

工作。到了庭审阶段，14名被告人当庭确认自愿适用认罪认罚，同意检察机关提出的量刑建议，对负隅顽抗的组织、领导者起到极大的震慑作用，让庭审重点突出，焦点明确，也让旁听的群众感受到法庭审理宽严有据，罚当其罪。

在此基础上，该案认罪认罚制度的成功适用为集美区院办理其他涉黑涉恶案件积累经验，一方面利用宣传阵地讲解黑恶势力危害特征，提升群众对黑恶势力犯罪认识，引导群众积极举报、打击黑恶势力，树立抵御不法侵害意识；另一方面以该案为样本，提高认罪认罚从宽制度的适用率，确保涉黑涉恶类案件快审快诉，巩固扩大扫黑除恶专项斗争成果。扫黑除恶专项斗争开展至今，集美区院共计依法对涉黑涉恶案件6件67人提起公诉，对其中的4件54人适用认罪认罚从宽制度。

三、适用认罪认罚从宽制度经验做法

要取得办案实效，集美区院讲究办案策略和技巧，积极履行检察机关在认罪认罚从宽制度中的主导责任，不仅将办理的涉黑恶案件办成铁案，还总结出一套将两者有效结合的经验做法。

1. 组建办案团队，提前准备认罪工作

自接到该案的审查起诉任务后，集美区院高度重视，分管检察长任主办检察官，亲自指导、全程跟踪案件的各个环节，抽调三名检察官、一名检察官助理组成办案团队，对本案按罪名分块审查，细化分工。在提前介入了解案件时，与侦查机关就认罪认罚从宽制度的适用多次会商，取得共识。引导公安机关在调查取证的时候告知犯罪嫌疑人"321"认罪认罚从宽机制，激励犯罪嫌疑人在侦查阶段认罪，争取最大从宽幅度。承办检察官提前了解各犯罪嫌疑人认罪情况，记录犯罪嫌疑人对各个罪名的认罪态度，分析现阶段不认罪的原因是对罪名不了解，缺少法律教育，还是负隅顽抗，不愿如实供述罪行，针对摇摆不定的犯罪嫌疑人和顽固不认罪的犯罪嫌疑人做好审查起诉阶段工作预案，明确下一阶段的讯问重点和法律教育方向，为进一步分化瓦解犯罪组织，争取更多犯罪嫌疑人认罪认罚做好准备。

2. 运用"321"从宽机制，主动开展教育转化工作

涉黑涉恶案件中的犯罪嫌疑人、被告人大多受过刑事处罚，对司法机关抵触情绪较浓。在办理该类案件中，不乏犯罪嫌疑人在侦查阶段做有罪供述，审查起诉阶段翻供的情形，部分人甚至还心存"坦白从宽，牢底坐穿，抗拒从严，回家过年"的错误认识。要开展认罪认罚从宽工作，除了拿出确凿的事实和证据，如何教育转化嫌疑人的观念也很重要。集美区院运用"321认罪认罚"阶梯式从宽机制，详细说明认罪态度及阶段对从宽幅度的影响。"321"既对应认罪的三个阶段，也对应从宽量刑的三个幅度：侦查阶段认罪最多可以减少基准刑的30%，审查起诉阶段认罪最多可以减少基准刑的20%，庭审阶段认罪则减少10%，认罪后翻供的不得从宽处理。并结合此前办理的涉黑恶案件判决结果，充分说明"不认罪、不从宽""认罪越早、从宽越大"的法律效果。审查起诉阶段，多名被告人自愿提出申请适用认罪认罚从宽制度。其中包括2名积极参加者中的骨干成员，侦查阶段不愿认罪，审查起诉阶段自愿认罪认罚，最终形成除组织、领导者一人不认罪认罚，其余14名组织成员全部申请认罪认罚的有利态势。

3. 做好"三个充分"，依法适用从宽

本案涉及被告人15名，辩护律师21名，既要充分听取被告人及辩护人意见，保障

被告人权利，又要确保案件顺利审结，不影响效率，集美区院总结出"三个充分"：一是充分保障辩护律师阅卷权利。沟通案管部门将卷宗证据材料刻录成光盘，方便律师阅卷。后续侦查机关补充新的证据材料，也通知辩护律师及时跟进阅卷，了解全案证据情况。二是充分利用庭前会议。为确保案件快审快诉，集美区院在将案件先行起诉后，再通过庭前会议就认罪认罚适用问题统一沟通，由辩护人会见被告人确认是否适用认罪认罚从宽制度，再由辩护人提出意见，既增加辩护律师参与程度，又确保被告人认罪认罚的自愿性。三是充分听取被告人及辩护人的意见。在部分被告人原本不认罪，突然提出想要适用认罪认罚从宽制度时，承办检察官注重听取被告人及其辩护人意见，严格审查被告人的认罪态度和悔罪表现，要求辩护律师提供被告人的认罪笔录或悔罪自述，严格依照程序把握认罪认罚的适用条件。部分被告人以量刑过重提出异议，则听取其有无提出新的罪轻证据或量刑情节，对不合理的从宽意见不予采纳，并对量刑建议的形成加强释法说理，解释具体的从宽标准和幅度，确保量刑建议既得到被告人及辩方认可，确保被告人签署具结书的自愿性，又做到严格把关，依照法律规定、制度要求从宽，不为提高适用率而一味从宽。

4.科学提出量刑建议，合理运用量刑激励

量刑建议体现检察机关指控犯罪的专业性和主动性，对适用认罪认罚从宽制度的被告人作出合理、精准的量刑建议，有利于提高检察机关的公信力和被告人认罪认罚的积极性，这也就意味着检察机关提出的量刑建议，应当越准确越好。本案各被告人涉嫌罪名较多，量刑情节复杂，在提出量刑建议过程中，集美区院从三方面入手：一是加强对量刑规范的研究，以《关于常见犯罪的量刑指导意见》和福建省对常见犯罪的量刑具体化意见为指导，对本案涉及的七个罪名、适用的量刑区间、量刑情节学习研究，准确把握；二是与法院沟通相关罪名的量刑起点、基准刑及法定、酌定量刑情节的调节幅度，对于量刑指导意见没有规定的罪名及附加刑的种类、幅度，在法定刑的框架内协商量刑起点、调整幅度；三是通过两个对比，对比已判决的涉黑案件犯罪事实、量刑建议及判处刑罚，对比同案犯在组织中的层级、作用、参与程度、量刑情节及认罪悔罪态度，以表格分列的形式不断调整完善个罪的量刑并汇总。最终形成的量刑建议幅度控制在一年内，覆盖财产刑、剥夺政治权利等附加刑。对于部分不认罪认罚的被告人，提出两档差异化的量刑建议，明确从宽后的量刑激励，促使更多的被告人同意适用认罪认罚。

5.结合庭审实际，建议程序分流

建议法院对认罪认罚的14名被告人和不认罪的1名被告人分别庭审举质证和答辩，准备两套庭审预案，一方面对认罪认罚的14名被告人着重确认认罪认罚的自愿性，对起诉指控的罪行、罪名及签署的量刑建议有无异议，举质证环节较为简化，减少控辩对抗，节约庭审时间，提升效率；另一方面对不认罪认罚的被告人，针对其不认罪的辩解，在交叉讯问、举质证环节以认罪认罚的被告人供述为基础，构建全案的证据体系，有力地指控其所组织、领导实施的罪行，向法庭和旁听群众揭露真相。针对其犯下累累罪行仍毫无悔意的表现，要求法庭依法从严惩处。该案审理仅用时三天，相较于之前的多人案件庭审，控辩双方焦点更为集中，庭审程序更为顺畅，庭审效率也大为提升，提出的量刑建议均被法院一审判决采纳，对被告人的判决结果宽严有据、罚当其罪，实现了政治效果、法律效果、社会效果的统一。

打击裸聊涉恶案件的实践与思考

陈志荣 *

2020 年年初，全国扫黑办部署对利用信息网络实施涉黑涉恶等有组织违法犯罪专项整治行动，推动扫黑除恶专项斗争向信息网络领域延伸。专项整治行动以来，厦门市共打掉利用网络裸聊的恶势力以上团伙案件 22 件，其中在侦 5 件，已移送检察院审查起诉 15 件，法院在审 1 件，判决 1 件，打击成效位居福建省前列。

一、裸聊涉恶案件的主要特征

从目前厦门市侦办的裸聊涉恶案件情况看，其特征主要表现为：（1）行为性质相对单一。即以录制受害人隐私部位在受害人关系圈内散布相要挟，对受害人实施敲诈，行为在性质上都是属于敲诈勒索的单一性质，并反复多次实施。从行为表现上看，裸聊的行为主观目的单一，具有"单纯以牟取不法经济利益"的特征，性质上属于敲诈勒索，是黑恶势力惯常性的犯罪行为。（2）行为对象具有选择性。犯罪分子利用网络空间实施违法犯罪活动，对象信息是依托于网络的灰色产业链，通过粉商、码商等为作案虚拟身份随机添加潜在受害人，其行为主要针对学生、教师、医生、公务员等特殊身份群体，该群体往往为了保全名誉不敢报案，容易得逞。理论上利用网络实施聊裸犯罪通常受害的人数会较多，但是实践中因为公安机关较快发现并收网打击等原因，实际查证属实的案件较少，厦门查办的裸聊涉恶案件中，有的案件查实的被害人只有 6 人；有的案件查实的既遂案件只有 5 件，未遂 20 件；有的案件被害人 10 人，立破案仅 11 起；有的案件查实的被害人 3 人，待查达 60 余人。（3）行为单纯"线上方式"实施。基本没有形成线上线下相结合。行为得逞主要是基于受害人为了保全名誉而屈服，被侵害的权利是人格权，属于"人身权利"范畴。其所受的心理强制，不同于线下对受害人采取以硬暴力为后盾的威胁，主要体现为软暴力，其对当事人伤害的程度取决于当事人对名誉的重视程度。（4）行为具有组织性。团伙同部分工较为明确，目的性强。有的是团伙组织者、领导者共同出资，按业绩分红；有的负责招揽员工，有的负责现场教导、管理员工，有的负责实施。

二、裸聊涉恶案件认定的若干问题

针对上述裸聊涉恶案件所表现出来的特征，厦门公检法三家在办案之初曾存在一定的认识分歧。例如，对单纯线上，没有线上线下结合的裸聊，是否符合恶势力以上团伙的行为特征？裸聊团伙采用点对点的敲诈手法如何体现"为非作恶，欺压百姓"。行为不具有多样性能否符合恶势力以上团伙的行为特征？裸聊涉恶团伙是否具备"公开性"等等。为了解决三家的认识分歧，厦门市扫黑办以问题收集为抓手，收集六个区的各类裸

＊陈志荣，厦门市扫黑办。

聊问题 20 余条，以个案会商为切入点，充分开展研商沟通，对大部分的分歧点形成共识，有力地推进了裸聊涉恶案件的快侦快诉快判。

（一）关于"单纯线上"的问题

利用网络实施裸聊违法犯罪行为，从目前厦门打掉的涉恶案件来看，均是"线上实施"。仅是线上方式实施的裸聊（敲诈勒索）能否构成恶势力的行为特征呢？按照《关于办理恶势力刑事案件若干问题的意见》，恶势力的行为特征，无论是惯常性违法犯罪行为，还是伴随性的违法犯罪行为，均应当同时具有"为非作恶，欺压百姓"的特征，这与《关于办理利用信息网络实施黑恶势力犯罪刑事案件若干问题的意见》第 12 项所规定的"单纯通过线上方式实施的违法犯罪活动，且不具有为非作恶，欺压残害群众特征的，一般不作为黑社会性质组织行为特征的认定依据"是一致的，可见，无论是是否"单纯线上"，还是"线上线下结合"，关键是认识和准确把握该违法犯罪行为是否具有"为非作恶，欺压百姓"的特征。厦门市扫黑办抓住这一解决认识分歧的关键，提出"对于裸聊涉恶案件的"为非作恶，欺压百姓"应充分认识到其不同于传统的线下黑恶势力犯罪的特征，考查其行为的涉黑涉恶的本质，应当是从行为的组织性、行为针对不特定多人、行为以软暴力为主要手段以及行为造成扰乱经济、社会秩序等后果等方面综合考量的意见，得到公检法三家的认可。

厦门市扫黑办针对有的办案单位提出裸聊侵害的对象如果人数太少难以体现"为非作恶，欺压百姓"的问题，提出对从量上明确不特定多人意见。即明确将裸聊侵害不特定多人的底限设定为 10 人以上，将立破案件的底限设定 10 起以上。因为在实践中办案单位如果以 3 人为最低标准，来确定"百姓"显得范围过窄，其在危害后果上也难以达到扰乱经济、社会生活秩序的效果。裸聊案件所立破的案件数如果太少同样难以体现"为非作恶，欺压百姓"。

针对有的办案单位对裸聊涉恶案件性质单一，不具有黑恶势力犯罪的多样性特点提出疑问，厦门市扫黑办通过深入开展学习领会规范性法律文件，提出"对于 7 类惯常性行为，均可以单独构成'为非作恶'的表现形式，也就是说 7 类惯常性行为中任何一种的单一性质反复实施的可以认定为'为非作恶'。但是对于 11 类伴随性行为不能单独构成'为非作恶'的表现形式"的意见，统一公检法三家的认识。

（二）关于裸聊违法犯罪活动的时间问题

厦门大量的裸聊敲诈警情是 2019 年以来才集中出现的，受疫情影响，一些国外的电诈犯罪分子转到国内采取以裸聊的方式实施敲诈，很快就被公安机关打掉。从厦门目前的裸聊涉恶案件来看，有的从 2020 年 2 月底至 4 月 10 日，持续时间一个多月；有的从 3 月 19 日到 3 月 31 日，仅 12 天；有的从 4 月 26 日至 5 月 13 日，持续 17 天；有的从 2 月份开始至今，不到 5 个月；等等。有的办案单位提出，裸聊团伙违法犯罪存在时间过短不能认定为恶势力，甚至单纯以存续时间为标准，进行一刀切判断是否符合涉恶犯罪特征。

厦门市扫黑办通过对各区裸聊涉恶案件的调研，认为不能单纯看存续时间，而应当将存续时间与危害后果相结合。特别是实害后果是否彰显，也就是说其既遂的敲诈勒索案件数量如何，产生的实害后果如何。如果一个裸聊团伙还停留在广泛撒网上，没有既遂案件，即使被害人的人数达到众多，也不能彰显其实害后果。反之如果既遂案件多，并造成多人的家庭、职业、精神状态、经济损失等重大影响，那么即使时间较短，也可以表明该团伙对社会生活秩序的影响。

（三）关于对裸聊黑恶势力在"公开性"等方面的理解问题

从厦门查办裸聊案件来看，裸聊团伙选择的人群主要针对学生、教师、医生、公务员等重点人群，是对特定或敏感身份的选择，而非对"区域或行业"有特定选择。在具体实施中，一般是采用点对点实施敲诈勒索，其公开性与现实社会黑恶势力完全不同。由于其针对的是个人隐私，造成其违法犯罪行为的公开性较现实社会黑恶势力的公开性体现得不突出。如果不是政府进行大量的宣传，其他个体是很难知晓这种违法犯罪手法的。其对行业和区域的影响或控制都体现得不明显。对于这一客观事实，厦门市扫黑办提出，对于涉互联网黑恶势力不应当要求"公开性"，网络领域的黑恶犯罪是点对点为主，其和现实社会黑恶势力以彰显黑恶招牌、打砸、公开暴力殴打等表现出来的公开性不同。只要客观上对10人以上群众实施的犯罪，或者引起某一重点人群的恐慌，即可以评价其具备危害性特征。

此外，厦门市扫黑办提出对于支撑裸聊技术的灰色产业链条，包括粉商、码商、技术公司、保号人员均列入打击和整治目标。在实践中把握两方面：一是明知实施裸聊违法犯罪行动，而提供技术、App等，应当以共犯论处。二是无法证明明知。对该公司和人员应当进行行业主管部门行政处罚。

三、持续打击裸聊涉恶案件的对策思考

裸聊涉恶案件在近一两年来呈现高发的态势，尤其是受疫情影响，原先在东南亚一带实施电信网络诈骗的犯罪分子改作裸聊敲诈，导致警情、案件集中暴发。对于裸聊涉恶案件必须持续高压打击，才能有效遏制其蔓延势头。

1. 要确立对裸聊敲诈犯罪全链条打击的工作思路。完整的裸聊敲诈勒索犯罪一般包括五个环节：（1）获取犯罪工具；（2）物色被害人；（3）裸聊；（4）敲诈勒索；（5）洗钱。裸聊敲诈可以实现纯线上的违法犯罪活动，其实施违法犯罪要借助多种网络技术手段，这些技术手段即来自网络黑灰产业。如裸聊涉恶团伙向App开发商购买具有直播类App作为犯罪工作，该App被害人一旦下载后能够自动获取被害人手机内通讯录、短信等信息。裸聊涉恶团伙为了更精准地实现对被害人的敲诈，通过粉商向其提供特殊身份群体的QQ号，通过社交平台广撒网式地添加好友；通过码商、跑分平台、卡农等，将犯罪所得账款经过多个二维码进行网络洗钱。如果只针对裸聊、敲诈环节开展打击，对为裸聊提供技术支撑的黑灰产业不清除，意味着这种类型的犯罪土壤始终存在，这也是裸聊涉恶团伙近年来屡禁不止的原因之一。因此，我们要确立对裸聊敲诈全链条打击的工作思路，在收网打击裸聊涉恶团伙的同时，要重视追查该犯罪团伙是如何获得裸聊的网络技术工具，如何获取公民个人信息，以及如何实现通过网络洗钱，对于符合共同犯罪的，应当一并以共犯论处。

2. 要建立统一指挥、集群整体作战的工作机制。在实践办案中，裸聊涉恶案件存在两方面突出问题，一是多地侦控撞线问题突出。由于裸聊涉恶团伙通过互联网广泛撒网实施敲诈勒索犯罪，其被害人的选择完全不受地域的限制，因此会出现同一伙裸聊敲诈

团伙被多地公安机关同时侦控的情形。二是管辖问题突出。裸聊敲诈犯罪往往涉及多地公安机关均有管辖权，同一个团伙的成员被不同地区的办案单位采取强制措施或者起诉，案件是否并案侦查存在争议；有的裸聊涉恶案件的被害人均不在本地，公安机关移送检察机关审查起诉时，检察机关以管辖问题为由拒绝受理，出现案件侦查终结，但是审判管辖发生争议。发生这两方面问题，究其根源是由于裸聊敲诈犯罪规律产生的。我们在选择打击策略时，就需要根据裸聊敲诈的犯罪规律，从情报线索收集开始，采用省部公安机关统一数据采集、串并，统一协调指挥分配，发动集群整体作战模式，避免各自为战，浪费执法司法资源。

3. 要准确把握网络有组织犯罪法律特征。裸聊涉恶犯罪是一种网络有组织犯罪的类型。为了准确认定网络有组织犯罪，两高两部发布《关于办理利用信息网络实施黑恶势力犯罪刑事案件若干问题的意见》，第二部分第6项是符合裸聊涉恶犯罪表现形式的规定。对于网络黑恶势力的认定，要充分考虑到网络虚拟空间的特点，不能机械地套用现实社会的黑恶势力的法律特征。正如莫洪宪教授指出的"网络社会具有以下特性：跨时空互动性、去中心化、信息共享、沟通中的过滤性、兼容性与张扬个性、记录（可再现）性、开放性和自由性。"[①] 如组织特征方面，部分组织成员通过信息网络联络实施黑恶势力违法犯罪活动，即使相互未见面、彼此不熟识，也不影响对组织特征的认定。又如，对"公开性"的认识，对于网络空间黑恶势力不宜强调其"公开性"，因为网络空间多是采用点对点的方式实施违法犯罪。又如，对"一定区域和行业"危害性的认识，网络虚拟空间的被害对象一般较为分散，并不像现实社会相对集中在一定的区域或行业。因此，对于裸聊恶势力的法律特征的认定，要综合考虑网络虚拟空间的特殊性，进行综合审查判断。

---

① 莫洪宪：《网络有组织犯罪结构的嬗变与刑法转向》，载《中国刑事法杂志》2020年第4期。

互联网法律

常态化疫情防控中法院数据治理问题研究

——以市域社会治理智能化为分析进路

赵国军 *

习近平总书记指出，"这次新冠肺炎疫情防控，是对治理体系和治理能力的一次大考。"当前，抓好常态化疫情防控，必须补好社会治理体系和治理能力在一些环节上的漏洞与短板，强化"智治支撑"。在疫情期间（2020年2月3日以来）全国法院网上立案和网上开庭分别为70.6万件和15.1万件，占比分别达到24.2%和21.96%[①]，与世界一些国家和地区法院很多业务基本停摆相对照，充分体现我国智慧法院建设的运用效果，但诸如"数据孤岛"、数据重复采集、人工采集、数据资源利用率不高、智能化应用不优等问题，在疫情防控的特殊时期予以充分暴露。作为智慧法院建设基础和关键的法院数据治理，亟待补漏补短，为法院在常态化疫情防控中助力市域社会治理智能化发挥更大作用。

一、必要性：法院数据治理的三维价值

数据治理是指将数据作为组织资产而展开的一系列的具体化工作，它以数据为核心，实现数据处理与数据规范的有机融合，达成对数据全生命周期的管理。[②] 法院数据治理围绕数据采集、加工、应用等环节，以及数据共享与数据安全问题，服务法院信息化建设和智能化应用。

1. 预判预警高效化。突如其来的疫情，给法院执法办案工作带来巨大冲击。数据可控性和确定性是智慧法院的重要指征[③]。在智慧法院的语境下，实体和程序的确定性都可化归且呈现为数据的确定性问题，安全可信是智慧法院建设的生命线，确保数据安全是数据治理的底线要求。比如，对疫情高风险地区开庭人员、排庭情况以及因疫情可能引爆的大量纠纷，提前预判，并进行精准预警，通过错峰排庭、线上立案、无接触庭审；完善访客信息数据系统，优化算法和登记环节，解决访客戴口罩人脸识别困难问题，增加访客登记时采集旅居史、体温和健康码功能，真正实现来访可查可控、精准到位。在确保办案办公"不打烊"的基础上，对法院融入地方常态化疫情防控大局具有重要价值。

2. 业务办理智能化。数据治理手段在"管"。随着移动互联网、物联网等技术的发展，以及数据存储运算能力的快速增长和成本的稳步降低，大数据和云计算技术日趋成熟，智能化应用正当其时。在弱人工智能阶段，即数据层直接到应用层的二元结构下，服务

---

* 赵国军，厦门市思明区人民法院。

① 2020年4月2日周强在最高人民法院网络安全和信息化领导小组2020年第一次全体会议上的讲话。

② 周蓉蓉：《提升数据治理效能，助力智慧法院建设》，载《人民法院报》2020年4月14日第2版。

③ 徐骏：《智慧法院的法理审思》，载《法学》2017年第3期。

于智能送达、文书自动生成、移动端办理安排防疫值班、外出派车等办公事务的智能化应用，要求数据的精确性强于混杂性。因此，对于来源广泛、结构复杂、动态实时的数据，统一数据标准，统一管理元数据。在弱人工智能阶段，保障数据质量是数据治理的首要之义。

3. 预测决策精准化。数据治理目的在"用"。数据汇聚得全不全、准不准，数据资源开发利用得好不好，直接决定信息化建设水平。[①] 从大数据特点分析，大数据具有大容量、多样性、精确性、高速度、共享性等特征，而我国智慧法院的数据化基础还不坚实[②]。在强人工智能阶段，即数据层经由知识层再到应用层的三元结构下，服务于决策、预测和预警，要求将一切数据化，拥抱混杂性[③]，以可量化最大程度减少不确定性，消弭个体经验主义的不足。同时，政法机关、政府部门、社会组织以及企业行业需要打破"信息孤岛"，形成立体可预警、可验证、可溯源、可确权的数据系统，确保信息的及时性、透明度与可信度，为决策者提供及时而准确的信息。

二、挑战性：法院数据治理的四重困境

常态化疫情防控是一项整体关联、动态平衡的系统性工程，基础在于法院数据治理融入地方乃至全国大数据治理体系。

1. 数据治理理念认识尚有偏差。数据治理更像一个基础性、综合性设施，是以支撑组织战略和长期发展为目标。尽管疫情期间，服务于疫情防控的系统、平台等信息化项目不断涌现，也发挥了重要作用，但围绕该类信息化项目的数据治理基础性工作难以明确边界和目标，且成效并不能立竿见影地显现，从而作出投资决策的难度较大。由于信息技术的高专业门槛，实践中"数据管理是单纯的技术工作，应由信息系统的开发人员完成，基本不需要业务人员"[④] 的错误认识仍不同程度存在。至于技术要求较高、数据采集工作量较大以及直接效果不明显的数据治理工作，法院内部业务部门、法官等业务人员对其不重视就不足为怪了。从信息技术部门本身观之，主要精力仍放在系统平台和软件应用方面，未能充分重视数据治理对智慧法院建设的基础性、关键性作用。

2. 数据治理综合体系有所欠缺。数据治理是一项系统工程，需要自上而下指导监督，从下到上配合推进。法院间跨层级、法院内跨部门沟通协调决定着数据治理目标落地落实。目前，虽然各级法院都成立网络安全和信息化领导小组，由法院"一把手"担任组长，层级最高。但对于法院数据治理工作尚未引起高层足够重视，并未专门建立专项领导小组或者类似金融机构的治理委员会等组织架构。数据治理的归口管理部门、技术部门和业务部门的职责边界也不甚清晰。此外，法院与其他政法机关、政府部门等数据治理体系尚未深度融入，"数据孤岛"问题突出，难以发挥疫情防控整体合力。比如，疫情

---

① 2017年5月11日周强在全国法院第四次信息化工作会议上的讲话。

② 吴涛、陈曼：《论智慧法院的建设：价值取向与制度设计》，载《社会科学》2019年第5期。

③ 维克托·迈尔－舍恩伯格、肯尼思·库克耶：《大数据时代》，盛杨燕、周涛译，浙江人民出版社2013年版，第45页。

④ 王兆君、王钺、曹朝辉：《主数据驱动的数据治理：原理、技术与实践》，清华大学出版社2019年版，第13页。

期间，政府部门采集大量人员等数据信息，但与法院还未做到共享[①]。法院涉疫情数据信息资源也未能与政法机关、政府部门共享应用。

3. 数据治理的功能定位尚有短板。从法院信息化建设实践以及智慧法院顶层设计规划来看，法院数据治理过分关注大数据对司法决策的分析，以及服务于司法统计指标的管理。而对辅助法官办案的审判智能化、诉讼服务的便民化进行数据治理的规划不够。以审判智能化应用为例，大多数法院的大多数法官实际上还是习惯纸质化办公，纸质文本转向全在线办案、无接触庭审，数字化和数据化也是绕不过的坎儿。我国司法大数据尚处在弱人工智能阶段。通过融合以构建知识图谱为核心的符号主义和利用机器深度学习的连接主义模式，虽是实现智能裁判的最佳路径，但距离"强人工智能"也还有很长的路要走。[②] 现阶段，数据治理的重点应聚焦在审判辅助人员的机器替代、法官智能高效制作文书以及智能诉讼服务的便捷性等方面。

4. 数据治理的关键性环节落实不到位。数据采集、汇集和汇聚方面，采集方式主要依赖法院立案庭等业务部门人员手工录入，汇聚方式主要采取人工统计，比如上级法院要求每日填报的在线诉讼、涉疫情案件等情况数据信息，基本上依赖审管办专门人员手动填报，完整性、准确性和及时性难以满足数据标准化要求。数据类型除当事人身份信息、案件、案由等结构化数据外，其他基本上系当事人提交由法院扫描的图片等非结构化数据，以及法院自身生产的裁判文书等半结构化数据。结构化数据录入中存在非必填项未填写，比如当事人地址以及电话等信息，制约电子送达效率以及裁判文书生成基本信息缺漏问题。裁判文书等半结构化数据主要是抓取不便利，复用性较差。非结构化数据主要问题前文已述及，严重影响电子卷宗深度应用。数据加工方面主要就是数据标准化，这也是数据治理的核心。实践中，若数据标准的定义不契合业务实际需求，或后续维护更新难以跟进，管控措施不力的话，也会造成标准难落地。"数据本身固然重要，但更重要的是数据挖掘与深度应用"[③]，由于法院数据具有鲜明的专业性，数据非结构化特征突出，加之源于数据生命周期各环节管控不足，造成数据质量不高等问题，都会导致数据挖掘分析性能较差。

三、可能性：法院数据治理的五项举措

数据治理是一项系统工程、基础工程、长期工程，不可能一蹴而就，需多措并举，综合发力。

1. 强化尊重与珍视数据的治理文化。在智慧法院语境中，信息化已经不再局限于信息技术本身，已经成为人民法院组织、管理和建设的运行载体。如果智慧法院建设是高楼大厦，数据治理就是地基。要积极发挥数据治理的基础和关键作用。随着智慧法院建设的全面深入，未来法院所承担的数据采集汇聚、分类储存、挖掘分析、智能应用将面临巨大压力，要不断提升数据治理效能，为从弱人工智能到强人工智能阶段跃迁、大数

---

① 比如制约法院诉讼周期的送达难题，一个很重要的原因是法院难以精准获取受送达人的住址信息、电话信息，导致送达效果不佳。

② 萧方训、曾宪未：《裁判智能化生成的模式选择与实现路径》，载《人民法院报》2019年12月6日第5版。

③ 陈卫东：《法院信息化建设更应强化数据安全与个人信息保护》，载《法制晚报》2018年2月28日。

据分析模式的全面推广做好最基础的准备工作。避免将数据治理与智慧法院建设割裂开来，任何只顾"硬币一面"的理解和认识都是片面的。要避免将数据治理等同于信息技术领域的治理，与业务部门无关。要避免将法院数据治理与政法机关、政府、企业数据治理割裂，应协同推进、融合发展。比如，法院执行网络查控系统就是与政府部门、企业数据联动治理的成功范例。

2. 强化纵向指导与横向领导的治理架构。在现有各级法院普遍成立网络安全与信息化领导小组的组织架构基础上，专门成立数据治理工作组（或数据治理办公室），由各级法院"一把手"担任组长（或主任），既彰显该项工作的重要地位，也便于协调上下级法院数据治理工作，以及下级法院更好地接受上级法院指导监督；同时，法院内部统筹领导信息技术部门、业务部门，促进业务与技术的深度融合。需要强调的是，由于法院数据治理工作的强技术性，建议最高院和省一级法院从优秀的技术公司引进一批专门人才，或者邀请签订战略合作协议的技术服务商派员参与到数据治理的组织架构。借鉴银行数据治理做法，由最高院统一制定以"柔性为主""刚性为辅"的法院数据治理指引，各高级法院再行细化完善。主要内容明确数据治理架构、数据治理重点、数据管理和数据质量控制要求、监督管理责任等。

3. 强化数据质量管控的治理重点。准确、及时、全面、规范是数据质量的四项要求。数据标准的制定是实现数据标准化、规范化，实现数据整合的前提，是保证数据质量的主要条件。[①] 通过主数据标准化，才能为实现法院各部门以及各系统间的数据集成和共享，为数据流发挥业务流和技术流融合的"粘合剂"作用奠定坚实数据基础。其一，从时间维度的全生命周期管理，指基于数据指标驱动的元数据全过程管理，采集、存储、应用及管理形成的数据流全记录与监控。对于复用率低的数据进行清理、销毁。比如，在新的数据标准发布前开发的系统软件沉淀大量数据，由于系统不兼容，数据难以二次使用，应在销毁数据的同时，清理"僵尸"系统。其二，从空间维度的全流程管理，指基于数据指标驱动的元数据溯源管理，数据来源、存储位置、处理方式、流转过程、安全稽查规则，用于确定数据修改责任主体，确保数据后续应用。其三，从应用场景的维度全景式管理，指基于指标数据驱动的资产全场景视图，满足应用场景的图形查询和辅助分析，以可视化视角提高数据管理实效。

4. 强化数据采集智能化和集约化的治理基础。"海量数据背景下更应围绕人民法院司法改革的实际需要，突出数据使用重点，防止海量数据造成没有必要的干扰。"[②] 鉴于数据治理的复杂性和长期性，宜采用"小步快跑，急用先行"的数据应用驱动策略，以数据应用需求和业务发展需要为契机，先开展重点业务领域的数据标准化、数据质量提升工作，再带动全局工作推进。比如，疫情期间，存在多个主管部门重复收集涉疫情信息的情况，不仅造成了人力、物力、精力和时间的很大浪费，也严重影响了被收集对象的工作和生活。再如法院数据采集智能化不够，采集效率低，准确度不高，法院工作人员采集负担重，重复工作多。为此，应采取数据采集方式智能化和采集主体社会化解决方案。随着在线立案的推开，数据流动的始点转移到当事人手中，由其完成资料的数据化，即录入

---

① 王兆君、王钺、曹朝辉：《主数据驱动的数据治理：原理、技术与实践》，清华大学出版社2019年版，第19页。

② 陈卫东：《法院信息化建设更应强化数据安全与个人信息保护》，载《法制晚报》2018年2月28日。

电子数据。网上立案系统，已经卡定了各式表头，当事人要做的，只是在系统监管下按要求填空。① 但是当事人除了个人能力因素外，考虑到线上立案要求多，仍倾向于选择线下立案。因此，借鉴江苏无锡中院建立数据加工工厂的做法，采取"集约化"数据采集方式。实践中，可以在诉讼服务中心设立当事人自助采集区，由当事人按照系统提示或者导诉人员指导自行格式化录入数据，或者自行扫描材料，由 OCR 技术识别自动回填。在关键核心技术没有重大突破的情况下，考虑到当前 OCR 识别技术精准度不高、识别效率不高、自动回填技术短板等问题，可以通过当事人附带提交结构化电子文档的机制安排做补充。此外，可以考虑法院与其他政法机关和政府部门之间的数据共享，以便于法院及时获得当事人的财产、身份、地址等信息。②

5. 强化核心技术与是市域社会治理智能化需求的融合。大数据技术的核心价值是预测，但因为技术的复杂性，目前只能发挥提示和警示功能。现阶段，法院信息化建设侧重在办理涉疫情系列案件文书智能生成辅助、智能预警提示等应用效果。但这更加凸显中级、高级技术路线的重要作用，也是智慧法院建设奋勇追赶的目标。事实上，一些先进地区法院已经有成功的尝试了。其一，首先做好数据开源，让数据"大"起来。不仅要采集传统的案件信息数据，包括如何将实践中大量的非结构化数据、半结构化数据转化为有价值、可运用的结构化数据③，还应采集案件稳定风险、当事人对判决的意见、公众对法院判决的认同度、司法热点等与审判执行有关的数据信息。另外，加强与公安、民政、银行等部门、行业数据的共享对接，数据扩容。其二，充分发挥业务部门和技术部门人员的智慧，做好知识、技术和需求融合。建构法律知识图谱，以案件、人和事为对象，采用关键技术对其进行本体构建、管理和融合，以及数据映射、实体匹配，深度挖掘国家司法审判信息资源库中的案、人、事的本体特征及彼此关联，从而构建出案件知识图谱、人物知识图谱和事件知识图谱，通过深度知识融合，形成国家司法审判信息知识库。在知识库之上，通过向量计算、聚类、分类、协同过滤等基本应用技术便可服务于审判智能化④。比如，法信平台的类案推送应用。其三，适时关注人工智能的最新技术和算法，发挥好人工智能中的认知智能，在预测、预警的司法决策方面发挥作用。比如，量刑建议平台以及最高院的数助决策专项报告应用。

结语

随着大数据和人工智能与司法等业务的日益融合，数据治理将愈加重要且必要。然而，法院数据治理并未在法律理论界和实务界引起与其重要性相匹配的关注度。在常态化疫情防控的历史当口，在全国各地争创市域社会治理现代化示范市的实践背景下，法院应从市域社会治理智能化维度，融入全社会、各行业数据治理"大盘"，认真审视法院数据治理价值与困境，并提出积极建议。

---

① 芦雾：《中国的法院信息化：数据、技术与管理》，载《法律和社会科学》2016 年第 2 期。
② 蔡立东：《智慧法院建设：实施原则与制度支撑》，载《中国应用法学》2017 年第 2 期。
③ 左卫民：《迈向大数据的法律研究》，载《法学研究》2018 年第 4 期。
④ 刘艳红：《大数据时代审判体系和审判能力现代化的理论基础与实践展开》，载《安徽大学学报（哲学社会科学版）》2019 年第 3 期。

基层检察机关办理涉电信网络犯罪的
若干难点问题分析

周灵敏 *

互联网的广泛运用，极大改变了人们生活，缩短了人与人之间的时空距离，网络已经从人们获取信息的工具来源逐渐演变成生活社交的公共平台，与我们的日常生活息息相关。同时，互联网的便捷、高效、隐蔽又让非接触性犯罪激增爆升。近年来，网络犯罪的类型和数量激增，手段和方式不断翻新，特别是网络诈骗犯罪的手段层出不穷，让人防不胜防。2019 检察机关起诉电信网络诈骗等涉网络犯罪嫌疑人 71765 人，同比上升 33.3%。[①] 在网络犯罪日趋严重的今天，如何加强网络犯罪治理，有效惩治网络犯罪，是摆在基层检察机关面前的一道重要课题。

一、当前基层检察机关办理涉电信网络犯罪案件的概况

以厦门翔安为例，该院 2017—2019 年共办理涉电信网络犯罪案件 84 件 117 人，案件呈逐年上升趋势。从所涉罪名看，共涉及 14 个罪名，既包括传统的诈骗罪、盗窃罪、敲诈勒索罪等侵财类犯罪，又包括开设赌场罪、掩饰隐瞒犯罪所得、犯罪所得收益罪，帮助犯罪信息网络犯罪活动罪、买卖身份证件罪、侵犯公民个人信息罪等其他关联犯罪。其中，网络诈骗犯罪占五成以上，2019 年占到七成（详见表 1）。从作案手法看，以网络为犯罪工具的数量居多，嫌疑人利用电信网络平台向不特定人发布消息，在网络平台完成犯罪行为，并通过他人银行账户或第三方网络支付接受赃款来实现犯罪目的。

表 1

	2017 年	2018 年	2019 年
电信网络犯罪数量	20 件 33 人	30 件 40 人	34 件 45 人
涉电信网络诈骗罪数量	15 件 17 人	20 件 23 人	23 件 33 人
占比（人数）	52%	57.5%	73%

案件特点分析：

一是犯罪主体年轻化、非专业化。犯罪嫌疑人平均年龄不到 30 岁，文化程度普遍在大专以下，有的只有初中学历，主要系普通无业人员或互联网兴趣爱好者，既非互联网专业技术人才，也没有从事互联网工作经历。个别犯罪嫌疑人还有同类犯罪前科，如汤某某 2015 年因非法获取公民个人信息实施盗窃、诈骗被判刑，2018 年刑满释放后不久，再次盗取他人银行卡信息在某商城注册绑定账号后购买加油卡盗刷被害人银行卡。

---

* 周灵敏，厦门市翔安区人民检察院。
① 来源最高人民检察院网站，2020 年检察工作报告。

二是犯罪手段多样化。犯罪嫌疑人具有相对专业的计算机网络专业技术知识，主要通过 QQ 和微信等网络聊天工具与上家和被害人联系，并通过编造各种理由和借口诱骗被害人"步步深入"，最终实现骗取被害人钱财目的。嫌疑人具有较强的反侦查能力，通过电脑重装电脑、手机刷机等方式删除或篡改相关犯罪证据，如利用微信或 QQ 与被害人联络的网络犯罪案件，相关聊天记录极易被嫌疑人删除，或者在重装系统后导致相关数据被覆盖或灭失，即使侦查机关能够依法调取相关原始载体如硬盘、手机，并委托专业机构对相关数据进行恢复，但往往无法还原全部的客观数据，给司法机关全面查清案件事实造成实际困难。

三是犯罪目的隐蔽化。犯罪嫌疑人通过自己创建平台或借助于相关虚拟网站平台，并通过 QQ 或微信同时扮演多种角色与被害人聊天，逐步诱导被害人通过刷单、投资或充值的方式，被害人甚至不知道自己被骗，有的多次被骗仍然不知情。如黄某被诈骗案，其通过犯罪嫌疑人发送的境外期货网站链接，在该网站上多次买卖期货致亏损 40 多万，黄某原以为是正常期货交易亏损，看新闻后才知道自己被虚假期货平台诈骗而选择报警。

四是嫌疑人不认罪或部分认罪。侦查和审查起诉阶段，侦查机关基于所查获的证据有限，无法将嫌疑人实施的全部犯罪活动或犯罪行为体现在侦查和报捕认定的犯罪事实中。嫌疑人通过与检察官的讯问对话亦能够感知检察院对其犯罪事实掌握程度。双方博弈过程中，虽然检察机关向其抛出"认罪认罚"的橄榄枝，但大部分嫌疑人深知对其有利的疑罪从无原则，在其拒不供述的情况下，公诉机关若无其他客观证据足以印证的情况下只能就低认定，所以至庭审阶段方如实供述起诉书所指控的犯罪事实。如赵某诈骗案中，赵某银行账户多次接受陌生人向其转账，但赵某只承认其中的三个账户系上家向其返还的佣金，对其他银行账户提出系传奇私服玩家向其购买装备的汇款，因其辩解无法排除，检察机关只能依据其供述就低认定其犯罪数额，庭审阶段，赵某根据检察机关起诉的认定数额自愿认罪认罚。

二、当前基层检察机关办理网络犯罪的现实困境

（一）现行法律规范模糊性导致案件定性处理存在困难

虽然法律和司法解释不断跟进网络犯罪的发展，对网络犯罪态势作出解释和补充，但立法技术的滞后和法律条文机械性无法应对网络犯罪不断翻新的技术手段。实践中，因法律规范释义不明，同样的网络犯罪情形，各地司法机关判罚不一，基层司法工作者常常在罪与非罪、此罪和彼罪的认定上陷于两难境地。如行为人使用他人手机，先后秘密转移他人支付宝账户余额及所绑定的银行卡内的资金至行为人掌控的账户内，如何定性的问题，某地区一审检察院、一审法院均认为行为人转移支付宝账户钱款的行为应定盗窃罪，转移支付宝账户绑定银行卡内钱款的行为应定信用卡诈骗罪，二审法院认为嫌疑人同一行为适用两种不同处罚方式，于情于法均不合理，应统一定性为盗窃罪，二审检察院以盗窃罪提起抗诉，二审法院予以改判。再如以代理身份诱骗客户到虚假期货交易平台开展期货交易，有的认为嫌疑人未经法定主管部门批准从事期货交易，应定性为非法经营罪，有的则认为应当以诈骗罪定罪处罚。司法实践中同案不同判的情形大量存在，直接影响着对网络犯罪的认定和处罚。

（二）检察人员专业知识储备不足难以有效引导侦查取证

网络专业知识不足直接影响对案件事实和证据的审查。不同网络犯罪类型涉及不同的技术语言和技术手段，基层检察机关因受编制和人员限制，在案多人少的压力下，一般都是以办案组的形式实行轮案制，各办案组在承办传统类型犯罪的同时，又要承担新型网络犯罪案件。特别是涉及一些网络专业术语的案件，要求检察人员能够实现网络语言、技术语言的有效融合，或是将专业的技术语言形象化、具体化，并通过串联网络语言剖析犯罪构成要件，这无疑对基层检察人员提出了较高的要求。如对何谓源码、包杀接口、解析域名等系列术语，承办检察官需要咨询专业的技术人员，才能全面了解犯罪嫌疑人作案手段和方法，并据此对犯罪嫌疑人制作笔录，查清案件事实。

检察引导侦查取证需在实践中进一步积累和完善。涉网络犯罪与传统犯罪相比，涉及面广，证据链条复杂，且大部分是电子证据，如何将查明的案件事实和证据与犯罪构成要件相关联，如何将查获的电子证据与犯罪嫌疑人行为相关联，并据此有效引导侦查机关侦查取证，补充完善证据链，以对犯罪嫌疑人行为准确定性，是依法有效打击网络犯罪的关键。如王某帮助信息网络犯罪活动中，该案仅查找到一名被害人，该被害人系在王某出售的域名对应的赌博网站被诈骗，因王某登录服务器的 IP 地址在变化，如何引导侦查机关查清该网站源码及域名均系王某出售，证实其主观上明知该域名系非法网站，需要对证据的关联性进行分析，包括侦查机关恢复的数据信息，以锁定犯罪嫌疑人主观犯意。该罪名既涉及网络犯罪的相关特征，又涉及诈骗犯罪的相关特征，如何有效引导侦查取证，提高打击的精准性、针对性，有待从司法实践中进一步积累和总结。

（三）关联犯罪查处难和共同犯罪认定难，难以对网络犯罪形成震慑力

网络犯罪的产业化、集团化、链条化及虚拟化，让打击网络犯罪成为世界治理难题。同样，作为基层检察机关查处的网络犯罪往往只是整个网络犯罪链条的一个分支或一个环节，只是庞大网络犯罪中的冰山一角。司法实践中，网络犯罪特别是电信网络诈骗犯罪，从犯罪预备、犯罪实施到犯罪目的实现会经历不同环节，各环节相互关联、相互配合，又可独立构成犯罪。如电信诈骗犯罪上游犯罪涉及侵犯公民个人信息罪、涉信用卡相关犯罪、扰乱无线电通讯管理秩序罪、帮助信息网络犯罪活动罪，下游犯罪涉及掩饰隐瞒犯罪所得罪等多个罪名。实践中，因网络犯罪主体身份的虚拟性，各环节嫌疑人均通过虚拟身份单独与上下家联系，相互之间没有直接接触，没有明确的身份识别信息。受制于网络犯罪的特点及现有侦查技术和侦查手段，即使侦查机关查找到某一个环节的嫌疑人，亦很难追踪到与其犯罪行为的密切相关的其他环节的犯罪嫌疑人及关联犯罪事实，导致司法机关打击网络犯罪的整体力度和效果不甚理想。抓获网络犯罪中的部分犯罪嫌疑人，可能只触及了犯罪的皮毛，加上犯罪不法利益的诱惑，网络犯罪产业的自我修复能力强，很快会死灰复燃，导致侦查实践中网络犯罪防不胜防、打不胜打的被动局面。[①] 同样，因无法查找到与犯罪嫌疑人关联的上家，要认定其主观上明知上家行为的性质并与上家成立共犯亦是困难重重。实践中，若赃款赃物转移者对其主观明知提出辩解，根据主客观一致的原则，在嫌疑人拒不供述且缺乏上家或其他同案犯指证的情况下，只

---

① 马忠红：《以电信诈骗为代表的新型网络犯罪侦查难点及对策研究——基于 W 省的调研情况》，载《中国人民公安大学学报》2018 年第 3 期。

能以掩饰、隐瞒犯罪所得罪追究其刑事责任，客观上降低了打击网络犯罪的力度。

三、办理电信网络犯罪案件对刑事司法理念的挑战

（一）罪责刑原则相适应的挑战

疑罪从无原则可能导致放纵犯罪。前已述及，现有侦查手段仅能查清网络犯罪产业链条中的部分犯罪事实，无法认定嫌疑人与上家或下家形成共同的犯意联络，难以形成有效证据链，对全案犯罪进行依法打击。网络犯罪成员之间通过精细化分工，各个环节均有其独立的利益，犯罪因果关系论证需要经过多个环节，证据之间的关联性减弱，客观上增加了论证犯罪因果关系的难度。司法实践中，司法人员在论证因果关系时，一般会拘泥于传统思维，采用严格证明标准论证犯罪因果关系链条。如网络诈骗案中，犯罪团伙成员分工明确，部分嫌疑人实施诈骗，部分嫌疑人负责通过购买他人身份信息和银行账户信息用于接受赃款，部分嫌疑人负责取款。一旦诈骗得逞，资金进账后，嫌疑人利用网银转账功能迅速将诈骗钱款分别转至多个层级银行账户，多个银行账户交替使用，单凭银行账户流水无法跟踪到被害人被骗钱款的最后流向。例如本院办理批准逮捕的王某某涉嫌掩饰隐瞒犯罪所得案，王某某供述其多次帮助他人取现，仅有一名被害人张某被诈骗17.6万元的事实查证属实，但张某被诈骗钱款经多个层级银行账户转账，各银行账户同时又有其他资金进出，至追踪到王某某取款的银行卡时，已无法认定该17.6万元的去向。因无其他证据印证王某某主观上明知所取现款项系诈骗赃款，只能对其作存疑不捕决定。

部分犯罪事实认定可能导致司法不公。大部分网络犯罪案件均是因被害人报案立案，侦查机关仅能查找个别或小部分的被害人并制作笔录。虽然两高一部的解释明确规定对电信网络犯罪违法所得可以采取综合认定的方式，但司法实践中却不敢大胆适用，以掩饰隐瞒犯罪所得、犯罪所得收益罪为例，若仅能查找部分或个别被害人，并根据资金流向跟踪到被害人钱款由嫌疑人取出，能否推定嫌疑人所取的所有款项均为犯罪数额。实践中存在较大争议，若犯罪嫌疑人主动供述知道其所取的款项来路不明，且频繁取款并收取手续费，则检察机关会推定其所有的取款数额为犯罪数额。反之，若嫌疑人不认罪或提出其他辩解，除非有明确证据证实犯罪嫌疑人所用银行卡系全部用于接受赃款，否则在无法排除其辩解的情况下只能按就低原则认定其犯罪数额。对部分涉网络犯罪案件，如嫌疑人非法储存的大量公民个人信息，可以采取抽样取证[①]的方法综合计算，但因抽样取证的代表性、公正性、客观性受到质疑，如何证明抽样取证的全面性、客观性，让检察机关和审判机关对抽样取证后计算所得数据持谨慎态度，特别是抽样取证数量涉及入刑及量刑跨度较大时，更不敢大胆适用。综合认定和抽样取证本身局限性，导致司法机关不敢大胆适用上述规则，实践中认定的犯罪数额与犯罪嫌疑人实际犯罪数额相差甚大，也即法律事实认定与真实事实之间差异让嫌疑人得以部分脱罪，不利于有效打击网络犯罪。

---

① 杨帆：《海量证据背景下刑事抽样取证的法治应对》，载《法学评论》2019年第5期。刑事抽样取证是指在刑事诉讼的过程中，侦查人员依法定程序，对于具有同质性的海量证据，随机抽取一定的样本，并据此证明全部相关事实的证明方法。

（二）传统印证证明标准和证明模式的挑战

《中华人民共和国刑事诉讼法》第176条规定"人民检察院认为犯罪嫌疑人的犯罪事实已经查清，证据确实、充分，依法应当追究刑事责任的，应当作出起诉决定"，亦即人民检察院起诉的标准必须是"犯罪事实已经查清，证据确实、充分"，第55条规定，证据确实、充分的标准必须是：定罪量刑的事实都有证据证明，据以定案的证据均经法定程序查证属实；综合全案证据，对所认定事实已排除合理怀疑。事实清楚，证据确实、充分的证明标准同样适用于网络犯罪案件。对于传统犯罪，适用这一标准有利于保障人权、防止冤假错案。因新型网络犯罪已突破传统犯罪的物理空间限制，犯罪链条复杂，涉案人员众多，不再是传统犯罪一对一，而是一对多或多对多，相关犯罪记录容易灭失，要求侦查机关跨地区收集所有的物证、人证及相关电子数据，不具备现实可能性，如果要求对指控所有犯罪行为都要求达到事实清楚，所有证据都要收集到位并逐一核实到位，不具备现实可能性，将使立法打击网络犯罪的目的大打折扣。有学者建议对涉网络犯罪的定性和定量采用不同的证明标准，既对网络犯罪的事实的有无问题应采用"事实清楚，证据确实、充分"的标准，对网络犯罪的定量建议适当降低证明标准，采用"综合认定"的标准。[①]

四、基层检察机关治理打击电信网络犯罪的建议完善对策

（一）坚持从严治理理念

加强对网络犯罪的综合治理。近年来，我国不断通过电视、广播、报纸、微信公众号等加大对电信网络犯罪的宣传力度，但新型网络犯罪层出不穷，普通群众对网络犯罪的认识和防范需要持续跟进。建议基层司法机关在打击网络犯罪的同时，加大对新兴网络犯罪典型案例的宣传报道，引导普通大众加强对涉及个人身份信息、银行账户信息等隐私信息的安全防范和保护，防止个人信息泄露。同时，保持良好的上网习惯，不随意点击、浏览、安装第三人发送的网站链接，提高安全上网意识。

加强对涉电信网络关联犯罪的打击力度。打击整治电信网络犯罪应注重从源头抓起，网络交易的虚拟性，让部分涉电信网络犯罪实施得以冒充他人身份信息完成，客观上加大侦办此类案件的力度。部分群众贪图小利，出卖个人身份信息和银行卡信息，是电信网络诈骗犯罪得以滋生蔓延的源头，司法机关应加大对非法买卖个人身份证信息、银行卡信息违法犯罪行为的宣传和查办力度。

建立健全司法机关与行政机关联合处罚机制。检察机关在加大查处上游和下游犯罪的同时，针对实践中发现的行政监管漏洞，亦应及时与相关部门沟通，促进形成打击网络犯罪的合力。如针对办理的多起通过快递公司邮寄毒品案件，向快递公司主管部门发出检察建议，建议加强对快递公司的监管。针对办理的多起帮助诈骗犯取款的掩饰、隐瞒犯罪所得案，建议银行业主管部门建立巡察预警机制，对交易金额明显不合常理的银行卡予以跟踪处理，必要时移送司法机关开展跟踪调查。

[①] 高艳东：《网络犯罪定量证明标准的优化路径：从印证论到综合认定》，载《中国刑事法杂志》2019年第1期。

（二）加大刑事规制处罚力度及指导性案例适用

对部分犯罪加大刑事处罚力度。因应网络空间治理、网络犯罪特点和打击网络犯罪的需要，我国两次修法均增设网络犯罪相关条文。2009 年刑法修正案七增设非法获取计算机信息系统数据、非法控制计算机信息系统罪，非法侵入、非法控制计算机信息系统程序、工具罪，2015 修法修正案九增设拒不履行信息网络安全管理义务罪、非法利用信息网络犯罪活动罪、帮助信息网络犯罪活动罪。司法解释也不断更新，2011 年"两高"出台《关于办理危害计算机信息系统安全刑事案件应用法律若干问题的解释》、2016 年"两高一部"出台《关于办理电信网络诈骗等刑事案件适用法律若干问题的意见》，2019 年"两高"出台《关于办理非法利用信息网络、帮助信息网络犯罪活动等刑事案件适用法律若干问题的解释》。上述立法及司法解释充分显示我国网络立法的进步和司法机关打击网络犯罪的决心。但是网络犯罪的集团化、产业化及跨国合作，手段层出不穷。如何解决网络犯罪技术领先与法律滞后之间的矛盾，是网络犯罪刑事对策面临的现实挑战，必须根据网络犯罪的特征，适时调整刑事法律规范。无论是实体罪刑规范的设置，还是司法管辖、证据规则、诉讼程序等程序规则，都亟须创新制度设计。① 对此，笔者建议对现行部分罪名加大刑罚处罚力度。如转移网络犯罪所得的掩饰隐瞒犯罪所得、犯罪所得收益罪，该罪名只有两档量刑，最高刑期为七年有期徒刑。嫌疑人转移赃款的行为是网络电信诈骗得以成功的关键一环，动辄几百万、几千万的取款或出售充值卡数额与其主观犯意及其行为所产生的社会危害性相比，处罚明显偏轻，难以达到有效震慑犯罪分子的效果，有悖罪责刑相适应原则。建议综合司法中的案例，对该类犯罪参照诈骗犯罪，以数额和情节为标准设置三档量刑，最高刑期设置为七年以上十五年以下。如刑法第 287 条之一非法利用信息网络犯罪和之二帮助信息网络犯罪活动罪的法定最高刑为三年有期徒刑，处罚明显偏轻。有专业技术的人利用信息网络为他人实施下游犯罪提供技术支持和技术服务，利用信息网络的犯罪行为突破了传统行为的成本和效率限制，不限于支持某一个或少数下游犯罪，可能为众多的下游犯罪提供技术支持，并谋取自身经济利益。从犯罪作用看，网络空间中某些帮助的犯罪行为的社会危害性已经远远超过了实行行为的社会危害性②，应加大处罚力度。

强化指导性案例的类案引导。在配套司法解释尚未出台前，指导性案例的下发也是指导基层办理网络犯罪案件的重要参照。最高人民法院先后发布了多起涉网络犯罪案例，最高人民检察院也发布了两批网络犯罪相关指导性案例。2019 年 7 月，最高人民法院发布的蒋某某猥亵儿童罪，以指导案例的形式将通过网络对未成年人实施猥亵的行为予以刑事规制，突破了传统猥亵罪物理接触的概念，体现了司法机关打击网络犯罪及净化网络空间的决心，为基层司法机关打击此类违法犯罪行为提供了有效的参照和指引。

（三）多途径提升基层检察人员专业化办案水平

推进类案的专业化办理。网络犯罪日益智能化、专业化、隐蔽化，让基层司法机关在案件侦破、证据收集、罪名认定上，难度不断增加。基层检察机关作为司法机关"承前启后"的中间环节，因应打击网络犯罪和办案专业化的要求，建议成立专门的办案组，

---

① 喻敏松：《网络犯罪的刑事对策及审判疑难问题解析》，载《人民司法》2018 年第 23 期。
② 皮勇：《论新型网络犯罪立法及其适用》，载《中国社会科学》2018 年第 10 期。

办理涉网络犯罪案件。办案组成员既要熟悉网络犯罪相关的法律法规、司法解释及网络犯罪案件相关特点，又要学习掌握网络犯罪的相关专业知识，通过对网络犯罪案件的分类办理，及时总结不同罪名的证据规范，列明证据目录、取证程序、证据体系。同时，充分发挥检察官主导作用，通过提前介入或捕后侦查提纲的方式，及时引导侦查机关全面收集固定证据，确保形成打击网络犯罪合力。对沿海等地域性明显的涉网络犯罪，特别是电信网络诈骗犯罪高发地区，建议由市级检察院牵头成立专门的网络犯罪检察官办案组，专职办理涉电信网络犯罪案件。一方面，充分发挥市级院办理电信网络犯罪的经验，为下级院办理具体个案提供咨询和指导，另一方面，可以集中全市力量，对涉案人数多、案情复杂、社会影响大的疑难复杂网络犯罪案件，由市级检察院牵头成立专门的办案组，集中精干力量，提升办案实效。

借助外部专业力量提升精准打击力度。一方面，检察机关可以通过交流合作的形式，指派办案组检察官到网络技术企业实地学习相关互联网知识，培养"互联网＋法律"跨界人才，有条件的地区可以寻求互联网企业的技术支持，建设如"电子数据实验室"等科研办案平台，重点加强计算机犯罪取证勘查、电子数据鉴定等方面的研究。[1] 另一方面，可以建立专家咨询委员会制度，对相关网络专业术语和专业问题通过引入专家咨询的方式，共同破解网络犯罪难题。如上海徐汇区首创的"检察官＋网络专家"办案模式及专业化办案组模式成效显著，该院通过聘请多位在信息网络安全、网络犯罪侦查、电子数据取证等方面的实物专家成立涉互联网专家咨询组，通过向专家咨询业务难点问题，邀请专家作为专门知识的人出庭作证、开展知识讲座等方式，借力"专家外脑"提升办理网络犯罪水平。[2]

---

[1] 刘慧、杨伟：《网络犯罪案件必须专业化办理》，载《检察日报》2019年10月24日第3版。

[2] 季张颖：《"专家外脑＋内部智库"＝打击计算机网路犯罪之"徐汇模式"》，载《上海法治报》2019年4月12日第 A03 版。

大数据时代打击整治网络侵犯公民个人信息犯罪若干问题的思考

薛锦涛 *

当前，互联网发展所催生的大数据日渐重塑人们的生活方式。大数据在给人们带来诸多便利的同时，也使个人信息更加容易被获取和滥用，通过互联网络非法获取、买卖公民个人信息的现象日益严重，公民的个人信息仿佛裸露在大数据时代之中，成为"公开的秘密"，变成随行就市的"商品"，由此导致的网络诈骗、敲诈勒索等犯罪亦屡禁不止，个人信息被侵犯的现象已引起广大人民群众的极大反感。公安机关作为维护社会稳定和保障人民群众安居乐业的主力军，必须依法严厉整治网络侵犯公民个人信息乱象，切实保护公民个人信息安全。笔者结合工作实际，分析网络侵犯公民个人信息犯罪现状特征、打击难点，提出治理对策。

一、网络侵犯公民个人信息犯罪现状特征

（一）侵害方式具有隐蔽性、多样性

1. 隐蔽性强。互联网社会中，公民通过网络办公、娱乐、社交、购物等，其个人信息、行为、轨迹都以数据的形式被记录存储，只要信息存在于网络中，犯罪人便能通过技术手段获取并买卖，具有典型的隐秘特征，被害人往往对窃取行为不得而知。对公安机关等相关主管部门而言，往往只能在犯罪行为发生后才能被动地采取侦查措施，而无法在事前及时发现并预防犯罪行为。因此，侵害行为的隐蔽化导致大量犯罪隐患。

2. 途径多样化。黑客手段获取、相关行业内部人员泄露、互联网平台传播等方式成为公民个人信息泄露的主要途径。以我市为例，2017年至今，我市公安机关共侦破网络侵犯公民个人信息案件破案75起，其中，通过黑客手段获取公民信息的案件4起，占5.33%；内部人员通过工作之便获取公民信息的案件14起，占18.67；通过网络社交平台获取公民信息的案件57起，占76%。

（二）涉案信息包罗万象、数据体量巨大

1. 种类繁多、涉及领域广。从身份证号码、手机号码、住址等，到涉及隐私的通话记录、网络账号密码、银行卡账号密码、购物记录、活动轨迹等，涉及公民个人生活的方方面面，涉及领域包括金融、电信、教育、医疗、房产、快递等部门及行业。例如，我市侦破的"巫某侵犯公民个人信息案"，从犯罪嫌疑人电子设备中查获的公民个人信息中涵盖了我市的2000余个小区的业主信息，清晰记录了业主的姓名、联系电话、购房地

---

* 薛锦涛，厦门市公安局网安支队。

址、面积等。

2. 数据海量化。大数据时代，个人信息都是以数据包、数据库的方式存在，侵犯的内容往往是众多公民某一类信息。涉及的公民信息量大、非法所得多几乎成为网络侵公案件的"必备事实"。2017年至今我市公安机关开展打击整治网络侵犯公民个人信息犯罪专项行动以来，查获的公民个人信息近4.8亿条。

（三）买卖信息链条化、侵害后果严重化

1. 上下游犯罪紧密勾连。公民个人信息的经济价值的日益显现，下游犯罪分子对公民个人信息的需求，不断助推侵犯公民个人信息犯罪的发展，形成"源头—中间商—非法使用人"的犯罪产业链条。例如，今年我市公安机关侦破的"巫某、张某特大侵犯公民信息案"，犯罪嫌疑人巫某、张某通过互联网勾连上家（"源头"）和下家（"非法使用人"），犯罪链条涉及上下游人员达28名，遍布全国十几个省市，而短短半年时间，犯罪嫌疑人巫某、张某通过贩卖公民个人信息就获利40余万元。

2. 信息泄露导致严重的犯罪后果。侵害公民个人信息犯罪是多种下游犯罪的源头，往往会衍生电信网络诈骗、敲诈勒索、非法拘禁的各类犯罪，极有可能直接导致公民重大财产损失，甚至危害公民人身安全。例如，震惊全国的山东徐玉玉被诈骗致死案，犯罪分子就是非法侵入山东省考试招生信息网站窃取考生信息转售牟利，导致考生徐玉玉以发放贫困生助学金为由被诈骗后死亡，公民个人信息的泄露就是该案发生的重要原因之一。

二、打击网络侵犯公民个人信息犯罪的在执法实践中的难点、问题

（1）追根溯源难。一是互联网的虚拟属性，以及网络侵犯公民个人信息作案隐蔽性，造成公安机关很难在第一时间发现犯罪活动。二是公民信息在网上售卖中呈现层层转卖，中间可能经过好几道、几十道，甚至几百道手，追查源头十分困难。

（2）调查取证难。一是此类犯罪分子警惕性高、反侦察意识强，使用专机、专网、专号作案，且定期更换，侦查线索一不注意就会中断；二是此类犯罪均在互联网上进行，交易各方彼此身份虚拟，没有具体的受害人、事主，传统的侦查办案方法难以收集相关证据。

（3）证据固定难。电子数据是网络侵犯公民信息案件侦办中的重要证据，但是电子数据极其容易遭到破坏，一旦出现抓捕失误、打草惊蛇或因前期侦查不充分，导致电子证据被犯罪分子破坏或销毁，则给后期移送起诉造成困难。

（4）全链条打击难。一是网络侵犯公民个人信息犯罪以互联网为载体，犯罪涉及地域大、涉案人员多、涉及范围广，中间环节多、利益链条长，办案需投入的人力、精力、物力多，办案成本高，侦查部门往往只能集中精力打掉其中几个环节。二是一些办案单位对网络侵犯公民个人信息案件的证据收集往往是浅尝辄止，深挖力度不足，存在就案办案的思想。

（5）认定标准问题难。2017年6月1日实施的《最高人民法院、最高人民检察院关于办理侵犯公民个人信息刑事案件适用法律若干问题的解释》，对"公民个人信息"的概念进行准确界定，这有利于进一步准确打击侵犯公民个人信息的犯罪。但在办案实践中，

网络侵犯公民个人信息属于新型犯罪，各地都没有成熟的案例可循，公检法部门普遍都是摸着石头过河，存在执法标准不统一、事实认定主观性强等问题。

三、网络侵犯公民个人信息犯罪的治理对策

基于网络侵犯公民个人信息违法犯罪的特点，整治网络侵犯公民个人信息行为是一项复杂工程，需要多管齐下、齐头并进、综合治理。

（1）以打开路，建立立体打击模式。公安机关要从信息泄露的各个环节开展立体式打击，最大限度地挤压犯罪空间。一是"清源"——重点打击泄露信息源头。没有源头，就形成不了买卖信息的利益链条。因此，公安机关要一直将挖源头作为打击的重中之重，加强源头治理，强化对黑客攻击窃取、相关行业内部人员泄露等线索的挖掘研判，从源头切断数据链。二是"断链"——斩断"中间商"链条。从作案流程上，网络侵犯公民个人信息的关键在于"中间商"环节，"中间商"汇聚了大量的公民信息，通过网络社交平台、群组进行数据传递，利用网络支付平台进行资金往来，因此我们要紧盯这些中间环节，寻找突破口，从中切断利益链条。三是"除根"——高压严打下游犯罪。侵害公民个人信息犯罪活动呈金字塔型，易滋生电信网络诈骗、非法拘禁、敲诈勒索等多种犯罪，公安机关要始终保持对各类下游犯罪的严打高压态势，深挖余罪，全力查明被泄露公民个人信息的来源和渠道，及时堵塞漏洞。

（2）强化防治，提升公民信息的保护能力。在当前这个以信息联通、流转为基础的网络社会，信息运用的时机和场合越多，留下的痕迹、形成的"后门"以及被犯罪分子盯上的机会势必会增多，因此，不论是对掌握大量个人信息的行业，还是公民个人，都应该高度重视信息安全，严防泄露。一是提升技术防范措施。相关行业要不断完善信息系统安全设备的性能，对个人信息的搜集、处理、使用和传递等全过程进行安全保护，强化应用数据的存取和审计功能，确保系统中的用户个人信息得到更加稳妥的安全技术防护。二是提升个人信息安全意识。公安机关等有关职能部门要充分利用各种多媒体平台，大力宣传公安机关打击此类犯罪的决心和力度，宣传相关的政策和法律法规、披露侵犯个人信息的各种行为及其危害，在全社会树立尊重信息安全、维护信息安全的氛围，使广大人民群众认识到自身的信息权利、自觉维护自身的信息权利。

（3）加强协作，建立长效机制。在保持对网络侵犯公民个人信息犯罪高压打击的态势下，公安机关还应进一步建立打击、防范长效机制。一是合成作战机制。公安机关内部不同警种、地域协同配合，丰富办案侦查手段，充分利用技术手段和资源对犯罪的作案方式、特点进行分析研判，开展串并案侦查，挤压犯罪空间。同时，还要与各政府部门、网络运营商、银行、电信部门积极协作，切实提高案件的侦破能力。二是侦查取证标准化机制。网络侵犯公民个人信息犯罪新型的侦查方法，以及电子证据易被污染、被破坏等特性，因此需建立标准化机制，包括法律适用、侦查方向、取证要求等，使侦查人员尽快适应此类型的犯罪。三是公检法会商机制。在重特大案件侦查过程中，公安机关要主动邀请检察院、法院提前介入，在案件的定性、办案程序、适用法律和证据标准等方面给予适时指导，以准确、有效地打击恶意泄露、倒卖公民个人信息的违法犯罪行为，有力维护公民个人信息安全和人民群众合法权益。

（4）加强监管，实现社会综合治理。网络监管机构要强化监管措施，达到职责治理目标，齐抓共管，维护公民个人信息安全。一是加强掌握公民个人信息的行业的管理。

监管部门要明确相关组织、机构和个人的在收集、存储和使用公民信息的法律权限、职责定位，规范信息存储的硬件配置、技术要求、安全标准；相关组织、机构要对内部人员实行严格的管理，完善安全管理制度，发现违法违规泄露公民信息的内部人员时要主动向公安机关报案。二是建立协同治理合作机制。网络是一个整体，需要各职能部门联合联动、有效衔接，强化整体治理，建议建立由信息产业部门牵头，工商、公安、文化、宣传等相关政府职能部门参加的联动工作机制，共同保护个人信息安全，共同治理非法获取公民个人信息的违法犯罪行为，规范信息产业的市场秩序，形成多主体、多元化的合作性整体治理格局。三是强化相关行业的社会责任。工作中我们发现，一些行业对网络上售卖公民数据信息的违法行为采取放任态度，如电信部门对手机实名制落实不到位，大量黑卡仍在外流、银行为完成业绩对办卡人的真实身份没有严格审核、网络服务商对接入服务的相关网站内容审核不到位等，这都直接或间接地导致侵犯公民个人信息犯罪的猖獗。金融、保险、电信、互联网等相关行业要与监管部门紧密协作，严格落实行业规范，严格落实各项制度，为治理网络侵犯公民个人信息建言献策；发挥行业优势，及时发现、提供违法犯罪线索；简化内部流程，为开展侦查打击提供最大限度的技术支持、证据支撑。四是加强保护公民个人信息立法工作。目前我国对于公民个人信息保护的规定，都零散的规定于《宪法》《刑法》等法律和各行各业的规章制度中，而早在2003年开始起草的《个人信息保护法》至今已十五年仍未出台，本文希望《个人信息保护法》能够尽快出台，建立自下而上的完整的法律体系，进一步明确公民个人信息的收集限制、使用限制、数据质量、安全标准、法律责任。

公民个人信息的刑事保护之完善

——以法益修复为视角

张少琦　　庄振远 *

随着骚扰电话及诈骗电话的日益泛滥，公民个人信息逐渐显露出缺乏保护的"裸奔"状态。在互联网和大数据背景下，个人信息以电子数据为载体，并具有较高商业价值，导致侵害后果愈加严峻。现有刑事领域主要针对侵犯公民个人信息罪的罪名适用、犯罪预防等理论探讨。但实务中，修复被害主体的受损利益不可忽视。本文以《民法典》的实施为背景，从刑事检察角度探析该罪名的法益修复可能性和必要性，并提供法益修复的可行路径，以期完善对个人信息的刑事保护。

一、公民个人信息的刑事保护现状：实效较弱

法益，是指根据宪法的基本原则，由法所保护的，客观上可能受到侵害或者威胁的人的生活利益。[①] 犯罪的本质在于对法益的侵犯，刑法的目的在于保护法益。根据刑法第253条之一的规定，侵犯公民个人信息罪的刑事责任体现为最高可达七年有期徒刑的人身自由刑和罚金。刑法通过对被告人的惩罚引起较强的震慑作用和预防功能，从而对法益实现间接保护。但是侵犯公民个人信息罪在司法实务中往往忽视被害人的实际损害和对法益的直接保护，导致法益保护陷入"空转"状态。

要全面保护被害人的个人信息权益，前提是全面查实个人信息的侵害事实。以下两个典型案例反映出实务中普遍存在的两个问题：

（一）未全面查实涉案的侵害主体

案例一　2014年起，被告人闫某、周某、蔡某先后进入上海某乐园工作，分别担任总监、副总监、市场部经理等职务。上述人员在任职期间分别将在原任职单位获取的公民个人信息，通过存储介质拷贝等方式非法带至乐园，或通过与他人进行数据交换的方式获取公民信息，并用于乐园的日常经营。其中，闫某从其原工作的教育机构获取5000余条公民信息、周某从其原工作的英语培训机构或通过与他人进行数据交换的方式获取共计30000余条公民信息、蔡某从其原工作单位获取600余条公民信息。

2014年起，被告单位泽熙公司经营者被告人尹某，为推广公司业务，授意并认可公司员工被告人刘某通过与他人进行数据交换的方式获取公民信息。此后，刘某与被告人周某联系，多次交换获取公民信息共计10000余条。[②]

---

* 张少琦，厦门市翔安区人民检察院。庄振远，厦门市翔安区人民检察院。

① 张明楷：《刑法学》，法律出版社2016年版，第63页。

② 参见上海市徐汇区人民法院"（2016）沪0104刑初913号"刑事判决书。

该案体现出侵害个人信息手段隐蔽、侵害链条复杂的特点，企业和企业员工之间以商业经营为目的，通过携带、交换大量个人信息实现"互惠互利""共赢共利"。指控事实中所指的"他人"说明除了本案被告单位和被告人，还存在不少其他交换个人信息的涉案主体，但并未查明这部分个人信息的来源和去向。

（二）未全面查实个案的损害后果

案例二　2015 年 7 月以来，被告人曾某利用在某派出所担任协警的职务之便，使用该派出所民警左某的公安数字证书非法获取公民个人信息。之后将获取的公民个人信息通过 QQ、微信等网络平台出售，获利 10280 元。另查实，因被告人曾某将北京市居民田某的公民个人信息贩卖给他人，导致田某被电信诈骗 99998 元。[①]

根据 2017 年《关于办理侵犯公民个人信息刑事案件适用法律若干问题的解释》（以下简称《解释》）规定，侵犯公民个人信息的类型、数量及获利数额，是侵犯公民个人信息罪"情节严重""情节特别严重"的判断标准。该案例体现出实务中并未查明侵害的个人信息的类型和数量，而是直接以获利情况确定损害后果的情况。

当然，即使查清涉案侵害主体和侵害的个人信息数量、类型，个人信息仍然有待进一步有效保护，上述案例只不过更为直观地体现了实务中对被害人权益的忽视，以及刑事保护的不足。对被害人的实际损害后果"视而不见"，造成个人信息保护的实然结果和应然追求之间严重脱节。"在大数据环境下，基于网络空间流动性的特质，个人信息一旦进入信息流动链条，公民个体再无施加影响的可能。"[②] 刑法虽然对被告人定罪处罚，但被害人的个人信息权仍然处于"裸奔"状态，被再次利用和侵害的危险并未消除。一旦侵害继续发生，很可能造成司法资源新一轮的消耗，使司法机关"疲于奔命"。犯罪发生后的刑事追诉虽然起到惩罚和震慑的效果，但已经遭受侵害的法益却仍然处于缺乏保护的真空地带。如何对侵害后果"拨乱反正"是刑事保护这道最后屏障的所要面临的重大考验。

二、完善公民个人信息的刑事保护路径——法益修复

侵犯公民个人信息罪保护的法益是"防止因个人信息被非法收集、泄露、买卖或利用而导致其既有人身、财产权益遭受侵害甚至人格尊严、个人自由受到损害的利益"。[③] 在追诉行为人的同时如何使该法益免遭进一步侵害，不应成为理论和实务的盲区。笔者认为，侵犯公民个人信息罪的法益可以修复且应当修复。

（一）公民个人信息的法益修复之可能

首先，侵犯公民个人信息罪保护的法益存在修复空间。从构成要件看，侵犯公民个人信息罪属于危险犯，但其不同于其他危险犯的特殊之处在于犯罪既遂后，个人信息的侵害传播链仍有可能继续延伸，导致法益仍处于被继续侵害的危险状态。"实行行为的完成以及由此所产生的法律拟制意义上的危险，尚且停留于刑法立法的'危险想象'中，与

---

① 参见湖北省天门市人民法院"（2017）鄂 9006 刑再 3 号"刑事裁定书。

② 敬力嘉：《大数据环境下侵犯公民个人信息罪法益的应然转向》，载《法学评论》2018 年第 2 期。

③ 程啸：《民法典编纂视野下的个人信息保护》，载《中国法学》2019 年第 4 期。

真实、客观的法益侵害结果发生之间存在特定的时空距离。"[①] 危险状态的存续为个人信息法益的修复提供了空间。

在电子数据高速流转的大背景下，个人信息侵害即使不能"恢复"至"完好如初"，但至少可修复至不被继续侵害的状态。譬如传染性极强的新型冠状病毒，只要采取有效的防控和隔离措施，仍可有效阻断病毒传播并预防感染。本文之所以用"修复"一词也是考虑到个人信息非法传播的阻断虽然可能不彻底，但阻断存在必要性和可行性。

其次，侵害公民个人信息具备私法救济渠道。只有对侵害公民个人信息的刑事保护和民事保护予以合理衔接和配合，才能实现对个人信息的周延保护。侵害公民个人的信息的侵权责任从民事角度说明了法益修复的可能性。

《民法典》将个人信息保护纳入"人格权编"后，侵权法将成为个人信息权益民法保护的主要路径。提起侵权之诉的前提是精神或物质遭受损害后果，但侵犯公民个人信息行为很大一部分是侵犯达到一定数量的个人信息才到构罪标准，对单独公民的侵害很难达到"严重精神损害"的程度，实践中也鲜有造成直接的人身或财产损失。因此《民法典》的精神损害赔偿条款以及人身损害赔偿条款均无法适用于互联网时代普通、大量的个人信息侵害。但根据《民法典》第179条规定，承担民事责任的方式主要有停止侵害、排除妨碍、消除危险、返还财产、恢复原状、赔偿损失、赔礼道歉等十一种方式，既可以单独适用，也可以合并适用。其中的"停止侵害""排除妨碍"既适用于侵害财产权的情况，也适用于侵害人身权的情况，可作为侵害个人信息的民事责任方式。具体到实践中，即个人信息可通过删除数据、阻断传播等方式"被遗忘"于非法产业链中，恢复到未经同意或授权，或未出于维护公共利益时不被获取和提供的"自主决定"状态。

综上，无论是从理论还是实践层面，侵犯公民个人信息罪的法益是可以修复的。

（二）公民个人信息的法益修复之必要

在新时代背景下，对侵害公民个人信息罪保护的法益从事后予以修复具有多重必要性。

首先，修复个人信息利益是维护安全的必然要求。侵害公民个人信息的法律责任无论是刑事制裁还是惩罚性赔偿，都是"惩罚（赔偿）有限，损害无限"或"一次侵害，永久受损"，最终损害的是国家和社会的信息安全和秩序稳定。安全是风险社会和刑法的联结点，侵害公民个人信息罪正是"风险刑法"的典型代表，刑事司法层面同样应当以预防风险、维护安全为追求，否则立法和司法之间价值导向的脱节，会造成刑法保护目的的落空。

其次，修复个人信息利益是保障人权的重要内容。从司法实践看，司法机关往往在个人信息侵害"不可逆"的思维定式下，遵循"一诉了之"的刑事司法模式，只关注对行为人的刑事制裁，并不重视被害人对司法结果的实际需求。其实公民个人信息一旦被侵害，对侵害人再多的惩罚实际上也"无济于事"。从恢复性司法角度看，除了全面关注被害人的需要外，还要使犯罪人有机会对其犯罪行为承担积极的责任，而不仅仅是消极地承担责任，如被判刑入狱服刑。[②]

最后，修复个人信息法益是促进企业合规的重要方式。个人信息极具商业价值，侵害个人信息往往成为企业开发市场甚至盈利的一大手段，企业逐渐成为侵害公民个人信

---

① 庄绪龙：《"法益可恢复性概念"概念之提倡》，载《中外法学》2017年第4期。

② ［英］格里·约翰斯通：《恢复性司法：理念、价值与争议》，郝方昉译，中国人民公安大学出版社2011年版，第5—6页。

息的重要角色或参与平台。"将企业是否实施合规管理，事后是否积极补救，完善合规系统作为缓起诉与否的考量因素。如此，则可以激励企业积极进行内部管理，实现犯罪预防的合作治理。"① 在社会转型期，对涉案企业单纯予以刑事制裁往往增加负面效应，由企业主动采取措施修复法益，不仅可以弥补破坏的社会关系，还可以推动公司治理，从根源上清除个人信息的非法供需土壤。

（三）通过认罪认罚从宽修复个人信息法益之可行

认罪认罚从宽制度是我国于 2018 年通过刑事诉讼法确立的具有中国特色的司法制度。认罪认罚从宽虽然公权力机关和犯罪行为人之间体现的是合作性司法理念，但认罪认罚从宽重视对被害人利益的保护，它在行为人和被害人之间体现了恢复性司法理念。

"认罪"通常指犯罪嫌疑人承认被指控的犯罪事实，但"认罚"的内容存有争议。有学者认为"认罚"是指"被追诉人接受司法机关提出的处罚方案。这里的处罚不应局限于刑事处罚，还应包括其他性质的处罚措施。"② 刑事实体法中规定的自首、坦白、赔偿谅解等法定、酌定从轻、减轻情节及刑事程序法中规定的刑事和解程序、简易程序等，都是认罪认罚从宽的具体制度安排，只是体系不够完善、严密，这是采用"完善刑事诉讼中认罪认罚从宽制度"表述的原因。③ 因此，未尝不可将"认罚"扩大理解为犯罪嫌疑人对其侵害后果的修复，而不局限于赔偿或量刑。犯罪嫌疑人可通过修复被害人的受损利益积极承担责任，从而换取从宽的"优惠"。

从 2009 年《刑法修正案（七）》开始，刑法就已率先于民法对个人信息予以保护。2020 年发布的《民法典》则为刑法保障提供了前置性的"确权"规定，"停止侵害""排除妨碍"等侵权责任方式也成为民事责任和刑事责任相融合的联结点，为刑事责任的深化和拓展提供了重要支点。检察机关应以此为契机继续调动刑法能动性，通过实施认罪认罚从宽制度保护公民个人信息。

三、侵犯公民个人信息罪的认罪认罚从宽处理机制

由于个人信息数据存在可复制性、可共享性，造成个人信息极易被非法传播，修复个人信息权益在实务上存在操作的难题。但司法机关不能因为存在难度而怠于履行，应按照侵犯公民个人信息罪的不同类型适用认罚措施，激励犯罪行为人修复损害后果，并视修复程度给予不同程度的从宽处理，包括不起诉、缓刑、非羁押性强制措施的运用以及量刑的从宽等等。

个人信息之所以被大量侵害，是因为其在不同领域具有相应经济或其他价值，其往往被作为无形财产置于市场流通状态，无论有偿还是无偿的兑现，均促成了产业链的形成。这意味着必然有提供方或收受方，或兼而有之。个人信息被挖掘和传播的深度和广度决定了其被侵害的程度。因此，应按照行为在传播链中所处的位置以及侵害的数量对侵害公民个人信息行为予以分类，再分别适用不同的修复措施。

---

① 李本灿：《认罪认罚从宽处理机制的完善：企业犯罪视角的展开》，载《法学评论》2018 年第 3 期。

② 魏晓娜：《完善认罪认罚从宽制度：中国语境下的关键词展开》，载《法学研究》2016 年第 4 期。

③ 陈卫东：《认罪认罚从宽制度的理论问题再探讨》，载《环球法律评论》2020 年第 2 期。

（一）确定侵害行为的类型——适用认罪认罚从宽的前提

结合实务和《解释》，侵害公民个人信息行为可分为以下两类：一是按照侵害行为的方式，可分为单一的非法获取、非法提供行为，即侵害行为处于传播链两头的其中一端；既非法获取又非法提供的行为，即侵害行为处于传播链的两端。二是按照侵害对象的数量，可分为侵害少量个人信息的行为，以及侵害大量个人信息的行为。

有学者认为应将非法利用行为纳入刑法予以规制，但笔者认为侵犯公民个人信息的刑事可罚性在于将个人信息流入传播链所产生的社会危害性。有权主体对信息利用所产生的不法行为侵害的是其他相关法益，应由其他部门法或其他罪名予以规制；对非法利用个人信息实施犯罪行为的，非法获取行为作为手段行为可被犯罪行为吸收。当然，对个人信息的不法利用可作为刑事量刑情节予以考量。

（二）对侵害后果的具体修复——适用认罪认罚从宽的程序

犯罪嫌疑人应按照不同类型的侵害行为进行修复，作为"认罚"的具体内容。首先，检察机关在收到审查起诉案件后应查实个人信息数量，不应直接以获利数额直接定罪，这是修复个人信息法益的前提。其次，由于侵害公民个人信息的法益修复不同于盗窃、故意伤害等侵害特定公民人身、财产权利的犯罪行为，除了行为人需要积极提供线索和履行相关义务外，检察机关也需要同步发挥监督职能，才能真正实现修复法益的效果。具体内容如下：

一是非法提供个人信息的，行为人应积极配合执法机关查明个人信息的去向和对象。行为人应提供有效线索并查证属实，若能协助公安机关抓捕其他犯罪嫌疑人的，可认定为立功情节，予以从轻或者减轻处罚；若未能成功抓捕的，或相关违法主体未达构罪标准的，仍可视实际情况作为酌情从轻处罚的情节。

二是非法获取个人信息的，首先，行为人首先应删除数据并提交证明材料，由网络安全管理机构进行查验，证明行为人已经消除危险、恢复原状。获取大量公民个人信息的往往运用于某一行业的经济利用。鉴于司法机关需要利用有限的司法资源应对侵害个人信息的巨量违法行为，应充分发挥行业监督作用，联和行业自律组织，就公民个人信息的非法获取和行业利用情况进行调查，将个人信息从行业中予以删除，避免留存，消除个人信息继续传播的风险。

其次，行为人应积极配合执法机关查明获取来源和方式。查明来源后，如果上游提供方是有权主体的，检察机关应督促其整改信息维护管理漏洞。尤其是政府及相关社会管理组织，作为公共服务机构，搜集并保存了大量的个人信息。针对不特定公民的个人信息存在被窃取、泄露风险的，检察机关可通过公益诉讼方式督促相关主体予以堵塞漏洞，履行安全维护义务，强化主体责任。如果上游提供方是无权主体的，经行为人提供有效线索并查证属实，若能协助公安机关抓捕其他犯罪嫌疑人的，可认定为立功情节，对行为人予以从轻或者减轻处罚；若未能成功抓捕的，或相关违法主体未达构罪标准的，仍可视实际情况作为酌情从轻处罚的情节。

三是针对信息数量大、所牵涉传播链较长的，在采取前述两项修复措施后，还应视情况决定是否采取抽样调查方法检测修复程度。

首先，在查证信息数量后，先进行第一轮测评。对个人信息进行"脱敏"（去除个人信息可识别性）处理后，委托第三方专业调查机构（参考浙江宁波检察院整治"骚扰电话"的公益诉讼案①）对个人信息侵害程度进行测评。按照信息主体收到的短信、电话等骚扰渠道进行分类和统计，对测评结果予以分析、梳理和研判，不仅可以确定侵害传播链涉及的行业和主体，还可以从中发现新的违法犯罪线索，将其移交公安机关或由检察机关自行侦查取证。达到构罪标准的予以追诉；未达到构罪标准的移交行政部门处理，并将线索抄送行政检察部门，由其对行政执法行为跟踪落实。其次，在上述相关行业和主体停止侵害并经过一定期限的考察期后，再次委托第三方对被害人通过问卷调查等方式进行回访，对修复效果进行测评。修复效果较好的，对涉案的侵害行为人可再给予相应程度的从宽处理。可参考实践中已有检察机关实施的"法益修复考察期"制度②，由犯罪嫌疑人提出针对个人信息管理的合规方案，对被侵害的法益进行修复，并视法益修复、认罪悔罪态度等情况作相对不起诉处理或提出从轻量刑的建议。

由于侵害手段的隐蔽性，意味着犯罪行为人提供犯罪线索对查证其他侵害行为和侵害主体的重要性；侵害路径的产业链式则提供了查证的可能性。综上，检察机关应根据不法侵害行为类型，选择一种或多种修复方式，在刑事追诉过程中充分激励犯罪行为人最大程度修复个人信息权益、提供犯罪线索，调动企业自我揭弊和真诚配合③，同时充分发挥检察机关的诉讼监督和公益诉讼职能，整合公安机关侦查取证能力，充分修复和保护被害人的法益。

结语

刑事保护作为保护公民个人信息流程的最后环节，颇有"亡羊补牢，为时不晚"的意味。当然，检察机关应充分发挥公益诉讼的前置性保护作用，但在已然遭受侵害的情况下，刑事检察部门仍应当以民法典的颁布为契机，充分运用刑民保护一体化思维，通过实施认罪认罚从宽制度，和其他部门联动配合，实现既修复后果又提前保护的治理效果，同时推动并保障公民个人信息的民事保护。

---

① 该案中，海曙区检察院两次委托第三方机构调查。其中第一次委托第三方机构针对骚扰情况开展问卷调查；第二次委托第三方机构对骚扰电话治理效果进行社会调查。具体内容参见《浙江省宁波市"骚扰电话"整治公益诉讼案》，http://www.jcrb.com/xztpd/ZT2019/201904/GYSS/yasf/201904/t20190425_1994462.html，2020-10-14。

② 《深圳市龙华区检察院创新设置法益修复考察期制度》，https://mini.eastday.com/a/200823205154828.html，2020-10-14。

③ 李本灿：《认罪认罚从宽处理机制的完善：企业犯罪视角的展开》，载《法学评论》2018年第3期。

TikTok 事件对厦门市信息企业海外发展的启示

吴旭阳　梁少娴 *

TikTok 在美被禁事件提示我们，我国科技企业在致力于扬帆出海过程中，可能会遇到重重困难和风险。美国以"国家安全"为由大行禁令，只是数字之战的开始。分析 TikTok 事件，可以发现诸如法律因素、文化因素、数据政策因素是信息企业对外发展过程中应当重点关注的因素，其中法律因素中的预警行为是风险防控的最佳良方。但是最为重要的是要有国际化视野，不必达成"胁迫"下的合作协议。

一、引言

2020 年 8 月 6 日，特朗普以"国家安全"为由，签署了针对 TikTok（美版抖音）的禁令。TikTok 由此陷入"被禁"或者"被卖"的两难风险之中。作为中国科技企业全球化的典型代表，TikTok 过去几年在印度、新加坡、欧洲等国家及地区取得了相当不错的发展。然而回顾这一过程，其发展路径既充满机遇又面临诸多挑战。其中，最显著的挑战就是难以在他国的法律规则和国家文化之下实现企业的完美融合。从 2020 年 6 月 29 日起，TikTok 正式被印度通信和信息技术部以"国家安全"为由，纳入封禁的 59 款中国互联网企业开发的 App 之一，到如今陷入美国"禁令"风波，均显示我国科技企业在扩展海外市场的进程中面临着巨大的风险。

厦门市近年来大力发展信息企业。诸如美图秀秀、咪咕动漫、西瓜视频制作中心等信息企业在厦门落地生根。因而充分研究 TikTok 在美国的"被禁"风波，发掘具体事件中，我国科技企业应如何应对对外投资和发展的风险，对厦门信息企业进行海外发展将有一定的启示性意义。

二、TikTok事件的分析

持续三个多月的 TikTok 事件仍在继续发酵中，TikTok 的命运依旧扑朔迷离。

应对一场跨国性的谈判，必须要充分了解各方主体的特性和诉求。因为不对称信息已然成为当代竞争成败的关键。而兵家亦言，知己知彼，百战不殆。

1. TikTok

TikTok 是一个短视频社交平台，其母公司为字节跳动公司（CEO 为张一鸣）。TikTok 于 2017 年从国内走向海外，承载着创始人张一鸣关于中国互联网企业"生而为全球化"的最大期望，用户量逐年增加，在世界范围内取得了不俗的业绩。然而由于内容和监管问题，曾屡屡受到有些国家的禁止。在与美国企业初期协定合作协议中，TikTok 主张设计的合作交易架构为：双层股权架构，即在 TikTok 母公司字节跳动中，美方投资者持股

---

* 吴旭阳、梁少娴，厦门大学法学院。

40%；在 TikTok Global 中，字节跳动持股 80%，甲骨文和沃尔玛持股 20%。通过穿透计算，美方持股超过半数，即 40%*80%+20%=52%。但实际控制权仍然掌握在字节跳动手中，因为在母公司字节跳动中美方没有控制权，而在 TikTok Global 上，字节持股的 80% 可以让其掌握真正的控制权。这样虽然穿透计算美方的股份超过 50%，但还是无法控制 TikTok Global。

2. 甲骨文及沃尔玛等美方企业

甲骨文是全球第二大软件公司，沃尔玛是世界上最大的连锁零售企业，前者拥有强大的技术实力，后者拥有巨大的资金储备。他们都希望能与 TikTok 达成合作协议，以期在短视频社交市场占据一定的份额。除了这两家企业外，还有微软、Facebook 等企业对这一市场非常感兴趣。例如 Facebook 从 2017 年开始就开始通过收购视频社交产品和推出类似于 TikTok 的对标产品，以图抢占短视频市场。在美国资本竞争中，抢占市场是各大公司及资本家的第一要义。因而他们瞄准了在美国短视频市场十分吃香的 TikTok，希望通过入股投资等方式与 TikTok 签订合作协议。在 TikTok 与甲骨文、沃尔玛的初期合作协议中，美方企业要求将股权交易结构由双层变成单层，把只是算术意义上的美方多数持股，变成真正的美方多数持股，同时还要求甲骨文可以掌握所有 TikTok 的源代码和所有更新内容。

3. 特朗普政府

特朗普政府以国家安全为由，对 TikTok 实施禁止令。其行为背后有三层值得思考的地方。首先，要分析特朗普个人的行为特点。特朗普曾在《交易的艺术》中写道"谈判就要极限施压，开始提出非常离谱，对方完全难以接受的条件，先给对方当头一棒。在谈判基本达成一致时，大家都筋疲力尽准备签约时，出尔反尔额外提出新的条件。到时候对手因为太过疲惫，急于达成协议，就会做出新的让步。"特朗普所具有的极限施压的谈判个性，会给 TikTok 的本次博弈过程带来更多的不确定性。因而谈判的过程需要更多的方案去应对特朗普政府变化多端的主张。其次，在美国，获得 18—24 岁青年的选票是总统大选制胜的关键，这一区间的美国青年恰是视频社交平台上最为活跃的人群，因而使得特朗普政府处理作为短视频社交平台的 TikTok 何去何从需要更为谨慎。这样一层思考层面正是 TikTok 一方可以加以利用的点。

此外，与华为、中兴这种科技型企业不同，以 TikTok 为代表的中国互联网企业的背后，是中国文化的输出，也是中国软实力的展现。TikTok 风靡美国，充满中国元素的"抖音玩法"，被美国当局者认为是来自中国的文化输出。更被忌讳的则是，美国底层人民的生活真相被赤裸裸地展现在了 TikTok 上。[①] 如何让 TikTok 更加本土化，实现如同苹果公司的产品在中国那样的接受度是 TikTok 一方在博弈谈判过程中，需要不停思考和创新的地方。

4. 我国政府

我国政府对我国科技企业对外发展一直持自由放任的态度，直至此次 TikTok 事件掀起轩然大波，方关注到科技企业走向国外遇到的种种艰难险阻以及走向全球化对我国的重要性。在数字经济的竞争大浪中，我国科技企业杀出重围，占据了一定的地位。毕竟在过去十几年里，我国市场主要被美国、日本等国的科技产品所占据，诸如苹果等已然占据我国电子产品市场的大部分份额。TikTok 在美国的受欢迎程度是前所未有的。因而，

---

① 史亚娟：《TikTok 的至暗时刻里，透露着不容忽视的风险与机遇》，载《中外管理》2020 年第 8 期。

我国政府在今年 8 月 28 日，发布了《中国禁止出口限制出口技术目录》，将 "基于数据分析的个性化信息推送服务技术" 纳入了禁止出口技术的范围。[①] 意味着 TikTok 的核心算法不能被包括在交易中。我国政府显然已经开始非常重视 TikTok 等科技企业在对外投资上的保障，不希望 TiTok 的技术被美方企业所控制，或者被强行出售。

在 TikTok 事件中，存在两个层次的矛盾冲突：一是企业与企业；二是企业与国家。对于企业与企业间的问题，美方企业希望与 TikTok 达成合作协议，从而实现他们进军短视频市场的目标。双方之间的利益焦点主要在于 TikTok 的最终收益分配。因为资本家总是趋利而为的，哪里有利可图，他们便去哪里。因而，该事件的主要矛盾是在于企业与国家之间，即 TikTok 与美国当局之间的矛盾。

分析 TikTok 与美国当局之间的矛盾冲突又需要从客观与主观两个层面进行分析，这是由于特朗普这一特殊因素的存在，使得矛盾冲突的解决增加了许多不确定性。毕竟在过去四年里，由特朗普撕毁的合作协议实在不在少数。但是 TikTok 方仍应充分利用客观因素去争取，至于结果如何真的不必介怀，毕竟美国市场并不是我国科技企业的终点。

据此，下面将主要讨论客观层面的影响因素。

1. 股权架构因素

在有关声明中，TikTok 主张的是双层股权交易架构，在这一架构中，经过穿透计算后，美方持股虽然超过半数，但实际控制权仍掌握在 TikTok 手中。甲骨文等美国企业主张的则是单层股权交易架构，美方直接掌握 TikTok 的控制权。通过股权架构的设计，会直接影响企业控制权的归属。不进行有效的股权或控制权的设计，企业创始人的股权会不断被资本运转所稀释，出现之前乔布斯被赶出苹果公司的问题。

2. 法律因素

在实践中，TikTok 方（包括我国政府）共主要利用了三次法律因素进行斗争：（1）TikTok 于 2020 年 8 月 24 日起诉美国政府表明斗争姿态；（2）中国调整出口技术目录获得主动权；（3）TikTok 获得美国法院颁布的临时禁令，赢得了时间，增加确定性。[②] 9 月 27 日在华盛顿特区地方法庭举行了一场耗时 90 分钟的听证会，听证会围绕是否应该禁止 TikTok 下载而展开。联邦法官卡尔·尼克尔斯在听取双方辩论之后作出了裁决，决定推迟特朗普政府禁止下载 TikTok 的禁令，继续允许在苹果和 Google软件商店中提供 TikTok 软件的下载。临时禁止令是美国联邦法院用来改变或维持现状的一种非常特殊的救济方式。尽管美国地方法院在是否禁止 TikTok 在美国应用程序商店提供服务的问题上与 TikTok 的母公司字节跳动站在一起，但它并未阻止即将到来的于 11 月 12 日生效的美国商务部针对 TikTok 的全面限制。但运用法律的过程，体现了 TikTok 积极应对对外投资的风险的姿态。

3. 文化因素

除却法律因素，不同国家的文化显然是 TikTok 在海外实现发展的另一重要影响因素。在商业上基本照搬抖音打法，虽有改良，却忽视了各国文化与法理规则的差异。汪俊表示："在美、英等西方国家，对青少年的信息保护较为严格。在互联网上，成年人与

---

① 郭言：《被胁迫的交易没有共赢——从 TikTok 交易谈判告诉了我们怎样的事实2》，载《经济日报》2020 年 9 月 25 日第 4 版。

② 马吉：《以斗争求生存，TikTok 迎来转机》，https://view.inews.qq.com/k/20200929A01EWW00，2020-09-29。

未成年人看到的搜索结果与推荐内容完全不同，即所谓的'分级管理'，网络平台向 13 周岁以下用户传播色情、暴力等内容，在道义和法律上都站不住脚。"Google 及其旗下的 YouTube 等软件，都对未成年人用户进行了内容上的过滤。反观 TikTok，很长时间里不仅没有做出区分、限制、反而在算法加持下，向用户推荐了更多的同类内容。[①]

4. 数据方案因素

值得关注的一点是数据政策的透明性也极大地影响着 TikTok 的发展。网络空间安全的构建是全人类目前共同面对的重大议题。数据政策包括处理方案公开与否，数据安全保障技术的提供方及维护方法。随着当前科技的发展，以后的竞争显然会转移到网络之中，TikTok 作为一个巨大的信息共享平台，对平台信息的处理政策影响着他国是否能接受这一平台嫁接到该国的土地上。

5. 国家政策因素

针对美国当局对 TikTok 进行大量的审查并作出的各种限制，同时特朗普本人也一直重申其要美国企业取得 TikTok 的完全控制权方可允许 TikTok 继续在美国运营的观点，我国政府及时出台《中国禁止出口限制出口技术目录》，避免 TikTok 的核心技术被强行出售。因而国家政策的出台将极大影响科技企业在对外发展的进程，企业海外发展需要国内法律法规的保驾护航。

TikTok 需要注重这些因素，制定出多方面的应对方案，方能在这一场风波之中，把握更多的胜算。结合主观层面的特朗普因素，TikTok 应作以下积极行为：（1）由于特朗普因素的存在，要做好谈判到最后一刻被颠覆的准备；（2）要把法律因素作为最重要的因素进行运用，充分利用美国本身的法律维护企业合理范畴内的投资权益；（3）其他因素虽然不具有决定性的意义，但是尽可能地重视它们可以极大提高谈判博弈的胜率。另外，在 TikTok 事件中，美方打击的主要理由是法律层面的。以 TikTok 威胁到美国的国家安全为由，拒绝给予其自由开放的市场。而在禁令风波开始后，TikTok 在美方利用诉讼的方式，力图维护自己的权利，既值得肯定又值得反思。值得肯定是因为 TikTok 懂得利用美国的法律去制约美国的行政命令。值得反思又是指为什么在进入美国市场前，TikTok 没有做好充分的法律预警，而只能在问题出现后处于被动的局面之时，才去努力采取各类措施。

三、对厦门信息企业海外发展的启示

从上述的分析可以看到，在 TikTok 事件中，TikTok 遇到的障碍主要是来自国外政府，因而政治风险应该当成第一位考虑因素。TikTok 陷于这种处境维艰的局面，原因除了国外的政治环境很复杂之外，更加在于其未提前设置预案，规避风险。TikTok 在近几个月所作的寻求美国本土企业的合作并在合作中设计特殊的股权架构、多次利用法律的武器直接起诉特朗普政府，用法律的手段推迟美国当局作出的禁令的执行日期等种种行为，都是其因未作出充分的预案，而事后处于被动局面时的挣扎。因而企业出海时，要对所在国的法律、禁忌提前有清晰的认知。所谓"入境问禁，入国问俗，入门问讳"，不要等进去后才发现，国外对商业模式中的某些元素是有管制的。

---

① 史亚娟：《TikTok 的至暗时刻里，透露着不容忽视的风险与机遇》，载《中外管理》2020 年第 8 期。

近年来，信息产业已然成为厦门市的一个重要产业。厦门信息企业在海外发展的过程中也受到诸多来自国外政府的限制。总的来说，这类企业面对的主要是政治风险。企业抗衡政治风险意味着企业个体与一个国家进行对抗，显然是极为困难的，但只要积极灵活应对，仍然是可以寻找到出路和机会的。

从 TikTok 事件中，总结出科技企业对外发展需要注重股权架构、法律因素、文化因素、数据政策因素。而由于厦门是我国的经济特区，企业的发展在全国来说具有先锋示范作用，因而地方政府应当制定更为积极的政策以促进信息企业的发展。综合来说，厦门信息企业出海需要两个层面的共同作用。

1. 国家层面

国家对企业的发展应当起到一定的保驾护航的作用，以国家的力量，为企业在海外争取到公平、平等、自由的竞争环境。目前来说，国际经济秩序处于一个过渡时期，新的国际经济规则未能形成，跨国企业在这样的环境中不免会陷入乱序的困境之中。

（1）国际条约、规则

当前，全球并未形成统一的关于数据流动规则。探讨全球性的已有贸易规则可以发现，现行多边贸易规则以货物和服务贸易为基础，难以适应数字经济下数据利用的新需求。虽然 GATS 可勉强适用于数据利用中跨域数据流动问题，但是从整体而言，现行国际制度缺少调整数据利用的国际规则，TikTok 难以在 WTO 框架下与货物贸易有关的协定中寻求维护自身权益的依据，唯有力证其属于 GATS 范畴以获得救济。[①]

而在区域性规则领域，欧盟在这方面进行了初步探索。《通用数据保护条例》（GDPR）于 2018 年 5 月 25 日正式生效，其规定了企业如何收集、使用和处理欧盟公民的个人数据。目前欧委会拟采用即将公布的《数据服务法》，对数字企业收集用户数据的行为进行规制。我国政府应该在区域或双边协议，特别是在未来中美合作第二阶段的磋商中，共建跨域数据流动规则，形成网络安全和隐私保护的共识，明确关于数据财产的争端解决机制，以保证 TikTok 这类事件能够在国际贸易规则下拥有解决争端的渠道。[②]

（2）国内法律

TikTok 主动积极采取数据美国本地化，美国完全可以采取检查监督等方法维护国家安全，然而美国却选择不留余地直接封杀，反映了美国所谓维护国家安全不过是实施贸易打压的借口。在缺乏国际规则的情况下，美国国内法为特朗普政府的政治行动提供了法律支撑。

因而我国更加应当以国内法律的形式，表明本国之立场，这样可以有效避免一些跨国企业在屈辱求生中签下"城下之约"。例如在 TikTok 事件中，我国政府便及时出台《中国禁止出口限制出口目录》来表明我国禁止核心技术被迫出口的态度，为我国企业对外发展撑腰。而回到厦门市信息企业出海问题也是一样的，企业出海需要得到国家层面的重视，而重视的标志就是出台相关的法律法规，规范和保障企业出海的行为，为这类企业在陷入困境的时候能看到国家的支持。

（3）经济特区立法

根据《关于授权厦门市人大及其常委会和厦门市政府分别制定法规和规章的议案》，厦门市人大及其常委会有权制定相应的法规。而《国务院关于厦门经济特区实施方案的

①② 丁婧文：《"TikTok"事件的法律分析——兼谈数据利用国际经贸规则的完善》，载《法治社会》2020 年第 5 期。

批复》第二条规定厦门经济特区的发展目标是进行外向型经济建设，努力扩大国际市场。关于经济特区的立法中，主要涉及进出口实体货物的问题，其次还有贷款，税收的问题，而无关于信息技术出口和数字企业发展的问题的相关立法。

在政策层面，厦门市去年年底专门出台《厦门市加快数字经济融合发展的若干措施》，提出支持新型信息基础设施建设、加快新技术新业态发展、推进数字经济与实体经济深度融合三个方面的 13 条扶持措施。属于经济特区的厦门，地方政府的积极作为也显得格外重要，地方政府可提供积极的鼓励出海政策的同时也应规定对核心技术的限制出海的政策。当然若是能出台法规层面的相关规定，会起到更大的影响作用。此外作为更为了解政治的政府当局，通过提供国外政治分析意见指导企业出海也是一个不错的方法。

2. 企业层面

当然，企业自身的努力才是应对海外投资风险的关键。传媒企业的海外扩张，不仅需要资本、技术的输出，更需要洞察当地的市场环境，然后调整自身策略。[①] 而在企业层面，应在股权架构、法律预警、文化策略、数据政策等四个方面有所作为。

（1）股权架构

TikTok 通过设计双层股权架构，以图其母公司字节跳动继续把握 TikTok 的控制权，不失为一种创新。虽然这样的设计仍然有可能受到美国政府的反对，但是也算是在谈判过程中的积极行为。同时也说明，企业本身的控制权是极为重要的，唯有牢牢把握住企业的控制权，才不会将企业拱手让人，毕竟我国企业目前的发展缺乏的并不是资金，缺乏的只是市场。在企业控制权的设计上，华为的内部设计，使得仅拥有 1% 股份的任正非具有华为的实际控制权。而华为的股权设计是基于地方政策的支持，深圳在 1994 年出台的《国有企业内部员工持股试点暂行规定》，使得华为能够实现工会持股。因而厦门市的信息企业应该根据自身企业特性及国内相关政策设计企业内部股权机构，保障在海外发展的过程中，能够始终把握企业的控制权。

（2）法律预警

我国企业在进行海外发展的过程中，需要做好包括国内、国际、目标国在内的法律预案。进行充分的法律预警，需要企业内部的法务部更多作为。明悉国内外的相关法律法规，知道什么可为什么不可为，是规避风险的有效途径。例如，字节跳动在 2018 年收购 Musical.ly 时，因未足够重视美国外资投资委员会 (CFIUS) 的"国家安全审查"要求而未在收购前向 CFIUS 进行申报。如果字节跳动在收购 Musical.ly 时向 CFIUS 进行外国投资申报，即使是被 CFUS 认为收购交易会威胁"国家安全"，也可在收购前终止交易或寻求其他投资方式，减少交易完成后被 CFIUS 要求中止交易带来的损失。建议科技企业在进行出海布局之时，更多了解目的地国家的法律法规和政策，在出海之前先对目的地国家的法律法规和政策进行调研，对出海中存在的风险进行评估，再根据调研结果决定是否出海以及出海的方式等，事前规避可能存在的风险。

各国纷纷出台数据保护相关立法，包括欧盟的 GDPR，美国《加州消费者隐私保护法》以及各国的数据保护法案。各国数据合规法案的出台，更加明确企业出海数据合规的要求，同时，数据不合规受到处罚的风险越来越高。建议出海企业更加重视目的地国家的数据合规，对目的地国家的数据合规立法进行调研，对企业自身的数据合规进行自

---

① 李呈野，任孟山：《跨文化传播视阈下 TikTok 的东南亚"在地化"路径》，载《传媒》2020 年第 18 期。

查以确定是否存在不合规的风险，并根据目的地国家的法规和政策要求以及自查结果建立数据合规制度。在业务开展中及时关注目的地国家法律法规更新和变更，完善企业的合规制度。

而对国内规定的研究，还可以利用国家的力量，企业在陷于困境的时候可以及时寻求国家层面的帮助，因为经济纠纷往往会上升为政治博弈，特别是处于当下中美长期博弈的历史时期。此外，还需要对国际规则进行把握和了解，利用国际条约为企业对外投资争取自由、平等的环境。适时利用第三方的力量，不失为一种保护自己的有效方法。当然，其实最重要的是要对目标国的法律法规进行深入了解，毕竟是在别国的土地进行发展，遵循他国之法律应是首要之义。在 TikTok 事件中，TikTok 在两个层面利用法律的手段，一是鼓动其职员作为个体起诉美国当局，二是其以企业的身份起诉特朗普政府。而在 9 月 27 日的诉讼中，TikTok 方赢得了暂时的胜利，成功获得法院的支持，使得禁令推迟执行。在这一事件中，可以看出作为最典型的三权分立的国家（美国），其司法权能够对行政权起到实实在在的制约作用，而这一点是非常值得我国企业为维护自身之合理权益而可以利用的。因而，厦门市信息企业在向海外发展的过程中，要注重法律因素的利用。在历时性上，需要做事前、事中、事后的法律预案；在地域性上，要知悉国内、国际、国外的相关法律法规，把握法律的主动权，方可把这一因素利用到极致。

（3）文化策略

我国科技企业的科技产品本身是极具中国特色的，符合我国国情不一定符合别国之国情。每个国家都有自己民族的禁忌，了解这些禁忌是尊重别国之文化习俗的体现，也可以提高产品的接受认可度。TikTok 在这方面显然仍需要作更多的努力和提高，譬如关于青少年的信息保护方面，其应该对其推荐算法技术进行算法。信息企业对外发展中，要努力进行在地化，以应对跨文化挑战。有效应对，能够产生正外部性效应。例如 TikTok 进军东南亚市场的方式——无论是收购印尼新闻聚合应用"读新闻"以"扬帆出海"，平台内容的"去政治化"，延请本土团队经营当地市场，还是吸纳本土文化元素，都表现出甩开历史包袱，"与当地人同乐"的"初始取向"，巧妙地打开了良好局面。[①]

厦门信息企业之一西瓜视频目前在日本取得不错的成绩。其成功背后的原因正是彻底的本土化，BuzzVideo 采取的策略是与日本各个领域的头部内容公司合作，增加平台中垂直领域的优质本土内容。厦门市其他信息企业也应该作这样的努力，要对目标国的文化偏重、对自身的产品和服务进行针对性的调整。只有这样，才能真正在别国之市场站稳脚跟。

（4）数据政策

目前，我国涉及数据的立法主要有《数据安全法（草案）》建立协同治理体系，规范跨境数据活动，推动数据安全建设。《网络安全法》《数据安全管理办法》（征求意见稿）、《关于银行业金融机构做好个人金融信息保护工作的通知》等法律法规中规定了数据本地化要求，以维护网络安全，以及于 2020 年 10 月 21 日公布的《个人信息保护法（草案）》构建了个人信息保护的法律框架。厦门信息企业应当充分遵循我国数据立法内容，制定企业数据政策。

而作为主要依托信息技术发展的企业，可以说它们最重要的基础元素就是信息数据本身。各国对待信息数据的不同态度导致这些信息企业特别是别国的信息企业在本地的

---

① 李呈野、任孟山：《跨文化传播视阈下 TikTok 的东南亚"在地化"路径》，载《传媒》2020 年第 18 期。

发展态势不一样。之所以对 TikTok 事件进行分析,以图得到对厦门信息企业的发展的启示,是因为需要关注到"信息企业"这一特殊类型的企业共性。这是一个信息之战、数字经济之争的时代。比特币的迅速发展、5G 时代的到来、人工智能的不断更新,在让我们看到科技之光并极力在这科技浪潮中试图占据制高点的同时,信息安全、网络安全也敲响了警钟,人类做好把信息交给科技的准备了吗?对这一问题的解答,需要从个人到企业、从国家到国际的共同努力。而企业本身正是推动科技发展的主体,其需要做出更完善的数据保护、处理的政策缓解个人、别国政府之忧虑,让个人、国家能够放心将自己的信息交给企业管理。特别是专门提供信息服务的企业更是需要在这一方面做更多的努力,制定透明化的数据处理政策。进入别国之时,要磋商好数据合作策略。

1. 数据独立性问题。在这方面有两例可供借鉴。第一例为苹果和云上贵州的合作,由云上贵州公司运营中国内地的 ICloud 服务,苹果公司提供技术支持;第二例为微软,其允许中方审查源代码。在通过源代码审查和数据安全建设后,我国市场向苹果和微软进行了开放,而从苹果和微软在我国的发展可以看到,其在我国的投资是一个双赢的选择。TikTok 目前做了两方面的积极措施。一是实现 TikTok 的栈是与抖音完全相互独立的,这意味着,TikTok 的源代码独立运行,其用户数据与抖音及其他字节跳动产品保持独立。字节跳动公司拥有并运营 CUA 设施中存储的所有服务器,服务器封锁于设施中。用户数据是加密存储的,在多个服务器上被分割成了若干块。二是 TikTok 推出与 HackerOne 漏洞赏金计划,遵循漏洞报告政策。

2. 数据传播问题。巴基斯坦也曾以 TikTok"未过滤不道德内容"为由,禁用 TikTok。而在 2020 年 10 月 20 日,巴基斯坦电信局发布公告称,经沟通协商,TikTok 同意按巴方要求加强内容管理,有条件恢复其在巴运营。TikTok 在美发展也需要处理好虚拟信息的传播问题,Hany Farid 说:"对于如何在不夸大基本理论的同时对错误信息做出反应,社交网络内部面临着考验。"

第三方网络平台法律义务及民事责任研究

程倩如 *

随着互联网的迅速发展，各类互联网产品正在日益深刻影响着大众的日常生活、工作方式及交往手段。资讯新闻类、生活服务类、电子商务类、社交沟通类等各种网络平台如雨后春笋一般层出不穷，包括新闻门户网站、微博、微信、淘宝、京东、携程、滴滴、摩拜、饿了么、美团等在内的许多平台类网站或 App 给人们的衣食住行提供了方便快捷，中国当代社会显然已经进入所谓的"平台时代"。

然而这些网络平台在给人们提供各种便捷的同时，也出现了各种矛盾和争议。从淘宝售卖违法违禁商品被工商总局警示，到饿了么因商家卫生不达标被食品药监部门处罚，再到颇有争议的"快播"案，网络平台的快速发展所带来的安全问题、个人信息保护问题等法律风险层出不穷。在我国现有的法律框架下，应当依据什么样的理论基础来界定网络平台的法律义务，网络平台违反义务所要承担的责任究竟属于何种性质，这些都直接影响着法律的适用和法院的实际判例，影响着人们如何能够更好地使用和利用网络平台。

一、网络平台的分类和法律性质

1. 定义和分类

网络平台，从字面上理解，是指通过互联网技术在网络上充当传播信息、商品或服务平台的第三方系统，其最主要的特征在于作为一个连接点连接了信息、商品或服务的供给方和需求方。

根据其提供内容的不同，网络平台可以分为网络信息平台和网络服务平台。网络信息平台是通过互联网向公众传播各种新闻等信息内容的主体，如新浪、搜狐、网易等各类综合性门户网站等，网络服务平台则是为公众提供各类商品或服务信息的主体，如微博、微信等社交平台，淘宝、京东等购物平台以及饿了么、滴滴等生活平台。事实上，我们日常所说的网络平台大多是指网络服务平台，本文以下亦以网络服务平台指代网络平台为例进行阐述。

根据国家工商行政管理总局 2014 年发布的《网络交易管理办法》第二十二条①至第三十四条关于"第三方交易平台经营者的特别规定"及第三十五条至第三十八条关于"其

---

* 程倩如，厦门海事法院。

① 《网络交易管理办法》第 22 条："第三方交易平台经营者应当是经工商行政管理部门登记注册并领取营业执照的企业法人。前款所称第三方交易平台，是指在网络商品交易活动中为交易双方或者多方提供网页空间、虚拟经营场所、交易规则、交易撮合、信息发布等服务，供交易双方或者多方独立开展交易活动的信息网络系统。"第 35 条："为网络商品交易提供网络接入、服务器托管、虚拟空间租用、网站网页设计制作等服务的有关服务经营者，应当要求申请者提供经营资格证明和个人真实身份信息，签订服务合同，依法记录其上网信息。申请者营业执照或者个人真实身份信息等信息记录备份保存时间自服务合同终止或者履行完毕之日起不少于两年。"

他有关服务经营者的特别规定"，网络服务平台可区分为网络交易平台与其他网络服务平台两类。网络服务平台作为"为网络商品交易提供第三方交易平台、宣传推广、信用评价、支付结算、物流、快递、网络接入、服务器托管、虚拟空间租用、网站网页设计制作等营利性服务"[①]，其内涵与外延均大于网络交易平台的概念，因为网络服务平台不但包含了网络交易，还包括网络接入和产品服务等其他方面的内容。

网络交易平台，又根据其是否参与实际经营可大致分为两种：一种称之为"搭建式"经营者，即仅为交易者搭建交易平台，自身并不参与商品的实际经营；另一种则系"自营式"经营者，即其不光是交易平台的搭建者，同时也参与部分实际经营，例如天猫和京东分别都有其"自营"的商品在其平台上进行出售。

2. 法律性质

目前理论学界对各类网络平台的法律性质观点不一，主要有"卖方说""柜台出租方说""居间人说"等几种。

"卖方说"认为，网络平台是"买卖合同的一方当事人，与登录平台的用户或消费者之间是一种买卖合同关系"[②]。但是，网络平台与传统商业模式下的买卖合同最大的不同在于其具有相对独立的地位，是在平台上存储、传送或者链接来自第三方的内容或者信息，或者是基于互联网专业技术，为第三方用户提供相应的服务。这样的开放性使得网络服务平台能够迅速集中各个方面的资源为人们提供各种便利，形成双边或多边市场效应。大部分网络平台自身并不直接参与或干预交易过程，若仅将其视为买卖合同的一方当事人，则"忽视了其作为独立的一方主体发挥的中介作用，同时还会加重平台负担的法律责任和运营风险，不利于第三方网络服务平台的长远发展。"[③]

"柜台出租方说"认为，网络平台"扮演着与实体交易中柜台出租者类似的角色"。[④] 的确二者都是为商品交易或服务提供空间并收取相应的费用，且大多不参与到交易当中去。从一部分网络交易平台来看，实际经营者也是在注册成为平台会员、签订同意协议并缴纳一定的费用或租金后才得以在平台上开始经营。但实际上，有些网络平台对经营者和用户是完全免费的，下载注册成为会员之后即能够进行使用或交易，与商场柜台必须收取租金费用并签订租赁合同是完全不同的。而且，互联网具有无限拓展的特性，平台上的用户数量能够随着时间的推移不断扩大，与商场柜台有限的空间具有本质上的区别。

"居间人说"认为，网络平台"作为居间人为双方提供订立合同的机会，起到了居间媒介的作用"[⑤]。但该观点没有反映出网络平台的特征，网络平台是为交易双方提供了一个供沟通磋商的中间渠道，或者在收集和组织信息、商品或服务后、通过网络向公众进行传播，与主动寻求、报告缔约机会并且积极斡旋尽可能促进成交的居间合同法律关系并不相同。

作为一种新兴事物，网络平台在现代社会创新不断，其法律性质并不能一概而论，

---

① 《网络交易管理办法》第3条："……本办法所称有关服务，是指为网络商品交易提供第三方交易平台、宣传推广、信用评价、支付结算、物流、快递、网络接入、服务器托管、虚拟空间租用、网站网页设计制作等营利性服务。"

② 韩洪金：《网络交易平台提供商的法律地位》，载《当代法学》2009年第23期。

③ 杨立新、韩煦：《网络交易平台提供者的法律地位与民事责任》，载《江汉论坛》2014年第5期。

④ 刘德良：《论网站在网络交易中的地位和责任——从一起网络交易纠纷案说起》，载《中国电子商务法律网》2015年1月。

⑤ 高富平：《网络对社会的挑战与立法政策选择：电子商务立法研究报告》，法律出版社2004年。

应当根据其在现实中的运营情况，区分平台类型后再进行分析和判断。对于既提供平台、同时又参与到部分经营当中去的"自营式"平台来说，其就同时兼具了第三方媒介和商品服务经营者这两种身份。而对于不参与交易的网络平台，我们就不能将其视为买卖合同或居间合同的当事方，该类型的平台实际上只是一种为交易方或消费方提供虚拟空间来进行商品买卖、信息交换的第三方媒介。

以目前最为典型的网络服务平台的三种模式 B2B、B2C、C2C 为例。在 B2B、B2C 模式下，平台的法律性质就接近于特殊的柜台出租方，像阿里巴巴这种 B2B 平台要求进驻其平台的商家必须是经工商登记注册的企业或个体经营户，进驻时还需要缴纳相应的入场费用。而像淘宝网这种 C2C 平台的法律性质则更类似于服务提供者，这类平台主要基于与登录平台的经营者或消费者之间的网络服务合同，为他们提供技术服务、审查准入和费用收取等，准入标准较之 B2B、B2C 平台就要宽松许多。

二、网络服务平台的法律义务

1. 理论学说

早期的网络平台多以实现网络自由为主要目的，同时兼顾网络需求，较少涉及对平台进行限制的义务。但当平台上出现侵权或违法行为时，直接追究侵权人则相对困难，通过设置平台的义务使得平台得以协助约束侵权或违法行为才是一种更为理性的做法。

20 世纪 90 年代早期，为了遏制当时在互联网上不断出现的诽谤信息、儿童色情信息以及侵犯著作权行为，美国开始对网络平台进行义务限制。1998 年，美国颁布的《千禧年数字版权法》(DMCA) 首次提出"避风港规则"，其意为当网络平台履行了其相应义务之后，就能够像船舶进入避风港一样安全，不会受到非法打击，"提供搜索或者链接服务的网络服务提供者可以进入避风港受到庇护[1]。"其核心观点是，当著作权人发现网络平台中出现侵害自身权利的信息时，可向网络平台服务商提出要求删除的通知，网络平台服务商在接到通知之后应当立即删除侵权信息以免除自身责任，否则将与侵权人共同承担连带责任。鉴于该规则在解决著作权人与网络平台经营者之间在侵权责任分配上具有重要作用，可以较好地平衡各方当事人的合法权益，符合网络平台的发展规律，因此，"避风港"规则的适用范围被不断扩大，最后被运用至几乎所有的网络服务平台领域。我国的《侵权责任法》和《电子商务法》也借鉴了该规则，如《侵权责任法》第三十六条关于电商平台服务商需要承担侵权责任的三种主要情形[2] 和《电子商务法》第三十八条关于网

---

[1]　史学清：《网络搜索服务商的免责条件和归责原则——解读〈信息网络传播权保护条例〉第23条》，载《中国律师》2009年第5期。

[2]　《侵权责任法》第36条："网络用户、网络服务提供者利用网络侵害他人民事权益的，应当承担侵权责任。网络用户利用网络服务实施侵权行为的，被侵权人有权通知网络服务提供者采取删除、屏蔽、断开链接等必要措施。网络服务提供者接到通知后未及时采取必要措施的，对损害的扩大部分与该网络用户承担连带责任。网络服务提供者知道网络用户利用其网络服务侵害他人民事权益，未采取必要措施的，与该网络用户承担连带责任。"

络平台服务商需承担责任的情形[1]。

需要特别说明的是，"避风港"规则存在例外，即"红旗标准"。"当一项侵权行为如同红旗一样醒目之时，网络平台服务商就不能以没有接到受害人通知删除为由而主张免责。"[2] 也就是说，在侵权行为极为明显且严重、已经达到所谓的"红旗标准"之时，受害人可以在未向平台服务商发出要求删除通知之前，即径直起诉平台服务商要求其承担侵权责任。

2. 法律义务

网络平台的法律义务目前主要来自我国现行的一些法律和行政法规，如《侵权责任法》《著作权法》《电子商务法》《网络交易管理办法》《网络安全法》《电信和互联网用户个人信息保护规定》《第三方电子商务交易平台服务规范》等等。具体来说，包括以下几个方面的内容：

（1）监管义务。首先是管理并审查用户信息的义务，包括身份信息、相关资质或其他可能需要的相关许可等。根据《网络安全法》第二十四条的规定，包括网络平台在内的网络服务商应当要求用户提供真实身份信息，对其所需要的资质或行政许可做出必要审核，即必须按照某种注意义务的标准进行审查。其次是及时监管和更新用户信息的义务，在运营过程中，网络平台应当保持对用户信息和商户资质的实时监管，及时更新和修改过时或虚假的信息。比如2000年《欧盟电子商务指令》中规定，平台"在知晓非法活动后，必须迅速删除、阻止他人访问非法信息才能免责"[3]。上述规定即是"避风港"规则在网络平台义务中的实际体现。

（2）安全义务。一是提供安全防范措施，体现在保护用户信息、保障交易环境等。《网络安全法》第四十四条明确规定，"任何个人和组织不得窃取或者以其他非法方式获取个人信息，不得非法出售或者非法向他人提供个人信息。"也就是说，网络平台有义务保证商家或用户提供给平台的信息的完整性和保密性，且只能在用户同意的前提下或者在法律允许的范围内收集并使用用户信息。在日常运营过程中，平台应当采取技术措施或其他手段，对平台上的行为进行监控，及时发现侵权甚至违法行为，创造良好安全的交易规则和交易环境，提高平台安全系数，切实保证平台上商家和用户的合法权益，尽量降低各方因置身平台而遭受风险或损失的可能性。

二是做好应急性防范工作，体现在当平台出现侵权甚至违法行为时，应当及时采取措施予以制止和举报。如《全国人大常委会关于加强网络信息保护的决定》第五条规定，"网络服务提供者对违法发送或者传输信息的，负有及时停止传输该信息，并向有关部门举报的责任"。《网络安全法》第四十七条也规定了包括网络平台在内的网络服务商的安

---

① 《电子商务法》第38条："电子商务平台经营者知道或者应当知道平台内经营者销售的商品或者提供的服务不符合保障人身、财产安全的要求，或者有其他侵害消费者合法权益行为，未采取必要措施的，依法与该平台内经营者承担连带责任。对关系消费者生命健康的商品或者服务，电子商务平台经营者对平台内经营者的资质资格未尽到审核义务，或者对消费者未尽到安全保障义务，造成消费者损害的，依法承担相应的责任。"

② 赵明：《论"避风港"规则的适用条件》，载《长春理工大学学报》2012年第5期。

③ 蒋志培：《网络与电子商务法＆修订本》，清华大学出版社，2002年。

全保障义务。[①]

（3）协助义务。包括向有权机关报告或提供相关信息、为受害方提供必要支持和帮助等。一方面，在国家有权机关特别是负有侦查犯罪职责的公安机关要求获取侵权或违法行为人的相关数据或信息内容时，网络平台应当予以积极配合。另一方面，网络平台还应当为遭受侵权行为的平台用户提供适当的帮助，如我国《侵权责任法》第三十六条和《全国人大常委会关于加强网络信息保护的决定》第八条[②]都充分体现了网络平台的协助义务。

三、网络平台的民事责任

民事责任，是指民事主体违反民事法律义务时所应当承担的不利法律后果。[③]从民事责任的类型来看，网络平台的民事责任大致上可以区别为违约责任和侵权责任两种。违约责任以违约行为为前提，侵权责任成立则以侵权行为的存在为基础，前者的认定以无过错为归责原则，后者则有过错、公平、严格责任等归责规则。两大责任类型在诸多方面都有着较大的区别，需要分别进行分析探讨。

1. 网络平台的违约责任以网络平台为基础订立的合同关系与传统的合同关系相比通常较为复杂，发生违约行为时首先需要界定各方的权利义务。通常来说，网络平台上的法律行为存在两种合同关系：一是平台用户或者平台商家与平台之间的网络服务合同关系，二是平台用户与平台商家之间的商品买卖合同关系。

首先是平台用户或平台商家与平台之间的服务合同关系。平台为用户或商家提供的是信息、商品或者技术等通过互联网才能进行的服务，平台大多并不参与到用户与商家之间的买卖合同关系中去，平台是否有违约行为应当根据平台是否遵守了其与用户或商家之间的服务协议来判断。如果平台仅作为双方交易的服务提供商、为双方提供了真实有效的信息，则其实际上并未违反其与用户或商家之间的服务合同，若因为用户或商家自身原因导致买卖合同无法订立，则平台并不需要为此承担违约责任，而只需将已经支付至平台的款项予以原路返还即可。但如果平台没有按照服务协议的要求为用户或商家提供其所需的信息、商品或技术等互联网服务，则应当承担相应的违约责任。

其次是平台用户与平台商家之间的商品买卖合同关系，二者与线下进行的普通商品买卖关系的唯一区别在于进行交易的途径是互联网，因此违约行为大多数时候也与线下合同的违约行为相近。因此，根据合同的相对性原则，用户通常不能要求平台承担违约责任，只有当平台在明知或应知的情形下未采取有效措施导致损失扩大，才需要就扩大的损失部分承担连带侵权责任。

2. 网络平台的侵权责任

侵权行为是主体承担侵权责任的基础，网络平台作为特殊的互联网服务提供者，对

---

① 《网络安全法》第47条："网络运营者应当加强对其用户发布的信息的管理，发现法律、行政法规禁止发布或者传输的信息的，应当立即停止传输该信息，采取消除等处置措施，防止信息扩散，保存有关记录，并向有关主管部门报告。"

② 《全国人民代表大会常务委员会关于加强网络信息保护的决定》第8条："公民发现泄露个人身份、散布个人隐私等侵害其合法权益的网络信息，或者受到商业性电子信息侵扰的，有权要求网络服务提供者删除有关信息或者采取其他必要措施予以制止。"

③ 杨立新：《民法总则》，法律出版社，2013年版。

发生在平台上的侵权行为应当具体情况具体分析再来确定应当承担的责任类型。

（1）侵犯平台用户权益行为

①未尽审查义务。在食品、药品或交通等与公众利益相关的行业，如果网络平台对商户的准入资质、经营资格、行政许可等未尽审慎审查义务，平台用户的人身或财产安全就可能受到侵害。例如近期连续出现的网约车乘客受伤害事件，网约车平台作为一种新型的交通方式，平台经营方作为车辆和乘客双方的组织者、主导者和调度者，若对车辆或驾驶人的资格和信用审查流于形式，安全措施和安全机制不完善，这种原本提供了方便快捷的网络共享服务平台就可能演变为存在致命缺陷的定时炸弹，产生各种侵权事件。

②信息不完整或虚假。网络平台通过互联网进行操作，许多环节都是虚拟行为，无论是商家还是用户都极少进行直接接触，因此无法完全掌握对方的所有信息，也不能自行判断信息是否属实，即平台上的商品或服务可能存在信息不完整甚至是虚假的情况，比如商家蓄意夸大产品功效、售卖假冒伪劣商品，消费者拒不支付款项，等等，由此导致的各类纠纷也是屡见不鲜。

（2）侵犯知识产权行为

①侵害著作权。在网络平台上最常见的侵犯著作权行为就是在诸如微博、微信公众号、贴吧等公开平台上未注明作者或出处，非法复制、转载或传播他人的作品，使得访问平台的所有个体均能够随意获取他人的作品。但由于平台涉嫌侵犯著作权的作品均是由平台用户等第三方主动上传，平台仅为这些侵权材料的使用和传播提供了空间、媒介或其他便捷，且大多数也未加以改动，故这类型侵权行为大多属于间接侵权。

不过有学者认为，在著作权领域，"应当以网络平台是否有过错作为归责要件，以及行为本身是否受到平台控制来区分直接侵权与间接侵权"[①]。然而我国目前的《著作权法》及其他相关民事法律并未将无过错原则作为侵犯著作权的归责标准，《侵权责任法》中更是明确规定了无过错原则仅适用于如产品责任、环境污染、高度危险等几种情形。《最高人民法院关于审理侵害信息网络传播权民事纠纷案件适用法律若干问题的规定》第三条、第四条[②]指出，"提供信息内容的行为"中的信息内容是由谁主动自愿地将其置于网络系统之中是判断平台是否属于侵权行为的标准之一。

②侵害专利权。网络服务平台上常见的侵权专利权的行为主要体现在充斥着各种"山寨"产品等仿制商品。与侵害著作权行为类似，网络平台大多不单独直接销售商品获利，仅提供第三方平台供各方交易，但因网络平台负有的审查义务，即必须对商品的来源和合法性进行严格管理，如果平台未尽审查义务或明知有制假售假行为的存在却未采取有

---

① 王迁：《信息网络传播权保护条例中"避风港"规则的效力》，载《法学》2010 年第 6 期。

② 《最高人民法院关于审理侵害信息网络传播权民事纠纷案件适用法律若干问题的规定》第3条："网络用户、网络服务提供者未经许可，通过信息网络提供权利人享有信息网络传播权的作品、表演、录音录像制品，除法律、行政法规另有规定外，人民法院应当认定其构成侵害信息网络传播权行为。通过上传到网络服务器、设置共享文件或者利用文件分享软件等方式，将作品、表演、录音录像制品置于信息网络中，使公众能够在个人选定的时间和地点以下载、浏览或者其他方式获得的，人民法院应当认定其实施了前款规定的提供行为。"第4条："有证据证明网络服务提供者与他人以分工合作等方式共同提供作品、表演、录音录像制品，构成共同侵权行为的，人民法院应当判令其承担连带责任。网络服务提供者能够证明其仅提供自动接入、自动传输、信息存储空间、搜索、链接、文件分享技术等网络服务，主张其不构成共同侵权行为的，人民法院应予支持。"

效措施的，就可能构成对专利权的共同侵权行为。

③侵害商标权。《商标法》第五十七条列举了侵害商标权的几种行为，其中第六款关于故意为他人侵害商标权提供便利的^①，即属于大部分网络平台上出现的商标权侵权行为类型。也就是说，如果平台知道或者应当知道有侵害商标权的行为存在，对此却不予采取任何措施，则将可能构成间接侵权，需承担相应责任。

（3）侵权责任认定

关于网络平台民事侵权责任的立法，我国同美国一样最早来源于著作权领域，即采用了"避风港"规则。随后，《侵权责任法》对网络服务提供者的侵权责任一般规则、《消费者权益保护法》对网络平台在消费者权益保护领域的民事责任等均作出了相关规定。《网络安全法》《电子商务法》的先后施行和《专利法》《商标法》的修订，也都对网络平台民事责任的具体规则进行了规定。

根据立法和实践，目前网络平台的侵权责任大多根据其过错程度进行认定，包括连带责任、补充责任和按份责任等。

①连带责任。网络平台在接到被侵权人通知后，没有及时采取必要或有效措施，对损害的扩大部分与侵权人承担连带责任。也就是说，网络平台承担连带责任需要两个条件：一是客观条件，即平台对侵权行为未采取必要或有效的措施防止其扩大；二是主观条件，即平台对侵权行为的存在是明知或者应知却放任其存在，所谓"明知"是指"实际知道"，是事实认定，所谓"应知"是"推定知道"，是法律推定。例如《最高人民法院关于审理利用信息网络侵害人身权益民事纠纷案件适用法律若干问题的规定》第九条就列举了关于认定是否属于"知道"的多条判断因素^②。

网络平台若想援引"避风港"原则规避责任，尤其需要明确其例外原则即"红旗原则"的适用标准。如前文所述，"红旗原则"是指"当一项侵权行为如同红旗一样醒目之时，网络平台服务商就不能以没有接到受害人通知删除为由而主张免责"。在这种情况下，网络平台就不能以其不知道侵权事实的存在来规避自身责任，即便被侵权人未主张权利，也可以由此推定平台是知道侵权事实的存在，如果未采取必要措施则需要承担连带侵权责任。

有学者认为，网络平台承担的侵权责任属于附条件的不真正连带责任，即侵权行为的实施者是直接侵权人，网络平台系间接侵权人，承担的是附条件的不真正连带责任，在其对外承担完全部责任后，平台可以向直接侵权人再进行追偿。^③我国目前的《消费者

---

① 《商标法》第 57 条："有下列行为之一的，均属侵犯注册商标专用权：……（六）故意为侵犯他人商标专用权行为提供便利条件，帮助他人实施侵犯商标专用权行为的；……。"

② 《最高人民法院关于审理利用信息网络侵害人身权益民事纠纷案件适用法律若干问题的规定》第 9 条：人民法院依据侵权责任法第 36 条第 3 款认定网络服务提供者是否"知道"，应当综合考虑下列因素：（一）网络服务提供者是否以人工或者自动方式对侵权网络信息以推荐、排名、选择、编辑、整理、修改等方式作出处理；（二）网络服务提供者应当具备的管理信息的能力，以及所提供服务的性质、方式及其引发侵权的可能性大小；（三）该网络信息侵害人身权益的类型及明显程度；（四）该网络信息的社会影响程度或者一定时间内的浏览量；（五）网络服务提供者采取预防侵权措施的技术可能性及其是否采取了相应的合理措施；（六）网络服务提供者是否针对同一网络用户的重复侵权行为或者同一侵权信息采取了相应的合理措施；（七）与本案相关的其他因素。

③ 杨立新：《网络平台提供者的附条件不真正连带责任与部分连带责任》，载《法律科学（西北大学学报）》2015 年第 1 期。

权益保护法》第四十四条 ① 即是这种不真正连带责任的体现。

应该说，由于网络平台拥有的技术实力和特殊的运营模式所产生的规制能力，能较为便捷地发现并识别不良信息和违规用户。要求平台对外承担连带侵权责任，可以从源头上激励平台采取各种更加有效的措施，间接防止侵权行为的发生，从而保护平台上各方的合法利益。

②补充责任。补充责任从理论上来说属于不真正连带责任的特殊情况 ②。但与连带责任义务人对外应当承担全部责任不同，补充责任义务人有明确的主次之分，直接侵权人所要承担的侵权责任是首要的，间接侵权人承担的责任是从属的。也就是说，被侵权人向间接侵权人主张的是补充责任而非全部责任。对于网络平台来说，比较典型的需要承担补充责任的就是未履行安全义务而导致平台上出现侵权行为。以网约车服务平台为例，当网约车在载客行驶过程中发生交通事故或其他人身、财产、暴力事件，致乘客或第三人权益受损，因为网约车平台所需承担的安全保障义务，于是在肇事方承担主要责任之外，网约车平台应当就此承担相应的补充责任。

3. 免责条款

目前我国理论界和实务界大多认为，网络平台承担责任的免责条件为避风港原则中的"通知—删除"规则，即如果平台本身并不实际知道侵权事实就无需承担侵权责任，但如果知道了侵权事实或者收到了有关侵权的通知就失去了免责事由，除非立即采取行动移除被指控的侵权材料。比较典型的就是《侵权责任法》第三十六条的规定，虽然该规定目前还不够完整。此外，《信息网络传播权保护条例》第十五条到第十七条 ③ 也是"通知—删除"规则的典型体现。

四、结语

我国现行的法律和行政法规为网络平台设置了多项严格的义务，在网络平台的责任规范和责任认定上正在不断完善。但是相关的配套规定和保障措施目前依然较为缺失，

---

① 《消费者权益保护法》第44条："消费者通过网络交易平台购买商品或者接受服务，其合法权益受到损害的，可以向销售者或者服务者要求赔偿。网络交易平台提供者不能提供销售者或者服务者的真实名称、地址和有效联系方式的，消费者也可以向网络交易平台提供者要求赔偿；网络交易平台提供者作出更有利于消费者的承诺的，应当履行承诺。网络交易平台提供者赔偿后，有权向销售者或者服务者追偿。"

② 杨立新：《侵权责任法》，法律出版社2011年版。

③ 《信息网络传播权保护条例》第15条："网络服务提供者接到权利人的通知书后，应当立即删除涉嫌侵权的作品、表演、录音录像制品，或者断开与涉嫌侵权的作品、表演、录音录像制品的链接，并同时将通知书转送提供作品、表演、录音录像制品的服务对象；服务对象网络地址不明、无法转送的，应当将通知书的内容同时在信息网络上公告。"第16条："服务对象接到网络服务提供者转送的通知书后，认为其提供的作品、表演、录音录像制品未侵犯他人权利的，可以向网络服务提供者提交书面说明，要求恢复被删除的作品、表演、录音录像制品，或者恢复与被断开的作品、表演、录音录像制品的链接。书面说明应当包含下列内容：（一）服务对象的姓名（名称）、联系方式和地址；（二）要求恢复的作品、表演、录音录像制品的名称和网络地址；（三）不构成侵权的初步证明材料。服务对象应当对书面说明的真实性负责。"第17条："网络服务提供者接到服务对象的书面说明后，应当立即恢复被删除的作品、表演、录音录像制品，或者可以恢复与被断开的作品、表演、录音录像制品的链接，同时将服务对象的书面说明转送权利人。权利人不得再通知网络服务提供者删除该作品、表演、录音录像制品，或者断开与该作品、表演、录音录像制品的链接。"

无法全面而准确地为网络平台的各项义务和责任进行规制。

应当说，随着互联网的持续高速发展，未来网络平台的有效治理需要依靠的是多方力量，包括政府立法者、网络平台自身、各行业协会及互联网用户等在内，众多主体都应当参与到对网络平台义务和责任的治理研究之中去，网络平台的义务和责任需要社会共治，才能更好地让这一新兴事物发挥其利益最大化。

共享汽车人身侵权法律风险之司法检视

——以 93 篇共享汽车机动车交通事故责任纠纷判决书为样本

谢逸萱 *

引言

随着"共享经济"的兴起，共享单车、共享汽车、网约车等交通工具日益成为城市多元化交通体系不可忽视的组成部分。其中，共享汽车分时租赁以其方便、快捷、高效、经济的特征成为个人出行的时兴方式，并在我国部分城市实现了快速、广泛的发展。由于共享汽车行业秩序仍处于探索建立阶段，在方便人们出行、缓解城市交通压力的同时，共享汽车分时租赁的监管缺失和规范空白导致的各项弊端也日益凸显，其涉及的公共管理、交通安全问题不容忽视。因共享汽车分时租赁导致的机动车交通事故责任纠纷中，人民法院如何确认侵权行为的主体，在驾驶人、保险公司、共享汽车分时租赁经营者之间进行赔偿责任的分配，维护受害人的合法权益，平衡各方的诉讼地位，在司法实践中仍颇具争议。通过对司法实践现状的研究，有利于各风险主体对共享汽车人身侵权法律风险进行把握和规制，对共享汽车分时租赁领域规范监管制度的建构也具有重要的借鉴意义。

一、缘起：共享汽车分时租赁概念及现状

（一）概念

交通运输部、住房城乡建设部联合发布的《关于促进小微型客车租赁健康发展的指导意见》中对分时租赁的定义为："分时租赁，俗称汽车共享，是以分钟或小时等为计价单位，利用移动互联网、全球定位等信息技术构建网络服务平台，为用户提供自助式车辆预订、车辆取还、费用结算为主要方式的小微型客车租赁服务"。顾名思义，共享汽车的驾驶人与共享汽车分时租赁经营者形成的是一种租赁合同关系，双方权利与义务的承担应参照租赁合同而定。与传统的汽车租赁合同相比，共享汽车分时租赁具有以下特征：

一是以移动互联网和大数据为支撑。共享汽车分时租赁合同的订立通过网络服务平台完成，快捷高效，是传统汽车租赁和共享行业的业态创新。同时，共享汽车分时租赁由于缺少了面对面核验的环节，可能出现实际驾驶人与承租人不一致的情况，导致用车安全隐患。

二是承租人的流动性强。租赁车辆处于自由流动的状态，即租即取，同一辆共享汽车在一天的行驶过程中可能存在多个承租人，体现"共享"之义。共享汽车的高流动性为

---

* 谢逸萱，厦门市湖里区人民法院。

租赁车辆的高利用率创造了条件，满足了用户碎片化的用车需求，也为用车管理带来不小的挑战。

（二）现状

2013 年 10 月，杭州率先启用"微公交"纯电动汽车分时租赁服务[①]。此后，共享汽车在我国各城市如雨后春笋般兴起——GreenGo 绿狗租车于 2015 年开始正式运营，2017 年运营车辆超过 3000 辆，分时租赁会员超过 10 万人，营业网点超过 100 个，覆盖三省五市[②]；截至 2019 年 9 月底，GoFun 出行 App 月活超过 200 万，上线 3 年多以来已经覆盖全国 80 个城市[③]。共享汽车分时租赁行业快速发展的背后，也带来了一系列行业监管、公共管理、交通安全问题。

共享汽车分时租赁行业相关法律规范显示了其滞后性。目前，仅有交通运输部、住房城乡建设部于 2017 年 8 月发布的《关于促进小微型客车租赁健康发展的指导意见》及各地自行出台的规范性文件，如上海市政府于 2016 年 2 月出台的《关于本市促进新能源汽车分时租业发展的指导意见》，广州市交委官网于 2017 年 10 月 27 日发布的《关于征求促进广州市共享汽车（分时租赁）行业健康发展的指导意见》等，尚无更高层级的立法。规范层面的缺失，导致法律风险的存在。

1. 运营安全机制不够完善

由于共享汽车用户的不特定性，共享汽车的运营安全缺乏保障。共享汽车租赁车辆需符合一定的产品质量标准方可投入市场，而其在市场运营过程中不可避免出现产品损耗、功能障碍、性能下降等问题，在出现上述问题导致的安全事故时，其责任人亦难以明确。目前，部分共享汽车分时租赁网络服务平台要求用户在使用租赁车辆前对租赁车辆进行定点拍照并确认车辆安全性能完好，但在实际操作上存在诸多漏洞，显然不足以解决共享汽车安全责任机制存在的问题。

2. 冒名驾驶导致责任风险

承租人在驾驶共享汽车之前需进行身份及驾驶资格核验。目前，市面上的共享汽车分时租赁主要采用线上核验的方式，可能出现线下驾驶人与线上注册信息不一致的情况。《关于促进小微型客车租赁健康发展的指导意见》中提出要落实承租人身份查验制度："小微型客车租赁经营者应当具备身份查验所需的设施设备，对承租人提供的有效证件进行查验，将有关信息在车辆租赁合同中记录，并载明所有驾驶人身份证件和驾驶证信息。承租人是个人的，应查验承租人的有效身份证件和驾驶证原件；承租人为企业法人或其他组织的，应查验企业法人营业执照或其他有效登记证件，授权委托书和经办人有效身份证件原件。租赁车辆应交付给经过身份查验的承租人，对不符合要求、身份不明或者拒绝身份查验的，不应提供小微型客车租赁服务。"但该意见仅对驾驶人的身份查验进行了概括性规定，并非强制性规范。如驾驶人冒用他人身份进行共享汽车驾驶，势必给交

---

① 方力：《杭州在国内率先启用可出租的微公交 每小时 20 元》，http://www.chinanews.com/sh/2013/10-22/5408876.shtml，2013-10-22。

② EV 世纪：《绿狗租车 2017 年将扩张至 10 个城市》，http://www.sohu.com/a/123828246_430921，2017-01-09。

③ 宋婧祎：《GoFun 出行宣布实现盈利 携手大咖为全产业链赋能》，http://cn.chinadaily.com.cn/a/201910/23/WS5db11060a31099ab995e77c9.html，2019-10-23。

通安全带来隐患。在成都，即出现过一个驾照被扣 12 分的刚毕业的大学生，借用朋友账号租用共享汽车驾驶发生交通事故的案例[①]。在驾驶人冒用他人身份进行共享汽车驾驶发生交通事故的情形，如何进行责任的认定，亦亟待法律法规的明确规范。

3. 车辆投保机制与运营风险不相符

广州市交委官网发布的《关于征求促进广州市共享汽车 (分时租赁) 行业健康发展的指导意见》对承租人的资质作出了限制，要求承租人必须为"年满 18 周岁，具有完全民事行为能力，取得相关准驾车型机动车驾驶证且状态正常，并具有 1 年以上驾驶经历的合法公民"。然而目前，绝大多数地区对共享汽车驾驶人的资质并无特别规定，部分地区更是出现新手司机拿共享汽车来"练手"导致交通事故的案例。而共享汽车的高流动性，也会造成其运营风险的提高。出于经济效益的考虑，共享汽车分时租赁经营者一般仅为租赁车辆投保交强险。这导致在发生较为严重的交通事故时，出现交强险的赔偿限额不足以弥补受害人损失的情形，不利于受害人权益的维护。而共享汽车分时租赁的多方法律关系复杂，也为保险理赔增加了难度。

4. 交通违章处理方式不合规

针对共享汽车驾驶人出现交通违章的情形，不少共享汽车网络服务平台都有一项规定，即平台有权在用户账户内扣除违章罚款等同金额及每次违法行为的代办费用 (违章扣分按 200 元每分扣除)。对于吊销驾照或单次违章扣分 6 分及以上的严重交通违法行为，不接受委托处理[②]。例如，GoFun 出行网络服务平台提供的《租赁服务协议》约定："'费用支付'：是指用户支付的所有款项，包括租金、基础服务费、送车服务费、超期未还车费、耗电救援费、履约保证金、行政罚款、违法服务费，以及服务条款中规定的其他相关费用"。而根据《治安管理处罚法》第六十条第二款规定："伪造、隐匿、毁灭证据或者提供虚假证言、谎报案情，影响行政执法机关依法办案的，将处 5 日以上 10 日以下拘留，并处 200 元以上 500 元以下罚款。"交通违章的行政处罚并非以义务的履行为目的，而是以惩戒违法行为为目的。共享汽车网络服务平台代为办理交通违章罚款的行为，与交通违章处罚的惩戒目的相悖。

二、司法检视：样本剖析及实践争议

（一）样本概况

机动车交通责任事故纠纷因涉及各方赔偿责任分担的问题，是共享汽车人身侵权法律风险最直接的体现之一。为分析共享汽车分时租赁人身侵权法律风险的司法实践，以"共享汽车"为全文搜索关键词，于中国裁判文书网上搜得机动车交通责任事故纠纷判决书共计 93 篇。在立案的年度上，分布于 2017、2018、2019 年（详见表 1），呈现逐年上升趋势；在审理法院地域分布上，涵盖了 20 个省、自治区、直辖市（详见表 2）；在法院层级上，分布于基层法院和中级法院两个层级（详见图 1）；在审判程序上，集中于一审、二审（详见图 2）。

---

① 史洪举：《大学生肇事警示共享汽车法律风险》，http://column.cankaoxiaoxi.com/plgd/2017/0502/1949529.shtml，2017-05-02。

② 韩丹东：《"共享汽车"六大涉法问题待解，交通事故责任该如何认定》，载《法制日报》2017 年 2 月 21 日第 5 版。

表 1　93 篇判决书立案年度分布

年份	2017	2018	2019
篇数	4	37	52

表 2　93 篇判决书审理法院地域分布

省份（市）	湖南	北京	广东	四川	陕西	天津	浙江	福建	宁夏	河北
篇数	15	12	11	11	7	4	4	3	3	3
省份（市）	河南	安徽	云南	贵州	江西	上海	重庆	山东	江苏	吉林
篇数	3	3	3	2	2	2	2	1	1	1

图1　93篇判决书审理法院层级分布

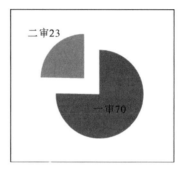

图2　93篇判决书审理法院审判程序分布

（二）争议焦点透视

1. 共享汽车分时租赁经营者的责任承担问题

在对 93 篇判决书样本进行分析的过程中可以发现，共享汽车分时租赁经营者在机动车交通事故责任纠纷中的责任承担问题是主要的争议焦点之一。70 篇一审判决书中，共有 44 篇将共享汽车分时租赁经营者列作了被告，占比 62%。其中，法院认定共享汽车分时租赁经营者应当与驾驶人承担连带责任的判决有 4 篇，占比 9%；认定共享汽车分时租赁经营者对事故的发生具有过错，应当承担相应的过错责任的判决有 6 篇，占比 13.64%，应承担的责任比例在 10%～30% 不等；认定共享汽车分时租赁经营者对事故的发生不具有过错，无需承担赔偿责任的判决共计 32 篇，占比 72.73%；认定原告未提供法定承担赔偿责任的理由和依据，共享汽车分时租赁经营者无需承担赔偿责任的判决有 2 篇，占比 4.55%。

2. 保险公司商业三者险是否应予理赔的问题

在判决书样本中，有 4 篇判决书的保险公司提出了商业三者险不予以理赔的抗辩意见。保险公司的抗辩理由主要为：事故共享汽车在投保时的车辆性质为"非营运"，投保人未对车辆的实际用途予以如实告知，共享汽车在租赁使用的过程中改变了车辆性质，导致事故风险的增加，故保险公司不予理赔。对此，判决书体现人民法院判断保险公司商业三者险是否应予理赔的依据主要为，保险公司是否对该免责理由尽了提示说明义务。例如在郭某诉陈某、广东叮咚电动车租赁有限公司机动车交通事故责任纠纷一案中[①]，花

---

① 　参见广东省广州市花都区人民法院（2018）粤 0114 民初 4334 号民事判决书。

都区人民法院认为："虽然保险单上记载标的车的使用性质为非营业企业，但被告中国人寿财险广州分公司未对车辆使用性质的实际含义及具体使用性质对免赔条款的影响对被告叮咚电动车租赁公司尽到明确说明义务，故本院对被告中国人寿财险广州分公司提出的免责抗辩不予支持。"

（三）风险要素分析

共享汽车人身侵权法律风险要素主要包括风险主体和风险环境。风险主体受风险环境的影响，通过自身作为或不作为，导致其面临相关的法律风险。风险环境则包括风险主体自身的法律风险意识、所处的法律规范体系、法律执行情况等等。法律风险的防控可通过对法律风险的要素施加影响而完成。因此，对共享汽车人身侵权法律风险的要素进行分析，是法律风险有效防控、监管体系合理架构的前提。

1. 风险主体

（1）共享汽车驾驶人

在 93 份判决书样本中，共有 9 份判决书的共享汽车驾驶人出现了交通违法违规行为，其中无证驾驶 1 人、肇事逃逸 1 人、酒后驾驶 5 人、冒名驾驶 2 人。例如，在金某诉李某、北京中远大昌汽车服务有限公司、中国太平洋财产保险股份有限公司北京分公司、北京途歌科技有限公司机动车交通事故责任纠纷一案中[1]，驾驶人李某酒后驾车且逃逸，朝阳区人民法院据此判决保险公司免除商业三者险内的赔偿责任，交强险赔偿后不足部分，由李某赔偿。可见，由于部分共享汽车驾驶人不遵守交规且法律意识淡薄，导致其在发生交通事故时面临保险公司商业三者险拒赔的法律风险。

（2）共享汽车分时租赁经营者

共享汽车分时租赁经营者对共享汽车的实际驾驶人存在身份审核义务。在交通事故发生时，如共享汽车实际驾驶人与线上注册驾驶人不一致，共享汽车分时租赁者将面临承担赔偿责任的法律风险。例如，在栗某诉张家口市帅狗汽车租赁有限公司、永诚财产保险股份有限公司张家口中心支公司、永诚财产保险股份有限公司石家庄中心支公司、唐某机动车交通事故责任纠纷一案中[2]，桥东区法院认为，"陈某冒用他人身份证及驾驶证租车，被告帅狗公司未尽到主要审查义务，存在重大过错，因此被告陈某与被告帅狗公司应对原告栗某的损失承担连带赔偿责任。"

2. 风险环境

法律规范体系的完善程度是法律风险的重要影响因素之一。目前，共享汽车分时租赁的相关立法较少，在司法实践层面上，对共享汽车造成的道路交通事故责任纠纷，主要依靠《民法典》合同编、侵权责任编，《中华人民共和国道路交通安全法》《中华人民共和国保险法》《最高人民法院关于审理人身损害赔偿案件适用法律若干问题的解释》《最高人民法院关于审理道路交通事故损害赔偿案件适用法律若干问题的解释》等进行调整。由于共享汽车分时租赁既具有传统租赁的特征，又依托互联网而产生，属于新兴的汽车租赁方式，共享汽车人身侵权行为必然存在传统法律无法调整的"盲区"，导致法律风险的产生。例如，在共享汽车分时租赁者的责任承担问题上，是适用无过错责任原则还是过错责任原则，实践中即存在争议。

---

① 参见北京市朝阳区人民法院（2018）京 0105 民初 25554 号民事判决书。

② 参见河北省张家口市桥东区人民法院（2018）冀 0702 民初 1531 号民事判决书。

三、法理辩思：共享汽车人身侵权赔偿责任之分配

在共享汽车引起机动车交通事故责任纠纷中，人民法院如何进行赔偿责任的分配，是司法实践中面临的重要问题。探究共享汽车人身侵权责任分配的法理基础、归责原则和价值目标，对共享汽车人身侵权法律风险防控制度的建构，具有极大的意义。

（一）法律关系基础

1. 租赁合同法律关系

在共享汽车分时租赁经营者与承租人之间成立了租赁合同法律关系。与传统的租赁合同不同，共享汽车分时租赁合同通过线上订立，缺乏线下审核的环节。作为出租人，共享汽车分时租赁经营者不仅应在租赁期间保持租赁物符合约定的用途，保证出租的共享汽车性能良好并已投保，还应对实际驾驶人的身份进行核验。作为承租人，应当按照约定的方法或者租赁物的性质使用租赁物，保证线上注册承租人与线下驾驶人的同一性，不得将账号和共享汽车交由他人使用。

2. 保险合同法律关系

在共享汽车承保保险公司和共享汽车分时租赁经营者之间成立了保险合同法律关系。作为投保人，共享汽车分时租赁经营者应对投保车辆的性质如实告知保险公司，明确投保车辆系用于共享汽车分时租赁。作为承保人，保险公司应就保险合同的免责条款、格式条款履行提示说明义务，在发生交通事故时及时出险，保障受害人的合法权益。

（二）归责原则

1. 过错责任原则

《中华人民共和国道路交通安全法》第七十六条第一款第一项规定："机动车之间发生交通事故的，由有过错的一方承担责任；双方都有过错的，按照各自过错的比例分担责任。"可见，过错责任原则是我国确定交通事故责任的首要原则。

从 93 篇判决书样本中可以看出，在共享汽车发生交通事故时，倾向共享汽车分时租赁经营者应依据过错原则承担责任的观点数量达 86.37%。其判决的法律依据《中华人民共和国侵权责任法》第四十九条"因租赁、借用等情形机动车所有人与使用人不是同一人时，发生交通事故后属于该机动车一方责任的，由保险公司在机动车强制保险责任限额范围内予以赔偿。不足部分，由机动车使用人承担赔偿责任；机动车所有人对损害的发生有过错的，承担相应的赔偿责任。"以及《最高人民法院关于审理道路交通事故损害赔偿案件适用法律若干问题的解释》第一条："机动车发生交通事故造成损害，机动车所有人或者管理人有下列情形之一，人民法院应当认定其对损害的发生有过错，并适用侵权责任法第四十九条的规定确定其相应的赔偿责任：（一）知道或者应当知道机动车存在缺陷，且该缺陷是交通事故发生原因之一的；（二）知道或者应当知道驾驶人无驾驶资格或者未取得相应驾驶资格的；（三）知道或者应当知道驾驶人因饮酒、服用国家管制的精神药品或者麻醉药品，或者患有妨碍安全驾驶机动车的疾病等依法不能驾驶机动车的；（四）其他应当认定机动车所有人或者管理人有过错的。"该观点认为，共享汽车交通事故导致第三人损害的，责任主体仍在驾驶人与第三人之间，仅在共享汽车分时租赁经营者有过错的情形下，共享汽车分时租赁经营者才需承担相应的责任。

2. 无过错责任原则

《中华人民共和国侵权责任法》第七条规定："行为人损害他人民事权益，不论行为人有无过错，法律规定应当承担侵权责任的，依照其规定。"无过错责任原则是一种基于法定特殊侵权行为的归责原则，其目的在于对受害人的损失进行有效弥补，而非对违法行为进行制裁。由于共享汽车的投保机制与其事故风险不相符，在共享汽车交通事故中，受害人面临保险公司拒赔、赔偿数额不足以弥补损失等诸多风险，此时对共享汽车分时租赁经营者适用无过错责任原则追责，并与侵权人承担连带责任，有利于受害人更快得到赔偿。

共享汽车分时租赁经营者作为共享汽车运营利益的享有人，在对外经营获得收益的同时，也应承担相应的义务，实现权责相应。例如，在北京首汽智行科技有限公司与华泰财产保险北京分公司，华泰财产保险陕西分公司，张某等机动车交通事故责任纠纷一案[1]中，西安市中级人民法院认为，"依据查明的事实，案涉车辆登记在首汽中易公司名下，由智行公司租赁并作为共享汽车对外经营收益，智行公司作为案涉车辆的承租人、运营利益享有人，原审认定由其对事故承担连带责任，并无不当。"

（三）价值目标

人民法院在对赔偿责任进行分配时，必然需要考虑法律规则背后的价值因素。

一是保护受害人的合法权益。在审理共享汽车机动车交通事故责任纠纷的过程中，应注重对弱者利益的保护，平衡优者共享汽车驾驶人与弱者受害人的诉讼地位。对保险公司的免赔抗辩，应予以审慎审查。对事实清楚、权利义务明确的案件，可积极引导当事人进行调解，以及时兑现受害人的经济损失。例如在湖里区人民法院受理的"共享汽车撞亡厦大教师"一案中，湖里区人民法院交通法庭在诉前阶段主动介入，促进各方就民事赔偿部分达成调解协议，并第一时间作出司法确认，即取得了良好的社会效果。

二是维护公共交通安全。维护道路交通秩序，确保道路交通安全，是每一个驾驶人的义务，也是共享汽车分时租赁经营者应遵守的准则。能够控制交通事故危险的一方，应在保险理赔外承担赔偿责任。驾驶人作为共享汽车的直接控制人，能够通过能动行为控制、预防交通事故的发生；共享汽车分时租赁经营者在经营业务的过程中，具有一定的控制共享汽车发生交通事故危险的能力，例如依托互联网大数据及其他技术手段加强驾驶人身份核验、定期对共享汽车的性能进行维护等，在保险理赔外，驾驶人和共享汽车分时租赁经营者承担相应的赔偿责任，有利于促使驾驶人保持高度谨慎的驾驶义务，促进共享汽车分时租赁者履行注意义务。

三是规导行业有序发展。共享汽车分时租赁作为新兴租赁行业，如何引导其走上健康发展的渠道，也是人民法院在判决过程中必须考虑的社会效果因素。例如在杨某诉龚某、首汽租赁有限责任公司宁波分公司、北京首汽智行科技有限公司、太平财产保险有限公司宁波分公司、太平财产保险有限公司北京分公司机动车交通事故责任纠纷一案[2]中，首汽智行公司仅为事故共享汽车投保了 50000 元保额的商业险，鄞州区人民法院认为，"首汽智行公司作为新型的共享汽车行业向被告的出租方，其在《GoFun 出行分时租赁服务会员协议》中关于商业险保额 50000 元等的条款无明显加黑加粗标识，也没有尽

---

[1] 参见陕西省西安市中级人民法院（2019）陕 01 民终 11099 号民事判决书。
[2] 参见浙江省宁波市鄞州区人民法院（2018）浙 0212 民初 12840 号民事判决书。

到提示或明确告知义务，使客户在使用共享汽车出行时对其风险承担处在不尽知状态，使客户不能做出真实意志判断。为引导共享汽车行业规范健康发展，本着诚实守信和公平原则，本院认为首汽智行公司对超过保险限额的部分应承担 20% 的责任为宜。"

四、完善：法律风险防控建议

为防范共享汽车人身侵权法律风险，可通过对法律风险主体、法律风险环境施加影响，达到有效的防范效果。

（一）构建共享汽车分时租赁行业法规体系

一是提高共享汽车行业相关法规的立法层级，就共享汽车行业制定全国性的统一规范，明确共享汽车分时租赁行业的准入条件、共享汽车投放车辆的技术标准等。在此基础上，各地根据自身的公共交通条件、行业发展现状、消费者需求等制定地方性规范，以期达到具体问题具体分析。坚持与时俱进，接纳创新的行业监管理念，制定相对灵活的行业监管措施，以促进行业健康发展。二是在立法内容上，明确共享汽车分时租赁涉及的多方法律主体的权利和义务，对共享汽车分时租赁经营者，应完善承租人信息核验责任制度，促使共享汽车分时租赁经营者进行技术更新，从技术手段上防范线上注册信息与线下驾驶人不一致的风险；对共享汽车分时租赁承租人，应限定驾驶人驾驶共享汽车的资质条件，加强对驾驶人资质和信用记录的监管，利用互联网大数据，构建承租人信用管理体系；对保险公司，应鼓励引导其根据共享汽车分时租赁的特点，推出针对分时租赁业务的相应险种，促进共享汽车保险机制的完善。

（二）提高法律主体风险防控意识

共享汽车分时租赁经营者应依法为租赁车辆投保交强险、针对运营风险为租赁车辆投保商业三者险、车上人员险，明确投保车辆性质并如实告知，加强与保险公司的协调合作，为公众争取权益。在行业创新的同时，落实承租人身份核验制度、运营安全责任制度，坚持技术创新与法律风险防控并举；共享汽车承租人应文明用车，安全驾驶，不得将共享汽车线上账号及租赁车辆转借他人使用，自觉履行维护道路公共交通安全的驾驶人义务。

五、结语

共享汽车分时租赁作为一种创新型业态，在带来经济效益、丰富出行方式的同时，仍需要更为完善的法规体系进行规范及引导，相关各方对法律风险进行有效防控，以促进行业有效发展，发挥共享汽车分时租赁作为多层次城市交通有机组成部分的应有作用。随着共享汽车分时租赁行业的发展，对司法实践中应生的问题，仍需要我们进一步的探索与完善。

互联网企业滥用市场支配地位的法律界定及其规制

傅振中　林敏辉 *

引言

随着科学技术的迅猛发展，我国的互联网迅速地普及开来。根据第 43 次《中国互联网络发展状况统计报告》，截至 2018 年 12 月，我国网民规模已经达到 8.29 亿，互联网普及率达到了 59.6%[①]。与此同时，在 2018 年世界市值排名前二十的科技公司中，中国的互联网公司有 9 家上榜，几乎占据了半壁江山[②]。这些数据足以证明，我国互联网市场越来越庞大。

改革开放 40 年来，我国发生了翻天覆地的变化。党的十四大正式确立了建立社会主义市场经济体制的改革目标。尽管市场经济有高度的自由性、竞争性，但不可否认法律调节对于市场经济的重要性。《中华人民共和国反垄断法》正是基于这一背景诞生的，它和我国市场经济密不可分。放任市场不管，必将导致寡头企业滥用其垄断地位实施垄断行为，最终阻碍国民经济的发展。放眼当今世界，Google、Facebook 等互联网巨头已经在部分国家和地区因其垄断地位而受到巨额制裁。在中国，基于特殊的国情和我国一些政策的保护之下，逐渐形成了例如阿里巴巴和腾讯这样的互联网巨头，他们的市值也名列世界前茅。然而，与此同时，互联网巨头因其雄厚的财力不断地吞并一些中小企业和新兴企业，甚至挤压了部分同类型企业的发展空间。"树大招风"，互联网巨头时不时就会有触碰红线、滥用市场支配地位之嫌疑。因此，正确利用法律规制这些独角兽企业的行为，保护我国其他互联网企业能够继续蓬勃发展，形成良性竞争，促进市场创新，不仅是我国经济继续稳定发展的基础，更是人民百姓享受到科技进步成果的保证。

一、互联网企业滥用市场支配地位之表现

（一）互联网企业滥用市场支配地位的典型案例

1. 携程搭售风波

2017 年，一篇广泛传播的文章称，在携程网预订机票和火车票时，一些"默认"的费用，如各种各样的酒店优惠券、机场贵宾休息室等，常常会被莫名其妙地加上。即使

---

* 傅振中、林敏辉，福建自晖律师事务所。

①　中国互联网信息中心：第 43 次《中国互联网络发展状况统计报告》，http://www.cac.gov.cn/2019- 02/28/c_1124175677.htm，2019-03-28。

②　刘镔练：《互联网巨头 Top20 被这两个国家承包了》，https://wallstreetcn.com/articles/3356861.，2019-01-15。

消费者知道这些捆绑销售，他们也需要非常小心地搜寻才能找到修改它们的地方[①]。许多消费者因为急于购票，来不及去掉默认的打钩选项，造成在结算时费用增加的情况，花费自己并不愿意的额外消费。

一波未平，一波又起。2019年3月，携程再次陷入"大数据杀熟"的舆论风波。有网友称，在携程订票时，票价显示17548元，但当退票后，前后短短几十秒的时间就没有票了。他搜索了一下，又选了一遍，价格变成了18987元[②]。

搭售现象在互联网旅游类购票App上非常常见。据笔者的体验以及有关报道，包含例如"去哪儿""同程""艺龙""途牛"等手机App都存在该行为[③]。我国《民法总则》规定，民事主体从事民事活动，应当遵循自愿原则，按照自己的意思设立、变更、终止民事法律关系。若上述App默认勾选了付费的服务，将很有可能被认定为搭售行为。

2019年1月1日，《中华人民共和国电子商务法》正式实施，其中第十九条规定："电子商务经营者搭售商品或者服务，应当以显著方式提请消费者注意，不得将搭售商品或者服务作为默认同意的选项"。这样就在法律层面否定了搭售行为并做出了一定的规制。同时在该法生效后，上述App均开始取消搭售行为。

2. 腾讯封杀同类竞争者

2019年1月15日，腾讯公司旗下的社交产品微信在其客户端内对当天发布的三款社交类产品"马桶MT""多闪""聊天宝"进行封杀，屏蔽其所有的分享链接、下载链接和相关资讯，造成了研发公司及诸多用户的不满。聊天宝负责人罗永浩认为："这不只是腾讯和微信的问题，还是中国商业环境的问题，我国反垄断法还有些欠缺[④]"。短短不到两个月的时间，2019年3月，聊天宝应用团队已经解散，马桶MT已经无法下载[⑤]，而多闪App则遭到应用宝（腾讯旗下应用商店）的屏蔽。

目前，微信已经成为国民级应用，用户量突破十亿，有极高的用户黏性，在社交领域堪称霸主地位。因此本次的封杀，将直接影响到这些新生产品的传播速度与生长进程。在此前，微信已经因为封杀淘宝、网易云音乐、抖音App等分享链接多次被媒体报道指责。甚至有网友感叹，当初微软没有因为MSN而封杀QQ，中国移动没有因为飞信封杀过微信，现在，屠龙的勇士终成为了恶龙。北京大学法学院就这一问题举行了专题讨论会，据参加研讨会的一些专家称，类似的封锁和屏蔽行为属于不公平竞争[⑥]。此次腾讯公司和微信团队的所作所为，是否构成滥用市场支配地位还有待商榷，但是不论怎样，都给中国互联网的发展带来了沉重一击。

① 刘一鸣：《携程"搭售陷阱"背后》，http://news.163.com/17/1011/22/DOGH3NEE00018AOR.html，2019-02-23。

② 薛宇飞：《携程回应"大数据杀熟"：是系统BUG 涉及上百个订单》，http://finance.china.com.cn/consume/20190311/4919629.shtml，2019-03-28。

③ 和讯网：《机票火车票搭售现象依然存在 携程、艺龙都这么干》，http://news.hexun.com/2018-07-21/193526273.html，2019-03-28。

④ 新浪科技：《罗永浩谈微信封杀聊天宝：反垄断法还不完善》，http://gd.sina.com.cn/jingji/dt/2019-01-16/detail-ihqhqcis6562311.shtml，2019-03-28。

⑤ 界面新闻：《狂欢谢幕：马桶MT、多闪与聊天宝短暂的60天》，https://www.jiemian.com/article/2959326.html，2019-03-28。

⑥ 安徽城市之声：《聊天宝团队宣布解散 通信垄断软件有权利屏蔽其他平台么？》，https://www.toutiao.com/i6669570957562085895，2019-03-28。

3. 互联网收购热潮

2016 年 8 月，在中国网约车市场占据最大订单份额的滴滴出行宣布与优步中国合并，引发了社会各界对网约车行业竞争形势的广泛关注。2018 年 11 月，国家市场监督管理总局正在根据反垄断法对滴滴与优步的合并进行调查。[①]

2018 年 4 月 2 日，阿里巴巴集团以 95 亿美元对"饿了么"完成全资收购[②]。次日，美团宣布收购摩拜单车[③]。

当前，阿里巴巴、腾讯与滴滴等独角兽企业在收购案上被学界质疑并没有遵循经营者集中事先申报的原则。互联网巨头对法律的漠视，执法机构的被动，让反垄断法上的规定起不到实质意义的作用。互联网巨头继续蚕食着我国互联网的各个领域，给互联网的新兴企业、中小企业带来了巨大的压力。同时，大量的收购阻碍了技术创新，也不利于我国互联网产业未来的发展。

4. 知网涉嫌滥用市场支配地位

2016 年 1 月，武汉理工大学宣布与知网的续订谈判不成功，原因是涨价过于离谱[④]。以此为起点，许多高校纷纷开始表态，由于知网收费过高将会暂停续订。2016 年 3 月，北京大学官方网站发布公告称，由于数据库供应商的高价，该网络将被关闭。2018 年 12 月，太原理工大学宣布，出于与其他高校一致的原因，将从 2019 年 1 月 1 日起暂停"中国知网系列数据库"的访问。

2018 年，由于知网设定的"最低充值限额"，一名大学生被迫充值 50 元，以下载一篇价值 7 元的文献。在购买了文献之后，其想退还余额，但被知网拒绝。2019 年 2 月，法院判决"最低充值限额"无效。随后，知网添加了一个自定义充值选项，最小充值金额改为 0.5 元。

目前，知网拥有我国最全面的论文、期刊等数据库，在硕博论文库的独占地位明显，是本硕博学生写论文的必备工具。在学术论文写作上，与其说是习惯用知网，不如说是不得不用。在拥有如此庞大的数据库的今天，知网更是应该遵守法律法规，守住道德底线。知网此番涨价以及设置最低充值金额的行为，无疑有滥用市场支配地位之嫌疑，但其是否构成滥用行为，还得取决于相关市场的界定等各方面因素。

（二）互联网企业滥用市场支配地位的界定疑难

市场支配地位，又称"市场控制"地位，是德国《反限制竞争法》和《欧洲共同体条约》中使用的概念[⑤]。市场支配地位在理论上存在着很大的争议，各国法律也表述不一，但目前普遍认为，市场支配地位具有两层含义：其一是经营者在相关市场中处于强势地

① 百度百科：《滴滴优步合并案》，https://baike.baidu.com/item/滴滴优步合并案/23156081，2019-02-25。

② 新浪科技：《阿里巴巴联合蚂蚁金服　95 亿美元全资收购饿了么》，http://tech.sina.com.cn/i/2018-04-02-doc-ifysvmpw2215976.shtml，2019-03-30。

③ 网易财经：《美团收购摩拜单车　胡玮炜称不存在所谓"出局"》，http://tech.163.com/18/0404/06/DEHFVSUS00097U7R.html，2019-03-30。

④ 新浪教育：《苏州大学生告知网胜诉　知网最低充值已改为 0.5 元》，http://edu.sina.com.cn/l/2019-02-25-doc-ihsxncvf7588592.shtml，2019-02-25。

⑤ 孟雁北：《反垄断法》，北京大学出版社 2011 年版，第 113 页。

位；其二是经营者有能力控制价格等交易条件或排除和限制市场竞争。[①] 笔者认为，市场支配地位应是一种状态性的概念，是相关经营者在相关市场的一种主导地位和主动权、话语权，是其他经营者进入该市场的阻力。市场支配地位在很多情况下并非一家独大，例如我国移动支付领域，就形成了支付宝与微信支付双寡头的局面。

由于互联网自身的特性，发展极快、变化极大，互联网企业在滥用市场支配地位时就拥有不同于常规企业的新特征，导致在市场支配地位的界定上容易出现许多疑难问题。

1. 互联网企业滥用市场支配地位的新特征

（1）用户锁定效应严重。用户锁定效应，又可以称为用户粘性。用户锁定效应类似又不同于我国反垄断法中所规定的市场壁垒，其中，这种效应在一些特殊的领域表现极为明显，如社交领域和即时通讯领域。最典型的是上述案例中，腾讯公司拥有微信、QQ两大王牌产品，同时，微信几乎渗透到了中国互联网用户的全部生活当中。目前，微信的用户锁定效应已经形成，想要打破这一情形就很困难。因为社交领域不同于其他领域，用户的使用习惯一旦形成，将很难再转移。一旦形成用户粘性，大量的用户将不会再花费更多的时间和精力去学习使用其他的即时通讯产品，因为这将花费巨大的学习成本。此外，即时通讯中强大的人脉网不可能随着个别用户的流动而转移，在长期的用户培养下，人脉关系网的移转也显得十分困难。例如，腾讯公司的即时通讯产品微信，其起初的大量用户正是从腾讯的另一款产品QQ中逐渐转移过来的。由此可见，其他外部企业要想涉足该领域就显得更加困难了。

（2）滥用行为的难度和成本降低。在互联网上，互联网企业只需在现有产品的基础上添加一些代码，即可添加一个全新的新功能，而不需要消耗额外的实物资源。[②] 例如，携程在其App上搭售，只需通过设置优先级，将这些隐藏的扣费选项设置为默认，就能骗过许多用户的眼睛；同理，在电商法出台之后，通过代码的修改又能快速做到符合法律规定的效果。腾讯通过旗下的产品布局形成的强大生态闭环，足以控制用户的各种信息流，轻松封杀于己不利信息的流通。同时，互联网产品又不同于其他的实体商品，它们在不断地更新迭代，而用户往往就要被动接受这些更新换代带来的后果。这样，实施滥用市场支配地位的行为就变得成本极低。只要用户有使用该产品的习惯，互联网企业就可以潜移默化地改变用户，达到他们想要实现的效果。

（3）收购成为常态。近几年来，背靠强大财团的支持，互联网巨头和独角兽开始了收购热潮。互联网巨头，特别是腾讯与阿里巴巴，逐渐瓜分了中国互联网的地盘。许多创新型的互联网公司，在产品还处于研发初期时就被巨头竞相收购，导致互联网公司的发展愈发远离多元化走向单一。

（4）互联网巨头形成生态闭环。互联网公司具有复杂的多边性。随着不断地投资、并购与收购，互联网巨头均形成了自己的生态闭环。阿里巴巴和腾讯各自拥有渗透到各个生活领域的产品和服务，他们在主营业务以外纷纷布局，到目前，在各个领域都拥有了流量巨大的产品。换句话说，互联网巨头们旗下的产品就能满足大量普通互联网用户的日常需求。例如，支付宝App不仅仅具有主营的付款功能，其还拥有诸如聊天、理财、购票、购物、缴费、出行、资讯等一系列附加功能。

---

① 张穹：《反垄断法理论研究》，中国法制出版社2007年版，第136-137页。

② 宋锐：《互联网企业滥用市场支配地位问题研究》，哈尔滨商业大学2018年硕士学位论文。

2. 我国既有法律制度在界定与规制上出现的困境

截至 2018 年，《中华人民共和国反垄断法》（以下简称《反垄断法》）已经生效整整 10 年。《反垄断法》给我国市场竞争带来了一定的秩序，其实施过程中也出现过引起社会高度关注的"可口可乐并购汇源事件""360 诉腾讯案"等。虽然吸收了一些国家和地区有关反垄断法的立法上的优点，但是相较于欧美，由于我国《反垄断法》起步时间较晚，立法上难免有不够完善的地方，有些规定较为笼统模糊。同时，《反垄断法》在我国法律体系中属于较新的法律，在运用和执行上也会产生新的问题。尽管最高人民法院出台了相关司法解释，国务院有关部门也给出了相应的执行细则，但是从"3Q 大战"的审理进程来看，对于"滥用市场支配地位"的认定依旧相当困难。

（1）法律的滞后性凸显。法律本身就具有滞后性，我国《反垄断法》颁布十余年，截至目前还未修改过。我国互联网起步时间较晚，因此，2008 年该法刚颁布之时，我国互联网竞争还并非像今天这样激烈。随着经济的急速发展和人民生活水平的提高，如今，互联网已经渗透到各个领域。以被称为"互联网反不正当竞争第一案"的腾讯诉 360 案为起点，社会舆论开始越来越关注互联网竞争的问题，同时，国内许多学者也开始探讨我国反垄断法的修订问题。但是由于互联网的发展过于迅速，近几年更是产生了大量的法律问题，使得在立法层面上的操作就不断被搁置。目前，我国反垄断法的滞后性凸显，亟需关于互联网反垄断层面的界定与规制。首先，由于传统方法受制于法条的规定，应用起来较为死板，而互联网又拥有不同于普通产业的新特征，因此，传统认定方法遇到新兴的互联网产业更是难以适配，传统的市场份额推定、相关市场界定不再适用于新兴的互联网企业。其次，我国反垄断法规定的处罚数额和处罚机构都已经不再适用于当前的发展趋势。我国现行《反垄断法》规定的确定数值的处罚金额，最高仅 50 万元。

（2）市场份额推定在互联网领域相形见绌。传统的市场支配地位认定的理论框架主要采取市场行为、市场结构、市场结果三种标准[①]。我国《反垄断法》第十九条规定，"有下列情形之一的，可以推定经营者具有市场支配地位：（一）一个经营者在相关市场的市场份额达到二分之一的；（二）两个经营者在相关市场的市场份额合计达到三分之二的；（三）三个经营者在相关市场的市场份额合计达到四分之三的……"这表明，我国目前采用的主要是倾向于市场结构的市场份额推定的方法。同时，例如美国、欧盟、日本和德国等国家或地区的反垄断立法或司法均批准认可了市场结构标准[②]。然而，在互联网的大环境下，市场份额推定的方法是行不通的。前文提到，在互联网领域，用户锁定效应和互联网巨头的生态闭环十分强大，这样，互联网巨头的份额将会占据主要地位，而其他产品的市场份额就不值一提。由此，市场份额认定就会陷入尴尬，巨头的市场份额数值过于庞大，市场份额的指标将会失去参考意义。同时，市场份额认定在互联网上还会遇到不适用的问题。市场份额认定一开始是针对传统商品市场的实体商品的认定，而互联网产品是全虚拟的，并且大部分是免费的。免费的、虚拟的产品能不能算入市场份额的计算之中，又是一个界定的难题。

---

① 邹开亮、刘佳明：《试论大数据企业"市场支配地位"认定规则的困境及重构》，载《郑州师范教育》2017 年第 6 期。

② 叶明：《互联网行业市场支配地位的认定困境及其破解路径》，载《法商研究》2014 年第 1 期。

二、互联网企业滥用市场支配地位之法律界定

（一）法律对于界定滥用市场支配地位的理论基础

在界定和规制企业滥用市场支配地位中，学术界有两大主流的观点流派，分别是本身违法原则和合理原则。并且，这两大原则也是我国法院审判时所运用的主要原则。

1. 本身违法原则

本身违法原则其实是一种"事实认定问题"[①]。本身违法原则是一种传统的认定方法，也是我国司法目前所采用最主要的认定原则。它注重的是企业的行为，只要行为违反了法律规定，而不论其产生原因与结果如何，都认定为该行为违法，而不考虑该行为的主观状态。该认定方法类似于刑法学上的"行为无价值论"，以行为的好坏论成败。在司法过程中，本身违法原则便捷高效，在认定上能够快速地将行为与法律规定相匹配，从而认定该企业是否具有滥用市场支配地位的行为。但是，本身违法原则也存在着明显的弊端，其囿于法条本身的规定，在认定上并没有将原因与结果纳入考虑范畴，这样容易造成误判，要么过分干预了该行为，要么忽视了该行为的恶性，走向两种极端。

2. 合理原则

合理原则起源于一个经典案例，即1911 年"新泽西标准石油公司案"[②]。何为合理本身就是一个判断问题[③]，其更多地适用于法律没有规定的疑难问题的分析。合理原则是基于本身违法原则的基础之上，同时考察该行为的实施目的和该行为所产生的后果，做出的一种综合判断。它吸收了本身违法原则的优点，并且丰富了认定的标准。在司法表现上，合理原则显得更为谨慎，它要求的是对该行为在价值上的考究。当然，合理原则也存在弊端，由于其严谨的内核，其认定的过程会显得过于烦琐。而且它的可预见性较差，成本较高。所以合理原则是在一定范围内适用的[④]。

笔者认为，一方面，本身违法原则作为一个传统的认定原则，在长期实践中证明了它的可行性，全盘否定本身违法原则是不符合辩证法原理的。并且，目前我国司法干预较为严重，本身违法原则可以减弱这种干预带来的影响[⑤]。另一方面，本身违法原则的弊端较为明显，在大数据时代，合理原则似乎更加适用于互联网中复杂状况的认定。因此，在互联网垄断案件当中，笔者倾向于以合理原则为主，兼采本身违法原则。适用合理原则更接近于反垄断法的初衷[⑥]。在有关互联网企业滥用市场支配地位的法律规定还没有确定下来的情况下，合理原则当然应占据主要地位，不能再一味地套用法条规定，仅仅用市场份额推定法。当然，合理原则也存在弊端，适当考虑本身违法原则作为补充，可以提高司法效能。

---

① 王萍：《反垄断法中滥用市场支配地位的认定》，西南政法大学2015 年学位论文。

② 李仲斌：《反垄断法的合理原则研究》，厦门大学出版社2005 年版，第13 页。

③ ［美］弗兰克·V. 马斯切纳：《经济学基础》，陈宇峰、姜井勇译，中国人民大学出版社2017 年版，第90 页。

④ 陈奕帆：《反垄断法关于滥用市场支配地位中搭售行为的法律分析》，载《法制博览》2017 年第6 期。

⑤ 张芳鳌：《电子商务企业滥用市场支配地位的反垄断法规制》，西南财经大学2013 年硕士学位论文。

⑥ 孔文静：《互联网产业滥用市场支配地位行为的认定》，河北经贸大学2014 年硕士学位论文。

（二）法律对于界定滥用市场支配地位的实践方案

1. 国际上其他国家或地区的实践方案

（1）美国

在美国，因为经济发展的需要，关于反垄断法的有关法律立法起步较早，因此美国的反垄断法律体系也是目前世界上较为成熟的一套反垄断法律体系。美国的反垄断法主要由三部核心法律组成，其中最著名的是《谢尔曼反托拉斯法》，其被公认为世界反垄断法的里程碑。另外两部分别是《联邦贸易委员会法》和《克莱顿法》[①]。前述中提到的1911年"新泽西标准石油公司案"，在世界影响深远，并且美国法院在此之后也开始结合运用本身违法原则和合理原则，对垄断行为进行综合判定。

美国实行的是典型的"平行式分权"模式[②]。美国将反垄断立法权与执法权下放至各州，于是，各州与联邦都有不同的反垄断法。各州的立法与联邦立法的精神是一致的，许多州甚至在条款上照搬了《谢尔曼法》。这样的好处是，因为国家的经济发展水平具有地域性，各州可以根据自身的经济发展水平，结合地方的特殊政策，做出更为符合反垄断法立法本意的判断，与此同时，联邦法律又拥有普遍的适用性。在适用的一般原则方面，州法院仍然保持其与联邦反托拉斯政策的一致性。只有当"州政策或州立法发展过程明确表示需要做出改变时，州法院才会做出适当的调整"[③]。这样，在法院审判时，主要还是适用联邦的法律，但是遇到复杂疑难或者是与本州利益相关的案件时，可以考虑采用州立之法，结合案情进行分析判断。

（2）欧盟

欧盟的反垄断法体系以一系列的法规、条约等文件组成，欧盟没有单独的反不正当竞争法或单独的反垄断法[④]。在关于违法认定的标准方面，欧盟倾向于适用"行为主义"的原则[⑤]，即不禁止经营者具有市场支配地位这种状态，但是禁止他们实施滥用市场支配地位的行为。这点与我国的反垄断法相似。

此外，欧盟的反垄断机构——欧盟委员会统一实施反垄断职能，由于欧盟委员会的专业性和权威性，欧盟的反垄断执法就变得极为高效。同时，欧盟反垄断执法还以严厉著称，并且注重对互联网巨头的调查惩罚。例如，近几年来，世界互联网巨头包括微软、谷歌、Facebook等公司都曾被欧盟调查，并且遭受了巨额罚款。

2. 我国的实践方案

直到2008年，我国才拥有了第一部《反垄断法》。我国反垄断法吸收了部分欧美德日以及其他国家或地区在反垄断立法上的优点。但是由于立法时间较晚的缘故，我国反垄断法在各方面还显得很不完善，法条规定较为笼统，例如前文中所述，在"市场份额推定"的规定就不够清晰，这样，容易造成司法疑难和执法懈怠等不良的后果。

① 找法网：《美国的反垄断法》，http://china.findlaw.cn/jingjifa/fldf/lunwen/031571293.html，2019-02-27。

② 应品广：《反垄断法的纵向实施机制：国际比较与中国选择》，载《竞争政策研究》2015年第3期。

③ Anheuser-Busch,Inc.v.Abrams,71N.Y.2d334-35.

④ 侯德红：《浅析欧盟反垄断法执行及对中国之借鉴》，载《黑龙江省政法管理干部学院学报》2013年第3期。

⑤ 李靖怡：《滥用市场支配地位的法律问题研究》，首都经济贸易大学2015年学位论文。

在立法权限问题上，目前，地方还不能够对反垄断进行立法工作。不过，我国《反垄断法》将执法权限授予了省级的相应机构，通过授权缓解了中央反垄断执法机构在纵向调查时的负担。我国司法在认定原则方面，也采用了与美国类似的本身违法原则与合理原则相结合的方式。

多年来，我国反垄断执法机构包括商务部、发展与改革委员会、工商总局，三家大头执法，虽然分工明确，但难免出现权力交叉或是相互推诿的现象。若是执法部门冲突还需协调，反垄断执法效率低，相较于欧美略显乏力，只打苍蝇不打老虎的现象较为严重。2018 年，我国政府机构改革对现行反垄断执法机构的设置进行了较大调整，三家反垄断执法机构合并，统一归属于国家市场监督管理总局。这样，就结束了我国反垄断"三头执法"的局面，反垄断法的执法权由一家行使，节省了大量的执法成本。此次的变革能否与欧盟一样在反垄断领域树立权威性和高效性，有待时间考验。

笔者认为，我国反垄断法虽然还很不完善，但是已经对我国的法律发展做出了一定贡献。同时，在反垄断执法机构设置上开始效仿欧盟与美国的模式，是进步之举。"3Q大战"以来，最高法判决一直被认为是互联网反垄断问题界定上的标杆。但是，我国并不是判例法国家，在案件定性上，最好还是有法可依，也就是说，我国的法律亟待修改。

3. 比较与借鉴

在滥用市场支配地位的界定上，我国可以考虑吸收借鉴欧美等国家或地区的实践方案。在立法上，采取和美国相类似的方案，将反垄断立法权限下放到省一级别，各省根据自身的经济情况再制定相应的地方性法规或政府规章，让反垄断法更加具有可执行性与适用性。在执法上，对标欧盟，在目前反垄断执法机构合并为一家的改革之后，加强执法的严厉性、主动性，维护法律与国家执法机关的权威性。在司法上，继续采用以合理原则为主，兼采本身违法原则的结合方式，相互补充以减弱本身违法原则的弊端。在互联网案件中，由于既有法律并没有直接的规定，互联网的发展又十分迅速，因此在大部分的情况下，需要运用合理原则进行认定，但是当遇到法律有规定的一些共性问题时，就可以直接采用本身违法原则，以减少认定的困难度。

（三）互联网滥用市场支配地位法律界定的展望

早在 1890 年，美国就制定了第一部反垄断斯法即《谢尔曼法》。在立法时间上，我国的反垄断法与美国的《谢尔曼法》相差 100 多年，因此，我们还有很多的经验和做法需要向欧美等发达国家和地区借鉴。在符合我国国情的前提下，在适合我国经济环境的条件下，吸收借鉴欧美的优质方案，是未来我国反垄断法立法的大势所趋。

传统理论在互联网时代是依旧适用的。法院在审理互联网企业滥用市场支配地位的案件中，往往由于没有相关法条的规定而适用合理原则判决。因此，在界定上，要求法官更加严密地分析综合各方面有关互联网特性的因素进行判断。与此同时，有关互联网方面的立法也应当继续跟进。在互联网企业滥用行为的认定和相关市场的界定上，甚至可以出台有关法规或司法解释，确定具体的认定方法。在执法机构三合一的改革下，加强审查与监控，严惩互联网巨头的违法违规的行为。在互联网违法成本极低的今天，我们更应该关注到如何去控制互联网企业的行为上来，做到"有法可依、有法必依"。

市场鼓励创新，因此，只有当互联网企业"百家齐放"之时，才会有互联网产品"百家争鸣"之景。国家并不强行介入某家或某些互联网企业的正常运作，而是应当提供强有力的保障，确保市场竞争的公平公正。与此同时，互联网企业的风险也极大。除开被垄断巨头收购的"命运"以外，资金链的断裂往往也十分突然。典型的如曾经一度辉煌，让阿里巴巴与滴滴等互联网巨头竞相争夺收购的"ofo小黄车"，在经历了短短几个月的经济危机后陷入了"押金门"，遭遇了信誉危机甚至是破产倒闭的风险。

笔者认为，互联网经济应更注重于市场创新。互联网企业不同于其他企业，互联网日新月异的更新迭代，对互联网企业提出了巨大的挑战。一方面，互联网创新是互联网企业生存发展的"血液"，互联网产品是用户获取最快、感受最为明显、传播最为迅速的产品。失去了创新力，互联网产品很可能就会在短时间内被淘汰。另一方面，虽然互联网风险也十分巨大，但是正如俗话所说，"压力即为动力"，互联网的风险形成了创新的动力。风险管控还需要国家在宏观政策上的支持，需要执法机构在微观上的指导，但是，这一切的管控都指向市场的公平竞争，而公平竞争的最终归宿就是源源不断的市场创新。因此，注重互联网企业的竞争创新比风险管控来得更为重要。

三、互联网企业滥用市场支配地位之法律规制

法律不应当失去权威性。孟德斯鸠在《论法的精神》中说道："一切有权力的人都容易滥用权力，直到有界限的地方为止"[①]。因此，研究互联网企业的行为，是为了更好地利用法律去规制这些行为。

（一）全面接轨互联网

互联网相关条款的模糊或缺失，是我国现行反垄断法的问题，也是目前学术界呼声最大的问题之一。当下，互联网巨头用户锁定效应极其严重、生态闭环已经形成，改变用户习惯不仅困难而且烦琐，最好的选择则是正确利用法律规制这些互联网巨头的行为，通过反垄断执法机构监督指导互联网企业的行为。规制并不是强行介入。例如，微信是符合大部分用户使用习惯的应用，而规制并非要强行打破目前一家独大的局面，而是当腾讯公司违反了反垄断法上的规定，如屏蔽其他应用的分享链接之时，反垄断法要求其停止该不正当竞争行为，还给其他应用生存与传播的空间。

反垄断法必须也是时候要对互联网企业做出适当的规制。在下一次反垄断法的修改上，有两种方式，一种是直接将互联网有关规定列为专门的一章详述，另一种则是增加相关概括性条款，之后依据法律出台相关法规或者是有关司法解释。笔者认为，可以考虑后一种方案即增加有关于互联网的概括性条款，为相关法规、司法解释出台做必要准备。专门针对互联网企业滥用行为的立法当然是最有效的方式，但是立法是一件花费大量精力、人力和物力的事情，例如，我国《民法典》的编撰从提出到完全落实都要花费好几年的时间。出台相关的法规或司法解释就显得更为简便高效。

（二）多元界定市场支配地位

传统理论在今天虽然有操作的意义，但是，在大数据时代，必须拥有全新的标准以代替旧标准。互联网的多种特征让互联网上的因素变得极为复杂，传统的市场支配地位的认定理论、推定理论，以及相关市场的界定理论，在今天操作起来显得过于单纯，难

---

① 孟德斯鸠：《论法的精神》，申林译，北京出版集团公司2012年版，第83页。

以面对目前复杂的互联网经济形势。因此，他们应该随着时代的发展而更新。

正如前述，在互联网上，日新月异、持续更新互联网产品成为互联网企业滥用市场支配地位的主要工具，市场份额推定已经不再适用于互联网商品。互联网商品具有免费性质，传统的实体商品的认定方法已经不适用于互联网产品。因此，如果能将用户黏性、互联网公司的多边属性，以及用户转换平台之后的学习成本、人脉资源转移的困难程度等特征作为市场支配地位在界定上的因素，或许在市场支配地位的界定上会显得更为符合反垄断法的立法本意，在认定时会更加有依据。

考虑引入多因素结合的方式多元界定，是目前的大形势所趋，也是解决问题的有效途径。虽然可能在认定上会变得复杂，但这也是目前用以规制互联网企业的最为有效的一种手段。

（三）加大互联网并购收购审查力度

当前，互联网巨头的生态闭环已经形成，互联网新兴企业的发展空间不断被挤压，面临着被独角兽企业并购或是收购的风险。

2018 年，国家市场监督管理总局开始了对滴滴并购 Uber 中国一案的反垄断调查。我国反垄断法二十一条规定了经营者集中事先申报的规定，但是，目前很多互联网公司却采取了事后申报甚至没有申报的方式，逃避监管。例如，2016 年滴滴收购 Uber 中国时，商务部就明确表示滴滴公司并未申报。

与此同时，2018 年国务院机构改革，将反垄断执法权"三合一"到国家市场监督管理总局身上。这让大家仿佛看到了一道曙光。长期以来，三家执法机构都怠于主动行使执法权，相互推诿、互不认账，这就大大增加了执法的困难度。因此，机构合并有利于实现执法的高效性。目前，互联网迎来了一波并购热潮，大鱼吃小鱼现象逐渐成为常态，今后，互联网经营者集中的案件还会越来越多。因此，相关执法机构应当加重对未申报者或事后申报者的处罚，防止互联网出现大寡头垄断的局面。

（四）授予地方立法权限

在美国这样的复合制国家，联邦和州都有权限进行反垄断立法。州立之法与联邦立法虽然不相同，但是基本的精神一致。每个国家不同地区的发展不尽相同，经济水平也会呈现出或大或小差距。反垄断法作为经济法中的重要组成部分，作为市场经济规制的重要手段，也应该呈现出因地制宜的趋势。笔者认为，应当根据每个地区不同的经济发展状况、教育水平、人口数量、地域大小等，确定各个地区相应的处罚金额、处理模式等。

我国反垄断法可以通过规定的形式，将反垄断的立法权限赋予地方。虽然区别于复合制国家，我国依旧可以借鉴美国的经验，在与反垄断法不冲突的情况下，制定相应的地方性法规或政府规章。地方可以结合当地实际，根据经济情况、地方特色进行相关立法。这样，地方的反垄断执法机构在处置反垄断案件当中，就可以根据案件发生地的实际情况，做出较为合理的惩罚。

（五）加大互联网违法违规惩戒力度

在互联网这样的虚拟空间上，滥用市场支配地位的行为的难度和成本都降低，这就导致互联网企业经常游走在法律边缘，通过代码修改，做出违法违规的行为；当国家管控、法律规制时，又轻松实现符合法律规定的状态。目前，大量的互联网企业由于我国反垄断法的相关规定模糊与缺失，做出了一系列违法违规甚至是触碰道德底线的行为，因此，今后很有必要加大对互联网违法违规行为的惩戒力度。

我国现行反垄断法第七章所规定的惩罚力度，相较于欧盟就显得异常微薄，这也是目前法律滞后性的一大表现之一。互联网企业滥用市场支配地位的成本极低，我国的互联网巨头更是市值千亿美元级别的巨型公司，惩罚力度不够会导致法律失去权威性，同时也会影响反垄断执法机构的执法工作。2018 年，欧盟对谷歌处以 43.4 亿欧元（约合 50 亿美元）的天价反垄断罚款，创下了反垄断罚款的最高纪录[1]。屋漏偏逢连夜雨，2019 年 3 月，谷歌又遭到欧盟 14.9 亿欧元的罚款[2]。从这一点来看，此举是不利于谷歌公司今后发展的，谷歌公司在今后必定会更加小心谨慎、遵守相关规定。因此，考虑在修订反垄断法时加强惩戒力度，能够震慑互联网企业特别是互联网巨头，让反垄断法的一系列规定更有意义。

结语

互联网企业在滥用市场支配地位上具有不同于以往普通企业的新特性，而我国《反垄断法》在互联网上的规定还存在空白，法律的滞后性凸显，处罚较为孱弱。本文受制于笔者个人的知识储备，未能深度结合法经济学的相关理论进行研究。同时，面对互联网的瞬息万变，笔者难免有尚未关注到的互联网新特征的共性问题。今后的研究应当结合法经济学分析法，在本文的基础上，进一步剖析互联网企业垄断行为的深层原因。当下，互联网的发展呈现出更为复杂的形式，同时，互联网背后的虚拟经济在国民生产总值的比重逐渐攀升。正确处理好互联网企业与市场经济之间的关系，关系到我国经济未来的走向，这就需要我国法律提供的强有力的保障。种种问题的暴露，提醒着我们，未来我国在互联网反垄断领域的任务将更加艰巨，我国《反垄断法》任重而道远。

---

①   Chiming：《欧盟对谷歌的罚款，可能是对科技公司全球监管的开始》，https://36kr.com/p/5144001，2019-03-31。

②   新浪财经：《谷歌又被欧盟罚款了　这次罚了近 15 个亿》，https://finance.sina.com.cn/stock/usstock/c/2019-03-20/doc-ihsxncvh4149193.shtml，2019-03-31。

浅析基层检察院检察公章的信息化改革

罗明凌 *

　　检察公务在案件审查、出庭示证、结案效果评价等多个方面随着电子数据的信息化发生了显著的进步，检察印章升级为电子印章加盖模式是检察公务进行信息化管理改革的组成方面。旧式的公章加盖有以下弊端：不易保管，需要设置专门的保险柜进行保存，管理的人工成本高，效率低下，审批烦琐，纸张浪费严重，不利于节省公务财政开支。电子印章将传统的纸质文书、印章、签名全部信息化，打通全程电子化的"最后一公里"对接链接，审批事项全程推进电子签名、电子印章和电子文书等应用功能，实现检务服务从"线下跑"向"线上办"的根本转变，刑事案件的侦诉一体化更顺畅。

一、从实体印章升级为电子印章的重要性和必要性

　　1. 刑事司法文书的时效性得到了增强。实践证明，信息化是克服机械化的有效途径，可以减少单一重复劳动，节约时间成本，推动后续各个案件办理流程的高效性，缩短案件办理期限，避免案件超期和滞期。以前是员额检察官派司法文员加盖公章，容易出现机械劳动和重复劳动，实行电子印章后由专职司法行政人员负责加盖电子印章，效率大大提高，从繁重的印章加盖任务中解脱出来，减少机械化人工操作浪费时间和精力，更利于员额检察官集中精力在案件定性分析上。同时，办公的网络自动性也大大增强。随着通信技术的不断进步，各办案部门和后勤服务部门形成一套互通密闭的内网交流网络，灵活性大大增强，电子信息的传递，无需人来介入，办公自动化得以实现，只要承办人将司法文书提交输入系统中，它会自动地在几秒钟之内证实信息安全到达，并且反馈信息到你的终端。以往的纸质司法文书加盖功能让领导在评价办案效果的时候忽略了许多细节，也耗费了大量精力，而电子数据的统一更加全面和快捷，实现案件效果和社会效果的高度统一。信息化更加具有组织性，高度的流程自动化加速了机构减负和精简的目的，让烦琐的办案流程进入到更加高效的状态。同时，打破了以往各案件承办人各自为政的局限性，统一将司法文书提交电子印章，形成互相比较的效果，制作良好的司法文书得到示范的作用，老是出错的司法文书需要退回重新更正提交，后台进行退回数据统计，相应的文书制作方就要进行自我纠错，才能跟上办案步骤。

　　2. 刑事司法文书的规范性得到加强。纸质的刑事司法文书经常会出现手写或者手改的情况，加盖的印章位置也不统一，印泥容易发生深浅不一、手触模糊的问题，容易影响司法文书的权威性和严肃性。实行电子印章后，由于加盖人是专人负责，加盖的位置是规范的，不会出现涂改的痕迹或者出现人工手动加盖印泥造成红印痕迹还未干的情况。文书统一提交通过涉密内网送达到加盖人的计算机网页上，通过内网联机涉密打印机，直接打印出司法文书，保证了司法文书的整洁性和规范性，外表更加美观大方，突出了

　　* 罗明凌，厦门市海沧区人民检察院。

国家检察权力的权威性。司法文书的格式更加规范，阐述的内容更加严谨，文字语言更加符合法律专用术语使用标准，对案件事实的描述更加贴近原始事实，法律定性和法条适用都更加准确无误，这些都是推行电子印章所产生的良好办案效果。实行电子印章以后，对电子司法文书的把关审核作用凸显，进行全面的审核表面格式是否规范，日期、姓名书写是否正确，不针对案件事实进行审核。在电子印章数据库里，司法文书分别按日期、承办人、承办部门进行排列，大数据可以进行快速统计和查询，分门别类，十分醒目。对司法文书的服务保障功能大大增强，十分快捷地发现办案规律，即各个承办人的办案强度和办案类型，从而根据承办案件的数量和质量更加公平地对员额检察官进行全面和专业的业绩考核，有利于案件分管领导进行决策。

3.刑事司法文书的涉密性得到提高。基层检察院内网的网络安全问题很重要，在网络病毒泛滥的情况下，要保证涉密司法文书的准时送达和对外公开。以前纸质的司法文书容易出现丢失的情况，现在网络有数据备份和数据恢复系统，一旦出现了数据丢失或者链接错误的情况，可以由单位的专职计算机操作人员通过各防护系统运转来进行数据查找和恢复，解决了当前存在的丢失瓶颈问题。内网备有防火墙、入侵检测系统、网络审计系统、防病毒软件系统、漏洞扫描系统、公文跨区流转系统，功率达到千兆的设计标准，符合了当前内网管理保障需要。电子印章实行内网访问控制策略，入侵检测系统部署在安全管理领域，进行入侵检测和访问控制，因此，只有合法的司法文书才能通过检测和审核。在封闭的电子传送系统里，司法文书不容易被偷拍和遗失，更好地契合检务需要，进入电子传送系统的司法文浅析基层检察院检察公章的信息化改革

4.刑事司法文书只有在案件承办人、审批领导和电子公章加盖人之间实行开放共享，减少了其他不必要的流通环节，有利于案件保密义务的严格履行，有效地保证了网络安全问题。电子印章自成体系，涉密计算机不得对外进行信息传送或者资料打印等容易泄密的操作，有效避免不必要的外在人为干扰。实行"电子痕迹化"管理后，完成标准化、数据化、痕迹化、无纸化升级改造工作，电子证据具有比传统纸质证据更加稳定、不易丢失、易保存、易统计的优点。

二、我院采取的具体管理措施

实行电子印章改革以后，成绩是明显的，到目前为止，我院总计加盖约三万五千条电子印章记录，无任何一起错盖和漏盖事件，正确率达到了100%。电子印章的盖章内容依次设置为：序号、标题、印章名称、文号、审批人、承批部门、承办人、申请时间、盖章人、盖章时间、允许打印份数、实际打印份数、操作十三项内容，可以通过标题和申请日期进行查询。为配合工作，认识到电子印章管理的重要性，我院采取以下改革措施：

1.投入资金加大了信息化物质建设。积极争取海沧区的财政支持补助开展了对机房的更新、改造和升级，配置了专用光缆，安置了三个刑事案件部门的计算机和相应的配套设施。积极探索创新、全面落实上级推广电子印章全覆盖的要求，在各业务部门全面推广应用"电子印章管理系统"，定期举行涉密计算机网络安全使用管理教育，举行保密知识测试，对保密自查自评及门户网站保密管理等情况进行了重点检查，听取涉密计算机管理人工作情况汇报，查阅了相关资料和记录，及时解决涉密计算机出现的新问题。

2.出台《海沧区人民检察院电子印章管理暂行办法》。它规定采取信息化管理方式

流转电子司法文书登记信息，在办理电子司法文书相关业务时，需按照事先确定的业务流程和经办人员岗位权限要求，在有关电子司法文书上加盖相应的电子印章，以确保流程信息真实有效。三个刑案部门加快建立完善的内控机制，不断完善信息系统控制机制，确保电子司法文书办案业务电子化管理工作优质高效、安全可靠。实现从流程审批、材料流转、材料签署及归档管理无纸化操作，即审即签，秒间速达，大大提升办公效率，打破时间空间限制，解决传统审批模式材料难以有序保管、找寻困难、易于丢失等问题。

3. 实行司法行政人员的专职管理制度。为了推动电子印章的规范性，我院规定了电子印章加盖人的高度专业化，即：电子印章加盖人不能是编外的合同制文员，必须是编内公务员，而且通过国家法律职业资格考试，具有法律硕士证书，这些硬件条件要求有效保证了电子印章加盖人的法律高素质和职业操作道德，避免电子印章加盖发生错误，确保送达到人民法院的刑事司法文书的统一和规范。实行"三员"培训制度，即员额承办人员、合同制文员和电子印章加盖专职人员，培训内容是办公电子化的相关基础理论和实践常识，通过身份的区分和认证来提高司法文书的正确通过率。

4. 设置了 AB 岗轮换制度。规定了在 A 岗管理人员请假不在岗的情况下，B 岗人员替代管理，从而保证电子司法文书能够在规定的办案期限内得到加盖。AB 岗的制度采取主次分工制度，实行"传帮带"的工作方式，因为电子印章加盖有许多注意事项，通过注重细节的传授来达到规范和权威，大多数的情况是由 A 岗的人员进行把关审核，在其请公休假、病假、事假、外出培训等特殊不在岗的情况下，才临时由 B 岗的人员来替代加盖电子印章。由于电子印章 key 是实行实名制，即每一个 key 都有相应的责任人的姓名等个人信息资料，无法借用或者委托，相应实施的责任是"谁加盖谁负责"的严格责任制度，保证了电子印章加盖的有效性。

5. 规定了当日文书当日加盖的制度。要求当日提交的司法文书在当日加盖电子印章，避免拖延到明日，并且提醒司法文书提交人尽量在下午下班半小时前进行提交，以免因为加盖人下班几分钟进行关机没有看到提交的司法文书。对各类司法诉讼文书实行电子化管理，附带有电子印章的电子版名单取代了以往手写的诉讼文书，提前 24 小时上报诉讼文书的审批单子，极大地促进了办案效率。加盖电子司法文书发现有错误的内容，需要及时进行退回处理，经过修改重新提交，保证了加盖印章的权威性和正确性，有效地促进了电子司法文书的规范化。

三、今后电子印章管理需要改进的注意事项

1. 由于电子印章加盖量的增加，内网电脑堆积的电子垃圾日积越多，会容易出现死机的现象，需要计算机专业人员进行电子垃圾清除和系统重装。

2. 如果出现了电子印章漏盖的情况，可以让文员拿着打印好的司法文书进行实体公章的补盖，进行事后补救，就是电子印章需要和实体公章起到互补的作用，不能完全忽略对方的作用。

3. 电子印章的计算机由于涉密性太强，不能连接外网，否则容易出现数据丢失或者泄密等不良后果，必须一机专用，专人负责。

4. 因为电子印章库是和省院相连接的，为了进行各区的互相联系，单位的专门技术辅助员都建立了一个交流微信群，彼此交流网络处理技术，遇到相同的故障才能互相交

流处理技术，达到及时解决技术故障、保证电子印章及时加盖的目的。

5.介绍信还没有能够加盖电子印章。介绍信是使用在去其他单位进行人事、档案、调查、取证等事项所开具的书面证明，用途非常广泛，在所有的司法文书都能够加盖电子印章的情况下，只有经常使用的单位介绍信还是纸质，所以将来可以采用技术将介绍信也制作成电子形式，就可以加盖电子印章了。

犯罪记录查询：数据治理与个人信息保护的法益平衡

——从公共利益和社会认知心理开展论述

黄雨萱　黄鸣鹤*

案例一：张某入职某公司，表现颇佳，试用期届满办理转正时，用人单位要求张某提供无犯罪记录，张某拒绝提供，用人单位拒绝予以转正，并通知解除劳动合同。据查，张某入职一年前因危险驾驶罪被法院判处拘役及罚金，刑罚已执行完毕。

案例二：河北胡某，多次乘火车、住宾馆时被警方严加盘查，后发现自己身份曾被不知名女性盗用，实施犯罪活动后被判处刑罚，该女性服刑完毕后下落不明，胡某却因为身份档案中所记载犯罪记录遭遇种种麻烦，其中包括报考公务员未能通过资格审核等，多方投诉，由于牵涉多个职能部门，一直无法彻底删除其犯罪记录，当地公安机关给胡某开具无犯罪记录证明，随身携带。

案例三：X 市承办大型国际会议，市公安局通过公共安全大数据平台进行数据检索及隐患排查，发现一些公共安全隐患线索，如某市民家中所雇佣家政公司推荐的保姆，曾有犯罪记录，家政公司人事档案登记体现为无犯罪记录；某公交车司机赵某，求职时向公司隐瞒吸毒史，毒瘾尚未完全戒断，所驾驶的大型公交车辆行驶于市区线路。那么，问题同时提出，公安机关是否应依职权或负有法定义务主动警示相关雇佣单位？

三个案例均指向同一项制度，即"犯罪记录查询"。案例一，问题在用人单位招录员工时，是否有权利要求员工提供"无犯罪记录证明"或主动报告犯罪记录？案例二，问题是胡某的身份权被侵犯，错误信息如何及时纠正？案例三，问题为公安机关通过犯罪记录查询所发现的治安隐患或危险，是否应主动干预，如何保护信息主体的合法权益？

本文将以案例为药引，将发现的问题为研究对象，结合我国法律、法规、司法解释等现有的规范，溯源"黥刑、刺配"等古代刑罚在中国发展的历史，镜鉴当前域外相关制度，从法理基础、社会治理、文化传承、制度设计等维度，进行论证。

一、问题：个案暴露法律空白

1.人品标签：用人单位是否构成就业歧视？

在案例一中，用人单位以张某求职时未能如实填报"无犯罪记录"选项为由，通知解除劳动合同，理由是张某不诚实，张某不服，仲裁后提起劳动争议诉讼，法院判决认为：张某所任职的岗位，法律法规并未规定以"受过刑事处罚"为任职消极条件，故张某是否受过刑事处罚，并不影响劳动合同目的实现。张某的隐瞒，是担心就业歧视潜规则的存在，无法证明张某存在欺诈故意。张某在试用期间，并无其他违反公司劳动纪律的行为，公司承认除故意隐瞒犯罪记录外，张某的能力足以匹配其所在工作岗位，该案判决支持了张某的诉讼请求。

---

*黄雨萱，大连海事大学外国语学院。黄鸣鹤，厦门市中级人民法院研究室。

　　思考：用人单位在面试时，要求求职者提交"无犯罪记录证明"是否构成就业歧视？支持的意见认为，用人单位与劳动者是平等的，劳动合同的基础应当建立在平等互信基础上，故用人单位要求求职者提供必要的个人信息，求职者不应有所隐瞒，"过往犯罪"意味着求职者可能存在某种能力缺陷（情绪自控力[①]、守法意识、忠诚度、贪婪品质等），用人单位根据岗位需求、求职者能力比较予以拒绝，未必是基于"犯罪污点"的歧视。反对的观点是，综观当前中国社会发展水平，一般人对罪犯分子普遍心存恐惧与厌憎，视之如毒蝎，与有过犯罪记录的人群，充满不信任感。循日常经验可知，同等条件下，求职者被发现存在"犯罪记录"，被拒绝的概率大为增加，"机会丧失或减少"，与法律鼓励罪犯改造重返善良社会的目标背离，因此，用人单位在招录员工时，除特殊岗位或职位对从业人员有特别要求时，不能要求求职者提供无犯罪记录，也不能要求主动提供或填报相关信息，否则就构成"就业歧视"。

　　2. 弱者盾牌：当事人救济权的主张

　　在案例二中，胡某身份被犯罪分子窃用，权利侵害，多部门间辗转求助无门，究其原因，职能部门"惰政思维"有之，但技术层面上，中国至今并未真正建立统一的"犯罪记录信息数据库"，政法各家各行其是，数据并未真正实现"联网、共享"，信息梳理、归集、整理、异议受理，缺乏制度化设计及操作规范。由于缺乏相关法律法规依据，胡某成为"数据难民"时，无法通过异议权实现数据及时修正，也无法提起行政不作为诉讼，只能以信访等方式维权。

　　胡某身处"身份被黑"困境，小民之痛楚，即社会管理之堵点，即有问题。首先是查询主体资格问题，"公民犯罪记录查询"有权查询的主体应该受到严格的限制，除公民个人本人查询外，第三方查询权限，应以法律行政法规明确授权为资格取得依据，无授权即禁止。第三方查询所得信息，不得用在其他用途上，相关信息应妥善保管，不得泄露给他人。信息保管、使用不当造成损害的，行为人应承担相应的法律责任。

　　此外，立法应规定信息主体的知情权、异议权，公民有权充分并及时知晓本人相关信息的归集、采集、使用、变动等情况，包括信息来源和变动理由（知情权）。公民认为其相关信息的归集、存储或者提供存在错误、遗漏等情形的，或信息收集超越法定范围的，可以向相关职能部门提出异议申请（异议权），相关职能部门应当在规定期限内对异议进行处理，核查属实的，予以更正或者删除，并告知申请人（及时修正义务），无正当理由不予信息及时修正，导致公民合法权益受到损害的，权利人有权提起侵权损害赔偿诉讼（请求司法救济权）。

　　犯罪记录信息应规定时效性。公民犯罪记录信息，应综合罪名、刑期、社会危害性评估等各项因素，合理确定信息存续期间，除严重刑事犯罪记录外，信息不得永久存续。犯罪记录信息存续期满后，自动归入后台数据库封存，非经法定程序不得重启（被遗忘权）。

　　3. 比例原则：行政行为的正当与适当

　　在案例三中，X市因承担国际性会议，公安机关建立公共安全数据库，利用研发设计的算法，通过数据梳理、比对和碰撞，发现风险隐患，为公共安全、社会治理提供数

---

　　① 比如危险驾驶罪，犯罪嫌疑人明知酒驾违法，仍故意犯罪，使得公共利益处于危险状态，即使行为没有造成重大人身财产损失，但足以证明行为人明显缺乏自控力及对法律的敬畏感。用人单位如若雇佣有过危险驾驶前科的人，意味着企业风险的增加，例如工伤概率、雇员侵权等，这种风险评估符合科学推断，并不能简单以"就业歧视"进行定义。

据排查。浙江杭州市发生保姆纵火案后，X市公安机关对该市居家保姆进行数据排查，软件系统提示大量风险点的存在。比如，发现居家保姆李四，女性，有过盗窃犯罪前科，但在家政公司填报资料时，隐瞒相关信息。问题是，在这种情况，公安机关是否可以依职权将相关情况通报或警示李四雇主？

反对意见认为，法律法规并未要求家政人员从业时应当提供"无犯罪记录证明"[①]，李四求职时，家政公司在未进行人员背景调查的情况下，即轻率推荐给雇主，如若发生不法侵害，雇主可通过侵权诉讼主张权利。若在危险并未实际发生，公安机关主动将相关信息透露给李四雇主，导致李四因此被解雇，若引发行政诉讼，李四或可得到法院判决支持。对策讨论会中，大多数意见认为公安机关无权主动公开相关信息，唯一合适的选择就是静默。但数据碰撞，输出更多的资讯导致情况变化，记录显示李四曾因卖淫被强制收容教养，患性病未治愈，其居家保姆的主要服务内容，包括照顾户主家女婴。再次的风险评估认为，若公安机关对此情况仍不予干预，则公民权利处于危险状态。处置措施是，将相关情况通报提供服务的家政公司，由家政公司对其进行适当补偿后解除劳动合同，风险排除。公交司机赵某，求职时隐瞒其长期吸毒且戒断的事实，考虑到公共交通牵涉到重大公共利益，公安机关立刻通报赵某所在公司，要求立刻将其调离公交车驾驶员岗位。

笔者认为，X市公安局在两个具体场景的处置措施，主要考虑的是法益的平衡，如若保姆李某仅为隐瞒犯罪前科记录，公安机关在治安排查中发现，立即通报雇主，或有行政越权之嫌，然案涉女婴权益，儿童处在危险状态中，监护人因不知情未采取防护措施，法益权重发生变化，公民生命健康财产面临"即刻、重大的危险"，不及时作为或可视为渎职，李某隐私权保护之法益，不能抗衡公共利益，遑论其隐瞒自身重大风险的主观恶意，已悖民法诚信原则，故公安机关的处置措施是妥当的。司机赵某，公共交通涉及不特定多数的公民重大人身、财产安全隐患，人民利益最大，迅速采取果断处置措施就是最正确的法律判断。

二、分析：域外、文化传承、社会认知

（一）借鉴：域外犯罪记录信息的制度设计

个人犯罪记录信息，是属于公共信息还是个人数据，或二者兼具，其法律属性定位，这个问题应当解决，因为它是信息查询、使用、公众知情、当事人是否可以主张隐私保护等问题解决的基础。简言之，或确定该类信息属公共信息，公众有知情权，信息管理主体应主动依职权公开，或允许公众依申请查询，信息主体即使情非所愿，亦不能援引隐私保护为对抗。若认定为个人信息，则非经法律允许，非经法定程序，信息管理者不得向外公开，不当公开造成信息主体权益损者，信息主体得通过诉讼实现权利救济。

美国立法、司法、社会均将犯罪记录信息视为公共信息，采取自动开放查询模式。相比之下，欧盟各国则采取相对审慎的态度，英国和德国采取了"本人和特定单位申请查

---

① 商务部、国家发改委2019年6月27日印发的《关于建立家政服务业信用体系的指导意见》(商服贸函〔2019〕269号)中规定，家政服务员信用记录档案包括公安部提供的犯罪背景核查结果，但就其公布的信用记录样例，在"犯罪背景审查结果信息"项上，也仅表现为"通过"或"不通过"且这份文件，就其效力位阶，应属国务院部门规章。

询"①的模式，法国则在此模式外增加"主动提供"制度②。英国、法国、德国规定，用人单位可以要求应聘者提供犯罪记录查询报告，立法同时规定，用人单位有确保这些信息被安全使用、密封保存、无关联人不得获悉的义务，如若违反，可能面临民事侵权诉讼直至刑事起诉。西班牙法律虽然没有禁止雇主要求求职人提交犯罪记录查询报告，但如若求职人提供后被拒绝作用，很可能导致"就业歧视"诉讼，正因为这个原因，欧洲大部分国家在劳动求职时，一般不要求提交无犯罪记录报告，除非犯罪记录与工作岗位间存有直接利害关系，且符合比例原则③。（见表1）

表1 各国犯罪信息查询模式

国别	开放查询的对象	是否建立专门的数据管部门
美国	普通公众包括外国人均可自由查询，无限制。	政府未建立统一的犯罪信息查询数据库，所在与犯罪有关的案件信息分散在各执法机构的公开信息中，一些信息公司将相关信息收集，为公众提供收费检索服务，法律允许并不禁止，也不需要特别授权。
英国	只向本人及特定单位开放查询，可以向用人单位提供，但用人单位必须保证不滥用信息记录，且不发生就业歧视行为。	政府建立专门的行政部门（刑事记录科），管理相关信息录入及受理查询申请。
法国	除本人和特定单位申请查询外，外加依职权主动提供制度，即在服兵役、选举资格确认等法律规定的特殊情况下，犯罪信息管理部门应主动提供。	政府建立专门的犯罪记录信息管理部门，管理信息录入及受理查询申请。
德国	可以向本人及特定单位开放查询，用人单位可以申请查询，但必须保证不得滥用信息。	年满14周岁的公民可以查询本人犯罪记录信息，查询结果由相关部门直接交予申请人。单位申请查询的，在提交申请时必须说明申请目的的原因，且保证查询结果仅用于该目的，不得作他用。
西班牙	本人可以查询。个人犯罪记录信息保护被上升到宪法保护层面，受到严格保护。雇主不能从公民犯罪登记处请求查询相关信息。	个人犯罪记录信息属个人数据范畴，与其他个人数据同等受法律的严格保护；司法裁判信息并不是公共信息，即使新闻媒体主张新闻采访自由，也不得对抗个人信息保护，司法机构不得透露相关信息，仅有官方才能建立刑事犯罪数据库。

图1显示各国犯罪记录信息的公开程度，中间分值表示开放度，开放度越大，分值越高。

---

① 英国政府设立刑事记录科，负责刑事记录数据的归集、储存和依申请提供检索服务，申请主体可以是本人，也可以是执法部门和在刑事记录科报备过的用人单位、志愿组织等民间机构。

② 法国在英国和德国的模式外，增加的"主动提供"情景，比如某人申请加入法国外籍军团，或参加选举、拟担任公职人员，如若信息管理部门发现其犯罪记录存有上述事项的影响性记载，则应主动提供给相关职能部门。

③ 比如，某公司招聘司机，人事主管部门在面试时要求应聘者提交"无交通肇事罪、无危险驾驶犯罪，没有使用精神依赖性药品"的证明，是基于岗位工作安全的考虑，属合理范围。同为驾驶员职位，如果岗位为小学校车司机，招聘方要求应聘者提交无犯罪记录报告及精神健康方面的检验报告，也属合理范围，因为校车安全驾驶涉及重大公共利益。

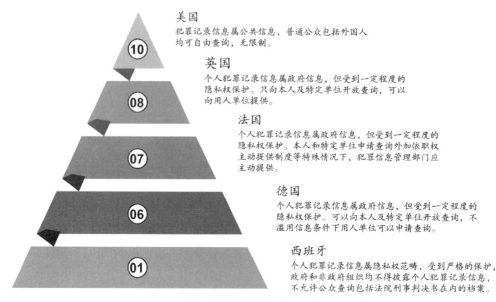

图1 各国犯罪信息公开程度

（二）传统文化：中国古代黥刑及刺配刑溯源

墨刑（也称黥刑，肉刑之"五刑"之一），始于先秦，终于西汉文帝；刺配刑，始于五代，终于清末沈家本修律。在旧式"人脸识别"年代，在人体显著位置刺青刑罚文字或图案，其公示效果，比起当今互联网时代之数据检索，更为直接与醒目。刺配之刑，往往伴之"折杖"与"流放"刑，即受刑人先受笞仗之刑，再行刺配，流放到边远地区服苦役或服兵役。就刑罚执行及犯罪人管理的方便性而言，在犯人身体可检视部位纹以特定图案及判决文字，既展示朝廷法令威仪，在身份核验技术受限的古代，是人犯识别快捷方式。即使罪犯逃离监牢、刑满归家或隐匿乡间，镣铐易去，刺青难除。

就刑罚效果而言，黥刑兼具惩罚与羞辱双重功能，儒家传统观念认为"身体发肤，受之父母，不敢毁伤，孝之始也"，三国时曹操"惊马踩麦田"，割发代斩首以正刑律，说明古代髡刑（剃去头发）、黥刑，对人体器官机能的损毁程度，远不如"劓、刖、宫"残暴，但在当时社会的普遍认知中，同等酷虐。

将犯罪人群体标签化，将其从正常统治秩序隔离开来，对于统治阶级而言，是一种有效的"刑罚威慑策略"，但使得部分真心忏悔的罪犯被阻断了"回头的路"，只能选择渗入社会治理的空隙地带，成为游民，成为社会管理治理的游离因子。

（三）社会认知：制度设计应更有利于控制犯罪

通过"犯罪记录查询"实现数据治理，使数据作为社会犯罪控制、重大风险预防、社会管理治理的重要手段和有力武器。但具体制度施行，在我国尚处起步阶段，规范性文件仅有最高人民法院、最高人民检察院、公安部、国家安全部、司法部联合印发的《关于建立犯罪人员犯罪记录制度的意见》（法发〔2012〕10号；发布时间：2012年5月10日，同日施行；现行有效）可供援引，文本内容相对简单且存在缺乏程序规范、权利义务及法律责任的规定，究其定位，更似联合发布文件的政法各家的会议纪要、共识或发展纲要^①。文件中提到，"应当依托各政法机关现有网络和数据资源，分别建立有关记录信息库，并实现互联互通，待条件成熟后建立全国统一的犯罪信息库"，在信息查询有权主体的规定上，除政法各部门实现信息"互联互通"外，规定犯罪记录查询，主要限定在"升学、入伍、就业等资格、条件的规定"，或"律师为依法履行辩护职责，要求查询本案犯罪嫌疑犯人、被告人的犯罪记录的，应当允许，涉及未成年人犯罪记录被执法机关依法封存的除外"。足见，中国的犯罪记录查询制度，无论是法律依据制定还是数据库建设、数据检索方面，仍在完善过程中，无法满足互联网时代"社会治理智能化、数据化"的迫切需求。

三、建构：中国模式社会基础与应然图景

那么，"符合当前中国社会发展水平、治理模式、公众心理认知和文化传统具有中国特色的犯罪记录查询体系"（本文简称"中国模式"）应如何建构？

（一）制度建构应立足社会发展水平

一个国家的法律，都与其所在地的制度、社会、宗教、文化传统嵌合、配套，法律制度是"历史的，也是民族的，也是符合其所在国社会发展状况的"，取法其中，并不是在法律制度，简单移植或勾兑、混搭、嫁接，而应当是在诚挚地理解法律背后所追求的终极价值（法律素养）上，对"脚下的土地和居住在这块土地上的人民爱得深沉"（人民意识），了解"土地中每一块坷垃从盘古开天辟地以来的生成熟化历史"（法律的国家性、历史性、民族性），然后近距离观察土地上的每一棵植物（案例、场景问题），从植株的每一片叶子中，溯源洞见土壤中可能缺失的某种微量元素（全局与局部）。

（二）制度设计应符合普通人的心理认知

无论是美国式将犯罪记录信息视同公共信息，以公开为原则，不公开为例外，还是西班牙式将犯罪记录视同个人隐私权予以最大限度的保密，抑或英国、德国、法国的折中主义，如萨特所言"存在即合理"，法律只能是人类社会发现事物本质的努力，"人类社会从来就不存在一部体现最高立法智慧而由可以法官机械运用的完美无缺的法典"^②，法律应该是一种可以自然成长的活体，法律的来源、基础、本质、目的与一个民族的习俗、日常生活、民族精神休戚相关、密切关联、互相影响。简言之，各国立法、司法，没有最好或次好之分，最好的法律就是"最匹配、最符合所在国国情的制度设计"，法律是否维护一个社会所信奉的基本价值，人民对法律是憎恨还是乐于遵守，法律能否为社会秩序运行提供有效的秩序保障等问题，均为评价一部法律优劣的外部指标。

综言之，中国模式犯罪记录查询制度设计，域外现存的法律制度仅仅作为参考，是否符合司法基本规律、是否适合国人认知、是否匹配中国社会发育程度，才是应该着重考虑评估的。在观察思考域外相关法律运行状况的同时，内向审视中国传统文化、风俗

---

① 从规范性文件的效力外观看，该文件并未明确标注本规范性文件经最高人民法院审判委员会或最高人民法院检察委员会讨论通过，同时采用"法发"而不是"法释"文号，就其效力位阶，并不属司法解释，而应是司法政策性文件。

② ［德］萨维尼：《论立法与法学的当代使命》，许章润译，中国法制出版社2001年出版。

习惯、社会心理，以及集体、群体、个体对犯罪记录信息公开程度的接受度、行为模式，平衡公众知情权、犯罪信息公开对社会管理治理的正向效应、犯罪信息公开对"犯罪记录人群"公民权利的贬损影响程度等，注意多个利益群体间的法益平衡，在制度设计时，趋利避害，使得犯罪记录查询制度，成为大数据时代社会治理利器的同时，同时通过"防火墙机制的设置"，避免犯罪记录查询制度，成为公权力侵犯公民个人权利的借口，让制度在法治轨道上运行，以免数据成为一种盯梢器，使公民正常的行为轨迹、言论表达、价值取向暴露在公权和公众面前，生活在"老大哥盯着你"的惶恐与惊惧中，而"免于恐惧的自由"，正是人类自由权的重要内容。

（三）犯罪记录信息属特殊公共信息

我们应如何定性"犯罪记录信息"，是将其归类为"公共信息"，还是将之纳入"隐私权"保护，或折中，或按比例？

笔者认为，犯罪记录信息的法律定义，从法理层面分析，第一，当属"公共信息"范畴；第二，应归属"特殊公共信息"类别，与一般公共信息有所区别。我们先分析第一层面。

首先，犯罪属公共事件，无论犯罪发生地在公共场所或密闭空间，遑论犯罪对象是个人还是集体，侵害何种法益。犯罪当属公共事件，每宗罪案中，除犯罪嫌疑人、被告人外，还涉及被害人、证人，刑事诉讼过程中，侦查、逮捕、起诉、审判，即使依法不公开开庭案件，犯罪及刑事诉讼的全过程，均为公共事件发生之过程，既为公共事件，其间所产生、承载、关联的信息，应为公共信息，即使被告人最后被宣告无罪，犯罪人自然信息应然归类为公共信息，而不属隐私权范畴。部分信息在刑事诉讼过程中被设置屏蔽（如不公开开庭），或依法设置查询权限或封存（未成年被告人犯罪信息封存制度），其制度依据，基于特殊群体的特定法益保护，而不是基于公民隐私权。

其次，定性"犯罪记录信息"为"特殊公共信息"，依照《中华人民共和国政府信息公开条例》，政府信息以依法公开原则，以不公开为例外。该条例第二条定义"政府信息是指行政机关在履行职责过程中制作或获取的，以一定形式记录、保存的信息。"刑事诉讼活动中，公安局、国家安全局、监狱管理局，均属行政机关范畴，"犯罪记录信息"并不在依法公开的政务信息范围内，足以佐证"犯罪记录信息"系属特殊类型的政府公共信息，不在依职权主动公开或依申请公开的范围。

最后，刑事诉讼档案资料公开的有限性。当前人民法院刑事诉讼的档案资料，并未完全向公众公开，当事人申请查阅刑事诉讼档案，必须证明查询档案资料是履职或律师执业所必须，必须提交相关证明文件，并经法院档案管理部门审核批准，方可查阅或复制。人民法院生效刑事法律文书，应当依法公开，但上网公开前，已经对被告人身份信息进行屏蔽技术处理①。

---

① 笔者在中国法院裁判文书网近期公开的刑事判决书中，按审级、地域之不同，随机抽取十余份文书进行比对，发现所有的刑事判决书对被告人信息均进行屏蔽处理，但处理程度略有不同，最为严格者"以某某代替名字"，所有籍贯、年龄、公民身份号码、工作单位、住所地均进行处理，查阅者通过检索指向某一特定当事人。有些则保留被告人姓名及籍贯、性别、民族，信息脱敏化处理仍不彻底。

（四）分级与分类：公共利益与个人信息保护的衡平

笔者认为，中国模式犯罪记录查询制度，宜采取分级管理的制度，对应不同的信息公开程度、查询主体范围和查询申请程序。

1. 数据等级的细分。数据分级，以犯罪的社会危害性、行为人的主观恶性、犯罪行刑期间或行刑后的再犯风险评估等元素为等级评定要素，设计合理的等级评定，危险等级高对应较大的社会公开程度，二者成反比。

犯罪记录信息分级公开制度，中国古已有之，宋代刺配刑，并不全部施刑于面部，罪轻者，刺青于颈部、背部等比较容易为衣物所遮掩的身体部位，重罪才刺墨于头部，即使刺青于头部，也分耳后、额角、脸颊不同部位，"初犯刺于耳后、再犯刺于额角、三犯刺于脸颊"①。黥刺图式分字和图，字主要标注罪名及流配地，图分环形、方形、圆形三种，依罪刑轻重而定，环刑最轻、圆形最重；墨入肉分寸也有区分，从三分至五分不等，轻者入肉三分，一般不超过五分，但发配登州沙门岛及远恶军州的严重犯罪，规定应入肉七分。刺青的部位、字、图案、大小及入肉几分，均由朝廷法令明确规定，衙门官吏不得随意增减之。可见中国古代的犯罪信息公示，也依犯罪轻重法定。

因此，笔者认为，中国模式犯罪记录查询制度，也应依犯罪行为的社会危害性、行为人主观恶性、再犯风险评估等因素，分级管理。行为人属初犯、偶犯或过失犯罪，行为社会危害性较小，悔罪表现好，刑罚执行完毕，评估再犯可能性较小的，应鼓励其重返善良社会，予以一定的宽容的空间、改过自新的机会，除非重新犯罪，则其记录不应被随意查询；可以规定时效制度，规定期间届满，则记录信息应当依法封存，非经法定程序不得重新启封；建立犯罪信息暂时封存制度，犯罪虽处于刑罚执行阶段或犯罪记录时效期间，但经信息主体申请并经刑罚执行部门批准，可以暂时封存相关犯罪记录信息，并规定一定的考验期间，考验期间届满后，行为人无新的违法犯罪行为，相关信息自动转入封存。

2. 特殊群体的权利保护。合理扩大犯罪记录封存制度的适用范围。未成年人犯罪记录封存制度，已为我国刑事诉讼法所明确规定，制度指向主体为符合条件的未成年犯罪人。其他特殊群体，如女性非暴力犯罪、老年人犯罪、过失犯罪，或犯罪形态中的防卫过当、紧急避险行为，刑罚中的免刑等，对此类特殊群体，应综合评估其再犯的可能性，若再犯危险性经评估在安全阀值内，亦可适用犯罪记录封存制度。

3. 报告证明信息分级提供制度。根据查询请求人信息使用目的，依合理适当原则，提供相关数据经法定筛选的报告。如为刑事诉讼需要，则应提供全部信息数据包括依法封存的信息；服兵役、公职人员招录、招生需要查询犯罪记录信息的，依合理比例原则确认提供信息的范围。商务部、国家发改委2019年6月27日印发的《关于建立家政服务业信用体系的指导意见》（商服贸函〔2019〕269号）中规定，商务部在政府信用信息查询平台上建立家政服务员信用档案时，可向公安部申请提供"犯罪背景核查结果信息"，核查信息内容包括：身份真实性，五年内是否涉及盗窃、拐卖妇女、儿童、虐待、故意伤害、故意杀人、强奸、抢劫、放火、爆炸等犯罪，是否属重症精神病人，三年内是否吸毒人员和制贩毒人员等。我们注意到，这份起草中的规范性文件，所提供的并不是犯罪记录信息的全部，而经过筛选，主要涉及侵害公民人身权犯罪（伤害、虐待、拐卖、性犯罪、

---

① 原立荣：《"刺配"刑罚小考》，载《江苏警官学院学报》2008年第2期。

危害公共安全犯罪）、涉财产犯罪（盗窃、抢劫），犯罪记录时效规定为五年，吸毒、制贩毒信息记录时效规定为三年，犯罪记录查询并进入个人信用记录档案的权限，并非源于法律法规的强行性规定，而是源于"家政服务员信用信息授权书"中的事先授权 [①]。

4．特定类型犯罪的法定报告及信息公示义务。比如，美国法律规定，有性犯罪前科特别是恋童癖者，迁移后应在规定时日内到当地警察机关登记，并依规定将相关信息向社区公开，这项制度当前已经被多个国家立法所借鉴。针对儿童的性犯罪，犯罪行为人多为心理变态或生理病态，犯罪人病发时，理性无法控制犯罪冲动，再犯率高。迁移到新住址时，要求到警察局登记，并向社区公示犯罪记录信息，警示风险，并非为了羞辱罪犯，而是为保证社区儿童安全，所采取的必要的保安处遇措施。中国可借鉴引入该制度。

四、结语

犯罪记录查询制度，贯穿于刑事诉讼、社会治理、公民权利保护各方面，如法治国之梁柱，机器之轴承，小制度，大问题，不可轻视，宜早筹谋。

---

① 商务部、国家发改委2019年6月27日印发的《关于建立家政服务业信用体系的指导意见》（商服贸函〔2019〕269号）附件2《家政服务员信用信息授权书》（样例）。

社会治理

统筹推进法治一体化建设　为市域社会治理现代化提供法治保障

厦门市司法局

重组后的司法行政机关，统筹协调全面依法治理，担负行政立法、行政执法、刑事执行、公共法律服务四大职能，在共同推进依法治国、依法执政、依法行政，一体建设法治国家、法治政府、法治社会中，具有不可替代的重要作用。在争创市域社会治理现代化示范市进程中，厦门市司法局将立足"一个统筹、四大职能"，在服务大局上求突破，在司法为民上出实招，在创新发展上谋新局。

一、强化法治统筹，总体推进法治厦门建设

围绕构建科学完备市域社会治理法治体系，加强统筹规划，优化立法排序，集中发力推进；围绕完善集约高效市域社会治理决策机制，强化法律审核论证，提供法律意见建议，把好法律关口哨卡。

一是当好党委政府法律智囊和法治参谋。研究起草 2021 年至 2025 年《法治厦门建设规划》《厦门市法治政府建设实施纲要》《厦门市法治社会建设实施纲要》。研究起草《法治督察实施办法》，试行律师参与法治督察工作，建立法治督察人才库，探索"互联网 + 法治督察"。

二是完善立法机制强化立法保障。完善与市域社会治理现代化相适应的立法机制，用好用足特区和设区市立法权，坚持科学立法、民主立法、依法立法及重大立法事项向党委请示报告制度。聚焦市域社会治理重点领域，加强保障改善民生、生态环境保护、城市治理等方面的立法工作。

三是健全复议应诉与合法性备审。以社会治理苗头性、敏感性、普遍性问题为导向，推进行政复议体制改革，强化行政复议应诉案件研判与办理。鼓励法律顾问、公职律师参与法规规章、规范性文件起草论证和重大行政决策、重大执法决定合法性审查。支持政府法律顾问、公职律师参与行政应诉、行政复议、行政裁决、调解等法律事务。

二、统合法律资源，优化公共法律服务体系

完善公共法律服务体系建设规划，强化制度供给，搭建全覆盖服务网络平台，统筹社会力量，优化社会资源，为推进市域社会治理现代化提供精准、及时、有效法律服务。

一是完善公共法律服务制度。推动《厦门经济特区公共法律服务促进条例》立法工作，修订《厦门经济特区法律援助条例》，出台《厦门市法律服务行业信用等级评定办法》，实施《关于加快推进公共法律服务体系建设实施意见》，完善公共法律服务制度体系。

二是健全公共法律服务体系。建成覆盖全市城乡的实体平台和全市统一的"12348"

公共法律服务热线平台及一体化呼叫中心。建立"12348"与"110"、"12345"市长专线的协作与联动。贯通实体、热线、网络平台，形成"一站式"公共法律服务平台体系。

三是提升公共法律服务能力。围绕推进"一带一路"、自贸区建设等国家发展战略，支持和推动律师事务所在"一带一路"沿线国家和地区设立分支机构，开展务实交流与合作。支持仲裁机构发展，提升厦门在国际商事仲裁、金融仲裁和商事调解领域的服务能力和地域影响力。

三、扩展调解格局，完善多元纠纷解决机制

坚持和发展新时代"枫桥经验"，健全大调解联动工作体系，完善矛盾纠纷多元化解机制，努力将矛盾纠纷化解在基层，消灭在萌芽状态。

一是创新纠纷化解参与方式。推进法律援助参与以审判为中心的诉讼制度改革，实现刑事案件律师辩护全覆盖。推动律师参与化解和代理涉法涉诉信访案件，推动公证参与调解、取证、送达、保全、执行等司法辅助事务及金融改革创新、知识产权保护等活动。

二是强化纠纷化解联动体系。坚持主动创稳和维护群众合法权益相结合，完善人民调解、行政调解、司法调解联动工作体系，推动"诉调对接""检调对接""警民联调"，推动构建大调解工作格局。

三是完善纠纷多元化解机制。推进人民调解参与化解信访矛盾纠纷，通过司法确认保障调解的法律效果。完善律师调解、商事调解制度，发挥公证、调解、仲裁、行政裁决、行政复议、信访等非诉讼方式在纠纷化解中的功能作用，促进社会公平正义。

四、规范执法行为，强化特定人群教育管理

加强执法协调监督，强化强制戒毒、社区矫正、安置帮教对象的教育管理，维护市域社会治理和谐稳定。

一是强化执法协调监督。全面推进行政执法三项制度；开展行政裁量权专项执法检查，推动完善行政裁量权基准，规范行使行政处罚自由裁量权；开展行政执法案卷评查，落实行政执法责任制，加强行政执法信息化建设，加强市域社会治理领域行政执法监督协调。

二是创新推动智慧戒毒。推动戒毒从传统模式向智慧模式的转变，推动戒治工作从"墙内"向"墙外"延伸，打造"智慧戒毒创新实验""回归社会衔接帮扶"和"毒品预防教育"三大基地，推动戒毒工作转型升级。

三是规范开展社区矫正。依法设立社区矫正委员会及工作机构，建立正规化执法队伍。深化社会力量参与社区矫正，加快推进业务规范化信息化建设，实现与法院、检察院、公安机关网上执法办案业务协同、信息共享。

五、选拔法治人才，打造法律职业共同群体

加强法治工作队伍建设和法律人才培养，确保政治过硬、素质过硬、能力过硬、作风过硬，为推进市域社会治理现代化提供人才保障。

一是选拔储备法治工作人才。通过组织统一法律职业资格考试，选拔法律职业人才。2018年考试制度实施以来，全市有1400余人通过法律职业资格考试，为依法治理储备和

输送了法律人才。

二是培养法务行业领军人物。建立涉外律师人才库，加快培养涉外法务领军人物，支持法律服务机构积极开展涉外法律服务。加强台籍法务人才队伍建设，提升涉台法律服务水平，为台胞、台商、台企提供高效便捷的法律服务。

三是锻造过硬司法行政队伍。深化大学习，提振精气神，强化效能建设与绩效考核，营造"比学赶帮超"浓厚氛围，推进机关由"物理聚合"向"化学融合"转变。落实全面从严治党主体责任和监督责任，锻造革命化、正规化、专业化、职业化司法行政队伍。

全力打造市域社会治理现代化示范市先行区

厦门市思明区委政法委

市委政法工作会议暨推进市域社会治理现代化会议作出了率先建成市域社会治理现代化示范市的重要部署。思明区作为中心城区，将聚焦聚神聚力市域社会治理现代化示范市先行区的目标定位，立足良好基础，主动担当作为，大胆先行先试，积极探索基层社会治理新路径，努力打造共建共治共享新格局，彰显市域社会治理现代化示范市的思明担当。

一、突出党建引领，画好协同治理"同心圆"

在市域社会治理中，充分发挥基层党组织的领导核心和党员先锋模范作用，整合社会资源、推动社会参与，是推进市域社会治理现代化的根本保证。要继续发扬习近平总书记在思明居住时倡导的"远亲不如近邻"理念，打造"近邻"模式，推广"千百万"群众工作法，深化党建引领社区治理模式，培育和打造更多立得起、站得住、叫得响、推得开的协同治理品牌。要继续推广"党建＋"工作机制，辖内单位通过签订共建协议、服务双向认领、社区双报到等措施，构筑基层治理"朋友圈"，不断深化总结推广曾厝垵文创村多元共治等治理创新做法，实现基层治理资源共用、工作共抓、成果共享。要继续健全党组织领导下的居民自治机制，搭建居民议事厅、民主议事会等社区协商议事平台，努力拓宽公众、市场主体、社会组织等参与社会治理的渠道，推动形成党委领导强、政府管理好、市场运作良、社会功能活的协同治理局面。

二、突出基层基础，夯实精细治理"主阵地"

天下大事，必作于细。城市如同生命有机体，其管理和治理需要"绣花式"的精细化。要把综治中心标准化建设作为精细治理的"理线器"，将区、街、居"三级五室"（矛盾纠纷调解室、视频监控研判室、心理咨询室、信访评理室、法律服务室）压实到综治中心，通过做专区级综治中心、做强街道综治中心、做实社区综治室，理顺全区社会治理组织体系，打破部门壁垒，强化层级联系，形成治理合力。要把网格化服务管理作为精细治理的基本依托，打造群众"报"、网格员"采"、综治中心"统"、联动部门"办"的闭环式工作流程，探索融党务、居务、事务、社会治安于一体的基层综合服务模式，切实解决群众最关心、最直接、最现实的利益问题。要把重点领域微治理作为精细治理的重要抓手，扎实开展校园"微治理"，完善校园安全网络体系、未成年人心理健康服务教育、校园保险制度，推行"午餐工程"、课后延时服务等，回应家长关切；探索医院"微治理"，探索警医联动，加强治安智能防控，用平安守护"逆行者"。

三、突出预警预防，凝聚主动治理"正能量"

牢固树立"靠前一步、主动作为"理念，通过主动排查、主动预防、主动化解、主动作为，确保社会安定有序，不断提升人民群众获得感幸福感安全感。强化风险隐患排查，全力访民情、解民忧、查问题、治乱点，做到底数清、情况明、责任实，确保发现在早、防范在先、化解在小。实化矛盾纠纷调处中心，通过引入律师、公证、人民调解、心理咨询等社会力量在"中心"排班轮岗，健全完善多元纠纷解决机制，开展矛盾纠纷化解，实现矛盾纠纷调处化解"一站式受理、一揽子调处、一条龙服务"。深化诉源治理，率先在区法院打造"诉源治理中心"，加强诉前调解，分流矛盾纠纷，减轻诉讼压力，努力让纠纷"化于未发、止于未诉"。

四、突出科技支撑，打造智慧治理"助推器"

社会治理离不开信息科技赋能，思明区将坚持向科技要战斗力，开辟智慧治理新路径。打造平安综治"大管家"。探索搭建思明区社会治理协同平台，整合汇聚多层级、多部门事件，实现全区事件统一受理，借助云端打通"数据孤岛"，推动部门"分头办"转向跨部门"联动办"，实现防控风险、精准治理、信息惠民。打造一线作业"特种兵"。大力推进智慧安防小区、智慧社区警务室、智慧街面警务站等一线支点建设，加密街面、社区、人员密集场所及重点区域、重点目标的巡逻防控、安全守护，增加治安威慑力。打造平安守护"千里眼"。扎实推进以全维感知、智慧应用、网格应用、社会应用为核心的"雪亮工程"建设，加大"雪亮工程"应用共享力度，为科学判断、正确决策提供有力支撑。

风劲正是扬帆时，乘势而起书华章。思明区将坚持以习近平新时代中国特色社会主义思想为指引，按照省委常委、市委书记胡昌升在市委政法工作会议暨推进市域社会治理现代化会议上的部署要求，以更高的标准、更严的要求、更实的举措、更硬的作风，推动把制度优势更好地转化为治理效能，奋力推进社会治理现代化，努力建设更高水平的平安思明！

社会治理现代化背景下的地方立法

——以厦门为例

倪小璐 *

党的十九大提出，要加强和创新社会治理。党的十九届四中全会进一步提出，要坚持和完善共建共治共享的社会治理制度。加强和创新社会治理，就是要实现良法善治。良法是善治的前提，推进社会治理现代化，必须以立良法为基础。

一、社会治理现代化的法治内蕴

社会治理是国家治理的重要组成部分。[①] 国家治理体系和治理能力的现代化离不开社会治理体系和治理能力的现代化。社会治理现代化的重要标志是实现治理法治化。法治是提升治理能力的有效手段，法治化水平则是衡量治理能力的重要指标。习近平总书记曾强调要充分发挥法治对社会治理的引领、规范和保障作用，提高社会治理法治化水平。[②]

（一）依法治理

社会治理强调多元主体合作共治，即治理主体的多元化和治理形式的合作协商。长期以来，行政权力本位的思想占据主流地位，导致社会公共秩序的维持大多通过行政管理的方式实现。随着经济社会的不断发展和社会矛盾的日渐增多，行政管理方式逐渐难以适应社会发展的需要，社会治理的概念应运而生。党的十九大报告对加强和创新社会治理作出了阐释，明确要打造共建共治共享的社会治理格局。党的十九届四中全会则提出，要"加强系统治理、依法治理、综合治理、源头治理，把我国制度优势更好转化为国家治理效能"。依法治理是提升国家治理效能，实现社会治理现代化的内在要求和重要途径。[③]

依法治理，即社会治理全过程，包括主体、内容和形式都应当纳入法治框架，在法治化轨道上运行[④]，以法为本，循法而治。社会治理意味着多元主体的共同参与和平等协商，在此过程中，不同治理主体之间的权力分配和平等协商的具体规则必须通过具有强制力作为保障的体制机制将其固化，法治是必然选择。法治具有规则稳定性和结果可预期性等特点，在化解社会矛盾、维护社会秩序方面具有独特的优势，是创新社会治理的

* 倪小璐，厦门市司法局。

① 沈国明：《法治是风险社会治理的根本遵循》，载《探索与争鸣》2020年第4期。
② 中共中央宣传部：《习近平新时代中国特色社会主义思想三十讲》，《学习出版社》2018年版。
③ 刘作翔：《关于社会治理法治化的几点思考——"新法治十六字方针"对社会治理法治化的意义》，载《河北法学》2016年第5期。
④ 杨文娟、王锡森：《法治：社会治理的路径和目标选择》，载《学理论》2016年第1期。

有效方式。因此，依法治理是社会治理的必然要求，是社会治理现代化的重要体现。

（二）立法先行

法律是治国之重器，良法是善治的前提。[1] 立法是厉行法治的首要环节。推进社会治理法治化，必须坚持立法先行，充分发挥立法的引领和推动作用。[2] 立法先行，意味着社会治理要以立法为前置条件，任何治理行为的实施都必须建立在已有的法律依据之上，任何改革措施的推行都必须于法有据。立法先行，是完善社会主义法治体系，推进社会治理法治化的重要内容。立法先行，强调立法在推动法治建设过程中的基础性作用，对立法者提出了更高的要求，对各项制度的顶层设计和具体内容制定提出了更高的要求。

立法先行，必须以立良法为根本。党的十九大报告指出，深化依法治国实践，要推进科学立法、民主立法、依法立法，以良法促进发展、保障善治。科学立法强调立法要遵循客观规律，民主立法强调立法要以人民为中心，依法立法则强调立法要严格履行法定权限、执行法定程序。立法先行，必须以科学立法、民主立法、依法立法为根本遵循，不断提高立法质量，真正实现立良法、立善法，为社会治理现代化水平的提升提供强大的制度支撑。

二、地方立法是推动社会治理现代化的重要力量

立法是社会治理现代化的重要环节。我国现行立法体系包括中央立法和地方立法两个层面。其中，地方立法是效力层次虽低于中央立法，但在加强社会治理和规范社会活动过程中却扮演重要角色的立法形态。[3] 地方立法是以制度规范形式落实中央和地方各项重要方针政策的有效形式，更是对中央立法的必要补充。

（一）地方立法是落实中央和地方重要方针政策的有效形式

大政方针属于顶层设计的范畴，内容相对而言比较抽象、原则性较强，重在以指引的方式指导实践，但可操作性相对较弱。与之相比，立法则具有规则性强、便于操作的显著特征，以法律强制力作为保障，能够有效弥补方针政策的不足。

地方立法在落实中央和地方各项重要的方针政策方面发挥着独特的作用。[4] 首先，地方立法可以使抽象的政策得以具体化，通过制定地方性法规或地方政府规章的方式，将政策内容转化为具有法律效力的条文，在增强可执行性的同时，确保相应规范获得有效实施。其次，地方立法具有灵活性。中国幅员辽阔，各地社情民情不尽相同，中央的各项方针政策未必能够统一无差别地适用于每个地方，而地方立法则可以在充分考虑当地经济社会发展实际的基础上，将中央政策与本地情况相结合，形成适合于本地实施的制度规范，让方针政策变得更加合理和可行，便于推广执行。

---

① 周佑勇：《推进国家治理现代化的法治逻辑》，载《法商研究》2020 年第 4 期。

② 林必恒：《加强和创新社会治理的法治路径》，载《学习时报》2017 年 5 月 31 日。

③ 信春鹰：《地方立法权与国家治理体系和治理能力建设》，载《地方立法研究》2016 年第 1 期。

④ 徐娟：《地方立法的治理功能及其有效发挥》，载《学术交流》2019 年第 5 期。

（二）地方立法是对中央立法的必要补充

地方立法是我国现行立法体系的重要组成部分，是对中央立法的必要补充。2015 年立法法修改后，设区的市拥有立法权，享有立法权的主体扩大到近 300 个。拥有地方立法权的主体的增多，意味着未来地方立法的数量将不断增多，地方立法在我国现行立法体系中所发挥的作用将越来越重要。

地方立法是对中央立法的有效补充。首先，地方立法成本相对较低。虽然在国家层面，中央立法已相对完备，涉及的领域已相对全面，但在新的国际国内背景下，随着经济社会的不断发展，新情况新问题新矛盾层出不穷，难以通过中央统一立法解决不断涌现的新情况。中央统一立法程序复杂，耗时久，以法律为例，从立项到提请审议到最终获得通过，动辄需要三五年，立法的时效性会大打折扣，而且法律、行政法规的"立改废"往往需要经过特殊法定程序，立法成本过高。有鉴于此，在社会矛盾或问题的出现较为集中，需要迅速决策并予以解决的情况下，中央统一立法并非最佳选择。相比之下，地方立法，无论是制定地方性法规抑或地方政府规章的程序复杂程度和时间成本都相对较低，能够弥补中央立法在解决社会问题方面时效性不足的缺陷。其次，地方立法能够因地制宜解决不同地区的不同问题，对于有效地建立并维护社会秩序而言，是不可缺少的立法形式。由于各地经济社会发展水平不同，所面临的社会问题和社会矛盾也不同，中央立法难以兼顾各地实际。在中央不可能以统一立法形式解决各地各种复杂问题的情况下，必须充分重视地方立法的作用。地方立法能够结合具体情况，更加具有针对性地解决不同的情况和问题。最后，地方立法是推动立法和改革决策相衔接，确保重大改革于法有据的重要手段。在全面深化改革的总基调下，中央一再鼓励地方结合自身特色先行先试，并将实践证明行之有效的做法和经验通过立法的形式予以固化，上升为制度规范，进而不断强化改革成果并进行复制推广。在推进改革方面，地方立法相比中央立法具有特殊优势。

三、社会治理现代化背景下地方立法的实践——以厦门为例

党的十九大强调加强和创新社会治理，打造共建共治共享的社会治理格局。党的十九届四中全会再次明确社会治理是国家治理的重要方面，要建设人人有责、人人尽责、人人享有的社会治理共同体。围绕党中央关于加强和创新社会治理的要求，厦门立足于经济特区的特殊地位，用足用好地方立法权，在推进社会治理法治化的过程中充分发挥立法的引领和推动作用，为各项创新社会治理举措的实施提供了法治保障。

（一）突出社会治理领域立法

加强社会治理，必须健全公共安全体制机制。厦门市特别重视公共安全领域立法，提升依法应对重大突发性公共卫生事件的能力。2020 年初新冠肺炎疫情发生后，厦门市迅速响应，采取各项措施有效应对疫情，确保经济社会稳定。2020 年 2 月，厦门市人大常委会通过《关于依法全力做好新型冠状病毒肺炎疫情防控工作的决定》，明确了疫情防控的基本要求，对提高疫情防控法治化水平、属地管理责任、群防群治、统筹疫情防控和复工复产工作、公共卫生和防疫体系建设、单位和个人各项义务及其法律责任等内容进行了规定。该《决定》的出台，为提高厦门市依法防控、依法治理能力，做好疫情防控工作提供了及时有力的法治保障。新冠肺炎疫情暴发后，滥食野生动物所引发的公共卫

生安全问题成为社会各界广泛关注的焦点。为此，厦门市及时推进《厦门经济特区禁止滥食野生动物若干规定》的相关立法工作。该《若干规定》立足于厦门市在野生动物保护和规范领域的实际，进一步明确了禁止滥食的野生动物范围，从生产、经营、交易全链条和各个环节对食用野生动物的行为予以规制，并强化相关法律责任，严厉打击滥食野生动物的行为，为有效革除滥食野生动物陋习，防控重大公共卫生风险提供制度支撑，以法律手段切实保障人民群众生命健康安全。

完善矛盾纠纷处理机制，善用多元化纠纷预防调处机制化解社会矛盾。及时有效地处理矛盾纠纷，是社会治理的重要内容。充分发挥立法定分止争的作用，是创新社会治理的内在要求。2015年，厦门市人大常委会通过《厦门经济特区多元化纠纷解决机制促进条例》，通过促进调解、仲裁、诉讼等多种纠纷机制之间的有机衔接，高效便捷地解决纠纷，维护社会和谐稳定。该法规是全国第一部完善多元化纠纷解决机制的地方性法规，不仅为国家建立科学系统的纠纷解决体系提供了重要参考，也为其他地方提供了可资借鉴的立法经验。该《条例》在借鉴国内外社会治理和纠纷解决的先进做法基础上，结合本地实际，形成了较多具有创新性的制度设计，从纠纷解决途径、纠纷解决程序衔接、纠纷解决组织建设、纠纷解决保障措施以及考核监督等内容出发，围绕纠纷解决的各种措施和程序进行了详尽的规定，对各种纠纷解决途径进行了整体规划和协调，推动各种非诉讼纠纷解决方式之间的有效运作和功能互补。

发挥社会组织作用，打造社会治理新格局。社会组织是构建社会治理新格局的基本主体，是推进国家治理体系和治理能力现代化的重要组成部分。从厦门市的立法实践来看，在推进社会治理领域中，始终充分重视居（村）民委员会、业主委员会、行业协会等社会组织的作用。在《厦门经济特区电梯安全管理条例》《厦门经济特区生活垃圾分类管理办法》《厦门经济特区闽南文化保护发展办法》等涉及城市管理、环境保护和历史文化保护领域的相关立法中，大多都设置了与社会组织相关的条款。电梯安全管理立法中，规定相关行业协会应当建立行业自律机制，推进行业诚信体系建设。生活垃圾分类管理立法中，明确居（村）民委员会、业主委员会在开展生活垃圾分类宣传与指导工作方面的职责。闽南文化保护发展立法中，鼓励相关行业组织对闽南文化进行研究、宣传。厦门的地方立法实践，充分重视发挥社会组织参与社会治理的重要作用，积极推动社会组织在引导、组织、保护、协调、服务和规范等方面扮演更加重要的角色。

将社会主义核心价值观融入立法，构筑社会治理的强大精神基础。推进精神文明建设，提升公民素质，是加强和创新社会治理的一项基础性工程，具有深远意义。在将社会主义核心价值观融入立法，坚持立法鲜明的价值导向，是依法治国和以德治国有机结合的重要体现，更是治理体系和治理能力现代化的必然要求。① 2017年，厦门出台全国首部促进社会文明的地方性法规《厦门经济特区促进社会文明若干规定》，以"正向激励+反向约束"的立法模式对社会文明倡导、社会陋习治理等内容进行了规定，特别将乱扔垃圾、随地吐痰、违规停车等群众反映强烈的九类不文明行为列入重点治理清单，并设置了相应的罚则。该规定以提升社会整体道德素质和文明素养为宗旨，从多个维度，强化价值导向，注重社会主义道德的养成和实践。此外，目前尚在市人大常委会审议之中的《厦门经济特区志愿服务条例（草案）》对志愿服务组织的职责和志愿服务活动的开展进行了专门规定，为鼓励和规范志愿服务活动，培育和践行社会主义核心价值观提供了

---

① 金梦：《核心价值观入法的立法样态研究》，载《江海学刊》2019年第2期。

制度依据。将社会主义核心价值观融入立法的地方实践，实现"软性要求"到"刚性约束"的转化，促进德治与法治有机融合，有效提升社会主义精神文明建设的制度化水平，为推进社会治理现代化奠定坚实的基础。

（二）健全立法体制机制

健全的立法体制机制是实现科学立法、民主立法、依法立法的制度保障，也是彰显社会治理能力的必然要求。立足于自身实际，围绕提升立法质量，厦门市逐步建立起了相对完善的地方立法工作体制机制。

围绕创新社会治理的要求，扩大立法中的公众参与。公众参与立法是民主立法最主要、最直接的表现形式，更是多元主体参与社会治理的生动体现。厦门市多措并举，采取各种形式提升社会公众对于地方立法的参与度。其一，在立法过程中，通过召开部门征求意见会、行政相对人座谈会、网上公开征求意见等方式充分听取各界对立法的意见和建议，并建立了征求意见采纳情况说明制度，将各种立法意见建议采纳情况向社会公开，进一步提高社会公众参与立法活动的积极性。其二，完善立法咨询专家制度。发挥专家学者的专业优势，为立法工作提供智力支持，是践行科学立法、民主立法的重要体现。厦门市高度重视立法咨询专家在政府立法中的重要性，近年来几乎所有的地方性法规、地方政府规章项目，在立法审查阶段，都召开了专家论证会，邀请立法项目所涉领域的专家学者对立法中的重点难点问题进行论证，听取专家学者对于立法的意见和建议，并融入立法，强化立法的科学性。其三，建立基层立法联系点制度。为进一步拓宽基层群众参与立法的渠道，厦门市出台了相关文件，明确基层立法联系点承担着围绕市政府立法计划项目以及本市地方性法规草案、规章草案有关制度的具体内容，协助征集基层意见和建议的相关职责。基层立法联系点制度实施以来，已有多部法规规章草案在立法审查阶段征求了基层立法联系点的意见。设立基层立法联系点，在立法中倾听民声、反映民意、汇集民智，进一步增强了社会公众参与立法的实效性。

注重开展立法评估，进一步提升立法科学性。立足于地方立法的实际需要，厦门市建立了一套较为完善的立法评估机制，包括立法前评估、立法中评估和立法后评估。立法前评估，即在正式立法前，切实加强立法课题研究工作，将立法课题研究与立项工作结合起来，对于课题研究深入，且较为成熟的法规规章立法项目，在调研、备选的基础上，优先考虑列为正式项目。立法中评估机制，即在立法项目进入立法程序后，对重点、难点立法问题进行专项研究，对立法可能产生的社会影响和立法内容的合理性等事项进行评估研究，并将评估结果作为立法决策的重要参考。立法中评估机制建立以来，已有部分法规规章项目在立法审查过程中委托第三方对相关立法事项进行了专门评估，进一步增强了立法的科学性水平。立法后评估，即在立法项目实施后通过开展调研评估，对立法项目的实际效果和社会效益等内容进行评价。立法后评估制度的建立和执行，强化了对立法项目实施效果的刚性要求，为进一步提升立法质量奠定了体制机制方面的基础。

四、社会治理现代化背景下地方立法的完善

尽管在全面依法治国的战略部署下，以厦门等一批城市为代表的地方立法蓬勃发展并业已取得了一定的成绩，但创新社会治理的新思想新理念对地方立法提出了更新更高

的要求。各地方应当在加强重点领域立法、彰显地方特色以及强化公众参与方面继续加以完善，为推进社会治理体系和治理能力现代化做出更大的贡献。

（一）加强重点领域立法

2015 年立法法修改后，享有立法权的主体数量大大增加，地方立法将成为推进社会治理现代化的重要力量，在加强和创新社会治理方面将起到更为突出的作用。尽管在社会治理领域，各地已有一些相应的立法实践，但有必要进一步予以完善，尤其是应当着重加强重点领域的相关立法。根据十九届四中全会的要求，在建立共建共治共享的社会治理制度方面，应当进一步健全和完善人民内部矛盾处理、社会治安防控、公共安全、基层社会治理和国家安全等体制机制。具体到地方立法，应当在立法法赋予的立法权限范围内，在坚持不与上位法相抵触的前提下，重点围绕公共安全、医疗卫生、食品安全、应急管理、矛盾纠纷化解、社会自治组织管理以及生态环境保护、民生等领域[①]，开展相关立法工作，不断提升社会治理法治化水平。此外，地方立法还应当主动适应社会治理的改革需要，推动立法与社会治理领域的改革决策相衔接，对于有必要先行先试的改革举措，应当及时调整既有的相关规范，同时根据改革需要，相应地调整立法重点，科学规划、统筹推进，提升立法的针对性、及时性，确保改革决策于法有据，为改革提供法治保障。

（二）彰显地方特色

地方特色是地方立法存在的基础，是地方立法生命力的体现。地方特色，强调立法的地域性或者独有性，主要是指地方立法要能充分反映本地区在经济发展状况、历史文化传统、自然地理条件等领域的实际情况或者特殊需求[②]，同时还要有一定的针对性、实用性和创新性，能够解决本地突出但中央立法尚未或不宜解决的问题。

从现有的地方立法情况来看，比较普遍的现象是大量的重复和抄袭，包括对上位法的简单重复和对其他地方立法的照搬照抄，在突出地方特色方面相对欠缺。社会治理领域，大量社会事务和利益关系不断更新和调整，依赖于时效性较长的中央立法不是解决该问题最合适的选择。此外，各个地区所面临的社会治理问题不尽然相同，通过统一立法予以规范可能会缺乏针对性，进而导致立法实际效果不佳和立法目的落空。各地因地制宜，从自身实际出发，以问题为导向，将更有利于实现立法初衷，产生更好的社会效果。在社会治理领域充分彰显地方特色，一方面要注意保持与上位法和其他地区立法的差异性，避免简单重复和照搬照抄的情况，同时尽量对上位法已有规定作相应细化或补充，增强立法的可操作性；另一方面，要充分立足于自身社会治理的需要，把握地区发展规律，结合地域特色，产生更多具有独创性的制度设计，有效回应本地立法需求，解决本地实际问题。

（三）强化公众参与

公众参与立法是贯彻科学立法、民主立法基本要求的重要举措，是推进法治国家、法治政府和法治社会建设的根本途径，更是提升多元主体参与社会治理，推进社会治理现代化的必然要求。

强化公众参与，立法机关应树立积极的立法理念。从当前立法活动情况来看，立法

①　韩冬梅：《加快构建市域社会治理法治化保障体系》，载《唯实》2019 年第 4 期。
②　喻中：《国家治理体系中的地方立法》，载《理论探索》2020 年第 1 期。

机关仍存在以完成既定的立法计划与立法项目为目的而被动执行法律规定的立法程序的情况，主动服务公众、为公众立法的理念不够强，与公众之间互动不畅。[①] 在这种观念的影响下，立法机关可能会将公开征求意见的活动视为一项立法义务，从而难以在征求意见过程中真正重视公众的诉求。因此，立法机关需要主动转变被动式的立法理念，将立法为民真正贯彻到立法活动中，切实地在立法过程中更多地关注社会公众的利益，更多地倾听百姓的心声，服务于群众的实际需求。

强化公众参与，要进一步拓宽公众参与立法的相关渠道。现阶段，公众参与立法的形式仍较为单一，立法宣传力度不够。互联网时代，要充分发挥现代信息技术等手段，利用移动电视、微博、微信、手机 App 等各种平台，扩大立法活动的宣传范围与宣传效果，将立法活动的开展覆盖到全社会，渗透到公众的日常生活之中。此外，公开征求意见的内容应当更贴近公众，增强针对性，例如可以专门就某项立法的重点难点问题作出说明，请社会公众提出意见与建议。同时，还应注重立法宣传的交互性，对公众提出的立法意见及时作出回应和反馈。

强化公众参与，应充分利用激励机制的正面促进作用。通过实施激励机制，有效鼓励社会公众参与立法活动，促进社会公众与立法机关之间的良性互动。一方面，通过参与立法活动，社会公众能够获得物质或精神上的奖励，进而提升其参与立法的积极性；另一方面，立法机关也能通过公众参与获得有益的立法意见与建议，既践行了立法民主化的要求，又可以有效提升立法质量。

---

① 黎堂斌：《地方民主立法存在的问题、成因及对策》，载《学习与探索》2018年第12期。

市域社会治理视角下法院推进诉源治理的基层实践与完善路径

——以厦门思明法院的改革实践为样本

赵国军　王　昕*

引言

人民法院《五五改革纲要》明确将创新发展新时代"枫桥经验"、完善诉源治理机制，坚持把非诉纠纷解决机制，推动从源头上减少诉讼增量作为一项重要改革任务，十九届四中全会也提出构建基层社会治理新格局，加快推进市域社会治理现代化。人民法院如何主动融入党委领导下的诉源治理格局，如何发挥法院内外优势资源合力解决诉源治理难题，这是摆在基层法院特别是中心城区法院的重大课题。

一、诉源耙梳：中心城区社会纠纷的样态与成因

（一）样态分析：案源呈现结构性失衡特点

作为沿海中心城区，思明区的案件纠纷总量持续高位运行（见图 1），2019 年更是突破 4.8 万件，逼近 5 万件大关，四年增幅 29.72%，总体而言，社会矛盾纠纷呈现结构性失衡的特点，具体包括以下四个方面：

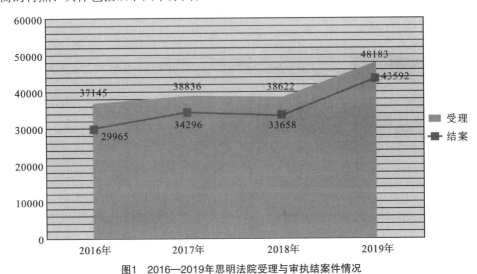

图1　2016—2019年思明法院受理与审执结案件情况

＊赵国军、王昕，厦门市思明区人民法院。

1. 诉讼纠纷与非诉纠纷失衡。2016 至 2019 年间，思明区法院审结的诉讼案件与辖区行政机关调处的非诉纠纷相比，诉与非诉的结案比分别达 9∶1、7.5∶1、6.7∶1、7.2∶1（见图 2）[①]，虽总体呈递减趋势，但也从侧面反映了社会纠纷在社区、基层司法所的层面就地化解的比例不高，社区等基层诉源自治力量较为薄弱。

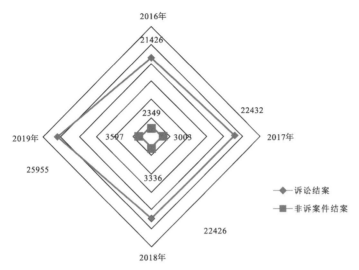

图2 2016—2019年思明区诉与非诉纠纷结案比

2. 诉讼案件总体保持稳定。2016 至 2018 年，审判案件"增量"遏制方面有成效，案件量维持在 2.5 万件左右，总体呈现微降趋势。2019 年审判案件数有所反弹（见图 3）。[②] 而同期，全市两级法院审判案件逐年递增，四年增幅达 37.10%，远高于同期思明法院 11.45%。

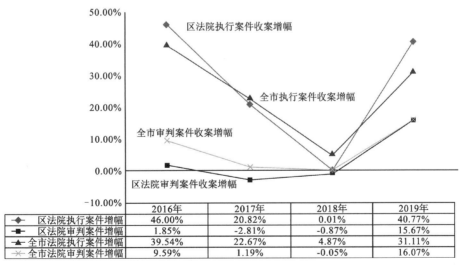

	2016年	2017年	2018年	2019年
区法院执行案件增幅	46.00%	20.82%	0.01%	40.77%
区法院审判案件增幅	1.85%	-2.81%	-0.87%	15.67%
全市法院执行案件增幅	39.54%	22.67%	4.87%	31.11%
全市法院审判案件增幅	9.59%	1.19%	-0.05%	16.07%

图3 2016—2019年市区两级法院审判、执行案件收案增幅对比

---

① 诉与非诉的结案比由进入法院的诉讼纠纷结案总数除以未进入法院的纠纷化解数得出。该数据来源于 2016 年以来公开发行的思明区年鉴。

② 2019年审判案件数激增近4000件，主要是受厦门地区金融案件集中由思明法院管辖的影响，思明法院同期多受理了5500多件审判案件。如果去除这部分增量，审判案件数仍然维持下降态势。

3. 执行案件大幅增长。2016 年以来，虽经过"基本解决执行难"决胜战役，顺利通过第三方评估，但执行案件总量、增幅仍呈现"双高"，执行案件保持上升势头，在同期全部诉讼案件中占比持续扩大，执行案件的四年增幅达 70.08%（见图 3），与同期全市两级法院基本持平，但远远超过审判案件的四年增幅。

4. 经济类纠纷占比高、化解难。从纠纷类型看，连续四年收案最多的案件类型主要集中在民间借贷、金融借款合同、信用卡、合同等经济纠纷。除部分争议事实清楚，标的较小案件外，此类案件整体调撤率普遍较低。此外，保险人代位求偿权、融资租赁合同纠纷数量增加明显且占比逐年增加，成诉率较高，诉前化解效果也不明显。涉金融纠纷引发的执行案件也随之高涨（见图 4），各类金融机构的金融风险传导到法院执行压力的较大，且远远强于传统的民间借贷纠纷。

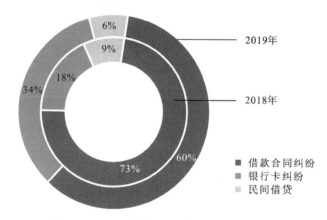

图4　2018—2019年执行三大类案件收案分布情况

（二）原因剖判：经济由中高速转向高质量发展的阶段性社会表征

2016 年以来，思明法院收案前 16 名案件类型，除民间借贷纠纷始终位列第一名外，其他案件类型排名都曾发生易位情形。

1. 受经济增速放缓影响，社会矛盾纠纷更为凸显。以思明法院为例，2016 年以来思明区 GDP 增长率逐年下降，社会金融风险加大，民间借贷、金融借款和信用卡纠纷等涉金融纠纷案件随之高涨。受房地产市场热度下降的影响，涉房产类纠纷亦呈现下降趋势。

2. 多元化纠纷解机制建设的成果有效减少了部分纠纷。得益于近年来多元解纷、诉调对接机制的建设，机动车交通事故责任纠纷、劳动争议纠纷均呈现下降趋势。物业服务合同纠纷虽然上涨幅度较大[①]，但该类纠纷诉前化解效果也较好。另，进入法院的医患纠纷案件、涉军民事纠纷较少，且部分案件诉前化解。

3. 伴随执行联动不断走实、执行力度空前加大、执行效果日益向好，当事人的心理预期不断抬高，部分陈年"积案"（仅指以终结本次执行程序结案的案件）再次恢复执行，部分客观上应由当事人承担商业风险的案件也进入执行，短期内，客观上形成"执行效果越好、执行案件越多"的"负循环"。

---

① 主要原因是民诉法修改后管辖依据有所改变，一些物业公司注册地在思明区但实际管理楼盘在岛外甚至漳州、泉州的物业服务合同纠纷也由思明法院管辖受理。

二、改革检视：基层法院推进诉源治理的实践探索与存在问题

近年来，作为全国案件繁简分流机制改革示范法院、全省多元化纠纷解决机制改革示范法院以及破解"案多人少"矛盾工作试点法院，思明法院经历了以小额速裁、诉调对接、多元调处、综合治理为核心的四个改革阶段，为诉源治理减量工作积累了有益经验。

（一）诉源治理改革历程及其内在逻辑

1. "小额速裁快调快判"阶段。2011年4月，思明法院成立小额速裁法庭，集中受理辖区内小额诉讼案件、物业纠纷、信用卡纠纷和标的额在5万元以下的其他简单民事案件，并依托法庭设立金牌法官调解工作室，开展立案调解、诉前调解，建立与人民调解组织的衔接关系，搭建了物业纠纷诉调衔接、道路交通事故快速调处、劳动争议处理调裁诉衔接、维护妇女儿童权益诉讼与非诉讼衔接、诉讼与仲裁衔接等五类诉调衔接机制。这一阶段的改革虽然初步搭建部分领域的诉调衔接机制，但受快速定纷止争思路的影响，更侧重于小标的案件的快调快处、调判结合，诉前化解的力度与实效均不明显。

2. "诉调对接"阶段。2013年，思明法院成立诉调对接中心，将小额速裁、法官调解工作室、财产保全、无讼社区创建指导、交通事故调处、特邀调解工作等纳入中心管理。在前期经验积累的基础上，依托物业管理协会、保险行业协会、仲裁机构、文化执法支队等部门组建15个特邀调解组织，搭建包括保险纠纷诉调对接、诉讼仲裁诉调对接、知识产权诉调对接在内的12个较为成熟的行业诉调对接机制，形成了主要行业全覆盖的大诉调对接格局。调解手段上，引入了中立第三方评估、无争议事实记载、虚假诉讼防范等机制。该模式与前一阶段相较，诉调对接机制建设更为完善，交通事故、物业等专项领域的诉前化解实效逐步显现，此外该阶段还引入值班律师工作制度，初步将立案阶段的诉讼指导与纠纷化解有机衔接起来。

3. "多元调处"阶段。2016年底，思明法院与辖区司法行政机关共同成立全市第一个"多元调处工作站"，依靠法官调解工作室、法律援助值班律师工作室、律师调解、人民调解、公证调解等力量有针对性地对不同领域的矛盾纠纷开展化解工作。国家出台"律师调解"相关工作规定后，思明法院将律师调解工作室覆盖至全市10家律所108名律师，在福建省率先推广驻点调解和院外调解并行的律师调解模式。同时，借力全国首创品牌诉讼与公证协同创新中心，剥离送达等辅助事务，提升法官办案效率。这一阶段更注重基层调解队伍的建设，在法院系统内部也形成了应培育专业解纷力量的共识。

综观九年的改革历程，从法院为主推动、行政机关共同参与到党委政府深度参与，诉源治理的顶层推动愈来愈得到重视，治理方式也从传统单一的纠纷化解拓展为专业解纷与源头解纷的综合治理方式，治理理念也在实践中相互促进、螺旋式上升。但从案件总量长期处于上行态势的情况来看，诉源治理减量工作依然任重道远。

（二）诉源治理实践中存在的问题

1. 主体"碎片化"：治理能力与系统集成不足

"党政支持、法院主导、多方参与"的治理格局有待深化。主要表现：

从治理单元层面看，社区网格与社会调解组织的自治力量较为薄弱，发展不均衡。

中心城区的社区普遍存在调解人员配备不足问题，网格员调解员身兼数职，加之基层工作任务重，投入调解的精力有限，对化解一般经济纠纷、执行联合惩戒、协助查人找物等力有不逮。金融借贷、证券期货、行业协会等社会调解组织在经费场所、调解培训等方面的保障不足，导致社会调解组织发展严重滞后。

从党政融合层面看，司法行政部门与法院在源头解纷方面虽各有优势，但在平台统合、机制融合、资源整合和数据共享方面仍存在不足。特别是，司法行政部门设立的区级公共法律服务中心、调解中心以及街道、社区调委会和调解小组与法院诉调对接中心、专业调解团队还未能有机融合，诉源治理的闭环还未形成。

2. 过程"悬浮化"：法院主导与基层治理之间缺少中间环节

基层法院作为社会纠纷矛盾化解的主要力量，在人案矛盾长期突出的压力下，大部分资源、精力都被消耗在进入诉讼的纠纷，难以通过垂直化管道全面下沉至社区街道，在治理的基层原点与法院代表的国家治理之间，缺乏有效的中间力量和过滤环节，"悬浮"化的治理导致诉源治理与基层脱节，出现空心化问题。

3. 方式"单一化"：预防、化解、修复等多元治理手段结合不足

目前诉源治理方式主要依赖于对诉内、诉外纠纷的调解，手段较为单一。从前述分析可知，熟人社会的思维模式已无法适应中心城区流动性高、市场淘汰快的社会发展情况，大部分经济纠纷案件的被告不愿出庭或下落不明，导致无法调解，仅靠单一手段推进诉源治理难度大，应坚持预防措施、解纷措施和修复措施并重的多元治理方式，把诉讼方式与非诉讼方式、线上与线下等手段结合起来。

4. 效果"内卷化"：诉的内源治理效果边际递减

诉的内源治理效果"内卷化"是指法院在治理进入司法程序案件的过程中，资源投入、制度创新并没有显著减少案件总量，而且每增加一个案件，多投入的边际成本并未减少。在司法体制综合配套改革过程中，法院内部投入大量资源，探索了公证参与辅助事务、刑事速裁、行政速裁等多项改革，审判质效有一定的提升，但仍然难以抵消诉讼纠纷的增量。此外，法院内部"立审执破"衔接以及上下级法院之间联动协作方面不够完善，引发诉讼保全不到位、送达信息未共享、裁判判项不明确等问题，导致一起纠纷衍生出数个关联案件，也增加了案件负担。反观近年来多元化纠纷解决、人民调解以及诉源治理等工作，眼光更多关注在法院外的诉非联动，较少关注法院内部衍生案件的治理，特别是诉讼案件结构比例失衡反映出的执行案件"井喷"难题。因此，需要特别关注衍生案件治理以及执行案件源头治理问题。

三、对策擘画：诉源治理工作的完善路径

（一）深化共建共治共享的治理理念

社会治理涉及与社会主体活动有关的各个领域，应当是一个完备的体系，强调"系统治理、依法治理、综合治理、源头治理"，追求"良序善治"，法治化是新时代推进社会治理的主要着力点。而"诉源治理"是推动社会治理法治化的具象目标和抓手。[①] 诉源治理

---

① 四川成都中院课题组：《内外共治：成都法院推进"诉源治理"的新路径》，载《法律适用》2019年第19期。

本质上仍是社会治理的重要组成部分，亦表征局部与整体的关系。

1. 坚持共建的责任观。"人案矛盾"现象背后，反映了新时代人民群众对公平正义需求与公平正义供给不足的矛盾。法院是维护社会公平正义的"最后"而非"唯一"一道防线。按照现代社会治理理论，广泛动员多方社会主体参与，共同承担治理责任，分担治理风险，是诉源治理的应有之义。政法机关、司法行政部门、行业组织、居委会自治组织等各方主体应认识到，诉源治理与社会综合治理紧密相关，关系到国家长治久安、人民幸福安康。诉源治理不仅法院一家之责，更是包括政府、社会等各方主体之责，重点是在法治化轨道下，如何找出各方主体的履责公约数，以及如何厘定政府所辖街道，居委会自治组织、社区，司法行政部门、行业组织的参与深度和追责力度。

2. 坚持共治的多元观。由党委和政府发挥主导作用，通过诉调对接、效力赋予、人才培养、参与立法等途径鼓励和支持社会各方面参与，让其他解纷机构切实发挥作用，才能让更多的纠纷通过非诉讼渠道解决，实现政府治理和社会自我调节、居民自治良性互动。① 诉源治理要求治理主体、治理方式等多方多元，有赖于平台统合、机制融合、资源整合和数据共享，以及社会调解组织、街道、社区调委会与法院诉调对接中心、专业调解团队等的有机融合。

3. 坚持共享的共赢观。社会不发生或少发生纠纷，无讼或少讼，案件公正高效化解，这些有利于提升人民群众的司法获得感，有利于法治化营商环境建设，有利于维护经济社会发展，有利于维护国家长治久安。那种认为诉源治理并非政府、社会为法院减"办案之负"的认识是片面的。

（二）重塑内外兼治的治理格局

在城市化进程提速、人员流动频繁背景下，中心城区的熟人社会特征呈现模糊化、失焦化，与传统熟人社会相适应的司法理念、诉讼程序以及诉讼机制需要深刻反思和改进。比如，制约法院质效、影响法院权威的"送达难""执行难"难题，其反映的深层次问题就是市域社会治理体系和治理能力现代化水平较低，须多方合力形成内外兼治的治理格局。

1. 以市区一级"诉源治理中心"为载体。对焦传统的矛盾纠纷化解平台统合、资源整合等难题，主动融入党委政府领导下诉源治理格局，促进诉调对接实质化，形成从风险源头预防到矛盾纠纷前端解决，再到诉讼终局裁判的分层递进、繁简结合、衔接配套的一站式接分模式。可以借鉴北京模式②，推动建立由党委政法委牵头、法院主导、政府支持、社会参与，调解、仲裁、公证、律所等机构提供专业服务的"诉源治理中心"。依托公共法律服务中心的市、区、街、居四级实体平台，统合目前社区调解、行业调解、商会调解、仲裁调解、公证调解、律师调解以及法院特邀调解等调解资源，实现各类调解资源以及培训资源的大集成、大整合，减少工作衔接成本的耗损，减轻群众化解纠纷的

---

① 龙飞：《论国家治理视角下我国多元化纠纷解决机制建设》，载《法律适用》2015年第7期。
② 租用专门场地作为统一调解平台的办公场所。该平台2017年启用至今会员达到2100人，有70家律所参与。

负担，提高化解实效①。

（1）功能定位。以"一站式"服务思维，主动对接公共法律服务中心、人民调解委员会、纠纷高发行业的行政主管部门等，贯通纠纷源、诉源以及案源等治理工作。统一受理登记、指派流转、处置反馈包括当事人自行申请调解、诉前调解等工作。（2）模式设计。模式一：司法行政部门主导，法院协助，中心依托在行政事务中心或司法局。参考全国推广的道路交通一体化联调平台运行模式，全市、区各行业调解组织派专门人员进驻中心，司法所、街道社区、公证处、仲裁机构以及法院在中心设协同调处工作站，实现与法院诉讼服务中心无缝衔接、一体化、一站式解决纠纷。其优势在于行政部门的人力、资金等资源调度高效有力，劣势在于司法行政部门推动意愿不足。模式二：法院主导，在法院设立中心，由司法行政部门派员协助管理。在中心内设若干由各行业组织派驻人员组成的调解工作室或调解工作团队，特别是补强较为薄弱的商会、证券期货等行业组织的调解力量。其优势在于充分发挥法院的纠纷化解业务指导优势，难点在于法院外化解力量的介入程度以及资源组织和调配能力受限，须借助党委政法委牵头协调化解。

2. 以综合治理执行难为支撑。聚焦找人难、协助执行难等制约"切实解决执行难"成效的梗阻问题，需完善综合治理执行难的大格局。贯彻党委全面依法治市委员会《关于加强综合治理从源头切实解决执行难问题的实施办法》，将执行综合治理落到实处。强化责任考核，建议进一步提升协助执行在综治考核的权重。将协助查找和控制被执行人纳入公安部门的硬性考核任务。发挥好社区、综治网格员协助执行的巨大优势。比如，协助入户送达、调查、腾房以及查找人员行踪等。积极争取政府财政支持，在人员编制不变的情况下，进一步加大执行辅助事务外包、辅助人员招录、执行悬赏以及执行信息化项目等经费支持力度，防止有限的编制人员过分倾斜执行部门而导致审判力量受影响的"跷跷板"效应。

3. 以府院联动治理为补充。政府与法院在处理矛盾纠纷方面，各有优势，如何优势互补，发挥 1+1>2 的效果？以司法抗"疫"为例，思明法院与思明区政府联合签署司法抗"疫"文件②，成立府院联动司法抗"疫"协同平台，及时收集汇总辖区企业在复工复产及经营过程中所面临的司法需求及法律问题，并及时组织人员进行分析研判，第一时间向企业提供法律处置意见，必要时开展"送法进企"、法院调解等纠纷化解工作，并注意及时宣传相关法律处置意见及典型案例，有利于营造良好司法助企氛围。可以借鉴晋江"网格化＋调解"经验，建议每个网格至少 1 个人民调解室（社区调解员和网格员）、1 个法官联络站，形成相互衔接、相互支撑、协调配合、良性互动的解纷网络。

（三）建立分层递进的治理流程

第一层，从基层治理层面，依靠党委政府，调动基层自治组织和群众力量，推进基

---

① 思明区司法局将依托公共法律服务中心设立区调解中心，将医调委、交调委、劳调委等涉及民生热点问题的三大专业性调委会纳入调解中心平台，重点打造，提升重大疑难纠纷化解水平。搭建区、街、居三级矛盾纠纷排查化解工作平台，健全完善由区级调解中心、10 个街道调委会、98 个社区调委会、1224 个调解小组、6140 名纠纷信息员组成的五级人民调解网络。形成一个中心、三个支撑、五级人民调解网络为基础平台的调解运行机制，进一步巩固和强化横向到边、纵向到底、依托基层、覆盖行业的人民调解工作立体化格局。

② 为充分发挥思明区政府、思明区法院职能优势，强化府院联动协同，为疫情防控和复工复产提供精准、有效的司法服务和保障，两家单位首次签署《思明区府院联动司法"抗疫"实施方案》。

层善治，减少甚至避免纠纷产生。第二层，发生纠纷后，登记立案前，对适合调解的案件，在征得当事人同意的基础上引导当事人选择诉前调解，这时可以暂缓立案。由法院委派特邀调解组织或者特邀调解员先行调解，达成调解协议的可以申请司法确认。在这个阶段，法院应当做好辅导、释明工作，强化一站式诉讼服务与一站式多元解纷的无缝衔接。第三层，登记立案后，法院通过诉讼引导对案件进行分流，对适宜调解的案件，在征得当事人同意的基础上，通过委托特邀调解组织或者特邀调解员进行调解，或者交由法院中心的专职调解员进行调解。这个阶段调解达成协议的，可以直接由担任专职调解员的调解法官审查后出具调解书，无须再走司法确认程序。第四层，对不适宜调解而进入诉讼程序的案件，可以通过繁简分流、速裁、督促程序等方式快速化解。第五层，经上述四个层次仍未解决的纠纷，再进入审判程序。同时，建议适当放宽调解期限以提高调解的实效。（见图5）

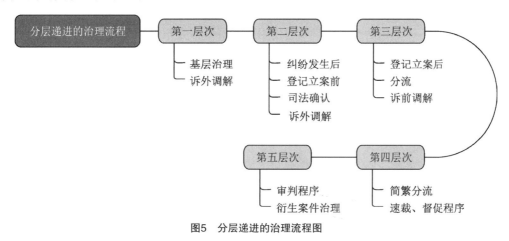

图5　分层递进的治理流程图

（四）强化刚柔并济的治理手段

1. 把司法诚信建设融入社会信用体系。社会信用是市域社会治理的重要基石，司法诚信建设也应是当中不可忽视的一环。现阶段，我国对司法诚信建设的关注较少，司法诚信建设的缺位也直接影响了法院主导诉源治理的实效和司法的正面引领作用。为此建议：第一，建立正向履行激励机制。对积极履行调解协议和裁判文书的当事人，发放自动履行证明、提供诉讼服务便利，并以此作为正面评价的信息纳入征信库管理。第二，加大对不诚信行为的联合惩戒。严肃规制滥用管辖权异议、滥诉、虚假调解、虚假诉讼等不尊重法院、不尊重法官的违法失范行为，通过罚款、限制人身自由等方式进行惩处，并把相关违法失范行为信息纳入全国信用信息平台，对情形严重的不诚信行为人进行跨部门、跨地区的联合惩戒。第三，建立一站式司法信用信息公示机制。对司法信用的"红黑名单"进行双公示，主要是对守信激励对象和失信惩戒对象相关信息的公示。第四，建立以司法信用修复为核心的容错治理机制。允许违法失范行为人在规定时间内提出信用修复申请。根据失信行为类别，失信行为人可选择信用承诺、主动履行等多种方式完成对自己信用的修复。

2. 建立内部衍生案件长效治理机制。丰富衍生案件治理内涵及外延，从主体审查、送达衔接、材料衔接、群体性案件处理等方面完善立审执衔接，在审判阶段加强关联案件与涉案财产的审查，减少不必要的执行异议之诉、第三人撤销之诉等类型案件，同时，推广示范性调解与示范性诉讼模式，以一个案件带动系列案件的快速化解。执行阶段，建立执行不明的征询机制，加强执行与审判部门的联动，统一复议、异议标准。此外，在法院内源治理上，把民事诉讼繁简分流改革融入诉源治理体系，激活休眠的非讼程序，引导市场交易主体通过公证、合同约定条款等方式引入公证债权文书、支付令等救济手段，纠纷发生时快速固定争议、导入执行程序，实现案件提速增效。

3.强化司法传导在纠纷预测、预防方面的治理作用。法律具有教育、引导和预测社会行为的功能，这也是法院参与社会治理的重要原因。法院通过发布司法白皮书、典型案例，发出司法建议，进行法治宣传，传递法律精神和法治理念，教育引导各类主体依法办事。但当前司法实践中，司法白皮书和典型案例因其专业化程度较高，影响范围受限，司法建议社会指引作用发挥不足，司法宣传过分强调以案释法，注重个案宣传，对法治理念和法律精神的传递不够，应将上述手段置于诉源治理的大框架中思考和谋划。为此建议：一、提高司法建议、审判白皮书的权威度，并拓展影响面。在增加司法建议数量质量的基础上，拓宽影响面，将行政机关依法行政，行业协会、社会组织以及企业等社会主体的自治规范纳入司法建议的视野。对于司法白皮书和典型案例，注重专业性与通俗性的结合，增加受众面。二、就司法宣传，建立法律专业与宣传专员共同参与的审稿机制，避免宣传人员不懂业务或者为了吸引眼球而错误宣传、夸大宣传，造成人民群众对法律的误读。同时，加强司法宣传研究，有效传导法律精神和法治理念。

（五）革新"智慧+"的治理技术

在科学技术快速发展，智慧法院、智慧政府、智慧城市建设的大背景下，诉源治理应拥抱大数据、人工智能等新技术，开拓全新路径。

1.建立统一的在线矛盾纠纷化解平台。可以借鉴中央综治委肯定的浙江ODR模式[①]，充分利用现有司法科技成果，开发统一的在线矛盾纠纷化解平台。（1）打通数据壁垒。数据汇聚得全不全、准不准，数据资源开发利用得好不好，直接决定信息化建设水平。[②]从大数据特点分析，大数据具有大容量、多样性、精确性、高速度、共享性等特征，而我国智慧法院的数据化基础还不坚实。[③]在强人工智能阶段，即数据层经由知识层再到应用层的三元结构下，服务于决策、预测和预警，要求将一切数据化，拥抱混杂性[④]，以可量化最大程度减少不确定性，消弭个体经验主义的不足。同时，政法机关、政府部门、社会组织以及企业行业需要打破"信息孤岛"，充分利用人民法院大数据管理和服务平台、人民法院调解平台以及政府部门、社区以及企业的数据资源，形成立体可预警、可验证、可溯源、可确权的数据系统，确保信息的及时性、透明度与可信度。通过共享调解资源和信息数据，服务领导决策和非诉纠纷解决成本核算。（2）实现功能集成。开发在线咨询、在线评估、在线调解、在线仲裁、在线诉讼等功能，将各类调解组织纳入该应用平

---

① 2019年6月，浙江省在线矛盾纠纷多元化解平台。该平台具有在线咨询、在线中立评估、情绪预警系统、专业知识辅导以及类案检索等功能。

② 2017年5月11日周强在全国法院第四次信息化工作会议上的讲话。

③ 吴涛、陈曼：《论智慧法院的建设：价值取向与制度设计》，载《社会科学》2019年第5期。

④ 维克托·迈尔－舍恩伯格、肯尼思·库克耶：《大数据时代》，盛杨燕、周涛译，浙江人民出版社2013年版，第45页。

台，既有利于各类调解人员突破时空局限，又方便群众在线上一站式解决简单纠纷，实现双赢。特别是，在线中立评估，有利于降低矛盾纠纷转化为诉讼案件概率，降低上诉的可能。

2. 建立综合治理执行难的大数据平台。随着执行网络查控平台建设日益深化，协助执行单位联网数越来越多，协查范围越来越广，协助智能化程度越来越强。但当前主要问题在于协助找人布控，政府部门积淀的人员信息数据在保障数据安全的前提下能否为法院所用？从而解决困扰法院的找人难题，以及由此导致的送达难题。同时，完善失信曝光惩戒网络平台，对于以营利为目的的企业，协助限制高消费、制裁失信被执行人的执行力度不够，这同样需要数据联网，特别是向各联动单位智能推送相关信息，提高联合惩戒的效率效果。作为全国首批社会信用体系建设示范城市之一的厦门于 2019 年 6 月 1 日施行《厦门经济特区社会信用条例》，该条例对推动市域范围内规范社会信用管理、创新社会治理机制、营造诚信社会环境等起到重要作用。这客观上要求整合各部门各行业诚信履约的数据资源，实现联网共享，织密"守信联合激励、失信联合惩戒"网络。如，厦门率先推出个人信用"白鹭分"① 这一创新探索。

结语

在中心城区陌生人社会特征明显的大背景下，加快推进市域社会治理现代化，与人民法院开展的"诉源治理"减量工程一脉相承，根本上在于找准法院内外在社会治理的角色定位，充分发挥各方资源优势，协同化解矛盾纠纷。中心城区法院更需主动融入党委领导下共建共治共享的社会治理格局，摸准审判案件稳定、执行案件猛涨的案源结构性失衡基本样态，在坚持以往侧重源头化解纠纷、诉前化解审判案件的基础上，应从理念更新、格局重塑、流程分层、手段多元、技术革新等维度推动诉源治理取得新成效。

---

① 个人信用"白鹭分"：以司法、行政、公共服务等方面信用大数据为依据，从基础信息、守信正向、失信违约、信用修复、用信行为五个指标维度设计市民信用评分模型，绘制全面的市民个人信用画像、计算市民个人信用分数，将个人信用分为不良、一般、良好、优秀、极好五个等级。

物业管理纠纷有效解决路径探索

——以基层社会治理为视角

林 达 *

当今社会越来越强调治理而非管理，政府和社会组织通过制度、政策和价值来连接市民并进行互动，以此实现对社会经济、政治和进程的治理。物业纠纷看似普通，但在纠纷简单外表下有着复杂的案外因素。传统的纠纷处理理念，造成法院对于此类案件不堪重负，也无法有效化解矛盾。针对物业纠纷中相关主体呈现出"网格化、多中心、互动式"的形态，本文从社会治理的角度出发，全面分析物业纠纷产生的背景原因，跳出就案论案的思维局限，提出物业纠纷社区治理的模型，将纠纷解决的主要力量由过去单一的"靠政府"，发展到如今业主、物业公司、业委会、居委会、党委、相关行政部门之间的平等对话、协商、谈判、合作等互动行为达成一致，"哪里出的问题就从哪里解决"，继而在根源上化解物业方面的纠纷。

一、厦门市集美区人民法院物业纠纷案件概况

2015—2018 年厦门市集美区物业纠纷案件数量的增长情况如图 1：

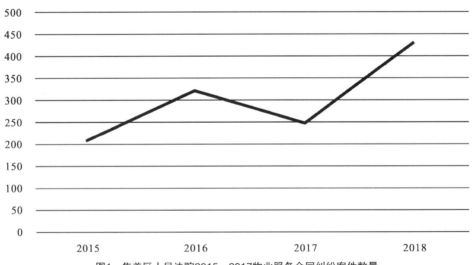

图1 集美区人民法院2015—2017物业服务合同纠纷案件数量

通过对案由、案件数量、结案方式等因素的分析，厦门市集美区人民法院受理的物业纠纷案件有以下特点：

1. 案件数量呈逐年快速上升趋势；

＊林达，厦门市集美区人民法院。

2. 基本为物业服务合同纠纷，诉求为物业公司主张业主支付欠缴物业费；

3. 案件调解率、撤诉率高。

通过对案件的特点分析，案件看似取得得到解决，但实际折射出的司法实践中的困境：虽然物业纠纷案件的调撤率高，但是业主普遍"口服心不服"。业主虽然对物业服务不满，但标的金额较小、且物业公司诉求存在合理的部分，业主往往很难完全胜诉，权衡之下只能选择妥协，是业主性价比最高的选择。

在社会治理的背景下，应当以发展的、联系的目光看待当前物业纠纷案件激增的现象：当前司法实践中，人民法院只能根据物业服务合同处理物业费缴纳问题，难以从根本上解决业主对物业工作的不满，导致业主虽然此次根据判决履行物业费缴纳义务，但日后会一而再、再而三地通过拖欠物业费的形式表达"无声的抗议"，导致实践中审理效果差，司法权威弱化，法院沦为物业公司的讨债工具。在这个过程中，物业公司也会耗费大量精力催讨物业费，影响服务品质提升且存在反复催讨情形，导致"双输"的局面。

二、业主拒缴物业费原因探析

通过总结集美地区 2015—2018 年物业纠纷案件中业主拒缴物业费的抗辩事由，存在以下几类情况：

（一）物业服务管理水平不到位

90% 的案件中业主对服务不满部分源于其合理主张未得到救济，包括：违章搭建不处理、绿化被私人占用或开发成停车位、安保不到位导致人身侵害、财产损失、公共卫生不达标、油烟、噪音扰民无处可诉、邻里纠纷社区居委会未予调解、私自住改商等。业主反映相关情况后，物业公司未作出处理或者处理效果不好，且第三方介入机制缺失，导致小矛盾不断累积，以拖欠物业费为宣泄口；同时，物业公司认为自身履行相应职责或业主的要求超出自己的服务范围，业主的行为属于无正当理由不履行缴费义务的恶意违约行为；加上物业公司考虑到通过诉讼催讨物业费比公司自身催讨物业费更有效率，所以采取集中诉讼的模式，一诉了之。

双方的根本矛盾在于对服务标准的认识界定不一。我国目前的法律法规未对物业公司的服务项目和评价标准作出详细的可量化的规定，并且业主和物业服务管理公司也未能在合同中明确约定服务的标准和质量，以及服务未达标时物业管理公司的应承担的责任和业主可主张的权利。此外，在实际收费中也存在收费不透明现象。

（二）责任主体认识不清

业主的法律知识有限，往往将开发商遗留的问题（例如房屋质量问题、小区规划和配套设施不达标）归结于物业公司的头上[1]，并以此拒交物业费，造成这种现象的深层原因在于：普法宣传的力度不足，导致业主对相关问题的法律认识不到位；物业公司、居委会和业委会未就这些问题与开发商及时磋商解决、也未能同业主及时说明与沟通，导致业主对责任主体的认识出现偏差。

---

[1] 周陈华：《物业纠纷的"病灶"与"药方"》，载《人民法院报》2019年3月26日第6版。

（三）"管建不分"现象普遍

物业公司与开发商的关系存在"管建不分"的现象，物业公司往往在小区建成之初由开发商引进[①]实践中，开发商基于利益考虑，往往选择与自身有关联的物业服务公司，不考虑物业服务公司的服务水平能否满足未来该小区业主的要求，通常这类物业公司管理混乱、专业化程度不高，且服务质量难以保证。

（四）业委会运作艰难

业委会未能在物业纠纷的解决中发挥职能与作用。业主委员会的这一组织的存在，让业主可以通过该组织更好地行使自己的权利，参与并实现社区自治治理，是社会治理的一种有效形式。业委会代表着全体业主的利益，监督、协助物业公司履行合同约定义务，并且以全体业主的名义与开发商、物业公司以及相关行政部门谈判博弈。但是实践中业主委员会在行使职能方面存在多方面阻碍：正如上文所述，开发商为引进与自身关联的物业公司，往往会在早期阻碍业委会的成立，不配合业主办理过户手续，但是建立业委会需要该社区的入住户数达到一定标准，因此业委会的在成立过程中就困难重重；即使在业委会成立后，开发商在办理相关事务时也会故意越过业委会，在未经协商的情况下擅自作出决定[②]。

即便业委会已经成立，其在物业纠纷解决中的作用也近乎形同虚设。业主不了解业委会的作用和职能，也不善于通过利用业委会这一主体与物业服务公司进行协商和谈判，因此业主对于业委会的成立较为冷漠，有的业主甚至不知道业委会的存在；业委会与各位业主的信息沟通不畅通，不能及时将众多业主的意见和建议反馈给物业公司。部分业委会成员与物业公司私下串通，谋取不当利益。例如在贵阳市 T 小区某些业委会成员与物业公司私自瓜分小区内广告收入[③]。

由于业委会自身没有资金来源，业委会成员也往往是义务劳动，因此在物业公司以不正当利益贿赂业委会成员的情况下，业委会极易受物业公司指使滥用权利，损害全体业主利益。

（五）基层自治组织作用未有效发挥

居委会作为基层群众自治组织，发挥中介、协调、自治、教育、服务的作用，实务中居委会也承担着基层行政职责的行使，是政府在基层的"代理人"。正常情况下，居委会的主要职能是组织社区运作以及为居民提供生产生活便利，辅以政府公共事务的处理。但是现状却是，虽然社区自治理念不断发展，但是居委会的自治功能不增反降，居委会的任务更多地倾向于协助政府执行基层公共事务，占据居委会最多时间和精力的事项是完成上级布置的各项工作（例如社保办理缴费，办理各类关系收入证明等）[④]，而非社区治

---

① 刘宏：《当前物业管理纠纷解决存在的问题与对策研究》，西南政法大学硕士学位论文，2016年6月1日。

② 马爱菊：《社区物业纠纷与化解》，华中师范大学硕士学位论文，2018年5月1日。

③ 李雪娇：《业主委员会参与社区治理的困境分析与发展对策——以贵阳市 T 小区为例》，载《经济研究导刊》2018年第31期。

④ 赵子扬：《社区居委会在公共服务市场化中的角色偏差及对策研究》，华中科技大学硕士学位论文，2018年10月1日。

安、物业纠纷处理等居民自治性事务；同时，居委会的考评制度也以政府公共事务处理情况为考核标准，其辖区内居民自治性事项（例如，业主的服务满意度、小区物业纠纷的数量以及解决情况）不是工作绩效的考核指标之内，因此缺乏内部的动力。目前居委会呈现出浓厚的"官办"色彩。

三、社会治理的内涵

社会治理这一概念在我国经历了一系列的发展。2013年十八届三中全会以"创新社会治理体制"这一表述首次引入社会治理的概念，

标志着我国从"社会管理"到"社会治理"的飞跃式进步；2014年十八届四中全会进一步阐述了社会治理的内涵，认为社会治理应当"推进多层次多领域依法治理，坚持系统治理、依法治理、综合治理、源头治理，深化基层组织和部门、行业依法治理，支持各类社会主体自我约束、自我管理，发挥市民公约、乡规民约、行业规章、团体章程等社会规范在社会治理中的积极作用"，这极大肯定了社会各类主体在社会治理中的积极地位与能动作用，认可除法律、法规和规章以外的非正式性规范的管理作用。2015年十八届五中全会在过去的基础上，进一步要求"加强和创新社会治理，推进社会治理精细化，构建全民共建共享的社会治理格局"，"社会治理精细化"的重点在于以人为本，在社会治理的过程中精准识别个体的差异化需求，充分尊重和保障人民的主体地位，并在社会中划分成不同群体，根据不同的群体利益提供管理和服务[①]。

根据马克思提出的历史分析法，可以看出社会的发展呈现出"统治—管理—治理"的不同阶段，而当今社会越来越强调治理而非管理，政府和社会组织通过制度、政策和价值来连接市民并进行互动，以此实现对社会经济、政治和进程的治理，这种完善的社会机制依赖于多元的社会主体，不仅仅局限于政府[②]。在我国，社会治理这一模式的运行建立在执政党领导之上，由政府组织主导，吸纳社会组织等多方面治理主体参与，对社会公共事务进行治理活动。

社会治理这一概念的出现意味着国家与社会关系的调整，强调政府之外的力量，以国家为中心的格局被国家、社会和市场等主体的组合所替代，体现了"传统层级统治"与"社会自我管理"的互补关系。

斯托克认为"社会治理"的概念突破了"层级制模式"的缺陷，从依靠"权力治理"向依靠"网络治理"进行转变。政府要淡化原有的强势干涉的权威，鼓励和协调社会力量、社会主体进行互动及自治，通过社会主体的互动规则解决纠纷矛盾。在社会治理中，公共部门和私人部门均是治理的实施者；治理的过程不是控制与干涉，而是协调；治理的形式不是行政法规、部门规章，而是一种持续的互动。这种社会治理的局面"不再是仅仅依靠政府权威，而是社会各行动者互动的结果"。

———————

①　王岩、魏崇辉：《基层社会治理的理性认知与实践路径探究》，载《社会科学文摘》2016年第9期。

②　陈平：《十八大以来"社会治理精细化"研究述评》，载《东方论坛》2019年第2期。

四、物业服务纠纷的"社区治理"

（一）社区物业纠纷模型概述

在社会治理的视角下，小区物业纠纷解决的最终发展方向是"社区治理"。"社区治理"这一概念意味着物业纠纷的解决以非正式、非政府参与机制为核心，辅助以政府参与机制。这种物业纠纷非政府解决机制的本质是各类主体（个人、组织）之间的双向互动并得以利用这些机制实现自身利益[①]，具体来说，社区治理的理想化模型中的物业纠纷相关主体呈现出"网格化、多中心、互动式"的形态：在党的领导与统筹之下，纠纷解决的主要力量由过去单一的"靠政府"，发展到如今业主、物业公司、业委会、居委会、党委、相关行政部门之间的平等对话、协商、谈判、合作等互动行为达成一致，"哪里出的问题就从哪里解决"，继而在根源上化解物业方面的纠纷。社区治理可以抽象为以下模型：（见图2）

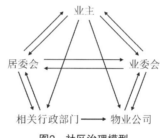

图2 社区治理模型

需要明确的是，当前物业纠纷审判实践中的难点在于业主拒缴物业费的理由均有一定的合法性基础，业主往往是在自身合法权益受到侵害后，向各方投诉、反馈均无果的情况下的无奈之举。因此物业纠纷的社区治理理想化模型以"开源节流"为宗旨：开源，即中央所提出的"综合治理、系统治理"，指的是加大业主反馈和投诉渠道，使业主可以向社区相关责任主体反映不满并及时得到妥善解决，不必诉诸法院；节流，即中央所提倡的"源头治理"，是指物业公司提升自己的物业服务工作，减少工作中不足之处，主动完善自身的工作，将潜在的物业服务欠缺消灭在业主投诉之前。

（二）社区物业纠纷解决模型搭建与运行

1.建立责任分担机制

社区物业纠纷的治理依赖于各主体的积极行动，然而现实中存在责任不清导致相互扯皮推诿的情况，也会因为社区物业纠纷的解决情况未被列入绩效体系之中，"有权无责"的现状必然导致权利的滥用，特别是不作为的滥用。责任分担机制的原理在于利用责任倒逼的方式对给相关主体形成外部压力，从而促进其行动。

借鉴湖北省武汉市武昌区南湖街中央花园社区的经验，采取业委会、居委会和物业公司三者"双向交流、交叉任职"[②]，搭建"资源共享、活动合办、事务共议、服务联评"，具体来讲：居委会主任或副主任进入物业公司担任服务品质监督员；社区居委会成员竞选业委会成员；物业公司负责人在居委会担任副主任；业委会主任担任居委会副主任。

---

① 冯志峰、万华颖：《"元治理"理论视阈下的基层社会治理》，载《东方论坛》2019年第2期。

② 马爱菊：《社区物业纠纷与化解》，华中师范大学硕士学位论文，2018年5月1日。

首先,这不仅有利于各方检查物业公司的服务质量,而且这种模式打破了原有的职权划分模式,让各主体对彼此的职能以及日常工作情况都更加了解,可以更好地配合对方工作;其次,这种交叉任职的模式使得各方主体承担的责任多元化、行为联动化,减少了相互推诿的可能。

2. 监督与汇报机制

监督机制分为内部监督和外部监督两部分。具体而言,既包括业主对于居委会、业委会、物业公司等主体的外部监督,也包括各主体内部运作过程中的监督机制。正如上文所述,每个主体内部都可能在行使职能的过程中出现懈怠或者其他不正确履职的行为,例如业委会决议违反程序、部分成员与物业公司私下串通、居委会怠于置身事外不参与物业纠纷的解决等。

学习武汉市推广的"红色物业"[①],加强外部监督,建立并发挥厦门市物业管理工作领导小组办公室的组织协调作用,建立信息月报制度,通过行业协会的巡查与现场检查及时发现物业公司在工作中出现的问题,同时听取小区业主的意见,物业协会将各小区物业服务信息定期通报,对服务不佳的物业公司给予批评通报,对于典型经验和先进事迹通报嘉奖。

内部监督制度主要是针对业主委员会而言,建立业主委员会监事制度,由居委会和党委成员担任业主委员会监事,对业委会决议的程序和内容合法性进行审查。

3. 意见反馈机制

为方便业主随时随地与有关部门沟通意见与不满,可以建立微信群、QQ群,群内包含业委会成员、物业公司代表、居委会成员、物业管理行业协会代表,以及建设规划部门代表和其他相关行政部门代表;同时,将入群二维码张贴在小区的公告栏,若业主对物业管理工作有不满,可以加入微信群反映自己的建议或意见,根据反映内容的不同,由负有相关职责的单位进行解决。

4. 多方协商机制

民主协商制度作为我国社会主义民主政治的重要组成部分,在物业纠纷的社区治理中也起到关键作用,对于保障业主合法权利以及正当权益,促进决策科学化、民主化有重要作用。在物业纠纷的社区治理中,民主协商平台的搭建在基层政府与群众之间形成"政社互动"的共治协商治理结构,将政府、业主、物业公司、居委会等各方主体有机地联系在一起,通对各主体利益进行统筹,以协同联动的方式解决小区物业纠纷。

例如,可以仿照武汉市某些典型小区采取"联席会议"的方式,由业委会、居委会、物业公司"三方联动"每月定期共同主持召开小区物业管理意见反映会。具体而言,由社区居委会牵头组织召开,街道办事处结合会议的主题指派相关人员参加,同时党员干部、业委会成员、物业公司成员也一并出席会议。首先,根据业主的意见以及业委会居委会的反馈,确定联席会议的主题,例如公共卫生未达标、噪音油烟扰民等。其次,通知相关人员参会。业委会、居委会、物业公司三方必须派代表参加,到会情况列入年度考核指标,无故缺席者给予通报批评。在有必要的情况下,可以邀请房管局物业科、区域派出所等参会。最后,将会议记录形成正式文件,各方根据文件采取行动,未能及时采取措施整改的将扣除一定的年度绩效。

① 姚克:《"红色物业"建设推动物业服务融入基层社会治理》,载《中国物业管理》2019年第3期。

5. 评价与奖励挂钩

采取组织评价、业主评价与物业费挂钩的方式。学习湖北省武汉市武昌区南湖街中央花园社区"一定双评"的方式，"一定"是指物业公司根据业主、业委会、居委会的意见和建议作出服务承诺，"双评"是指组织评价与群众评价相结合，既包括业委会、居委会对物业公司的服务作出评价，也包括社区居民小组长、楼长、党员、全体业主共同评价；评价的对象不仅仅局限于物业公司的服务质量，也要对物业工作人员的个人工作情况进行评价，年度进行总结考核，若评价满意率达到一定程度以上，物业公司在原本物业费的基础上，可以额外获得奖金，测评结果名列前茅的物业服务人员也可以获得额外奖金；若满意率低于一定程度，业主委员会则有权要求降低物业管理费用，甚至是有权拒缴物业管理费用直到物业公司整改完毕。

6. 人才队伍建设机制

以武汉市物业协会的做法为榜样，将"红色基因"融入物业纠纷解决机制中，具体做法是鼓励物业公司选聘思想觉悟高、政治素养好、学历素质强的党员大学毕业生加入物业管理队伍[①]，厦门物业协会和市政府可以对于积极招聘党员大学毕业生的物业公司给予物质奖励、政策优惠，并将党员大学生人数这一指标纳入物业公司评级过程的考核条件。将党员毕业生吸收进入物业公司，有利于物业纠纷的社区治理"双管齐下"：不仅可以通过党员与群众的亲密联系了解民众的不满，及时传达业主的意见、提高物业公司的服务和管理水平，更可以及时传递党的精神和建设，使党员大学生成为党的"宣传者"、物业公司的"管理人"、业主的"通讯员"、矛盾纠纷的"疏通工"。

---

① 姚克：《武汉"红色物业"现状及可持续发展研究》，载《中国物业管理》2018年第12期。

从乱象到有序：基层社会治理格局下人民法庭乡村治理功能的回应

——以规范和制约村民委员会民事诉讼行为为切入点

谢依婷 *

周强院长在北京专题调研人民法庭工作时指出，要进一步加强人民法庭工作，充分发挥人民法庭立足基层、贴近群众的优势，积极参与基层社会治理，将人民法庭打造成真正兼具公正司法和乡村治理的新型平台。人民法庭设立初衷时是面向基层、面向群众和便利群众诉讼、便利法院人民法庭审判，而随着专业法庭、类专业化法庭的设立，部分人民法庭撤销、合并，人民法庭趋向于审判法庭而忽略人民法庭设立初衷[1]，人民法庭设立初衷的职能逐渐削弱，人民法庭参与乡村治理的职能随着人民法庭的转型而弱化，人民法庭与基层政府的联系逐渐淡化，未能充分发挥参与乡村治理职能的效能。近年来，城乡建设快速发展的格局下，政府征地拆迁工作更多转向集体土地，集体土地被政府征收项下的征地补偿款款作为村民委员会的集体收益，在征地补偿款的分配过程中，因早期土地承包关系和集体经济组织成员认定的混乱，涉及的诉讼案件随着征地拆迁工作激增。根据《中华人民共和国村民委员会组织法》第二条规定[2]村民委员会以及村集体小组的设立初衷的职能是处理村集体、村小组事务性工作，随着征地拆迁工作开展，村民委员会及村集体小组作为民事诉讼主体参与民事诉讼的案件越来越多，在司法实务中，因没有法律法规的规定，村集体[3]参与民事诉讼的行为存在不规范的乱象。该类型案件因涉及村集体的利益问题，处理不妥容易引起个体纠纷而上升为群体性事件或突发性事件，如集体上访事件或村民过激行为。民事诉讼引发的治理冲突问题时点多为事后，乡村治理层面因生效判决继而引发如集体上访、信访事件或村民过激行为而发现[4]，生效判决对纠纷化解的能力异化不仅对司法权威造成冲击，而且阻碍基层乡村治理现代化进程，并可能引发基层社会治理风险。随着基层政府治理能力现代化建设和人民法庭审判能力和审判体系现代化发展[5]，积极发挥人民法庭乡村治理职能，对接基层政府、监察委员会、纪检部门，引入相应机制规范村集体经济组织的诉讼行为；从诉源治理角度，人民法庭

---

* 谢依婷，厦门市海沧区人民法院。

[1] 北京市朝阳区人民法院民事调研组：《论新形势下城市人民法庭的定位与建设》，《依法治国与人民法庭建设》，第30页。

[2] 《中华人民共和国村民委员会组织法》第2条规定："村民委员会是基层群众自治性组织，由村民进行自我管理、自我教育、自我服务，实行民主选举、民主决策、民主管理、民主监督。村民委员会办理本村的公共事务和公益事业，调解民间纠纷，协助维护社会治安，向人民政府反映村民的意见、要求和提出建议，是自我管理、自我监督的自治组织。"

[3] 后文所称村集体包含村民委员会以及村小组。

[4] 陆益龙：《乡村民间纠纷发的异化及其治理路径》，载《中国社会科学》2019年第10期。

[5] 丁海英：《人民法庭要积极助推乡村治理现代化》，载《人民法院报》2019年12月1日第2版。

应当立足于自身特色，结合当地实际，在积极参与基层社会治理的格局下，作好司法功能的回应与角色的回归，发挥人民法庭司法能动性，发挥人民法庭指导人民调解大格局。[①]

一、检视：村集体负责人民事诉讼主体行为不规范的乱象

基层社会治理格局中，村民委员会作为重要的组成部分，对基层政府的社会治理格局起着至关重要的作用。[②] 在民事诉讼过程中，村集体涉及的民事诉讼案件是侵害集体经济组织成员权益纠纷、承包地征收补偿款费用分配纠纷、土地承包经营权纠纷以及农村土地承包合同纠纷等四大纠纷类型。司法实务中，村集体负责人作为民事诉讼主体参与民事诉讼行为主要存在三类不规范行为。

（一）村集体负责人消极应诉，懈怠行使职责

民事诉讼过程中，村集体负责人消极应诉，不积极行使其作为村集体负责人所应当承担的职责，不主动提供案件事实相关的证据，对村集体涉及的诉讼案件的结果持放任态度，将查明案件事实的主动权交给法院。村集体负责人消极应诉的行为不仅不利于查明案件事实的进展，同时也为虚假诉讼、恶意诉讼提供机会。因村集体负责人消极应诉，对村民已经领取征地补偿款的事实不积极举证，导致的村民以虚假诉讼再次获取征地补偿款而损害集体利益，引发村民群体上访造成基层治理冲突。

（二）村集体负责人消极作为，随意行使职责

民事诉讼过程中，村集体负责人消极作为，随意行使职责。一是碍于人情社会因素，对村民主张的诉讼请求和事实理由一概予以承认；二是碍于村民压力，对村民主张的诉讼请求和事实理由一概予以否认；三是依关系疏密对村民主张的诉讼请求和事实理由而选择性承认或否认；四是随意开具证明，先后出具的证明内容相互矛盾，证明内容与抗辩内容相互矛盾。村集体负责人消极作为，随意行使职责，不仅对案件审理查明造成障碍，而且可能造成村集体财产的流失。

（三）村集体负责人不当作为，过度行使职责

民事诉讼过程中，村集体负责人不当作为，过度行使职责，诉讼案件一概委托代理律师参加诉讼，通过村集体剩余征地补偿款支付律师代理费。村集体负责人最清楚直接了解纠纷以及案件的关键事实，如侵害集体经济组织成员权益的分配方案的制定，承包地征收补偿款分配纠纷案件的承包关系；村集体负责人自身主动参加诉讼进行抗辩及举证对诉讼进程并无障碍，村集体负责人缺乏担当作为意识，一概委托律师参加诉讼案件，律师对案件的事实仍需要与村集体组织负责人核实，不仅不能起到推进庭审的作用反而导致庭审查明的拖延、效率低下，且过分支出的村集体委托律师的代理费用耗费大部分村集体财产，损害村集体利益。

---

① 《最高人民法院关于进一步加强新形势下人民法庭工作的若干意见》，2014 年 12 月 4 日。
② 汪世荣：《"枫桥经验"视野下的基层社会治理制度供给研究》，载《中国法学》2018 年第 6 期。

二、溯源：村集体负责人民事诉讼主体行为不规范的成因

（一）历史因素：人情社会及传统治理形成的历史文化

乡土社会中，地方的习惯、风俗等非正式规则深入乡土社会的传统理念，乡土社会成员对于非正式规则的认同感超过对国家法律的认同度。在国家法律与非正式规则发生冲突时，由于社会成员的法律意识和法律知识尚不够完善，社会成员面临案件往往产生抵触情绪。例如，在某些村里还保留一些重大事项由老人协会讨论、决定的风俗做法，且老人协会作出的决定基本能够得到普遍村民的认同。长期以来的村民自治的传统治理思想和乡土人情社会的传统费正式规则，村集体负责人民事诉讼主体行为受到非正式规则的影响以及长期以来的传统自治的自由性和乡土性，在法律范畴行使职责具有不规范性。

（二）客观因素：规制村集体负责人的法律制度和监督机制缺位

在法律层面，涉及村民委员会的法律仅有《中华人民共和国村民自治委员会组织法》，组织法中主要是确认村民委员会是基层群体性自治组织，处理的事务范围，大多是村间事务性规范。而《中华人民共和国民法典》关于村民委员会规定也仅是将其划分为特别法人，并无进一步的细化的法律规定。村民委员长期以来的自我管理、自我监督的随意性，由于村民委员会设立初衷是管理村民事务，加上是自治组织，因此并没有更多细化法律予以规制。随着社会进步与发展，在基层人民法庭受理的征地补偿款类纠纷中，涉及村集体利益民的侵害集体经济组织成员权益纠纷、承包地征收补偿款费用分配纠纷、土地承包经营权纠纷以及农村土地承包合同纠纷等四大纠纷类型案件逐年激增，村集体负责人除了管理村民事务外，参加诉讼案件成为主要工作事项之一，村集体负责人的职责和工作范围发生较大变化，却没有与之配套的村集体负责人法律制度和监督机制的出台。村集体负责人的民事诉讼行为缺乏相应的监督和制约，造成基层人民法庭审理此类型诉讼案件出现混乱，对基层治理造成冲突。

（三）主观因素：法律知识的储备和职业能力不足

村民委员会是自我管理、自我教育、自我服务的基层群众性自治组织，实行民主选举、民主决策、民主管理、民主监督。由于村集体负责人是通过村民民主选举产生的，村民选举产生的负责人通常是以威望服众或是在村集体占有较大部分人情资源抑或是家族实力人力较为雄厚的村民，由于村民自治组织注重的是村民自治，因此，选举的负责人文化知识和法律知识储备、年龄、受教育程度参差不齐。村集体负责人的法律知识和职业能力不一，因征地拆迁工作开展下，村集体负责人参加民事诉讼案件激增，村集体负责人所具备的法律知识和职能能力较难应对民事诉讼，因此，在司法实务中，呈现出村集体负责人作为民事诉讼主体行为的混乱和不规范的乱象。

三、重塑：村民委员会监督管理体系的构建

（一）民事诉讼层面：明确规定村集体及其负责人的法律地位

村民委员会的民事主体法律地位仅在《民法总则》第九十六条 [①] 规定村民委员会为特别法人以及第一百零一条 [②] 规定村民委员会可以从事为履行职能所需要的民事活动。除此外没有对村民委员会相关民事诉讼法律地位的进一步规定，并且对于村小组、村民委员会主任以及村小组负责人的法律地位均没有进一步规范。一是村小组与村民委员会之间的关系应当如何认定，是属于分支机构的法律关系、隶属关系抑或是其他法律关系；二是村小组是否具有独立的法人资格，村小组作为民事诉讼主体参加的认定；三是村民委员会主任、村小组负责人参加民事诉讼行为是否属于职务行为，权利义务范围没有相关规定。

首先，在民事诉讼法中完善村小组、村小组负责人的民事诉讼法律地位的认定，采纳行政诉讼法中行政机关负责人出庭规定，规定村小组负责人强制出庭民事诉讼的规定；其次，在村民委员会组织法中明确规定村小组的相关职权范围、村小组与村民委员会之间的法律关系，村小组负责人和村民委员会负责人的权利义务范围，应将诉讼行为的权利范围纳入；最后，在农村土地承包法中将村集体相应法律地位和权利义务范围予以规定完善。

（二）行政管理层面：制定村集体负责人行政管理制度

征地拆迁工作的开展下，随着征地拆迁标准提升，村集体土地被征收所取得征地补偿款数额巨大，巨大数额的征地补偿款分配问题涉及村集体村民的群体利益，如何管理和妥善处理巨额征地补偿款问题很敏感，涉及村集体村民利益容易引起群体性上访，对基层治理造成冲突。[③] 村集体财产成为需要监管和妥善管理的一大治理问题，村集体负责人行使权利更应当受到相应的管理。虽然村民委员会是基层群体性自治组织，但由于涉及的村集体财产利益较大，且处理不善容易引发基层群体性事件，对基层社会治理造成阻碍。

首先，应当制定村集体负责人管理村集体事务和涉及村集体财产的相关职权的职权范围；其次，涉及村集体财产和利益的重大事项应当由基层政府进行必要的监督管理，建议在行政法层面对基层政府监督管理村民委员会基层群众性自治组织方面予以适当规定；最后，对村集体负责人、村小组负责人的职权范围认定的同时，对村集体、村小组负责人违反强制出庭制度予以行政管理上相应规定，在财政支出的方面增加诉讼津贴作为村小组、村集体负责人参与诉讼的工作津贴。

---

① 《中华人民共和国民法总则》第96条规定："本节规定的机关法人、农村集体经济组织法人、城镇农村的合作经济组织法人、基层群众性自治组织法人，为特别法人。"

② 《中华人民共和国民法总则》第101条规定："居民委员会、村民委员会具有基层群众性自治组织法人资格，可以从事为履行职能所需要的民事活动。未设立村集体经济组织的，村民委员会可以依法代行村集体经济组织的职能。"

③ 李波：《发挥人民法庭作用 提升社会治理能力》，载《人民法院报》2019年11月8日第2版。

（三）责任追究层面：建立村集体负责人失职的问责追究机制

因村集体长期处于自治领域，各村小组之间处理事务的方式各不相同，村集体负责人行为较为随意、混乱，加上法律规章制度的缺位，未能形成长期有效的监督制约及问责追究机制。在充分发挥村民自治组织自主性的同时，涉及可能引起群体性事件的关乎村集体利益的重大事项问题应当纳入严格监管机制，并启动相应的失职问责、不作为问责规范，涉及刑法领域的应当依法追究刑事责任。

首先，村集体负责人的行使职权应当纳入基层政府的监督，村小组负责人存在不作为、乱作为、怠于行使职责等造成村集体利益损失的严重情节，由基层政府纪检部门启动问责机制追究村小组负责人相应责任；其次，村集体负责人违反强制出庭制度、在诉讼中怠于行使诉讼权利义务应当同步受到基层政府纪检部门的监督；再次，村集体负责人在处理村集体征地补偿款事务时应当接受纪检部门的监督，谨防村集体负责人与小部分村民恶意串通侵占村集体财产、损害村集体共同利益的情形；最后，村集体、村小组负责人行使职权时若出现恶意串通、乱作为、消极作为、不作为引发的重大事件或重大群体性事件，造成村集体利益受损或者村集体利益流失，在纪检部门调查、基层政府追责后，应当同时通报监察委员；情节严重，涉及刑事犯罪的，应当通报监察委员会移送追究刑事责任。

四、深化：人民法庭发挥司法能动促乡村治理

（一）以法官职权探知主义为原则的村集体利益案件审判

民事诉讼是平等民事主体向法院提起诉讼而在双方之间进行的诉讼的攻击与防御、平等对抗的过程，民事诉讼审判中逐步发展为"当事人主义"，根据谁主张谁举证的原则，充分体现当事人在民事诉讼中的处分权，法官审理民事诉讼案件中，围绕当事人的主张进行审理。在涉及村集体利益案件中，由于村集体利益较为复杂、敏感，村集体负责人经常消极应诉、怠于行使权利义务，案件审理处理结果容易引起群体性事件抑或是虚假诉讼案件。在涉及村集体利益案件中，基于村集体负责人怠于行使诉讼权利义务的普遍现状，为避免审理结果引起群体性事件，法官以"当事人主义"原则审理案件已然不能适应需要，容易给恶意串通、虚假诉讼留有缝隙。因此，在涉及村集体利益的诉讼案件中，法院应当以法官职权探知主义为原则进行审理，不受制于当事人主张的事实和证据，视案件内容主动依职权调取案件事实和收集证据，来探知案件的事实[①]，以防止当事人在涉及村集体利益案件中企图通过恶意串通获取不法利益。但法院职权探知主义在一定程度上对民事诉讼模式造成冲击，因此，法院应当准确把握案件相关的事实范围和调取的限度，在依职权调取案件事实和证据中予以权衡。案件审理涉及村集体利益案件中，若出现恶意诉讼、虚假诉讼、滥用诉讼侵害村集体利益的情形，应当通报基层政府，由基层政府启动村集体负责人失职追究机制。

（二）人民法庭业务指导基层组织大调解格局

人民法庭地处基层的基层，处于纠纷处理最前沿，位于多元化解矛盾最前线。人民

---

① 邵明、常洁：《法院职权主义在民事公益诉讼中的适用》，载《理论探索》2019年第6期。

法庭作为审判机关，基层社会治理格局中，人民法庭在引入基层人民调解力量，充分利用具有乡村调解优势的乡土调解员、乡土调解资源，发挥人民法庭业务指导大调解格局的优势，充分培育与指导乡土社会调解组织进行调解工作，充分发挥乡土社会调解组织的调解优势，建立多元调解平台，优化人民法庭审判职能，在基层社会治理格局下，充分发挥人民法庭审判职能，做到人民法庭司法功能的回应。

1. 建立四级调解机制。涉及村集体利益案件，人民法庭启动"四级调解机制"，由人民法庭联合村小组负责人、调解委员、村主任以及村书记四级联合调解，充分发挥各村调解委员会的调解力量，将散落的综治调解资源整合，形成各村居调解委员会从点到面的四级联合调解纠纷网格。①

2. 构建联动调解机制。涉及村集体利益案件，视案件情况，由人民法庭、司法所、拆迁公司、综治办联动调解，将其他相关部门的调解力量融入党委领导的社会治理大格局，力争将矛盾化解在基层，消除在萌芽状态，努力将风险纠纷化解在前线，更多参与社会综合治理，发挥司法审判在乡村综合治理职能。②

（三）联席会议和交流机制

1. 召开业务交流培训会。人民法庭根据审判案件需要，就近期诉讼案件中发现的突出问题，定期召开村集体负责人、调解主任培训交流会，一是指导村集体制定征地补偿款分配方案，指导修正可能违反公平原则、侵害部分村民权益的分配方案内容；二是就不属于人民法庭受理范围的征地补偿款案件予以释法说理，如国有滩涂的补偿、政府行政奖励的退养补助费、开荒地等没有合同依据使用集体土地等三类案件；三是指导严格规范村集体经济组织成员身份的认定。农村产权改革试点推行后，村（居）集体资产清产核资和集体经济组织成员身份确认工作，对具有集体经济组织成员资格的人员颁发《股权证》。但认定条件过于宽泛，村（居）小组对集体经济组织成员身份的认定，基本上仅以户口是否落户在该村（居）作为判断依据，忽略其生活生产基础是否依赖于土地这一重要条件，与生效判决文书认定的标准和要求存在矛盾。对于生效判决确定的具有集体经济组织成员资格的村民，应当予以认定，不应要求村民反复通过诉讼主张其权益，造成诉累。

2. 召开各部门联席座谈会。人民法庭审理涉及村集体利益纠纷案件过程中，涉及需要由各部门联合调处案件，可以召开部门联席座谈会，反映诉讼中突出的问题，由基层政府、综治办、司法所、拆迁公司、村集体联席会议商讨化解该类纠纷，了解辖区近期涉村集体多发案件类型。③一是未实际取得土地承包经营权类型案件，如何保障农民生活保障基础；二是不属于人民法庭受理的征地补偿款案件，村民与村集体之间、村民之间的纠纷应当如何解决；三是农村产权改革试点推行后，村（居）集体资产清产核资和集体经济组织成员身份确认工作，《股权证》持有者与村集体经济组织成员身份应当如何认定和匹配。

3. 法治宣传。人民法庭根据案件需要和各村居调解委员会反映的需求，根据征地拆

---

① 赵凤暴：《准确把握人民法庭的职能定位》，载《理论视野》2018 年第 12 期。

② 张慧芳、苏海涛：《人民法庭服务乡村振兴战略中的问题和建议》，载《人民法院报》2020 年 4 月 9 日第 8 版。

③ 黄鸣鹤：《调解员培训简明教程》，中国法制出版社 2017 年版，第 180 页。

迁工作的进程，定期进村开展法治宣传工作，就村集体集中突出问题、征地拆迁工作所涉及的法律问题，做好宣传引导工作，适时发布典型案例，引导群众依法维护合法权益。

（四）信息资源共享平台的建立

1. 建立村集体利益案件调解台账

各村居调解委员会调处该村集体利益纠纷案件，尤其是涉及村集体利益的侵害集体经济组织成员权益纠纷、承包地征收补偿费用分配纠纷、土地承包经营权纠纷以及农村土地承包合同纠纷等四大纠纷类型案件统一制作调解案件台账，如实记录调解情况、调解结果、调解遇到的难度以及是否存在风险隐患。

2. 设立动态信息交流制度

各村居调解委员会调处该村集体利益纠纷案件，尤其是涉及村集体利益民的侵害集体经济组织成员权益纠纷、承包地征收补偿款费用分配纠纷、土地承包经营权纠纷以及农村土地承包合同纠纷等四大纠纷类型案件，遇到村民集中反映的问题形成动态信息并形成清单，可以在业务交流培训会、各部门联席座谈会统一反馈，也可以定期报送人民法庭，由人民法庭对动态信息涉及的法律问题释法说理。

3. 建立舆情信息资源共享制度

建立舆情信息资源共享制度，人民法庭加强与辖区各行政主管部门如国土、工商、派出所、交警、司法所等部门的密切联系，就涉及村集体利益纠纷案件，各部门行政管理中遇到的突出问题以及风险隐患问题进行交流共享，实现资源信息共享，形成舆情信息资源共享平台。[①]

---

① 黄鸣鹤：《调解员培训简明教程》，中国法制出版社 2017 年版，第 180 页。

加强校园周边环境净化的若干建议

——以同安区校园周边环境摸排为例

游凤娘 *

校园周边环境牵动着千家万户的神经和视线，事关广大青少年学生的健康成长，事关学校教育教学工作的顺利开展。校园周边环境治理是一项长期、复杂的工作，只有政府相关部门高度重视，与学校积极配合，采取果断有效措施，形成综合治理的长效机制，才能取得实效。近年来，我市高度重视校园周边环境治理，持续加大宣传和整治力度，采取多项有效措施，取得良好效果，全市尤其岛内思明、湖里两区的校园周边环境得到很大程度的改善，但是岛外四区尤其城乡接合部、农村的部分校园周边仍然长期存在擅自占用公共场所摆摊设点、售卖"三无"食品等违法行为。笔者拟以今年以来对同安区70余所中小学、幼儿园摸排情况为例，对校园周边环境治理存在的问题进行分析，进而对净化校园周边环境提出若干建议。

一、校园周边环境治理现状及存在的问题

2020年以来，同安区检察院第五检察部通过实地察访、询问调查等方式对同安区70余所中小学、幼儿园进行全面摸排，大部分校园周边环境良好，学生有序上下学，出入安全有保障，但也发现有10余所学校周边或多或少存在流动摊贩管理不规范，影响城市管理秩序、妨碍学生出行、存在饮食安全等问题，危害未成年学生群体公共利益，不容忽视。通过调查，发现校园周边环境治理存在的问题主要如下：

1. 部分校园周边存在流动摊贩售卖"三无"食品的情况，尤其在上下学高峰期较为集中。这些流动摊贩均未悬挂食品摊贩信息登记公示卡、健康证明等相关证件，售卖的食品来源不明，卫生条件差，食物露天摆放，路边车来人往，灰尘洒落，易滋生细菌，且这些流动摊贩以未成年学生为主要消费群体，食品安全不过关，将危及广大学生的身体健康和生命安全，给校园周边食品安全带来隐患。

2. 部分校园周边存在擅自占用公共场所摆摊的情况。这些流动摊贩占用公共场所摆摊设点影响市容市貌，挤占师生公共活动空间，阻塞学生上下学的通道，存在交通安全隐患。

3. 部分校园周边存在燃气钢瓶使用隐患。这些流动摊贩将燃气钢瓶绑在三轮机动车或自行车上，摊主边走边变卖，燃气瓶处于暴露状态，存在固定不够牢靠、靠近火源、高温曝晒、摔砸碰撞等安全隐患，而学生就在燃气钢瓶旁边购买并食用现场制作的食品，存在消防安全隐患。

---

* 游凤娘，厦门市同安区人民检察院。

二、校园周边环境治理存在问题的原因分析

1. 针对校园周边违法行为的监督检查力度不足。根据《厦门经济特区城市管理相对集中行使行政处罚权规定》的相关规定，区城市管理局负责行使本辖区内擅自占用公共场所、无照经营、不安全使用燃气钢瓶等违法行为的行政处罚权。针对发现的上述违法情形，区城市管理局存在查处不到位的问题。

2. 缺少联动管理机制，校园周边整治缺乏长效性。根据《无证无照经营查处办法》《厦门市市容环境卫生管理条例》《福建省燃气管理条例》的相关规定，售卖"三无食品"、擅自占用公共场所摆摊设点、安全使用燃气的主管部门除了城市管理局外还有市场监督管理部门、市政园林局以及镇街等相关职能部门。各主管方具有各自相应的职责范围，如若缺少各部门的相互配合则难以达成理想的管理效果。

3. 相关法律、法规、政策宣传力度不足。虽然相关职能部门都有将法律法规政策宣传作为常规工作内容，但宣传的广度和深度还不够。校园周边流动摊贩经营者在平时的经营活动当中，缺少相关培训，存在侥幸心理或未意识到其售卖"三无"食品系违法行为，因此难以有效引导流动摊贩合法合规经营。消费者没有树立正确的消费方式和健康的消费理念，则给了流动摊贩生存空间。

三、净化校园周边环境的若干建议

为净化校园周边环境，保护未成年学生群体公共利益，建议如下：

1. 加大查处力度，建立部门联动机制。建议区城市管理局、市场监督管理局、市政园林局及镇街、学校等相关职能部门结合全市开展的为期三年的流动摊贩整治行动，联合开展校园周边综合排查整治专项行动，构建线上线下互联互动监管机制，依法查处校园周边流动摊贩的违法行为。针对校园周边上下学高峰期上述违法行为集中的现象，制定常态化巡查机制，定时巡查，形成监管合力，精准打击校园周边流动摊贩违法行为，净化校园周边环境。

2. 疏堵结合，引导流动摊贩合法经营。建议区城市管理局、市场监督管理局、市政园林局及镇街、学校等相关职能部门召开联席会议，共同商议采取引摊入市、规范临时摊贩点设置等方式加强管理。通过在学校周边设立数量适中的临时摊位等模式，按照公平、公开、公正的原则，选出参与经营的流动摊贩。在加强监督检查的同时，既满足群众的消费需求，又使小摊小贩能够合法安全经营，同时改善校园周边环境。

3. 加大宣传力度，营造拒绝"三无"食品氛围。建议相关职能部门加大宣传的深度和广度，组织常态化的主题宣传进校园、进社区等活动，普及城市管理、食品安全等相关法律法规知识和政策，开展燃气安全使用培训，增加案例警示教育环节，努力提升经营者合法合规经营的意识，自觉依规经营，同时引导学生和家长树立健康的消费理念，主动拒绝"三无"食品，维护校园周边食品安全。

校园欺凌现状及防范治理

林楸璇 *

一、校园欺凌的概念及现状

近些年来，随着社会各界的一些不良风气对校园的冲击，校园安全问题已成为近些年来社会各界都在关注的一大问题，校园欺凌事件屡见报端引起公众的普遍关注。校园内的以及发生在校园周边的暴力事件也呈现年年上升的趋势。

（一）校园欺凌的概念

校园欺凌是指发生在学生之间的一方从肢体或言语上有意伤害另一方身体或心理的一种攻击、暴力行为。[①] 校园欺凌发生的主要场所就是在学校里，由一个学生或者一群学生发起的对另一个学生或者另一群学生实施的暴力、强制攻击的行为。其所包括的行为方式亦是多种多样的，除了显而易见的直接肢体接触，还有言语欺凌、网络欺凌、社交欺凌等较为隐蔽的，当前欺凌的范围越来越广，手段也更加地恶劣，带来的消极影响亦愈发让人惊恐，其带来的不仅是对被欺凌者肉体的伤害，更多的是给被欺凌者心灵上带来的巨大冲击。

（二）校园欺凌的现状

随着近些年来校园欺凌事件的频发，以及媒体的曝光，我们越来越意识到校园欺凌的严重性。2019 年大热的电影《少年的你》生动地将校园欺凌这一现状展示在大屏幕上，剧里主角陈念的台词"你就放心把你的孩子生到这个世界上来吗？"似乎在叩问世人，我们真的有创造了一个更好的世界给孩子们吗？联合国教科文组织《校园暴力和霸凌》报告，全世界每年约有 2.46 亿学生遭受校园欺凌，且在 2020 年儿童侵害问题相关搜索中，"校园欺凌"位居儿童侵害问题搜索第一位，同时，校园欺凌事件也屡见报端，让我们不禁心寒。

通过对本院办理的案件进行统计发现，2017 年，厦门市集美区人民检察院（以下简称"本院"）共受理审查逮捕涉及校园欺凌的案件 3 件 10 人，共受理审查起诉涉及校园欺凌的案件 3 件 8 人；2018 年，本院共受理审查逮捕涉及校园欺凌的案件 1 件 3 人，共受理审查起诉涉及校园欺凌的案件 3 件 12 人；2019 年，本院共受理审查逮捕涉及校园欺凌的案件 1 件 4 人，共受理审查起诉涉及校园欺凌的案件 2 件 8 人；2020 年，本院虽未受理校园欺凌案件，但从辖区内学校的反馈情况发现，未满十六周岁的未成年人校园欺凌事件仍非常多，但是因涉事未成年人未满刑事责任年龄，未移送本院审查起诉。本院受

* 林楸璇，厦门市集美区人民检察院 。

② 王等等、徐瑛瑛：《十余年来我国高中生规划教育研究评述》，载《教师教育论坛》2012 年第 2 期。

理的校园欺凌案件涉及的罪名主要集中在聚众斗殴、寻衅滋事、故意伤害等罪名。结合近几年的数据可见，本院受理的校园欺凌案件数总体有下降趋势，但是涉及校园欺凌的犯罪嫌疑人人数仍保持一个较高的趋势。

（三）我国校园欺凌行为的特点

随着当前社会的发展、网络的进步，校园欺凌事件呈现出的特点也越来越具有当前时代的特征。

1.校园欺凌手段具有多样性、隐蔽性。传统的校园欺凌主要是发生在学校内的肢体暴力接触和言语侮辱行为，但是近些年来，随着网络的发展，校园欺凌也通常表现为利用网络传播他人的隐私作为威胁或者控制他人的人身自由等形式；且校园欺凌通常发生在学校的隐蔽角落，缺少监控摄像，或者发生在离学校较远的地区，其他同学和老师难以了解具体情况，因此事后若被欺凌者报案，通常仍难以使司法机关掌握切实有力的证据。

2.校园欺凌主体呈现低龄化。结合近些年数据可见，随着学校、社会各界对校园欺凌的重视度不断提高，校园欺凌事件呈现小幅度下降趋势，但是却也呈现出了低龄化的趋势，学生受家庭、社会、学校等方面氛围的影响，小学、初中遭受的校园欺凌远高于高中和大学。

3.犯罪主体构成多元复杂化。传统的校园欺凌通常表现为单一的学生个体欺凌另一个学生个体，而现今通常表现为一群人欺压另一名学生个体。且在此类校园欺凌事件中，常常犯罪的主体并非单一学生，还表现为与社会上的闲散人士有相互纠集，在一次行为得逞后，还可能再次发生对同一目标或者下一个目标进行欺凌。

二、校园欺凌发生的原因

校园安全问题如此突出绝非是单方面的原因，而是各个因素结合起来而导致的这一问题的日益凸显，主要有以下四个方面的原因。

（一）学生自身因素

一方面，被欺凌者通常具有内向、胆小、懦弱等性格特质，被欺负后通常不敢提出反抗，也不敢向老师、家长反映相关的情况，很容易成为长期被欺凌的对象；另一方面，有些欺凌者因为外界的影响，容易出现自身价值错位，因为父母的偏爱或者冷落，可能产生严重的偏差和报复心理，在学校中为所欲为。

（二）家庭成长环境因素

校园欺凌行为与家庭环境密切相关。[①] 在校的学生大部分还是未成年人，此时尚处于生理及生理上的成长过渡期，在这一阶段学生的心理及情绪控制常常处于较为波动的状态，他们对是非与否的判断常常较不能客观全面去看待，而是带着自己的主观意识去评判，一旦引导有误，常一不小心会步入歧途。而这一潜在的犯罪因素还有一方面来源于缺乏父母的正确引导，有的父母，在家庭中便是以暴力以及恐吓的方式来管教孩子，认

---

① 彭哲宽、丁潮雄、陈晓军、李丽萍：《我国中学生校园欺凌的流行特征与预防研究进展》，载《伤害医学》2012年第8期。

为这是一种有效的管教方式，潜移默化中孩子便学会将暴力作为解决事情的方式；而有的父母过度溺爱孩子，过分的疼爱让孩子太过以自我为中心而无所忌惮，在得知孩子欺凌他人后置若罔闻，依然惯着孩子我行我素。健全人格的培养不仅是孩子在青春期过程中自己不断成长，父母对其身体、生理健康以及精神情感上的满足也要施于更多的关怀。

（三）学校的引导教育

近些年来，素质教育、法治教育已逐渐提上日程，但是在学校的实际教育中，我们看到的成效其实并不理想。一方面，由于受高考制度的长远影响，教育中仍是偏重于成绩而忽略德育的重要性，导致学生在埋头苦读的过程中，忽视了交际能力的重要性；另一反面，学校的法治教育仍停留在课堂的基本法律知识的讲解，学生无法真正深刻认识到犯罪带来的严重的后果，并且对于实际校园内的犯罪，学校常常以违纪处分的方式来处罚学生，学生们在潜意识里无法认识到犯罪带来的严重后果，导致校园安全问题日益频发，且学校的安保以及防卫措施、惩治措施尚不完善，不少学校内及周边没有足够的安保人员，一旦发生校园安全问题，无法及时制止，也没有足够的防治措施。

（四）社会上不良因素的影响

当前校园欺凌频发与如今错综复杂的社会环境也有着不可分割的关系。一方面，学生们接受社会信息的渠道越来越多，通过各种多媒体渠道接收着各类信息，一些暴力影片、游戏等不良文化的传播对他们的行为产生了潜移默化的影响，学生们的辨别能力还不足，无法分清是非善恶，常常一味地接收一切信息，对其身心造成极大危害。而另一方面，诚信缺失、恃强凌弱等不良社会风气侵蚀着学生们的思想，同时社会上的不良人群，也常常用各种方式诱使未成年人，让他们受到错误的价值观的影响，导致行为上产生各种偏差。

三、防治校园欺凌面临的主要困境

目前，已出台《未成年人保护法》《预防未成年人犯罪法》《关于加强中小学幼儿园安全风险防控体系建设的意见》等多部有关校园安全建设的法律和相关文件，但是由于国内的法律法规并没有对校园欺凌有着明确的规定，所以并未切实起到应有的威慑力和预防的效力，防治校园欺凌仍面临着巨大的挑战。

（一）治理校园欺凌的法律规范缺失

目前我国立法中，对"校园欺凌"的定义并未明确规定，并不属于一个正式的法律概念，学术各界尚未形成一个统一的观点来推动进一步的理论研究，司法实践中也难以确定一个标准来推动实务认定，导致在处理校园欺凌实践的时候，常处于难以界定的困境中。

同时，对于校园欺凌我国在处理的法律规制尚处于空白、混沌的状态。[①]《民法典》《行政处罚法》《治安处罚法》《预防未成年人犯罪法》等相关法律规定中，并且根据严重程度的不同分别表现为民事责任、行政责任、刑事责任这三种形式。虽然目前国家已经

---

① 谢慧、张育玮：《从少年的你反观法律视角下校园霸凌现象举隅》，载《牡丹江大学学报》2020 年第 2 期。

对校园欺凌做出了相关的指导和说明，但是因为缺乏相关的法律依据，如《未成年人保护法》中的相关法律条文的规定多为宣示性的一些条款，而对于关于未成年人的相关的权利义务没有具体的直接的体现，许多法律法规中有部分的规章对校园欺凌有相关的规定，但大多数内容略显广泛笼统，效力等级不够，导致学校在遇到恶性校园欺凌事件时，为了息事宁人做出相应的调解，倾向于人性化的处理方式。因目前尚无法形成统一有效的关于校园欺凌的规范体系，内容较为分散、效力较低、衔接不足，司法机关在办案中也遇到重重阻力，难以遏制校园欺凌的蔓延。

（二）缺乏有效的惩处机制

我国现行刑法中明确规定了承担刑事责任的最低年龄为 12 周岁，而且承担刑事责任年龄的范围过于狭窄，已满 12 周岁未满 14 周岁的未成年人，只对重罪负相关的刑事责任。但是随着社会的快速发展，孩子们接受新生事物的能力越来越强，心智成熟也逐渐出现低龄化、早熟的趋势，犯罪低龄化趋势愈发的明显，该年龄限制已与当前社会发展趋势不相符，过于片面，缺乏弹性。

目前未成年人校园欺凌的行为多集中于故意伤害、聚众斗殴、抢劫等犯罪，但是却因为实施欺凌者未达到刑事责任年龄而无法追究其刑事责任，这意味着一味地放纵欺凌者实施违法行为，无法让他们意识到自己的行为会受到法律的苛责，及时予以调整，导致我国现行刑法规定的刑事责任年龄实际成为了校园欺凌法律治理中的一块真空地带，对欺凌者缺乏有效的惩处机制。

四、构建防治校园欺凌机制

（一）将校园欺凌纳入法治轨道

1. 精准定义校园欺凌行为最为重要。立法应该明确规定校园欺凌的内涵和外延，使立法和司法实践中达成一致的共识，这是依法治理校园欺凌的必要前提。

2. 健全防治校园欺凌的相关立法。我国应结合当前校园欺凌的实际情况，制定防治校园欺凌的专门性法律规范文件，探索对施暴者入罪作出明确规定，保持零容忍的高压态势，为严惩校园欺凌的发生提供法律依据，设计出一套具有可操作性的预防校园欺凌、惩戒及教育矫治的制度，明确政府、学校、家庭等各方面的责任。

3. 高度重视未满 12 周岁的未成年人的犯罪问题。目前欺凌者所付出的犯罪成本低廉，欺凌者仗着《未成年人保护法》肆无忌惮，而学校也顾忌于《未成年人保护法》，无法对校园欺凌者实施惩治行为，因此参照当前未成年人的心智发育情况以及社会环境，除了修改年龄之外，还要逐渐扩大对犯罪类型的分析，包括惩戒语言暴力、肢体暴力以及网络暴力的法律手段等，让青少年能够真正地获得自由、安全的成长环境。

（二）构建社会防治体系

防治校园欺凌是一个综合性的系统工程，在法治的前提下，多种社会力量协同产生合力才能产生最大效能。①

---

① 　黄莉娟：《完善防治校园欺凌法律机制的探讨》，载《岳阳纸业技术学院学报》2018 年第 5 期。

1. 家长应加强对孩子成长过程中的正确引导。良好的家庭教育是防治校园欺凌的一道防线，温馨和谐的家庭氛围更能让孩子树立正确的世界观、人生观和价值观，学会与孩子进行有效的沟通，耐心倾听孩子的倾诉而不是一味地去指责孩子的各种行为，能更好地了解孩子的内心世界，及时与孩子去共同解决所遇到的问题。

2. 学校应全方位完善防治校园欺凌制度并积极干预校园欺凌行为。首先，学校要完善校园内的执法机构。设立校园欺凌事件的应对机制，妥善应对好校园欺凌的三个阶段，提高预防应对校园欺凌行为的能力，与辖区教育局、公安部门协力合作设置专门的警务室，净化校园环境。其次，制定适合学校特色的校园欺凌干预对策。学校要明确校园欺凌现场的汇报及干预、制止程序，同时畅通欺凌信息的沟通和反馈渠道，通过校长热线电话、欺凌报告信箱的形式，让同学们携手抵制校园欺凌行为，学习日本的反欺凌措施——"同伴支持计划"，通过同伴咨询、同伴调解、同伴辅导等，让被欺凌者能感受到群体的关爱。最后，学校在注重学生成绩的同时，也要注重对学生德育的培养，让学生们明白学校是一个小型社会，学会与人为善的重要性，培养学生的社会责任感，同时营造良好的学习、生活氛围，培养师生间融洽的关系，尤其注重对习惯性欺凌者的引导教育，因他们对他人和人际互动持有偏差的认识，长期就形成了一种习惯化的攻击型模式，更需要学校对其认知进行矫正。

3. 积极净化社会风气。社会风气的力量在防治校园欺凌中也是不可低估的，当前，应该不断提高社会大众对校园欺凌的重视度，提高维权意识，合理地处置校园欺凌行为。通过加强社会公德教育、开展公益活动，并且同步净化网络环境、抵制暴力文化，以营造健康文明的社会风气。

4. 统筹社会资源合力帮教欺凌者。构建起未满刑事责任年龄的欺凌者的社会化帮教预防体系，引入具有犯罪学、心理学、社会学、教育学等方知识的各部门人员及社工，协力对欺凌者因人施教，精准帮教，结合欺凌者的欺凌行为恶性程度及欺凌原因开展帮教，并始终把法治教育贯穿始终，增强欺凌者的法治观念，预防再犯罪，同时，有针对性地对欺凌者进行心理疏导，促使他们以健康积极的心理状态踏上新的成长路程。

虽然我国目前还没有建立完善的校园欺凌防治体系，但是对其重视度已不断提高，相信学校、家长、社会等各方共同参与、协同治理，我国将不断完善未成年人保护制度，健全校园欺凌防治体系，更好地解决校园欺凌的难点和痛点。